原油短线交易
的24堂精品课 上册

第2版
顶级交易员的系统与策略

The top trader's systems and strategies

魏强斌 吴进
陈杰 文梅 ——————— 著

经济管理出版社
ECONOMY & MANAGEMENT PUBLISHING HOUSE

图书在版编目（CIP）数据

原油短线交易的 24 堂精品课：顶级交易员的系统与策略/魏强斌等著. —2 版. —北京：经济管理出版
社，2023.8
ISBN 978-7-5096-9177-9

Ⅰ. ①原… Ⅱ. ①魏… Ⅲ. ①原油—石油市场—市场交易—基本知识 Ⅳ. ①F830.92 ②F407.22

中国国家版本馆 CIP 数据核字（2023）第 149470 号

策划编辑：勇　生
责任编辑：勇　生　刘　宏
责任印制：黄章平
责任校对：陈　颖　王淑卿

出版发行：经济管理出版社
　　　　　（北京市海淀区北蜂窝 8 号中雅大厦 A 座 11 层　100038）
网　　址：www. E-mp. com. cn
电　　话：(010) 51915602
印　　刷：唐山昊达印刷有限公司
经　　销：新华书店
开　　本：787mm×1092mm/16
印　　张：47.75
字　　数：905 千字
版　　次：2023 年 10 月第 2 版　2023 年 10 月第 1 次印刷
书　　号：ISBN 978-7-5096-9177-9
定　　价：138.00 元（上、下册）

读者赞誉（第1版）

这本书对于新入门的投资者特别适合，虽然之前一直进行投资，但是由于没有理论支撑，也没有章法，完全靠感觉，并且知道有很多机会，却感觉无从下手。这本书详细地介绍了机械式的交易系统，提出了可操作的建议，非常实用。

——我***神

魏老师的作品还是不错的，每一本都有五六页精髓所在，很欣赏魏老师的是他的作品都有一个系统性框架结构，能让人了解事情的全部而不是局部。

——小***福

看着挺不错，印刷也好。物流飞快！！！！好多搞投资的朋友都推荐这本书！

——灿***0

这真的是一本交易股票、期货必备的书籍，解了我很多的迷惑，看第一遍的时候有些看不大懂，但还是看得懂的内容居多。特别想买作者的另外两本书。

——沉默的分量

非常好的一本书，有系统，有深度，容易理解，推荐很多人来买这本书了。

——最爱莎翁

这么多书，给我带来最大增益的就是魏强斌老师及其团队的书，果断买！简练明了，配有插图，书中让人对原油交易趋势的理解有了更深的认识，值得推荐，之前读过魏强斌的几本书，还有他翻译的著作都不错，是个懂行的交易者，值得推荐。

——投机道

不错，写得通俗易懂，对我这种菜鸟来说，的确是投资入门学习的不二选择，学习中。

——guojun1976

书挺好的，看了下前言和目录，挺实用的，印刷装订精美清晰！

——军当当

魏老师的书写得很有深度，非常全面，每本书都会买。

——金融大饿

比较合理的投资观和方法论，看得出作者是有实战经验的，有水平。有技术有策略，原油交易的经典之作，值得每个交易者好好研读，会有所收获的。

——小编同学

之前买的外汇三部曲，这次买这本，有所感悟。好书！基本面结合技术分析，大宗商品投资的正道！

——冒泡的小洋

可操作性强！非常喜欢这个！魏老师的书，值得珍藏！目前市面上还没有这种单独精解商品期货的书籍。

——room322

非常喜欢这本书！书质很好，讲得很详细，分析框架思路值得借鉴，正在学习方法。准备好好读！

——u***3

国内交易类图书中的精品！魏强斌的书就是实在。

——股精风御宁

非常不错！向大师学习，就像站在巨人的肩膀上，再结合自己的实践体验，才能少走弯路，人性的根本往往是相通相同的。

——wihong3

非常好，实用经典！值得好好读。

——后 ***8

非常喜欢这本书，很不错！一直在学习魏强斌的书，很不错！

——殇 *** 酌

非常好的一本书，可以说是手把手地教你建立交易系统。对系统交易者应该具备的技术、心理方面都有论述，也足够深入。值得反复阅读！

——艾书之二

很好，很经典，对致力成为专业交易员的新手很有帮助！这本书正在看。我感觉这本书还不错，金融类的书读起来是没有止境的。希望我把读书当成一种生活，让书来滋养我的生活和灵魂。

——莘华投资

很喜欢魏老师的书，对实战有指导意义。讲得很系统，是可以帮助建立起基本框

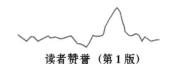

架的，不错不错，学习了，打算买点同系列的，继续学习。

——h***n

一本值得收藏的正版好书，印刷也很清晰，内容更不用说。是一本性价比很高的书！

——k201006280

很好的一本书，终于看完了一遍，还需要多读几遍领会其中的要领！作者的书看了很多，很有启发！

——w***m

书挺不错的，正在研读中，印刷非常好。很专业的书籍，值得一读！

——z***5

名家名作，值得学习和阅读。魏老师的书质量不用说了，纸质也很好，看起来很舒服，赞一个！

——2***m

魏先生的作品值得细看，国内为数不多的有真知灼见的财经作者。他的系列书全都有了，不错！

——y***e

讲解清楚，有宏观有微观，多读几遍，定有收获！

——月 *** 叫

满意！不错的书，提供了一个很好的分析框架。

——d***7

好书难得，多读几遍必然受益啊！这套书实用性还是不错的，有经验的人会有点体会。用着还不错，给大家推荐下。

——我 *** 魏

精品书，终于出版了！内容比较不错！听说不错买来学习一下，闲时读读感觉作者的书结合实际通俗易懂，要是结合实战感触会更深些，努力学习中。

——K***9

这算经典啦，怎么能够不收藏呢？魏强斌老师的书是不错的。看了一下目录，感觉是精品，好好读一下，有体会再分享。

——n***8

一直以来都喜欢看魏老师的著作，希望通过全面系统的学习，自己的交易水平更

上一个台阶。

——****h

多读读、多看看总是没错的。不错，有高度深度，假期读完。原油期货就快上了，先学习一下。

——谭***笑

一口气读完，值得购买。书很好，非常满意！不错，不错，非常不错的作品！感谢魏先生！

——铁***头

我不做原油，不过下册的交易系统相关的内容不错！

——爱奋斗de阿信

资料其实挺翔实的，看得出用心。如果后面要深入研究原油的话可以看这本了解个大概。

——Tinyhea

挺不错的书，形成了对原油交易的完整框架。对于新入门的人员来说，看这个就够了。

——刘旸

导言　成为伟大交易者的秘密

◇ 伟大并非偶然！

◇ 常人的失败在于期望用同样的方法达到不一样的效果！

◇ 如果辨别不正确的说法是件很容易的事，那么就不会存在这么多的伪真理了。

金融交易是全世界最自由的职业，每个交易者都可以为自己量身定做一套盈利模式。从市场中"提取"金钱的具体方式各异，而这却是金融市场最令人神往之处。但是，正如大千世界的诡异多变由少数几条定律支配一样，仅有的"圣杯"也为众多伟大的交易圣者所朝拜。现在，我们就来一一细数其中的最伟大代表吧。

作为技术交易（Technical Trading）的代表性人物，理查德·丹尼斯（Richard Dannis）闻名于世，他以区区 2000 美元的资本累积了高达 10 亿美元的利润，而且持续了十数年的交易时间。更令人惊奇的是，他以技术分析方法进行商品期货买卖，也就是以价格作为分析的核心。但是，理查德·丹尼斯的伟大远不止于此，这就好比亚历山大的伟大远不止于建立地跨欧、亚、非的大帝国一样，理查德·丹尼斯的"海龟计划"使目前世界排名前十的 CTA 基金经理有六位是其门徒。"海龟交易法"从此名扬天下，纵横寰球数十载，今天中国内地也刮起了一股"海龟交易法"的超级风暴。其实，"海龟交易"的核心在于两点：一是"周规则"蕴含的趋势交易思想；二是资金管理和风险控制中蕴含的机械和系统交易思想。所谓"周规则"（Weeks' Rules），简单而言就是价格突破 N 周内高点做多（低点做空）的简单规则，"突破而做"（Trading as Breaking）彰显的就是趋势跟踪交易（Trend Following Trading）。深入下去，"周规则"其实是一个交易系统，其中首先体现了"系统交易"（Systematic Trading）的原则，其次体现了"机械交易"（Mechanical Trading）的原则。对于这两个原则，我们暂不深入，让我们看看更令人惊奇的事实。

巴菲特（Warren Buffett）和索罗斯（Georgy Soros）是基本面交易（Fundamental Investment & Speculation）的最伟大代表，前者 2007 年再次登上首富的宝座，能够时隔

多年后再次登榜，实力自不待言，后者则被誉为"全世界唯一拥有独立外交政策的平民"，两位大师能够"登榜首"和"上尊号"基本上都源于他们的巨额财富。从根本上讲，是卓越的金融投资才使得他们能够"坐拥天下"。巴菲特刚踏入投资大门就被信息论巨擘认定是未来的世界首富，因为这位学界巨擘认为巴菲特对概率论的实践实在是无人能出其右，巴菲特的妻子更是将巴菲特的投资秘诀和盘托出，其中不难看出巴菲特系统交易思维的"强悍"程度。套用一句时下流行的口头禅"很好很强大"，恐怕连那些以定量著称的技术投机客都要俯首称臣。巴菲特自称85%的思想受传于本杰明·格雷厄姆的教诲，而此君则是一个以会计精算式思维进行投资的代表，其中需要的概率性思维和系统性思维不需多言便可以看出"九分"！巴菲特精于桥牌，比尔·盖茨是其搭档，桥牌游戏需要的是严密的概率思维，也就是系统思维，怪不得巴菲特首先在牌桌上征服了信息论巨擘，随后征服了整个金融界。以此看来，巴菲特在金融王国的"加冕"早在桥牌游戏中就已经显出端倪！

索罗斯的著作一大箩筐，以《金融炼金术》最为出名，其中他尝试构建一个投机的系统。他师承卡尔·波普和哈耶克，两人都认为人的认知天生存在缺陷，所以索罗斯认为情绪和有限理性导致了市场的"盛衰周期"（Boom and Burst Cycles），而要成为一个伟大的交易者则需要避免受到此种缺陷的影响，进而利用这些波动。索罗斯力图构建一个系统的交易框架，其中以卡尔·波普的哲学和哈耶克的经济学思想为基础，"反身性"是这个系统的核心所在。

还可以举出太多以系统交易和机械交易为原则的金融大师们，比如伯恩斯坦（短线交易大师）、比尔·威廉姆（混沌交易大师）等，实在无法一一述及。

那么，从抽象的角度来讲，我们为什么要迈向系统交易和机械交易的道路呢？请让我们给出几条显而易见的理由吧。

第一，人的认知和行为极易受到市场和参与群体的影响，当你处于其中超过5分钟时，你将受到环境的催眠，此后你的决策将受到非理性因素的影响，你的行为将被外界接管。而机械交易和系统交易可以极大地避免这种情况的发生。

第二，任何交易都是由行情分析和仓位管理构成的，其中涉及的不仅是进场，还涉及出场，而出场则涉及盈利状态下的出场和亏损状态下的出场，进场和出场之间还涉及加仓和减仓等问题。此外，上述操作还都涉及多次决策，在短线交易中更是如此。复杂和高频率的决策任务使得带有情绪且精力有限的人脑无法胜任。疲累和焦虑下的决策会导致失误，对此想必每个外汇和黄金短线客都是深有体会的。系统交易和机械交易可以流程化地反复管理这些过程，省去了不少人力成本。

　　第三，人的决策行为随意性较强，更为重要的是，每次交易中使用的策略都有某种程度上的不一致，这使得绩效很难评价，因为不清楚 N 次交易中特定因素的作用到底如何。由于交易绩效很难评价，所以也就谈不上提高。这也是国内很多炒股者十年无长进的根本原因。任何交易技术和策略的评价都要基于足够多的交易样本，而随意决策下的交易则无法做到这一点，因为每次交易其实都运用了存在某些差异的策略，样本实际上来自不同的总体，无法用于统计分析。而机械交易和系统交易由于每次使用的策略一致，这样得到的样本也能用于绩效统计，所以很快就能发现问题。例如，一个交易者很可能在 1、2、3、…、21 次交易中，混杂使用了 A、B、C、D 四种策略，21 次交易下来，他无法对四种策略的效率做出有效评价，因为这 21 次交易中四种策略的使用程度并不一致。而机械交易和系统交易则完全可以解决这一问题。所以，要想客观评价交易策略的绩效，更快提高交易水平，应该以系统交易和机械交易为原则。

　　第四，目前金融市场飞速发展，股票、外汇、黄金、商品期货、股指期货、利率期货、期权等品种不断翻出新花样，这使得交易机会大量涌现，如果仅仅依靠人的随机决策能力来把握市场机会无异于杯水车薪。而且大型基金的不断涌现，使得单靠基金经理临场判断的压力和风险大大提高。机械交易和系统交易借助编程技术"上位"已成为这个时代的既定趋势。况且，期权类衍生品根本离不开系统交易和机械交易，因为其中牵涉大量的数理模型运用，靠人工是应付不了的。

　　中国人相信人脑胜过电脑，这绝对没有错，但也不完全对。毕竟人脑的功能在于创造性解决新问题，而且人脑的特点还容易受到情绪和最近经验的影响。在现代的金融交易中，交易者的主要作用不是盯盘和执行交易，这些都是交易系统的责任，交易者的主要作用是设计交易系统，定期统计交易系统的绩效，并做出改进。这一流程利用了人的创造性和机器的一致性。交易者的成功，离不开灵机一动，也离不开严守纪律。当交易者参与交易执行时，纪律成了最大的问题；当既有交易系统让后来者放弃思考时，创新成了最大问题。但是，如果让交易者和交易系统各司其职，则需要的仅仅是从市场中提取利润！

　　作为内地最早倡导机械交易和系统交易的理念提供商（Trading Ideas Provider），希望我们策划出版的书籍能够为你带来最快的进步。当然，金融市场没有白拿的利润，长期的生存不可能夹杂任何的侥幸，请一定努力！高超的技能、完善的心智、卓越的眼光、坚韧的意志、广博的知识，这些都是一个至高无上的交易者应该具备的素质。请允许我们助你跻身于这个世纪最伟大的交易者行列！

Introduction　Secret to Become a Great Trader!

◇ Greatness does not derive from mere luck!

◇ The reason that an ordinary man fails is that he hopes to achieve different outcome using the same old way!

◇ There would not be so plenty fake truths if it was an easy thing to distinguish correct sayings from incorrect ones.

Financial trading is the freest occupation in the world, for every trader can develop a set of profit-making methods tailored exclusively for himself. There are various specific methods of soliciting money from market; while this is the very reason that why financial market is so fascinating. However, just like the ever-changing world is indeed dictated by a few rules, the only "Holy Grail" is worshipped by numerous great traders as well. In the following, we will examine the greatest representatives among them one by one.

As a representative of Techincal Trading, Richard Dannis is known worldwide. He has accumulated a profit as staggering as 1 billion dollars while the cost was merely 2000 bucks! He has been a trader for more than a decade. The inspiring thing about him is that he conducted commodity futures trading with a technical analysis method which in essence is price acting as the core of such analysis. Never the less, the greatness of Richard Dannis is far beyond this which is like the greatness of Alexander was more than the great empire across both Europe and Asia built by him. Thanks to his "Turtle Plan", 6 out of the world top 10 CTA fund managers are his adherents. And the Turtle Trading Method is frantically well-known ever since for a couple of decades. Today in mainland China, a storm of "Turtle Trading Method" is sweeping across the entire country. The core of Turtle Trading Method lies in two factors: first, the philosophy of trendy trading implied in "Weeks' Rules"; second, the philosophy of mechanical trading and systematic trading implied in fund manage-

ment and risk control. The so-called "Weeks' Rules" can be simplified as simples rules that going long at high and short at low within N weeks since price breakthrough. While Trading as breaking illustrates trend following trading. If we go deeper, we will find that "Weeks' Rules" is a trading system in nature. It tells us the principle of systematic trading and the principle of mechanical trading. Well, let's just put these two principles aside and look at some amazing facts in the first place.

The greatest representatives of fundamental investment and speculation are undoubtedly Warren Buffett and George Soros. The former claimed the title of richest man in the world in 2007 again. You can imagine how powerful he is; the latter is accredited as "the only civilian who has independent diplomatic policies in the world". The two masters win these glamorous titles because of their possession of enormous wealth. In essence, it is due to unparalleled financial trading that makes them admired by the whole world. Fresh with his feet in the field of investment, Buffett was regarded by the guru of Information Theory as the richest man in the future world for this guru considered that the practice by Buffett of Probability Theory is unparallel by anyone; Buffett' wife even made his investment secrets public. It is not hard to see that the trading system of Buffett is really powerful that even those technical speculators famous for quantity theory have to bow before him. Buffet said himself that 85% of his ideas are inherited from Benjamin Graham who is a representative of investing in a accountant's actuarial method which requires probability and systematic thinking. The interesting thing is that Buffett is a good player of bridge and his partner is Bill Gates! Playing bridge requires mentality of strict probability which is systematic thinking, no wonder that Buffett conquered the guru of Information Theory on bridge table and then conquered the whole financial world. From these facts we can see that even in his early plays of bridge, Buffett had shown his ambition to become king of the financial world.

Soros has written a large bucket of books among which the most famous is *The Alchemy of Finance*. In this book he tried to build a system of speculation. His teachers are Karl Popper and Hayek. The two thought that human perception has some inherent flaws, so their students Soros consequently deems that emotion and limited rationality lead to "Boom and Burst Cycles" of market; while if a man wants to become a great trader, he must overcome influences of such flaws and furthermore take advantage of them. Soros tried to build a systematic framework for trading based on economic ideas of Hayek and philosophic thoughts of

Karl Popper. Reflexivity is the very core of this system.

I may still tell you so many financial gurus taking systematic trading and mechanical trading as their principles, for instance, Bernstein (master of short line trading), Bill Williams (master of Chaos Trading), etc. Too many. Let's just forget about them.

Well, from the abstract perspective, why shall we take the road to systematic trading and mechanical trading? Please let me show you some very obvious reasons.

First. A man's perception and action are easily affected by market and participating groups. When you are staying in market or a group for more than 5 minutes, you will be hypnotized by ambient setting and ever since that your decisions will be affected by irrational elements.

Second. Any trading is composed of situation analysis and account management. It involves not only entrance but exit which may be either exit at profit or exit at a loss, and there are problems such as selling out and buying in. All these require multiple decision-makings, particularly in short line trading. Complicated and frequent decision-making is beyond the average brain of emotional and busy people. I bet every short line player of forex or gold knows it well that decision-making in fatigue and anxiety usually leads to failure. Well, systematic trading and machanical trading are able to manage these procedures repeatedly in a process and thus can save lots of time and energy.

Third. People make decisions in a quite casual manner. A more important factor is that people use different strategies in varying degrees in trading. This makes it difficult to evaluate the performance of such trading because in that way you will not know how much a specific factor plays in the N tradings. And the player can not improve his skills consequently. This is the very reason that many domestic retail investors make no progress at all for many years. Evaluation of trading techniques and strategies shall be based on plenty enough trading samples while it's simply impossible for tradings casually made for every trading adopts a variant strategy and samples accordingly derive from a different totality which can not be used for calculating and analysis. On the contrary, systematic trading and mechanical trading adopt the same strategy every time so they have applicable samples for performance evaluation and it's easier to pinpoint problems, for instance, a player may in first, second... twenty-first tradings used strategies A, B, C, D. He himself could not make effective evaluation of each strategy for he used them in varying degrees in these tradings, but systematic

trading and mechanical trading can shoot this trouble completely. Therefore, if you want to evaluate your trading strategies rationally and make quicker progress, you have to take systematic trading and mechanical trading as principles.

Fourth. Currently the financial market is developing at a staggering speed. Stock, forex, gold, commodity, index futures, interest rate futures, options, etc., everything new is coming out. So many opportunities! Well, if we just rely on human mind in grasping these opportunities, it is absolutely not enough. The emergence of large-scale funds makes the risk of personal judgment of fund managers pretty high. Take it easy, anyway, because we now have mechanical trading and systematic trading which has become an irrevocable trend of this age. Furthermore, derivatives such as options can not live without systematic trading and mechanical trading for it involves usage of large amount of mathematic and physical models which are simply beyond the reach of human strength.

Chinese people believe that human mind is superior to computer. Well, this is not wrong, but it is not completely right either. The greatness of human mind is its creativity; while its weakness is that it's vulnerable to emotion and past experiences. In modern financial trading, the main function of a trader is not looking at the board and executing deals—these are the responsibilities of the trading system—instead, his main function is to design the trading system and examine the performance of it and make according improvements. This process unifies human creativity and mechanical uniformity. The success of a trader is derived from tow factors: smart idea and discipline. When the trader is executing deals, discipline becomes a problem; when existing trading system makes newcomers give up thinking, creativity becomes dead. If, we let the trader and the trading system do their respective jobs well, what we need to do is soliciting profit from market only!

As the earliest Trading Ideas Provider who advocates mechanical trading and systematic trading in the mainland, we hope that our books will bring real progress to you. Of course, there is no free lunch. Long-term existence does not merely rely on luck. Please make some efforts! Superb skill, perfect mind, excellent eyesight, strong will, rich knowledge—all these are merits that a great trader shall have to command. Finally, please allow us to help you squeeze into the queue of the greatest traders of this century!

第二版序
最好的年华安放在最好的赛道

本书的整个撰写过程有十几年，第一版是在 2016 年前后完成的。6 年之后，应广大原油分析师和交易者圈子的强烈要求，对第一版的内容进行了彻底的修改和完善，许多专题进行了夯实，大大提升了含金量，内容增量在 70% 以上。

原油这个品种非常适合作为职业交易者的首选标的。无论是原油股票还是原油外汇，也无论是原油商品还是原油债券，原油作为"商品之王"，都是当之无愧的最佳交易标的，或者说原油交易是最好的交易赛道。

第一，原油交易量巨大，可以容纳很大的资金量，无论是对于个人交易者，还是对于机构交易者，可以认为不存在资金规模的天花板。原油与美债、黄金一样，是全球金融市场上交易量巨大的单一品种。黄金（Gold）、原油（Oil）和美元（Dollar）合称为"GOD"，这三者像"上帝"（God）一样统治了这个世界的政治、经济、社会和军事事务。

每一张美元背后都印着"In God We Trust"，这其实也是任何一个交易者的信条，只不过这里的"God"是黄金、原油和美元。通过牢牢地把握这三者的趋势，我们可以在任何大类资产的配置上处于优势地位。

正如美元被称为"美金"一样，原油也被称为"黑金"，足见其在国际经济体系中的重大意义和价值。国内一些期货品种的资金容纳量非常有限，或许几亿美元的资金要高效进出都比较困难，但原油市场是全球联通的，其总和交易量非常巨大，几十亿美元的资金也能够在其中便捷地建仓和平仓。

因此，如果你想选择一个可以从小资金一直做到超级大资金的单一品种，可以选择原油。海纳百川，有容乃大，原油市场对于交易者而言就是大海。**如果一个交易者或者对冲基金能够汇入原油市场这个大海之中，那么就选择了一个最大格局去成长和发展。**

第二，原油是全球性的交易品种，在各大洲都有重要的原油期货交易所。无论是在上海、纽约，还是在伦敦，或者是在迪拜、新加坡，你都可以对合规原油金融产品进行交易。**全球化是我们几代人正在经历的进程，所谓的"逆全球化"和"反全球化"不过是全球化过程中利益分配方案的争论而已。**

原油市场是全球化进场的特定载体，**国家与跨国资本在对立统一中相互制约，相互促进**，我们也在随时感受这种冲突和互动。正如春秋战国时期一样，一些跨国流动的个体开始萌发出世界治理的观念。跨国进行商业和投资活动是这个时代许多精英的典型活动，也许你仍旧保留国籍，但却经常生活在国外。

作为原油交易者，你可以在全球任何有互联网接入的地方通过金融市场争取丰厚而体面的收入。**原油交易提供了全球迁徙和居住的经济基础，这是任何一个身处全球化的个体都梦寐以求的生活。**

对于绝大多数人而言，自己拥有的技能和资源都只能局限在特定国家和地区之内施展和利用，但是**原油交易这门技能可以让你在全球范围内自由地迁徙和居住**，因为它可以让你在任何地方获得收入，进而维持体面甚至奢华的生活。**原油交易可以看作是人生赛道最佳之一，在这一赛道上奋发努力，你可以创造一个自由流动的全球逐利人生。**

第三，市场上有大量的原油市场研究机构，原油研究报告充足，提供了良好的分析基础。国内的商品期货市场研报数量有限，研究资源也远远逊色于证券市场。原油市场与通胀和利率关系密切，因此债券分析师、宏观经济分析师、策略分析师和银行分析师都会随时关注原油市场的变化；原油市场与能化板块、交通运输板块关系密切，因此能化分析师和交通运输行业分析师会持续关注和分析原油市场的变化；原油与地缘政治、美元关系密切，因此黄金和外汇分析师也会盯着原油市场的变化。全球的知名对冲基金，基本上都会出一些定期报告。在这些报告当中，原油市场分析都是不可或缺的部分。**在原油市场上，信息的流动更加公开和透明。**

第四，从最早的基础量化交易到现在的智能学习算法交易，原油市场一直是重点涉及的领域。如果你有算法交易的基础，或者再放宽一点条件，你有编程的基础，那么原油市场是一个非常适合发挥你优势禀赋的竞技场。算法交易是交易界最为重大的趋势，原油交易不可避免地受到这一进程的主导，我们也要自觉地加入其中，推波助澜，顺势而行！

第五，原油市场既与宏观经济和政策关系密切，也与地缘政治关系密切，同时也与各个具体的现代经济部门紧密相连，无论是工业、农业还是服务业，都与原油关系

密切。换言之，**原油受到了许多因素的影响，任何因素的重大变化，都可能对原油的价格产生巨大的驱动力，进而形成显著的波动。**无论是经济，还是政治以及军事，人类社会的重大变化都会体现在原油价格的大幅波动上。原油的波动率很高，交易活跃，基本每年都会出现大行情，这就为交易者提供了丰厚的利润来源。大宗商品大多受到蛛网周期的主导，或许要两三年才有一波大行情，但是原油的大行情频率更高，这就意味着在相同的期限内，原油市场的回报率更高。

人生苦短，机会成本是我们抉择的准绳。在金融市场和标的当中，原油有最长的坡，因为它可以容纳海量资金；原油有最湿的雪，因为它在单位时间段内可以提供更大的波动幅度。

赛道决定了你成就的上限，努力决定了你成就的下限。最好的赛道意味着最高的上限，你应该将自己的人生与努力安放在最好的赛道上。在金融交易中，原油交易就是这个最好的赛道。以勇者之名，迎难而上，变赛道为霸道，行王者之仪，鲸入大海何雄哉！

道由白云尽，春与青溪长。

愿你，作这大鱼，入这大海！

前　言
商品之母！一切商品交易者的起点

美国前国务卿基辛格与清朝的曾国藩都堪称是"中兴之臣"。越南战争从 1959 年持续到 1975 年，五任美国总统牵涉其中，美国从一个债权国变成债务国，美元霸权地位摇摇欲坠。基辛格通过与沙特谈判，让原油以美元进行贸易和结算，进而在整个石油输出国组织中扩大了美元的垄断地位。"石油美元"代替"黄金美元"，美元霸权起死回生，加上地缘战略收缩，与中国交好，美国霸权重启升势。

石油美元是美元霸权的根基，谁动了这个根基谁倒霉。伊朗的巴列维、伊拉克的萨达姆都是犯了美国的大忌，美国自然不肯放过他们。1977 年，伊朗的巴列维国王与德、法等西欧国家签订了价格稳定的长期供油协议，并且要求伊朗将财政盈余存入欧洲大陆的银行系统，这笔钱可以作为投资基金投资于发展中国家，同时欧洲准备成立单一货币区。两个操作结合起来，相当于伊朗出口原油的收入最终会流回到这个货币区，并且以这种货币的形式进行投资，最终就会演变成伊朗直接接受用这种货币为原油出口进行结算。这无疑是在动摇美元的地位，最终巴列维国王被美国策动的政变赶跑了。不过，政变的结果最后也大大地超出了美国的控制能力，因为通过政变上台的霍梅尼并不想成为美国的傀儡，所以他吸取了前任的教训，利用伊朗中下层人民的支持赶走了美国人。

另外一个企图动摇美元的石油基础的人是萨达姆，这个人趁着伊朗政变的机会，入侵伊朗，"两伊战争"爆发。后来战局越来越不利于伊拉克，结束"两伊战争"之后，萨达姆仗着自己立了大功和美国此前的支持，入侵了科威特。但是，很快就被收拾了一番。2000 年，萨达姆宣布伊拉克原油出口将以欧元结算，这一下就捅了美国的要害，于是后来美国找了个借口把萨达姆给彻底打败了。

原油不仅仅是原油，基辛格有一句话现在被广泛引用——"倘若你控制了石油，你就控制了所有国家；倘若你控制了粮食，你就控制了所有人；倘若你控制了货币，你

就控制了整个世界。"美国得天独厚的地理条件加上转基因技术，使美国农业占据了全球主要农产品贸易的半壁江山，"粮食美元"让美元霸权更加坚固。

基辛格谋划了一局很大的棋，通过把石油和粮食与美元绑定，加上国际货币基金组织（IMF）和国际资金清算系统（SWIFT）控制了全球货币体系；通过强大的军队控制了全球贸易的主要通道；互联网的中枢在美国的控制之下，资金流、贸易流和信息流都在美国的主导之下，而这一切都是由基辛格的大战略奠定的，美国从摇摇欲坠中重新称霸，基辛格扭转了乾坤。

历史告诉我们石油/原油有多么重要，金融市场则会直观地告诉我们原油有多大的影响力。从农产品、工业品到股市、债市、汇市，原油的影响无处不在。原油是现代经济的"血液"，因此与股市关系程度很高，况且能源股往往是指数的权重板块。原油价格与通胀关系密切，而通胀对债券价格影响很大。原油价格导致原油出口国和进口国的国际收支剧烈变化，这自然会影响到外汇市场。

原油与商品的关系那就更加密切了，农产品可以制作生物燃料，而生物燃料的产量与原油价格密切相关，农产品的生产离不开化肥和农药，而这些离不开原油。农产品的运输也离不开原油。工业品与原油的关系就不用展开了。因此，做商品交易的人必定要研究两个因素：第一是美元，第二是原油。不管你做什么商品期货，你都必须花大工夫来研究原油的走势。

原油是商品之母，黄金是货币之母。我对这两个品种的研究和交易超过十五年，形成了自己的分析框架，自己不但基于这个框架进行研究和交易，也基于这个框架来培训原油和贵金属交易员。

本书讲的是原油，但是所有的商品交易员都应该认真研究原油，因为这是一切商品交易的起点。不懂原油，就做不好商品期货交易！

原油的方方面面太多，技术面的东西我就不详细展开了，因为这些东西大家都在讲，你绝不缺乏相应的资料。技术面的东西有没有用？肯定有用。不过，你看看在原油市场上积累大笔财富的那些对冲基金和独立投资人，他们的研究对象是什么，他们的研究过程是什么，技术分析只占很小的一部分，甚至根本不考虑。

讲原油交易的书不少，要么是概念科普类的，要么是"技术神器"类的，但凡做过一两年原油交易的人对此只能一笑置之。要从原油市场上持续挣到利润，绝不是靠什么神奇的技术指标，如果你能用几个指标就把市场战胜了，那么战争也同样可以用几个指标就打赢了，但现实要残酷和复杂得多，因为当你用指标打败对手时，对手也会提高、也会适应、也会进化，最终没有一个死板机械的东西可以一劳永逸地成为你

的提款机。

　　一分耕耘，一分收获，只有你全身心地投入原油价格影响因素的系统研究之中，你才能持续赢得大部分的胜利。我们要静下心来，专心致志地沉浸在原油的分析过程中，心无旁骛，最终定能水到渠成。成功交易是系统研究的副产品，你记住这句话，就不会那么浮躁了，就不会妄想用现象去预测现象，用几个指标和线条将市场的运动一览无余。

　　绝而定，静而治，安而尊，举错而不变者，圣王之道也。

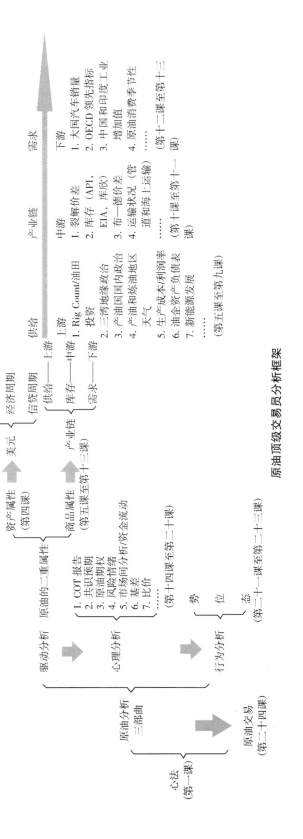

原油顶级交易员分析框架

目　录

上　册

随着北美页岩油气成为原油的边际供给者，其对原油价格区间高点和低点的影响力越来越大，因此钻井数量 Rig Count 成了我们分析原油供给的一个最佳入手点。分析原油供给，不是看库存，因为库存大多数情况下往往是一种实体经济中的主动投资或者被动投资，当原油价格上涨的时候，库存往往成为需求，补库存成了主要操作，而原油价格下跌时，库存则变成了供给，去库存成了主要操作，因此上游和下游是先行指标，而中游往往是一个油价的滞后指标。所以，不能将库存单纯看成是供给力量。

根据近五百年的全球地缘政治现实得到的一个理想化的地缘政治分析模型，我们称之为"地缘政治金字塔"。以这个金字塔作为推演沙盘，我们可以分析过去、现在和未来的全球重大地缘事件和背后的战略。这个金字塔是由五个等边三角形嵌套构成，能够熟练地运用这个地缘政治金字塔，就能够很好地把握国际地缘政治脉络和动向，从而在原油中长期投资中占得先机。

加拿大的主要产油区在"阿尔伯特省"和"萨斯喀彻温省"，这两个地区如果出现什么天灾人祸，危及到原油生产，那么油价肯定会有相应的反应，比如 2016 年 5 月这个地方发生森林大火影响到了原油生产，从而同其他因素一起推升了国际油价。

原油产业链格局已经或者正在发生深刻的变化，以前我们分析上游/供给的时候是以OPEC 为中心，但是现在北美页岩油是一个新的主导因素，因为原油的阶段性波动往往与北美页岩油气富有弹性的供给有关。原油的商品属性有两个根本性的格局变化，第一是上游除了 OPEC 还要重点关注北美页岩油，第二是下游除了中国需求还要重点关注印度需求。新一轮大宗商品的大牛市能不能来，重点看欧亚大陆中部和南亚次大陆。

最近几十年的战争主要通过两个方面影响原油价格：第一个方面是战争或许会牵涉到石油美元国家抛售美国国债，这样会导致美元贬值，如果美国牵涉其中，则会导致美国赤字上升和陷入不安全状态，由此也会导致美元贬值。在上述情况下，战争会作用于原油的资产属性，继而影响到原油价格。第二个方面是战争会影响原油产业链上的特定环节，特别是供给，这样战争就会作用于原油的商品属性，进而影响原油价格。

原油库存的主要数据有 EIA 原油库存数据、API 原油库存数据、OECD 原油库存数据、IEA 原油库存数据、OPEC 原油库存数据、库欣库存数据、中国原油储备数据等，这些数据是由不同的机构主体发布的。其中最为常用的是 EIA 原油库存数据、API 原油库存数据、库欣库存数据，这三个数据都是美国的相关机构发布的，对于原油市场的短期波动影响很大，也是原油交易者定期关注的数据。我们介绍原油库存，主要就是讲这三个数据。

WTI-Brent 价差是全球能源研究机构和交易员都非常关注的一个指标。影响 WTI-Brent 价差的因素有原油品质差异、库欣库存变化、地缘政治变化、自然灾害、经济景气程度、美元、投机力量、非洲-欧洲与北美原油产量差异，等等。

印度的发展水平与中国相比还有很大差距，即便在这种情况下它的原油进口也占了 10.11%。印度是一个拥有 12.96 亿人口（2014 年）的大国，但是石油、天然气储量仅占世界储量的 0.3%和 0.7%。由于本土能源资源储存和产量严重不足，对海外依赖度很高。印度本国权威机构预测到 2030 年，印度 90%的石油和天然气将来源于国外。而国际权威机构 IEA 则预测，从 2014 年到 2040 年印度原油需求的增量将大于中国。

下 册

如果价格往往反季节性，则说明有大行情，而大行情的方向就是与季节性相反。淡季走强，往往表明基本面非常强劲，趋势往上，做多机会；淡季走软，往往表明基本面非常疲弱，趋势往下，做空机会。异常值是非常重要的信号，我经常强调"异常背后必有重大真相"，反季节性走势就是异常值，是非常宝贵的信号。

COT 数据分析的第一个要点是原油非商业净多头与原油价格走势之间存在非常强大的正相关性；第二个要点是非报告净多头往往跟随非商业净多头运动，这表明散户的投机资金往往与主力投机资产的动向一致而且前者追随后者；第三个要点是商业净多头与非商业净多头是反向变化的，互为镜像关系，因为商业头寸以套保为主，而非商业头寸以投机为主，套保和投机互为主要对手盘；第四个要点是非商业净多头的进入历史高值区域则容易构筑顶部，非商业净多头进入历史低值区域则容易构筑底部。

　　如果美国是相对低息货币国家，那么美元走强，往往与避险需求有关，这个时候风险厌恶情绪高涨，这个风险厌恶情绪如果是经济不稳定引发的，那么意味着原油的下游也会受到负面冲击。这就是两个属性都利空原油走势：一方面，避险需求使得美元走强，进而通过资产属性使得原油走弱；另一方面，避险需求与全球或者主要经济体经济不稳定有关，这就使得下游负面冲击通过商品属性使得原油走弱。

　　黄金与原油都是"母亲"，黄金是"货币之母"，原油是"商品之母"，黄金与虚拟经济关系密切，原油与实体经济关系密切。不过，现在能照出虚拟经济泡沫的恰恰是黄金，能够反映出实体经济不振的恰恰是原油。用纸币来衡量资产的价格往往不准确，因为纸币本身容易超发，而纸币一旦泛滥必然引发资产价格重估，所有大类资产都会涨价。但是，如果你将黄金作为价值尺度来衡量各类资产的价格，就会发现不会那么吓人，还是比较平稳的。简而言之，黄金是资产泡沫的"照妖镜"。

　　至于如何利用汇率来预判原油价格走势，简而言之就是将汇率看作各国经济的晴雨表，而不同国家位于原油产业链不同环节，特定汇率可以对应特定的原油产业链环节，特定的汇率表明产业链特定环节的健康程度。

　　为什么原油可以作为判断其他大宗商品走势的基石？第一，原油也是"非美资产"，美元通过资产属性也影响了原油的价格，因此油价体现了美元走势的预期。其他大宗商品很多也是以美元计价，或者是其上游产品以美元计价。第二，其他大宗商品的生产、加工、运输过程中几乎离不开原油的提炼物。第三，某些大宗商品或者是它们的提炼物是原油的替代品，比如制造生物燃料的大豆、白糖等。第四，大宗商品特别是工业品主要受到经济周期的影响，而原油作为经济运行的基础自然也深受经济周期的影响。

　　收益率曲线具体怎么用到研判原油走势上？第一，收益率曲线如果近乎水平状或者短期利率甚至高于长期利率，那么原油见顶可能性大增；第二，收益率曲线如果因为远端上升而变得陡峭，那么原油见底可能性大增。排名前三名的原油消费国和进口国的收益率曲线反映了未来原油的下游需求端的情况。另外，美国的收益率曲线也非常重要，因为它既是原油消费大国，同时美元走势也受到收益率曲线的影响，而美元则会通过资产属性影响原油价格。

当他们发表看法时，我们要问为什么他们有这样的观点？背后的逻辑和证据是什么？他们的意图是什么？他们是想要找"接盘侠"，还是想要驱动市场朝着对自己头寸有利的方向继续前进，又或者只是为了表达自己的观点？当他们采取某种行动时，我们要探究他们这样的原因是什么？要解答上述问题，光靠猜测和内幕信息是行不通的。我们要结合当时的产业链背景和美元走势去理解他们的言行。

大家应该习惯于"技术分析"的叫法了，但是这个叫法容易让人误导，产生一种"科学技术"的幻觉，仿佛这是一门"技术含量高"的"能力"和"学问"。但是，多年交易成败得失的经验表明技术分析并非"技术"，而是一门混合着经验与迷信的"金融巫术"。巫术并非贬义，也不是褒义，而是实证性的描述。现代科学就来源于"巫术"，巫师是最早的知识分子和科学家。技术分析的价值和纰漏不断得到行为金融学家和交易者的批判和完善。为了不被"技术"二字误导，我更愿意称其为"行为分析"。"行为"只是表明市场被我所观察到的动作，所见而非所想，尽量去除主观的看法。

回调点位有很多，但常用的是 0.383、0.5 和 0.618。再进一步简化则以 0.382~0.618 的区域作为支撑区域，看原油价格是否能够在此区域内出现看涨反转 K 线。反弹点位有很多，但是常用的是 0.383、0.5 和 0.618。再进一步简化则以 0.382~0.618 的区域作为阻力区域，看原油价格是否能够在此区域内出现看跌反转 K 线。

形态分析过于纷繁复杂，单单就 K 线形态而言就存在上百种模式，不光是初学者，即使是入行多年的老手也认不得其中的大部分模式。很多采用 K 线形态进行行情分析的交易者向我诉说了他们最为头疼的问题：由于记不清众多的形态，所以无法在行情走势中准确识别出它们。如何解决这一问题呢？毕竟，高效的记忆和识别形态模式对于交易者提高交易效率而言非常关键，化繁为简的同时还能够不降低效率无疑是每个交易者对新形态分析技术的希望所在。敛散模式也许可以在某种程度上满足交易者的这一愿望。

技术分析书籍将人引入了一个"死循环"，让很多人耗费多年的光阴而无法得到实质性的提高，让很多人越做交易越没有信心。因为纯技术分析如果不加上仓位管理是不可能持续获利的，而纯技术分析加上仓位管理后就面临一条"反比曲线"，这条反比曲线就制约了你的高度，你沿着边际改善方向一前进一段时间后会觉得报酬率太低，以致期望值可能为负，然后你又会沿着边际改善方向二去努力，一段时间后你会发现胜算率实在是太低了……在

一条既定的反比曲线上你就这样反反复复地努力，但是都被困在原地，这就是"轮回"。要跳出"轮回"就要"觉悟轮回"，而"跃升图"给了我们工具。

一切交易成功的起点——客观思考的要旨和方法

有些禁锢我们思想的东西，应该学会去忘记。当我们学会去忘记这些东西的时候，就会发现我们本该释放出来的能量。

——保罗·格雷厄姆（Paul Graham）

为了在复杂的世界里面自由翱翔，你需要将注意力从短期事件上面移开，看到更长期的行为和系统内在构造，不要被表象所迷惑。

——唐奈勒·H.梅多斯（Donella H. Meadows）

从长远来看，一个全新的想法将比微小的改进更有影响力。

——杰弗里·辛顿（Geoffrey Hinton）

确定真正要量化什么，几乎是所有科学研究和决策的起点。

——道格拉斯·W.哈伯德（Douglas W. Hubbard）

每个人的灵魂里都有一团火，却没有人去那儿取暖，路过的人只能看到烟囱上的淡淡薄烟，然后继续赶他们的路。

——梵高

计利以听，乃为之势，以佐其外。势者，因利制权也。

——孙武

当新信息与之前的观点不相符的时候，分析者应该对这种意外给予足够的重视。

——肯尼斯·A.波斯纳（Kenneth A. Posner）

我的秘诀是钻到一群比我聪明的人里面去，所以在很多方面我都根本没觉得自己有什么天赋。

——杨立昆（Yann LeCun）

在自己身上，克服这个时代。

——尼采

一定要看到问题的本质，我们做研究的时候要不断问自己：问题的本质是什么？本质的研究应该有几个特点？首先，它的结果应该是简单的，因为无论是哪个领域的基本原理和方法，其核心内容应该都是非常简单的。其次，本质的研究应该有好的数学理论基础，能保证其系统性和逻辑性。还有，在应用领域本质的研究应该能很有效地解决实际问题。

——李航

本书主要讲原油交易的基本面和心理面分析，但是为了完整也会谈到行为面分析。不过要正确地认识和运用上述知识和理论框架还需要我们有一个恰当的心态，或者说思考方法。如果我们没有正确的思考方法，就算怀揣最好的理论也无济于事。

交易的本质是博弈。博弈取胜的关键在于决策过程的相对有效性，也就是相较于对手而言我们的思维过程有多少有效性。

能否战胜对手取决于相对占优的决策思路。我们可以利用博弈论提出的"占优策略"。所谓的"占优策略"就是指无论竞争对手如何反应都属于我方最佳选择的竞争策略。

我来讲一个真实的例子，我有两位朋友同时在伦敦做铜交易，当然这是投机交易，而非套保。其中一位我们暂且称为A君，另外一位则是B君。两人其实是同一位前辈带出来的学徒，当然他们算是这位前辈比较优秀的学生，其他那些师兄弟基本已经不在这个行当了，最多是做一些非交易的外围工作，比如经纪人之类的。尽管两人师出同门，而且是在差不多相同的时间段内进行学习和实践的，据我所知两人接受的学习内容和分析框架是非常近似的，但是绩效却有天壤之别。在伦敦这个国际金融中心跻身为正式的交易员表明两人的智商都不低，同时两人当年的出国成绩也相差无几，这表明两人智商水平是差不多的。那么，他们究竟有什么不同导致了交易绩效上的重大差别呢？

除了金融投机之外，伦铜沪铜的套利交易算得上是国内最为成熟的套利交易之一。沪铜与伦铜的期货合约价格走势具有相当的一致性，沪铜与伦铜3月期价格比值基本围绕10上下波动。1998年之前，两者的价格比值会出现高于12和低于9的极端比值，主要是因为当时铜的走势活跃。

从结果的差异追溯原因可以为我们提供前行的更好指南。

我们在毫无情绪和压力干扰下能够高效地运用理性思维，这个时候就能很好地运用理论框架进行分析。A君的情绪波动较小，有时候给旁人木讷的感觉，而 B 君喜欢社会交往，热衷于夜店活动，虽然精力旺盛，但是身体并未处于最佳状态，自然情绪波动也相对较大。虽然他们两人智商差不多，运用的理论和掌握的知识水平也差不多，但是却因为情绪的扰动程度存在差异，而表现出明显的业绩差异。在我正式探讨和分析他们两人的绩效差异时，B 君已经对交易萌生了退意，因为他认为每天阅读研究员提交的分析报告是一件苦差事，更好的生活应该是丰富多彩和灯红酒绿的。

身在高处不胜寒，交易是一门孤独者的事业，一旦我们无法静下心来那么基本上可以说败局已定，退出只是早晚的事情。如若无人之境，这是你心无旁骛地研究对手和格局时需要保持的状态，这不是一句大而不当的无用空话，因为我会在本课当中具体地说明如何在分析和交易中做到这一点。

情绪的本质是为了我们能够更安全地生存和繁衍下去，任何情绪都是为了竞争有限的资源以便实现"基因表达最大化"的根本目标（见图 1-1）。当你妒忌的时候，其实是基因要求你采取行动避免资源被强者抢走或者占有；当你看到美女或帅哥开始不由自主地追求时，其实是因为与颜值更高的人结合可以让后代更具"性竞争资源"和基因复制优势；当你愤怒的时候，其实是在调动一切身体能量，同时向潜在利益争夺者发出警告信号……情绪的本质是基因的存在和**复制意愿**！

如何管理好自己的情绪呢？推荐 EFT 技术。EFT 是 Emotional Freedom Technique 的简称，意为"情绪释放技术"，是一种心绪释放技术，可以迅速而有效地在几分钟内，释放掉负面情绪和一切挥之不去的心理创伤或阴影。

优秀的交易者必然是长期专注的，而专注必然要求隔离一切干扰。再聪明的人如果与注意缺陷或多动障碍（多动症）沾边的话，也会极大地影响其潜力的发挥。

经济学的前提是自利的人，其实还可以更进一步，即"经济学的前提是追求最大化表达的基因"。

图 1-1 情绪的本质

情绪是几百万年以来人类在漫长的进化过程中形成的一种生存和繁衍机制，但是工业革命和信息革命的急速发展，使我们在原始丛林中进化出来的本能并不适应急速变化的现

如何在原油市场中寻找重大的机会呢？利用群体的极端非理性。

代环境，而金融市场正是现代环境的代表之一。

情绪代表了一系列应对环境和格局的策略，策略的有效性是有前提的，一旦错配必然导致不利的结局。 情绪/策略与情景之间的错配，我们定义为非理性。所谓非理性就是没用因具体情景和对手的变化而变化，理性带来利润，非理性带来亏损。

非理性行为是因为情绪让我们采取或者说执着于无法有效应对具体情形和对手的策略。无论是原油期货交易还是其他任何类型的行为，我们都面临这一个关键的问题。

非理性同时也带来了风险和机会，因为当我在博弈中处于非理性状态的时候，那么风险就放大了，机会就变小了，这是对我而言，如果对手恰好处于理性状态，那么在我这里放大的风险就成了他获利的机会（见图1-2）。

	对手	
	非理性	理性
我 非理性	有机会 有风险	有风险 无机会
理性	有机会 无风险	无机会 无风险

图1-2　机会和风险的分布

来看一个具体的例子（见图1-3），2020年4月20日美国WTI原油期货5月合约（2020年4月21日到期、2020年5月交割）在美国芝加哥商品交易所的场内最后交割价格跌至负值，导致美原油指数跌至极端低点6.5美元，这就是极端非理性带来的重大交易机会。此后，原油一路上涨到85美元附近的高点。

原油价格跌至负值，这肯定是不能持续的重大非理性情形，这是驱动面/基本面定义非理性行为。从行为面/技术面也可以看出许多端倪，比如从斐波那契点位、价格形态和成交量就可以看到不少见底的显著特征（见图 1-4）。

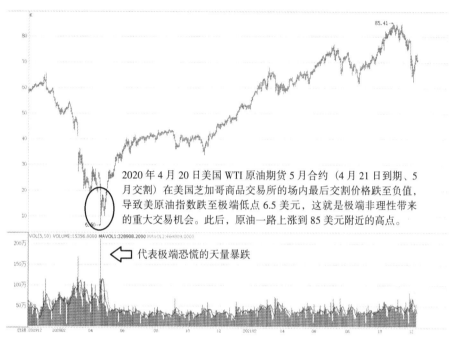

2020 年 4 月 20 日美国 WTI 原油期货 5 月合约（4 月 21 日到期、5 月交割）在美国芝加哥商品交易所的场内最后交割价格跌至负值，导致美原油指数跌至极端低点 6.5 美元，这就是极端非理性带来的重大交易机会。此后，原油一路上涨到 85 美元附近的高点。

代表极端恐慌的天量暴跌

图 1-3 2020 年 4 月 20 日原油市场的极端恐慌

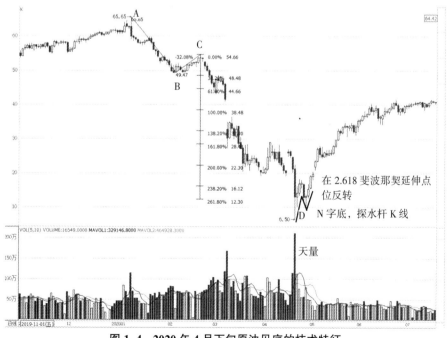

在 2.618 斐波那契延伸点位反转

N 字底，探水杆 K 线

天量

图 1-4 2020 年 4 月下旬原油见底的技术特征

VIX（Volatility Index）简单来讲就是"波动率指数"，俗称"恐慌指数"。它是由 CBOE（芝加哥期权交易所）在 1993 年所推出的，是指数期权隐含波动率加权平均后所得之指数。当 VIX 越高时，表示市场参与者预期后市波动程度会越加激烈，同时也反映其不安的心理状态；相反，如果 VIX 越低时，则反映市场参与者预期后市波动程度会趋于缓和的心态，也因此 VIX 又被称为投资人恐慌指标（The Investor Fear Gauge）。

关于这里用的相关技术，我们会在整个课程当中穿插出现，并且会在第二十一课至第二十三课全面介绍。原油短线交易主要是在日线和 1 小时线的基础上展开的，因此我们会重点介绍这两个时间框架上的技术分析和运用。

当然，除了从基本面和技术面角度把握非理性机会之外，还可以叠加心理面来过滤，比如 VIX 和 COT。VIX 作为恐慌指数可以很好地测度全球金融市场的风险情绪，出现极端高值，往往可以判断市场处于非理性状态，可以从事均值回归交易，比如 2020 年 4 月这一指标就处于极端高值状态（见图 1-5）。在本教程第十五课我们会全面地介绍这一指标在原油短线交易中的运用。

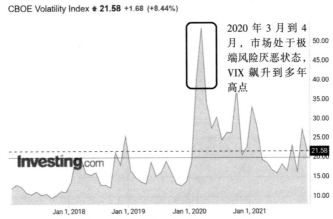

图 1-5　2020 年 4 月的恐慌指数飙升

资料来源：Investing.com.

在原油短线交易中，除了 VIX 之外，COT 报告的极端持仓也可以作为判断重大非理性机会的指标，其中 4 年内的持仓极大值或者极小值往往与极端价位联系起来。在后面的课程中会详细介绍原油 COT 报告的具体用法。

原油期货交易是非常激烈的博弈，除了美国国债市场之外，恐怕原油交易的参与者是最具实力的，这里面有许多激动人心的历史事件。

毕竟，现代经济完全建立在原油提供的能源基础之上，

原油影响了农业、工业，甚至第三产业。**原油就是玩家们争夺的最重要经济资源**，空气也许是必需的，但是现在却并不相对稀缺。原油交易要取胜，关键是先立于不败之地，而后求胜，**不可胜在己，可胜在敌**。自己要理性起来，同时也要抓住其他玩家非理性的机会，这就是一切交易成败的根源。

　　交易成败源于我们利用"理性/非理性的不对称分布"带来的"风险/机会的不对称分布"，那么"理性/非理性的不对称分布"的根源是什么呢？如果理性是 A，那么非理性就是非 A，两者之和应该等于 1，我们只要搞清楚了非理性的根源，就必然能搞清楚理性的根源，最终就能搞清楚两者不对称分布的根源（见图 1-6）。

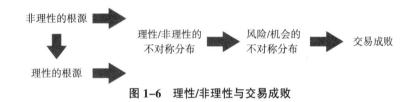

图 1-6　理性/非理性与交易成败

　　非理性的主要来源有哪些？大脑中什么东西在误导我？你能回答这两个问题吗？为什么这两个问题比本教程后面要提到的那些直接与原油分析和交易有关的内容更为重要？如果说分析和交易的具体框架和技巧是应用软件的话，那么理性与否关系到操作系统的正常运转。为什么做交易这么难？为什么学了很多具体的策略和技巧还是很难赚到钱？因为你只是关注了应用软件层面的问题，忽略了操作系统本身的效率（见图 1-7）。前面讲的 A 君和 B 君，两者都装了"伦铜分析和交易思维软件 2.0"，但 A 君是将应用软件装在"X 操作

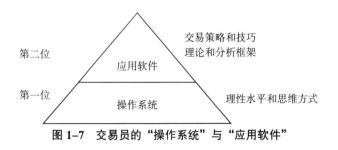

图 1-7　交易员的"操作系统"与"应用软件"

大数据被称为"智能时代的原油"。

资源是稀缺的，并且基于实力和理性程度进行分配！

为什么少部分人做大多数事情都能够取得高于一般水平的绩效呢？其实是因为他们的"操作系统"效率高于一般人，而非具体的技能上有天赋。

系统 3.0"上的，而 B 君则将同款软件装在了"X 操作系统 1.0"上。

如果某种交易策略和框架在某人手中持续盈利，而在你那里却显得绩效不佳，那么问题往往不在应用软件上，而在操作系统上。 如何去分析和交易原油，我们要讲 24 堂课，只有第一课是讲"操作系统"的，但确实是最为重要的，很多人交易为什么一直无法突破盈利的门槛，那是因为他们没有迈过我们这堂课提到的这个门槛。

讲具体分析思维，具体交易技巧，具体基本面框架，你能不能真正用好还得看操作系统。"Garbage in，Garbage out"（垃圾进，垃圾出）有时候并非现实问题的关键，当出现"Essentials in，Garbage out"（精华进，垃圾出）的时候反而是最重要的信号。为什么这样说呢？首先，"垃圾进，垃圾出"，表明你的操作系统可能不是问题所在，但是"精华进，垃圾出"，则表明你的操作系统肯定有问题。信息好，不是真的好，运用程序好，也不是真的好，操作系统好才能带来彻底绩效的提升。记住，根本性的变革在于变革你的系统！变革你的思维系统，变革你所处的社会系统（见图 1-8）！修修补补往往于事无补！

完全的量化就可以完全地复制。卓越的交易策略如果可以完全量化的话，那么就可以得到相同的预期绩效。机器学习在原油交易中的运用也越来越广泛了，如何看待它在交易竞争中的价值？

算法和数据，谁更重要？

最好的人生安放在最好的赛道，其实就是位置决定成就论。

图 1-8　内系统与外系统

回到细节中来，回到"如何做到"这个落地的问题中来。交易当中非理性的主要来源具体有哪些？

第一，真空环境当中评价基本面消息。基本面是一个整体，不是单独看某一个因素。虽然每个阶段有一个主导因素，或者说主要矛盾，但我们是在整体全面的基础上确定单一因

素作为主导的。基本面绝不是道听途说地拿着某篇文章的结论作为进出**场指南**。

来看一个实例。2020 年 4 月 13 日，OPEC+产油国宣布正式达成新一轮减产协议，预计当年 5 月到 6 月参与减产的国家整体减产幅度将达到 970 万桶/日，减产规模史无前例。这一条基本面消息是不是一个重大利多？减产规模很大，号称"史无前例"（见图 1-9）。但是，原油价格却大幅下跌，一周就跌出了惊天动地的"负值"。

结合背景看问题，而不是孤立地看。我们平时评论某人某事的时候，往往习惯于就事论事，理性的方式是结合大背景来看。

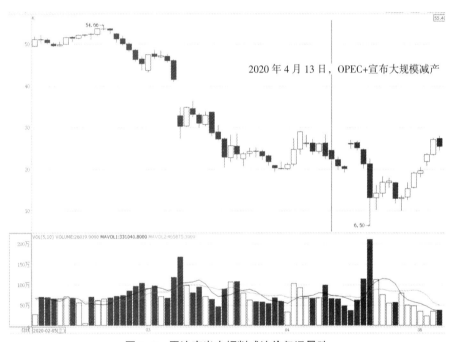

图 1-9 原油产出大幅削减油价仍旧暴跌

为什么会这样呢？不能只见树木不见森林。减产提振了供给端，但未能抵消新冠肺炎疫情对需求端造成的重大影响。当时，国际能源署（IEA）认为全球石油需求可能会以每天 930 万桶的创纪录速度下降。而 2020 年 4 月的石油需求降幅估计为 2900 万桶/日，当年第二季度的需求预计将较上年同期下降 2310 万桶/日。另外，此前石油价格战时，多地囤积的石油需要时间消化。

也就是说不光需求很差，库存也很高，就算供给削减了，

也无法推动价格马上回升。价格是由供求双方一起决定的，只看供给面利多，就是在真空中看待消息。况且，除了供求之外，市场心理情绪也会影响原油期货价格，要看见全局，除了基本面，还要看心理面和技术面。

第二，旧闻当新闻。旧闻是已经发酵了文章，生命力已过大半，除非是重大基本面变化，否则往往成为"绞索"。旧闻基本体现在了此前的价格走势中，新闻才能驱动价格的当下和未来走势。

来看一个具体事例。在2017年5月25日召开的OPEC半年度会议上，OPEC与以俄罗斯为首的非OPEC产油国同意将石油减产协议延长9个月，维持约180万桶/日的减产幅度不变。在不限制伊朗、利比亚和尼日利亚产量的基础上，没有新的非OPEC产油国加入减产计划。此前一周OPEC将市场胃口吊到了延长减产协议一年甚至更长，且可能扩大减产规模的高度，市场早已消化此预期，并未有超预期内容。在延长减产协议得以兑现后，油价直线下行。减产新闻已成旧闻，不能作为顺向做多的依据（见图1-10）。

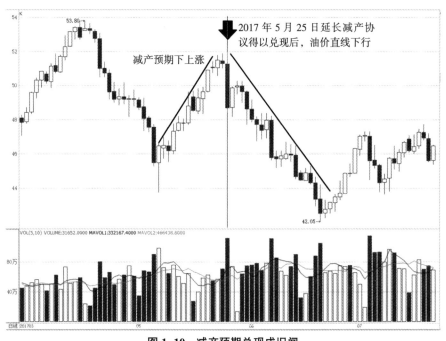

图1-10　减产预期兑现成旧闻

第三，倾向效应。什么是"倾向效应"？那就是"截短利润，让亏损奔腾"。赚一点就跑，亏了就一直套着，这就是典型的倾向效应。这种仓位管理模式是人类的天性，长期下来收益期望值必然为负。

在原油市场上，国内最广为人知的一个体现"倾向效应"的案例是"中航油巨亏事件"。2003 年 10 月，中国航油（新加坡）股份有限公司负责人陈久霖预判油价将会在 2003 年第四季度进入下跌趋势，因而在当时建立了原油空头头寸。

陈久霖的具体操作大部分是在柜台市场卖出石油看涨期权的同时买入看跌期权，另外小部分头寸是在伦敦石油期货市场建立的期货头寸。他在原油期权市场上的对手盘包括 J. Aron、三井能源风险管理公司，以及巴克莱资本（Barclays Capital）等。

进入 2004 年，原油价格在多种因素的综合作用下持续上涨，陈久霖空头头寸的浮亏越来越大。按照期权合约条款履约，则中航油在 2004 年 4 月期权到期时需要承担 580 万美元的亏损。

倘若当时陈久霖能够克服"倾向效应"，及时止损，那么亏损幅度还在他能够承受范围内，不会伤及根本。但是，陈久霖中了"倾向效应"的魔咒，未能及时兑现浮亏，认赔离场。他不光与对手盘达成期权重组协议，还将到期时间后挪，而且多次选择加码空仓。原油价格持续上涨，中航油的空头头寸却在不断增加（见图 1-11）。

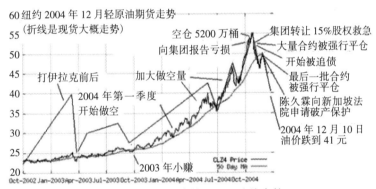

图 1-11　中航油事件和国际油价走势

资料来源：《中航油事件始末》。

2004 年 10 月 26 日，陈久霖已经无力追加保证金了，不得不在高价位上了结部分空头头寸。到了 11 月 29 日，中航油在新加坡申请停牌，第二天公告显示已经亏损 3.9 亿美元，潜亏 1.6 亿美元，合计 5.5 亿美元。这时候中航油的净资产只有 1.45 亿美元，其实已经严重资不抵债了，只能向新加坡最高法院申请破产保护。在此前，中航油在新加坡资本市场信誉良好，自 2001 年上市以来，其股价持续上涨，2004 年更是增长了 80%。但是，由于"倾向效应"作怪，陈久霖不断在空头头寸上加码。他自己的总结是："赌可能是人的天性，我经常会以某种'赌'的精神，致力于公司的进展。"但其实，简单用一个"赌性"来反思，并未直击要害，问题的根源只能从行为金融学的角度去理解。

第四，基本面因素影响大小和持续度误判。短期影响当作长期影响，比如本来是一次性利多题材结果当成持续利多题材。基本面因素的影响力存在差别，中期经济预期就比短期的原油库存数据影响力更大。

来看一个例子。2018 年 9 月 13 日原油市场出现了一系列消息：据 EIA 数据，截至 9 月 7 日当周，美国原油库存–529.6 万桶，预期–200 万桶，前值–430.2 万桶；库欣地区原油库存–124.2 万桶，前值+54.9 万桶；汽油库存+125 万桶，预期+30 万桶，前值+184.5 万桶；精炼油库存+616.3 万桶，预期+175 万桶，前值+311.9 万桶；OPEC 月报显示，8 月 OPEC 原油产量增加 27.8 万桶/日至 3256 万桶/日，同时下调 2018 年和 2019 年全球原油需求增长预期。综合来看，美原油库存超预期下滑，短期利多油价，但同时也应注意到成品油库存大幅上升，表明需求不振，利空油价，此外更为重要的 OPEC 月报则是看空。因此，从基本面的效力来看，市场短期偏多，中期偏空。此后，国际原油价格确实先小幅上涨，再大幅下跌（见图 1–12）。

美国商品期货交易委员会（CFTC）于每周五发布截至周二交易员期货及期权持仓报告数据，也就是在美国 NYM – EX、COMEX、ICE、CBOT 等几大交易市场上市的期货及衍生品持仓变动报告，其中包括了原油期货。该数据展示了市场多头和空头的仓位变化，因此也被称为 COT 周报，即交易员持仓报告（Commitment of Traders）。在第十四课的心理分析中我们会具体介绍这方面的内容和技巧。

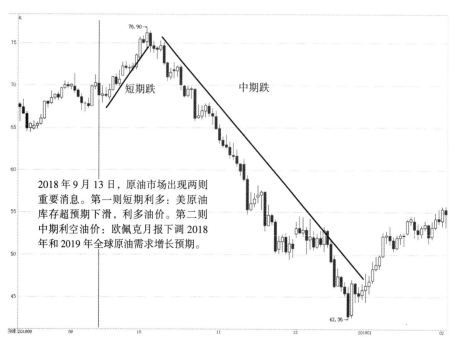

2018 年 9 月 13 日，原油市场出现两则重要消息。第一则短期利多：美原油库存超预期下滑，利多油价。第二则中期利空油价：欧佩克月报下调 2018 年和 2019 年全球原油需求增长预期。

图 1–12　基本面因素影响大小和持续度

第五，采取与大众高度一致的做法和看法，导致持仓极端值出现。原油期货市场当 COT 持仓出现极端值的时候，调整都容易出现（见图 1-13）。

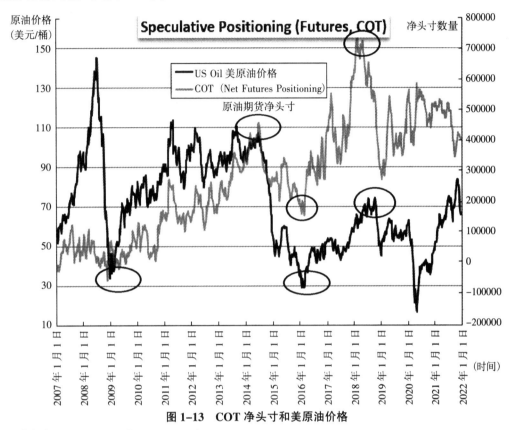

图 1-13　COT 净头寸和美原油价格

资料来源：Dailyfx.com（John Kicklighter）.

第六，趋势和修正走势，以及日内杂波走势混淆。不能区分转势和回撤。交易为什么不好做？因为里面有各种误导走势，让你分不清趋势，**幻象纷呈，让你看不清实相！**

那么，在交易过程中我们如何具体应对上述非理性因素和行为呢？在十数年的职业交易生涯中，我逐步形成了一张"商品市场快速分析清单"，其中包括 22 个问题，当你进行行情分析的时候可以通过这个清单来校准你的分析和交易思维。这个清单是针对商品期货的，原油也在其中，对于其他类型的交易标的也有借鉴价值。当然，对于倾向效应，最关键在于遵守客观而机械的仓位管理纪律。

转势和回撤在幅度、波动率和成交量等方面存在差别，还可以从震荡指标是否钝化，以及驱动面和心理面角度去分析。

这个快速分析表格更适合日线上的交易和分析。

商品市场快速分析清单 V3.0

1. 目前市场主题/题材是什么？

2. 价格对此主题/题材吸收程度如何（有无利空不跌，利多不涨的情况）？

3. 情况还能更糟糕/更好吗？

4. 资金还能继续在空头/多头上增加仓位吗？

5. 市场有哪些参与者，支持他们市场观点的理由是什么？实力如何？

6. 同点位基本面情况（更好/更坏）？

7. 价格区间上限和下限的基本面情况如何？

8. 与我观点相反的观点和信息是什么？理由是什么？

9. 价格向上推进或者向下推进，基本面能否跟上？

10. 市场走势与分析是否相符？原因是什么？

11. 市场间有什么背离和异常吗？原因是什么？

12. 假设现在价格水平反映了内在价值，那么一个新的冲击将会导致价格往哪个方向运动？（临界点）

13. 假设现在价格水平持续一段时间，则产业链各个环节能否正常运行下去？（转折点）

14. 未来市场转折的可能主题和题材是什么？

15. 基本面有无重大变化？

16. 有无分析/报告没有看到的盲点？

17. 异于同行的观点是什么？理由是什么？

18. 创新高/新低的原因是什么？是不是重大基本面变化导致的？

19. 大众有无盲点？

20. 有什么可能误导我？

21. 新变量可能是什么？

22. 我是有了结论找证据，还是为了结论找证据？

下面我们对上述 22 个思维校准问题进行介绍。

第一个问题："目前市场主题/题材是什么？"投机与投资的区别在于我们是否关注市场情绪本身的驱动力，**做投资的时候我们关注标的本身持续价值，以及市场情绪是否让价格显著偏离价值，对于市场情绪本身的机理并不在意**。但是，对于投机者而言，因为直接从价格波动本身获利，而市场情绪会显著影响价格波动，因此搞清楚市场情

绪的大致走向，对于投机客而言非常重要。什么主导了情绪和市场观点的阶段性变化呢？这就是目前市场的**主题和题材**。

　　很多时候，我们在做交易的时候，会因为太多的信息而无法整合出一个鲜明的观点，因此会感觉到对市场未来走势吃不准，把握不住。但是当我们通过这一问题校准自己思维的时候，我们就能够很快将市场走势的脉络搞清楚，有一种对行情走势成竹在胸的感觉。如果交易员没有养成通过这一问题校准自己思维的习惯，那么做起交易来是非常痛苦的。有一段时间我也非常迷茫，感觉天天花了很长的时间阅读各种报告，进行各种分析，但是却抓不到市场的来龙去脉，抓不住关键，累了一天下来却更无头绪。这个问题可以帮助你快速回到抓主要矛盾的正确思路上来，在原油分析当中这个问题的校准功效显著。

　　也许你看了许多交易方面的书籍和大量的网络文章，但是仍旧感到突破不了盈亏平衡点的门槛，感觉懂得了很多东西，但是却不知道如何综合去运用，只能机械地组合起来死板地去运用。这个难题需要分别从分析与仓位管理两个阶段去解决，我们这里只谈分析阶段的解决办法。**当你因为学了太多的技巧而困惑时，你可以让所有这些技巧为一个工作服务，那就是找出"目前市场主题/题材是什么"这个问题的答案。**无论你是看了什么新闻，读了什么研报，别人提供了什么消息，市场情绪如何，价格和指标出现了什么形态，你只需要关注从这些零碎的信息当中能够得出关于上述问题的答案。

　　原油一年之内的走势无非是几个主要矛盾逐一登场在主导。以 2018 年为例（见图 1-14），2018 年国际油价波动剧烈，但其实可以分为六个阶段，每个阶段都由一个主题驱动。

　　第一阶段的主题是伊朗和美国的原油供给收缩，这个阶段持续到了 2018 年 1 月。国际原油价格延续 2017 年下半年以来的升势，美原油向上突破了 70 美元。这个阶段的整体涨幅接近 7%。这个阶段的驱动因素有三个：第一，伊朗国内政

阶段性的主要矛盾！

没有重点，就无法思考和决策！

主题一般持续一个月以上，题材则在一周之内发挥作用。如果说每周库存和钻井数目报告属于题材，那么原油年度或者季度供求预测报告则属于主题。

治动荡，影响其正常的影响生产；第二，低温天气下，美国油气产出低于预期；第三，美元持续走弱。这个极端的原油需求端并未有太多变化，因此上涨主要是供给端推动的（见图1-15）。

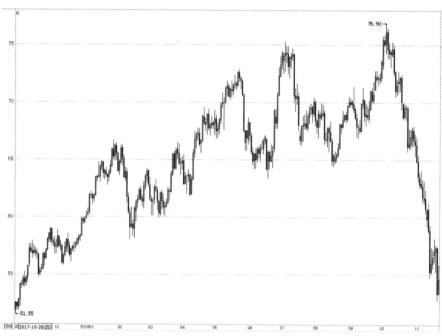

图1-14 2018年美原油的日线走势

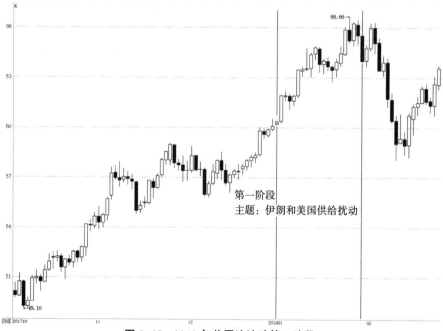

第一阶段
主题：伊朗和美国供给扰动

图1-15 2018年美原油波动第一阶段

第二阶段的主题是美国金融系统的动荡，这个阶段较短，从2018年2月初持续到2月中旬。虽然时间较短，但是波动幅度很大。这个阶段美国股市暴跌，**风险情绪在大宗商品市场上扩散**，波及全球原油市场，原油价格暴跌，在短短六个交易日内布伦特原油阶段跌幅高达10%。

第三阶段的主题是中东地缘政治危机，从2018年2月中旬持续到5月中旬。所谓的"三金"〔黄金（Gold）、黑金（Oil）、美金（Dollar），简称GOD〕都与地缘政治关系密切。其中，原油与中东地缘政治的关系非常密切。三个月的时间内，原油价格震荡上涨，这个阶段布伦特原油的涨幅为25%。布伦特原油向上突破80美元，**与WTI的价差同步扩大**。

风险情绪可以通过许多途径进行观察，比如VIX是否走高，避险货币日元和瑞郎是否走强，信用价差是否扩大，等等。最赚钱的阶段往往就是这种阶段，可以简称为"危机溢价"或者"危机阿尔法"。如何挣大钱？可以从风险偏好的角度去着眼！参考第十五课的内容"原油金融市场的心理分析（2）：风险偏好与跨市场分析"。

WTI-Brent价差是全球能源研究机构和原油交易员都非常关注的一个指标，具体内容请进一步学习第十一课"产业链与原油的商品属性（3）：中游的分析——价差和基差"。

图1-16 2018年美原油波动第二阶段

这个阶段的具体波动脉络如下：从2018年3月中旬起，中东紧张局势升级，国际油价重拾上涨态势。4月初，时任美国总统特朗普在内阁会议上表示将在48小时内决定是否对叙利亚发动空袭，战争一触即发，油价有所反应。5月伊核问题

再度成为市场焦点，特朗普执意宣布美国单方面退出伊核协议，并且扩大对伊朗的经济制裁范围，国际油价加速上扬。5月22日盘中美国原油触及高点72.9美元/桶，与布伦特原油的价差显著走阔。5月两者价差从6美元扩大到了11.5美元，价差创出2015年2月以来的最大值（见图1-17）。

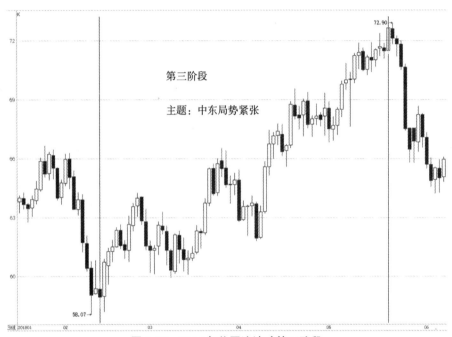

图1-17 2018年美原油波动第三阶段

第四阶段的主题是减产的不确定性，这个阶段从2018年5月中旬持续到8月中旬。刚开始OPEC放松减产协议，国际油价因此震荡下行，布伦特原油跌了10%。后期，减产预期有变化，国际油价也随着宽幅震荡（见图1-18）。

第五阶段的主题是美国对伊朗原油出口进行封锁，这个阶段从2018年8月中旬持续到10月初。在美国全面封锁伊朗原油出口的市场预期下，国际油价连续上涨，创出2018年最高点。美原油的阶段涨幅为22%，创2014年11月以来新高（见图1-19）。

第六阶段的主题是供给超预期，这个阶段从2018年10月初持续到年底。美国对伊朗制裁力度显著低于预期，同时

黄金有三重属性，而原油则有两重属性：金融属性和商品属性。金融属性与美元汇率有关，商品属性和原油产业链有关，与供求有关。把握阶段主题，把握阶段主导属性常常是同一个课题。

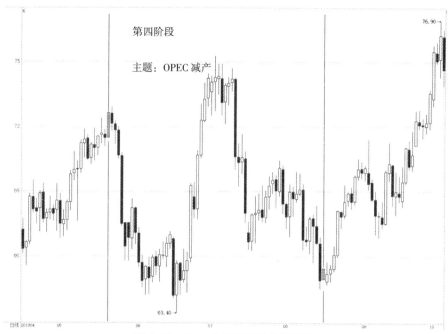

图 1-18 2018 年原油波动第四阶段

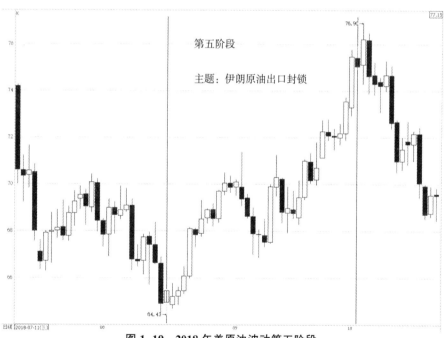

图 1-19 2018 年美原油波动第五阶段

OPEC+产量显著恢复，油价持续下跌，阶段跌幅高达 37%。其实，在这段时间之内，美元指数处于横盘震荡状态，产业链的影响超过了美元的影响，也就是原油的商品属

性主导了阶段走势，而非金融属性（见图 1-20）。

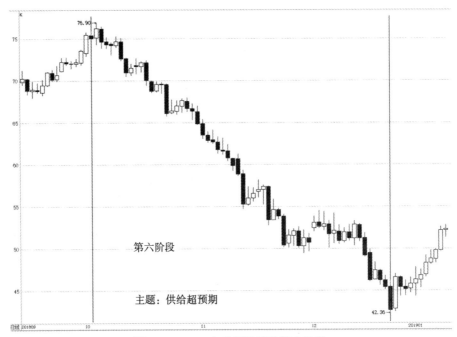

图 1-20　2018 年美原油波动第六阶段

第二个问题："**价格对此主题/题材吸收程度如何（有无利空不跌，利多不涨的情况)?**"为什么大众容易成为接盘侠？关键在于没有去思考价格是否已经对市面上的观点进行了充分的吸收。当一种观点或者情绪已经盛行一段时间，而且价格也在这段时间内有了相向而行的表现，这时价格其实缺乏进一步发展的动力，但是大众却因为广为人知的观点而接了最后一棒。

比如每次的 OPEC+ 减产大会之前，包括俄罗斯以及含沙特在内的 OPEC 主导国家经常会有一些暗示性的言论放出，市场提前将风险评价了（price in），所以等到消息公布的时候，反而价格表现趋于平静。如果有提前上涨，就算中期看涨，利多消息公布当天和此后两三天往往也会出现震荡走势。如果是一次性利多，或者是利多出尽，那么利多消息公布时反而油价可能反转步入跌势。

要学会观察价格对消息的反应，这是我反复强调的一点！ 再来看一个例子。2018年 12 月 7 日，经历了近两天激烈讨论后，OPEC 终于决定在 2019 年前 6 个月减产石油120 万桶/日。当时的市场共识是："已经连续多日暴跌的国际油价将获得有力的支撑，接下来告别熊市将成为大概率事件。"但市场的反应是什么？冲高回落，上影线显著长于下影线（见图 1-21）。**K 线形态属于我们定义的"态"，它是价格形态，也是市场的**

态度。把消息和价格结合起来看，就能够看出市场对消息的态度是什么。

"态"是我们在第二十三课要重点展开的一个主题。重要消息出来的时候，要注意看形态。从形态中可以窥见市场的态度，这就是将驱动面和行为面结合起来洞察心理面。

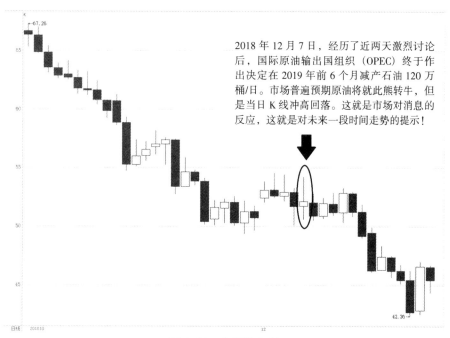

2018 年 12 月 7 日，经历了近两天激烈讨论后，国际原油输出国组织（OPEC）终于作出决定在 2019 年前 6 个月减产石油 120 万桶/日。市场普遍预期原油将就此熊转牛，但是当日 K 线冲高回落。这就是市场对消息的反应，这就是对未来一段时间走势的提示！

图 1-21　市场的态度

　　利好出来了价格不涨，如果此前价格已经上涨了，那么这很可能就是利好其实已经被价格完全吸收了的表现（见图 1-22 和图 1-23）；利空出来了价格不跌，如果此前价格已经下跌了，那么这很可能就是利空其实已经被价格完全吸收了（见图 1-24 和图 1-25）。

　　简单来讲，我们要学会观察市场对消息的反应，这是最基本的。在此基础上，还需要思考题材的性质，是结构性的，还是一次性的。

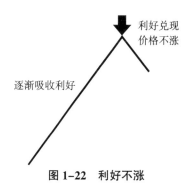

图 1-22　利好不涨

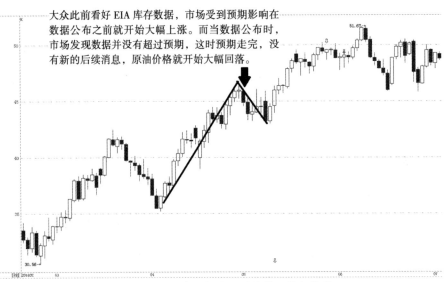

大众此前看好 EIA 库存数据，市场受到预期影响在数据公布之前就开始大幅上涨。而当数据公布时，市场发现数据并没有超过预期，这时预期走完，没有新的后续消息，原油价格就开始大幅回落。

图 1-23　EIA 库存利好兑现后价格显著回落数日

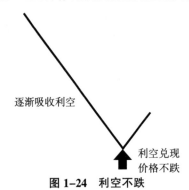

逐渐吸收利空

利空兑现
价格不跌

图 1-24　利空不跌

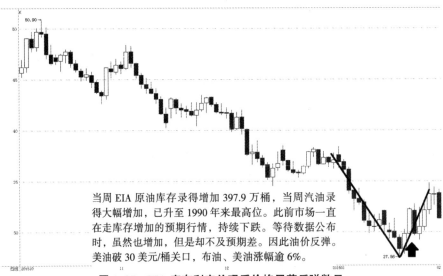

当周 EIA 原油库存录得增加 397.9 万桶，当周汽油录得大幅增加，已升至 1990 年来最高位。此前市场一直在走库存增加的预期行情，持续下跌。等待数据公布时，虽然也增加，但是却不及预期差。因此油价反弹。美油破 30 美元/桶关口，布油、美油涨幅逾 6%。

图 1-25　EIA 库存利空兑现后价格显著反弹数日

再来看一个利空不跌的例子。2021 年 12 月 3 日，原油市场迎来两条利空：

第一，OPEC+产油国联盟宣布，1 月将按原订计划增产 40 万桶/日，而非市场预期的暂停增产。消息出来后，原油先跌后涨（见图 1-26），放出天量，低位大换手。谁敢在利空下买多，谁会在利空恐慌下做空？敢在利空恐慌下做多，且能扭转跌势的资金肯定不是"乌合之众"。同时，技术面上的底背离和斐波那契 0.618 扩展点位确认支撑（见图 1-27）。利空兑现，油价反转，至少短线可以看高一线。这是在国内原油主力合约 1 小时线上的一次教学观摩。

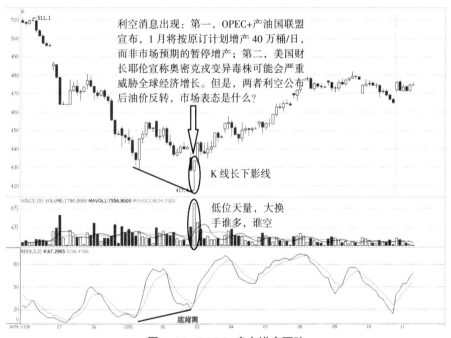

图 1-26　OPEC+宣布增产不跌

第二，美国财政部部长耶伦表示："奥米克戎（Omicron）新冠病毒变种可能会加剧供应链问题，抑制需求，从而减缓全球经济增长。由于 2021 年年初德尔塔型新毒株的出现，美国经济严重放缓。因此，此次在南非首次发现的新冠病毒的影响存在很大的不确定性。新冠病毒可能会加剧供应链问题，并推高通胀，但也可能会抑制需求，导致增长放缓，这将缓

大题材往往就是主题！

图 1-27　催化剂与斐波那契点位

解部分通胀压力。"

　　题材是有生命力的，原油市场上有众多题材频繁登场，大题材可以驱动价格形成波段甚至趋势，小题材则往往导致日内波动，或者一日游行情。**我们切不可在价格已经对题材吸收了很长一段时间之后才在媒体的鼓吹下介入。**

　　高手都是善于观察价格对于消息的反应的，目的之一在于确认价格对消息的实际吸收程度。而市场上大多数的接盘侠则往往不去观察这一点，而是让自己仍由媒体的影响而随大流，结果往往是题材烂透了的时候才介入。

　　第三个问题："**情况还能更糟糕/更好吗？**"行情什么时候到头？当基本面不能有潜在的新利好驱动的话，大资金也不敢继续加码做多。相反情况下，当基本面没有潜在的新利空驱动的话，大资金也不敢继续加码做空（见图 1-28）。很多交易者总是在市场最乐观的时候做多，其实他/她可以反问一句——"情况还能更好吗"，其实答案往往是"已经好的不能更好了"。

消息本身利空还是利多并不重要，重要的是价格吸收的程度如何。

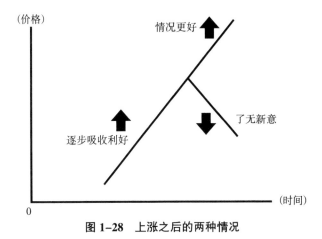

图 1-28　上涨之后的两种情况

第四个问题："**资金还能继续在空头/多头上增加仓位吗？**"有些情况下虽然基本面还能继续更好或者更差，但是市场资金却可能已经难以继续加码了，这个时候就表现出了持仓的极端值，原油期货 COT 报告出现极端值的时候，往往表明需要修正来重新聚集趋势力量。

> 原油 COT 报告分析策略将在第十四课传授。

第五个问题："**市场有哪些参与者，支持他们市场观点的理由是什么，实力如何？**"原油市场上的博弈者众多，聪明的参与者都会尽量"形人而我无形"，尽量追求信息不对称优势。

> 有人的地方就有玩家，有两个玩家的地方就有博弈。

聪明玩家会尽量隐藏自己的行踪和动向，因此我们只能通过众多线索来推断。比如，俄罗斯在乌克兰东部的强势应对让美国无法在军事上回应，再想想当年苏联解体与原油价格的关系，那么我们可以推断原油市场上某类大玩家可能会利用手中的力量来引导原油价格显著下跌并维持在低位以便打击俄罗斯的经济（见图 1-29 到图 1-34）。当然，我这里简化了很多其他逻辑链条。

第六个问题："**同点位基本面情况如何（更好/更坏）？**"当价格准备或者已经向上突破前期高点构筑的阻力时，你怎么判断突破是否有效？技术面永远只能等待突破自己来确认，通过各种技术参数来过滤虚假突破，但实际效果如何做过交易的人应该很清楚。同样，当价格准备或者已经向下跌破前期低点构筑的支撑时，你怎么判断向下突破是否有效呢？我

> 重要高点和低点是主要参照点。重要高点和低点的历史基本面是参照系数。

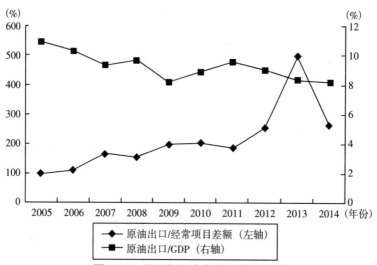

图1-29 俄罗斯经济中原油出口占比

资料来源：国金证券研究所（李立峰、郭彬、袁雯婷）。

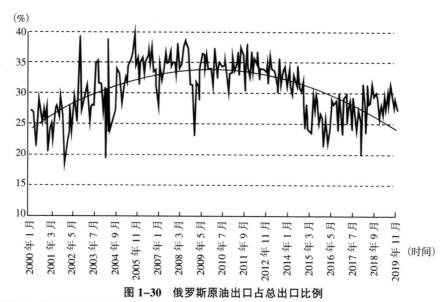

图1-30 俄罗斯原油出口占总出口比例

资料来源：《国际原油价格暴跌，促成怎样百年难得一见的投资致富机会?》。

们可以先搞清楚前期高点或者低点附近基本面的情况，然后搞清楚现在基本面的情况，两相比较就能大概知道价格是不是能够就此打住，还是继续前行（见图1-35）。

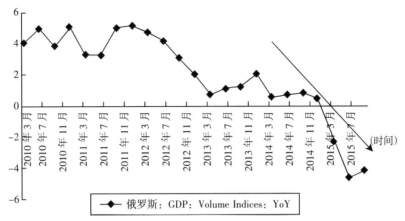

图 1-31　2015 年起俄罗斯经济陷入负增长

资料来源：国金证券研究所（李立峰、郭彬、袁雯婷）。

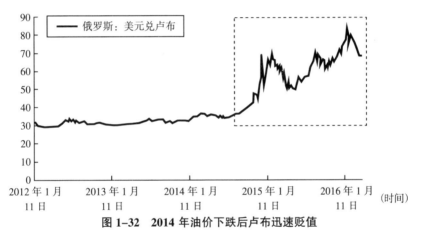

图 1-32　2014 年油价下跌后卢布迅速贬值

资料来源：国金证券研究所（李立峰、郭彬、袁雯婷）。

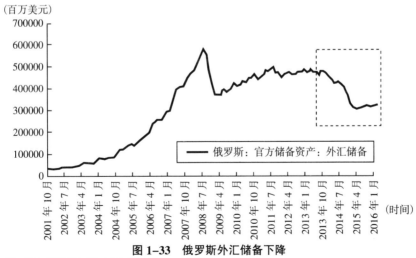

图 1-33　俄罗斯外汇储备下降

资料来源：国金证券研究所（李立峰、郭彬、袁雯婷）。

图1-34 俄罗斯股市RTS指数趋势与布油基本同步下跌

资料来源：国金证券研究所（李立峰、郭彬、袁雯婷）。

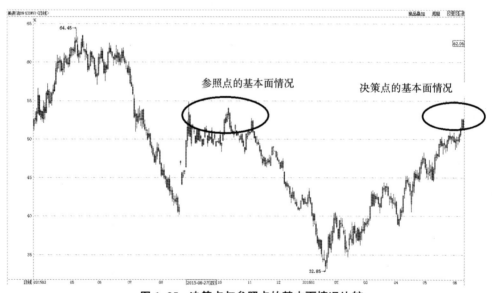

图1-35 决策点与参照点的基本面情况比较

第七个问题："**价格区间上限和下限的基本面情况如何？**"这个问题其实与第六个问题有点重叠，但是并不完全相同。第六个问题是价格位于某个关键点位时用来判断能否真正突破或者突破是否有效，而本问题则当价格在区间内盘整的时候用来判断突破盘整需要怎样的条件，并且等待和捕捉这种条件的发生。

下面我们来看一个具体事例。2021年7月原油出现了阶段性下跌走势，驱动因素是新冠病毒的德尔塔变种扩散，以及 OPEC+逐步增产预期，这波驱动因素导致美原油跌到了 61.74 美元的低点 A。低点 A 是在什么样的基本面条件下形成的呢？或者说低点 A 对应了怎样的基本面条件？回答了这个问题就能够在此后下跌的时候判断出油价跌破此低点 A 的概率有多大（见图 1-36）。

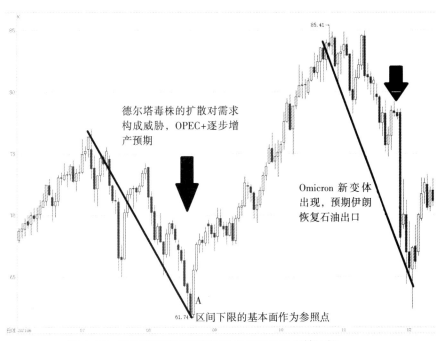

德尔塔毒株的扩散对需求构成威胁，OPEC+逐步增产预期

Omicron 新变体出现，预期伊朗恢复石油出口

61.74 区间下限的基本面作为参照点

A

图 1-36 新冠病毒两种变体驱动的原油下跌行情比较

到了 11 月，新冠病毒的奥密克戎（Omicron）变体出现，作为 OPEC 成员的伊朗可能逐步恢复出口，油价开始持续一个月的下跌。这波下跌是否会跌破低点 A 呢？主要就看奥密克戎是否比德尔塔对经济的杀伤力更大，因为原油需求端比供给端更为重要，而新冠病毒变种影响整个经济的运作，进而影响原油消费。在度过了最初的恐慌后，临床病例和防疫机构都传了不少好消息，表明奥密克戎传染性虽然更强，但致死率显著更低，这是疫情尾声阶段的特征。这就使第二波下跌的驱动力要弱于第一波下跌，同时基本面情况也比 A 点更好。除非新的更大利空因素出现，否则油价不太可能显著跌破 A 点。

第八个问题："**与我观点相反的观点和信息是什么？理由是什么？**"任何一笔交易都有两方，而这两个对手盘的观点是相反的。当然，或许做多一方和做空一方其实都认为趋势向上，但是做多一方是刚开始建立头寸，而做空一方虽然认为趋势向上但是马上将面临调整。即便这种双方趋势看涨的特例下，多方至少是长期看多的，而空方至少是短期看空的，两者因而成了对手盘。因此可见，参与交易的任何一方都有自己或多或少的理由，而非完全靠蒙，因此当我们对自己的判断非常有信心时，对方何尝不是如此。在这种情况下，**我们真的非常有必要倾听和思考一下相反的观点**。原油市场上随时都有看多和看空的观点，我们不是简单地坚持看多或者看空，而是要想方设法**看清楚双方的观点和逻辑过程**。如果我们已经先入为主地形成了某种判断，那么更需要琢磨下相反的观点了。**最宝贵的意见不是与你相同的，而是与你相反的；最宝贵的信息不是证实你的观点的，而是与你的观点相悖的。**

第九个问题："**价格向上推进或者向下推进，基本面能否跟上？**"这个问题用来判断是否存在价格走势修正的可能性。通俗来讲，乖离率大了之后，价格必然修正，这是技术上的看法，具体什么时候修正很难说，超卖之后继续超卖，超买之后继续超买，指标钝化了。其实，**我们还可以结合基本面来看价格走势，在价格快速上涨的时候我们要琢磨下后续的利多还有多大空间，下一个利多是不是近期就会浮出水面，概率有多大**。如果刚好一个大利多才兑现，而眼下没有什么潜在利好接力，则价格修正的可能性极大。

第十个问题："**市场走势与分析是否相符？原因是什么？**"没有复盘就没有进步，市场走势与分析不相符，相符是因为自己判断正确，还是因为碰巧遇到其他预期之外的因素，不相符是什么原因，是偶然的还是必然的，以后怎么改进？

第十一个问题："**市场间有什么背离和异常吗？原因是什么？**"原油市场与股票市场，与国债市场，与黄金市场，与美

如果单从心理面来预判价格走势，则存在如下规律：价格在分歧中延续趋势，价格在一致中调整或者反转。

不了解利益相关方，就不能决策和行动。

基本面是燃料，行情是火箭。

复盘带来进步！

元市场都有着密切的关系。例如，一般情况下原油市场与美元市场呈现反比走势，那么如果突然某一天或者某几天原油价格与美元指数同向变化，这就是异常，这就是背离，这个信号对于把握未来的市场走势非常重要。

异常之后必有重大信息。

举例来说，2020 年第一季度的黄金和原油价格就出现了显著的背离。通常情况下，两者是同向变动的，原油有三个：第一，通胀与两者都是正相关的；第二，中东地缘政治变化与两者通常也是正相关的；第三，美元指数与两者是负相关的。**通胀、地缘政治和美元是金价与油价正相关的主要因子。** 但在少数时候，两者走势会出现背离，比如 2020 年第一季度金价上涨（见图 1-37）而油价下跌（见图 1-38）。为什么会这样呢？因为新冠肺炎疫情暴发，全球经济增长前景黯淡，对于原油的需求将大幅下降，所以油价下跌，避险情绪上涨，金价上涨。当金价和油价背离的时候，有几种可能，其中常见的有两种：第一种是经济和金融危机导致避险情绪高涨；第二种是原油供给大超预期，抵消了其他因素的影响。**搞清楚背离的底层逻辑，就能够对此后的背离消除做出预判。**

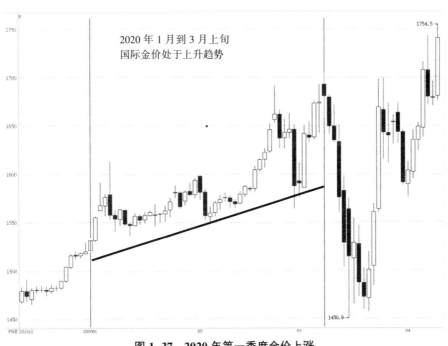

图 1-37　2020 年第一季度金价上涨

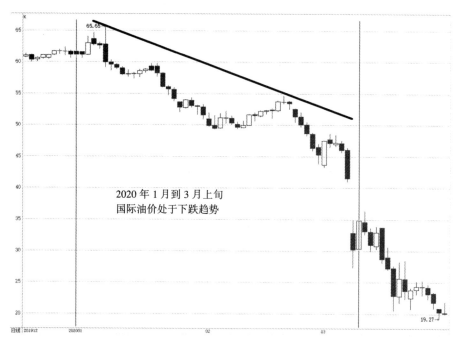

图1-38　2020年第一季度油价下跌

其中图注部分：2020年1月到3月上旬国际油价处于下跌趋势

65.65　　19.27

　　第十二个问题："**假设现在价格水平反映了内在价值，那么一个新的冲击将会导致价格往哪个方向运动？（临界点）**"有时候市场有太多信息和判断，当一个新的基本面出来的时候，也许就无法很好地搞清楚到底会对市场产生什么方面的影响。这时我们可以假设价格已经完全吸收了其他所有旧闻，也就是说**在目前的价格点位上供求是平衡的**，然后再设想这个新的基本面作为一个边际变量将如何推动市场的变化。

　　第十三个问题："**假设现在价格水平持续一段时间，则产业链各个环节能否正常运行下去？（转折点）**"原油价格非常高的时候，什么情况下构筑顶部，原油价格非常低的时候，什么情况下构筑底部？原油的顶部往往是因为需求承受不了，产业链下游不行了，利润为负，这个市场原油就容易见顶（见图1-39和图1-40）。原油的底部则往往是因为产业链上游，也就是原油本身的开采和生产不行了。当然，这只从原油的商品属性进行分析，没有关注原油的资产属性，后者对于原油走势的影响更大。

　　原油具有二重属性，第一重属性是商品属性，这是原油基本的属性；第二重属性是资产属性，这是原油衍生的属性。第二课会讲这个问题，这是全书的核心所在。

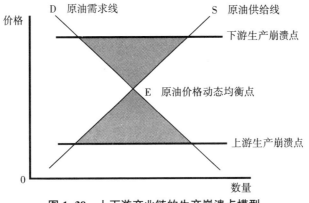

图 1-39　上下游产业链的生产崩溃点模型

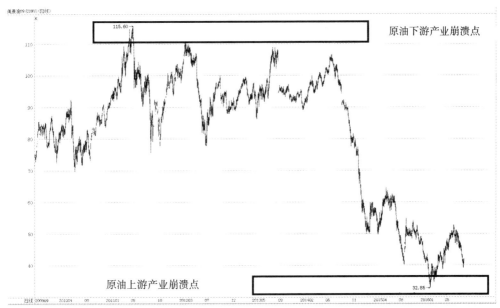

图 1-40　原油价格高低点与上下游产业链崩溃点

第十四个问题："未来市场转折的可能主题和题材是什么?"有时候我们抓住了一波趋势,或者说等待一波趋势,这个时候问这个问题就可以帮助我们快速校准思维。

第十五个问题："基本面有无重大变化?"趋势源自基本面重大变化,通过这个问题可以校准我们的趋势思维。

第十六个问题："有无分析/报告没有看到的盲点?"很多报告看起来都是有理有据,但是我们不能被牵着鼻子走,通过这个问题可以校准我们在阅读研报和分析文章时的思维状态。

第十七个问题："异于同行的观点是什么?理由是什么?"不同于大多数人的观点

同行就是对手盘，异于同行的观点可能帮助我们寻找对手盘的盲点，而盲点就是利润的源泉。对手的盲点可以带来"风险和机会的不对称分布"。

更值得我们去花时间研究，虽然未必正确，但一旦正确可以带来大额的利润。

"预期差"是超额利润的来源，预期差就是指你的有效判断与市场共识预期之间的差别。若你的预判是有效的，这就需要更好的信息来源和分析逻辑。从实践的角度来讲，信息来源还不是最重要的，关键是逻辑思维有没有受到非理性的干扰，比如"仓位决定观点"和"倾向效应"等。

行情的共识或者是市场预期可以划分为两个类型：第一个类型存在于行情持续阶段，也就是**"分歧段"**，这个时候市场上多空对立，没有形成一边倒的舆情和预判，在这种情况下趋势持续的概率很大。当然，如果能够结合驱动面给出行情逻辑则更好。第二个类型存在于行情反转阶段，也就是**"一致点"**，这个时候市场上要么极端看空，要么极端看多，趋势反转或者调整的概率就很大。

行情在分歧中持续，在一致中消亡。"消亡"两字要拆开来理解，"消"代表暂时调整和休息，行情可能横盘整理，也可能回撤，但由于驱动面的逻辑还在，主题或者持续性题材还未完全释放和被价格吸收，因此趋势仍在。"亡"代表趋势的结束或者转折，仓位推到了极端值，逻辑被过度消费了，流动性边际变化导致了方向性变化，这个时候趋势就结束了，反转往往也就伴随而来。

"分歧"的危险性远没有"一致"的大，聪明的资金和非理性的大众在什么位置交换筹码呢？就是在"一致"处。如果市场一致看多，你也看多，也就是你的观点和情绪与大众高度一致，那么就非常危险。

市场分歧，则以顺价格方向为主；市场一致，则以逆价格方向为主。

所以，**在进行原油交易的时候，要特别注意市场高度一致看涨或者看跌的时候，这个时候很可能就是"一致点"**，也就是行情可能反转的时候。这时可以从新闻报道或者分析师评论中看出来，这就是直接的心理分析，当然也可以从一些仓位指数中寻找线索。

那么，技术面/行为面有什么特征线索可以提示我们"一致点"吗？这就是**价格高波动率叠加天量**。原油市场的情况与股票市场稍微有些区别，个股的情绪分歧往往是成交量持续活跃，个股的一致往往与成交量保持较低水平有关。另外，个股的底部往往与地量伴随，顶部往往与天量伴随。原油期货市场的底部或者顶部则往往都与天量伴随出现，或许是因为期货合约双向交易的缘故吧。不过，**凡是涉及技术特征，都存在概率性，只能从相关性的角度，而非因果性的角度去理解**。

我们来看一些具体的例子（见图 1-41 和图 1-42），这是两个美原油期货 1 小时走势中的实例。充当反转点的宽幅日往往是天量，同时有较长的影线或者是其他类型反转 K 线组合。这个时候的市场氛围，特别是媒体上的舆情高度一致。如果有意识地去自我观察，就会发现在这样的点位，我们内心非常坚定地站在大众情绪一边，比"分歧段"的观点更为坚定和激进。群体心理的传染效应很强，这就是《乌合之众》等群体心理学和社会心理学书籍反复强调的一个观点。

在原油短线交易中，我们要学会"三观结合"，将驱动面、心理面和行为面的观察结合起来；将宏观经济、中观产业链和微观驱动事件结合起来；将逻辑、结构和周期结合起来。

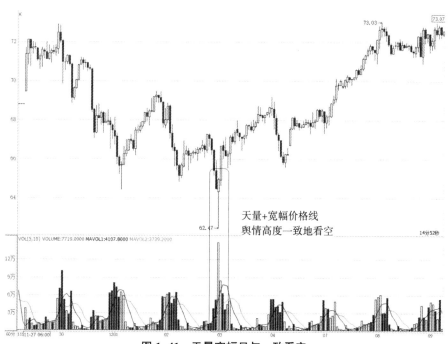

图 1-41　天量宽幅日与一致看空

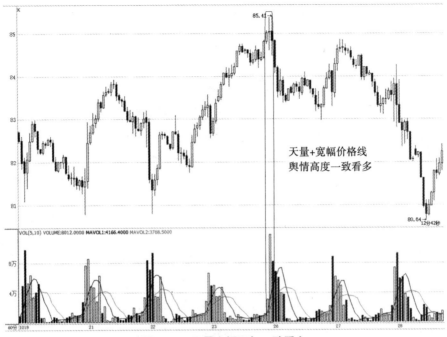

图1-42　天量宽幅日与一致看多

第十八个问题："**创新高/新低的原因是什么？是不是重大基本面变化导致的？**"价格出现新高和新低相当于是技术面/行为面的异动，而异动是非常有价值的信息，要发掘其中的价值就需要搞清楚背后的原因。

异常值有"甜头"，要尝到甜头，需要多一分好奇心。

什么样的技术突破有效？突破之后能够走多远？技术面，乃至心理面能够通过的有效预判都不多。如果硬要从技术面去预判突破后的前行幅度，则只能从"横有多长，竖有多高"这个敛散规律入手。

真正要在突破有效性和幅度上做出高效判断，非得从基本面/驱动面入手不可。**突破的驱动因素是什么？突破的时候基本面有哪些边际变化？**

高手都是不断实践、提问和总结修炼出来的。

股票短线交易中有一个比较高效的形态叫"**净利润断层**"，也就是超预期业绩公布时出现了向上跳空缺口突破。这种突破大概率预示着突破是有效的，后续上涨幅度大。突破后回撤不破缺口，则继续大幅上涨的概率更高。

原油短线交易中，存在类似的结构，不一定是缺口，可

能是大阳线或者大阴线，对应的驱动面则涉及 OPEC 重大政策、美联储重大政策、OECD 等重要经济体的重要经济数据或者政策，等等。

　　要将基本面/驱动面与技术面/行为面结合起来看，有新闻了看看对应的 K 线怎么反应，看看市场的态度。价量异动了，影线长、波动大、突破重要关口、天量，等等，就应该查找基本面是不是有什么重大变化。

　　消息与价量结合起来看，不仅可以用在大行情上，只要你精力足够，可以经常这样分析。

　　下面我们来看一个具体的实例。2021 年 10 月 4 日原油突破前期重要高点，创出新高。是不是真的突破？突破后这波能够走多远（见图 1-43）？

> 价量异常提醒你查看驱动面是否还有重大变化；消息出来了，看价量变化体现的市场态度。

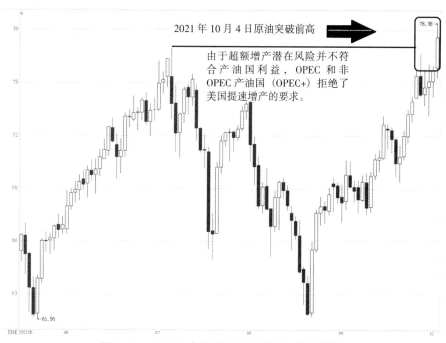

图 1-43　OPEC+拒绝美国增产驱动油价创新高

　　驱动原油突破的基本面因素是："由于疫苗接种广泛推广以及政策支持将推动经济和能源需求复苏持续。各方决定继续施行 7 月达成的增产方案。**同时由于超额增产潜在风险并不符合产油国利益，OPEC 和非 OPEC 产油国（OPEC+）拒绝**

> 价格吸收了什么？价格没有吸收什么？驱动面的边际变化或者说新变化是价格没有吸收的。

了美国提速增产的要求。"

　　突破之前，原油价格已经上涨了一定幅度，体现了"疫苗广泛接种和经济复苏"，突破则体现了基本面的边际变化——"拒绝了美国增产的要求"。

　　不过，油价大幅上涨往往需要供给面或者需求面的重大变化，比如 OPEC+大幅减产或者中美出现重大经济刺激政策等。美国暂时不增产，不能算作重大基本面变化，因此后续价格上涨幅度不可能太大，除非还有新的重大驱动因素出现（见图1-44）。

> 技术面是阳，基本面是阴，阴阳互参，方为长久之王道！

图1-44　基本面非重大变化下的价格小幅运动

> 大众的盲点与预期差、超预期其实是一个问题的另一种表达。在原油交易中，我们要将价量与数据消息结合起来探究脉络，同时还要时不时地观察揣摩市场的共识预期处于一致还是分期，大多数是怎么看的。

　　第十九个问题："**大众有无盲点？**"大众的盲点是利润的**源泉**，实业如此，金融也是如此。在《外汇短线交易的24堂精品课》当中我们正式地提出了这个立论，不知道大家是否深入琢磨其中的门道。为什么大众的盲点是利润，大众的盲点有哪些形式？我们如何去把握这些盲点？

　　在原油期货等金融交易当中，大众盲点的常见形式有哪些呢？本书后面的章节会逐步展开，简而言之，大众在原油相关的一些基本面和心理面因素上会出现习惯性的盲点，如**重视地缘政治事件忽略经济周期等**。

第二十个问题：**"有什么可能误导我？"** 我们时刻处于有限的思维之中，因此误导无处不在。一个完全不被误导的交易者恐怕要不了一个月就能赚取全球的财富，因此**理性是弥足珍贵的，哪怕一个月的完全理性也足以让你拥有整个世界**。绝对理性的人在这个世界上是不存在的，除了那些觉悟了宇宙整体本质的修行者。通过这一问题我们可以校准自己的思维，这就实现了一个动态平衡，虽然我们绝对意义上是不理性的，但是我们不断围绕理性前行。

第二十一个问题：**"新变量可能是什么？"** 超级行情或者**趋势往往是新变量引发的**，BAT 三巨头抓住了技术新变量，趁势而上。未来国际经济的新变量就是印度，虽然其劳动参与率不高，土地制度也是极大阻碍，但是世界经济却不得不考虑这一新变量。**未来 20 年的商品市场是不是需要将印度作为一个重要的新变量来考虑呢？随着东南亚通过铁路与中国联系在一起，单就经济上的规模效应也会对全球格局产生重大的影响，这也会为大宗商品新一轮牛市奠定基础。**

第二十二个问题：**"我是有了结论找证据，还是为了结论找证据？"** 人类都有一个倾向，那就是努力寻找和扭曲证据来证明自己先入为主的结论。做交易的时候，我也很难避免这种冲动，但是会尽量减少其危害，通过拉长分析时间，多分析相反观点，做大趋势可以规避这种冲动。

上述二十二个交易者思维校准问题是我多年来实践总结完善出来的，可以极大地提高"操作系统"的效率，结合一些具体的技巧可以让你登堂入室，打破交易技能增长的天花板。

最后，我们要谈一下如何觉察到自己处于非理性的状态。当我们在分析或者判断时如果有情绪感受，特别是"浓烈"的感受，那么我们往往就处于非理性当中，这个时候不管你

常人之败，在于失察——失去对自我的觉察。行为金融学和行为经济学，以及群体心理学都提供了不少深刻的洞见和实用的建议。

凡是涉及的人性，则绝对量没有相对量重要，边际变化和新变化更为重要。斯德哥尔摩效应就是一个例子。

泛亚铁路构想最早于 1960 年被提出来，当时亚洲几个国家对修建从新加坡到土耳其的贯通铁路进行了可行性研究，当时的计划铁路长度为 1.4 万千米。从新加坡经孟加拉国、印度、巴基斯坦和伊朗，到达土耳其的伊斯坦布尔，最后延伸至欧洲及非洲。

在《黄金短线交易的24堂精品课》一书当中我们专门介绍了EFT技术，每天坚持三遍可以有效舒缓情绪。

用了多少高效的分析技巧都无法抵消非理性状态带来的系统性干扰。觉察情绪，可以让你选择在理性的状态下思考。情绪与身体密切相关，通过觉察身体，你就能觉察到情绪是否干扰到你的理性思考过程。

【开放式思考题】

在研读完第一课的内容之后，可以进一步思考下列问题。虽然这些问题并没有固定的标准答案，但是能够启迪思维，让你更加深入地掌握某些要点，或者是让你跳出僵化模式来重新看待问题。

（1）原油期货价格怎么会变成负数？尝试从合约流动性、市场情绪以及储存费用等角度分析。将自己的答案写下来，然后再从网上检索相关的分析和逻辑。

（2）关于"中航油事件"，事后有许多复盘，当然也不乏"对手盘作局"的阴谋论，大家可以在网上搜《揭秘中航油事件背后真相，日本财团如何做局绞杀中国企业》，这篇长文列出了诸多证据。认真看完这篇文章，再结合"倾向效应"进行思考。巨亏的内因是什么，外因是什么，什么是决定性因素？我们从事原油交易，能够控制的是我们自己的行为，而不是这个市场本身。庄家有没有？肯定有！但是亨特兄弟为什么最后还是功亏一篑了呢？聪明的主力或者说庄家都是乘势和借力的。

【进一步学习和运用指南】

（1）心理上的问题，也要从身体上入手；身体上的问题，也要从心理上入手。如何不被情绪拖累，成为情绪的主人而非奴仆，推荐尝试EFT，推荐阅读《心安有方：神奇的弹穴位情绪释放法》这本书，看了之后一定要落实于行动。有能力看英文书的同学，也可以尝试搜索和购买一些英文版EFT书

籍来阅读和实践，推荐 *Matrix Reimprinting using EFT*：*Rewrite Your Past*，*Transform Your Future* 和 *The Tapping Solution*：*A Revolutionary System for Stress-Free Living*。

（2）推荐阅读《洞见》[《为什么佛学是真的》（中文版)]，掌握情绪和进化的底层逻辑。

（3）马克·里奇是 20 世纪最富有、最强大的石油和大宗商品交易商，1983 年他被控犯有包括逃税在内的 65 项刑事指控，是美国司法部通缉了 17 年的十大通缉犯之一，2001 年克林顿总统在当政最后一天将其赦免。虽然马克·里奇主要从事原油现货交易，但是他的传记《石油之王》（*The King of Oil*：*The Secret Lives of Marc Rich*）和同名电影也非常值得一读和一看。

（4）关于"倾向效应"，建议进一步阅读《外汇短线交易的 24 堂精品课》的第八课"悖逆交易成功法则的天性：不兑现亏损的心理倾向"。

参考文献

[1] Clarice Mendonsa. Crude Oil Trading：The Ultimate Beginners Strategy Guide，January 8，2021.

[2] Salvatore Carollo. Undetstanding Oil Price：A Guide to What Drives the Price of Oil in Today's Markets，2012.

[3] Davis W.Edwards. Energy Trading & Investing，2017.

[4] 李航：《做本质的、严谨的、有意思的研究，纪念我的导师长尾真教授》，2022 年 4 月 6 日。

[5] Lutz Kilian，Robert J. Vigfusson. Forecasting the Price of Oil，Ron Alquist，July 2011.

[6] 刘荣：《油气装备分析框架：从石油基本属性入手，一文解析全球石油供需结构及政治形势》，2020 年 6 月。

[7] 付晓芸：《分析因素、详解供需、剖析特点》，2018 年 4 月 1 日。

[8] BridgewaterDaily Observations. Three Questions That Every Fund Should Ask Themselves，July 29，2015.

格局——原油的两重属性

开放的视野和宽阔的格局才是祖宗的大智慧，在比较之中才能更好地认识自己。

——王其享

我们从来不曾深入自己的内心去发现"实相"。我们只在肤浅的表层存在，为微不足道的小事感到满足，为不值一提的小事或悲或喜。

——克里希那穆提

欲战，审地形以立胜也。

——曹操

教育的艺术不在传授，而在鼓舞和唤醒。

——蔡元培

你必须了解游戏规则，然后你还必须比所有其他人玩得好。

——阿尔伯特·爱因斯坦

如果你不清楚舞台和演员，那么就无法成功。

——斯蒂芬妮·万斯（Stephanie Vance）

"中"这个字，中间的一竖将口分成左右两部分，这左右两部分分别代表着阴和阳。而阴阳平衡的那一点正好是"中"。在围棋上，我经常说，要思考"中"的那一点。中和了棋盘上各个子的作用的那一点，就是正着。

——吴清源

人们在解决问题的时候往往会忽略掉开始时最关键的步骤：问正确的问题，以及分离出问题涉及的不同利益群体。

——布鲁斯·B. 德·梅斯奎塔（Bruce B. de Mesquita）

相信逻辑，不要相信奇迹。

——李迅雷

一方面尽量追求可用性，另一方面又要尽量简洁。

——芭芭拉·利斯科夫（Barbara Liskov）

第一步，我们需要有整体性思维，把一个产品的所有相关因素进行整理，然后进行主要矛盾与次要矛盾分类。第二步，我们可以时刻关注那些次要矛盾，经常一个产品的价格上涨，在一段时间只有一个主要矛盾，但是次要矛盾有时候会变成主要矛盾。

——魏一凡

格局和对手谁更重要？

第一课我们整理了"内格局"，从本课开始我们将围绕"外格局"展开，这也是本教程的学习者更为关心的方面。理性的交易者会同时关注自己和市场。心智状态是"操作系统"和"内格局"，而市场则是"外格局"，是我们参与的博弈格局（见图2-1）。

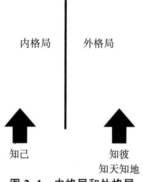

图2-1　内格局和外格局

随着国内原油期货合约的成熟，全球的原油交易者不得不考虑参与其中。

本教程是专门针对原油交易者的，原油期货价格对现货价格起着引导，甚至主导作用，因此没有所谓纯粹的现货交易者。最近十年中国出现了不少所谓的原油现货交易平台，要么是打擦边球，要么是金融诈骗。在国际市场上，原油涉及的主要金融产品还是标准合约的原油期货，围绕这一标的出现了很多衍生品，但是决定国际原油价格走势的还是期货。

原油期货搞懂了，其他原油衍生品也容易搞懂。"谁是主，谁是从"要搞清楚。越是大的玩家，越是会选择参与原油期

货，而不是什么原油衍生品市场。2008 年中国几家航空公司因为参与场外的原油衍生品交易而损失惨重（见图 2-2 和表 2-1），就是因为没有搞清楚格局问题，因为**场外交易大多存在对赌性质，而且无法获得定价权**，衍生品卖出方可以通过在原油期货市场的运作来"坑害"对方。中国三大航空公司和高盛对赌高峰期是 2007~2009 年，本想对冲油价波动风险套期保值，但忽视高盛同时是国际原油期货的重量级玩家，结果都以惨输收场。东方航空公司 2009 年更因为对赌大亏（见表 2-2 和图 2-3），导致公司董事长总经理集体换人。

高盛集团 2008 年 5 月 6 日发布研究报告预测，国际市场原油价格有可能在未来半年到两年时间里飙升至每桶 150~200 美元。2015 年第四季度，高盛预测 2016 年油价将跌到 20 美元，你去看下历史走势。高盛发布公开报告的人与自营盘的人究竟有没有瓜葛，这个真不好说。

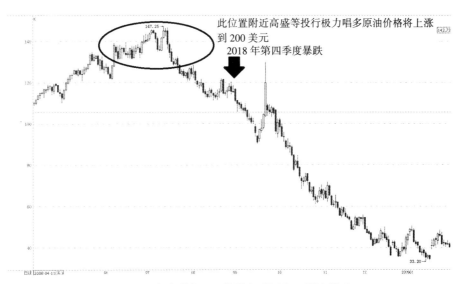

此位置附近高盛等投行极力唱多原油价格将上涨到 200 美元

2018 年第四季度暴跌

图 2-2　高盛唱多 200 美元之后不久，原油暴跌

资料来源：博易大师。

表 2-1　全球各主要航空公司 2008 年盈亏情况

名称	亏损总额	主营亏损额	占比（%）	套保亏损额	占比（%）
中国东方航空	139.28 亿元	75.27 亿元	54	64.01 亿元	46
中国国际航空	91.49 亿元	16.77 亿元	18	74.72 亿元	82
香港国泰航空	87.6 亿港元	79.29 亿港元	90.51	8.31 亿港元	9.48
奥地利航空	4.2 亿欧元	3.121 亿欧元	74.3	0.47 亿欧元	11.19
德国汉莎航空公司	盈利 12.23 亿欧元	盈利 13.83 亿欧元		1.6 亿欧元	
美国达美航空	8.964 亿美元	8.314 亿美元	92.75	0.65 亿美元	7.25
美国西南航空				盈利	

续表

名称	亏损总额	主营亏损额	占比（%）	套保亏损额	占比（%）
美国航空				盈利	
英国航空				盈利	
澳大利亚航空				盈利	
新加坡航空				盈利	

资料来源：国际航空运输协会、主要航空公司年报、金石期货（高岩）。

表2-2　模拟的东航场外组合期权协议

看跌期权多头/看涨期权（2）空头/看涨期权（1）多头		高盛集团
看跌期权空头/看涨期权（2）多头/看涨期权（1）空头		东方航空
看涨期权（1）行权价格：	200美元/桶	
看涨期权（2）行权价格：	150美元/桶	
看跌期权行权价格：	62.35美元/桶	
数量：	看跌期权：315000桶（不准确数） 看涨期权（1）：315000桶（不准确数） 看涨期权（2）：85000桶（不准确数）	
交割期限：	2009年至2011年的某月	
基准价格：	纽约商品交易所该月轻质原油期货交割平均价	

付款：付款日为交割后的5个交易日内

1. 如果基准价格高于看涨期权1的行权价，则东航将给付高盛价格差额部分（市场价格–200美元/桶）×看涨期权1的数量。

2. 如果基准价格介于看涨期权1和2的行权价，则高盛将给付东航价格差额部分（市场价–200美元/桶）×看涨期权2的数量。

3. 如果基准价格介于看涨期权2于看跌期权，双方无现金流交换。

4. 如果基准价格低于看跌期权的行权价，则东航将给付高盛价格差额部分（62.35–市场价）×看跌期权的数量。

资料来源：金石期货（高岩）。

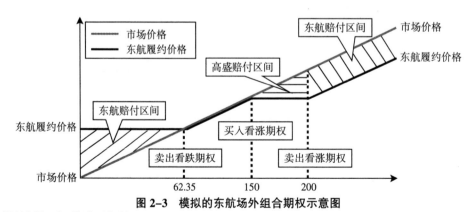

图2-3　模拟的东航场外组合期权示意图

资料来源：金石期货（高岩）。

　　如何搞懂原油期货？这个问题看起来简单，但恐怕很少有人问过自己，更不用说去认真思考和解答。我们不是化工和原油上的产业链专家，因此我们的重点是搞清楚原油价格波动的决定性因素。多年来的交易实践告诉我们——**原油的二重属性是分析和预判其价格趋势的关键**（见图2-4）。

图2-4　原油二重属性

　　对原油二重属性的认识是一个逐渐形成的过程。

　　2005年认识上海某个财经日报的记者L君，他刚从大学毕业不久，金融专业出身的他虽然身在媒体行业但是对金融交易本身非常感兴趣，那时上海黄金交易所正好处于筹办阶段，但是他已经迫不及待地通过伦敦市场参与国际黄金的买卖。

　　同时，他也感到原油与经济周期的关系更加密切，所以也时不时地参与国际原油期货的买卖。虽然他的交易是小打小闹类型，但是也做得十分认真，时不时会和我电话沟通，经常一次聊上一两个小时。那时我做外汇比较多，负责离岸对冲基金的外汇交易为主，但是像加元、英镑和日元还是与原油价格有密切关系的，所以也比较关注原油走势。在这样的交流和学习当中，我逐渐形成了原油期货的系统分析框架，并且不断完善。

　　2005年之前，我对原油的分析还停留在一些局部因素上，比如美国汽油和取暖油消费的季节性规律，中东的地缘政治，等等。那几年才开始逐渐关注中国经济对原油市场的巨大影响。这本讲义最初是在2008年次贷危机前后形成的，一直是交易员的内训教程，其实也是我分析原油走势的案头手册和必备指南。在交易和教学的过程中，我不断将新的分析工具

澳元主要与铁矿石出口有关，加拿大则与原油关系密切。不过，既然原油是商品之母，那么所有的大宗商品都会受到原油波动价格的影响。具体来看有四条传导路径：第一，原油与全球通胀关系密切，通胀影响美联储货币政策，进而影响美元，而美元是绝大多数大宗商品的报价和支付货币；第二，能化产品的上游是原油，比如PTA和各类塑料等，或者与原油在能源上游替代关系，比如LNG和动力煤等；第三，一些农产品可以用来生产生物燃料，比如甘蔗和玉米等，这就与原油有了密切关系；第四，大宗商品的生产、加工和运输需要原油相关产品提供能源。仅是上述四点就可以确定原油作为商品之母的地位了。

与成败经验教训写进这本手册当中。直到 2014 年秋季在贝加尔湖的利斯特维扬卡小住几日时才意识到整个手册的核心是什么，十来年积攒和完善的各类工具和理论最终浮现出了一个统一的框架。

从 2015 年初开始，除了收市后的复盘和阅读研报之外，我往往会留出两三个小时的时间整理这么多年来形成的一些文字材料，并且会对此前正式出版的书籍进行修改和完善，将新的经验和教训纳入其中。在这过程中，我最终形成了对原油期货分析和交易的框架，而且随着资金规模增加我也开始降低杠杆，通过降低仓位来降低杠杆。

多年之前给交易员做培训的时候，我注重原油供需和技术走势的分析，以及仓位的管理，但最近几年我已经开始围绕原油的二重属性来引导初级交易员理解原油市场。理论框架的建立和最新的实践都是围绕原油二重属性展开的，本书后面的课程基本上就是对二重属性的具体展开。

上述就是我从注重原油供需和技术走势上升到基于原油二重属性观察一切波动的心路历程。L 君曾经跟我说打算进入上海黄金交易所，后来大家因为工作繁忙的缘故也逐渐失去了联系，但是与他的谈话确实打开了我对原油深入研究的大门。今天，任何负责任的交易员和交易员导师都会认同一点——那就是，只有对单个品种的理解做到极致才能真正在市场上取胜，不论你是什么类型的交易者。

要想在原油市场上获取利润，必然要具有相对优势，你比其他玩家更厉害吗？厉害在什么地方？撇开那些过于抽象和空洞的老话，就自己的经验和对周围成功交易者的观察而言，能不能从根子上吃透一个品种的方方面面是真正的关键。技术分析水平的高低绝不是区分高手与韭菜的关键，这点我可以拍着胸脯向你保证。无论是郑商所的炒单高手，还是江浙一带的趋势交易大户，都不是纯粹的技术指标粉丝。

从根子上吃透原油的方方面面，什么是原油的根子？那就是原油的二重属性。原油的第一重属性是商品属性，这是

常年复盘的结晶就是这本讲义，或者说操作手册。

具体交易标的和合约的选择是绝不能依靠传统技术分析的。

大家最熟悉的。原油的第二重属性是资产属性，这是大家这十来年，特别是"9·11"之后随着美联储货币政策不断"超常规"发挥而清晰的。科索沃战争之后，美国连续打了几次大战，黄金与美元的关系逐渐清晰起来，在这个过程中，黄金的三重属性也被我提了出来。在同样的时期内，由于中国加入 WTO 后不断占据国际贸易的更大份额，出口激增，对原油的进口需要也在激增，自然这就是原油的商品属性。另外，由于美国连年用兵，双赤字扩大，美元的信用降低，加上美联储不断宽松，这就使得原油的资产属性**开始显现**（见图2-5）。

房地产也是有两重以上属性的，你搞清楚了吗？某些专家老是在房地产问题上走眼，就是忽略了多重属性。同理，如果你忽略了原油的双重属性，也会看走眼。

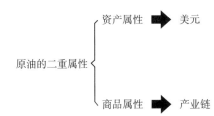

图 2-5 原油二重属性与美元以及产业链的映射关系

国际原油价格主要是布伦特价格和 WTI 价格两个标准，我们要分析和预判的就是这两者的未来趋势。要看清楚未来的趋势，第一是分析原油的商品属性，这决定了原油的大级别趋势，第二是分析原油的资产属性，这决定了原油的中级别趋势（见图2-6）。

图 2-6 原油二重属性与趋势级别的对应关系

资产属性与美元走势关系密切，美元作为国际货币其实是美国国家信用的体现。美国国力强弱，美国的避险地位和货币政策都决定了美元的强弱。原油的资产属性主要从美元角度分析，而分析美元则主要从主权信用、经济周期和信贷

战争也是一门生意，但往往是赔本的生意，国家做了赔本的生意，在"生意场"上的信誉度肯定大幅下降，那么打出来的白条也会贬值。可以看下美元购买力和美元指数两者的走势与美国发动战争之间的关系。

周期的角度去剖析（见图2-7），这个方面的内容主要在"第四课 美元与原油的资产属性"中详细展开。

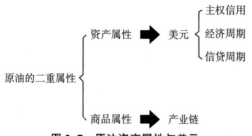

图2-7 原油资产属性与美元

原油的商品属性主要与原油产业链关系密切，产业链可以简单地分为上游的供给、中游的库存，以及下游的需求（见图2-8）。

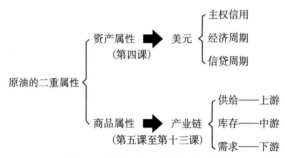

图2-8 原油商品属性与产业链

产业链上游如何去分析？比如钻井数量（Rig Count）数据，油田投资数据，三个海湾地区的国内政治和国际政治，产油区和炼厂的天气，生产成本和利率润，供给衰竭点，产油国的财政状况，原油公司资产负债表状况，新能源发展，等等。其中每一个项目下面又有很多子项目，比如产油国的国内政治又涉及内战、动乱和罢工以及利益集团分析，等等（见图2-9）。

产业链中游分析的主要指标包括裂解价差、API库存、EIA库存、库欣库存、布—德价差、陆地管道和海上运输状况，等等（见图2-10）。

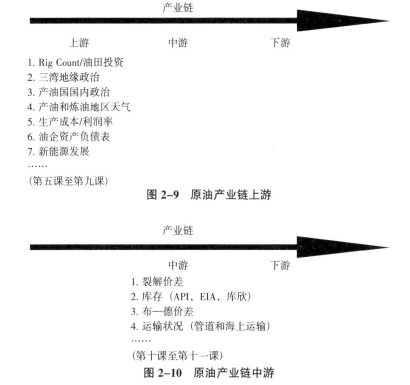

图 2-9 原油产业链上游

图 2-10 原油产业链中游

产业链下游分析的主要指标包括大国汽车销量、OECD 领先指标、中国工业增加值、印度工业增加值、重要经济体所处的经济阶段、季节性规律,等等(见图 2-11)。

图 2-11 原油产业链下游

原油的商品属性,也就是产业链分析,我会在第五课到第十三课详细展开。为什么没有供需分析?其实,供需分析属于芝加哥学派的风格,我更倾向于从经济过程来分析问题,因此产业链是更好的剖析和预判工具。产业链就是一个格局,产业链的上游可以看成是供给,下游可以看成是需求,当然这只是为了让读者好理解,真正的供给和需求发生在产业链的每一个环节(见图 2-12)。

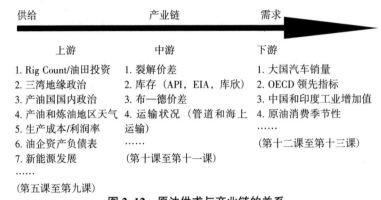

图 2-12　原油供求与产业链的关系

　　原油的资产属性基于美元来分析，原油的商品属性基于产业链来分析，这对于分析师可能是足够了。但是，对于交易者而言，特别是对投机客而言远远不够，因为二重属性只是属性驱动分析的环节，这只不过是分析了格局而已，我们还要分析玩家，这就需要心理分析登场了。

　　原油的心理分析对象和工具有哪些呢？比如 COT 报告、共识预期、原油期权、风险情绪指标、市场间资金流动、基差，等等（见图 2-13）。我会在第十四课到第二十课重点讲这方面的问题。

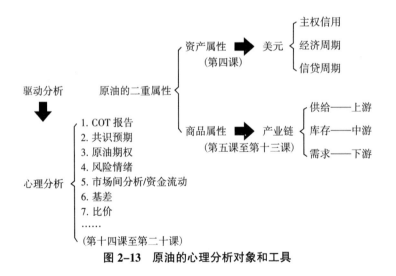

图 2-13　原油的心理分析对象和工具

　　至于与技术分析相关的内容我放在了本书最后几个章节，具体而言是从第二十一课到第二十三课（见图 2-14）。可以给大家交个底，技术分析在交易中的价值贡献比重应该不会超过 25%。2009 年在长沙的一个聚会上，当时有不少投机高手和投资高手，有的人做股票，有的人做期货，十几个人一致认为驱动分析和心理分析比纯粹地看图表有用。当然，你也许不这么认为，很好！有自己的独立见解，那就至少花一年时间按照纯技术分析的那套去实践一下。

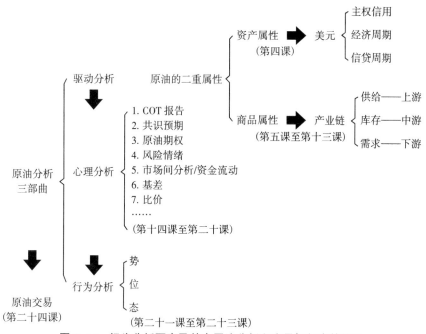

图 2–14　行为分析要素及其在原油分析和交易框架中的位置

如果你计划按照本指南的脉络去展开自己的学习和实践，需要我给你一些建议。很好！不过你也不能盲从，这只是我个人经验的总结，也只是我个人分析和交易原油的指南，你可以在此基础上发展出符合自己特点和需要的更好框架，也可以另起炉灶。当然，如果你借鉴了我的东西和框架，也务必注明。

我要给那些抱着空杯心态来学习这本教程的人如下建议：

第一，多花时间学习本书的第一课到第二十课，因为我相信即便你没有看有关技术分析的那三课也应该懂得不比我差。当然，或许这是我的谦虚说法，如果你比我更谦虚，那么看看行为/技术分析的那三课也肯定大有裨益，特别是你确实是个技术分析菜鸟的话。

因为喜欢交易，我进入大学之后疯狂地寻找一切指标，似乎从中可以优胜劣汰出"撒手锏"一样，结果当然是碰了一鼻子灰的。如果你现在也是刚进入交易界的话，我真的希望你能够少走弯路。

第二，**牢牢抓住美元和产业链这两个具体核心，没事就琢磨。**大家知道开国元帅

中有一位元帅，他有一个习惯，那就是一天到晚都在琢磨墙上的地图，搬个凳子坐在地图前面不断揣摩。你要想成为一个一流的原油交易者也应该有这样的劲头，沉下心去，将格局揣摩透。

第三，**交易不仅是研究格局，你还得搞清楚其他玩家的想法和动向，这点是绝大多数人所忽略的**。做多的人怎么想的？做空的人怎么想？最普遍的想法是什么？市场共识预期是什么？库存显著下降了，为什么原油价格不涨？等等，诸如此类的问题。技术分析是琢磨越多越是没底，基本分析和心理分析则往往相反。技术分析是必需的，但是不能贪多。

第四，将本教程先通读一遍，然后慢慢精读，在旁白处写下自己的心得体会，同时要将分析和交易的实践结合起来。知行合一是目标，如何做到知行合一就不容易了。看书还不够，实践也不够，你应该写日记，这样才能提高。**日记是最好的老师**，这个不是套话，试了就知道。这本书的目的是抛砖引玉，日记可能就是那块玉。

> 日记是最好的老师，下水才能学会游泳。

好了，第一课我告诉了大家"心法"，第二课则是打通大家的任督二脉，接下来就是教大家具体的拳脚功夫了（见图 2-15）。但是大家千万记住，学的时候一拳是一拳，一脚是一脚，但是练的时候和用的时候你必须让它们与"心法"和"全身气脉"融贯为一。具体的招式可以变化，可以完善，可以增减，但是"心法"和"周天气脉"不能忘了，不能丢了，不能堵了。

【开放式思考题】

在研读完第二课的内容之后，可以进一步思考下列问题。虽然这些问题并没有固定的标准答案，但是能够启迪思维，让你更加深入地掌握某些要点，或者是让你跳出僵化模式来重新看待问题。

（1）国内航空股受到两大因素的影响：一是人民币美元汇

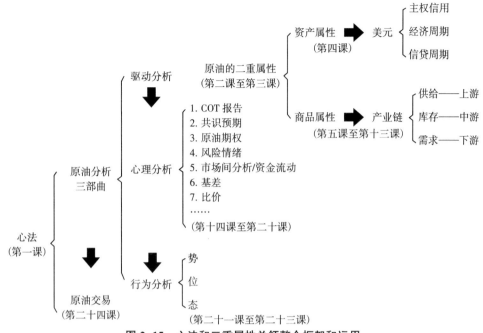

图 2–15 心法和二重属性总领整个框架和运用

率，二是原油价格。请找出背后的逻辑。原油对航空股的影响请查看附录部分来深入理解。

（2）现在的主流统计数据表明，2001 年之前美元指数与原油价格的相关性并不显著，但是从 2001 年开始美元指数与原油的负相关性明显增加。从网上检索下相关的分析，并将逻辑逐条列出，再逐条辩驳。

（3）在价差部分，我们会谈到 Brent 和 WTI 之间的价差，这个价差与原油的二重属性有什么关系呢？有一种说法是"**一般而言，Brent 代表的商品属性较强，WTI 代表的金融属性较强**"，这句论断背后的逻辑是什么呢？

（4）根据兴业证券张启尧先生和张倩婷小姐的统计和分析，从 1999 年到 2022 年，原油市场有过六轮大牛市，如表 2-3 所示。请根据"驱动因素"并结合本课内容指出哪些属于资产属性，哪些属于商品属性。

表 2–3 21 世纪原油价格的牛市特征

原油牛市	开始时间	结束时间	持续时间（月）	布伦特原油价格低点（美元/桶）	布伦特原油价格高点（美元/桶）	涨幅（%）	驱动因素
第一轮	1999 年 2 月 17 日	2000 年 9 月 18 日	19	10.13	34.46	240.2	亚洲经济危机之后复苏，OPEC 减产和科索沃战争

续表

原油牛市	开始时间	结束时间	持续时间（月）	布伦特原油价格低点（美元/桶）	布伦特原油价格高点（美元/桶）	涨幅（%）	驱动因素
第二轮	2001年11月15日	2006年8月7日	58	17.33	78.16	351.0	需求持续增长，供不应求，美元指数下跌
第三轮	2007年1月18日	2008年7月3日	18	51.75	146.08	182.3	全球经济强劲增长，中东地缘政治恶化，美元持续贬值
第四轮	2009年2月18日	2011年4月27日	27	39.55	125.47	217.2	后危机时代，全球货币和财政双重宽松，OPEC减产发酵
第五轮	2016年1月20日	2018年10月3日	33	27.79	86.10	209.8	美国产量下滑，全球经济复苏，OPEC重启减产
第六轮	2020年4月29日	2022年2月（尚未结束）	22	24.40	92.52	279.2	新冠疫情暴发，全球货币和财政宽松，供给保持克制

资料来源：Wind、兴业证券经济与金融研究院（尧望后势微信公众号）。

还有一种视角更大的原油超级大牛市划分。"二战"后出现过两次和原油超级大牛市，每次上涨都持续了8年左右时间，上涨倍数在10倍左右，牛市结束后都回调了80%左右。第一次超级大牛市从1974年持续到1982年，第二次超级大牛市从1999年持续到2008年。从牛市成因来看，两次原油大牛市都以商品属性驱动为主，**都是建立在需求爆发性增长，同时供给受限的基础上**。请查找历史资料，分别从产业链上下游（供求两个角度）找出这两轮超级大牛市的主要驱动因素。

【进一步学习和运用指南】

（1）本书第一版在2017年初出版，关于原油二重属性的框架则在此前十几年的过程中逐步形成，这确实是一个从实践中总结出来的东西，算是经验总结。近年来，随着接触的原油相关金融文献越来越多，也看到一些类似的精彩观点。例如，平安宏观的张明先生在2019年初就全面细致地分析了原油的重属性，他用的是"金融属性与商品属性"，大致思路是一样的。他指出：**"原油的商品属性体现在原油价格受市场的供给与需求影响**，而金融属性体现在原油价格受美元指数、投资者风险偏好与全球流动性的影响，其中价格受风险偏好与流动性影响是主要品类资产的共性，而受美元指数走势的影响则是国际主要大宗商品区别于其他资产的特性之一。"说得非常中肯，就交易

实践的角度而言，也颇具实用性，建议感兴趣的读者阅读他的专题文章《原油价格何去何从？基于原油双重属性的五因子分析框架》。

（2）中粮期货有一篇关于原油二重性的文章（《原油的商品属性和金融属性》）也值得一看。这篇文章以美国原油库存周期代表商品属性，以 OECD 领先指标代表金融属性。不过，我们认为原油库存更适合代表商品属性的产业链中游，而 OECD 领先指标更适合代表商品属性产业链下游。

（3）对原油金融衍生品感兴趣的读者，可以进一步阅读上海期货交易所课题组撰写的《国际原油市场与衍生品交易》（中国金融出版社）一书的"第七章 期权、互换及其他衍生品"。

（4）兴业银行私人银行部门在 2021 年 10 月 19 日发表了一篇名为《浅谈原油分析框架》的文章，给出了一个与我们类似的原油分析框架，也是基于原油的二重属性，对原油价格进行分析（见图 2-16 和图 2-17）。建议感兴趣的读者进一步阅读下这篇文章，同时思考一下为什么我们没有将持仓和风险情绪放到金融/资产属性类别中，而是放在心理面分析这个范畴。

图 2-16 原油商品属性分析框架

资料来源：兴业银行私人银行部。

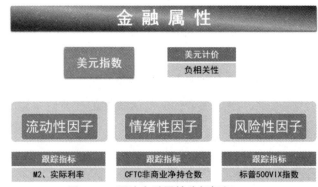

图 2-17　原油金融属性分析框架

资料来源：兴业银行私人银行部。

参考文献

［1］张启尧、张倩婷：《复盘六轮油价上涨：资产表现及启示》，2022 年 2 月 9 日。

［2］隔壁老邢：《国际原油价格走势的底层逻辑》，2022 年 3 月 18 日。

［3］凯银家族办公室：《原油行业的投资属性与价值影响》，2020 年 5 月 13 日。

［4］孙萌洋：《原油研究——商品属性供给面》，2021 年 8 月 26 日。

［5］上海期货交易所/上海国际能源中心：《原油期权操作手册》，2021 年。

［6］云财富期货：《供需双增，油市在平衡中寻求新方向》，2021 年 12 月 31 日。

［7］赵渤文：《石油价格历史波动回顾分析》，2020 年 5 月 29 日。

［8］吉富宝：《一文解析投资"原油"的最佳时机》，2018 年 8 月 30 日。

［9］柳瑾：《宏观视角下的原油市场投资机遇》，2017 年 8 月 29 日。

［10］牛播坤、甄茂生：《原油牛市是怎么炼成的》，2018 年 1 月 22 日。

［11］苏小泳：《原油投资的核心逻辑分析》，2016 年 5 月 28 日。

［12］应汇康、马超：《从原油视角看当前能源危机》，2021 年 11 月 11 日。

［13］林采宜：《国际原油价格大概率见顶》，2018 年 7 月 10 日。

［14］兴业银行私人银行部：《浅谈原油分析框架》，2021 年 10 月 19 日。

三大驱动力量：FED、OPEC 和 G4

子程子曰："不偏之谓中，不易之谓庸；中者，天下之正道，庸者，天下之定理。"此篇乃孔门传授心法，子思恐其久而差也，故笔之于书，以授孟子。其书始言一理，中散为万事，末复合为一理，"放之则弥六合，卷之则退藏于密"，其味无穷，皆实学也。善读者玩索而有德焉，则终身用之，有不能尽者矣。

——朱熹（《中庸章句》）

几乎所有最显著的那些资产价格波动，都是由美联储货币政策框架的调整引起的。市场，首先是美联储与所有市场参与者之间的博弈，其次才是市场参与者之间的博弈。在动态重复的博弈中，美联储始终都是处于主导地位的领导者，市场参与者只能对美联储的策略做出反应。塑造资产价格水平和结构的，是美联储的货币政策框架。

——樊健康

OPEC 不再是一个真正的卡特尔组织，其属性更接近于一个石油央行。

——贾森·申克尔（Jason Schneker）

正是由于原油及其加工成品在现代工业与交运领域应用广泛，所以原油需求主要取决于全球经济的实际增速。考虑到全球经济在 21 世纪后主要由最大的消费国美国与最大的生产国中国拉动，通过分析全球经济增速和中美经济增速与油价的走势的关系可以探讨原油价格如何受需求的影响。

——张明

完美主义者花太多时间关注边缘性的微小因素，影响对重大因素的考虑。做出一个决定时通常只有 5 个到 10 个需要考虑的重要因素。重要的是深入了解这些因素，而过了一定的临界点后，即使研究重要因素，所产生的边际收益也是有限的。

——雷伊·达里奥（Ray Dalio）

历史是个望远镜，你一看远了，什么妖魔鬼怪都能看清。

——冯仑

所谓的注意力就是将脑力集中于几个可能的因素或者思路中的一个，使之呈现出清晰、鲜活的面目。焦点集中和聚精会神是注意力的本质。这就意味着若想要有效地处理某些事务就必须放弃其他的一些东西。

——威廉·詹姆斯（William James）

美联储实行持续的低利率政策和信贷扩张，扭曲了市场信号，一方面误导了企业家过多地从事本来无利可图的资本品投资，导致原材料价格和工资大幅度上涨，造成股市泡沫；另一方面它又误导了消费者增加消费，减少储蓄，使得原本不该借钱的人开始借钱，原本不该买房的人开始买房子，导致了房地产泡沫和不可持续的高消费，但是社会的真实资源并没有增加……

——穆瑞·N.罗斯巴德（Murray N. Rothbard）

一个人既要分析又要做交易是非常辛苦的，如果你对交易非常感兴趣，那么这种辛苦更多的是体现在身体上，当然长久下去身体也会影响精神状态。交易员不是简单地下单，下单员不能被定义为交易者，因此我们这里讲的交易者或者交易员都是要分析行情的那类。原油市场纷繁复杂，我们在第一课介绍了正确分析和交易的起点，第二课则勾勒了原油分析的框架，接下来自然是对这一框架逐步加以详述。不过，在这之前我觉得有必要让大家在运用这个框架的时候有的放矢。

框架如何着手运用，需要从某个点开始。

2007年夏天，有个上海的铁哥们介绍了自己的一个远房亲戚来当学徒，当然这种学习方式是在网上展开的。这位学徒从严格意义上讲应该是业余爱好者，那时候我的交易工作安排得非常满，每天要进行大量的分析和研究，同时我一直继续着多年的习惯——将自己每天分析和交易中的心得和经验记录下来，逐步形成一个体系。说句老实话，带一位业余爱好者我不可能花太多时间，因为我不可能荒废了自己的主业来帮助他的副业，因此我想了一个折中的方法，好听一点就是两全其美的做法。我将自己累积的那套体系交给了他，也就花了一两个周末的时间在网上和他沟通了一下。

毕竟，我这套东西是多年摸爬滚打琢磨出来的，而且比很多道听途说的经验要系统得多，因此我认为对方接受了这套东西之后，自然会快速成长。自从我快速将"内功心法"毫无保留地传授给对方之后，有一个多月没有联系了，那时的想法就是这套方法这么系统、这么科学，不是什么一招半式，也不是什么大杂烩，总比市面上那些东西有干货吧！某个星期六，我忽然想起了朋友的托付，于是我在那位业余交易者的 MSN 上留了言，询问学习和实践的近况。一两个月学会持续赚钱之道，这是不可能的，我只是希望对方多少有些真正入门的感觉，这就好比刚学游泳时第一次能够保持在水面几秒的那种感觉。

对方很快回复了我，说的话出乎意料，他说根本不知道如何下手，感觉每天哪有那么多的时间分析那么多的项目啊！当时，我脑袋蒙了，给了对方一个最全面高效的思考框架，但是对方却不知道怎么去使用。一个高效的分析框架如何高效落地？这成了我当时思考最多的问题之一。

我反思自己的成长过程，这个框架是我一点一点完善出来的，所以每一个部分都在我脑海里与成千上万的经验和具体技巧结合，但是对方却没有这个过程，因此对他而言都是大而空的框架而已。为了解决这个问题，必须逐步解释某个部分的详细内容和技巧。

第二个问题则是虽然框架是复杂的，但是有没有什么可以很快上手的地方，有没有什么地方可以让注意力更好地集中。虽然我们全面地进行分析是必要的，但是其中肯定有少数几个重点关注点。换句话说，**能不能通过一两条线索将整个框架串起来**，关注这一两条线索，可以让我的思维在整个框架上驰骋。正所谓："放之则弥六合，卷之则退藏于密。"

在这个基础上，我具体研究了分析框架落地的途径，那就是找到少数几个关键驱动因素，每天就以关注这些因素为主，这些因素有变化就放到分析框架中去考虑，就是说将"关键棋子"放到"棋盘"中去考虑。最终，我给了他下面这个驱动分析框架（见图 3-1）。

原油市场的分析框架我在第二课已经交给大家了。这么多因素除非你有专门的研究团队，否则每天根本关注不过来，就这一品种你都只能跟跟跄跄地去跟踪，再多几个品种那根本就无暇顾及了。假如你是独立交易者或者说你的基金规模不大，你是身兼研究者的身份，那么如何克服这种困境呢？

原油市场上纷繁复杂的事情我们要综合起来看，要放到整体中去看，同时我们要

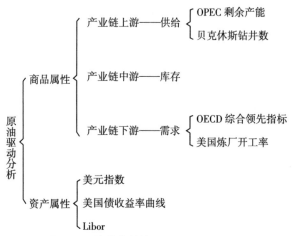

图 3-1　简单高效的原油驱动分析框架

Fedwatch 这个词表明了美联储对于金融市场有多么重要，以至于用专门这样一个词来描述。CME 专门开辟了一个专栏来提供这一服务，国内财经媒体经常引用其利率预测。美国很多财经媒体和记者经济学人都开设了 Fedwatch 的专栏。

看到以下现实：**第一，整体中的各个因素并非时刻都在变化，那些没有变化的因素我们就没有必要花时间了，因为边际量决定了价格变化**；第二，整体中各个因素的影响力是不同的。

基于上述现实，我逐步归纳出了三个最值得关注的因素，第一个因素是 FED，也就是美联储；第二因素是 OPEC，也就是石油输出国组织，当然非 OPEC 国家其实也是绕不开的因素；第三个因素是 G4，这个词是我提出来的，目的是方便提及四个比较重要的经济区域。

或许复杂的原油框架让你有点找不着北，没关系，你可以先从关注这三者入手，每天都坚持跟踪和分析这三者的最新动态，然后进行趋势预判。当然，这个三颗棋子还是要落到棋盘上的，也就是说 FED、OPEC、G4 相关信息要放到前述的原油分析框架中来理解（见图 3-2）。

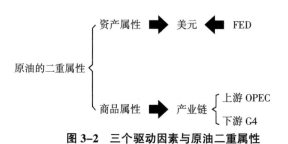

图 3-2　三个驱动因素与原油二重属性

FED 主要涉及原油的资产属性，OPEC 和 G4 主要涉及原油的商品属性。原油的二重属性很抽象，但是你不懂就难以把握原油的趋势，通过上述三个关键因子你就能很好地理解和运用二重属性的概念和框架。

例如，2020 年初新冠疫情在全球蔓延，第一季度原油价格延续此前跌势，继续暴跌，此后在 FED、OPEC+和 G4 的三个关键因子集体发力的情况下开启了一轮大牛市。月线上的技术底部图形是一个早晨十字星，这就是行为面的见底信号（见图 3-3）。

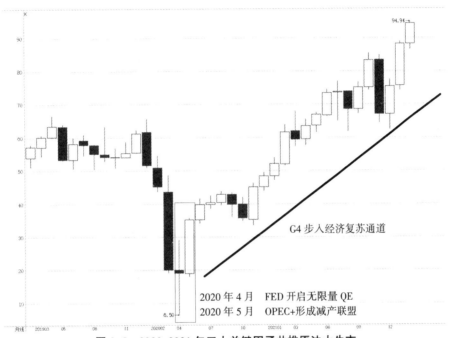

图 3-3　2020~2021 年三大关键因子共推原油大牛市

本课主要就是大致介绍下这三个关键因子，首先讲一下 FED。FED 是 Federal Reserve System 的英文简称，中文一般简称为"美联储"。其实广义的 FED 指的是整个美国中央银行系统，狭义的 FED 则是指联邦储备委员会。整个美联储体系由如下机构组成：

● 决策机构——联邦储备委员会。联邦储备委员会负责制定货币政策，包括规定存款准备率、批准贴现率，对 12 家联邦银行、会员银行和持股公司进行管理与监督。委员会在货币金融政策上有权独立作出决定，直接向国会负责。联邦储备委员会由 7 人组成，全部由总统任命，参议院批准，任期 14 年，每 2 年离任一人，委员会的主席和副主席由总统从 7 名委员中任命，任期 4 年。

● 执行机构——联邦公开市场委员会（FOMC）。联邦公开市场委员会主要专门负

责公开市场业务的实施，从而指导货币政策的全面贯彻执行。联邦公开市场委员会有12名成员，其中有7名来自联邦储备委员会，5名区域联邦储备银行的行长（其中必须包括纽约联邦储备银行行长，其余各分行轮流参加），而且其主席由联邦储备委员会主席担任。

● 执行机构——12家联邦储备银行。区域性联邦储备银行是按照1913年国会通过的《联邦储备法》，在全国划分12个储备区，每区设立一个联邦储备银行分行。每家区域性储备银行都是一个法人机构，拥有自己的董事会。会员银行是美国的私人银行，除国民银行必须是会员银行外，其余银行是否加入全凭自愿而定。加入联邦储备系统就由该系统为会员银行的私人存款提供担保，但必须缴纳一定数量的存款准备金，对这部分资金，联邦储备系统不付给利息。

由于以原油为主的大宗商品是以美元计价为主，同时美元也是国际贸易和投资的最大支付和结算货币，因此**美联储相当于"全球的央行"**。英文好的交易员应该坚持阅读FED的官网www.federalreserve.gov，从中可以得到许多有用的信息，FED的及时动态也可以从上面得到（见图3-4）。

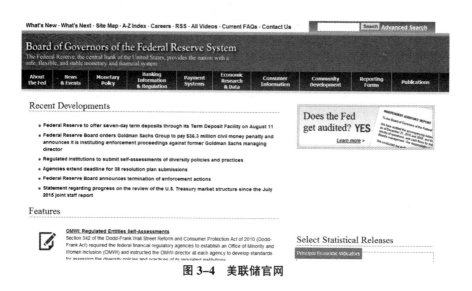

图3-4　美联储官网

为什么要追踪美联储的动态，特别是美联储货币政策框架的重大变化？**美联储货币政策框架的变化是质变，美联储资产负债表的变化是量变。我们首先要关注质变，这会带来重大的交易机会。**

例如，2002年5月，美联储对货币政策框架进行了重大改革，将通货膨胀衡量指标从PCE切换到CPCE，具体来讲就是不再将粮食和能源价格作为首要考虑。这变相

等于告诉金融市场不管粮食和能源价格如何上涨，美联储都不会像过去那样强硬了。这一货币政策框架的重大调整加速了油价和粮价从 2002 年到 2008 年在供求面推动下的上涨，两者基本都暴涨了 5 倍左右。

我们来看图 3-5，仔细看一下 2002~2008 年这段时间，原油价格的走势。美元指数具体是贸易加权美元指数（右坐标轴），原油价格具体是指 WTI 原油价格（左坐标轴），金价具体是指伦敦金银市场的美元报价（左坐标轴）。

图 3-5　2002~2008 年原油价格的暴涨

资料来源：https：//fred.stlouisfed.org.

美联储的资产负债表和资产负债表总规模走势对于理解美国货币政策的真实变化和趋势是非常有用的，可以参考下面两个网址：

http：//www.federalreserve.gov/releases/h41/Current

http：//www.federalreserve.gov/monetarypolicy/bst_recent-trends.htm

第一个网址给出的是"美联储资产负债表明细"（见图 3-6），第二个网址给出的是"美联储资产负债表规模"（见图 3-7）。美联储资产负债表结构变化和总量变化会对全球资产价格产生巨大的影响，当然包括原油。我们强调原油的资产属性，这个资产属性往往就是因为美联储的资产负债表出现

国内有不少专家在写作"耸人听闻"的预测文章时，喜欢从美国资产负债表找证据，另外他们也经常"借用"圣路易斯地方联储官网的专题文章观点和证据。后面这个官网有很多大胆新颖的见解，并且能够提供坚实的数据支持。

原油短线交易的 24 堂精品课：顶级交易员的系统与策略（第 2 版）

变化引发了全球各类主体的资产负债表再平衡，进而引起了原油的价格变化。

图 3-6　美联储资产负债表明细

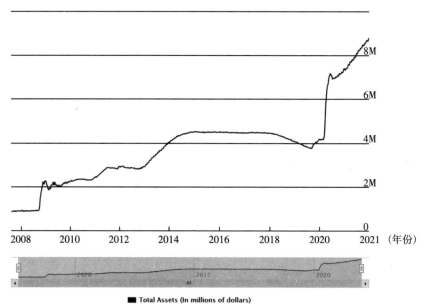

■ Total Assets (In millions of dollars)

图 3-7　美联储资产负债表规模（2008~2021 年）

　　另外，我个人也很推荐圣路易斯地方联储官网（见图 3-8），其中的研究专栏有很多精彩的分析，具体网址为 https：//research.stlouisfed.org.

图 3-8 圣路易斯地方联储官网

美联储的重要动向主要有美国联邦公开市场委员会（FOMC）例会，褐皮书以及联储官员的讲话，这些信息一方面会在美联储官网上发布，另一方面外汇交易相关的网站和软件也会及时推送。

FOMC 每年召开 8 次例会，一般在 2 月和 7 月的会议上，重点分析货币信贷总量的增长情况，预测实际国民生产总值、通货膨胀、就业率等指标的变化区间。在其他 6 次会议中，要对长期的货币信贷目标进行回顾。每次会议的具体议程如下：

● 批准上一次例会的会议记录；

● 外币操作评价，包括上次会议后的操作情况报告、批准上次会议结束后的交易情况；

● 国内公开市场操作评价，包括上次会议后操作情况的报告、批准上次会议结束后的交易情况；

● 经济形势评价，包括工作人员对经济形势的报告、委员会讨论；

● 货币政策长期目标（2 月和 7 月会议）评价，包括工作人员评论、委员会对长期目标及行动方案讨论；

● 当前货币政策和国内政策指令，包括工作人员评述、委员会讨论和制定指令；

● 确定下次会议的日期。

作为全球唯一可以"生产"美元（狭义）的机构，美联储的审计事务所是毕马威。美联储用的会计准则也不是 GAAP（美国通用会计准则，Generally Accepted Accounting Principle），而是一种特殊的、专门为美联储央行设计的会计准则——FAM（联邦储备银行财务会计手册，Financial Accounting Manual for Federal Reserve Banks）。FAM 的制定者是美联储。

而褐皮书（the Beige Book）则为美国联邦储备委员会（FED）每年发布八次的美国经济展望调查报告。取名"褐皮书"系因装订镶边颜色属褐色。该报告包含 12 个地区 FED 分行所提出的地区经济情况摘要与全国经济情况摘要。该报告是美联储货币政策决策例会的重要参考资料。

褐皮书会对油价产生驱动力。例如，2015 年 1 月 14 日，美国 EIA 原油库存数据并不理想，截至 12 月 2 日当周，美国原油库存增加 540 万桶，远超市场预期。库欣的原油库存也大幅增加 177.6 万桶。此外，当周汽油库存增加 320 万桶，精炼油库存增加 290 万桶，当周炼厂利用率下降 2.9%至 91%。同时，美国零售销售也不及预期。北京时间凌晨 3 时左右美联储发布褐皮书，国际原油价格突然火箭式蹿升爆发了逼空行情，美原油一小时内飙涨近 3 美元（见图 3-9）。美联储褐皮书报告指出，美国经济活动在 11 月和 12 月继续扩张；大多数地区经济温和增长，大部分地区的消费者开支继续扩大，零售销售同比温和上升；大部分地区的制造业活动扩张，多数地区经济稳健至温和增长；不同地区的就业均中度增长，诸多行业的薪资涨幅温和扩大；各行业的就业岗位增速适度加快，信贷需求上涨，且质量略有提升。但报告也指出，虽然美国经济状况正在改善，但原油价格下跌将对美国经济造成的影响感到担心。

褐皮书经常关注油价对通胀的影响，同时褐皮书本身也会影响油价。

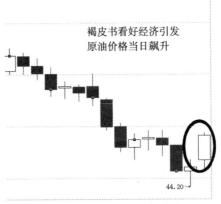

图 3-9　褐皮书发布利好油价

　　除了 FOMC 和褐皮书之外，联储官员点的个人讲话往往会对原油市场产生显著影响。上述信息主要涉及美联储的及时动向。在欧美财经界有一批记者以关注和预测美联储的动向出名，他们的评论往往涉及美联储的未来举动，因此也会对原油市场造成不小的影响。Business Insider 曾经在一篇文章当中列出了六位能够显著影响市场的记者，他们的报道往往与美联储的动向有关。下面列出这六位"大神"的情况：

要看到他们的推特，可能需要 VPN 的帮助。

　　● 罗宾·哈丁（Robin Harding），供职于金融时报（FT），被称为 FT 版的"美联储通讯社"，可以通过推特对他进行关注，@RobinHarding。

　　● 尼尔·欧文（Neil Irwin），供职于《华盛顿邮报》（*the Washington Post*），他是一位专栏作者，从 2000 年开始就在 WaPo 做经济相关话题的报道工作，从 2007 年到2012 年专门负责报道美联储的各种新闻和消息分析，也常常在 Ezra Klein 的政策分析博客 Wonkblog 上面发表意见分析。在推特上也可以对他加以关注，@Neil_Irwin。

　　● 本雅明·阿佩尔巴姆（Binyamin Appelbaum），供职于《纽约时报》（NYT），具体职位是驻华盛顿专职报道美联储新闻的《纽约时报》记者，此前，他曾经在多家媒体工作过，比如《弗罗里达时报》《波士顿环球》《夏洛特观察》《华盛顿邮报》。每次美联储召开新闻发布会，他都会在场。在推特上也可以对他加关注，@BCAppelbaum。

　　● 史蒂夫·莱斯曼（Steve Liesman），供职于 CNBC，他是 CNBC 的资深财经记者。在推特上可以关注他，@steveliesman。

　　● 格瑞格·艾普（Greg Ip），供职于《经济学人》（*The Economist*），他是《经济学人》杂志的美国经济总编，负责对市场和财政政策进行报道，也是如今美联储报道的传奇记者约翰·希尔森拉特（Jon Hilsenrath）的前辈。可以在推特上对他进行关注，@greg_ip。

　　● 约翰·希尔森拉特（Jon Hilsenrath），供职于《华尔街日报》（WSJ）。他有着"美联储通讯社"（Fedwire）之称。

　　除了关注上述六人之外，我个人经常浏览的一个网址是"TD 的美联储观察"
（见图 3-10），具体网址是 http：//economistsview.typepad.com/timduy。

图 3-10　TD 的美联储观察

　　很多研究报告和财经文章都会引用美联储利率预期的散点图和利率期货的数据，
我告诉大家这个信息是从哪里来的，登录这个网址即可：http：//www.cmegroup.com/
trading/interest-rates/countdown-to-fomc.html。你可以看到利率调整幅度和概率（见图
3-11）以及公开市场委员会成员的利率预期水平（见图 3-12）。前者根据利率期货得
出，后者根据各委员的表态统计得出。

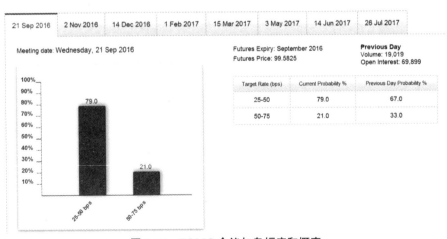

图 3-11　FOMC 会议加息幅度和概率

资料来源：CME.

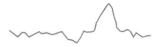

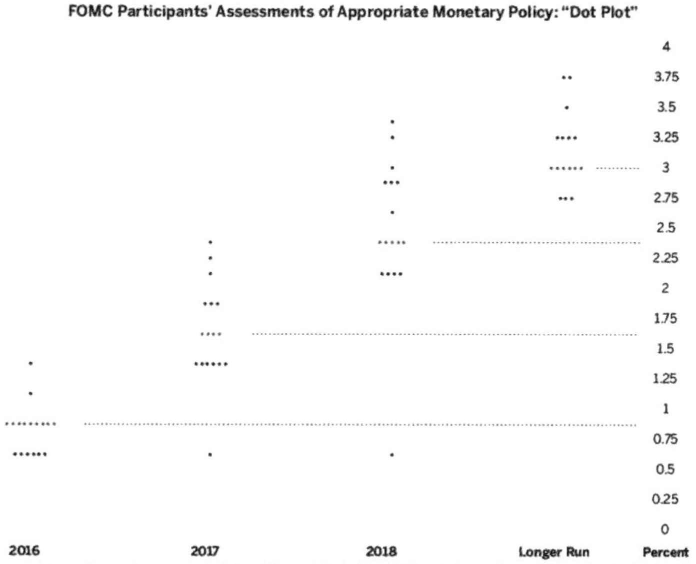

FOMC Participants' Assessments of Appropriate Monetary Policy: "Dot Plot"
4
3.75
3.5
3.25
3
2.75
2.5
2.25
2
1.75
1.5
1.25
1
0.75
0.5
0.25
0
2016
2017
2018
Longer Run
Percent

图 3–12　美联储 FOMC 委员的潜在利率政策预期散点图

资料来源：CME.

美联储的一举一动，对于原油市场都有影响，特别是货币政策转向时，比如 2013 年 5 月时任美联储主席伯南克发表了著名的关于柔性渐变经济政策的讲话（Tapering Talk），提出逐步削减并最终退出 QE，金融市场迅速调高了对美国政策利率的预期。**2015 年 12 月，美联储时隔 7 年首次加息，**联邦基金目标利率从 0.25%提升至 0.5%。从 Tapering Talk 到最后美联储加息不同阶段内，美国股市因此基本面强劲处于横盘整理之中，而原油、铜和黄金的价格受流动性影响严重，特别是**布伦特原油期货，在 QE3 完全退出至加息前这一时间段内下跌高达 56%**（见表 3–1）。

表 3–1　伯南克主导下的美联储货币政策转向后大宗商品显著下跌

单位：%

品种/时间段	2013 年 5 月 22 日到 2013 年 12 月 18 日	2013 年 12 月 18 日到 2014 年 10 月 29 日	2014 年 10 月 29 日到 2015 年 12 月 17 日
布伦特原油	5.2	–20	–56.4
伦铜	–1.2	–7	–33
伦敦金	–11.5	–1.6	–14.4
标准普尔 500	8.5	11.3	2.9

资料来源：Wind、兴业证券经济与金融研究院。

当然，这波原油的大跌，并非是简单由美联储政策转向导致的，**资产属性往往是行情的“加速器”，商品属性才是行情的发动机。供过于求，遇上货币紧缩，那就是大**

跌行情；供不应求，遇上货币宽松，那就是大涨行情。

例如，2021 年 8 月 4 日就是商品属性利空叠加资产属性利空。刚好美原油期货主力合约 1 小时走势图上价格反弹到上一波的 0.5 位置，这就是基本面/驱动面与技术面/行为面的利空共振，一次绝佳的短线做空机会（见图 3-13）。

商品属性因子方面，当天 EIA 发布的原油库存周报显示当周商业原油库存增加 362.7 万桶至 4.392 亿桶。库存增加的大背景是 7 月 OPEC 原油产量增加，沙特、科威特、阿联酋将原油出口提高至几个月以来的高点，增加了市场对 OPEC 在不确定市场中恢复增产的忧虑，再加上自 8 月以后，每个月 OPEC+还会增产 40 万桶/日的原油供应，市场矛盾开始向需求恢复能否达到预期转移。

另外，德尔塔变异毒株在全球加速蔓延，尤其是欧洲新增感染人数的增加，市场担忧会拖累原油需求恢复进程。再看资产属性因子方面，美联储副主席表示美联储将在未来几次会议上评估减码 QE，可能加息的条件在 2022 年底能满足，2023 年加息符合新的框架。

商品属性和资产属性双重利空，趋势做空原油的好机会；商品属性和资产属性双重利多，趋势做多原油的好机会。这是"易胜"的格局，在这种格局下再去利用技术分析手段管理仓位，那就是游刃有余，锦上添花。如果驱动面不明晰，格局晦暗不明，那么技术面再精妙也是"螺蛳壳里做道场"，或者说"巧妇难为无米之炊"。

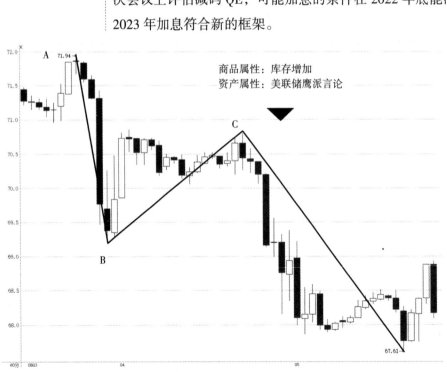

图 3-13　商品属性和资产属性双重利空（案例 1）

再来看一个资产属性和商品属性双重利空的实例。2021 年 11 月 3 日，**美联储公布了备受瞩目的 FOMC 货币政策决议，与市场预期一致，从当月下旬开始缩减购债（taper），每月减购 150 亿美元，将于 2022 年中彻底结束净购新债。**当天也是美国能源信息署（EIA）公布原油库存数据的时间。

数据显示此前一周美国原油库存增幅超预期，截至 2021 年 10 月 29 日当周，美国原油库存增加 329 万桶至 4.341 亿桶，分析师预期为增加 220 万桶。同时，柴油和取暖油的馏分油库存增加 220 万桶，至 1.271 亿桶，此前受访分析师预估为减少 140 万桶。美联储缩表和库存增加两者叠加，国际原油价格暴跌（见图 3-14）。

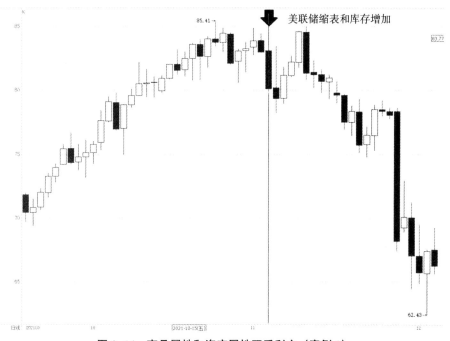

图 3-14　商品属性和资产属性双重利空（案例 2）

对于 FED 我已经介绍得差不多了，交易者平时从哪些渠道关注 FED 的动向大家应该心中有数了，下面我们接着介绍 OPEC。

OPEC 中文音译为欧佩克，其全称是 Organization of Petroleum Exporting Countries，即石油输出国组织。它于 1960 年 9 月 14 日在伊拉克首都巴格达成立（见图 3-15），1962 年 11 月 6 日欧佩克在联合国秘书处备案，成为正式的国际组织。

OPEC 的宗旨是协调和统一成员国的石油政策，维护各自和共同的利益，有 14 个成员国：沙特阿拉伯、伊拉克、伊朗、科威特、阿拉伯联合酋长国、卡塔尔、利比亚、尼日利亚、阿尔及利亚、安哥拉、厄瓜多尔、委内瑞拉、加蓬和印度尼西亚。

图3-15　1960年9月10日到14日在巴格达举行的第一次OPEC会议

资料来源：OPEC.

从1992年12月到2007年10月，厄瓜多尔被中止了成员资格。印度尼西亚在2009年被中止了成员资格，然后在2016年1月恢复。加蓬在1995年1月被中止会员资格，然后在2016年1月重新加入。

OPEC最初的目的只是产油国为了从西方石油巨头"七姐妹"那里夺取国内原油生产的控制权，但是20世纪70年代初的以巴战争，使得OPEC具有了地缘政治博弈的功能。从"七姐妹"到OPEC的成立，再到IEA的成立，反映了国际能源市场用不落幕的激烈斗争，这些内容我们将在第六课到第九课中详细展开。

OPEC占据了大部分的原油产量（见图3-16和图3-17），从2011年到2020年随着页岩油气技术的不断进步，非OPEC国家的原油产量还将占据更多份额，特别是北美的页岩油气。不过，**2020年新冠疫情暴发使得OPEC的影响力得到了极大的恢复。北美页岩油上游投资从2014年最高2440亿美元大幅缩水至2020年的710亿美元。**新冠疫情暴发后页岩油行业从利润再投资钻新井转变为利润优先偿还债务以及分红回报股东。

页岩油气的分析要看钻井数、独立能源公司的财报、库欣库存等数据。

根据2021年12月OPEC月报中公布的各国石油产量计算，除伊朗、利比亚、委内瑞拉三个豁免减产的国家外，OPEC成员国距离2022年5月起实施的新减产基线合计仍有超过433万桶/日的增产空间。如果再加上俄罗斯32万桶/日的增产空间，OPEC+组织距离完全退出减产仍有超过465万桶/日的增产空间。同时，OPEC在减产线之外还留有大量闲置产能，比如阿联酋此前几年大幅扩大产能。

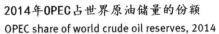

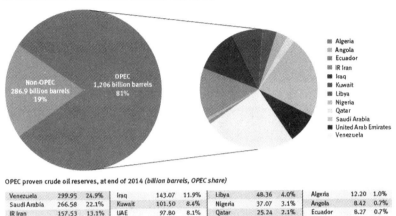

2014年OPEC占世界原油储量的份额
OPEC share of world crude oil reserves, 2014

OPEC proven crude oil reserves, at end of 2014 *(billion barrels, OPEC share)*

Venezuela	299.95	24.9%	Iraq	143.07	11.9%	Libya	48.36	4.0%	Algeria	12.20	1.0%
Saudi Arabia	266.58	22.1%	Kuwait	101.50	8.4%	Nigeria	37.07	3.1%	Angola	8.42	0.7%
IR Iran	157.53	13.1%	UAE	97.80	8.1%	Qatar	25.24	2.1%	Ecuador	8.27	0.7%

图 3-16　2014 年 OPEC 所占原油份额
资料来源：OPEC 2015 年度统计报告。

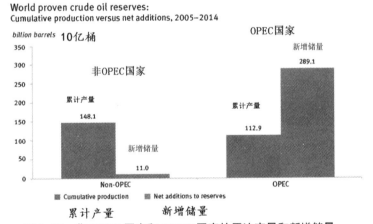

经过证实的全球原油储量：2005年到2014年累计产量和新增储量

World proven crude oil reserves:
Cumulative production versus net additions, 2005–2014

图 3-17　非 OPEC 国家和 OPEC 国家的原油产量和新增储量
资料来源：OPEC 2015 年度统计报告。

　　OPEC 的"领头羊"还是沙特。2020 年 3 月，国际原油市场价格暴跌的原因之一就是因为以沙特为首的 OPEC 成员国与俄罗斯在国际能源市场上交锋。2020 年 3 月 9 日，油价一天大跌 30%（见图 3-18），OPEC 大国沙特在与俄罗斯谈崩了之后宣布大幅提高石油产量，准备将日均产量提高到 1000 万桶/日，并不排除达到创纪录的 1200 万桶/日的产量。

　　从 2011 年到 2021 年出现过两次 OPEC 放弃市场，一次是美国页岩油增量冲击太大，另一次是 2020 年因为新冠疫情触发全球需求骤降。

原油短线交易的 24 堂精品课：顶级交易员的系统与策略（第 2 版）

图 3-18　沙特宣布大幅增加产量油价暴跌

　　每次的 OEPC+ 减产大会之前，包括俄罗斯、沙特在内的 OPEC+ 主导国家经常会有一些暗示性的言论放出，市场提前将信息吸收，所以等到正式宣布的时候反而价格表现趋于平静。减产和冻产是 OPEC 很常用的一种做法，如果这两次减产行为之间相隔时间比较短，比如说一年之内，则第二次减产行为开始之后油价会受到很明显的提振。但是如果说这两次相隔时间比较久，那减产开始之后油价往往会出现一个下行走势。

　　接下来，OPEC 在 2020 年 4 月宣布减产，从 5 月开始每日削减 970 万桶，这波减产操作使得原油价格从 2002 年以来的最低点回升（见图 3-19 和图 3-20）。当然，本课前面也提到了 OPEC 减产并非这段时间驱动原油上涨的唯一因子，全球量化宽松等政策也居功至伟。

图 3-19　2020 年第二季度开始 OPEC 减产推动原油持续上升

资料来源：Admiral Markets MetaTrader 5，Dina.

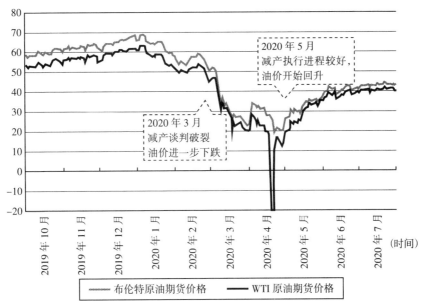

图 3-20 2020 年上半年 OPEC 重大行动与原油价格

资料来源：Wind、中航证券。

OPEC 的官网是 www.opec.org，其中的月度原油市场报告 (Monthly Oil Market Report) 是最有影响力的官方报告（见图 3-21 到图 3-23）。这份报告将详细介绍全球供需和库存变化，并且会详细分析未来的原油价格走势，这份报告主要基于原油的商品属性进行分析。

OPEC 和 IEA 等大机构会定期发布预测报告，一般至少每月有一次。其中有关于供需的预测，但是，这类预测会不断对供需数据进行修正。因此，原油分析师和交易者会觉得这些机构的预测都很准，但事实上这是不断修正的结果

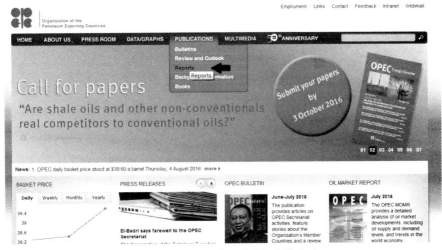

图 3-21 查阅月度原油市场报告（1）

图 3-22　查阅月度原油市场报告（2）

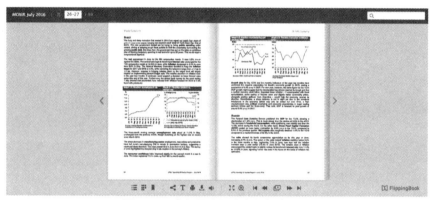

图 3-23　查阅月度原油市场报告（3）

除了这份报告之外，我们还需要关注主要 OPEC 国家政府对原油市场的看法以及 OPEC 会议的动向。可以从官网上的"PRESS ROOM"下拉菜单中的"Upcoming Events"栏目获得关于 OPEC 会议的时间表（见图 3-24 和图 3-25）。

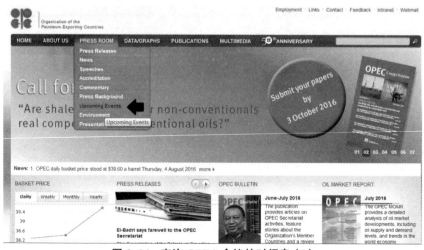

图 3-24　查询 OPEC 会议的时间表（1）

图 3-25　查询 OPEC 会议的时间表（2）

对于 OPEC 的减产协议，需要强调的一点是从历史数据来看，实际产量基本上都高于减产协议达成的配额（见图 3-26）。OPEC 历史上的减产行动，及其对原油价格的影响也值得我们熟稔于心（见图 3-27），总体而言一年内的第二次减产更值得重视。

除了关注 OPEC 会议动态之外，还应该关注其剩余产能的变化。OPEC 的剩余产能经常被用作衡量全球石油市场紧张程度的指标（见图 3-28）。**当 OPEC 的剩余产能处于低水平时，对价格上涨的缓冲能力下降，石油价格容易出现快速增长。**

在最近十几年来全球石油需求一度出现供过于求的背景下，欧佩克与部分非欧佩克产油国逐渐形成一种长期合作机制——"欧佩克+"（OPEC+）。2016 年，国际油价一度跌破 30 美元/桶。为了重新平衡市场，降低库存水平以提升油价，这一年 12 月，欧佩克成员国和以俄罗斯为首的 10 个非欧佩克产油国在奥地利首都维也纳达成限产协

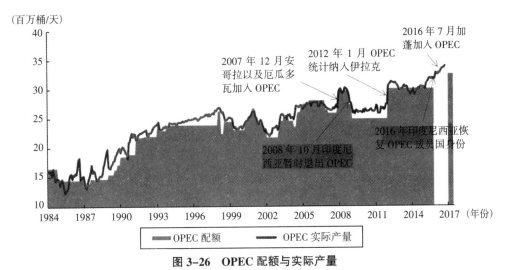

图 3-26　OPEC 配额与实际产量

资料来源：IEA、OPEC、中金公司研究部。

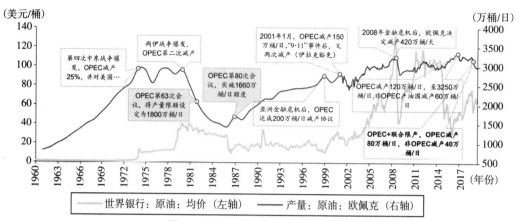

图 3-27　OPEC 减产决策及其效果

资料来源：Wind、华泰证券研究所。

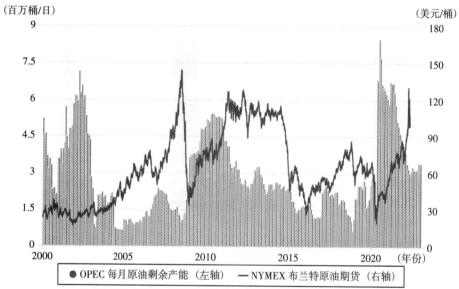

图 3-28　OPEC 剩余产能与原油价格

资料来源：财经 M 平方。

议，"OPEC+"自此形成。

　　2019 年 7 月 2 日，欧佩克与非欧佩克产油国签署《合作宪章》，"OPEC+"的合作机制实现长期化，主要通过召开会议商议并协定增产或减产，调节国际石油供应，从而达到影响油价的目的。**OPEC+国家的合意油价大概在 60 美元/桶以上，这是 OPEC+产量调节的触发点**（见图 3-29）。从最近十几年的 OPEC 历史来看，除了 2008 年之外，OPEC 的减产决议都发生在布伦特原油价格位于 60 美元以下的时候（见图 3-30）。

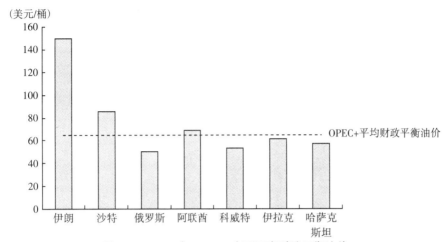

图 3-29 2019 年 OPEC+主要国家财政平衡油价

资料来源:国际货币基金组织(IMF)。

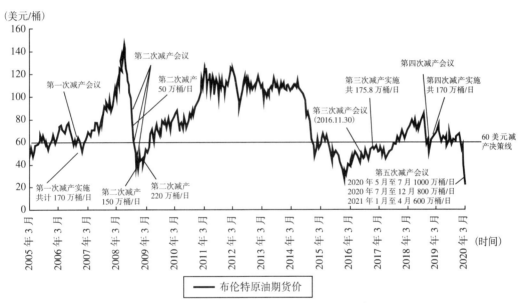

图 3-30 OPEC 历史减产和 60 美元减产决策线

资料来源:Wind、中港证券研究所、Dina。

所谓的 G4 就是东亚、南亚、北美和西欧,这四个区域是原油消费的最主要区域(见图 3-31),**它们的经济变化对原油需求的影响是巨大而深远的。东亚主要指中日韩,南亚主要指印度,北美主要指美国,西欧主要指德英法。**

2002~2006 年原油有一波超长的大牛市,主要就是中国加入世界贸易组织后经济迅速增长,带动原油消费量从每日 480 万桶增长到 740 万桶导致的。

在此期间,中国的原油对外依存度从 18%增加到了 43%。当然还叠加了如下因素:

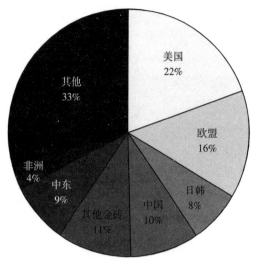

图 3-31　2018 年国家或地区原油消费占比

资料来源：美国能源部。

印度经济的分工成本太高，以致看似经济规模很大，但是难以进行有效分工，这极大制约了其增长潜力。

第一，**全球经济连续 6 年高速增长，年均增长率达到了 4.5%**；第二，原油产能萎缩；第三，伊拉克战争；第四，美元指数在此期间下跌了 27%。但是美联储在后半段是持续加息的，但是无碍原油牛市继续高歌猛进，这表明 FED 的作用并没有 G4 和 OPEC+的作用大（见图 3-32）。

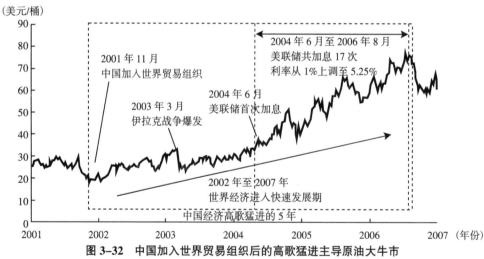

图 3-32　中国加入世界贸易组织后的高歌猛进主导原油大牛市

资料来源：Wind、兴业证券（尧望后势微信公众号）。

　　展望未来，在 G4 当中对能源消费最具边际影响力的地区是亚太地区（见图 3-33），北美和欧洲都是边际下降的。

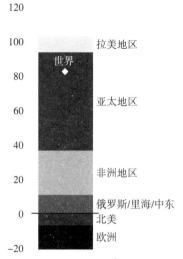

图 3-33　2019~2050 年世界各地区能源需求增长

资料来源：美孚石油。

简而言之，G4 的宏观经济情况是我们需要关注的第三个关键驱动因素，这些信息平时在财经资讯端上是可以看到的，另外还有看一下相关的深度研报，并且对一些关键数据进行分析，数据趋势性变化更为重要。

> 印度的数据一般不容易获得，更新频率较低，因此需要看一些稍微专业一点的网站，或者印度的财经网站。

【开放式思考题】

在研读完第三课的内容之后，可以进一步思考下列问题。虽然这些问题并没有固定的标准答案，但是能够启迪思维，让你更加深入地掌握某些要点，或者是让你跳出僵化模式来重新看待问题。

（1）本课提到了三大驱动力量：FED、OPEC 和 G4，它们与原油的二重属性是什么关系呢？

（2）在日常的原油期货研判当中，我们经常用到如下指标，你能够将它们放在商品属性和资产属性的子项中吗？

①OPEC 剩余产能；

②贝克休斯钻井数；

③库存报告；

④OECD 综合领先指标；

⑤美国炼厂开工率；

⑥伦敦同业拆借利率（Libor）；

⑦美元指数。

（3）VIX 到底算是驱动分析中的资产属性因子，还是属于心理分析中的风险偏好因子？

（4）美联储货币政策转向的预期与行动，哪个对金融市场和交易者更为重要？货币政策转向和供求格局是背离还是同向，哪个更好操作？资产属性和商品属性的双重利空或者双重利多是立于不败之地的高胜算格局，那么如果两个属性相反，则应该以什么属性为主导呢？

（5）2021 年 6 月初对冲基金 MKS PAMP 的分析师山姆·劳克林（Sam Laughlin）指出：**"能否遏制原油等大宗商品价格继续上涨，很大程度得看美联储的动作。**尽管美联储发布的最新褐皮书显示美国物价压力正在上升，但美联储迟迟没有对'提前收紧 QE 货币政策'松口。尤其是**美联储一再强调通胀压力可能是短期现象，令市场预期美联储仍会在相当长时间延续极度宽松的货币政策，令对冲基金敢于持续大举投机买涨原油等大宗商品。**要解决油价趋于大涨所带来的新一轮通胀压力，光靠新兴市场国家加大货币收紧力度是不够的。解铃还须系铃人，一是 **OPEC+国家需要扩大原油供应以扭转市场对原油供需关系趋紧的预期，令油价趋降；二是美联储需提前收紧货币政策，彻底击垮对冲基金借美联储延续宽松 QE 大举买涨油价的投机行为。"**这位分析师先是指出了美联储对油价的影响，同时也强调了 OPEC 的作用，这正是我们在第三课中提到的两个关键力量——FED 和 OPEC。FED 涉及原油的资产属性驱动因子，而 OPEC 涉及原油的商品属性驱动因子，两者共同发力才能保证油价的下跌趋势。那么，从这位分析师的观点出发，这两者谁更重要呢？

（6）2021 年 6 月初摩根大通（JP Morgan Chase）的分析师娜塔莎·卡内娃（Natasha Kaneva）表示："油价要在 2021 年达到 100 美元，需要满足三个条件，**一是大量投资者涌入大宗商品市场，二是美元暴跌，三是石油需求在第四季度远远高于疫情暴发前水平。**但很显然，这几乎是不可能实现的事情。何况高油价会促使某些国家原油出口加大，制约油价涨幅。"请指出她给出的三个条件中，哪些属于原油的商品属性，哪些属于原油的资产属性。

（7）英为财情 2021 年 8 月初发表一篇名为《原油牛市命悬一线？》的文章。第一个小标题为 **"Delta 病毒抑制原油需求"**，主要观点是："数据显示，美国 7 天日均新增新

冠确诊病例已超过 107140 例，这是自 2 月以来，7 天平均确诊病例数首次高于 10 万例……据悉，欧盟预计将讨论重新对美国实施旅行限制。美国疾病控制和预防中心（CDC）主任瓦伦斯基表示，如果美国增加疫苗接种人数并实施戴口罩等措施，疫情将在数周内得到控制，否则今年 1 月的噩梦——每天数十万人感染新冠病毒将再次重演。日本日增确诊病例超 1.4 万例，东京奥运相关感染者超过 400 例。截至当地时间 8 月 8日 18 时 30 分，日本全国新增新冠确诊病例 14472 例。其中，东京都新增确诊 4066例，连续 5 天单日新增逾 4000 例。此外，中国也有小部分病例增加，不过很快就得到了控制。Delta 病毒在全球肆虐，或将导致进一步的旅行限制和封锁，对全球经济复苏带来很大的不确定性，这对原油需求将造成巨大打击。"第二个小标题是 **"OPEC+增产"**，主要观点为："在上个月沙特等国同意了阿联酋提出的要求之后，OPEC+就 2022年 5 月开始新的产量分配计划达成关键性一致，并且宣布从 8 月开始增加石油供应，到 2021 年 12 月，该组织将进一步增加 200 万桶/日供应，约为每月增加 40 万桶/日。它的目标是在 2022 年 9 月左右完全结束减产。OPEC 的竞争对手也可能将增加产量。预计美国页岩油产量将在 2022 年增加 50 万桶/日。此外，伊朗核谈判目前还处于僵局阶段，但是不排除未来拜登政府与其达成阶段性的协议，届时，伊朗石油将重返市场，预计能够为全球供应增加约 150 万桶/日。"第三个小标题为 **"强势的美元"**，主要观点为："2021 年以来，美元指数呈现震荡上行趋势，从年初的低点 89.165 涨至最高点93.47，目前处于 93 下方，据此前高点不远。上周美国强劲的非农就业报告令市场为之一振。此前美联储一直强调虽然通胀较高，但可能是暂时的，美国加息还需要看到就业进一步向好，靓丽的非农数据或让美联储再无维持宽松政策的借口，美联储很可能将在下一次会议上宣布缩减购债，美元或继续维持强势。"本课提到的三大驱动力量——FED、OPEC 和 G4 是如何在上述三个标题的内容中得到分析的？该文分析的三大驱动因素共同促成了 2021 年 8 月原油价格的显著下跌（见图 3-34）。

【进一步学习和运用指南】

（1）想要全面深入理解货币政策对原油价格影响的读者，可以进一步阅读吉野直行（Naoyuki Yoshino）和法尔哈德·塔吉扎德—赫萨瑞（Farhad Taghizadeh-Hesary）合著的《货币政策与石油市场》（*Monetary Policy and the Oil Market*）。大多数以前的原油价格波动分析都着眼于纯粹的供给因子，但这本书强调货币政策对全球油价有着重大的影响。货币政策是一个在早期金融文献中经常被忽略掉的关键定价因子。这本书提出了

图 3-34　2021 年 8 月美原油持续下跌（小时走势图）

一个油价模型，将货币政策纳入其中。这本书不仅提供了一个决定油价的全面理论框架基础，同时也阐述了油价冲击经济的途径。更为重要的是，这本书通过一些最新的调查统计数据和真实世界的案例揭示了能源经济的一些本质和真相。这些实证研究阐明了不同时期阶段货币政策对油价的影响，包括 2008~2009 年的次贷危机阶段。

（2）美联储资产负债表变化是一个值得跟踪的信息，对于初学者来说可以参考公众号"FX168 全球投资"的一个子栏目"美联储每周资产负债表变动情况"（见图 3-35）和美联储官网的相关消息。有了一些分析心得之后就可以结合财经动态，自己独立分析该表的变化。这张表涉及的是全球货币政策的边际变化，其与原油的资产属性驱动因子密切相关。美联储资产负债表的分析应该由浅入深，更加全面而深入地掌握可以参考《帝国命门：美元周期的历史与解析》这本专著的特定章节。

（3）美联储的联邦基金利率是衡量美联储政策变化的核心指标，但是一旦利率水平降为 0 之后则很难跟踪美联储政策的边际变化，这种时候就需要采用"影子利率"进行跟踪。

影子利率是一个模型数据，旨在将收益率曲线的信号映射为联邦基金利率的等效利率。在"零利率下限"这类特殊货币政策环境下，许多研究者和交易员使用影子利率模型来描述利率期限结构或量化货币政策立场。有许多影子利率，其中最为出名的

是两位华人女经济学家吴菁与夏凡开发的 **Wu-Xia 影子利率**，它最为简洁、实用（见图 3-36）。

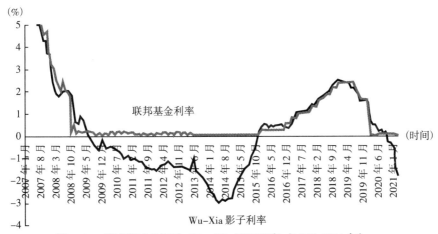

图 3-35　"美联储每周资产负债表变动情况"简报

（%）

联邦基金利率

（时间）

Wu-Xia 影子利率

图 3-36　联邦基金利率和 Wu-Xia 影子利率（2007~2021 年）
资料来源：亚特兰大联储、新时代证券研究所。

该模型（Wu-Xia Shadow Federal Funds Rate）被公布在亚特兰大联储网站上（见图 3-37），可以通过如下网址查询：https：//www.atlantafed.org/cqer/research/wu-xia-

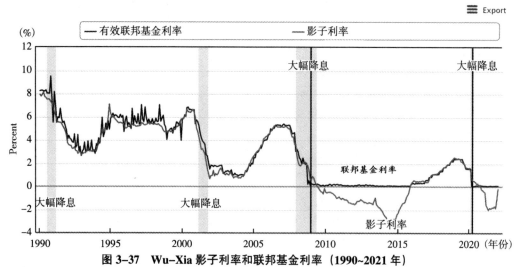

图 3-37 Wu-Xia 影子利率和联邦基金利率（1990~2021 年）

资料来源：亚特兰大联储官网。

shadow-federal-funds-rate。

除此之外，德意志银行影子利率也是一个可以用到的美联储货币政策的影子利率（见图 3-38）。

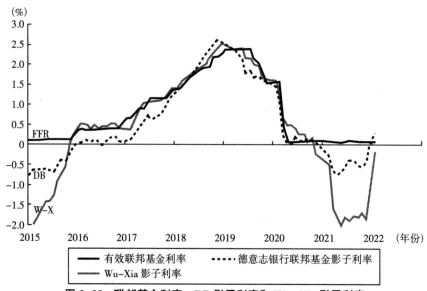

图 3-38 联邦基金利率、DB 影子利率和 Wu-Xia 影子利率

资料来源：智通财经网。

我们以一个实例来看影子利率对包括原油期货市场在内的全球金融市场有何预判意义。从 2014 年 6 月到 8 月，全球主要资产价格走势都高度一致地出现了向下拐点，

而美国加息是 2015 年 12 月才落地的，而且首次加息幅度也只有 0.25%。如果只关注联邦基金利率的变化，那么我们的分析和交易已经完全落后于市场了，但是如果我们关注影子利率的话，就可以基本上做到与市场趋势共舞。Wu-Xia 影子利率模型表明从 2008 年大幅降息后直到 2014 年夏天影子利率一直处于下行状态，该模型显示联储影子利率在美联储开启量化宽松模式后迅速进入负利率时代，并在 QE3 期间达到顶点，但也恰恰是在 2014 年夏季见底开始反弹（见图 3-39 和图 3-40），进入 2015 年后这个趋

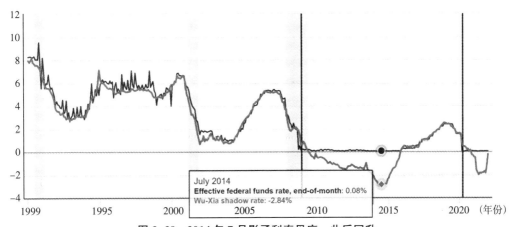

图 3-39　2014 年 7 月影子利率见底，此后回升

图 3-40　2014 年 7 月影子利率见底回升时原油价格开始下跌

势加速上行并在 2015 年末（也就是美联储宣布加息后）从负利率状态恢复到零的水平。

该影子利率的变化基本与全球资产价格走势的一致，实际上也可以很好地解释全球性资产价格泡沫和美联储量化宽松政策的紧密关系。

参考文献

［1］Khalid Rashid，Alkhater & Syed Abul，Basher. The oil cycle，the Federal Reserve，and the monetary and exchange rate policies of Qatar，2015.

［2］Herrera，Ana Maria & Hamilton，James D. Oil shocks and aggregate macroeconomic behavior：The role of monetary policy，2001.

［3］Gabriel Gomes. Is the oil currency–oil price nexus affected by dollar swings？，2014.

［4］Hasenzagl，Thomas & Pellegrino，Filippo & Reichlin，Lucrezia & Ricco，Giovanni. A Model of the Fed's View on Inflation，2017.

［5］Alessandra Amendola & Vincenzo Candila & Antonio Scognamillo. Monetary Policy Affect Crude Oil Future Price Volatility？，2014.

［6］Kent Moors. How The Fed Could Hammer Oil Producers，2018.

［7］乐鸣：《OPEC：生于 1960，卒于 2020》，2020 年 3 月 14 日。

［8］杨思佳、李港深：《OPEC 重新掌控油市？》，2021 年 12 月 23 日。

［9］智通财经：《美联储其实已“动手”影子利率悄然走高》，2022 年 2 月 11 日。

［10］FICC 漫谈：《美联储非常规货币政策和 Wu–Xia 影子利率》，2021 年 5 月 30 日。

［11］刘娟秀等：《从影子利率看美联储决策》，2021 年 5 月 24 日。

［12］Wu，Jing Cynthia and Fan Dora Xia. Measuring the Macroeconomic Impact of Monetary Policy at the Zero Lower Bound. Journal of Money，Credit，and Banking，2016（48）：253–291.

［13］Callum Jones et al. A Structural Measure of the Shadow Federal Funds Rate，2021（6）.

［14］21 世纪经济报道：《香港股汇共振难言危机》，2016 年 1 月 21 日。

［15］叶斐：《欧佩克与“欧佩克+”，究竟是做什么的？》，2021 年 8 月 6 日。

［16］博古金生：《油价的生死之间——OPEC 减产评估》，2018 年 6 月 12 日。

［17］ Nathan Sussman，Osnat Zohar：Oil prices，inflation expectations and monetary policy，16 September 2015.

［18］ 中金公司研究部：《一文看懂原油大跌的影响》，2020 年 3 月 10 日。

［19］ 历史大学堂：《美国割世界韭菜的"石油美元"体系，是怎样形成的》，2021 年 11 月 19 日。

［20］ 张静静：《美元与油价同涨可持续否？兼谈美联储货币政策框架调整的可能影响》，2016 年 10 月 11 日。

［21］ Thomas Hasenzagl，Filippo Pellegrino，Lucrezia Reichlin，Giovanni Ricco. A Model of the Fed's View on Inflation，December 2017.

［22］《原油跌幅扩大！OPEC 真的能决定油价吗?》，2021 年 8 月 16 日。

［23］ 房俊涛：《美联储加息落地时，回望 50 年来美国利率与原油之间的"情意绵绵"》，2018 年 3 月 22 日。

［24］ Alessandra Amendola，Vincenzo Candila，Antonio Scognamillo. On the influence of the U.S. monetary policy on the crude oil price volatility，June 11，2015.

［25］ 招商期货：《寡头市场是怎么玩的：用经济学原理解读石油风波》，2014 年 11 月 30 日。

美元与原油的资产属性

明月出天山，苍茫云海间。

——李白

对美元国际地位即将崩溃的语言总是出现在美元贬值时期，今天的情况与历史相比并没有什么区别。过去的历史经验表明在任何时候美元的全球地位在于更为广泛的基础，而不是因为它的价值。

——埃里克·赫莱纳（Eric Helleiner）

当 OPEC 在 1975 年决定只接受美元作为原油支付货币时，美元立即成了全球的储备货币，这也巩固了原油的重要地位。如果我们将 20 世纪五六十年代的布雷顿森林体系当作金本位，那么 20 世纪七八十年代便是原油本位时代。

——阿什拉夫·莱迪（Ashraf Laidi）

如果有银行融资的支持，进行石油以及其他原材料交易所需要的资本和资产比人们所想的要少得多，而杠杆就是实现这一目标的最为直接的途径。

——马克·里奇（Marc Reich）

目前我们跟踪了 14 个宏观因子，其中美元指数领先于国际油价变动 1 个月，且对国际油价解释比例较高。由于美元指数是影响国际原油价格的一个重要因子，而且先于原油价格发生趋势变化，合理性和可预测性较强，我们将其作为宏观因子之一纳入预测模型中。

——赵颖

原油和美元在 2000 年以前并未呈现显著的相关性，之后随着新兴经济体成为原油增量消费的主要贡献的经济体和原油金融属性的提升，两者的反向关系越发清晰，弱势美元有助于提振油价，反之亦然。但在幅度上，原油的波动性远高于美元，即使对

美元能够形成较为一致的判断，原油价格依旧存在非常高的不确定性。

——牛播坤

回顾 2008 年全球金融危机后的 QE 尾声阶段，各商品板块运动存在明显的顺序和规律。在美联储释放流动性紧缩的信号之后，首先见顶的是金融属性主导的贵金属和有色金属，其次是黑色系、化工品等工业原材料，最后是原油和一些软商品。因为商品属性占据主导的工业品原材料，往往对刚开始的加息预期并不敏感，相反，一定时间内价格甚至还会创新高。

——刘绅

从本课开始，我们步入了原油驱动分析的细节。"9·11"事件标志着全球化和反全球化的激烈对抗，其实反全球化并非真的反对全球化，而是反对全球化中主权国家实力的不对称扩张。

从"9·11"事件开始全球化的资本与动荡的区域经济相互作用，原油与区域经济关系密切，与全球资本关系更密切，因此原油呈现出极强的资产和商品二重属性。

"9·11"事件开始，美国地缘政治不断扩展，美元进入贬值周期，资产属性极大地驱动了原油的波动。另外，由于中国加入 WTO，全球分工和贸易进一步扩展，这使得中国需求极大地增强了原油的商品属性。

> 流动性过剩是因为实体经济收益率下降。

不过，欧美发达国家民粹主义与凯恩斯主义以及货币主义媾和使得大量无法被实体经济吸收的过剩流动性到全球追逐收益，而这种收益只能来自资产价格的变化。**投机资本占据了整个人类资本金字塔的顶端，成为全球生态链的顶级猎食者**（见图 4-1）。

理解原油的二重属性首先应该从资产属性入手，因为**资产属性在最近二十年对原油的价格有明显的影响，而且是大行情的加速器**。另外，资产属性的影响因素较为单一，主要就是美元，相对商品属性而言更容易上手。

做国外原油期货的时候，认识了 W 君和 K 君，W 君在新加坡一家大机构当原油和能化的分析师，K 君则在雷曼在中

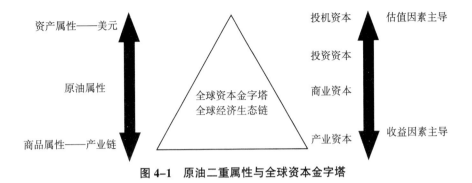

图 4-1　原油二重属性与全球资本金字塔

国香港的分支做分析师，后来这个分支被野村证券收购了。W 君毕业于北京的名牌大学，学习过与原油产业链相关的知识，算得上是有深厚理工科背景，K 君则是毕业于复旦大学世界经济系，应该算是文科背景。两人数学都不错，但是侧重点不同，W 君习惯于追踪原油产业链数据，而 K 君则习惯于查看全球主要经济体的财经数据，特别是美国和美元的相关数据。按照我这套框架，W 君擅长从商品属性和产业链去分析原油趋势，而 K 君则擅长从资产属性和美元去分析原油趋势。W 君做事严谨，注重细节，往往能够通过产业链各个环节的数据推断出一些原油的阶段性转折点。K 君相对而言习惯于观察重大方向，抓大放小，举重若轻，虽然对波段把握不到位，但是对于大行情从不落下，比如 2014 年年中美元上涨导致的原油暴跌。W 君和 K 君给他们自己机构带来的绩效应该是不分上下的，当然 W 君的报告数据翔实，逻辑严密，K 君的报告则大气宏观，高瞻远瞩。不过，对于时间紧张的独立交易者而言，K 君的做法值得优先考虑。

产业链涉及的环节重大，数据获取很不方便，也难以做到及时，某些机构大玩家自己往往也参与了现货仓储甚至生产销售环节，这就使得他们更具有信息不对称优势。但是，宏观信息的获取往往是比较对称的，比如经济数据和货币政策等。因此，就我的经验而言，外汇、国债、股指期货等宏观品种要比商品期货更容易避免信息劣势。

商品期货属于中微观品种，而金融期货和外汇则属于宏

原油分析容易走向两个极端，要么唯供求，要么唯美元。

股指期货是非常好的广谱投机品种，因为你容易获得及时信息，只要你肯系统分析，不比主力的判断力差。商品就有点不一样了，特别是农产品。

观品种，前者更接近商品属性，而后者更接近资产属性。我们洞察原油既可以先从商品属性入手，也可以先从资产属性入手，然后再兼顾另一者。

从现实的角度出发，我个人推荐先从资产属性入手，再研究商品属性。第一个原因前面已经提到，那就是资产属性往往与宏观信息相关，相对于商品属性信息上更具有对称性。第二个原因是资产属性主要与美元相关，因素单一，而商品属性则与产业链诸多环节有关，因素众多。第三个原因是大级别趋势绝大多数情况下都需要资产属性的配合，而单纯的商品属性则主导原油中级别趋势。综上所述，大家可以选择从资产属性入手来研究原油。

原油的资产属性主要与美元有关。我们先展示一下美元与原油的相关性，这是现象层面的。然后剖析原油与美元相关的根源，这是本质层面的。最后，我们会分析决定美元走势的三大因素（见图4-2）。

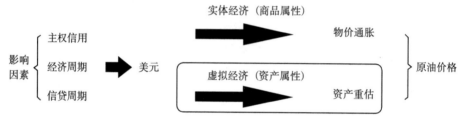

图4-2　驱动美元的因素与美元作用于原油价格的途径

做原油的人恐怕都会或多或少地关注美元走势。美元指数与原油价格具有整体上负相关性，特别是在最近十几年两者呈现出高度负相关（见图4-3到图4-6）。

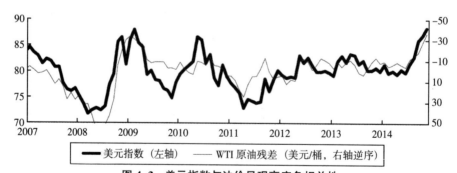

图4-3　美元指数与油价呈现高度负相关性

资料来源：Bloomberg、莫尼塔公司、王玮。

图4-4　原油价格的高低点与美元指数的高低点

资料来源：Stock Charts.com.

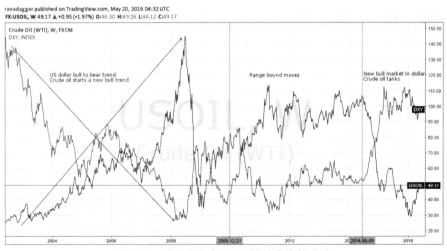

图4-5　美元指数与WTI的镜像走势（1）

资料来源：Oilprice.com.

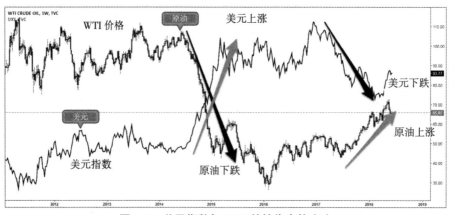

图 4-6　美元指数与 WTI 的镜像走势（2）

资料来源：Trading Strategy Guides.com.

利比亚内战是利比亚在 2011 年发生的武装冲突，在利比亚国内常被称为"2 月 17 日革命"，交战双方为穆阿迈尔·卡扎菲领导的政府和反抗卡扎菲的势力。2011 年 2 月 26 日，联合国安理会通过首项决议，冻结卡扎菲资产，并把事件交由国际刑事法院处理。3 月初，卡扎菲军进攻反对派在东部的据点班加西。3 月 17 日，联合国安理会再度通过决议，授权成员国在利比亚设置禁飞区。8 月，反对派在西部发起进攻，夺取首都的黎波里，"全国过渡委员会"逐渐得到国际和联合国承认。

同年 10 月，卡扎菲被俘身亡，利比亚分崩离析。这次内战的持续时间为 2011 年 2 月 15 日到 10 月 23 日。

但在某些时候也会打破这种显著的正相关性，比如 2011 年 7 月到 2013 年 12 月美元指数处于上升趋势（见图 4-7），但是原油价格并未出现单边下跌走势，而是处于剧烈震荡的走势中，为什么会这样呢？根源在于原油的二重属性，从资产属性的角度来讲，美元震荡走强肯定是抑制油价的，虽然原油价格并未出现单边上涨，但是也并未单边下跌。是什么因素在支撑油价呢？当时中东局势不稳定，导致利比亚显著减产（见图 4-8 和图 4-9），原油产业链出现了大问题，原油的商品属性支持油价。所以在这一特定阶段，简单从美元指数与原油价格的相关性上来看觉得是异常，其实只是现象层面的。从原因上来讲，原油仍旧处于历史规律之中，那就是油价仍旧受到资产属性和商品属性的共同主导，前者驱动油价向下，后者驱动油价向上，此消彼长自然导致了原油价格处于剧烈震荡之中（见图 4-10）。

图4-7　2011年7月到2013年12月美元指数处于震荡上涨趋势

资料来源：Investing.com.

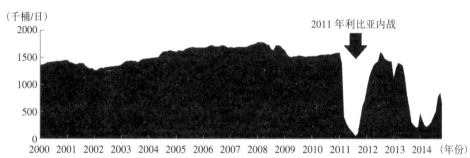

图4-8　利比亚原油产量

资料来源：Bloomberg、莫尼塔公司、王玮。

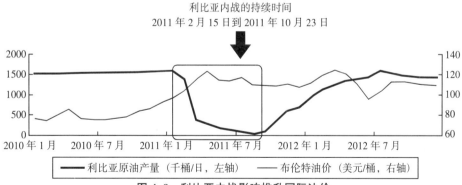

图4-9　利比亚内战影响推升国际油价

资料来源：Bloomberg、莫尼塔公司、王玮。

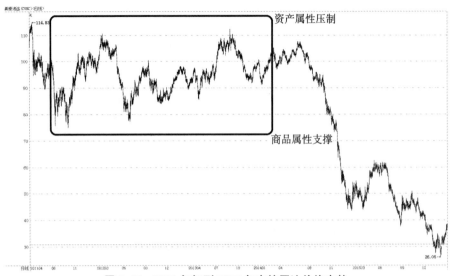

图 4-10　2011 年初到 2013 年末的原油价格走势

我们继续结合此后的原油价格走势举例说明美元指数是如何与产业链因素结合起来主导原油价格走势的。2014 年 6 月，美国进入加息周期的预期变得强烈，美元指数出现了单边暴涨走势（见图 4-11），同时利比亚内战结束原油生产和出口显著恢复（见图 4-12），油价的资产属性和商品属性都处于空头状态，步入下跌趋势，而沙特不愿意减产进一步使得原油价格下跌（见图 4-13）。无论是从资产属性角度还是从商品属性角度看，原油都处于利空状态，原油价格持续下跌（见图 4-14）。

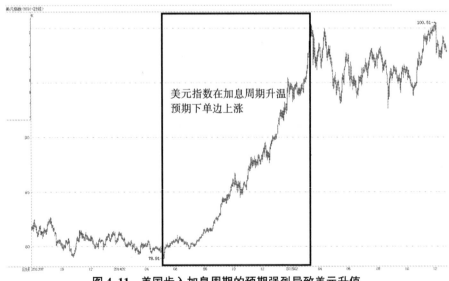

图 4-11　美国步入加息周期的预期强烈导致美元升值

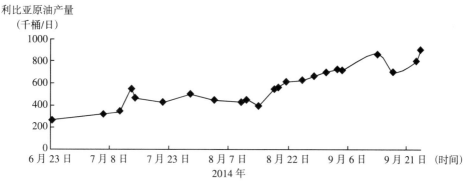

图 4-12　利比亚内战结束后原油生产出口恢复

资料来源：Bloomberg、莫尼塔公司、王玮。

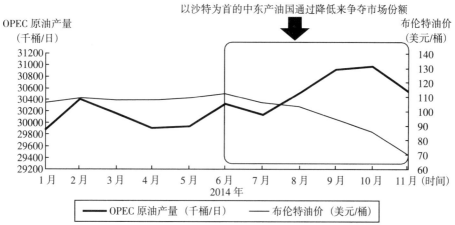

图 4-13　2014 年下半年油价下跌 OPEC 产量不减反增

资料来源：Bloomberg、莫尼塔公司、王玮。

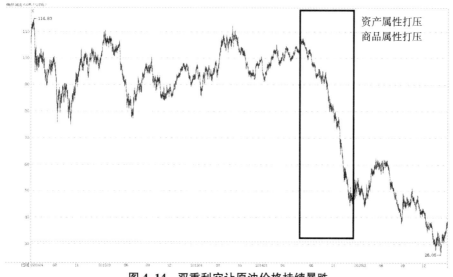

图 4-14　双重利空让原油价格持续暴跌

　　此后，对伊朗解除制裁的预期越来越强，而美元指数在维持高位震荡（见图 4-15）。这时对原油最大的主导因素变成了商品属性，而资产属性可以看成是不变的常数，变量是商品属性，OPEC 不减产叠加伊朗恢复生产和出口的预期使得原油价格出现新一轮的下跌（见图 4-16）。

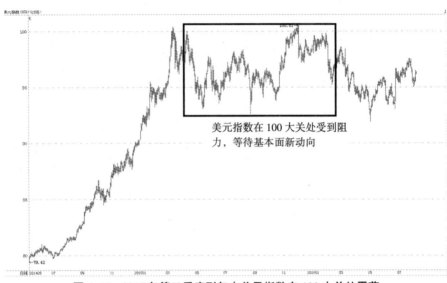

美元指数在 100 大关处受到阻力，等待基本面新动向

图 4-15　2015 年第二季度到年末美元指数在 100 大关处震荡

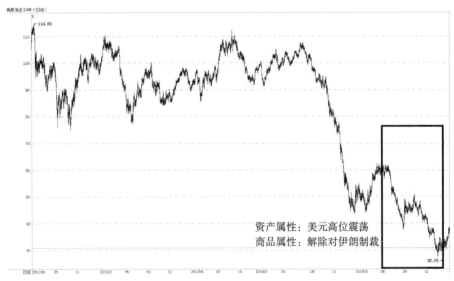

资产属性：美元高位震荡
商品属性：解除对伊朗制裁

图 4-16　商品属性主导油价下跌

　　从上面的例子中我们可以发现，美元指数与油价的负相关性主要建立在资产属性上，而原油的商品属性可能会因为非美元指数因素的冲击干扰这种负相关性。我们再

举一个例子，比如 1998 年 1 月 2 日到 2000 年 12 月 29 日，在这段时期内两者的相关系数是 0.5250，为什么会这样呢？第一个原因是当时美元指数波动很小，第二个原因则更为重要，与产业链有关，那就是 1999 年 OPEC 通过 "价格带控制原则"，将该组织一揽子原油的加权平均油价控制在 22~28 美元，这使得油价逐步上升，这就是产业链上游通过商品属性影响了油价，进而干扰了美元通过资产属性影响油价的过程。

换言之，**原油的商品属性会冲击资产属性**。Natixis 的研究表明，油价和美元指数的相关性同原油市场的供求关系存在直接关联。具体来讲，**当原油供不应求的时候，油价和美元指数的相关系数通常较高且为正值；当原油供过于求时，油价和美元指数的相关系数通常较低且为负值**。那么，如何确定原油的供需状态呢？可以根据后面课程介绍的期限结构和库存去确定，这是比较简单的方法，也可以根据原油价格和铜价格的相关性来确定。如果系数为正则原油供不应求，反之该系数为负则原油供过于求。原油价格和铜价格的相关系数同原油价格和美元指数的相关系数存在较强的负相关。

美元与原油价格相关性的根源是什么呢？货币幻觉导致原油需求增加，美元供给增加通过商品属性影响原油价格，聪明的资金意识到美元相对贬值，因此重估了美元计价的资产，这是美元供给增加通过资产属性影响了原油价格（见图 4-17）。当美元供给减少，反向过程也同样不难理解。

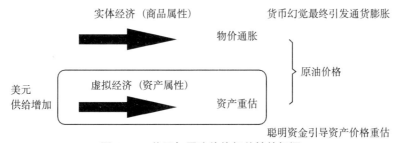

图 4-17　美元与原油价格相关性的根源

美元影响原油价格的两个途径都涉及一个背景，那就是原油的美元计价。美国利用两次世界大战的机会成为世界头号强国，而英国则因为 1929 年开始的经济危机而不得不终止金本位制，此后随同欧洲一起经历第二次世界大战的再次打击，最终从日不落帝国的王座上跌落。第二次世界大战后，西欧在全球的霸权旁落，美国和苏联抓住机会扩大自己的地盘，但是因为美国控制了全球海权，而海权是全球经济发展的命脉，因此美国显得更为强大。战后的新体制使得美元成为金本位的标杆，美元凭借美国的强盛国力与黄金绑定，美元的金本位时代形成。

此后美国在越南战争中元气大伤，美元金本位的基础动摇，尼克松和基辛格不得

不采取理智的"修生养息"政策，同时被迫放弃金本位制，但是通过与沙特谈判，为其提供军事保护，进而将美元与原油绑定，美元的原油本位制时代形成。美元的原油本位制意味着大量的石油美元出现，也就是原油出口国手中积累了大量的美元，而这些美元为了寻找高收益会在全球游荡，这就是投机资本的重要来源之一。石油美元的出现使得原油与美元的联系更加具体和紧密，同时也使得美国不遗余力地打击那些企图动摇美元原油本位制的力量。

2000 年 11 月，萨达姆领导下的伊拉克可改用欧元计价来出口原油，后来的结局是什么大家应该看到了。2006 年 3 月，伊朗建立了以欧元计价的原油交易所，美国此后也一直在找伊朗的麻烦，不是中俄两国站在伊朗身后力挺，恐怕伊朗也难逃战火。叙利亚与伊朗都是什叶派当权的地方，是唇亡齿寒的关系，美国在叙利亚不遗余力的活动明显是冲着伊朗去的。

谁敢动美元的原油本位制，谁就是在动摇美国的金融霸权的基础，美国对此必然咬牙切齿，现在美国在页岩油气技术上占据制高点又进一步巩固了美元的原油本位制，加上美国在大宗农产品上的优势，美元基础不得不说非常牢固。当然，美元的霸权直接要靠美国军事实力来捍卫，沙特愿意与美国结盟，是因为美国强大的军事实力，控制了几乎所有重要的全球贸易通道，全球资本流动也要通过美国控制的金融系统。但是，军事实力的根本还是经济实力。

讲到这里，我们自然就应该谈到决定美元走势的三大原因。美元走势具体指的是美元指数的走势，我们经常用到的美元指数是美元与一系列重要货币汇率的加权平均

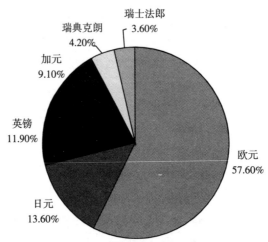

图 4-18　美元指数权重构成

资料来源：中信建投证券研究发展部（李树培、黄文涛）。

数（见图4-18），其中最为重要的是美元兑欧元汇率、美元兑日元汇率和美元兑英镑汇率。

决定美元指数走势的三大因素是：主权信用、经济周期、信贷周期（见图4-19）。准确来讲我们是要比较美国在这三个因素上相对于欧日英三者的强弱，比如美国经济相对于欧元区经济如何，美国主权信用相对于欧元区主权信用如何。

图4-19　决定美元指数走势的三大因素

主权信用怎么看？金融和经济有无系统性风险，有无政治动荡，主权CDS走势如何，国债利率是否与他国相比有扩大迹象，与他国有无战争的可能性，等等。

国债CDS可以从彭博上看。

美国经济相对主要经济体的强弱对美元指数的走势具有中长期的影响，将美国与全球经济增速差值与美元指数的走势叠加起来（见图4-20）可以发现，美国经济相对增速基本领先于美元指数见顶（见图4-21），底部也存在领先关系。

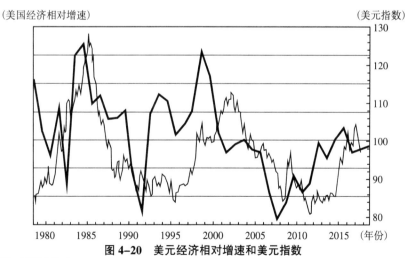

图4-20　美元经济相对增速和美元指数

资料来源：汤姆森路透、Macro OP。

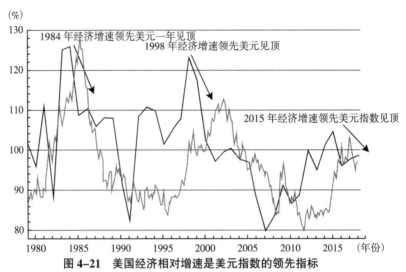

图 4-21　美国经济相对增速是美元指数的领先指标

资料来源：汤姆森路透、Macro OP、Dina。

比如2007年1月到2008年8月这期间原油期货价格大涨（见图4-22），其中一个因素是美元指数大跌（见图4-23）。为什么美元指数在此期间大跌呢？从经济周期的角度来看，美国经济2007年出现降速，但是欧洲和中日印等亚洲国家的经济增长明显好于预期，因此美元指数持续下跌。

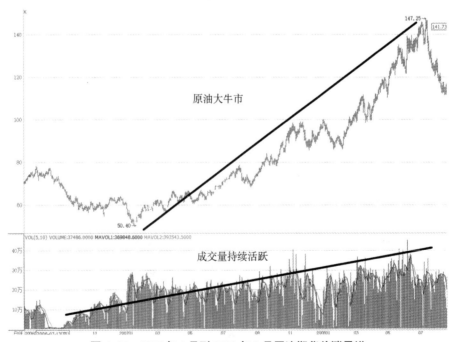

图 4-22　2007年1月到2008年8月原油期货价涨量增

资料来源：博易大师。

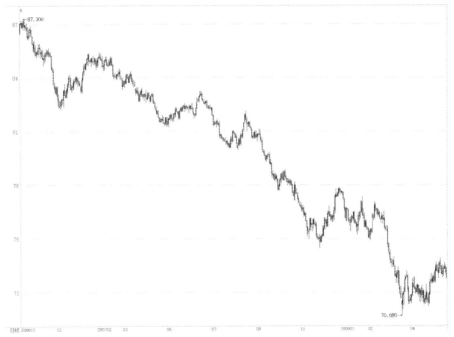

图 4-23　2006 年到 2008 年美元指数下跌

资料来源：博易大师。

当然，美元指数持续下跌经由资产属性的途径推动了此间原油价格的上涨，但这并非唯一原因。新兴市场经济高涨叠加伊朗核危机和非洲重要产油国尼日利亚局势动荡对原油持续上涨贡献了大部分的力量，这导致了原油供求缺口扩大（见图 4-24），从商品属性的角度主导了原油价格的上涨，而 2017 年初的美国寒冬则起了牛市导火索的作用（见图 4-25），带动全球石油市场需求旺盛，推动原油价格进一步上涨。

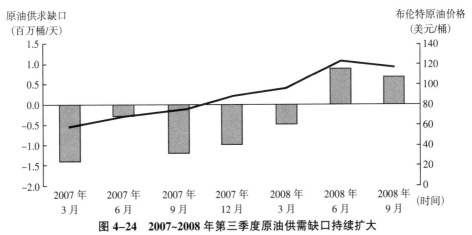

图 4-24　2007~2008 年第三季度原油供需缺口持续扩大

资料来源：Wind、兴业证券（尧望后势微信公众号）。

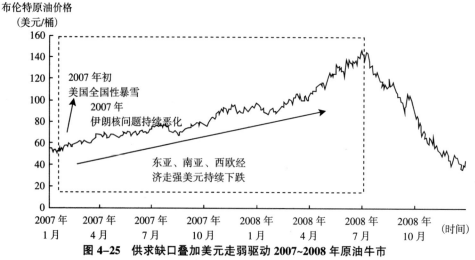

布伦特原油价格
（美元/桶）

图4-25 供求缺口叠加美元走弱驱动2007~2008年原油牛市

资料来源：Wind、兴业证券（尧望后势微信公众号）。

可以从http://zh.tradingec
onomics.com查询各国的经济
数据。

经济周期怎么看？最常见的是看就业数据，比如美国的ADP数据、非农就业数据，除此之外GDP季度数据、PMI数据、CPI等通胀数据也非常重要。这些国别数据，对外汇交易者和贵金属交易者而言是非常熟悉的，大家如果有不明白的地方可以登录一些外汇交易网站或者参考外汇交易方面的书籍。

信贷周期怎么看？主要看各大央行之间货币政策的相对走向，具体就是美联储、日本央行、英国央行和ECB之间的相对货币政策，因此信贷周期的分析就主要看FED的政策动向。

美联储政策如果出现转向，就会导致美元指数出现显著运动。按照二分法来讲，美联储政策立场分为"鹰派"（Hawkish）和"鸽派"（Dovish），政策转向就是"鹰派"转"鸽派"或者"鸽派"转"鹰派"（见图4-26）。

2018年10月2日，美联储主席声明利率还有充足的上升空间，美元指数应声大跌（见图4-27）。

2018年11月28日，美联储主席声明由"鹰派"转向"鸽派"，美元指数暴跌（见图4-28）。

货币政策立场比较

鹰派　　　　　　　　　　　　　　　　　　鸽派

Interest rate
Increase

利率上升

Monetary policy stance
Contractionary

货币政策收缩

Objective
Reduce/Contain inflation

降低或者抑制通胀

Currency
Currency appreciation（stronger）

货币升值

Interest rate
Decrease

利率下降

Monetary policy stance
Expansionary

货币政策扩张

Objective
Stimulate the economy

刺激经济

Currency
Currency depreciation（weaker）

货币贬值

图 4-26　货币政策立场

资料来源：*Hawkish vs Dovish：How Monetary Policy Affects FX Trading.*

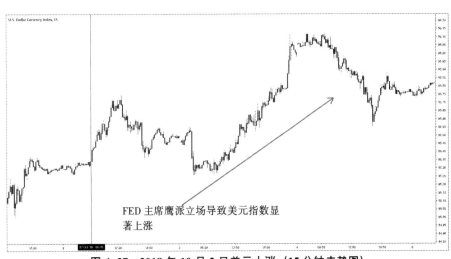

FED 主席鹰派立场导致美元指数显著上涨

图 4-27　2018 年 10 月 2 日美元大涨（15 分钟走势图）

资料来源：David Bradfield.

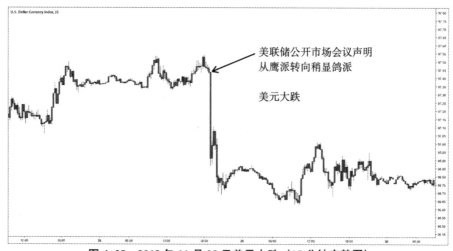

图4-28　2018年11月28日美元大跌（15分钟走势图）

资料来源：David Bradfield.

　　经济周期与信贷周期其实是密切相关的，两者又与主权信用密切相关。主权信用相对高，则在风险厌恶情绪上升时会引来避险资金流入，但在风险偏好情绪上升时主权信用因素的考虑就会让位于息差，这个时候套息交易就形成了，三者之间的关系是紧密的，共同形成了美元指数波动的基本模式，或者说美元指数的周期（见图4-29）。不要认为这些是空洞抽象的理论，行家会知道这些东西到底价值几何，在实践中这些东西是很有指导性的，涉及根本的分析方向，直接关系到对行情的把握能力。

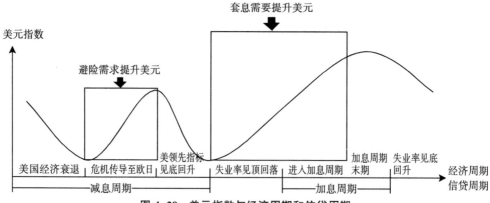

图4-29　美元指数与经济周期和信贷周期

资料来源：国信证券（赵谦）。

　　避险交易需求和套息交易需求交替主导美元指数的阶段走势就形成了"美元指数微笑曲线"。掌握了这一模型，就能够对美元在全球危机过程中的阶段走势形成有效预判，进而更好地预测资产属性因子对原油价格的驱动方向。

"美元微笑理论"（The Dollar Smile Theory）是由任永力（Stephen Jen）最先提出来的，他当时是摩根士丹利（Morgan Stanley）的外汇策略师和经济学家，这一理论在 2007 年风靡整个金融界。

他认为在全球经济或者金融危机发展过程中美元指数波动存在三个阶段（见图 4-30 和图 4-31）：

> 其实"美元微笑理论"的曲线并非"U"形，而是一个"N"字形。上涨—下跌—上涨，典型的三段论。

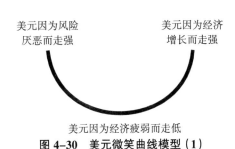

美元因为风险
厌恶而走强　　　　　美元因为经济
　　　　　　　　　　增长而走强

美元因为经济疲弱而走低

图 4-30　美元微笑曲线模型（1）

美元升值

美元贬值

全球经济疲弱
风险偏好低迷
美元处于安全避险地位

美国经济周期走强
美联储持鹰派立场
退出宽松政策

美国经济减速
美联储持鸽派立场
全球经济衰退疑虑

图 4-31　美元微笑曲线模型（2）

资料来源：2018 年 12 月 11 日花旗银行内部报告。

阶段一，风险厌恶（Risk Aversion）上升，美元上涨。微笑曲线的左侧表明美元从风险厌恶情绪中获益。世界经济正在出现一些不好的征兆，一些严重问题潜伏其下。满腹担忧的投资者开始涌向避险货币（"Shelter" Currencies），比如美元、日元。在这一阶段，投资者的首要动机是保护资产而不是追逐利润。

> 为什么避险货币是低息货币？

阶段二，全球经济继续减速，进入衰退（recession）阶段。这个阶段位于微笑曲线中间较低的这一段。经济在这个时候已经步入了显而易见的衰退阶段，美联储开始大幅削减

利率，对美元的需求下降了，美元贬值，美元指数下跌。

阶段三，**美国经济率先复苏**，这个阶段位于微笑曲线的右端。情况开始好转，基本面向好。经济参与者预期到经济扩展正在路上，他们开始增加生产和信贷，风险偏好上升。乐观情绪再度袭来，投资者愿意承担更多的风险。**由于美国经济率先走强，美元开始一波新的上涨**。美国经济率先复苏，步入繁荣，使得美联储率先加息的预期强烈起来。

在 2008 年次贷危机中，美元就走出了经典的微笑曲线（见图 4-32），相应的美国经济增长则呈现了类似的走势（见图 4-33）。

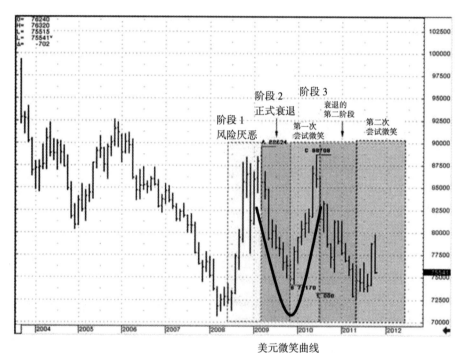

美元微笑曲线

图 4-32　次贷危机中 CQG 美元月度指数中的"微笑曲线"（2008~2011 年）
资料来源：CQG.

决定美元指数走势的因素有三大类，我们已经扼要地介绍给大家了，重要的是明白原油的资产属性表明了美元的重要影响力，而美元走势的决定因素则涉及专门的分析功底，我们在这里已经将最为核心的东西交给了大家。因为我在另外一本多年操作手册/讲义形成的专著《美元霸权周期：跨市场战略投资的 24 堂精品课》里面会详细探讨如何分析美元指数、如何利用美元指数，因此就没有必要在这里赘述了。

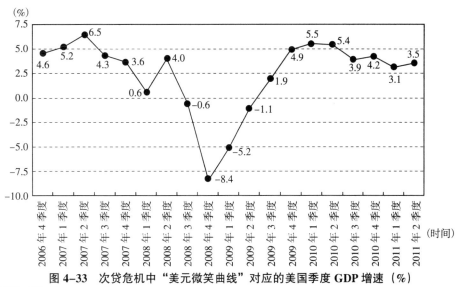

图4-33　次贷危机中"美元微笑曲线"对应的美国季度GDP增速（%）

资料来源：Forex-central.

【开放式思考题】

在研读完第四课的内容之后，可以进一步思考下列问题。虽然这些问题并没有固定的标准答案，但是能够启迪思维，让你更加深入地掌握某些要点，或者是让你跳出僵化模式来重新看待问题。

（1）国内大宗商品信息综合服务商卓创资讯是这样描述其对原油价格预判框架的："基于对各情景因子与油价关系的情景分析与判断，结合原油的金融属性和商品属性，我们从宏观、商品和持仓三个维度提出一种相对完整的原油多因子模型。具体而言，**我们使用美元指数构建宏观因子，原油库消比构建商品因子，原油非商业净持仓构建持仓因子。**"美元作为宏观因子体现了金融属性，而原油存销比体现了商品属性，两者之间谁更重要呢？美元与原油价格大多数情况下是负相关的，但是也存在正相关的情况，后者是什么导致的呢？美元是助涨助跌的驱动因子，还是主涨主跌的驱动因子呢？

（2）下面这张图显示美元指数与中国10年期国债的收益率是高度负相关的（见图4-34）。10年期国债的收益率主要取决于经济通胀率和增长率，从这个角度出发试着将美元指数、中国长期国债和原油价格的逻辑关系理顺。

（3）美元指数（资产属性）和产业链供求（商品属性）谁更重要呢？谁更能驱动油价呢？我们来看一个例子，2022年1月18日界面新闻有一篇原油通稿：

1月18日早盘，布伦特原油一度冲破87美元/桶，达到87.44美元/桶，**刷新2014年来新高**；纽约原油突破84美元/桶。

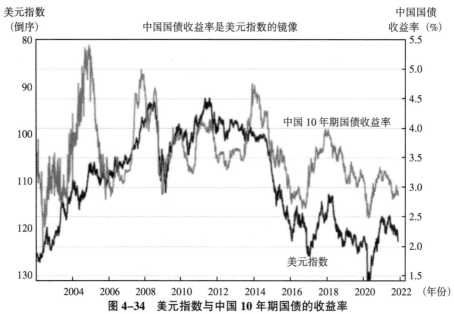

图4-34　美元指数与中国10年期国债的收益率

资料来源：Tourtalk Macro.

金联创原油高级分析师奚佳蕊对界面新闻表示，**进入2022年以来，有两大因素对国际油价产生了较大影响，一是全球新冠疫情变异株对国际原油市场的干扰情绪得以缓解，二是主要产油国原油供应不及预期，对油价产生了提振。**

截至目前，虽然奥密克戎传播性强，但毒株危害性较弱，一定程度上缓解了市场对于原油需求下降的担忧情绪；加之很多国家对其采取群体免疫政策，原油需求并未受到较大影响。

美国能源信息署（EIA）最新预计，2022年全球石油消费量将达到每天1.0052亿桶，高于此前估计的1.0046亿桶；到2023年，石油消费量将跃升至每天1.023亿桶。

此外，**预计2023年美国石油需求量每天将增加33万桶，至2092万桶；美国汽油需求量每天将增加9万桶，至915万桶。**

在原油供应方面，根据2022年1月4日欧佩克+会议决定，2月将继续保持40万桶/日的原油增产节奏，但市场对欧佩克+能否完全履行增产义务持怀疑态度。

奚佳蕊介绍，2022年1月，欧佩克+或仅能提供13万桶/日的增产额，到2月也只能额外再加上25万桶/日的增产额，与计划的40万桶/日的增产额相比，还有2万桶/日的缺口。最后真正能够进入市场的原油，很有可能只有一半左右。

近年来，包括哈萨克斯坦骚乱等在内的地缘政治因素不断爆发，对产油国原油生产也带来了影响；美国对伊朗和委内瑞拉的制裁，导致伊朗原油生产和出口受到限制。

此外，市场关于俄罗斯可能攻击乌克兰的担忧挥之不去，地缘紧张局势延续。这些均加剧了市场对供应的担忧。

全球原油库存仍在低位。 EIA 数据显示，截至 2021 年 12 月 31 日，美国原油库存量 4.2 亿桶，为 2021 年 9 月 17 日当周以来最低，比前一周下降 214 万桶；比上年同期低 14%；比过去五年同期低约 8%。

经济合作与发展组织（OECD）的石油库存出现持续六个月的下滑。截至 2021 年 11 月底，OPEC 石油库存已降至 2767 百万桶。

金联创提供的数据显示，**截至 2021 年底，美洲、欧洲部分地区和中东非洲地区原油库存较 2019 年同期分别低 380 万桶、4130 万桶和 6470 万桶。**

1 月 17 日，摩根士丹利上调了对 2022 年油价的预测，凸显出原油库存可能进一步减少。摩根士丹利报告称，**2021 年可观察库存减少了 6.9 亿桶，降幅为 190 万桶/日，处于五年多来的最低水平。** 由于需求预测具有建设性，且对欧佩克+供应的预期相对谨慎，预计到 2022 年库存将进一步下降。

此外，欧洲天然气供应紧张，对国际原油价格也产生了潜在的提振作用。隆众资讯原油分析师李彦对界面新闻表示，**欧洲天然气供需紧张尚未得到有效缓解，且随着北半球的气温越来越低，对其天然气能源需求影响可能会进一步加大，将对国际原油价格形成一定的支撑作用。**

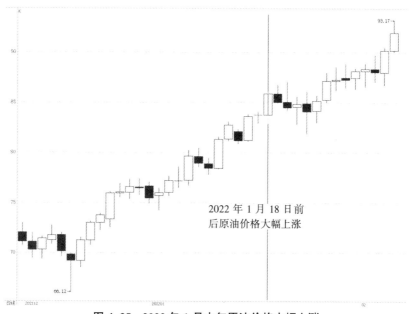

图 4-35　2022 年 1 月中旬原油价格大幅上涨

在这篇新闻通稿当中，提到了哪些产业链的关键指标？2022年1月中旬原油的价格大幅上涨（见图4-35），但是美元指数（见图4-36）也在大幅上涨，为什么两者是正相关的呢？

图4-36 2022年1月中旬美元指数大幅上涨

（4）对比一下美联储在2008年和2013年两次政策转向对原油市场造成的冲击，并分析美元趋势与原油价格趋势的相关程度。2008年的大衰退之后，美联储采取了零利率（zero percent interest rates）和量化宽松（quantitative easing）的激进政策，这导致美元趋势性走弱，主流分析都认为这导致了原油趋势性走强（见图4-37）。

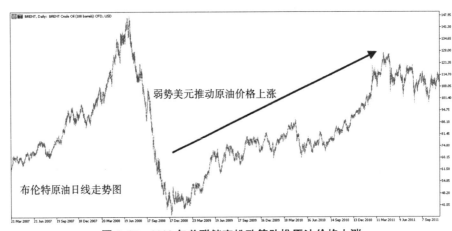

图4-37 2008年美联储宽松政策助推原油价格上涨

资料来源：Admiral Markets MetaTrader5, Dina.

2013 年美联储开始实施紧缩政策，到了 2014 年原油等大宗商品价格开始回落（见图 4-38）。除了美元走强这个因素之外，还有什么重要因素导致原油价格下跌呢？可以查看一下中国当时的经济数据，比如 PMI 等。

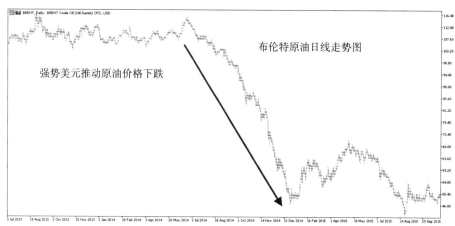

图 4-38　2013 年美联储紧缩政策助推原油价格下跌

资料来源：Admiral Markets MetaTrader5，Dina.

（5）从 2015 年开始，原油和美元多次呈现正相关走势：2015 年 8 月下旬热带风暴袭击美国佛罗里达州，我国推行"8·11"汇率制度改革，人民币大幅贬值 2%，原油和美元一起上涨，相关系数显著为正，一度接近 0.2；2018 年 10 月，中美贸易摩擦升级，原油和美元一起下跌，相关系数一度接近 0.1；2019 年 9 月中旬，美联储如期宣布降息，但打压了继续降息的预期，离场倾向"鹰派"，同时沙特石油设施遭到袭击，原油和美元一起上涨，相关系数一度接近 0.14；2020 年 3 月，新冠疫情叠加 OPEC 减产协议破裂，原油和美元一起下跌，相关系数显著为正，一度接近 0.4；2021 年 12 月美联储议息会议宣布加快缩减购债规模、表态"鹰派"，同时新冠病毒变种奥密克戎通常为轻症，美元和原油一起上涨，相关系数接近 0.2。在上述这些原油价格和美元指数正相关的例子当中，有什么共同特征？

【进一步学习和运用指南】

（1）美元指数和原油价格的相关性是动态的，虽然在最近二十年时间当中两者体现出了高度的负相关性，但其中的因果关系众说纷纭，有一篇国内专业人士在国外发表的文章（*Why Is the Correlation between Crude Oil Prices and the US Dollar Exchange Rate Time-Varying? —Explanations Based on the Role of Key Mediators*）对此进行了探索，在

本课末尾的"参考文献"当中有更加具体的信息。这篇文章提出的"中介因子"的解释路径让我想起了人工智能大师、"贝叶斯网络之父"朱迪亚·珀尔（Judea Pearl）在《为什么》（*The Book of Why*）当中提出的"混杂偏倚"（Confounding Bias）。当一个变量同时影响到选择接受处理的对象以及实验结果时，混杂偏倚就产生了。有时候混杂因子是已知的，有时候则以"潜伏的第三变量"的面目出现。我们将混杂因子简记为 A，原油价格简记为 B，美元指数简记为 C，A 会同时影响 B 和 C，同时 B 也会影响 C，甚至 C 也会影响 B。上述论文强调了 A 同时影响 B 和 C，但从多年分析和交易实践的角度来看，B 也会影响 C，C 也会影响 B，因此原油和美元的动态相关性和决定因子是一个值得学界和业界人士继续深入下去的课题。

（2）美元的趋势受到驱动面/基本面主导逻辑的影响。即便是专业的外汇交易者和分析师也对美元趋势分析感到棘手，有没有什么简单一点的方法可以把握美元基本面大势呢？可以参考"MM 美元基本面指数"（见图 4-39），网址是：https://sc.macromicro.me/charts/14948/mm-dxy-expectation-index。

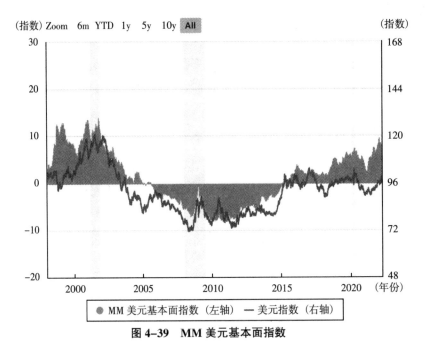

图 4-39　MM 美元基本面指数

资料来源：财经 M 平方。

参考文献

［1］中投期货研究所：《原油：牛市核心逻辑没有改变》，2021 年 7 月。

［2］TourTalkFinance：《聊聊最近的原油、美元和通胀预期》，2021年11月。

［3］Rakesh Upadhyay. How The U.S. Dollar Influences Oil Prices，May，2016.

［4］The U.S. Dollar And Oil Relationship Is Changing，Babypips. 2017.

［5］The Dollar Smile Theory，Babypips. 2021.

［6］The value of the US Dollar and its Impact on Oil Prices：Evidence from a Non-linear Asymmetric Cointegration Approach，Roger C. D. McLeod，Andre Yone Haughton. Feb.，2018.

［7］The Dollar-Oil Puzzle，Sonja Marten. Jul.，2008.

［8］Why is the Correlation between Crude Oil Prices and the US Dollar Exchange Rate Time-Varying—Explanations Based on the Role of Key Mediators，Jia Liao，Yu Shi，Xiangyun Xu. Jan.，2018.

［9］The Relationship between Oil Prices and US Dollar Exchange Rates in Short and Long Scales，Mostafa Hashemi. Jan.，2017.

［10］How Does the Volatility of Oil Prices Affect the US Dollar，ALANSILBER. Jun. 5，2019.

［11］What is the The Theory of the Dollar Smile，Forex Academy. Dec.5，2020.

［12］George Soros' Framework For Currency Markets，Alex Barrow. Sept.4，2020.

［13］Archimede's Dollar Smile，Alex Barrow. Sept.19，2017.

［14］How Petrodollars Affect the U.S. Dollar，Zaw Thiha Tun. Mar.30，2022.

［15］The End of The Petrodollar and The Rise of The Petroyuan，Hugo Martins. Nov. 14，2017.

［16］The "Dollar Smile Theory"，Reddy Shyam Shankar. Dec.29，2020.

［17］What is Dollar Smile Theory? A Comprehensive Overview，FX Sources. Dec.25，2021.

［18］Why the Dollar ain't Smiling，Asia Financial. July 3，2020.

［19］How to Trade US Dollar Index：Trading Strategies & Tips，Richard Snow. Dec. 6，2018.

［20］Confused When Trading the USD? Just Smile，Giles Coghlan. Oct.12，2021.

［21］A Quick Rule of Thumb for What's Driving the USD，Giles Coghlan. Nov. 15，2019.

［22］The Dollar Usually Smiles in Recessions，But Maybe Not Next Time，Dow Jones.

May2，2019.

　　［23］王震、何曦：《美元和油价时变相关性新特征研究》，2022年3月7日。

　　［24］赵颖：《宏观因子–taper加速≠油价下跌？宏观因子如何指引油价变化》，2021年12月17日。

　　［25］牛播坤：《原油与美元的"探戈"：全球通缩风险叠加强化》，2015年3月13日。

　　［26］陆润寰：《油价和美股、美元的相关性分析》，2018年7月25日。

　　［27］郭嘉沂、付晓芸：《原油与美元如何联动》，2018年8月18日。

　　［28］米格尔：《美元与原油齐涨的宏观组合意味着什么》，2021年2月3日。

　　［29］张峥、柳瑾：《原油：油价与美元》，2018年12月5日。

　　［30］Getting a Picture of Growth Rates at the End of the Monetary Policy Supercycle，Bridgewater Daily Observations. May 22，2015.

产业链与原油的商品属性（1）：上游的分析

要让我们的投资组合不受非理性行为的影响，唯一的解决之道便是建立一套理性的投资程序，将意气用事的可能性降到最低，并且保证在顺境和逆境中都将这套程序坚持下来。

——杰克·埃布林（Jack Ablin）

商品需求具有周期性的特点，而供给侧却往往是缺乏弹性的，存在大量的固定成本……一旦基础设施就绪，商品生产商就会倾向于持续生产，即便商品价格下跌也不会轻易停下来。

——拉斯·特维德（Lars Tvede）

预测原油价格是一个动态的过程，这是一项持续进行中的工作，不同的因素在不同的时间具有不同的重要性……尤其需要强调OPEC的影响力。

——迈克尔·S.罗斯曼（Michael S. Rothman）

看报告，要看几个高水平的；看油价，要看主要影响因素。产油国和出口国影响市场的时间大多是不可预测、不可控的；消费国和进口国影响市场的事件大多是可以查询、总结和预测的。所以市场上的研究员大多把经历放到数据的变化上，并大多基于数据的变化规律对油价的走势进行预测。分析数据是必修课，但是数据控却不是做好原油预测的必要条件，因为数据具有滞后性，有时还具有欺骗性。

——孙钦磊

目前世界原油供应基本确认了OPEC（以沙特为首）、俄罗斯、美国三足鼎立的新格局，油价也逐步进入以供需为基础的多元定价新阶段。

——杨为敩

原油的资产属性我们已经在第四课清晰地介绍了，从中我们明白了两点：第一点，原油的重大趋势受到美元的影响；第二点，美元的分析需从三个角度展开。现在我们来看决定原油趋势的第二大因素，这就是产业链的因素。从本课开始一直到第十三课我们都会围绕原油产业链来讲授。

原油产业链错综复杂，我们不是专业搞化工的，因此对于一些与油价关系不大的技术细节只能放弃。为了抓住关键，化繁为简，我们将整个原油产业链分为三部分：上游、中游和下游。从本课到第九课我们都会重点讲解原油产业链的上游，出发点是满足一个原油交易者的理论和技巧所需，对于与交易关系不大的数据和理论我们不会涉及。

谈到上下游，必然谈到供需平衡表。供需平衡表在其他大宗商品上确实可以对趋势行情起到提醒作用，但是在原油上却不那么好用，供需平衡表只能通过共识预期对市场发挥影响，而不是真的主导市场。当然，讲原油产业链也绕不开供需平衡表。

那么，站在一个交易者的角度如何高效解读原油产业链呢？讲到这里先讲一段经历。很早我就知道有不少欧美全职交易者喜欢居住在泰国，2012 年我在清迈恰巧遇到了一位这样的同行——杰瑞森，我暂且简称他为 J 君。这位老兄快要四十岁了，从美国来泰国差不多三年，他习惯于白天半天休息，半天研究，而晚上则在固定的时间进出场。他并非短线交易，而是擅长于中线趋势交易，仓位不重。我们聊了有两个多小时，他乐于与我分享他在原油市场上的心得。他说无论我们如何去交易原油，其实就是要搞清楚参与其中的四方怎么在构建游戏的背景。原油是一个大的赌场，玩家参与其中一定要搞清楚其中的大玩家，这就是 OPEC 和非 OPEC，以及 OECD 和非 OECD。当时，他这样说的时候，我并不以为然，因为这样的话听起来就是废话。

不过，某日进行原油例行分析的时候，我发现这样的 2×2 划分方法确实可以让我们在理解原油产业链的时候能够

原油的供需平衡表可以从 OPEC 的月度报告中获取，另外 IEA 也有类似的报告，大家应该定期浏览这两个机构的官方网站。

更加容易抓住主要脉络。后来再仔细一想，其实 OPEC 的月度和年度报告其实也是按照这个思路来写的。页岩油气的发展使得北美成为一个边际供应者，油价上涨会使原油供给更加快速地增加，而在油价下跌的时候沙特除了考虑收益损失之外还会考虑如何借机打击页岩油气业。像北美和俄罗斯这样的非 OPEC 国家日益成为原油边际供应者，要分析原油产业链的上游可以采用二分法：OPEC 和非 OPEC（见图 5-1）。我们只要随时关注这两者的原油生产情况和相关政策动向，就可以把握住原油产业链的上游。原油产业链上游和下游的构成，可以看作是两个 O——OPEC 和 OECD 和两个非 O——非 OPEC 和非 OECD 共同组成（见图 5-2）。

现在 OPEC 的官方定期报告基本上也是按照这样的 2×2 框架进行分析的，大家可以下载 OPEC 的月度报告看一下，在前面的课程中我们已经提到了这份报告。

图 5-1　原油上游的二分法——OPEC 和非 OPEC

	2O	2非 O
供给端	OPEC	非 OPEC
需求端	OECD	非 OECD

图 5-2　原油产业链/供求侧的 2×2 矩阵

为了大家始终处于"思考框架中的恰当位置"，我会在介绍新理论和技巧的时候将其置于整体框架之中。刚才我提到了原油产业链，这部分属于原油二重属性中的商品

非OPEC产油国里面最重要的是俄罗斯和美国，因为两者都是超级大国，都是重要的地缘政治旗手，同时也是能源生产大国。这两者在原油生产和相关政策上的动向，比如俄罗斯原油产量政策和销售政策变化，美国的页岩油气生产情况，美国的油气出口政策变化，等等，都是值得我们关注的，并且要分析背后的深层次原因和影响。

属性，而OPEC和非OPEC产油国则属于供给，也就是原油产业链的上游，其中的OPEC是我们在第三课专门提到的一个驱动力量。在第三课我们还提到了另外一个原油价格驱动力量，那就是G4，这个概念大致与OECD和非OECD主要经济体相对应（见图5-3）。关于G4和OECD经济的具体分析我们会在第十二课展开，现在继续讲原油产业链的上游。

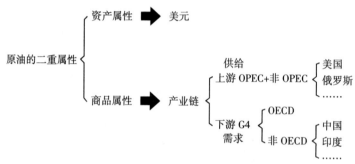

图5-3 "2O和2非O"在原油分析框架中的位置

原油产业链的上游主要是原油的开采和生产，与供给相对应，主要涉及OPEC和非OPEC原油生产国，其中非OPEC最为重要的是美国和俄罗斯。只要OPEC和俄美中的任何一方形成了强有力的共同减产或者限产，则原油中期容易出现涨势，比如2017年11月30日，OPEC和俄罗斯同意延长减产协议，导致供给超预期减少（见图5-4）。这类上游的基本面信息就应该整合到整个交易策略中去。

如何分析上游，我们列出了一系列的因素（见图5-5）。下面我们会逐一讲解，与交易没有直接关系的概念、定义还有历史等诸如此类的内容我们会略去不表，因为我们这本书是交易员的分析和交易教程，不是关于原油历史的书籍，也不是阴谋论的读物。

随着北美页岩油气成为原油的边际供给者，其对原油价格区间高点和低点的影响力越来越大，因此钻井数量（Rig Count）成了我们分析原油供给的一个最佳入手点。分析原油

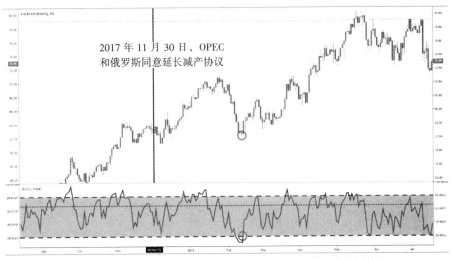

图5-4　2017年11月30日OPEC和俄罗斯同意延长减产协议

资料来源：Justin McQueen，Dina.

图5-5　原油产业链上下游驱动因素与"2O和2非O"

供给，不是看库存，因为库存大多数情况下往往是一种实体经济中的主动投资或者被动投资，当原油价格上涨的时候，库存往往成为需求，补库存成了主要操作。而原油价格下跌时，库存则变成了供给，去库存成了主要操作，因此上游和下游是先行指标，而中游往往是一个油价的滞后指标。所以，不能将库存单纯看成是供给力量。

　　分析原油供给不是看API公布的库存，那看什么指标比较及时有效呢？Rig Count是不错的选择，市场走势也对这个数据比较买账。

　　Rig Count是一个石油钻井的数目，这个数据是由贝克·休

OPEC的月度报告存在滞后的缺点，而钻机数据及时而且具有前瞻性，是原油上游分析的便捷指标。即便你没有深厚的原油工业背景和广泛的资料来源，也能够从这个数据当中获得洞察力。

很多初学者在最初进入原油期货交易市场的时候，往往沉迷于技术指标，他们很可能会对这段话的观点嗤之以鼻。我想打消你我之间分歧的最好方式应该是在钻井数据公布前后观察原油价格是否存在显著的变化。每周都会公布最新数据，所以每周都有一个解决分歧的好时机。

斯（Baker Hughes）提供的，从 1944 年开始这家公司就会每周公布一次钻井平台运作统计数据。这家公司其实是由两家公司——贝克（Baker）和休斯（Hughes）在 1987 年合并成立的，是全球油气服务行业的著名公司。查询这个钻井数据可以从这家公司的官网 www.bakerhughes.com 上获得，进入官网后点击"FOR INVESTORS"下拉菜单，然后选择其中的"Rig Count"项目（见图 5-6）。

图 5-6　Baker Hughes 官网上查询"Rig Count"

　　Rig Count 数据分为两部分：一部分是北美的钻井数变化（North America Rig Count），另一部分是国际钻井数变化（International Rig Count）。点击"Rig Count"项目后进入的第一个页面是总览页面（见图 5-7），左侧栏目中可以选择子项目，也就是"北美的钻井数变化"（见图 5-8）和"国际钻井数变化"（见图 5-9）。除了官网上查询这个数据之外，这家油服公司也提供了专门的手机 App 来浏览这个数据，你可以直接

图 5-7　"Rig Count"总览页面

图 5-8　北美的钻井数变化

图 5-9　国际钻井数变化

在手机程序应用商店里面搜索，也可以从 www.bakerhughes.com 获得下载指引。

　　Baker Hughes 这个数据领先实际产量变化数月，是原油产业链上游整体动态的风向标，也是原油产量变化的先行指标。原油市场对于这个数据非常重视，实际值与预期值的差异会引发市场的显著波动，其趋势性变化对市场的影响更大。如果能够将这个数据与本课介绍的其他因素相互验证，并且基于我提供的整体分析框架思考，则可以显著提高洞察力。

　　除了 Baker Hughes 外，另外有一家 HIS 也提供类似的数据，这是一份名为 *IHS Petrodata*^{TM} *Weekly Rig Count* 的定期报告，可以从 www.ihsmarkit.com/products/offshore-oil-rig-data.html 阅读这份报告（见图 5-10）。这份报告分别对美国墨西哥

　　光靠这个指标也不行，你最好能结合 OPEC 和非 OPEC 产油国的产量动向理解钻井数。还是那句陈词滥调——综合起来看才能看出门道！技术分析吸引人的地方在于简单而又精巧，误导人的地方也在此处。技术分析易学易上手，追逐者众多，算得上"显学"，显而易见的未必是真正有效的。

湾地区（US Gulf of Mexico）、南美地区（South America）、西北欧地区（Northwest Europe）、西非地区（West Africa）、中东地区（Middle East）、东南亚地区（Southeast Asia）和全球范围（Worldwide）钻机数据进行了统计，报告结尾还会附上一张"全球海上钻井数和利用率"走势图（见图 5-11）。这份报告每周五更新一次，可以作为 Baker Hughes 报告的补充。

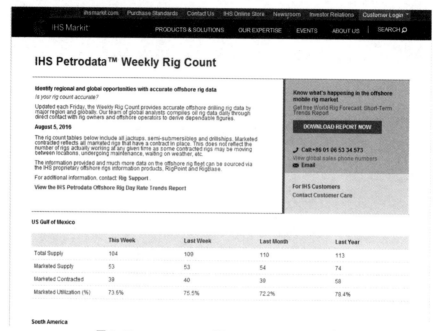

图 5-10　*IHS Petrodata™ Weekly Rig Count* 报告

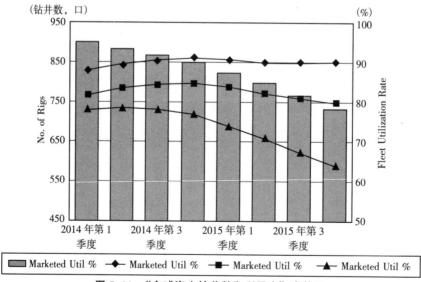

图 5-11　"全球海上钻井数和利用率"走势图

　　钻井数是一个每周定期公布的数据，也是一个对原油价格会产生显著影响的数据。例如，2016 年 8 月 26 日，美国石油活跃钻井数持平于上周，预期是钻井数上升，另外也门导弹击中沙特的产油设施，因此原油在钻井数据公布后上涨，但是因为美联储多位高管发表"鹰派"言论，美元上涨，油价冲高回落（见图 5-12）。从这个例子可以看出商品属性和资产属性，短期当中谁的影响力更大一点。

图 5-12 钻井数据利多叠加美元走强让油价冲高回落

　　又比如 2020 年新冠肺炎疫情发生后，沙特和阿联酋的钻井数都显著下降（见图 5-13），为此后原油价格的大幅上涨奠定了坚实的基础。

　　在原油产业链上游，还有一个数据我们是可以及时获得的，并且也会对原油价格走势产生显著的影响，这就是产油和炼油地区天气，影响最大的还是北美的飓风，美国南北贯通的地形，比较容易受到大西洋飓风的影响，另外则是美国

2008 年两次飓风登陆的等级虽然只有二级，不过因为登陆地点是在美国钻井平台以及炼厂的集中地域，因此对油价造成显著的影响。

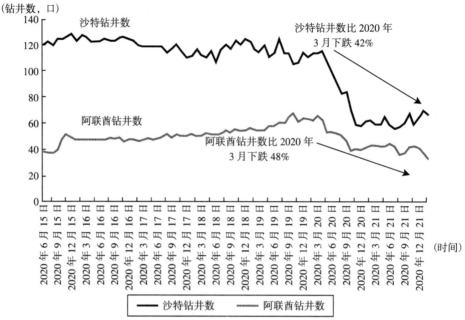

图5-13 2020年新冠肺炎疫情暴发后沙特和阿联酋钻井数大幅下降
资料来源：贝克休斯、Dina。

"艾达"对美湾石油生产平台产生显著冲击，EIA单周原油产量下滑150万桶/日，且影响持续时间较此前飓风都要长。受到"艾达"影响以及中西部炼厂检修，美国炼厂开工率显著下滑近10%，其中受路易斯安那州炼厂停产影响，美湾炼厂开工率从92%下滑至76%，而中西部炼厂开工率从94%下滑至89%。

IEA抛储的影响，我会在第十课再展开讲。

冬天的天气。据BTU Analytics和Seeking Alpha统计，墨西哥湾地区的一个被命名风暴平均会导致月环比产量损失16.9万桶/日，相当于产量的10%~12%。对于大部分风暴，生产会在次月恢复，但如果风暴在墨西哥湾海岸造成了严重破坏，对石油生产的影响会深远得多（见图5-14和图5-15）。例如，2005年的"卡特里娜"（Katrina）和"丽塔"（Rita）以及2008年的"艾克"（Ike）、2021年的"艾达"（Ida）。在"卡特里娜"和"丽塔"肆虐期间，墨西哥湾的产量损失达到89.3万桶/日（65%），具体单个风暴的影响难以估算，因为它们发生的时间间隔只有几周。而在"艾克"期间，墨西哥湾关闭的产能为103万桶/日（80%）。这些风暴过后，当地生产花了三个多月时间才完全恢复。如果剔除"卡特里娜""丽塔"和"艾克"这些极端例子，2005~2015年被命名风暴只导致当月产量减少7.5万桶/日，即产能的4%~7%（见图5-16）。

"卡特里娜"飓风对原油价格的影响非常显著，是一个比较典型的案例，这个飓风使得原油价格在短期内出现了显著

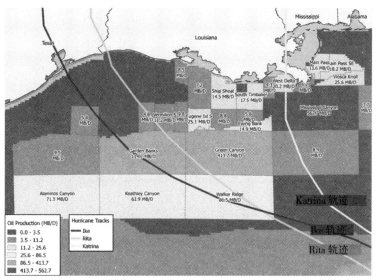

图 5-14　三大飓风轨迹和各区域日均产量示意图（百万桶/日）

资料来源：BTU Analytics，James Blaney.

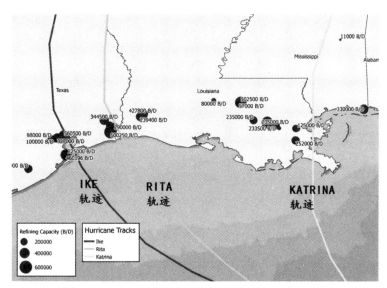

图 5-15　三大飓风轨迹和炼油能力分布示意图（桶/日）

资料来源：BTU Analytics，James Blaney.

飓风可能会以多种方式中断墨西哥湾的生产，如推迟新井的钻探、正在生产的油井可能因为担心受破坏而关闭、在岸设施可能受损或关闭，从而无法接收海上产出的原油。风暴来临之际，全面了解墨西哥湾生产可能遭受的中断程度以及持续时间尤其关键。

的上涨（见图 5-17），不过 IEA 抛储使得原油价格很快下跌。

我们可以从美国 EIA 官网上的 www.eia.gov/special/disruptions 查到与实时的飓风信息（见图 5-18），另外，美国国家飓风中心也提供了墨西哥湾的天气信息（见图 5-19），后者的网址是 www.nhc.noaa.gov。

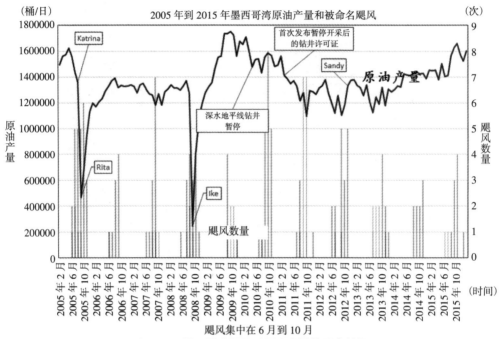

图 5-16　墨西哥湾飓风对原油产量的历史数据

资料来源：BTU Analytics，James Blaney.

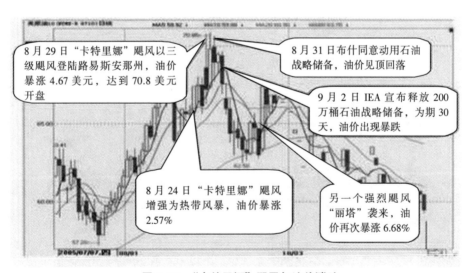

图 5-17　"卡特里娜"飓风与油价涨跌

资料来源：南华期货。

ENERGY DISRUPTIONS

EIA tracks and reports on selected significant storms that impact or could potentially impact energy infrastructure. See past historical events reported on right or real-time storm tracking with energy infrastructure maps below.

Energy Infrastructure with Real-Time Storm Information

Additional Resources

Winter Weather

DOE Energy Assurance Daily Reports

DOE Emergency Situation Reports

National Weather Service

Hurricane

Gulf of Mexico Fact Sheet

Bureau of Ocean Energy Management, Regulation and Enforcement (BOEMRE) Hurricane Information

DOE Emergency Situation Reports

EIA Hurricane Outlook (pdf)

NOAA National Hurricane Center

Historical Reports

Sandy — Landfall October 29, 2012

图 5-18　能源设施和实时飓风信息示意图

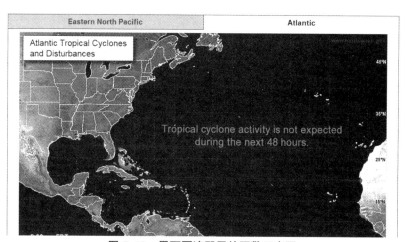

图 5-19　墨西哥湾飓风的预警示意图

资料来源：美国国家飓风中心。

　　第三个可以及时准确获得的上游产业链数据是原油生产企业成本和利润率，因为这决定了原油供给衰竭点。原油价格一旦跌破相对数量原油企业的成本线而且持续一段时间，一旦这些企业套保力度不够或者错失了套保时机，则最终必然是减少勘探、

缩减生产甚至破产。一旦大面积减产，那么原油价格就获得了上游环节的支持。如果美元和下游需求不继续利空原油，则原油必然见底回升，这就是2015~2016年原油两次显著反弹的根源。那么如何知道这些企业的成本线呢？第一个是EIA和IEA的定期研究报告，往往会涉及全球各地区原油生产的成本均价数据，另外EIA有一个专门的栏目"Markets & Finance"会发布一些与油气业公司财务相关的分析报告（见图5-20）。另外，雅虎财经也有一个专栏（见图5-21），这个专栏列出了世界主要能源公司的财务信息和股价走势，并且

http://www.mcdep.com/index.htm 独家提供了一些原油公司财务和估值分析。

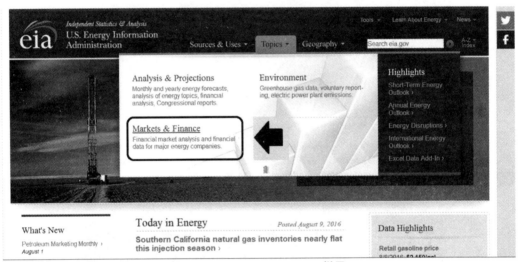

图 5-20　Markets & Finance 栏目

图 5-21　雅虎财经的能源上市公司专栏

下方还有相关的新闻，这个专栏的网址是 http：//finance.yahoo.com/industries/energy。

总而言之，能源企业的油企资产负债表是我们需要关注的第三个因素，具体有哪些能源企业值得我们关注呢？世界上比较著名的油气巨头都值得我们不定期地追踪（见图 5-22），而很容易看到财报的原油企业则有如下五家值得我们定期关注：

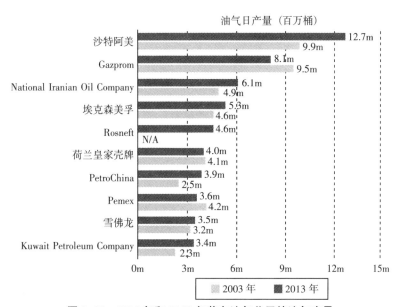

图 5-22　2003 年和 2013 年著名油气公司的油气产量

资料来源：statista.

第一，埃克森美孚公司。这是世界最大的非政府石油天然气生产商，总部设在美国得克萨斯州爱文市。该公司在全球拥有生产设施和销售产品，在六大洲从事石油天然气勘探业务；在能源和石化领域的诸多方面位居行业领先地位。埃克森美孚见证了世界石油天然气行业的发展，其历史可以追溯到约翰·洛克菲勒于 1882 年创建的标准石油公司，至今已经跨越了 140 年的历程。

第二，英国石油公司。这家公司 1909 年由威廉·诺克斯·达西创立。该公司由英国石油、阿莫科、阿科和嘉实多等公司整合重组形成，是世界上最大的石油和石化集团公司之一。其主要业务是油气勘探开发，炼油，天然气销售和发电，油品零售和运输，以及石油化工产品生产和销售。它拥有 12 个下属分公司，在世界 70 多个国家和地区有业务活动。

第三，荷兰皇家壳牌集团。它是世界第二大石油公司，总部位于荷兰海牙，由荷兰皇家石油与英国的壳牌两家公司合并组成。它是国际上主要的石油、天然气和石油化工的生产商，在 30 多个国家的 50 多个炼油厂中拥有权益，同时也是全球最大的汽车燃油和润滑油零售商。它亦为液化天然气行业的先驱，并在融资、管理和经营方面拥有丰富的经验。

第四，道达尔石油公司。1998 年 11 月法国道达尔公司与比利时菲纳石油公司（FINA）合并，以及 2000 年 3 月道达尔菲纳石油公司对法国埃尔夫公司（ELF）购并这两次交易后的产物。全世界第四大石油及天然气公司，在全球超过 110 个国家和地区开展润滑油业务。2003 年 5 月 7 日全球统一命名为道达尔（TOTAL），总部设在法国巴黎，旗下由道达尔（TOTAL）、菲纳（FINA）、埃尔夫（ELF）三个品牌组成。

第五，康菲国际石油公司。由美国康纳和石油公司（Conoco）和菲利普斯石油公司（Phillips）合并成立。它是综合性的跨国能源公司，是美国第三大石油公司，全球第五大能源公司。核心业务包括石油的开发与炼制，天然气的开发与销售，石油精细化工的加工与销售等石油相关产业，公司以雄厚的资本和超前的技术储备享誉世界，与 30 多个国家和地区有着广泛的业务往来。

上述五家公司的官网可以不定期浏览，并且可以在财经网站上查询它们的季报，从而判断整个原油产业链上游的景气程度。当能源行业的业绩报表过度好或者过度差的时候，往往就是原油价格已经或者即将处于极端边缘的时候。在重要玩家部分，我们还会详细介绍这几家油气巨头。

原油行业是典型的周期行业，处于这个行业的公司不能不受到周期因素的影响。原油的产量受制于产能，而产能受制于投资，这个"投资"是经济学上的投资，而非金融学上的投资，简单来讲就是对维持和增加产能的投入。吉姆·罗杰斯擅长利用产能周期捕捉大行情，比如军工行业的产能周期等。原油行业投资也存在周期（见图 5-23），

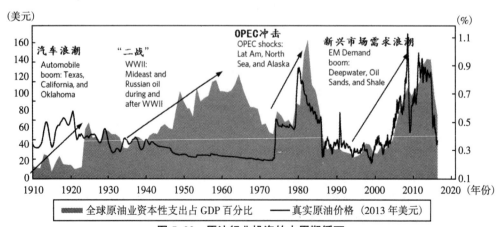

图 5-23　原油行业投资的大周期循环

资料来源：Bridgewater Daily Observations（Greg Jensen）.

由此导致了产能周期，进而导致产量周期。因此，分析原油的上游，还需要考虑原油业的投资周期和产能周期，这个可以和能源上市公司的分析结合起来，打通中观和微观。

在分析原油产业链上游时，除了关注上述因素之外，还需要关注如下因素：

第一，OPEC动向。这个可以从财经新闻媒体中得到，同时也要关注OPEC的官方网站。

第二，非OPEC产油国动向。这个主要也是通过财经新闻媒体得到，比如国外的彭博和路透，国内的财新网和华尔街见闻等。大多数外汇网站这方面的信息也比较及时，比如Dailyfx和investing.com等。另外，IEA和EIA的官方网站也是获取此类消息的便捷途径。

第三，油田投资动向。这个属于中长期因素，可以从OPEC、IEA和EIA的官网获取相关的报告。另外，国内一些比较大的期货和证券公司研究所也会不定期分析这方面的信息，比如中信期货、中信建投证券等，Rig Count数据可以相互佐证。

第四，三湾地区地缘政治和产油国国内政治对于原油上游产业链有着重大影响，往往成为行情炒作的基础。专业一些讲就是"事件驱动交易"，直观一点讲就是"题材投机"。这方面的内容我们放到后续几课中专门讲解。

第五，油气技术新发展和新能源发展也是我们关注的重要变量，如页岩油气开采情况等。这个我们会在第八课专门介绍分析技巧和注意因素。

【开放式思考题】

在研读完第五课的内容之后，可以进一步思考下列问题。虽然这些问题并没有固定的标准答案，但是能够启迪思维，让你更加深入地掌握某些要点，或者让你跳出僵化模式来重新看待问题。

（1）汇通网2021年9月发表了一篇文章《原油牛市，来了!》，其中提到了飓风对原油上游产能的影响：**"石油结构性牛市被定义为由基本面失衡和金融泡沫等因素驱动的市场，无论是熊市还是牛市，飓风'艾达'造成的美国石油产量损失也对其产生了重大影响**。据估计，飓风'艾达'造成的总产量损失约为3000万桶，不仅是近年来最具破坏性的飓风之一，而且也是石油输出国组织及其盟友（OPEC+）自2021年7月以来增产未能改变世界供应状况的主要原因之一。由于疫情导致投资不足或维修延迟，需求反弹带来的供应短缺难以使OPEC成员国提高产量。事实上，国际能源信息署

（IEA）早些时候报告称，由于飓风'艾达'，尽管 OPEC+增产，8 月全球石油供应实际上减少了 54 万桶/日。IEA 补充称，预计产量将于下月恢复增长，但高盛认为这远远不足以恢复供需平衡。高盛大宗商品分析师现在预计，随着旅游市场复苏，石油需求复苏，布伦特原油到 2021 年年底将触及每桶 90 美元。"请在网上检索这次飓风对原油产能的影响，思考其程度和持续时间。

（2）2017 年 8 月，飓风"哈维"登陆得克萨斯州，美国原油供给大范围停产，国际油价飙升（见图 5-24）。飓风"哈维"于美国当地时间 2017 年 8 月 25 日晚在美国得克萨斯州南部沿海地区登陆。2017 年 8 月 30 日，飓风"哈维"在得克萨斯州和路易斯安那州交界附近再次登陆，**此次飓风被认为是自 2005 年以来全美遭遇的最强飓风。**2017 年 9 月 4 日，美国得克萨斯州南部数个受灾县公布的数据显示，"哈维"飓风已导致 60 多人死亡，并带来了约 1800 亿美元的财产损失。请检索本次飓风路线和油气设施的位置关系，结合本课内容思考除了飓风之外，是否还有其他原因推动了当时国际油价的上涨，比如美元指数、全球经济、中东地缘政治等。

图 5-24 飓风"哈维"登陆得克萨斯州国际油价飙升

（3）资深原油分析师张铮和柳瑾根据 2014 年以来 OPEC 原油产量与 Brent 价格，进行线性回归分析得到公式 $Y = -0.0086X + 333.22$，二者呈现负相关关系。直观来讲，OPEC 每增产 100 万桶/日，Brent 价格将下跌约 8.6 美元/桶（见图 5-25）。如果按

OPEC 原油产量 3000 万桶/日和 Brent 价格 60 美元/桶计算，则 OPEC 每增产 3.3% 会导致 Brent 价格下跌约 14.3%。那么，作为原油交易者我们可以如何利用这个公式来预测油价波动幅度和方向呢？Y 可以分解为两个部分：A "市场预期已经兑现的产量变化"，B "超预期的产量变化"。已经兑现的预期可以从市场传言开始到产量决议公布时的价格变化推断出来，那么超预期的部分是不是可以从 Y - A = B 得出呢，这就是 OPEC 产量决议公布后的市场幅度和方向。

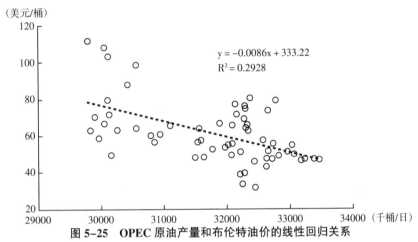

图 5-25　OPEC 原油产量和布伦特油价的线性回归关系

资料来源：中粮期货研究中心。

【进一步学习和运用指南】

（1）EIA 每月公布 "短期能源展望报告"（Short-term Energy Outlook），统计过去并预估未来一到两年的 OPEC 剩余产能，可作为全球油市供需平衡的观察指标。油价与 OPEC 剩余产能具有较为稳定的负相关性：当经济出现严重衰退，油市面临需求疲软、供给过剩，OPEC 采取减产措施、剩余产能增加；而当原油供需转好甚至趋于紧缩，OPEC 重启闲置产能，剩余产能减少。在极少数情况下，或许会出现为了抢夺市场而低价倾销的行动，这会导致两者之间负相关性短暂失效。那么，可以在哪里查看 OPEC 剩余产能的动态变化呢？在 "财经 M 平方" 上可以查看 OPEC 剩余产能和原油价格的变化情况（见图 5-26），同时也可以在该网站上查询钻井数最新数据，网址如下：

https：//sc.macromicro.me/charts/32017/opec-spare-crude-oil-production-vs-oil-price

（2）对机器学习算法有基础的读者，尝试利用惩罚回归算法（套索回归和岭回归）对钻井数和原油产量进行分析。

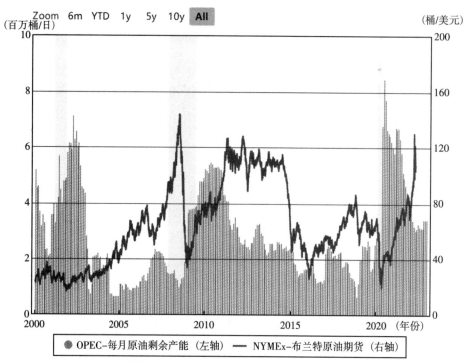

图 5-26　OEPC 剩余产能和原油价格

资料来源：财经 M 平方。

参考文献

［1］Alan Farley. 5 Steps to Making a Profit in Crude Oil Trading，May19，2021.

［2］张峥等：《原油：宏观面与基本面背离下的机会》，2019 年 8 月 8 日。

［3］潘翔：《飓风艾达对美湾石油产业影响显著》，2021 年 9 月 11 日。

［4］Julianne Geiger. U.S. Oil Rigs See Sharpest One-Week Decline In Over A Year，Sept. 03，2021.

［5］明辉说油：《飓风影响尚未消退，均线系统欲支撑再次上行》，2021 年 9 月 6 日。

［6］杨为敩：《原油蓄力冲高，如何突破》，2022 年 3 月 2 日。

［7］美股研究社：《一文看懂为何现在在经历最大的石油供应危机》，2022 年 3 月 22 日。

［8］李云旭：《原油供应的时间差和价格的预期差》，2022 年 3 月 10 日。

［9］陈通：《供需再平衡可期，原油牛市或开启》，2016 年 12 月 18 日。

［10］赵晖：《飓风来袭：从裂解价差与天气波动捕捉原油价格规律》，2017 年 8 月

29 日。

　　[11] 裴孝锋、赵乃迪：《2017 年原油有望突破 60—65 美元》，2016 年 12 月 1 日。

　　[12] 关滨、王苗子：《产业链全景图（第 16 期）：中石油冬季调峰气价开始推进》，2016 年 11 月 29 日。

原油地缘政治学

石油工业对我们而言非常重要，对我们的敌人而言也非常重要。

——哈桑·鲁哈尼 （Hassan Rouhani）

冷战时期已经分裂的中东现在变得更加支离破碎了。美国及其盟友发动的阿富汗战争和伊拉克战争充分引发了伊斯兰教内部逊尼派和什叶派的斗争，为伊朗渗入阿拉伯世界提供了机会。

——萧尔·伯纳德 （Saul Bernard）

美国在发挥全球主导作用时应该认识到政治地理仍是影响国际事务的关键因素。据说拿破仑曾经强调，了解一个国家的地理就懂了这个国家的外交政策。但是我们必须根据实力的现状来调整我们对政治地理重要性的理解。

——兹比格涅夫·布热津斯基 （Zbigniew Brzezinski）

在战略家的眼里，石油理论更是维护一个国家石油生产、供给并确保国家利益最大化的战略基础。石油是国家工业的"血液"，面对石油有机成因和石油无机成因这两个截然对立的学说，美国和俄罗斯做出截然不同的战略选择。控制石油的冲动使美国选择了石油有机成因理论，因为石油储量有限并会迅速枯竭的结论更符合美国的国家利益。俄罗斯"二战"后独立发展，选择了无机生成理论，在"不可能"地区找到石油。

——崔永强

地缘政治因素一定会抬升全球原油价格的朴素观点看似有理，但并不完全正确。2010年以来地缘政治事件频发，但对于全球原油价格的影响似乎没有预期中的大，全球原油价格的变动似乎并不总是跟随地缘政治事件而上涨，有时甚至会出现反向变动的情况，与传统认知不符。如果地缘政治因素要起到提升油价的作用，至少同时具备

以下三个前提：与主要产油国相关；对原油供给产生实际抑制作用，而非潜在威胁；本国以及其他国家不能够迅速补充原油供给缺口。

——孙彬彬

复盘近20年重大突发供应中断事件发现，突发事件在周度时间范围内往往会带来油价的显著上涨，但在月度尺度范围内对油价的影响较弱，油价走势更多取决于当期供需基本面状况。此外，突发事件后战略石油投放、市场预期等对油价也有较大影响。

——教翀

地缘政治因素对原油究竟有多大的影响？这一点无须我们来举例证明，但凡对历史和现实略知一二的人都不会否认这一点。

为什么地缘政治因素对原油影响力这么大呢？

第一，原油是一种战略物资，是现代经济运行的基础，穿的衣服上的纤维大部分来自石油化工，农业的农药和化肥来自石油化工，水陆空交通的燃料来自石油化工，塑料之类的建材来自石油化工，因此原油被称为现代经济的"血液"。

第二，原油的重要出口国大部分位于地缘政治冲突的断裂带，以中东为例，这个地区是宗教冲突区，是世界陆权和海权等的冲突区。以原油为主的能源在全球的分布是不均衡的，而那些能源富集区域往往成为大国战略的焦点区域，也成了相邻国家的争夺区域。

2021年，俄罗斯占欧盟天然气进口的45%，石油进口的27%和煤炭进口的46%。但是2022年俄乌冲突后，欧盟已经下定决心要在能源领域"去俄罗斯化"。

第三，美国和俄罗斯是油气生产大国，也是超级强国，中国和西欧是油气消费重要经济体，四者都是地缘政治的大操手，因此原油必然成为国家政治战略一个重要的砝码或者软肋。

第四，货币霸权是世界霸权的基础，而货币霸权往往与能源关系密切。美国在"二战"期间发了大财，因为在此期间美国原油产量占全球总产量的70%，而且它以中立态度向交战双方销售石油。美元先与黄金绑定，然后又与原油绑定，这就是美元霸权之路。

第五，原油陆上管道和海上运输通道往往位于地理上的

咽喉要道，这些兵家必争之地在政治和军事考量上至关重要。我们会在第十课专门介绍原油的运输地理问题，本课对此就不作展开了。

第六，大量的油气田处于国际争端区域，而这些争端往往因为大量的油气资源而变得愈演愈烈。

第七，原油作为现代经济的主要基础，往往成为国际制裁的战略手段，通过控制原油就可以威胁对方的经济安全，甚至军事安全。而拥有丰富油气资源的一方，则多了一份参与国际政治的筹码。比如，许多敢于与美国叫板的国家往往是因为自己拥有丰富的油气资源，比如委内瑞拉。并且，这种底气会随着原油价格的波动而起伏，比如俄罗斯与美国叫板的底气与原油价格密切相关。现在有一种说法，苏联的解体很大程度上与低迷的原油价格有关。

我已经给了七点理由来说明为什么地缘政治因素对原油价格的影响很大，想必大家也已经有了自己的一点思路。黄金与地缘政治的关系其实相对简单，当某个国家或地区面临战争或者处于战争时就意味着其赤字会大幅增加，生产会遭到破坏，政权的稳定性会动摇，而这些最终都会危及该国或地区的主权信用，一旦预期到主权信用下降，则该国货币的黄金价格就会上涨。但是，原油与地缘政治的关系就错综复杂了，因为原油本身既可能是冲突的肇因，也是斗争的手段，再者冲突也可以影响原油的生产和运输，原油本身是战略物资，也是战略手段，是维护霸权的基础，也是反对霸权的支持。

关于原油的地缘政治已经有不少专著，这方面的话题总是让大家热情不减，其中有严密的推理，有翔实的史料，也有精巧的阴谋论。我在讲这课的时候需要反驳两种对交易者有害的思路，第一种就是阴谋论，第二种则是西欧—北美中心论。

阴谋论有四个弱点，第一个弱点是将必要条件当作充分条件；第二个弱点是"有罪推定"，忽略相反证据；第三个弱点是忽略了利益相关体的复杂性，将某一团体当作是毫无内部矛盾的理性团体，忽视了利益团体的不稳定性；第四个弱点是忽略了现实的系统性特点，认为某一个体或者群体可以精心设计出极其复杂的环环相扣的博弈过程，忽略了对手的高度可变性。大战略没有阴谋论那么多复杂的环节，但却是现实博弈当中大国之间的真实计划。我们应该琢磨地缘政治中玩家们各自的大战略，而不是事后来为阴谋论"写剧本"。对于交易者而言，阴谋论可以当作小说和大片来看，真正能够帮助我们分析地缘政治走势的还是那些基于博弈论的大战略分析。

交易员在分析地缘政治时要克服的第二个思维习惯是"西欧—北美中心论"，简称"欧美中心论"。多年前我看过国内一个知名出版社引进了一本欧洲学者的著作，这个

学者在整本书中力图用考古资料和历史数据证明从史前文明开始西方一直领先于东方，而所谓的西方已经将埃及、西亚和中亚包括进去了，所谓的东方似乎就剩下了东亚和南亚。其实，这是一位作者带着偏见在讲述历史。这种基于地域和文明优越感的地理/地缘分析思维很难真正把握全球地缘政治的本质。又如，当代美国人总是认为他们是"上帝的宠儿"，认为他们的崛起是因为伟大的制度，因为民主。其实稍微将美国历史拉长，认真读一些美国的发展历史就知道，美国不是因为民主而强大，而是因为强大而民主。美国西进运动，加上"一战"和"二战"发战争财，同时庇护纳粹科学团体奠定了今天美国第一强国的基础。总之，地缘政治是现实主义学派，而非理想主义学派，它崇尚实证分析，而不是规范分析。

下面，我就先从自己理解和运用的角度扼要讲一下地缘政治这门工具学科的内涵和外延。当然，我是从一个交易者的角度来讲述的。

原油与大国战略息息相关，而地缘政治牵涉的就是大国战略。《孙子兵法》开章明义的那句话其实讲的就是地理对于用兵之道的重要性："兵者，国之大事，生死之地，存亡之道，不可不察也!"综观《孙子兵法》全书大约有1/3的篇幅在谈论地理的重要性，所以这里的地和道其实就是讲的地理，地理之于军事譬如呼吸之于生命。地缘政治就是一门基于地理研究大国战略的学问。

西方国际政治学将地缘政治学和均势理论作为现实主义的两大流派，中国春秋战国时期的连横合众战略家们对这两种理论的运用可谓臻于化境，远交近攻作为统一六国的根本战略，无疑将地缘政治发挥到了极致，而三国时代的联吴抗魏无疑是均势策略的最佳注释。

地缘政治的学术血脉，古已有之。但是直到麦金德在《历史的地理枢纽》一书将地缘政治这门学科奠基，他的学说被认为是陆权的代表；此后马汉发展出了海权。海权和陆权的

> 不懂地缘政治，就很难搞清楚原油，特别是大国地缘政治格局的扩展与收缩往往会影响黄金的趋势走势。地缘政治事件对原油价格的影响是中短期的，事件背后的战略才是中长期影响的根源。

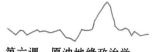

二元对立是地缘政治的根本。在西方，远有希腊和波斯的对立，近有美国和苏联的对立，希腊和美国是海权的代表，而波斯和苏联则是陆权的代表。

美日英澳是海权的代表，中国和俄罗斯、德国是陆权的代表。

海权便利了力量集中和机动，陆权则便利了规模经济和蚕食扩展。地缘政治的核心可以用陆权和海权两者的对立统一来表示。一个分析能力超群的原油交易大师在分析原油走势的地缘走势因素时，必须站在全球海权和陆权对立的基础上进行（见图6-1）。

丝绸之路是陆权鼎盛的象征。"一带一路"倡议与陆权更紧密，TPP战略与海权更紧密。

图6-1　陆权和海权

关乎原油中长期趋势的地缘政治因素都是抽象的大国战略，具体的地缘政治事件可能会带来巨大的短暂原油价格变化，事件过后的原油价格走势完全取决于此事件背后隐藏的大国战略。美国在世纪之交发动了欧亚大陆中枢部位的多场战争：科索沃战争、阿富汗战争、伊拉克战争、叙利亚战争等。这些战争带来的原油价格变动顶多持续数月，但是原油价格的趋势就是受到美国大战略的影响。所以，在分析地缘政治时，必须把握事件和战略的二元性，事件是具体的，是载体，而战略则是抽象的，是主体。原油的中长期走势取决于战略，而不是事件，事件的发生会带来原油短期的剧烈波动。这就是原油地缘政治因素分析中的另外一对阴阳所在（见图6-2）。

因为美国的大战略必然影响到美元的走势，而美元走势会影响原油走势。美国霸权进入扩展周期阶段时，必然导致赤字持续扩大，而这就会导致美元贬值，而反过来就利多原油。

图 6-2　地缘政治事件和地缘政治战略

原油地缘政治的分析围绕三个"太极"进行，第一个是"什叶派—逊尼派"，第二个和第三个则是前面已经提到的"海权—陆权"和"地缘政治事件—地缘政治战略"。

什叶派和逊尼派是伊斯兰世界内部两大派系，什叶派以伊朗为龙头，而逊尼派以沙特马首是瞻，尽管土耳其和埃及也试图成为逊尼派的领袖（见图 6-3）。中东的地缘政治形势，如果撇开以色列与阿拉伯世界的关系，那么我可以从地缘上将中东看成一个三角形，沙特、伊朗、土耳其各占一个角。

图 6-3　什叶派和逊尼派的对立统一

接着我们讲"海权—陆权"二元对立，最后将得出的地缘政治分析框架用于"地缘政治事件"分析，以窥测其后的"地缘政治战略"。如果能够本着这个框架去分析影响原油走势的地缘政治因素，则该因素对原油的趋势影响将一览无余。

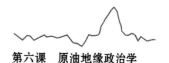

　　我们先从"海权—陆权"的二元对立讲起，这就是世界政治和帝国霸权的蓝图所在。

　　我们首先从西欧区域分析。西欧大陆与东亚大陆以及北美大陆一样主体板块都处于北温带，这使地理资源能够承载规模很大的定居文明，大西洋暖流和地中海的温和气候使西欧成了农耕文明寄居地之一。西欧的传统强国是德法，英国一直是西欧大陆强国崛起的最大障碍，英国对西欧大陆奉行均势政策，通过"拉一派打一派"来维持西欧大陆的均衡态势，通过强大的海军维持西欧大陆无绝对霸主的局面，从而利用了海权的优势。西欧大陆的各国之间相互接壤，犬牙交错，像德法这样的大国往往处于两面，甚至多面受敌的状态，在军事扩张上往往不能集中兵力。而英国则可以集中发展海军，英国的地理位置使其在使用军事力量时更为集中和机动，英国充当了"离岸平衡手"的角色，英国获得了海权。

　　接着我们再来看东亚区域的日本。日本面对的是东亚大陆，这片大陆受到季风气候的影响，土地肥沃，而且三条东西向的大河贯通大陆板块，治水的需要间接推动了政治整合。日本没有英国那么好的运气，因为日本面对的大陆处于一个高度统一的政权下，在清朝和民国政治下，日本像英国一样获得了部分的海权，不过由于拼命地帝国扩展，使它触犯了英美等海权国家的利益，最后过度扩展而倒了下去。

　　美国处于北美大陆，其南北都是弱国，无论是历史还是未来都不太可能出现陆地接壤的强邻，其东西两面都是大洋，这使得美国相对于整个欧亚大陆而言是一个拥有海权的强国。美国的大战略家，也就是当代海权的领衔人物布热津斯基为维护和扩展美国的全球海权殚精竭虑。美国的立国大战略就是阻止欧亚大陆上霸权的崛起，只有阻碍这样的欧亚统一势力出现，才能使得美国的利益得到保证。在布热津斯基看来，欧亚大陆任何统一势力的出现都会使得美国这样的海权国家丧失特权和优势。更加统一与和谐的欧亚大陆之于美国，相当于强大的中国之于日本，统一和稳定的欧元区之于英国。

　　为什么英国、澳大利亚和日本要参与南海纷争，因为它们是海权国家，海权是它们利益的根本，印度洋和南海是世界最为重要的海上运输线，它们当然想要维持在这些地方的霸权。

欧亚大陆的大国之间由于接壤和犬牙交错，所以很容易产生相互倾轧的纷争，最终丧失了贸易带来的规模经济效应。像英美日这类国家相比陆地国家更难分享到大陆规模经济的好处，而且统一的大陆将威胁到这些国家的独立和特权，所以它们习惯于"挑拨大陆国家的关系"，在大陆上保持均势，并让自己处于仲裁者和干涉者的优势地位。

美国的大战略就是避免欧亚大陆出现统一或者一致，要做到这点，就需要在东亚联合日本，在西欧联合英国，在大洋洲联合澳大利亚，在大陆上利用德国牵制法国，利用巴基斯坦牵制印度，利用乌克兰牵制俄罗斯，利用日本、印度和越南牵制中国。无论是东亚还是西欧都需要欧亚大陆中部的石油，同时欧亚大陆的规模经济效应要利用起来就必须保障这一地区的交通安全，美国通过各种政治和军事手段控制这一地区，其大战略就是为了避免欧亚大陆的经济一体化进程和集体安全机制建立。美元是美国发行的"国家股票"，美元的币值取决于美帝国霸权的稳定性，而美帝国霸权的稳定性建立在强大的经济基础之上，当美国的大战略有利于美国的霸权稳定和经济发展时，美元币值坚挺，原油的美元价格容易下跌；当美国的大战略产生了相反效果时，美元价格下跌，原油的美元价格就容易上涨。如果美国直接介入到欧亚大陆的政治事务，并且引起过度扩展带来的财政严重赤字，那么美元就会大幅下跌，如果地缘政治动荡在美国本土出现，那么美元就会暴跌。不过，如果欧亚大陆的地缘政治事件并不直接牵涉美国，对美国安全没有影响，则美元很难有较大波动。

图6-4是我根据近五百年的全球地缘政治现实得到的一个理想化的地缘政治分析模型，我们称之为"地缘政治金字塔"。以这个金字塔作为推演沙盘，我们可以分析过去、现在和未来的全球重大地缘事件和背后的战略。这个金字塔是由五个等边三角形嵌套构成，能够熟练地运用这个地缘政治金字塔，就能够很好地把握国际地缘政治脉络和动向，从而在原油中长期投资中占得先机。

> 要洞察原油的趋势，不仅要懂经济，更要懂得大国政治和国际关系。

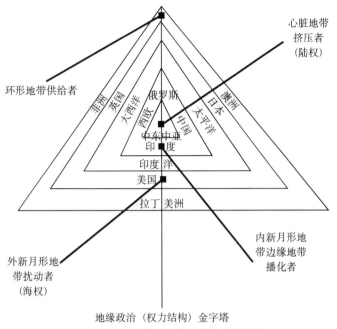

图 6-4　魏强斌的地缘政治金字塔模型

　　先从金字塔的里面第一层讲起，第一层是俄罗斯、中东和中亚各占据了一个角。这一地区以大陆性气候为主，游牧经济使得古代这一区域的民族倾向于随着气候变化呈现周期性迁徙的现象，他们要么往东方的东亚季风区入侵和迁徙，要么向南亚的热带季风区入侵和迁徙，要么往西方的西欧温带海洋性气候和地中海气候区入侵和迁徙。忽必烈的大元帝国，阿提拉的匈奴帝国，苏俄的华沙组织都代表了这一地区地缘政治的特点，它们是陆权的代表，它们奔向出海口，但又常常止步于海岸线，因为海岸线就是他们帝国力量的极限，他们无法征服那些岛国，他们的力量在东亚、西欧和南亚与海权交汇和抵消。

　　第二个三角形的三个边分别是中国、西欧和印度。这些地方内有陆权挤压，外有海权干扰，是海权和陆权力量交汇的地方，既是海权限制陆权扩张的前线，也是陆权争夺出海口的前沿。东亚隔着太平洋与日本相望，日本凭着海洋获得了海权优势，当元朝这样的陆权势力扩展到海边时，大洋削

第二个三角形代表着文明的创造者和传播者。

151

弱了陆权的势力，增长了海权的势力。西欧隔着大西洋与英国相望，英国凭借着海洋获得了海权优势，当拿破仑和希特勒力图征服英国时，海洋帮助了英国。美国隔着太平洋与东亚相望，隔着大西洋与西欧相望，隔着印度洋与印度相望，美国的海权与苏联的陆权交接于西欧，交接于东亚，交接于南亚。

西欧、东亚和南亚是文明的孕育地，虽然美国称西欧为旧大陆，不过美国的文化来源于英国，而英国的文化来源于法国，英文里面到处都是模仿法文的痕迹，就跟日文里面到处都是模仿中文的痕迹一样。西欧、东亚和南亚被定义为文明的"播化者"，而美英日则被定义为"扰动者"，日本的海盗袭扰了东亚大陆数百年，军国主义肆虐了数十年，英国也袭扰过西欧大陆，美国则袭扰整个欧亚大陆，它们的出现使得大陆文明得以不断前进，这就是"抗原对抗体的促进作用"。"播化者"千年以来不断播散礼教，这就是播化者的特点。虽然播化者往往被挤压征服，被扰动者掠夺，比如日耳曼人入侵罗马，蒙古族和满族入侵中原，结果往往是被同化。

现在还剩下最后一个三角形了，这就是最外围的被称为"供给者"的地带。非洲是英国的外围，拿破仑和希特勒都力图通过非洲制约英国，英国也通过北非、埃及和南非这样的战略地点获取资源。澳洲，广义来讲还包括印度尼西亚，是日本的外围，日本通过这一区域获得重要的战略资源。拉丁美洲，特别是加勒比海地区和亚马孙河谷地区是美国的外围，美国通过这一区域获得重要的战略资源，同时该地区的古巴和委内瑞拉、巴西等是制约美国的关键力量。供给者是扰动者力量的来源，同时也是制约扰动者的关键。国际黄金与美元挂钩，美元的价值挂钩于美国国力，这包括地缘政治势力和经济实力，如果拉丁美洲出现了足以危及美国地缘政治安全的势力，则美元的价值将遭受重大的打击。美国为了预防这一情况的出现，通过"胡萝卜加大棒"政策以及均势策略确保这一区域的可控，布热津斯基建议美国在这一地区利用阿根廷制约巴西，毕竟巴西是美国后院的最大挑战者。

我们利用上述"地缘政治金字塔"来分析全球地缘政治格局时，要注意到美国地缘政治力量的消长与美元币值的关系，以及与原油价格的关系。美国扩展其地缘政治势力并不意味着美元走强，美国收缩其地缘政治势力并不意味着美元走弱。过度的扩张，比如越南战争往往导致国力的削弱，从而使美元价值下降；过度的收缩，比如"一战"时期后理想主义外交往往国际利益得不到扩展，从而使得美元价值得不到提升，美元价值的升降必然反映到原油价格上。国家实力要最大化国家利益，就必须恪守"尽量扩大到极限，尽量守住底线的原则"。

"海权—陆权"的二元结构我们已经通过地缘政治金字塔基本弄清楚了，下面我们

> 地缘政治就是挤压者、播化者、扰动者和供给者之间的博弈!

结合具体例子讲解"事件—战略"的二元结构在分析中的运用。

我们从 20 世纪下半叶的国际军事冲突讲起，这些军事冲突的实质都是陆权和海权之间的斗争，斗争的焦点围绕的是对欧亚大陆中部的控制权，也就是我们在地缘政治金字塔中以"中东和西亚"命名的地区。这些地区的冲突与原油价格走势密切相关，而且存在这样的大致规律：美国直接介入这些地区比间接介入这些地区会引起原油更大幅度的波动。

1979~1989 年，苏联为了夺得西亚地区的资源以及进一步威胁中国及抗衡美国在该地区的势力，发动了对阿富汗的入侵。该战争初期苏军迅速解决了阿富汗正规军，但之后的游击战使苏联深陷泥潭，阿富汗游击队在美国的暗中支持下给予苏军沉重的打击，苏军在付出惨重的人员伤亡及物质损失后不得不撤出阿富汗。在战争初期，苏联的进攻极为有力，这使得美国相对被动，反映出该时段以美国为代表的海权对欧亚大陆枢纽地带控制力的下降，因为阿富汗可以为陆权代表苏联打开通过印度洋的大门，在"印度洋洗战靴"是俄罗斯彼得大帝时期就开始的谋划。苏联的主动入侵，使得美国的地缘政治优势面临解体。但是，随着战事的延长，苏联在山地作战和部落作战的软肋开始出现，这表明美国的霸权优势开始得到恢复，苏联在边缘地带的扩张与其实力并不相符，这一地区是苏联扩展其力量的极限。由于苏联扩展的极限出现，美国的海权得到保障，所以美元指数走高。

不管是帝俄还是苏俄，他们都积极地为自己的陆权扩张而战，他们继承了匈奴人和蒙古人追求扩张的特点，拼命地奔向边缘地带，奔向出海口。而美国则继承了地中海文明时代希腊和大西洋文明英国的海权基因，他们惧怕欧亚大陆任何霸权的兴起，他们享受并维护着海权对陆权的某些优势。在中东和西亚，这两种地缘政治权力发生交汇，由此有了上面的苏联入侵阿富汗，以及此后的"两伊"战争，美国入侵阿富汗等战事。

"两伊"战争其实也是美国和苏联两种地缘政治权力斗争的延伸，伊朗背靠苏联的陆权，得到以苏联为代表的陆权的支持，而伊拉克则背靠美国的海权，得到以美国为代表的海权的支持。

长期以来，"两伊"存在领土纠纷、民族和教派矛盾。1971年初，双方发生边境冲突。1975年在阿尔及利亚总统布迈丁的斡旋下，"两伊"签订《国界和睦邻条约》（即《阿尔及尔协定》），规定了以阿拉伯河主航道中心线为界，伊朗同意将克尔曼沙赫省的约300平方千米的土地划给伊拉克。两国矛盾有所缓和，但未真正解决。伊朗一直未履行上述承诺。1979年2月，霍梅尼在伊朗执政后，"两伊"关系急剧恶化。1980年初，伊拉克宣称要废除边界协定，双方边境冲突逐步升级。

"两伊"战争如成功可以使伊拉克成为海湾地区的霸主并控制石油贸易。军队内部清洗和美制装备零件严重缺乏都很大地影响了伊朗曾经强大的军力。另外，阿拉伯河地区的伊朗防御也很薄弱。随着政治、宗教的矛盾激化和边界武装冲突的加剧，1980年9月22日，伊拉克利用伊朗支持对当时伊拉克外长阿齐兹的刺杀企图为借口，抓住机会发动进攻，至此"两伊"战争就全面爆发了。

> 战争对原油价格的影响我将在第九课详细展开。

"两伊"战争前后历时7年又11个月，是20世纪最长的战争之一。它是一场名副其实的消耗战，是一场对双方来说都得不偿失、没有胜利者的战争。这场战争前，伊拉克的外汇盈余近400亿美元，战争结束时，它的外债是800亿美元，其中400多亿美元是欠西方国家和苏联的军火债、300多亿美元是欠其他阿拉伯国家的贷款。在这场战争中，伊拉克的死亡人数是30万人、伤60万人，直接损失（包括军费、战争破坏和经济损失）是3500亿美元。伊朗也欠外债450亿美元，死亡70万人、伤110多万人，仅德黑兰就有20万名妇女失去丈夫；直接损失3000亿美元。这场战争使两国经济发展计划至少推迟20~30年。

美国和苏联一方面想借助"两伊"战争扩大自己的地缘政治影响，另一方面也希望自己支持的一方取得该地区的绝对优势，它们所希望的是一个破碎的中东地区更适合自己扩展海权和陆权。

1990 年伊拉克入侵科威特是伊拉克企图获得中东霸权的行为，在苏联解体后，美国要防止的就是新霸权在中东的出现。苏联的解体造成了地区性的力量不平衡，那时伊拉克军事实力在中东除以色列外无人能及。萨达姆的独裁演变成了对外扩张，加之同科威特历史上曾是一国，伊拉克对科威特有特殊的感情。科威特有丰富的油田，同时伊拉克需要科威特作为它的出海口，作为对外贸易的前沿。

"伊科"之间有长约 120 千米的陆地边界，其中盛产石油的沙漠地带未划定边界，伊拉克指控科威特在"两伊"战争期间蚕食伊拉克领土，在属于伊拉克的地区建立军事哨所和石油设施，还在属于伊拉克的鲁迈拉油田南部盗采了价值 24 亿美元的石油。科威特认为，鲁迈拉油田南部延伸到科境内，应属科威特领土，并要求阿盟组成一个仲裁委员会，根据"科伊"现有的条约和有关文件划定两国边界。

伊拉克入侵科威特严重地危及美国海权的利益，这使得美国对资源的控制力下降，进而威胁美国的霸权稳定性。所以，伊拉克的入侵使得美国的地缘政治优势面临挑战，但是此后联合国的制裁决定和国际社会的普遍反对使得伊拉克的行为受到极大抵制，美国借力国际社会使得伊拉克在地区的影响力明升暗降，美国对该地区的影响力逐步恢复。

伊拉克的举动使得沙特等海湾国家的安全受到严重威胁，也使海湾地区局势急剧动荡。联合国安理会应科威特政府的要求召开了紧急会议，并通过了 660 号决议，要求伊拉克立即无条件撤军，恢复科威特合法政府，限期裁军，否则将对其动武。

萨达姆在电台上发表了讲话，声称"圣战"已经开始，表示"决不向美国屈服"。其态度的强硬终于促使美国总统布什签署了代号"沙漠盾牌行动"的作战计划。在实施"沙漠盾牌行动"计划的同时，布什还指令美国驻海湾地区总司令斯瓦茨科夫将军制订了"沙漠风暴行动"计划，这就使得第一次海湾战争拉开了序幕。在战争之前，国际社会普遍对美国打败伊拉克信心不足，而俄罗斯暗地里则支持伊拉克对抗美国。但以美国为首的联合国军队很快确立起主导战事进程的优势，美国以维护国际法的名义对该地区加深控制。

克林顿执政时期，欧元逐步崛起挑战美国的地位，同时俄罗斯不断战略收缩，美国想借助俄罗斯地缘实力的下降将自己的力量扩大到这一区域，完成海权对陆权的威慑，同时打击西欧边缘地带兴起对美国霸权的挑战。科索沃地处欧洲腹地，是前南斯

拉夫的一部分，名副其实的欧洲火药桶，欧洲大国往往利用该地区的民族纷争为自己谋取地缘政治优势。美国打着几个幌子在此地区开战：为了麻痹国际社会和赢得国际社会的支持，美国说这场战争是为了保障人权；为了麻痹欧洲大陆的盟友，美国说这场战争是为了打压俄罗斯的生存空间，扩大西欧的安全地带。但是，科索沃一战使得西欧的稳定性受到影响，欧元下跌，同时俄罗斯的地缘政治优势进一步缩小，美国的地缘控制力进一步深入欧亚大陆内部，对资源的控制力大大地加强。

2001年9月11日的恐怖事件，使得美国获得了一个很好的出兵阿富汗的借口。苏联曾经兵败阿富汗，当时美国是阿富汗的盟友，此时美国趁着俄罗斯的衰落入侵阿富汗，表明了陆权的衰微和海权的崛起。由于苏联曾经在此地失败，所以美国入侵阿富汗使得国际金融界担心美国可能遭遇极大的挫折，不过阿富汗政权表现得不堪一击。

美国借着反恐的东风入侵伊拉克，由于科索沃和阿富汗战争的胜利，以及此时伊拉克的内外交困，美国取胜的概率很高，所以这也意味着美国对资源的控制力提高了。不过，随着美国逐步陷入伊拉克内部的局部冲突和人民战争，美国的国力出现了消耗。

以地缘政治金字塔为沙盘对国际地缘政治进行推演，是我们分析原油价格走势的主要工具之一。分析国际油价的地缘政治事件，主要着眼于三个核心区域的政治动荡，我们归纳为"三湾地区"，即波斯湾、墨西哥湾和几内亚湾。

波斯湾是印度洋西北部边缘海，又名阿拉伯湾，通称海湾，位于阿拉伯半岛和伊朗高原之间。西北起阿拉伯河河口，东南至霍尔木兹海峡，长约990千米，宽56~338千米。面积24万平方千米。伊朗一侧大部水深深于80米，阿拉伯半岛一侧一般浅于35米，湾口处最深达110米。湾内有众多岛屿，大多为珊瑚岛。湾底与沿岸为世界上石油蕴藏最多的地区之一。淡水绝大部分来自西北面的阿拉伯河与卡仑河。因蒸发

奥巴马主导的阿富汗撤兵意味着美国陆上霸权的收缩，但是TPP和亚太再平衡战略则意味着美国试图维护其在太平洋的霸权。

波斯湾是阿拉伯人和波斯人的战略争夺点。

量超过注入量，故西北部盐度（38‰~41‰）仍比东南海口（37‰~38‰）高。西北部水温 16~32℃，东南部水温 24~32℃。自古为海上交通要道，沿海居民从事航海、商业、渔业与采珍珠业者较多。第二次世界大战以后，阿拉伯半岛和伊朗的石油主要经波斯湾外运。沿岸国家有：伊朗、伊拉克、科威特、沙特阿拉伯、巴林、卡塔尔、阿拉伯联合酋长国和阿曼。海湾地区为世界最大石油产地和供应地，已探明石油储量占全世界总储量的一半以上，年产量占全世界总产量的 1/3。所产石油，经霍尔木兹海峡运往世界各地，素有"石油宝库"之称。

波斯湾呈狭长形，西北—东南走向。伊朗沿岸，南段为山地，岸线平直，海岸陡峭；北段为狭长海岸平原，岸线较曲折，多小港湾。阿拉伯半岛沿岸为沙漠，局部有盐沼。东南端霍尔木兹海峡为海湾咽喉，湾口多岛屿，格什姆、大通布、小通布等岛紧扼湾口，构成海湾天然屏障。

早在公元前 20 世纪，波斯湾就是巴比伦人的海上贸易通道。此后，相继为亚述人、波斯人、阿拉伯人、土耳其人所控制。自 1506 年起葡萄牙殖民者侵占海湾达一个世纪。1622 年，英国与波斯攻占格什姆岛和霍尔木兹岛。1625 年，荷兰进入海湾，继而英国与荷兰在此争夺，从 19 世纪开始英国逐步控制海湾。

第一次世界大战中，英军在此设立军事基地，与在伊拉克的土耳其军队抗衡。第二次世界大战中，海湾是同盟国向苏联提供军用物资的运输线。

"二战"后，随着石油的开发，海湾成了世界强国的觊觎之地，沿岸国家更加注重防务，大力建设军事基地，主要有：伊朗的阿巴斯港、布什尔和霍拉姆沙赫尔海军基地；伊拉克的巴士拉海空军基地、舒艾拜空军基地和乌姆盖斯尔海军基地；沙特阿拉伯的宰赫兰空军基地、朱拜勒和达曼海军基地；阿曼的锡卜空军基地；巴林的朱费尔角海军基地。重要港口有：哈尔克岛、法奥、科威特、塔努拉角、麦纳麦、阿布扎比等。

海湾地区有一条巨大的石油带，具有经济意义和战略意义，是世界上最重要的石油产区，它蕴藏着丰富的石油资源，有"世界油库"之称，其石油蕴藏量占全球的 2/3。其中，伊拉克 1998 年已探明的石油储量达 1125 亿桶，仅次于沙特，居世界第二位，天然气储量约 3.1 万亿立方米，占世界总储量的 2.4%，具有十分重要的经济意义和战略意义。

沙特与也门都位于阿拉伯半岛上，但在 1990 年 5 月 22 日之前也门处于分裂状态，分为南、北也门，内部冲突有时候会影响原油生产，如 2016 年 8 月 26 日在美联储官网公布了美联储主席耶伦在杰克逊霍尔年度峰会闭门会议上的演讲内容之后，外媒传

来消息称也门的导弹击中了沙特阿美的石油设施，受这两个消息的影响，油价收复此前全部"失地"，并一度上涨约 2%。

海湾及其周围地区自古以来就是重要的国际通道。西方所需海湾石油的大部分，必须通过海湾唯一的出海航道霍尔木兹海峡运出。如果海峡被切断，以美国为代表的西方国家的经济将受到致命打击。因此，控制自海湾西岸经霍尔木兹海峡过阿曼湾到阿拉伯海的这条海上东西通道，就成了美国的重要战略目标。

1981 年 5 月，海湾地区一些国家成立了海湾合作委员会（海合会），其成员国包括阿联酋、阿曼、巴林、卡塔尔、科威特和沙特阿拉伯。委员会的宗旨是实现成员国之间在一切领域的协调，加强成员国在各方面的联系、交往和合作，以及推动六国的工业、农业和科学技术的发展。

在北美洲东南部边缘，有一扁圆形的海湾，因濒临墨西哥，而得名墨西哥湾。海湾的东部与北部是美国，西岸与南岸是墨西哥，东南方的海上是古巴。墨西哥湾经过佛罗里达海峡进入大西洋；经过尤卡坦海峡与加勒比海相连接。面积约 150 万平方千米。平均水深约 1500 米，最深处超过 5000 米。海湾沿岸曲折多湾，岸边多沼泽、浅滩和红树林。海底有大陆架、大陆坡和深海平原。北岸有著名的密西西比河流入，把大量泥沙带进海湾，形成了巨大的河口三角洲。在尤卡坦海峡，有一条海槛，位于海面下约 1600 米深，作为墨西哥湾和加勒比海的分界。

墨西哥湾的浅大陆棚区蕴藏着大量的石油和天然气。20 世纪 40 年代以来，这些矿藏已经大量开发，占美国国内需求的很大一部分。近海油井的钻探主要集中在得克萨斯州和路易斯安那州沿岸，以及墨西哥坎佩切湾（Bay of Campeche）的水域。路易斯安那州海岸线外的大陆棚油井中还提取出硫。得克萨斯州的墨西哥湾沿海平原以及附近海湾和三角洲的浅海中还有大量牡蛎壳，可用作化学工业中碳酸钙的原料和筑路的材料。不过，墨西哥湾经常受到飓风的袭扰，所以其原油开采与天气关系很大。

几内亚湾西非海岸外的大西洋海湾。西起利比里亚的帕尔马斯角，东至加蓬的洛佩斯角。沿岸国家有利比里亚、科特迪瓦、加纳、多哥、贝宁、尼日利亚、喀麦隆、赤道几内亚、加蓬，以及湾头的岛国圣多美和普林西比。有沃尔特河、尼日尔河、萨纳加河和奥果韦河等流入。尼日尔河三角洲东西两侧分别有邦尼湾和贝宁湾。邦尼湾及其以南多火山岛，如比奥科岛、圣多美岛、普林西比岛等。大陆架平均宽不到 20 海里，其西部急剧下降到深 4000 米的几内亚海盆，最深处达 6363 米。地处赤道带，有几内亚暖流自西向东流入，气候湿热，水温 25~26℃。盐度 34‰，近岸有尼日尔等大河注入，减为 30‰。沿岸多浅滩、潟湖和茂密的红树林。大陆架上富藏石油，有鲱鱼、

沙丁鱼、鲇鱼、龙虾等水产。主要港口有阿比让、阿克拉、洛美、科托努、拉各斯、杜阿拉和利伯维尔等。

2005 年 8 月在尼日利亚首都阿布贾举行的石油区块竞标大会上，韩国石油公司以 4.85 亿美元的高价中标两个深海区块。一时间，矛盾纷纷浮出水面，几内亚湾成了各种势力的"比武场"。

一是新老势力"对战"。几内亚湾石油储量大（约占世界石油总储量的 10%），含硫量少，属于提炼成本低的高品质油，但石油开采基本被西方石油巨头控制。美国智囊机构战略与国际问题研究中心指出："几内亚湾是美国外交政策的重中之重。"当有新势力要进入时，像老牌的美国埃克森—美孚和雪佛龙、英荷壳牌以及法国道达尔等石油公司当然要百般阻挠。"对战"首先体现在竞价上。尼日利亚虽说是非洲第一大产油国，竞标大会也举行过多次，但此前单个石油区块最高价也只有两亿美元。这次，韩国石油公司仅为了拿下编号为 323 的深海区块，就掏出创纪录的 3.1 亿美元。矛盾还体现在竞标程序上。韩国石油公司这次动用了优先否决权。优先否决权是尼日利亚政府为鼓励外国公司投资尼日利亚炼油、发电等基础设施建设出台的优惠政策，它允许外国公司在竞标大会后一周内以竞标最高价申请购买某区块。老牌欧美石油公司对此表示强烈不满，其中英荷壳牌公司等西方石油巨头已集体提出抗议。

二是新新势力"对战"。美战略与国际问题研究中心在其报告中评价说，尽管几内亚湾石油资源传统上被欧美老牌石油公司把持，但印度、韩国等新势力已开始进入，他们之间的竞争也日趋激烈。

三是新势力和当地势力"对战"。尼日利亚的产油区向来暴力肆虐，西方石油公司历来都是向当地部族交"保护费"私了。新势力进来后也会面临同样的问题。韩国石油公司刚刚中标，"伊焦监督组织"就提出严重警告，声称不允许其在尼日利亚开采石油。尼日利亚产油区的其他不少部族也表示，

西非是法国的势力范围。

2006 年初，尼日利亚南部原油出产丰富的尼日尔三角洲地区产油设施遇袭。当年由于该地区频繁发生袭击产油设施和绑架石油工人事件，尼日利亚的石油产量已从原来的日均 250 万桶下降了约 25%，原油出口下降 20%，进而影响国际油价，2006 年国际油价上升了近 20%。

159

仅与尼日利亚政府签署合同是远远不够的。这也从另一方面说明，新势力要想在几内亚湾安身，还有很长的路要走。这个地区的国内冲突与石油开采顺利与否密切相关。

总结而言，要关注波斯湾的国际政治、墨西哥湾的天气和几内亚湾的国内政治，一个原油走势分析家必须注意到这些石油地缘因素。

另外，我仍旧建议大家将重大的石油事件标注在石油价格走势图上。图 6-5 就是一个范本。

图 6-5　重大的石油事件标注在石油价格走势图上

有什么适合懒人的方法，可以快速把握全球地缘政治动向对原油价格的影响呢？推荐一个地缘政治风险指数（见图 6-6），可以从"财经 M 平方"的官网上查询到：https：//sc.macromicro.me/collections/19/mm-oil-price

【开放式思考题】

在研读完第六课的内容之后，可以进一步思考下列问题。虽然这些问题并没有固定的标准答案，但是能够启迪思维，让你更加深入地掌握某些要点，或者是让你跳出僵化模式来重新看待问题。

（1）2022 年 2 月 11 日，美国情报机构公开宣称俄罗斯将入侵乌克兰，要求其公民 48 小时内撤离乌克兰，导致日内原油价格飙升（见图 6-7）。

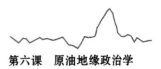

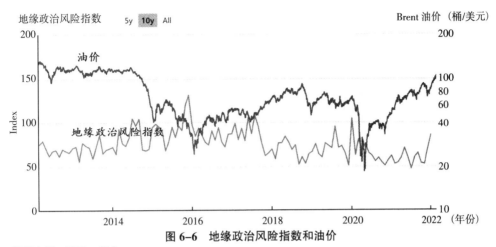

图 6-6 地缘政治风险指数和油价

资料来源：财经 M 平方。

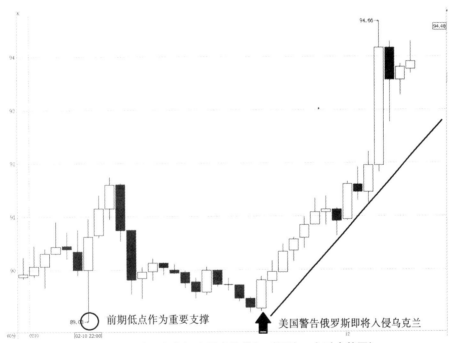

图 6-7 驱动因素和行为因素的叠加（原油 1 小时走势图）

美股三大股指大幅收跌，道琼斯指数下跌了 1.43%（见图 6-8），标普 500 跌幅近 2%，纳斯达克指数跌幅近 3%。标普 500 指数两天累计下跌 3.7%，创 2020 年 10 月以来最大两日跌幅。风险资产遭到抛售，而避险资产则应声大涨，现货黄金达 1860 美元/盎司，一度涨超 2%（见图 6-9）。

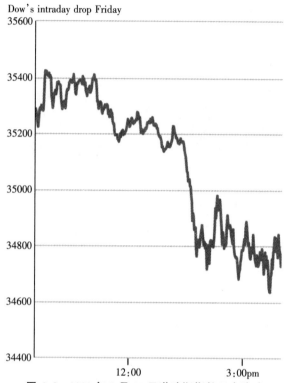

图 6-8　2022 年 2 月 11 日道琼斯指数日内波动

资料来源：CNBC.

图 6-9　黄金价格大涨（1 小时走势图）

资料来源：tradingview.

交易员抛售股票并买入美国国债，导致美股三大股指集体下跌。美股大型科技股全线下挫，苹果跌 2.02%，亚马逊跌 3.59%，奈飞跌 3.68%，Meta（原 Facebook）跌 3.74%。不过美股军工板块走高，诺斯罗普格鲁曼涨 4.5%，洛克希德马丁涨 2.79%。请结合地缘政治以及风险偏好等原理对这一事件进行分析，指出其中的逻辑。

（2）科索沃战争期间，原油价格也出现了暴涨。请根据"原油地缘政治经济学"的相关原理对这一事件进行分析，**重点关注战争通胀效应、OPEC 减产和美联储加息的影响力差别，找出谁是最关键驱动因素。**

科索沃位于欧洲东南部巴尔干半岛上，科索沃东、北面为塞尔维亚其余部分，南邻马其顿共和国，西南面为阿尔巴尼亚，西北为黑山。

科索沃战争（Kosovo War）是一场由科索沃的民族矛盾直接引发、以美国为首的北约推动下的高技术局部战争，从 1999 年 3 月 24 日持续到 1999 年 6 月 10 日。科索沃战争对全球地缘政治格局和军事理论产生了深刻的影响。

战争爆发时，OPEC 也通过了减产决议，战争结束之后不久的 6 月 30 日美联储开始加息，持续加息 6 次到了次年 5 月，基准利率从 4.75% 涨到了 6.5%。

原油价格这轮大涨是从 1999 年 2 月 17 日开始的，持续到了 2000 年 9 月 18 日，涨幅接近 2.5 倍。原油价格开始上涨的时候，科索沃的谈判还在有条不紊地展开。

3 月 15 日塞尔维亚谈判代表拒绝签字，3 月 19 日北约向南联盟发出最后通牒。1999 年 3 月 24 日，北约秘书长哈维尔·索拉纳在布鲁塞尔宣布，由于"最后外交努力"失败，以"保护人权"之名，对南联盟发动了代号为"盟军"的空袭行动。

科索沃战争于当年 6 月 10 日结束，但是原油价格继续上涨到 2000 年 9 月 18 日。也就是说原油价格上涨时间比科索沃战争早，上涨持续时间远远长于战争持续时间，因此，是否可以认为战争并非是原油大涨的主导因素，而只是"加速器"？

而且，6 月 10 日科索沃战争结束后，6 月 30 日美联储开始加息，直到这轮加息结束原油价格仍旧在上涨——2000 年 5 月最后一次加息，原油价格继续上涨到了 2000 年 9 月（见图 6-10）。

美元指数在原油上涨期间也在加息的推动下上涨了 19%。从这个角度来看，原油的资产属性是不利于它上涨的，这是否表明原油的商品属性才是其上涨的主导因素呢？

在这轮原油上涨的过程中全球主要股指均出现上涨（见图 6-11），比如上证指数涨了 79%，纳斯达克涨了 61%，法国 CAC40 涨了 61%，而代表避险情绪的黄金和白银则分别下跌了 4% 和 9%。与此同时，OPEC 同意将日产量减少 200 万桶，而非 OPEC 成员国的俄罗斯、阿曼和墨西哥也同意将这三个国家的总日产量减少 30 万桶。

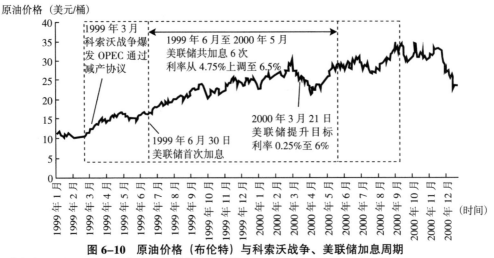

图 6-10 原油价格（布伦特）与科索沃战争、美联储加息周期
资料来源：Wind、兴业证券（尧望后势微信公众号）。

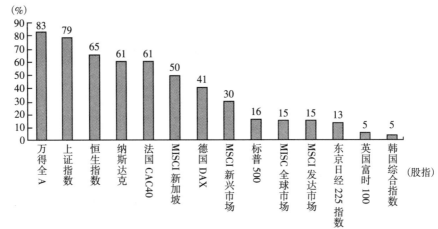

图 6-11 原油价格上涨期间全球股指表现（1999 年 2 月 17 日到 2000 年 9 月 18 日）
资料来源：Wind、兴业证券（尧望后势微信公众号）。

俄罗斯同意将日产量减少 10 万桶，这是否表明 1998 年亚洲经济危机之后的经济复苏叠加 OPEC 减产才是原油价格上涨的主导因素呢？也就是说这轮原油大涨是商品属性主导的，而科索沃战争带来的地缘动荡加速了原油价格的上涨。

【进一步学习和运用指南】

（1）**经济学是不是一门意识形态或者说战略学说呢？**德国选择了李斯特的国家经济学发展经济，主张国家干预学说以及贸易保护的政策，推行关税同盟和产业政策；而

英国则在国际上宣扬亚当·斯密的自由放任的市场经济学说，主张降低国际关税壁垒，推行全球自由贸易。为什么德国会选择李斯特？因为德国是后发国家，迫切需要在全球竞争中培育起自己的民族工业。为什么英国会宣扬亚当·斯密，因为英国在国际贸易中处于优势地位，迫切需要打开国际市场，甚至不惜采用"炮舰政策"。

原油学说也存在类似的情况，一方面是美国宣扬"石油有机成因理论"，认为石油来自地球上死亡的动植物，由于动植物的数量有限，能够形成的油气就必然有限。当然有限资源才能够被控制，而控制石油的冲动使美国选择了石油有机成因理论。因为石油储量有限并会迅速枯竭的结论更符合美国的国家利益，这就使得"石油峰值理论"大行其道，我们会在第八课具体谈到这一理论。

另一方面，**"二战"后的苏联为摆脱西方能源控制，独立开展了石油理论和勘探方法研究，提出了"无机生成理论"**。石油无机生成理论认为石油来自地幔，并源源不断地向地球表层供给，就像水和空气一样不稀缺。据俄罗斯 2010 年公开发表的文献，它们在西西伯利亚部分地区的勘探和开发中应用无机深成理论技术和方法，钻井成功率已经达到 100%。对于俄美石油生成理论的战略选择和技术细节感兴趣的读者建议进一步阅读大庆油田勘探研究院崔永强博士的相关文章。

（2）要深入了解地缘政治与原油的关系，可以进一步阅读恩道尔的《石油战争》。

参考文献

［1］Brendan Fagan. Oil, Gold Push Higher as US Intelligence Suggests Russia Could Invade Ukraine "Next Week", Feb.12, 2022.

［2］每日经济新闻：《"48 小时内撤离乌克兰"，一则消息引爆全球市场，美股跳水，原油创 7 年新高》，2022 年 2 月 12 日。

［3］崔永强：《热点：美选有机成因理论抛出石油峰值论，俄选无机生成理论在"不可能"地区找到石油》，2015 年 6 月 30 日。

［4］Philippe Sébille－Lopez. Géopolitiques du Pétrole（Perspectives Géopolitiques），2006。

［5］孙彬彬：《怎么看地缘政治对原油价格的影响?》，2019 年 9 月 18 日。

［6］走进伊朗：《伊朗启用阿曼湾石油出口终端，可绕过霍尔木兹海峡运输原油》，2021 年 7 月 23 日。

［7］ZeroHedge. Russia Threatens G7 Nations As Ministers Reject Gas－For－Rubles

Scheme，Mar.28，2022.

　　[8] Matthew Smith. How Easing Sanctions On Venezuela Could Backfire，Mar.27，2022.

　　[9] 敖翀、唐川林:《地缘政治维度解析其 20 年来对油价的影响》，2020 年 1 月 10 日。

　　[10] Jerry Ma:《地缘政治对原油价格的影响，你会量化吗》，2019 年 7 月 8 日。

　　[11] Erik Norland:《油价下跌的地缘政治和经济影响分析》，2015 年 3 月 11 日。

　　[12] 孙钦磊:《如何看原油市场走势系列之二：地缘政治篇》，2016 年 9 月 2 日。

　　[13] Matthew Smith. How Volatile Oil Prices Could Spark Conflict In South America，Dec.10，2021.

　　[14] 王璐等:《时变转移概率角度下地缘政治风险对原油波动预测的影响》，2021 年 5 月 17 日。

　　[15] 宋雪涛:《世界进入两个石油体系》，2022 年 4 月 7 日。

　　[16] 噜噜嘞:《美元为何与原油挂钩》，2021 年 7 月 23 日。

　　[17] 李泉凝:《美国全球吸血金融，原来原油和美元一对好搭档》，2019 年 12 月 10 日。

原油供给的国别分析要点：基于地理和政经的角度

道者，令民与上同意也，可与之死，可与之生，而不畏危也。

——孙武

谁掌握了石油，谁就控制了所有国家；谁掌握了粮食，谁就控制了人类；谁掌握了货币，谁就控制了所有政府。

——基辛格

一个鼓励行动的群众运动可以唤起失意者的热烈反应。因为失意者将行动视为医治他们烦恼痛苦的良方。行动可以让他们遗忘自我，让他们有一种目的感和价值感。

——埃里克·H. 霍弗（Eric H. Hoffer）

萨达姆·侯赛因在 1972 年将国际石油公司在伊拉克的资产国有化。在伊拉克，石油当然是钱所在，于是他就具备了上台的核心要素——知道钱在哪里。

——布鲁斯·布恩诺·德·梅斯奎塔（Bruce Bueno de Mesquita）

长期以来沙特原油出口量占据国家每年总出口量的 80% 以上，整个国家的财政情况更是与石油价格共生。沙特这个国家的财政盈余情况与国际原油价格的走势几乎是同步的，自 2014 年原油价格跌破 50 元后，沙特就一直处于财政赤字状态。

——基德

俄罗斯财政收入对油气收入的依赖程度较高，因此如果美国增加原油产量拉低油价将会直接重创俄罗斯油气和财政收入，从而限制其军事和国防支出，抑制其国际势力的扩张。有研究指出 20 世纪 80 年代中后期全球原油价格低迷是后来导致苏联解体的重要影响因素之一。

——孙彬彬

原油短线交易的24堂精品课：顶级交易员的系统与策略（第2版）

跌破盈亏平衡不一定就要减产，当年跌破盈亏平衡的时候人家还想咬着牙扛死对手。最后会触发供应发生变化的点，就是财政的底线。当年油价跌到 15 美元/桶的时候，最后沙特、墨西哥、委内瑞拉扛不住了，那个就是当时的财政底线。财政底线一破，这些国家会坐下来谈，到它们谈成这段时间内，市场一般会砸近月，不动远月，从而形成 Super Contango。

——付鹏

原油生产是在主权控制下展开的，同时地理条件和社会状况也会影响一国的原油生产，在本课当中我们会对重要原油生产国的上述情况进行介绍，力图让交易者在分析原油产业链上游的时候更加深入而全面。

首先，我们来看原油储量大国，有两份数据，第一份数据是 EIA 提供的，这是美国的一个能源方面的官方机构，前面我已经多次提到了。这份数据同时通过柱状图（见图 7-1）来展示，有一点可能让大多数人比较意外，那就是委内瑞拉的原油储量是世界第一的。第二份数据是 BP 提供的，这是一家油气企业巨头，这份数据是通过饼状图的方式来展示的（见图 7-2）。

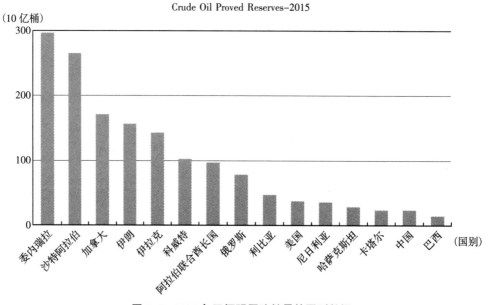

图 7-1　2015 年已探明原油储量的国别数据

资料来源：EIA.

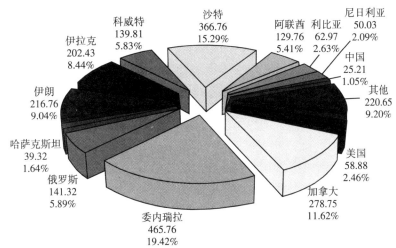

图 7-2 2014 年已探明原油储量的国别数据饼状图（单位：亿吨）

资料来源：BP、北海居。

接着，我们来看原油产量大国数据，这份数据也是通过柱状图（见图 7-3）来展示，需要注意的是 2015 年美国原油产量已经显著超过沙特阿拉伯位居第一了。

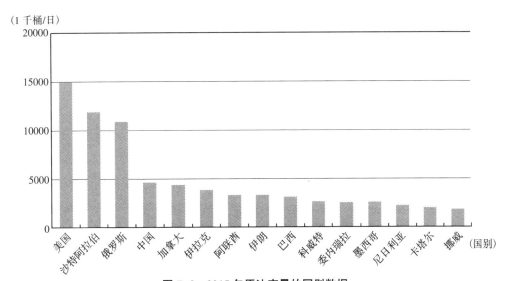

图 7-3 2015 年原油产量的国别数据

资料来源：EIA.

虽然天然气是区域性定价市场，但是由于天然气与原油关系密切，所以我们也来看一下天然气的国别数据（见图 7-4）。这份数据是 2014 年 BP 提供的，可以发现伊朗已探明储量是最大的，而小国卡塔尔也储量惊人。

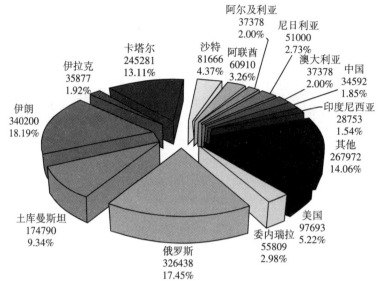

阿尔及利亚 37378 2.00%	尼日利亚 51000 2.73%
卡塔尔 245281 13.11%	沙特 81666 4.37%	阿联酋 60910 3.26%	澳大利亚 37378 2.00%	中国 34592 1.85%
伊拉克 35877 1.92%	印度尼西亚 28753 1.54%
伊朗 340200 18.19%	其他 267972 14.06%
土库曼斯坦 174790 9.34%	美国 97693 5.22%
俄罗斯 326438 17.45%	委内瑞拉 55809 2.98%

图7-4　2014年已探明天然气储量的国别数据饼图（单位：亿立方米）

资料来源：BP、北海居。

通过上面几组数据，我们已经对世界主要的油气资源国有了直观的认识，下面我们逐一分析原油生产大国的能源生产情况和国内政经情况，给出对原油交易者有用的分析要点和框架。

第一个分析对象是加拿大。加拿大在第二次世界大战时一直在地缘政治上追随英国，到了1982年，英国议会决定给予加拿大完全主权，有权修改自己的宪法，这就是《加拿大法案》。

加拿大从第二次世界大战期间开始在地缘政治上与美国站在一起，形成紧密的盟友关系，北美最大的港口哈利法克斯不冻港作为美国护航舰队出发横渡大西洋的基地。在战争期间，加拿大还为美国提供了通向阿拉斯加的重要路上交通线。

冷战时期，加拿大靠近北极的部分成了北美防空系统的重要组成部分。不过，随着冷战解体，加拿大开始对这种咄咄逼人的做法保持距离，2005年加拿大时任总理马丁拒绝了加入小布什提出的导弹防御系统。

在经济上，加拿大与美国相互依赖，加拿大向美国出口木材、能源以及矿产，而美国的消费品生产商则在加拿大扩大市场。1993年的《北美自由贸易协定》将两国的经济和地缘政治力量更加紧密地绑定在一起。加拿大对美国出口原油量自2001年开始稳定增加，**已经占到美国石油进口的40%**。"9·11"事件后在美国把能源"安全稳定"放在首位后逐步减小对中东石油的依赖，随后美国页岩油革命自身产量增加，即便如此对加拿大重油的进口也并未减少，从原油供应上可以说**加拿大是美国的油库**。

170

我们来看一些加拿大在能源方面的具体数据，第一组数据是"2014 年加拿大能源消费类型占比"（见图 7–5），从中可以看到原油、天然气和水电三分天下，煤炭只占很小的比例。其中，由于页岩油气技术的发展，加拿大原油的生产量越来越大，而消费量却变化不大，这导致加拿大的原油净出口量逐年走高（见图 7–6）。

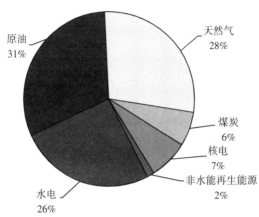

图 7–5　2014 年加拿大能源消费类型占比

资料来源：BP.

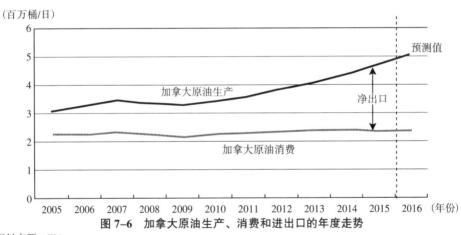

图 7–6　加拿大原油生产、消费和进出口的年度走势

资料来源：EIA.

重质油（Western Canada Select，WCS）是加拿大原油的主要基准，该价格不仅不等同于北海布伦特原油（Brent）和美国市场西得州轻质原油（WTI），而且由于加拿大已建的管道全部输往美国境内，缺乏其他的原油出口通道，加拿大油砂油价格相比其他重油呈现折扣销售，**加拿大原油基本是在 Brent 基准上浮动贴水。**

WTI–WCS 价差可以作为加拿大原油生产和出口的一个佐证指标。比如 2019 年 1 月，加拿大阿尔伯特省强制减产原油 32.5 万桶/日的规定正式生效。这导致加拿大基准

WCS 油价大幅上涨，使其与 WTI 价格差显著收窄。2018 年 10 月，WTI-WCS 原油价格差曾经扩大至近 50 美元，而到了 2019 年 1 月 11 日，价差收窄至 6.95 美元。这使得铁路运输出口到美国不具经济性，2019 年 1 月加拿大铁路原油出口运输 11 个月以来首次下滑。2019 年 1 月铁路原油出口量平均为 32.5 万桶/日，较 2018 年 12 月的 35.4 万桶/日的历史最高水平下降了 2.8 万桶/日。**当差价低于 15 美元，通过铁路向美国墨西哥湾沿岸运输 WCS 原油通常是不经济的。**

当 WTI-WCS 价差达到一定水准时，美国炼油厂预期有利可图，提升加拿大原油进口量，这使得 WTI-WCS 原油价差与加币走势一致（见图 7-7）。因此，这个价差可以作为外汇交易员的工具之一。

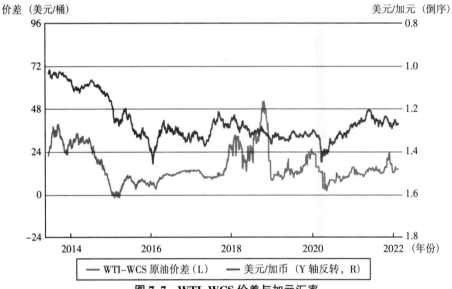

图 7-7　WTI-WCS 价差与加元汇率

资料来源：财经 M 立方。

但是，加拿大在干燥天然气方面的产量却是走低的，而消费量却逐年走高（见图 7-8）。尽管如此，加拿大仍旧是世界第五大干燥天然气生产国（见图 7-9）。作为北美非常规油气版图的一部分，加拿大成为继美国之后世界上第二个成功开发页岩气的国家。加拿大页岩气勘探开发取法美国，每个页岩气富集带勘探开发均经历了页岩气富集带评价、资源落实以及经济开采的过程。由于天然气价格低迷，目前加拿大页岩气勘探重点正从干气向富液天然气转变。

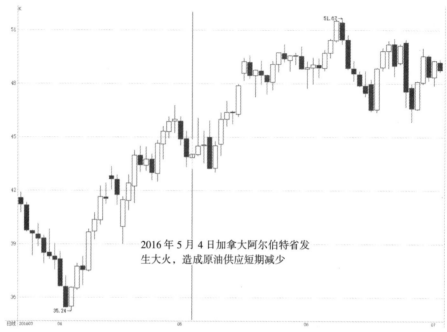

2016年5月4日加拿大阿尔伯特省发生大火，造成原油供应短期减少

图7-10 加拿大阿尔伯特省大火刺激原油价格上涨

第二点，魁北克地区与加拿大其他地区的一个主要区别是这里将法语作为官方语言，文化上也与盎格鲁撒克逊传统有隔阂，历史上一直存在独立倾向，这是加拿大内部的不稳定因素，比起中东和北非的内部矛盾而言相对程度较轻，但是如果这一因素在特定环境下发酵，那么也会影响整个加拿大的原油生产。

第三点，随着北极冰盖融化，北极逐步具备通航能力，这是一条更加便捷的全球航线，而经过加拿大的"西北航道"，一直受到俄罗斯和美国的干预，这是三国地缘政治博弈的一个热点。

第二个分析对象是美国。页岩油气革命完全改变了美国在全球原油格局中的地位，美元霸主的地位进一步得到了巩固。美国的原油产量激增，以至于美国一些地区的产量已经超过了特定的国家。**2019年美国超过沙特成为全球最大石油出口国，日均出口量超过300万桶。**到了2020年沙特再度成为全球最大石油出口国。美国和沙特应该会在原油出口商交替占据榜首。**当前全球原油生产国形成了美国、俄罗斯、沙特三足鼎立的局势**（见图7-11），三国总产量占全球产量的比例超过40%。

从美国原油的进口数据也可以佐证上述态势的转化，美国整体的原油进口量是在下降的（见图7-12）。墨西哥曾经是美国主要原油来源国，但是美国从墨西哥进口原油

图 7-11　原油生产领域的三足鼎立

资料来源：彭博、东方证券研究所。

的数量在递减（见图 7-13），而出口到墨西哥的原油和天然气数量都在增加（见图 7-14
和图 7-15）。**美国油气生产的关键在于页岩油气技术和近海采油政策变化**，在第八课我
们会详细讲解页岩油气革命的意义，而美国作为页岩油气生产第一大国自然是重点着
墨的对象。另外，中下层白人与拉丁裔移民的冲突将在美国国内政治生活中扮演着最
为重要的角色，而这必然会经由政经途径影响到原油生产和消费，继而长远地影响油
价走势。

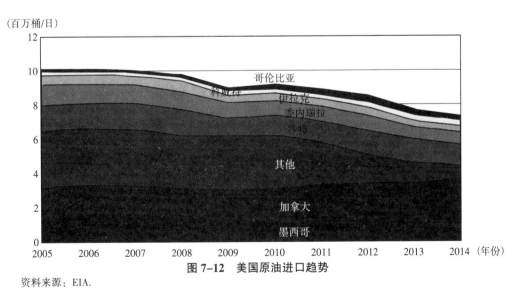

图 7-12　美国原油进口趋势

资料来源：EIA.

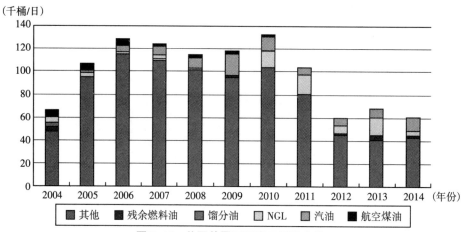

图 7-13 美国从墨西哥进口原油走势

资料来源：EIA.

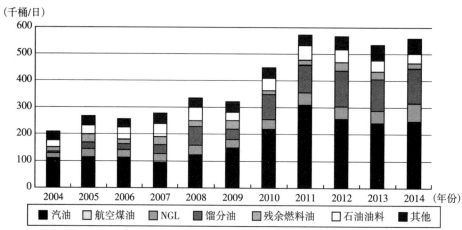

图 7-14 美国向墨西哥出口原油走势

资料来源：EIA.

图 7-15 美国通过管道向墨西哥出口天然气原油走势

　　页岩气公司的整体财务状况、墨西哥湾的天气状况、库欣库存、钻井数变化等因素是我们在分析美国原油变化时需要全盘考虑的，本教程其他部分对这些因素的分析都有介绍，请查阅相关部分。

　　第三个分析对象是墨西哥。这个国家在文化上属于拉丁血脉，但是在地缘政治上却与美国紧密相连。1846~1848 年的美墨战争导致美国吞并了墨西哥 40% 的国土，并且导致美国持续对墨西哥的国内事务进行干预。

　　1901 年，在墨西哥湾的坦皮科（Tampico）发现了原油，"一战"期间墨西哥的石油产业因为协约国军队的庞大需求而繁荣。在这期间，英美的资本促进了墨西哥石油产业的发展，墨西哥成为仅次于美国的第二大石油生产国。

　　1934 年，卡纳德斯成为墨西哥总统，准备进行土地改革，美墨两国关系的紧张程度创出历史新高。1942 年，墨西哥加入"二战"中的同盟国一方，收到了来自美国的大量经济援助。

　　1972 年，在坎佩切湾发现了大片近海油气储量，引发了墨西哥的第二次石油繁荣，从 1973 年持续到 1982 年。1992 年签署的《北美自由贸易协定》将美墨两国的关系提升到了新高度。

　　我们来看墨西哥的原油经济。墨西哥的能源消费构成中，原油和天然气占据了主导地位，而煤炭占比非常小（见图 7-16）。次贷危机之后，墨西哥的能源消费在下降，

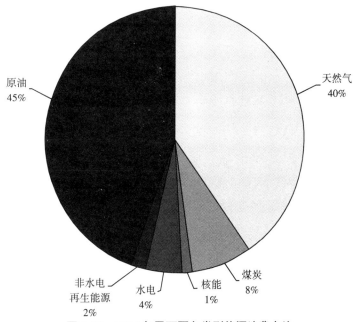

图 7-16　2014 年墨西哥各类型能源消费占比

资料来源：EIA.

原油的消费轻微走低，同时原油的产量在持续下降，原油净出口量几乎保持不变（见图 7-17）。另外，墨西哥的天然气消费量超过其产量，导致其天然气需要进口（见图 7-18）。

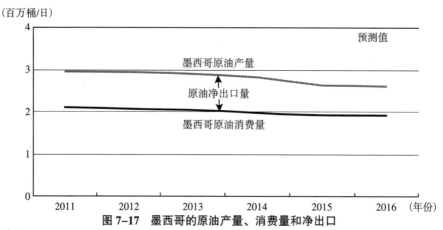

图 7-17　墨西哥的原油产量、消费量和净出口

资料来源：EIA.

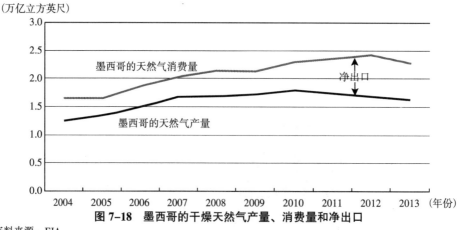

图 7-18　墨西哥的干燥天然气产量、消费量和净出口

资料来源：EIA.

　　墨西哥与美国存在长达 3339 千米的边界，非法移民、贩毒是两国关系面临的最大挑战之一。墨西哥南部与危地马拉之间的相邻地区存在分裂主义倾向，这是墨西哥国内不稳定的一个因素。另外，墨西哥国内政局存在两种影响因素，一种是拉丁美洲特有的寡头独裁政治传统，另一种是美国出于自身利益考量的干预主义。墨西哥的原油经济必然受到这两种因素的影响，我们在分析该国原油产业的时候必须考虑这些因素。

　　墨西哥产油区大多位于墨西哥湾，特别是坎佩切湾（见图 7-19）。这个海湾最容易

受到飓风的影响，因此，天气因素是我们关注的重点。

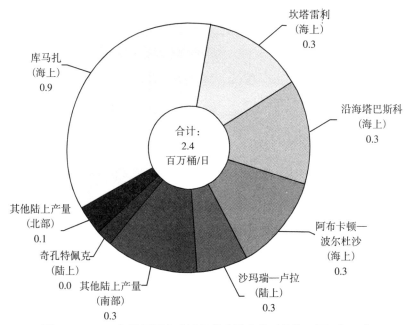

图7-19　2014年墨西哥各产油区的产量占比（单位：百万桶/日）

资料来源：PEMEX.

前面已经提到了2005年8月下旬和9月，墨西哥湾地区发生"卡特里娜"和"丽塔"飓风。美国矿产资源管理服务局公布的数字表明，遭受飓风袭击前，墨西哥湾地区的原油日产量约为140万桶，天然气日产量约为2.832亿立方米。"卡特里娜"2005年8月29日袭击路易斯安那州，造成重大人员伤亡和财产损失，并导致受灾地区石油工业瘫痪，累计损失的原油产量达1.62亿桶，天然气产量损失约为222.146亿立方米。统计还显示，"卡特里娜"和"丽塔"飓风共摧毁了墨西哥湾地区113处生产平台，破坏了457条输送管道。墨西哥湾地区发生的"卡特里娜"和"丽塔"飓风造成2005年国际油价连续上涨，纽约市场原油期货价格不断改写历史纪录，8月突破每桶70美元关口。现货交易在9月突破60美元/桶，之后略有回落。美国国家飓风中心提供了及时的相关信息，大家应该保持关注。

飓风"卡特里娜"于2005年8月中在巴哈马群岛附近生成，在8月24日增强为飓风后，于佛罗里达州以小型飓风强度登陆。随后数小时，该风暴进入了墨西哥湾，在8月28日横过该区套流时迅速增强为5级飓风。8月29日在密西西比河口登陆时为极大的3级飓风。风暴潮对路易斯安那州、密西西比州及阿拉巴马州造成灾难性的破坏。用来分隔庞恰特雷恩湖（Lake Pontchartrain）和路易斯安那州新奥尔良市的防洪堤因风暴潮而决堤，该市八成地区遭洪水淹没。强风吹及内陆地区，阻碍了救援工作。估计卡特里娜造成至少750亿美元的经济损失，成为美国历史上破坏最大的飓风。这也是自1928年"奥奇丘比"（Okeechobee）飓风以来，造成死亡人数最多的美国飓风，至少有1836人丧生。

179

墨西哥财政预算收入的1/3来自国家原油公司 PEMEX 上缴的税收。

最后，我们介绍一下墨西哥国有石油公司。墨西哥国家石油公司（PEMEX）是墨西哥政府 1938 年将控制在美、英等国的 17 家石油公司收归国有后建立的一体化国家控股公司。该公司是 1995 年综合排名第 6 位的石油公司。官方网站是 www.pemex.com，可以选择英语版，在名为 "INVESTORS" 的下拉菜单中可以找到不少有用的信息，比如投资者工具（Investor Tools）（见图 7-20）。

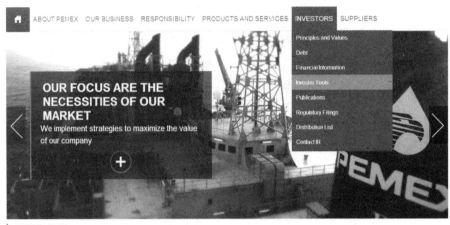

图 7-20　墨西哥国家石油公司官网的"投资者工具"

资料来源：PEMEX.

第四个分析对象是委内瑞拉。原油产业是委内瑞拉的支柱行业，国际油价的波动可以影响委内瑞拉的国计民生。委内瑞拉是拉丁美洲左翼的旗帜，跟古巴一起扛起反美大旗，而原油生产是委内瑞拉反美的底气所在。

委内瑞拉的原油产量远远超过其消费量（见图 7-21），大量的原油用于出口。但是，干燥天然气的消费量却超过了产量（见图 7-22），在一定程度上需要进口才能满足国内需要。

在国际政治上，委内瑞拉与美国关系势同水火。另外，它与邻国哥伦比亚在海上分界线存在争端。委内瑞拉 90% 的人口居住在邻近加勒比海的地区，在奥里诺科河流域和圭亚那高地只有不超过 10% 的人口居住。委内瑞拉的左翼政府依靠国有化原油公司将收入投入下层老百姓的福利中，因此拥

（千桶/日）

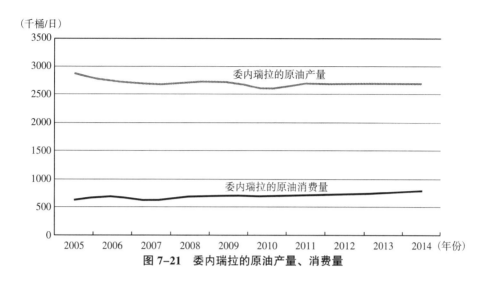

图 7-21　委内瑞拉的原油产量、消费量

（十亿立方英尺）

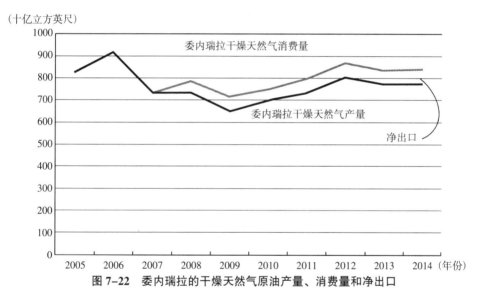

图 7-22　委内瑞拉的干燥天然气原油产量、消费量和净出口

有广泛政治基础。不过，一旦国际油价持续走低，就会给反对派以机会，从而造成国家动荡，进而危及原油生产和出口。委内瑞拉的国内政治斗争比较激烈，关注原油产业链上游的分析者和交易者需要定期更新对该国政治形势的认识。

　　委内瑞拉的原油生产潜能很大，因为该国的原油探明储量超过美洲大陆的其他产油国（见图 7-23）。如果该国的基础设施进一步完善，政局保持基本稳定，则原有产能可以进一步提升。该国的油田位于整个国家的中北部，该地区的自然

委内瑞拉的国内政治对于原油生产影响很大，需要把握住其国内的利益集团动向。

灾害和政治动荡会影响到该国原油的产量。

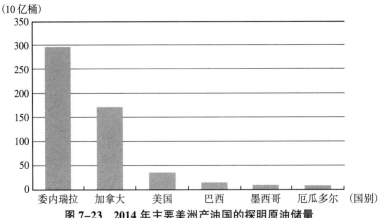

图7-23 2014年主要美洲产油国的探明原油储量

资料来源：EIA.

第五个分析对象是巴西。巴西是南美洲最大的国家，人口占了南美总人口的一半多。南美大陆的总面积是604万平方千米，而巴西占了330万平方千米，GDP也超过南美大陆一半。除了智利和厄瓜多尔之外，南美洲其他国家都与巴西接壤。但是，由于巴西的地理条件，特别是东南沿海的高原山脉屏障，制约了发达地区与其他地区的交通发展，因此巴西国内经济往来并不方便。巴西的油田主要位于东南沿海，如果其基础设施得到完善，则其原油产量将不可小觑。

由于巴西经济体量不小，因此原油消费量很大，同时巴西原油生产能力也不断提高，因此供求处于弱平衡状态（见图7-24）。

巴西原油主要出口到美国、中国、印度、智利和乌拉圭（见图7-25）。巴西通过甘蔗制乙醇的方法来提升能源的自己比例，这使得全球的白糖市场与原油市场更加紧密地形成互动。分析白糖，不能不分析巴西，分析巴西的制糖业，不能不分析原油走势和巴西的生物能源补贴政策。

巴西的铁路运输和公路运输都比较差，主要靠航空和水路。

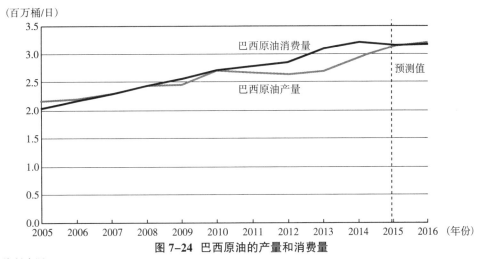

（百万桶/日）

图 7-24　巴西原油的产量和消费量

资料来源：EIA.

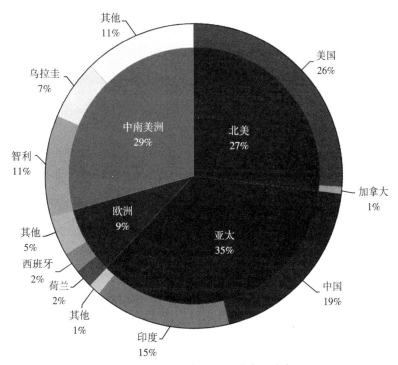

图 7-25　2014 年巴西原油出口分布

资料来源：EIA.

　　巴西的天然气消费量逐渐走高，虽然其天然气产量也在不断走高，但始终存在较大的缺口（见图 7-26）。综合来看，巴西整体的能源生产还不能完全满足其整体需要。

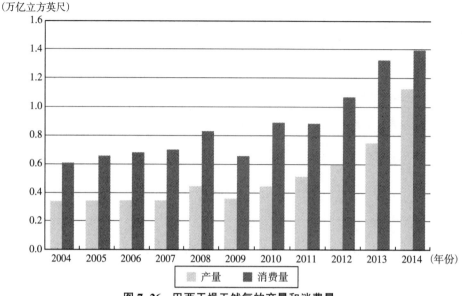

图 7-26　巴西干燥天然气的产量和消费量

资料来源：EIA.

　　巴西是农业大宗商品的主要生产者，比如大豆、蔗糖和咖啡等。因此，在分析白糖和豆类的专著中还会专门讲到巴西的农业地理和天气，运输以及相关的政策。在这里我们着重谈下原油生产相关的地理知识。巴西 2006 年的时候已经在原油方面基本做到自给自足，在远离东南沿海发现的储量丰富的图皮（Tupi）深水油田以及随后发现的规模更大的近海卡里奥卡油田将为巴西转变成为全球能源强国提供可能，当这类原油最终进入输油管道，则巴西或许将成为仅次于委内瑞拉的南美第二次原油出口国。

　　巴西的油田主要位于东南海域，而其边界争端主要与乌拉圭有两段边界存在争议，第一段是夸那伊河地区，第二段是夸那伊河和乌拉圭河交汇处的岛屿。巴西的经济中心也位于东南海域，围绕圣保罗和里约热内卢。

　　美洲大陆的主要油气生产国我们已经讲解完毕，下面开始讲解中东和北非地区的主要油气生产国。第二次世界大战中期，全球原油生产的重心从加勒比海地区转移到波斯湾地区。现在似乎原油生产的重心又转向了北美地区，但是中东地区仍旧关系着原油价格的重大波动。

　　第六个分析对象是沙特。能化工业是沙特的经济命脉。2019 年，沙特石油石化产业生产总值为 2470 亿美元，占 GDP 的 31%，主要产品为原油和石化产品。沙特的原油主要出口到亚洲（见图 7-27），因此印度洋—马六甲—南海一线的运输通道对于沙特原油出口非常重要。随着俄罗斯谋求向东发展抵消兼并克里米亚带来的消极后果，俄

罗斯开始加大在亚洲市场的原油销售力度，沙特和俄罗斯争夺亚洲市场的价格战必然成为一段时间的主题。

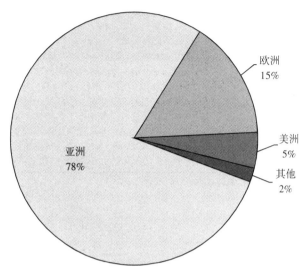

图 7-27　2014 年沙特原油出口分布

资料来源：EIA.

沙特出口到北美的原油主要基于 WTI 定价，出口到亚太地区的原油主要基于阿曼（Oman）和普氏能源资讯（Platts）的均值定价，出口到西欧的原油主要基于 Brent 定价（见表7-1）。原油出口是沙特经济和财政的命脉，沙特的原油出口金额占全部出口金额的比重从 2000 年的 79% 有所下降，2018年仍在 67% 左右，且与 Brent 油价的相关性较高。全球原油价格的变化影响沙特 2/3 的贸易收支和国际储备（见图 7-28）。

销往美国的原油基准原来为 WTI 原油价格，后来由于 WTI 较 Brent 存在巨大折价迫使中东国家使用阿格斯含硫原油指数（Argus Sour Crude Index，ASCI）。

表 7-1　国际市场原油交易 3 种基准价格

基准价格类型	简单介绍	适用地区
Brent	伦敦国际石油交易所北海轻质原油 Brent 是该地区原油交易和向该地区出口原油的基准油，其品质低于 NYMEX 的轻质低硫原油。"伦敦市场油价"——下一个月交货的 Brent 原油期货价格	西北欧、北海、地中海、非洲以及部分中东国家如也门等
WTI	北美原油主要交易方式为 NYMEX 交易所交易。美国西得克萨斯中间基原油 WIT 油质较好，该地区交易或向该地区出口的部分原油定价主要参照 WTI。"纽约市场油价"——NYMEX 下一个月交货的轻质原油期货价格。中东销往美国的原油基准原来为 WTI 原油价格，后来由于 WTI 较 Brent 存在巨大折价迫使中东国家使用阿格斯含硫原油指数（Argus Sour Crude Index，ASCI）	厄瓜多尔出口美国东部和墨西哥湾的原油、沙特阿拉伯向美国出口的阿拉伯轻油、阿拉伯中油、阿拉伯重油和贝里超轻油

续表

基准价格类型	简单介绍	适用地区
Dubai/Oman	2018年之前，由于亚洲国家没有原油定价权，中东地区销往亚洲地区的原油基于完全由普氏能源评估的阿曼与迪拜均价。迪拜原油为轻质酸性原油，产自阿联酋迪拜。海湾国家所产原油向亚洲出口时，以前通常用迪拜原油价格作为基准价格。但近年来，迪拜原油的产量不断减少使其不足以承担作为一个基准原油的任务。2018年10月沙特改变向亚洲供应长约原油的定价公式，这是20世纪80年代中期以来其首次修改定价基准。新公式将基于在迪拜商品交易所（DME）交易的阿曼原油期货（OQD）月均价格，以及国际石油定价评估机构标普全球普氏能源提供的迪拜原油平均现货价格，参考比例为50:50	亚太地区

亚洲溢价（Asian Premium），是指中东地区的一些石油输出国对出口到不同地区的相同原油采用不同的计价公式，从而造成亚洲地区的石油进口国要比欧美国家支付的原油价格较高。

资料来源：《期货日报》。

图 7-28　沙特原油出口占比和布伦特原油价格

资料来源：Wind、中粮期货研究院。

　　原油价格将极大影响沙特的财政平衡，而沙特的财政状况反过来会影响其原油政策。因此，我们应该随时关注沙特的财政平衡油价（见图7-29），可以通过圣路易斯联储的如下网址，及时查询沙特的财政平衡油价（Breakeven Fiscal Oil Price for Saudi Arabia）：https://fred.stlouisfed.org/series/SAUPZPIOILBEGUSD。

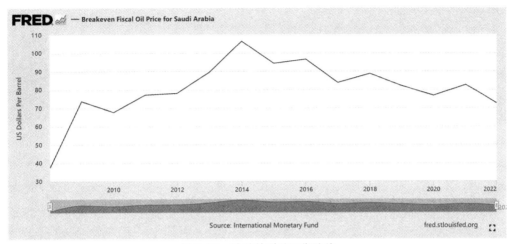

图 7-29　沙特的财政平衡油价

资料来源：Stlouisfed.

　　沙特位于波斯湾和红海—苏伊士运河之间，南部是也门和阿曼。利雅得既是沙特的首都，也是经济中心。利雅得位于阿拉伯半岛的中心，这一地区历史上一直处于沙漠部落的控制之下，并未落入奥斯曼帝国之手。

　　沙特的绝大部分油田分布在波斯湾附近，主要炼厂分布在东西油气管道两端和红海沿岸中部。

　　2019 年 9 月 14 日，沙特的一家重要炼油厂遭到了无人机袭击，被迫关闭一半产能，这导致全球原油供给下降了 570 万桶，或者说日产量下降了 5%。袭击时间发生在周六，而前一周布伦特原油的收盘价是 60.43 美元，这导致接下来的周一向上跳空到 69.97 美元开盘（见图 7-30）。

　　第七个分析对象是伊朗。伊朗可能没有土耳其西化，但是相比沙特而言，却是一个民选政府。因此，虽然伊朗遭受了美国的国际舆论围剿，但是伊朗国内的老百姓对于政府的支持率却是不低的。

　　涉及伊朗的地缘政治冲突，或多或少都会成为原油交易的题材或者逻辑。比如 2019 年 4 月 22 日，美国宣布除非伊朗原油买家在 2019 年 5 月 2 日之前主动削减购买量，否则将面临制裁，这将导致伊朗的原油产量和出口显著下降。叠加

　　北也门什叶派人数居多，也门胡塞武装是亲伊朗的，因此也门对沙特安全的潜在危险会影响国际油价。

图 7-30　沙特炼油厂遭到无人机袭击前后布伦特原油小时走势图
资料来源：Admiral Markets MetaTrader 5，Dina.

对委内瑞拉原油出口的制裁，这将导致市场担忧原油的供给显著减少，油价短线飙升，成为很好的事件驱动交易机会（见图 7-31）。

图 7-31　美国限制伊朗原油出口
资料来源：Admiral Markets MetaTrader 5，Dina.

又比如 2020 年 1 月 3 日，伊朗地位显赫的伊斯兰革命卫队"圣城旅"指挥官苏莱曼尼（Qasem Soleimani）将军被美国无人机"斩首"，导致原油价格出现了短线飙升（见图 7-32）。

图 7-32 苏莱曼尼被刺杀引发原油短线飙升

资料来源：Admiral Markets MetaTrader 5，Dina.

在欧亚大陆西侧的地缘政治断裂带上，美国手里有两张重要的牌经常换着打，或者一起打，这就是伊朗和乌克兰。**通过这两张牌美国可以控制欧亚大陆上的地缘政治格局，同时也可以左右全球通胀水平的变化，进而影响原油、黄金和债券等大类资产。**就目前阶段而言，伊核协议和俄乌冲突是具体的美国重要两步棋。无论是伊朗还是俄罗斯都是油气大国，对于国际原油的冲击非同寻常。伊核协议达成，那么伊朗就可以大举进入国际能源市场，这对于原油市场而言是利空的，对黄金市场也是利空的。俄乌冲突激化，则俄罗斯的油气资源就很难进入欧洲为主的油气市场，这对于原油市场而言是利多的，对黄金市场也是利多的。简单来讲，**对于原油交易者而言，伊核协议达成是利空，俄乌冲突激化是利多。**两者都与原油的地缘政治风险溢价关系密切。

俄乌冲突我们放在后面讲俄罗斯的时候具体展开，这里着重讲一下伊核协议。伊朗因为伊核协议搁置而被美国带头制裁，生产出来的石油很大一部分放在了浮仓中（见图 7-33）。高盛估计截至 2021 年底这些浮仓大概有 5000 万桶，一旦释放短期将对原油市场产生巨大的冲击。一旦伊核协议达成，制裁被取消，那么这些浮仓中的原油以及迅速增产的能力都

伊朗浮仓数据跨越在"财经 M 平方"上查询。

成了原油市场上的巨大利空。

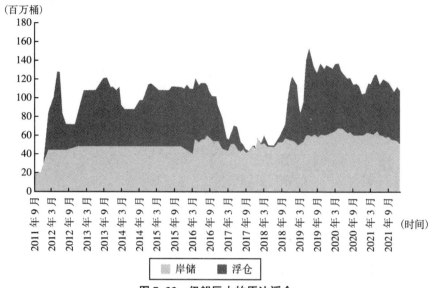

图 7-33 伊朗巨大的原油浮仓

资料来源：Kpler、Argus、彭博、高盛全球投研。

在伊朗国内的能源消费中，天然气占比最高，其次是原油（见图 7-34）。自从西方制裁伊朗之后，伊朗的原油生产和出口大幅下降（见图 7-35 和图 7-36）。2016 年短暂解除对伊朗的制裁后，其原油生产逐步恢复以前的水平，但在美国特朗普政府上台撕毁伊核协议后，制裁重启导致伊朗原油产量迅速回落（见图 7-37）。

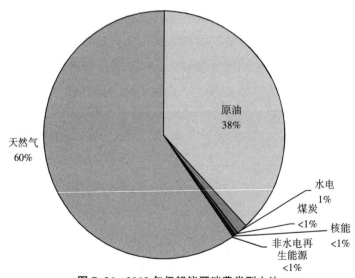

图 7-34　2013 年伊朗能源消费类型占比

资料来源：EIA.

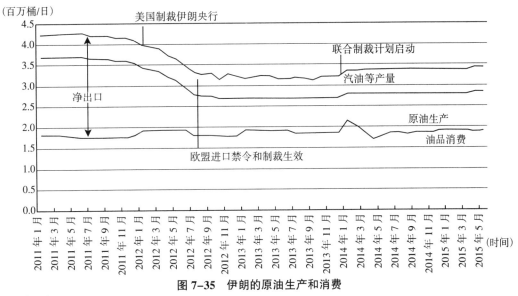

图 7-35　伊朗的原油生产和消费

资料来源：EIA.

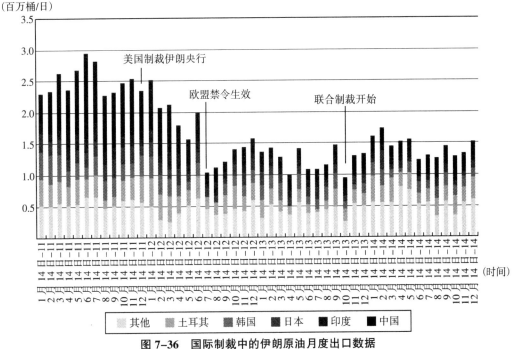

图 7-36　国际制裁中的伊朗原油月度出口数据

资料来源：EIA.

伊朗的主要民族是波斯人，其次是阿塞拜疆人，主要居住在邻近阿塞拜疆的省份，也就是大不里士（Tabriz）所在的省份，这个地方是历史上进入伊朗的通道。伊朗第一大民族和第二大民族之间关系融洽，堪称典范，伊朗阿塞拜疆人的数量比阿塞拜疆还

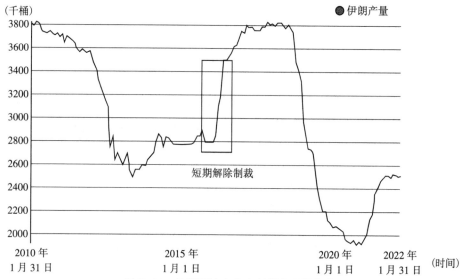

图7-37 伊朗原油生产在制裁中大幅起落

资料来源：天风期货（肖兰兰）。

多。伊朗东边的阿富汗则与伊朗同属波斯文明。

伊朗三面环山，中间两个荒漠化盆地。萨达姆经由胡齐斯坦省入侵伊朗，"两伊"战争爆发。胡齐斯坦省油气资源丰富，与伊拉克接壤，属于美索不达米亚平原的延伸。伊朗的油气资源集中在波斯湾北岸。

第八个分析对象是伊拉克。**伊拉克和叙利亚处于波斯、土耳其和阿拉伯三大势力的交界处，地理位置非常重要。**伊拉克的原油生产在1990~1991年的海湾战争期间，以及2003年的伊拉克战争期间都出现过严重减产（见图7-38）。而该国的石油消费却基本上处于缓慢爬升的状态，萨达姆开始想从伊朗身上要块肉，结果没成功，元气大伤，然后又想吞没科威特，再度落空，让伊拉克连年遭受战火，自然经济发展不起来。

石油工业是伊拉克经济的主要支柱，约占国内生产总值的56%、财政收入的90%和外汇收入的80%。伊拉克的原油生产量远远大于原油消费量，出口量较大，主要出口方向是亚洲和欧洲（见图7-39）。

> 伊朗路上油气带与美索不达米亚平原接壤。

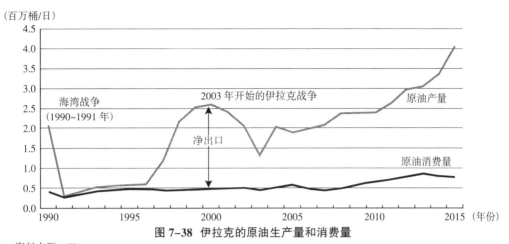

图 7-38　伊拉克的原油生产量和消费量

资料来源：EIA.

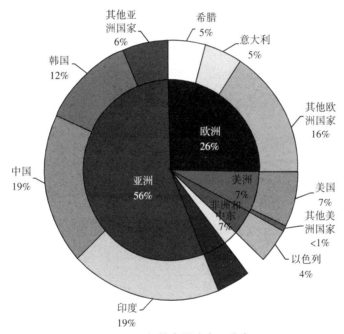

图 7-39　伊拉克原油出口分布

资料来源：EIA.

　　伊拉克的油气田主要分布在其国土右侧，也就是靠近伊朗一侧。萨达姆倒台后，占人口多数的什叶派执掌伊拉克政权，因此与伊朗关系走得很近，加上叙利亚，伊朗成功站稳了中东三角的中心。

　　第九个分析对象是科威特。科威特位于波斯湾西北侧，拥有世界第二大的陆地油田。科威特的原油产量远远超过其消费量（见图 7-40），但是其天然气则需要进口（见图 7-41）。

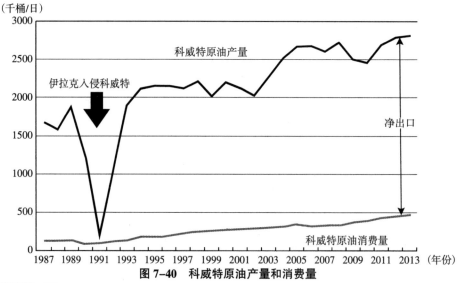

图 7-40　科威特原油产量和消费量

资料来源：EIA.

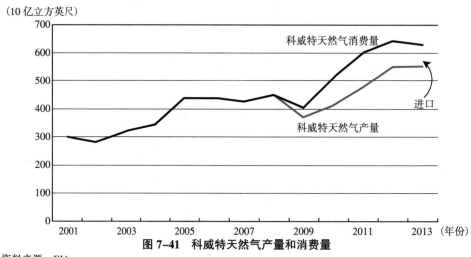

图 7-41　科威特天然气产量和消费量

资料来源：EIA.

　　科威特的原油主要出口到亚太地区，其次是北美地区（见图 7-42）。

　　科威特与伊拉克和沙特有陆地边界，由于国家较小，因此很难依靠自己的力量保护国土。

　　伊拉克在 1932 年就获得了独立，而科威特直到 1961 年才摆脱英国的控制，在边界划分上，英国明显偏袒科威特。伊拉克和科威特在边界上主要存在两大矛盾：第一，两国从英国殖民统治下独立时，科威特获得了两河流域的大部分海岸线，使得伊拉克有效海岸线仅剩 60 千米，其中一部分还被科威特的布比延岛封住了大部分航线。

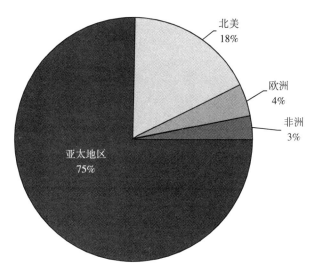

图 7-42　2013 年科威特原油出口分布

资料来源：EIA.

第二，在两国的交界地带有一个鲁迈拉油田（Rumaila）。1989 年，伊拉克宣称科威特越过边界盗取了石油。伊拉克要求科威特赔偿价值约 24 亿美元的石油。科威特毫不理会伊拉克的指责，双方矛盾愈演愈烈，成为萨达姆政权入侵科威特的导火索之一。2003 年后，伊拉克和科威特两国就边境问题进行了数次协商，最终在 2012 年达成协议，两国边界问题得到了彻底解决。

同时，科威特的原油储量在世界上排名第六（见图 7-43），而且全境都布满了储量丰富的油气田，自然又会遭他国垂涎。

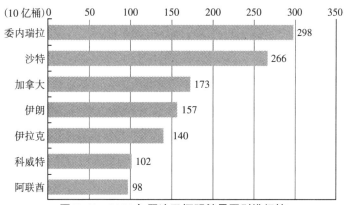

图 7-43　2014 年原油已探明储量国别排行榜

资料来源：EIA.

第十个分析对象是阿联酋。阿联酋的阿布扎比和迪拜都在努力成为航空枢纽，而这

波斯湾几个小国都是跟着沙特走的小兄弟，经常与伊朗明里暗里较劲，这些冲突会牵动国际油价的神经。

正是阿联酋地理位置优势带来的经济利益。**它的支柱产业是石油产业，占 GDP 比重在 26%左右。**它是海湾地区第二大经济体和世界上最富裕的国家之一。阿联酋的原油产量远远大于其消费量（见图 7-44），但是其天然气却需要大规模进口（见图 7-45）。

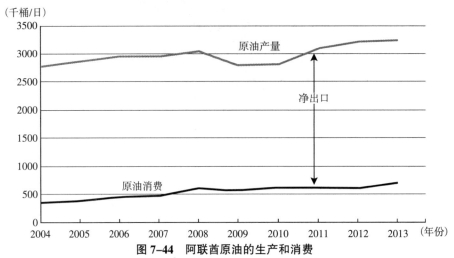

图 7-44 阿联酋原油的生产和消费

资料来源：EIA.

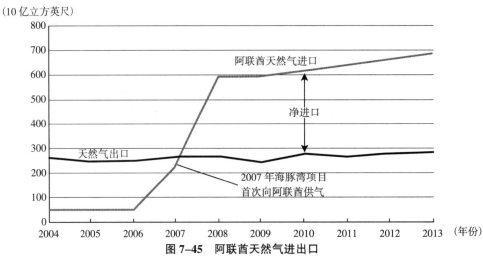

图 7-45 阿联酋天然气进出口

资料来源：EIA.

阿联酋的油气田遍布整个国家，其中比较大的油气田集中在鲁维斯（Ruwais）和阿布扎比（Abu Dhabi）之间的海域。

第十一个分析对象是卡塔尔。卡塔尔位于波斯湾靠近霍

尔木兹海峡的地方，也是重要的洲际航空枢纽。卡塔尔是重要的原油出口国（见图 7-46
和图 7-47），但是其储量和产量相比其他中东产油国并不高（见图 7-48 和图 7-49）。
但是，卡塔尔的天然气产量却非常高（见图 7-50），仅次于俄罗斯。

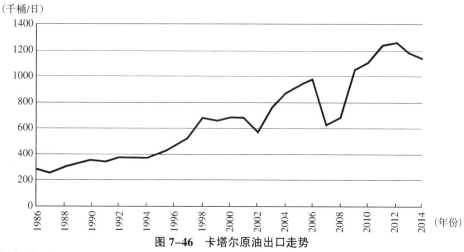

图 7-46　卡塔尔原油出口走势

资料来源：EIA.

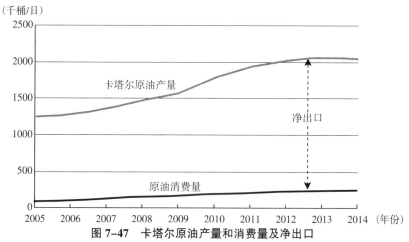

图 7-47　卡塔尔原油产量和消费量及净出口

资料来源：EIA.

卡塔尔油气主要分布在海上，而且与伊朗的海上油气田衔接。

非洲国家经常处于内部动乱之中，这也使得它们的油气生产和出口经常被反叛武
装分子所中断。下面，我们分析几个重要的非洲原油生产国。

第十二个分析对象是尼日利亚。石油产业是尼日利亚最重要的收入来源。2013 年，
尼日利亚石油工业产值约占 GDP 的 14.4%。2013 年尼日利亚传统的植物和废料占能源

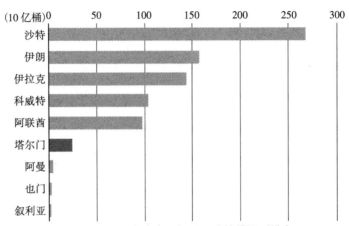

图 7-48   2015 年中东已探明原油储量国别排名

资料来源：EIA.

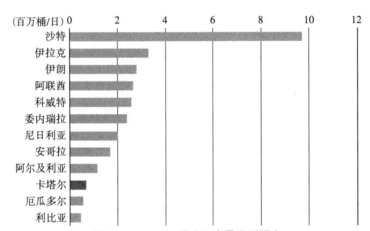

图 7-49   OPEC 原油日产量国别排名

资料来源：EIA.

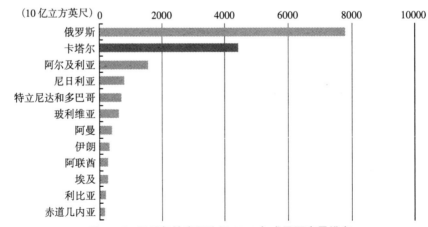

图 7-50   天然气输出国论坛 2012 年成员国产量排名

资料来源：EIA.

消费的 74%，这部分生物能的使用主要用于自给自足类型用户的取暖和煮饭，主要集中在农村（见图 7-51）。

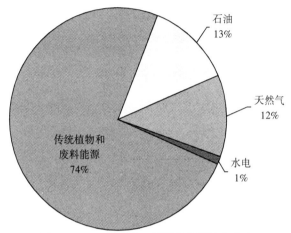

图 7-51　2013 年尼日利亚的能源消费分布

资料来源：EIA.

尼日利亚曾是非洲最大的产油国，拥有非洲大陆上最丰富的天然气资源，同时 2015 年液态天然气出口量名列世界第四。虽然尼日利亚位于非洲产油国前列，但是尼日利亚的石油生产经常出现供应中断，导致最高可达 50 万桶/日的计划外停产。尼日利亚的原油和天然气生产都超过自己的能源消费需求，但是其产量却大幅波动（见图 7-52 和图 7-53），经常成为国际原油市场的炒作题材。

> 题材分为一次性题材和持续性题材，前者要谨记"见好就收"，后者要敢于"盈利加码"。

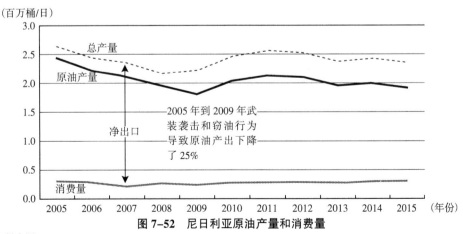

图 7-52　尼日利亚原油产量和消费量

资料来源：EIA.

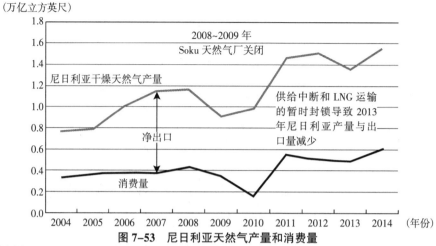

图 7-53　尼日利亚天然气产量和消费量

资料来源：EIA.

尼日利亚的原油主要出口到印度和欧洲（见图 7-54），其中荷兰和西班牙占欧洲份额的绝大部分。液态天然气主要出口到日本、韩国、西班牙和墨西哥（见图 7-55）。

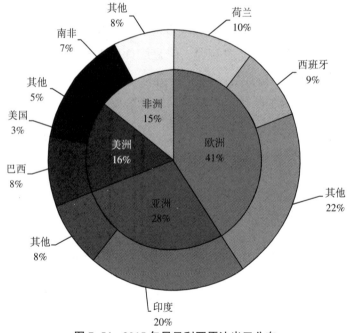

图 7-54　2015 年尼日利亚原油出口分布

资料来源：EIA.

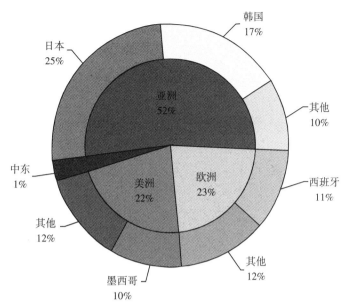

图 7-55　2014 年尼日利亚液态天然气出口分布

资料来源：EIA.

尼日利亚是处于西非东南部的国家，非洲几内亚湾西岸的顶点，邻国包括西边的贝宁，北边的尼日尔，东北方隔乍得湖与乍得接壤一小段国界，东和东南与喀麦隆毗连，南濒大西洋几内亚湾。**尼日利亚与加蓬在几内亚湾的海上边界存在争端，这里是石油储藏丰富的海域。另外，尼日利亚和喀麦隆在 20 世纪 90 年代为了争夺巴卡西半岛和附近海域而爆发冲突，这附近也藏有丰富的原油资源。**

在尼日利亚的北部，盘踞着博科圣地。该组织 2002 年在尼日利亚麦德古里市成立，2009 年他们与政府彻底决裂，经常在尼日利亚北部教堂等公共场所制造炸弹袭击。

而在河口三角洲地区，输油管道破坏、绑架、武装接手石油设施等情况非常普遍。而尼日三角洲解放运动组织（MEND）就是参与其中的一个重要组织。2006 年初，尼日利亚南部原油出产丰富的尼日尔三角洲地区产油设施遇袭。由于该地区频繁发生袭击产油设施和绑架石油工人事件，尼日利亚的石油产量已从此前的日均 250 万桶下降了约 25%，原油出口下降了 20%，进而影响国际油价，2006 年国际油价上升了近 20%。

另外，几内亚湾和西非海域的海盗活动猖獗，经常威胁到该地区的石油行业。这个地区的海盗武装时常占领石油海上平台，从油罐或货船偷油。

由于安全问题及出口管道的关闭，尼日利亚的原油产量在 2016 年下降了 25%（见图 7-56）。尼日利亚已探明的石油储备可供使用 43 年之久，但**其石油生产极大地受到安全问题和基础设施的限制。**作为非洲原油产量第一大国，尼日利亚是典型的被全球低油价冲击的经济体。尼日利亚政府收入的 70%、出口的 90% 都依靠石油换美元。

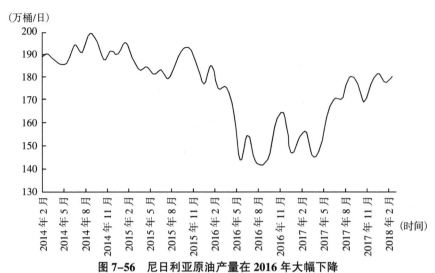

图 7-56　尼日利亚原油产量在 2016 年大幅下降

资料来源：中国国家统计局、观研天下公司。

当时有一些原油交易者和分析师认为尼日利亚这个反政府武装可能参与了操纵全球原油价格，特别是在 2016 年 2 月初油价跌到 26 美元/桶时联合了某些财团做多，其后通过对尼日利亚的原油设施的袭击，成为原油从 2016 年 2 月最低点一路涨幅翻倍的最关键因素（见图 7-57）。而如果尼日利亚反政府武装做空，只要其答应同政府和解，

图 7-57　2016 年尼日利亚原油设施遭受袭击使油价翻倍

资料来源：博易大师、金十数据、IEA、Dina。

那么尼日利亚中断的百万桶/日量级的原油将恢复供应，从而沉重打击油价。

根据国际能源署（IEA）的数据，尼日利亚石油设施2016年遭受的袭击令该国5月的原油日产量降至大约140万桶/日，为近30年来的最低水平，**该国的供应中断是油价自1月的12年低位反弹超过80%的主要原因。**

第十三个分析对象是利比亚。它位于北非，北临地中海，属于马格里布地区，这个地方从罗马时代开始就与欧洲有密切的关系。利比亚的原油主要出口到欧洲（见图7-58）。卡扎菲试图联合非洲其他主要国家建立一个最终统一和独立的非洲，这自然触碰到了法美英三国的利益，这就导致了激烈的利比亚内战。利比亚内战中止了持续增长的天然气产量（见图7-59），使得经济大规模倒退。

利比亚已探明的原油储量位居全球第九（见图7-60），已探明天然气储量居非洲大陆第五（见图7-61）。利比亚的油气田主要分布在几个盆地，其中以西部和海岸中部的油田最多。外部势力的干预与内部派系的斗争将持续影响利比亚的油气经济，这也是我们分析利比亚原油产量的关键原因。

2016年2月，壳牌公司运营的福卡多斯出口管道遭袭，导致尼日利亚原油出口每日减少25万桶；2016年5月，雪佛龙海上产油平台、油管及设备遇袭，导致尼日利亚原油产量每日减少55万桶；2016年6月，埃尼集团Tebida BA和Clough Creek管道遇袭，导致尼日利亚油每日减少7.5万桶；2016年6月，尼日利亚Aiteo石油公司Nembe Creek管道遇袭，导致尼日利亚油产量每日减少6.5万桶。

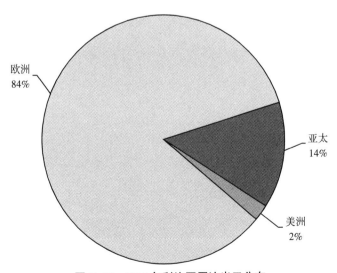

图7-58　2014年利比亚原油出口分布

资料来源：EIA.

203

（10 亿立方英尺）

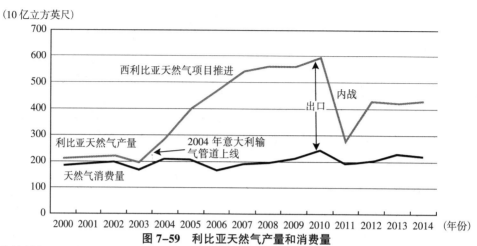

图 7-59　利比亚天然气产量和消费量

资料来源：EIA.

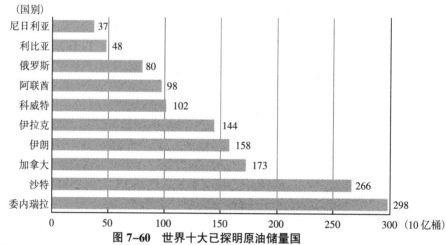

图 7-60　世界十大已探明原油储量国

资料来源：EIA.

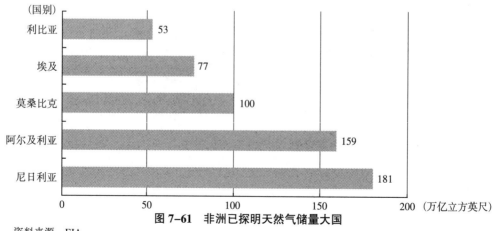

图 7-61　非洲已探明天然气储量大国

资料来源：EIA.

第十四个分析对象是俄罗斯。在俄罗斯自身的能源消费结构中，天然气占了一半，其次是原油和煤炭（见图7-62）。2014年秋季我曾经从海参崴出发用1个月横穿整个俄罗斯，抵达圣彼得堡，2017年又再度前往莫斯科和圣彼得堡度假，给我的感觉是俄罗斯整体自然环境不错，估计这是大量以天然气作为能源的缘故。

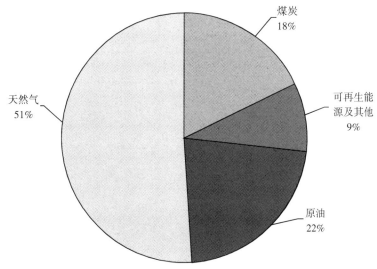

图7-62　2012年俄罗斯能源消费结构

资料来源：EIA.

俄罗斯的原油产量是其消费量的3倍多，也就是说产量的2/3都用来出口了（见图7-63），主要出口到东亚和欧洲（见图7-64）。近十年俄罗斯原油产量占全球产量比重稳定在13%以上。**截至2019年，俄罗斯原油产量为1047.9万桶/日，占全球产量的13.92%；已探明原油储量达800亿桶，占全球原油总储量的5.17%。出口方面，俄罗斯是全球仅次于沙特的第二大原油出口国，其每年出口量占到产量的一半。**而俄罗斯的天然气则主要出口到了德国、土耳其、意大利、白俄罗斯和乌克兰等国（见图7-65），对欧洲天然气供应比例达35%。而乌克兰是俄罗斯天然气出口欧洲的主要过境通道，从某种意义上来说俄罗斯需要乌克兰，这也是乌克兰与俄罗斯谈判的筹码。

最近十年，俄罗斯经常和乌克兰在输气管道上"做文章"，从上述数据就可以推断出哪些是第三方受损者。不过，**伴随着"北溪2号"天然气管道建成，俄罗斯可以直接向德国运输天然气而绕开乌克兰，德国也因此会成为俄罗斯天然气出口的另一重要枢纽。**"北溪2号"整个项目全长1200多千米，该项目由俄罗斯和德国、法国的5家欧洲天然气巨头公司联合投资兴建，俄罗斯天然气公司承担该项目的一半费用，同时也是该项目的唯一持股公司。长期以来，美国与乌克兰、波兰等国强烈反对"北溪2

号"。因为这个项目使得俄罗斯天然气将无须借道乌克兰和波兰，少了一个遏制俄罗斯的重要筹码，这是其一。

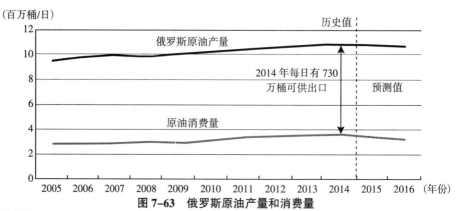

图 7-63 俄罗斯原油产量和消费量

资料来源：EIA.

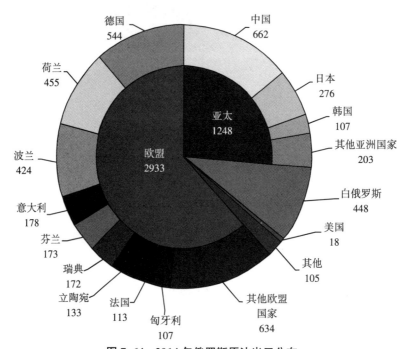

图 7-64 2014 年俄罗斯原油出口分布

资料来源：EIA.

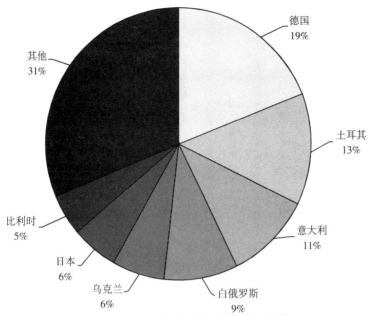

图 7-65　2014 年俄罗斯天然气出口分布

资料来源：EIA.

　　第二个原因是俄罗斯将以极大的价格优势将美国从欧洲天然气市场上挤出去。一旦这个项目顺利建成，那么俄罗斯就能用很少的成本向欧盟国家提供每年 550 亿立方米的天然气，而包括德国和法国在内的西欧国家则能用更少的钱进口更多的天然气。

　　简言之，这是俄罗斯和德国在内的西欧国家双赢之举，一方面俄罗斯能得到稳定而巨额的外汇收入，而德国等西欧国家则可以使用价格更加便宜的天然气。美国大量的页岩气想要大举占领欧洲市场，但由于开采成本和运输成本，其成本肯定要大幅高于"北溪 2 号"天然气，价格上处于绝对劣势。况且**天然气出口还是俄罗斯的主要财政来源之一，能源出口对其经济有重要贡献**，每年俄罗斯商品和服务出口占 GDP 比重在 25%左右，其中一半由能源出口构成，且**能源企业的税收贡献了俄罗斯 1/3 左右的财政收入**（见图 7-66）。

　　美国肯定会尽全力阻止这一项目落地。2021 年冬天的全球天然气价格飙升进而推动原油价格上涨就与这一管线，还有俄美战略大博弈关系密切。

　　　　　　　　能源出口是俄罗斯的财政的"七寸"。乌拉尔油价是俄罗斯制定国家财政预算的重要依据。

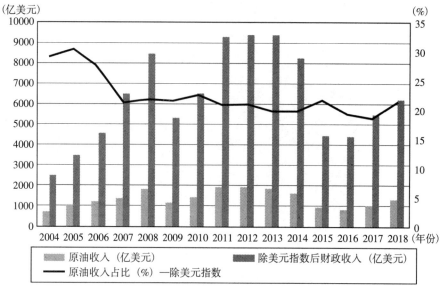

图 7-66 俄罗斯原油收入及其占财政比例

资料来源：Wind、金融杂货铺。

从长远看，俄罗斯对欧洲的天然气出口除了上述驱动因素之外，还与伊朗的局势有关。**伊朗未开发和未充分利用的天然气将会颠覆俄罗斯在欧洲能源市场的主导地位**，但是伊朗重返国际能源市场依然要看地缘政治的动向。

俄罗斯地跨欧亚两洲，位于欧洲东部和亚洲大陆的北部，其欧洲领土的大部分是东欧平原。北邻北冰洋，东濒太平洋，西接大西洋，西北邻波罗的海、芬兰湾。

俄罗斯联邦有三大油气产地：西西伯利亚，伏尔加—乌拉尔斯克，季曼—别切尔斯克。西西伯利亚地区是俄罗斯联邦主要产油区域，世界最大的油气田。**目前 70% 的俄罗斯原油开采自西西伯利亚**，该油气田位于西西伯利亚平原上，跨秋明、鄂木斯克、库尔干斯克、托木斯克及斯维尔德洛夫斯克、车里雅宾斯克、新西伯利亚各州，以及克拉斯诺雅尔斯克和阿尔泰两个区，面积约 350 万平方千米。另外，俄罗斯的天然气储量居世界第一（见图 7-67）。

老龄化和荷兰病是俄罗斯经济的最大软肋。

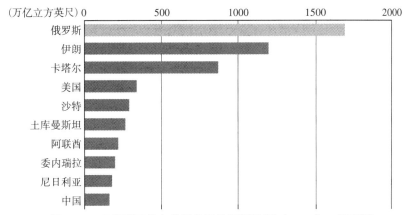

图 7-67　已探明天然气储量估计值国别数据（2015 年 1 月更新）

资料来源：EIA.

　　俄罗斯从 2014 年之后其能源行业持续遭受金融和技术的双重制裁，而这极大地阻碍了俄罗斯能源行业的健康发展。一方面，能源行业多轮金融制裁使俄罗斯油气企业融资难度增大，对油气产业的投资能力不足。另一方面，技术制裁使这些企业无法进口先进的勘探和采掘技术设备。投资和技术设备的双重制裁严重制约了俄罗斯原油产量的增长，俄罗斯已探明的原油储量从 2012 年到 2021 年连续 9 年都没有出现新增长，同时其原油产量也未能实现较大增长。相较之下，美国得益于技术革命创新，原油产量有了较大增长，已超越俄罗斯成为全球第一大原油产出国。

　　第十五个分析对象是哈萨克斯坦。哈萨克斯坦的能源消费结构以煤炭为主（见图 7-68），这与哈萨克斯坦位于世界煤炭能源带上有关，同时也因为原油是这个国家出口收入的主要来源。哈萨克斯坦原油产量的 1/7 都用来出口了（见图 7-69），而天然气则处于供需弱平衡状态（见图 7-70），它的天然气主要出口到欧洲（见图 7-71）。2015 年，在伊斯坦布尔机场碰到很多哈萨克斯坦人，后来才知道哈萨克斯坦许多好的学校都是土耳其人兴办的，而且哈萨克斯坦人热衷于学习土耳其语，这是因为他们语言上很接近，只不过哈萨克斯坦以俄语的西里尔字母来拼写，而土耳其语则以凯末尔改革后的拉丁字母拼写。哈萨克斯坦的人均收入世界排名靠前，应该算得上是中亚的富国，属于中高等收入国家。

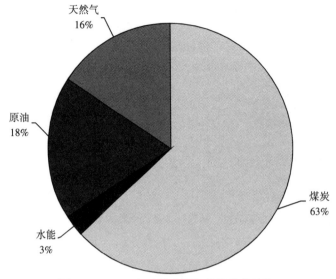

图 7-68　2012 年哈萨克斯坦能源消费结构

资料来源：EIA.

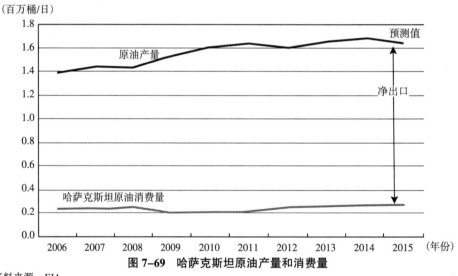

图 7-69　哈萨克斯坦原油产量和消费量

资料来源：EIA.

　　哈萨克斯坦原为苏联加盟共和国之一，在 1991 年 12 月 16 日宣布独立。与俄罗斯、中国、吉尔吉斯斯坦、乌兹别克斯坦、土库曼斯坦等国接壤，并与伊朗、阿塞拜疆隔里海相望，国土面积排名世界第九位。16 世纪之前，哈萨克斯坦境内生活的是游牧民族，直到 18 世纪初期，俄罗斯帝国将哈全境吞并。濒临里海的盆地加上其他盆地是哈萨克斯坦主要的油田所在之处。

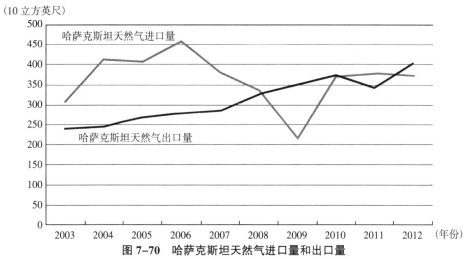

图 7-70　哈萨克斯坦天然气进口量和出口量

资料来源：EIA.

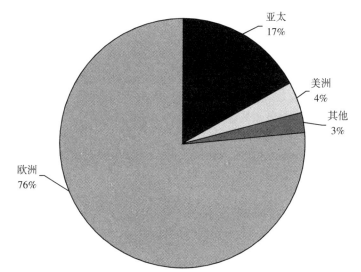

图 7-71　2013 年哈萨克斯坦天然气出口分布

资料来源：EIA.

　　第十六个分析对象是中国。在中国的能源消费结构中，煤炭占了绝对主力，其次才是原油（见图 7-72）。中国原油需求在很大程度上需要进口，加上经济体量大，中国位列九大原油净进口国之首（见图 7-73）。

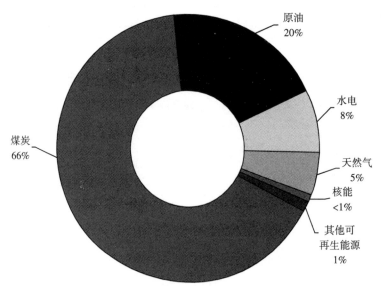

图7-72　2012年中国能源消费结构

资料来源：EIA.

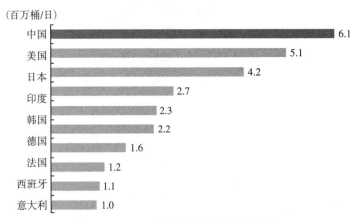

图7-73　2014年世界九大能源净进口国

资料来源：EIA.

　　中国的原油消费远大于自身的原油产量（见图7-74），从1993年开始中国无法靠自己的原油工业来满足经济发展对能源的需求。中国主要从中东、俄罗斯、安哥拉等地进口石油（见图7-75），而液化天然气则主要从卡塔尔、澳大利亚、马来西亚和印度尼西亚进口（见图7-76）。中国的油气田主要分布在各大盆地，如松辽盆地、塔里木盆地、鄂尔多斯盆地、南黄海盆地、四川盆地、东海盆地、江汉盆地、珠江口盆地等。

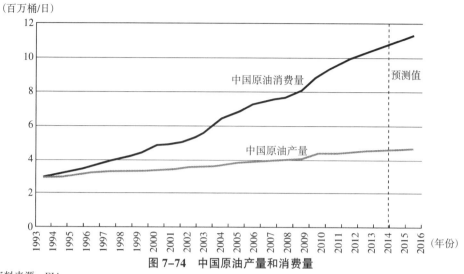

图 7-74　中国原油产量和消费量

资料来源：EIA.

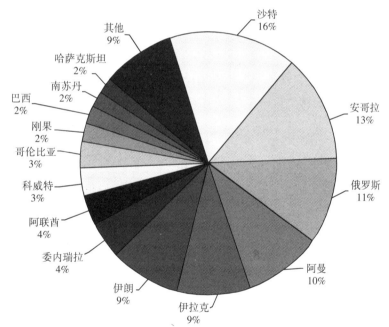

图 7-75　2014 年中国原油进口分布

资料来源：EIA.

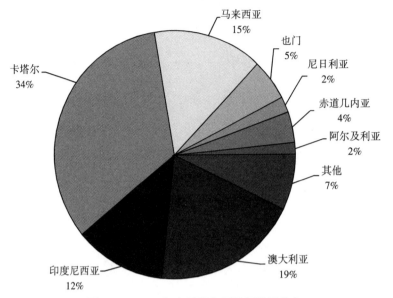

图 7-76　2014 年中国液化天然气进口分布

资料来源：EIA.

　　第十七个分析对象是挪威。挪威的原油产量远远大于其消费量（见图 7-77），天然气也是如此（见图 7-78）。挪威原油主要出口到英国、荷兰和德国，以及一些北欧国家（见图 7-79），而液化天然气近一半出口到欧洲（见图 7-80）。

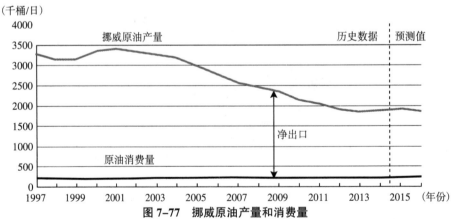

图 7-77　挪威原油产量和消费量

资料来源：EIA.

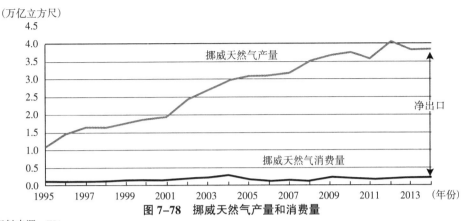

图 7-78　挪威天然气产量和消费量

资料来源：EIA.

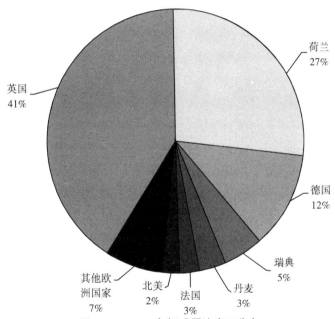

图 7-79　2014 年挪威原油出口分布

资料来源：EIA.

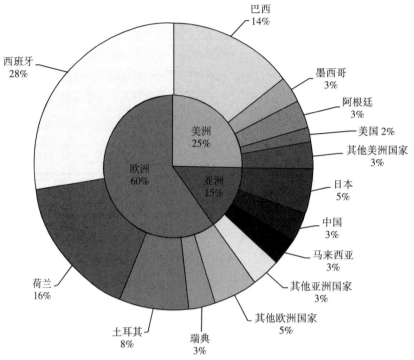

图 7-80　2014 年挪威液化天然气出口分布

资料来源：EIA.

挪威是一个主要的产油国，也是世界第三大天然气出口国。2015 年，石油和天然气占全国出口总值的 39%。但挪威将成为首个立法支持全电动汽车销售的国家。

挪威位于斯堪的纳维亚半岛西部。挪威领土南北狭长，海岸线漫长曲折，沿海岛屿很多，被称为"万岛之国"，领土与瑞典、芬兰、俄罗斯接壤，石油工业是国民经济的重要支柱。挪威也是西欧最大的产油国，其油田主要在北海区域。

我们对于原油产业链上游主要原油生产国的情况进行了扼要的分析，当你从新闻得知上述某国有自然或者政经事件发生时，应该翻阅本课，看是否对原油生产有影响。另外，原油生产国的财政状况我们也需要不定期予以关注，因为油价会对很多国家的经济增长状况产生影响（见图 7-81）。对于原油出口国而言，财政收支平衡点对应的原油价格（见图 7-82）是非常重要的，因为这涉及原油生产国是否有能力维持经济正常运作和社会稳定，否则将引发社会动荡，进而影响原油生产活动本身，比如"阿拉伯之春"与原油价格其实是相互影响的，当然还有其他因素推动。

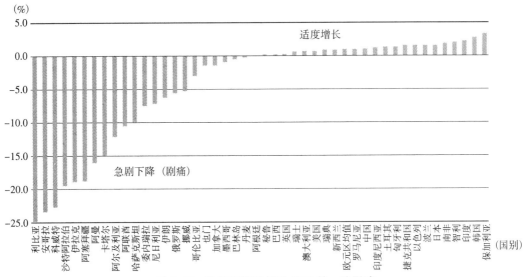

图 7-81　油价下跌对各国 GDP 的一阶影响

资料来源：CIA、EIA、CME、和讯。

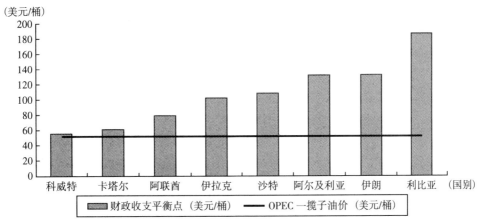

图 7-82　2015 年 OPEC 产油国油价财政预算盈亏平衡线

资料来源：Bloomberg、莫尼塔公司、王玮。

【开放式思考题】

在研读完第七课的内容之后，可以进一步思考下列问题。虽然这些问题并没有固定的标准答案，但是能够启迪思维，让你更加深入地掌握某些要点，或者是让你跳出僵化模式来重新看待问题。

2021 年 7 月到 8 月，因为 OPEC 成员国阿联酋突然提出要求提升其原油产量基准，同时德尔塔病毒带来新冠肺炎第三波疫情，原油价格出现了快速下跌，到了 9 月为什么原油价格就能够止跌回升呢？第一个理由是飓风"艾达"横扫墨西哥湾，让美国原

油产量出现意外的显著下降（见图 7-83）。第二个理由是 "OPEC＋联盟达成了一致，当前减产协议期内仍按照之前的产量基准和减产计划执行，但也满足阿联酋在未来适度上调其产量基准的要求，同时 OPEC＋达成了一份新的石油产量总基线，整体增幅为 163 万桶/日，从 2022 年 5 月开始执行。"那么这些是不是最为重要的理由呢？请从原油二重属性的角度给出自己的分析。

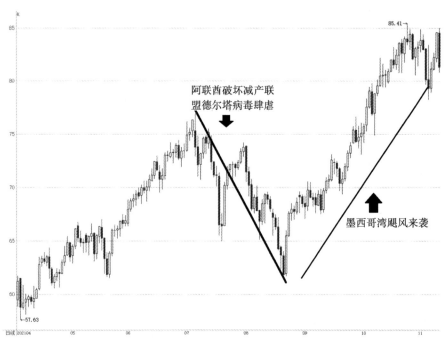

图 7-83　2021 年 9 月 "艾达" 飓风重新点燃原油上涨动力

【进一步学习和运用指南】

原油主产国的宏观风险对全球原油供给有直接而显著的影响，如何进行国家风险评估？感兴趣的读者可以阅读国际货币基金组织（IMF）2021 年 5 月 7 日的工作论文 "*How to Assess Country Risk*"，其中的评估模型在不断迭代升级，截至本讲义更新时，最新版本的模型已经在利用机器学习等最新技术了。

参考文献

［1］期货日报：《沙特调整出口亚洲原油定价公式的原因及影响》，2018 年 8 月 2 日。

［2］金十数据：《"尼日尔三角洲复仇者" 声称周日又袭击了五处原油生产设施》，

2016 年 7 月 5 日。

[3] 普氏能源资讯：《艾伯塔省减产使 WTI-WCS 价差收窄，1 月逐轨运输下降》，2019 年 3 月 23 日。

[4] 龙宣伊：《加元与原油为何分道扬镳?》，2018 年 5 月 11 日。

[5] 讲军武堂：《华盛顿正动用国家力量来扼杀"北溪-2"项目》，2020 年 7 月 28 日。

[6] 零号机密：《美国阻挠无效！普京攻克欧洲最后一关，俄罗斯将要发大财》，2019 年 11 月 2 日。

[7] 羊洋洋：《曾是一家人，伊拉克为何无法"收复"科威特?》，2022 年 2 月 17 日。

[8] 肖兰兰：《伊朗回归预期加强，对油价冲击几何?》，2022 年 2 月 19 日。

[9] 金融杂货铺：《若中国原油结算放弃美元　美国会不会把中国踢出国际支付体系?》，2021 年 6 月 7 日。

[10] Irina Slav. U.S. Warns India Against Buying More Russian Oil，Mar. 31，2022.

[11] Saudi Aramco Further Tightens Its Ties To China，Simon Watkins. Mar. 31，2022.

[12] Russian Oil Is Too Cheap To Resist For China And India，Felicity Bradstock. Mar. 31，2022.

[13] The Real Cost Of An Iran Nuclear Deal，Cyril Widdershoven. Mar. 07，2022.

[14] The U.S. Is Using Saudi Arabia To Expand Its Influence In Iraq，Simon Watkins. Nov. 08，2021.

[15] An Anatomy of the Crude Oil Pricing System，Bassam Fattouh. Jan. 2011.

页岩油气革命

这些年来，我们一直在研究并宣传石油峰值理论，目的是提醒行业未雨绸缪，提前做好应对准备。但现在看来，以往业界对石油峰值理论重视不够，等石油峰值真的来临时，就有些措手不及，应对失当。对于石油峰值的到来，国家应从顶层设计的角度，开展相关研究，积极做好应对之策。

——冯连勇

页岩气和致密油的繁荣发展所带来的美国增长及经常账户赤字的改善对于美元而言显然是一个长期利好。自 2007 年信贷紧缩开始以来，美国的经常账户赤字占 GDP 的比重已经从 6% 降至 3%。未来十年美国国内原油及其他石油产品的产量预计将增长 300 万桶/日，在这种情况下，其他条件不变，美国的经常账户赤字占比将再降 1% 左右。相反，世界其他主要石油进口地区——欧洲、日本及新兴亚洲的石油赤字同期预计将大幅攀升。因此美元将是唯一获支撑的主要货币。

——曼苏尔·毛希丁（Mansoor Modiuddin）

未来 20 年内，巴热诺夫可能将是俄罗斯最主要的原油产地，地位甚至高于北冰洋。它让我们对于未来 50 年的产出乐观。

——莱昂纳多·费顿（Leonid Fedun）

如果你想要拥有你从未拥有的东西，那么你必须去做你从未做过的事情。

——理查德·D.巴赫（Richard D. Bach）

金融危机后奥巴马时代美国大力发展页岩油，2011~2014 年高油价阶段页岩油快速规模化发展，美国原油市场份额由 2008 年的 7.6% 升至 2020 年的 17.1%；相反，OPEC 原油市场份额也由 2008 年的 43.3% 降至 2020 年的 35.4%。

——张静静

美国对外原油供应主要受制于油价下跌超过边际成本、二叠纪盆地外输管道瓶颈、来自华尔街及监管压力。

——李海涛

在页岩油革命之前，石油峰值理论经常在原油供应缺口扩大油价飙升时出现。那么什么是"石油峰值"理论呢？"石油峰值"理论由美国石油地质学家哈伯特（Hubbert）在 1949 年提出。

他认为石油作为不可再生资源，任何地区的石油产量都会达到最高点，达到峰值后该地区的石油产量将不可避免地开始下降，石油储量的开发在长期内符合对率（logistic）曲线，在形状上就成一条钟形曲线，被称为哈伯特曲线（见图 8-1）。

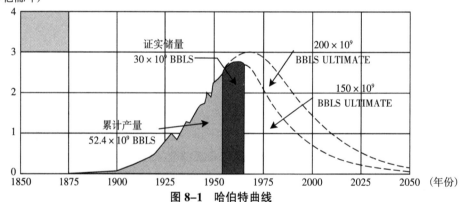

图 8-1 哈伯特曲线

资料来源：Hubbert.

大庆油田 2015 年原油产量为 3838.6 万吨，这是大庆油田自 1960 年开发建设以来，实现连续 27 年稳产 5000 万吨以上，连续 12 年稳产 4000 万吨以上之后，产量再次下了一个台阶。大庆油田 2015 年的产量是通过三次驱油的方式获得的，是自水驱油、聚合物驱油、更新一代泡沫复合驱油技术的结果，但大庆油田现有的产量仍不可持续，未来还会不断减产。

据此曲线，他预测美国不断增长的石油产量会在 1966 年或者在 1971 年达到峰值，然后伴随着储量的减少，产量会迅速下跌。这就是石油峰值理论的核心。哈伯特曲线既适用于一个单独油田，也适用于一个地区。这就是著名的"石油峰值"理论。

此后，爱尔兰地质学家坎贝尔（Campbell）发展了石油峰值研究。坎贝尔曾在 BP、壳牌、菲纳财团、埃克森和雪佛龙等大石油公司担任首席地质学家和副总裁。他继承了哈伯特的理论，继续研究石油峰值，并成立了石油峰值研究会（ASPO）。

1998 年，他与法国石油地质学家让·拉赫雷（Jean Laherrere）发表了《廉价石油时代的终结》，在油价还十分低迷的时候得出廉价石油时代必将终结的结论。随后，关于石油峰值的研究也在全球扩展开来。2002 年坎贝尔指出全球原油供给峰值将在 2010 年到来（见图 8-2）。

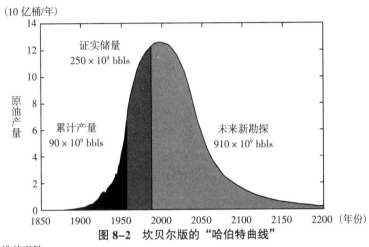

图 8-2　坎贝尔版的"哈伯特曲线"

资料来源：维基百科。

不过，事实究竟是怎样的呢？**在过去 20 年内，包括美国页岩油气全球三大非传统油气资源新探明储量远高于传统油气，这在一定程度上降低了市场对"石油枯竭"的担忧。**虽然美国的石油生产的确在 1970 年开始走下坡路，应验了哈伯特理论模型的预测，但是该模型并未准确地预测到峰值后的石油生产路径。

事实证明，比如页岩油等科学技术的进步使得开采成本降低和效率提高，石油生产在峰值前后并未呈现严格对称现象，石油的枯竭速度有减缓的现象，反而从哈伯特石油峰值理论提出后，原油产量震荡上升（见图 8-3）。

供应方面的"石油峰值"理论大多被证明是错误的，主要是因为支持者总是低估了尚未发现的资源的规模。当然，此前 20 年几乎没有人能预见到美国页岩油气会爆炸式地增长。在十几年的时间里，美国页岩油供应量从每天 200 万桶增加到了 1300 万桶。

讲到页岩油，必须得大致说明这到底是个什么东西。所谓页岩油是指以页岩为主的页岩层系中所含的石油资源。其中既包括泥页岩孔隙和裂缝中的石油，也包括泥页岩层系中的致密碳酸岩或碎屑岩邻层和夹层中的石油资源。对于一般的交易者而言，

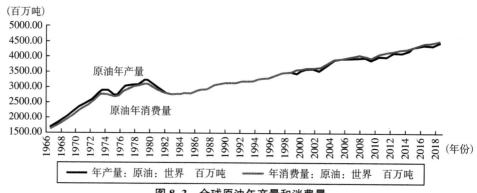

图 8-3　全球原油年产量和消费量

资料来源：彭博、路透。

概念定义和指标神器，作为交易者应该敬而远之。

页岩油的专业技术内容没有太多时间去了解，重要的是了解与原油交易相关的东西。

在本课我会着重讲四个方面的问题：第一个是页岩气革命对原油价格的具体影响，回顾一下这一段历史有助于我们直观地认识页岩油因素在原油交易的重要意义；第二个是页岩油为什么能够对原油价格产生如此深远的影响，这个新变量的本质到底什么；第三个是页岩油气的分布，这可以帮助我们定位页岩油气的分析对象；第四个是关于页岩油企业生产成本的问题。下面，我们就来逐一展开上述话题。

第一个涉及页岩油革命对原油价格的具体影响。首先引用一段网上的数据：从2011年到2014年，随着北美页岩油产能的爆发性增长，美国贡献了全球同期63%的产量增长，相应地也成为决定原油供给增长的最关键因素。大家可以看下美国原油产量的走势，从20世纪80年代末一直在走下坡路，直到2011年出现了井喷式的增长（见图8-4）。

这种爆发式的原油产量有两个影响：第一，使得全球原油价格的中枢不断下移（见图8-5）；第二，必然侵蚀OPEC的市场份额，2013~2014年OPEC的全球份额急剧下降。2014年后OPEC的全球份额暂时企稳了一下，因为这个时候利比亚恢复了供应，伊朗国际制裁将解除，沙特为了捍卫市场份额大举增产。

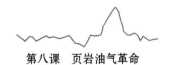

第八课　页岩油气革命

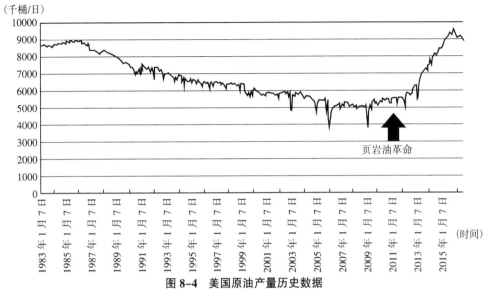

图 8-4　美国原油产量历史数据

资料来源：EIA.

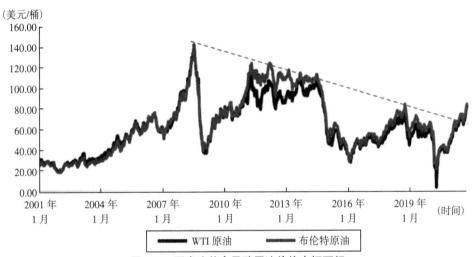

图 8-5　页岩油革命导致原油价格中枢下行

资料来源：静观金融。

　　从 2014 年开始，除了北美之外的非 OPEC 国家产量大幅增长，并且 2015 年 OPEC 中无论是沙特还是其他国家的产量都大幅增长，美国页岩油占新增产能的比重已经跌至 1/3，OPEC 重新赢回了市场份额（见图 8-6）。是不是 OPEC 把页岩油的打败了？非也，其实这正反映了页岩油不同于传统原油开采业的特点，那就是超强的供给弹性。

　　不过 OPEC 的市场份额企稳不久后又开始暴跌，其实从 2010 年开始，OPEC 的市场份额就是趋势向下的，而美国的原油市场份额是波动向上的（见图 8-7）。

| 225

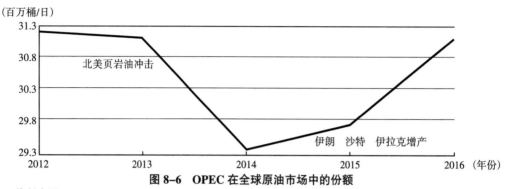

图 8-6　OPEC 在全球原油市场中的份额

资料来源：IEA.

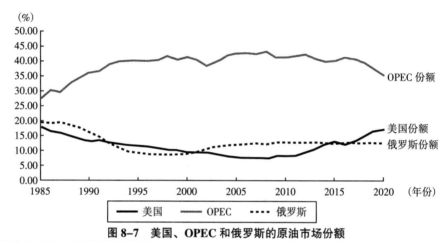

图 8-7　美国、OPEC 和俄罗斯的原油市场份额

资料来源：Wind、西部证券研发中心。

页岩油革命叠加美元走强让原油从 2014 年夏天开始暴跌到 2015 年，此后页岩油迅速减产，原油价格反弹，这表明一个新的原油定价时代已经来临，页岩油（特别是北美的页岩油）已经成了原油价格分析体系中不可忽视的新变量。

接着我们讲第二个问题，页岩油为什么能够对原油价格产生如此深远的影响？这个新变量的本质到底什么？

分析原油价格走势必然分析产业链上游，在进行这些工作的时候，主流的思维是分析 OPEC 加上俄罗斯，但是这种思维方式放在新格局下就不适应了，因为页岩油产业作为一个更具弹性的原油供给因素改变了这个格局。

做投资用超边际分析，做投机用边际分析。

原油产业链格局已经或者说正在发生深刻的变化，以前我们分析上游/供给的时候是以 OPEC 为中心，但是现在北美

页岩油是一个新的主导因素，因为原油的阶段性波动往往与北美页岩油气富有弹性的供给有关。另外，这里也可以提一下，那就是我们这十多年来在下游/需求的时候总是以中国因素为核心展开。因为中国需求是过去十多年来原油需求的最大变量，但是现在中国经济结构转型，第三产业的比重逐渐增加，对原油需求的增速将长期下降。而印度尽管劳动参与率低，但是其体量大，发展空间大，因此印度因素将逐渐取代中国因素成为原油下游分析的主角。原油的商品属性有两个根本性的格局变化（见图8-8），第一是上游除了OPEC还要重点关注北美页岩油，第二是下游除了中国需求还要重点关注印度需求。**新一轮大宗商品的大牛市能不能来，重点看欧亚大陆中部和南亚次大陆。**

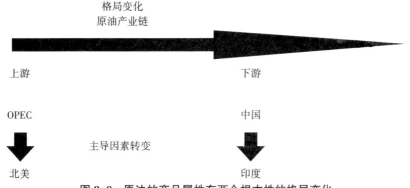

图 8-8　原油的商品属性有两个根本性的格局变化

撇开原油的资产属性，撇开美元对原油价格的影响，我们可以发现页岩油生产者的财务状况和技术革新对国际原油价格波动产生了重要影响。一方面，北美的页岩油是一个能够迅速对市场价格做出反应的边际供应者，为什么能够做出快速的反应？因为**页岩油的供给弹性很高**。为什么供给弹性高呢？与传统的原油工业相比，页岩油具有三个鲜明的高弹性供给特征。首先是先进技术驱动型，由于技术不断进步，页岩油的盈亏平衡点可以保持下行，传统原油行业的技术革新进度要远远逊色于页岩油行业，这是因为页岩油的诞生就是基于持续不断的技术革新。

美国页岩油行业呈现经营负债和生产成本双高的特征，行业抵御原油价格波动风险的能力较为脆弱，因此对原油价格的敏感程度较高。

开采页岩油需要大量淡水资源，开采页岩油用到的技术是水平井和分段压裂技术。

其次是页岩油的勘探到开采的周期只需要 2 年，而传统原油的整个周期则需要 4 年左右，时间上少了一半时间。

最后是页岩油是以企业为单位进行的完全市场化行为，而传统原油市场特别是 OPEC+成员国的原油产销行为则往往要考虑财政和地缘政治因素。

另一方面，美国这几年大量建设了页岩油产区与沿海地区的输油管道以及炼化设施，这就使得美国原油市场与国际原油市场更好地连通，WIT 和布伦特之间的价差逐渐缩小就是具体的表现。

有报告曾经指出：美国的页岩油从 0 开始到年产量 2 亿吨，仅仅花了 5 年时间。这个 2 亿吨是个什么概念？就是中国石油、中石化和中海油加起来的总产量。页岩油的开采油层与传统油气不同，其潜在产量远远超过传统油气田，而且开采成本很低。页岩油的单口井开采成本远低于传统油气田开采成本。在建井周期上，传统油气井需要 3~5 年才能竣工，而页岩油的建设期不到半年。而 2016 年第一季度在其最新的年报中，雪佛龙阐述了其第五代技术可以使其页岩油建井完井时间缩短到不足一个月。也就是说，比起传统的油井技术，页岩油井可以快速生产供应市场，这就是页岩油供给的高度弹性。当原油价格低于盈亏平衡点时，页岩油气企业会进行技术革新提高效率，同时减少投资和延缓开采，甚至进行破产重组，但是一旦价格回升到合理区间，它们可以在半年内，甚至更短时间内恢复生产。

页岩油的供给弹性很高，而决定供给弹性的因素有两个：第一个是页岩油企业的财务状况，这个决定了它们的最优产量。**页岩油企业的财务状况取决于原油价格和企业经营成本。后面我们会简单探讨一下页岩油企业的生产成本。**第二个是页岩油技术的发展，这个领域的技术进步迅速，区域的小企业之间乐于分享新的技术和经验。

本课要介绍的第三项内容是页岩油气的分布，这可以帮助我们定位页岩油气的分析对象。页岩油气资源主要分布于

在油价低迷的周期内，页岩油企业可以采用二次压裂和延缓出油的方式来延长产量周期。

页岩油井衰减速度较快，建成后半年内就会衰减45%左右，第二年内基本失去经济价值，因此要维持页岩油的高产量就需要活跃钻机数的提升。而活跃钻机数是页岩油行业投资强度和资本开支的重要指标，一定程度上也可以反映未来页岩油产量的变化。页岩油开发周期仅为 4 个月左右，显著低于传统油田的 6 年左右。因此，页岩油行业的资本开支以及原油产量变化对于原油价格的变动非常敏感。

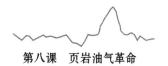

美国、俄罗斯、中国和加拿大等 10 个国家。

现在页岩油技术能够大规模商业化的主要还是北美，特别是美国。美国的页岩油主要分布在四个盆地——巴肯、奈厄布拉勒、二叠纪和鹰滩，除此之外还有一些其他的页岩油气生产地区。

二叠纪盆地（Permian Basin）是美国产量最大的页岩油产区，这个地区也被称作西得克萨斯盆地，该盆地东西长 400 千米，南北宽约 480 千米，大盆地中还套着几个小盆地。它位于美国得克萨斯州西部和新墨西哥州东南部。2020~2021 年美国页岩油完全成本为 26~75 美元/桶，成本最低的就是二叠纪盆地，这也是最近和未来几年产量增长最多的地区。

鹰滩（Eagle Ford）是美国目前仅次于二叠纪（Permian）的第二大页岩油产区，同时，也是美国页岩油气勘探开发活动从页岩气转向页岩油的最典型的地区。

美国页岩油气前四大产区的产量从 2010 年秋季开始飙升，但是到了 2015 年秋季因为国际油价低迷而迅速减产（见图 8-9），页岩油的生产可以对原油价格更快速地作出反应（见图 8-10）——油价上涨到足够高的区间时，页岩油快速增产；油价下跌到足够低的区间时，页岩油快速减产。美国页岩油气企业的财务状况与原油价格密切相关（见图 8-11），原油价格通过财务这个媒介影响页岩油行业的经营和生产，进而影响原油供给。

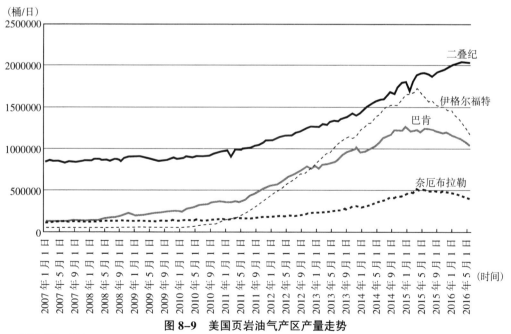

图 8-9 美国页岩油气产区产量走势

资料来源：EIA.

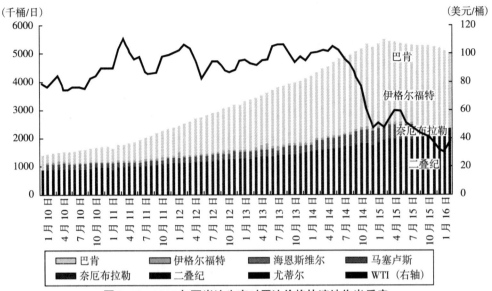

图 8-10 2015 年页岩油生产对原油价格快速地作出反应

资料来源：彭博，EIA，莫尼塔，刘晓宁、陈秋祺、林良樟。

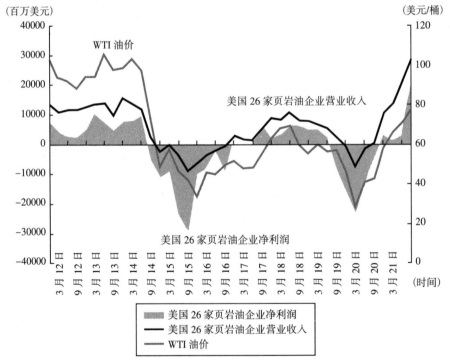

图 8-11 美国页岩油气企业的财务状况与原油价格密切相关

资料来源：FactSet、中金公司研究部、Dina。

我们再来看俄罗斯的页岩油气储藏和分布情况，俄罗斯的核心页岩储备巴热诺夫（Bazhenov）油田区块，位于西伯利亚中心地带，在莫斯科以东 3200 千米。专家们认为这里是全球最大页岩石油板块：有一种估算模型认为巴热诺夫页岩层的石油可开采量高达 1000 亿桶，相当于北美最大的页岩油田——北达科他州巴肯油田的 5 倍。

就中国而言，新疆和四川是页岩气的主要分布区域，且已探明。而东北、华北、山西、内蒙古、西南地区和湖北、湖南也有一定分布。

第四个是关于页岩油企业生产成本的问题。美国页岩油成本由三大类构成：第一大类是矿权购置费，基于进入页岩行业的先后成本不同。第二大类是钻井和完井费用，这是占比最高的一类，一般一口井需要 650 万~850 万美元的投资。第三大类是油田基础设施建设和运营成本，运营成本具体指油气的采集和处理、运输及污水处理等过程。页岩油成本的变动整体上是由上述三类成本的变化造成的。

美国油气生产企业作为天然的空头，一般都会采用期货、期权或互换等衍生品工具对冲油价下跌风险，页岩油生产商也不例外，因此在分析他们的盈亏平衡点和生产成本的时候需要关注套保情况。这几年，在原油价格下跌的过程中我一直很关心页岩气生产企业的成本和盈亏平衡点，看了很多报告下来觉得一头雾水，最早有说平均成本是 80 美元左右，后来国际原油价格跌得狠的时候又说 27 美元。

下面是一幅原油生产成本的数据图（见图 8-12），显然从中我们并不能得出原油价格的支撑线或者阻力线，因为这样的数据存在三个问题：第一，页岩油气技术在不断

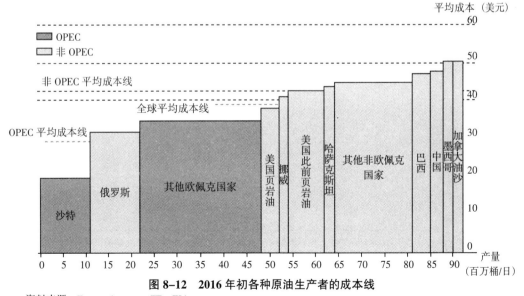

图 8-12　2016 年初各种原油生产者的成本线

资料来源：Energy Aspects、FT、EIA.

进步，这样的成本计算必须不断更新；第二，页岩气企业会利用各种金融手段来对冲油价的波动，这就使得纯粹的成本核算无法提供减产和停产点的准确信息；第三，国家存在平衡财政运算的需要，原油作为主要财政收入的国家在决定产量时不会单纯考虑企业的生产成本，还会考虑国家的财政平衡线，这个时候企业的盈亏点被国家财政的平衡点代替。

那么如何解决这个问题呢？第一，关注最新的油气生产成本分析，这方面不定期有不少的各种研究报告，比如 EIA 和国内外的投资机构研报；第二，自己动手查一些美国页岩油企业的最新财报和到期债务信息（见图 8-13），只要这些公司在公开金融市场融资过，就不难找到其财报；第三，将上述信息与钻井数据结合起来观察，美国钻井机数落后原油价格大约三个月时间（见图 8-14），是原油价格变化的一个滞后指标，但是钻井数跌到低极端值的时候往往油价供给就到了极端低值，这时原油价格就在底部附近。原油价格跌到上述分析所说的成本线后，需关注钻井数有没有持续下降，原油涨到上述分析所说的成本线之上时，需关注钻井数有没有持续上升。美国原油钻机数量与油价正相关，**钻机数量大幅下降到前期低位水平，有利于支撑油价见底**。

> 最好自己能够直接查部分关键数据，而不是完全依靠财经新闻和评论。如果你能够对比最初来源的信息与新闻评论，就会发现很多时候两者是相反的，写作的人给出结论的时候并不严谨，而是穿凿附会。

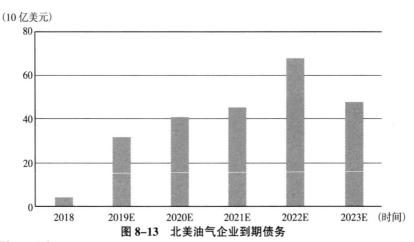

（10 亿美元）

图 8-13　北美油气企业到期债务

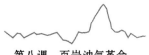

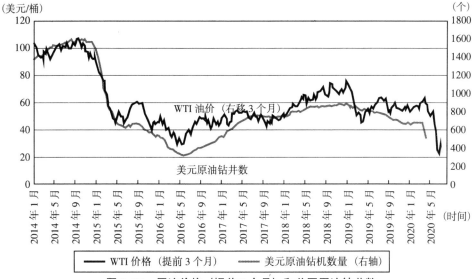

图 8-14　原油价格（提前 3 个月）和美国原油钻井数

资料来源：百川盈孚。

原油价格领先钻井数 3 个月时间，而钻井数领先原油产量 6 个月（见图 8-15）。

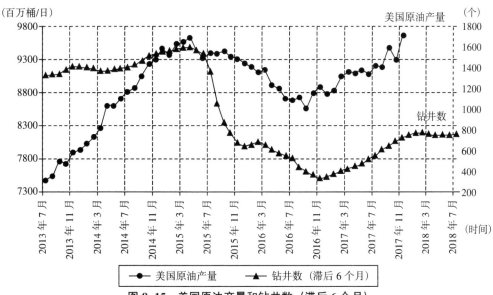

图 8-15　美国原油产量和钻井数（滞后 6 个月）

资料来源：彭博、华创证券。

【开放式思考题】

在研读完第八课的内容之后，可以进一步思考下列问题。虽然这些问题并没有固

定的标准答案，但是能够启迪思维，让你更加深入地掌握某些要点，或者是让你跳出僵化模式来重新看待问题。

美国页岩油产量在3个月内可达到产量极值，但是其首年衰减率就高达60%~70%（见图8-16），而传统油田仅为5%，这对页岩油的供给有什么深远的影响？

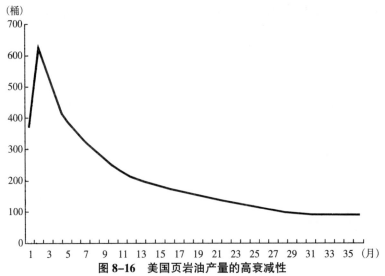

图 8-16　美国页岩油产量的高衰减性

资料来源：IHS、华泰证券研究所。

【进一步学习和运用指南】

我们在之前的第五课以及本课都提到了美国原油钻井数与原油价格的关系，将钻井数与油价结合起来观察可以起到更好的效果。"财经 M 平方"提供这样一个工具（见图 8-17），可以同时观察美国原油钻井数和布伦特原油价格的变化，网址是：

https：//sc.macromicro.me/charts/19798/mei-guo-yuan-you-zuan-you-jing-shu-liang

参考文献

［1］永安期货：《石油成因和峰值理论》，2017 年 8 月 10 日。

［2］贾新光：《石油峰值论是一个阴谋理论》，2019 年 7 月 16 日。

［3］北京国际能源专家俱乐部：《醒醒吧，石油峰值正来临!》，2016 年 8 月 1 日。

［4］全球能源观察：《全球石油供应很有可能达到峰值》，2020 年 12 月 28 日。

［5］钦万勇：《原油：短线找支撑、中线看供给侧、长期是熊市》，2020 年 4 月 20 日。

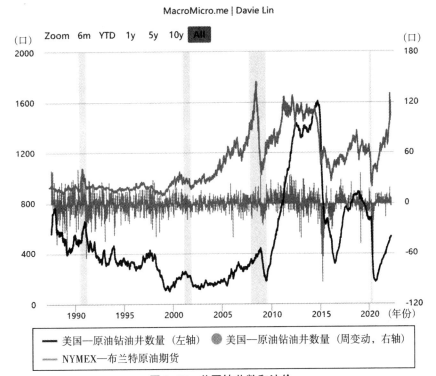

MacroMicro.me | Davie Lin

图8-17　美国钻井数和油价

资料来源：财经M平方。

［6］李海涛、瞿新荣：《从油价波动的"四象逻辑"看明年原油价格走势》，2019年11月23日。

［7］郭朝辉：《石油：边际生产者，影响不边际》，2022年3月22日。

［8］明明：《原油的供求逻辑》，2021年12月13日。

［9］张继强、芦哲：《原油分析框架与展望》，2019年9月9日。

［10］李舒禾：《手把手建立原油分析框架，从技术供需到全球产业链》，2017年5月13日。

［11］郭荆璞、陶伊雪：《每周油记：要变天？页岩油产量冲历史，需求峰季近尾声！》，2017年8月25日。

［12］Bridgewater Daily Observations. Thoughts on the Oil Investment Cycle，Mar.31，2016.

原油题材投机的典型驱动事件：战争与罢工

1861~2014 年的 150 余年间，高于每桶 100 美元的极端高油价有四次（2012 年作为基准），均源于主要石油生产国战争，导致石油供给预期锐减而推高油价。

——徐洪峰

从地缘政治的角度看，对于华盛顿来说，今天对美国这个唯一超级霸权构成潜在地缘威胁的地区只有欧亚大陆，即从中国到俄罗斯、伊朗和整个盛产石油的中东地区。如果这些国家能够增进政治、经济，尤其是能源甚至防务方面的合作，那么我们将看到一个欣欣向荣的新市场，这个市场会对陷入困境的欧盟经济体以及中东和北非的投资具有巨大的吸引力。

——恩达尔（Engdahl F.W.）

永远不要浪费一次好的危机。

——丘吉尔

半个世纪以来，每当俄罗斯对周边国家发动军事战争，我们确实可以看到油价的见顶。从 1970 年以来的历史来看，俄罗斯（1991 年之前为苏联）一共发动了五次较大规模的战争，除了 1994 年和 1999 年两次对俄罗斯联邦内的车臣战争，其余三次对周边国家的战争均见证了油价在每一轮大牛市中的见顶。

——陶川

回顾石油价格变迁历史，40 美元以下的低油价是 150 余年来国际油价的常态。而油价高于 100 美元的四次极端情况，均源于主要石油生产国战争，15 美元以下的极端低油价多数源于经济衰退和石油供给增加。

——梁缘

地缘政治堪称原油分析中最难以衡量的指标。为了将全球突发事件对原油价格的

冲击纳入模型中，我们采取了标准普尔500波动率指数作为地缘政治稳定性的观测指标。主旨思想在于，当有较大规模、影响力的地缘冲突、突发事件时，市场会更敏锐地捕捉到信号，进而VIX指数会有所上升。

——张革

原油市场有没有事件驱动？或者说有没有题材投机？只要你在这个市场待上几天就会发现这个市场与其他任何金融一样，都存在题材投机，都存在事件驱动行情。在原油市场中，比较典型的驱动事件和题材是战争与罢工。一般认为，战争主要影响了原油的供给，进而影响了原油的价格。其实，战争影响原油价格的途径不仅是通过产业链上游的供给端，还可以通过影响原油运输和库存，以及需求端的方式影响原油价格。只不过"二战"之后，大国和主要经济体都处于"非热战"状态，战争对产业链下游影响不大。另外，中东地区既是"二战"后的战争热点地区，又是产油国聚集区，这些地方发生的战争主要影响产业链的上游。

最近几十年的战争主要通过两个方面影响原油价格（见图9-1）：第一个方面是战争或许会牵涉到石油美元国家抛售美国国债，这样会导致美元贬值，如果美国牵涉其中，则会导致美国赤字上升和陷入不安全状态，由此也会导致美元贬值。在上述情况下，战争会作用于原油的资产属性，继而影响到原油价格。第二个方面是战争会影响原油产业链上的特定环节，特别是供给，这样战争就会作用于原油的商品属性，进而影响原油价格。

一国之内的统一战争往往带来繁荣，大国之间的冲突往往带来衰败。

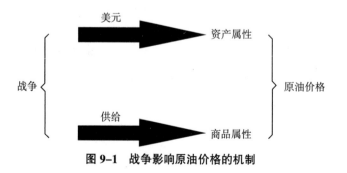

图9-1　战争影响原油价格的机制

　　战争影响原油的机制我已经介绍清楚了，我们来看一些战争影响原油价格的实例。原油工业化开采和使用的时间其实并不长，沈括在《梦溪笔谈》里的记录表明原油其实很早就被人类发现了，但是直到近代才开始正式开采。从第一次世界大战开始，原油就与战争结下了不解之缘，"二战"后中东的历次冲突也极大地影响了原油的价格（见图9-2）。

　　三次原油危机都与中东爆发的战争有关，首先来看第四次中东战争与第一次原油危机。要讲清楚第四次中东战争，先要搞清楚前三次中东战争的情况。什么是中东战争？中东战争主要指的是阿拉伯国家和以色列之间发生的战争，具体而言是以色列同巴勒斯坦、叙利亚、埃及为代表的阿拉伯国家之间发生的战争，到目前为止这样的战争已经发生过五次了。

　　第一次中东战争也被称为巴勒斯坦战争或独立战争，开始时间是1948年5月15日，一直持续到1949年3月才结束。战争的起因是以色列对巴勒斯坦的土地分割不公平，而且驱动阿拉伯人原住民，这引发了阿拉伯世界的强烈不满。于是，埃及、伊拉克、叙利亚、黎巴嫩等阿拉伯国家在5月15日凌晨，调遣了4万士兵，此后增兵到了6万，对以色列展开进攻。战争初期阿拉伯国家占优势，占领耶路撒冷东城区、比尔谢巴等大片土地，逼近以色列的"临时首都"特拉维夫。可是双方停火以后，以色列迅速补充兵力，从3万人增加到10万人，并且接受了美国的援助。而在另一方，阿拉伯军团的英国指挥官却出现了战略错误，同时阿拉伯国家由于内部矛盾严重，缺乏统一指挥，并且受到帝国主义的掣肘，阿拉伯国家联盟最终战败。以色列也不过险胜，因为以色列军队大约伤亡6000人，而阿拉伯军队在此次战争大约伤亡1万人。

　　第二次中东战争又被称为英法以侵埃战争、西奈战争、苏伊士运河战争或苏伊士运河危机。1956年7月26日，埃及政府宣称将苏伊士运河公司收归国有，而且公司的全部财产都移交给埃及政府，且禁止以色列船只通过运河与蒂朗海峡。一方面英法想要重新获得对苏伊士运河的控制权，另一方面以色列也想获得通行权，于是以色列联合英法两国在1956年10月29日向埃及发起进攻，想要重新夺回运河的通行权和控制权。最终在联合国斡旋下英法以三国撤军，以色列取得蒂朗海峡航行权。

　　第三次中东战争也被称为六五战争。这次战争发生在1967年6月5日。当时的地缘政治背景是美、苏对中东的争夺加剧，以色列在美国支持下进一步向外扩张。为了占领巴勒斯坦，以色列借口埃及封锁亚喀巴湾，出动全部空军进行偷袭，先对伊拉克、埃及、叙利亚所有的机场进行空袭，而后又派出陆军发动进攻。战争持续了10天，约旦、埃及、叙利亚先后被迫同意停火，最终阿拉伯国家失败，以色列获胜。

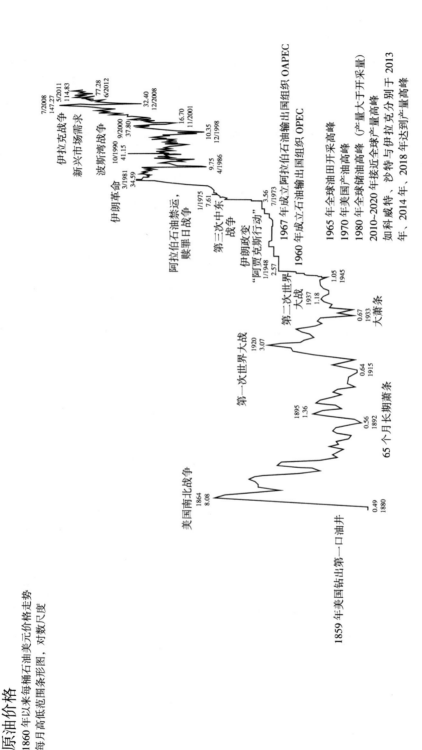

图 9-2　战争等重大事件与原油价格走势

资料来源：Macro Tourist、华尔街见闻。

第四次中东战争又称赎罪日战争、斋月战争、十月战争，持续时间从 1973 年 10 月 6 日至 10 月 26 日。起因是以色列在第三次中东战争后将巴勒斯坦居民赶出他们曾经居住的家园，致使这些百姓无家可归。同时，叙利亚和埃及为了收复第三次中东战争中的失地，于 10 月 6 日对以色列发动攻击。叙利亚在爆发战争当天切断了一条输油管，而黎巴嫩也关闭了输送石油的南部重要港口西顿。次日，伊拉克宣布将伊拉克石油公司所属巴士拉石油公司中美国埃克森和莫比尔两家联合拥有的股份收归国有。

阿拉伯国家先胜后败，直到联合国停火令生效，多方签订停战协议，最终叙利亚与埃及收复部分被侵占的土地资源，这场战争才终止。双方飞机损失约 60%、舰艇损失达 80% 以上。

为了铭记这场战争的耻辱，埃及将许多战火燃烧过的地方重新命名，另外埃及还把每年的 10 月 6 日定为假日，称为"军队节"。

第四次中东战争引发了第一次石油危机。为了报复美国对以色列的支持，阿拉伯产油国在沙特领导下于 1973 年 10 月 17 日决定每月将石油产量降低 5%，将油价从每桶 3.01 美元提升至每桶 5.11 美元，并宣布停止对美国和荷兰出口石油，同时威胁进一步实施石油禁运。

事态进一步恶化，美国总统尼克松请求国会提供 22 亿元军火支援以色列。利比亚闻讯随即宣布实行石油禁运。接着，其他阿拉伯国家也先后加入了石油禁运行列，造成了 1973 年的第一次石油危机。原油价格从 1973 年的每桶 3 美元一路飙升到了每桶 13 美元的高位，涨幅高达 400%。第一次石油危机造成了全球经济进入滞胀状态，而作为头号经济体的美国，其通胀指标之一的 CPI 从 1973 年的 3.6 一路上升至年末的 8.2。

第四次中东战争之后，还出现了第五次中东战争，这是阿拉伯国家和以色列之间发生最大的一次战争。第五次中东战争又称为黎巴嫩战争、以色列入侵黎巴嫩战争。起因是以色列驻英大使被巴勒斯坦武装暗杀。1982 年 6 月 6 日，以色列几乎出动海陆空全部军队对黎巴嫩境内的巴勒斯坦武装组织发起攻击。在该地区的巴勒斯坦解放组织的武装力量主力遭受重创，而叙利亚驻贝卡谷地的军队也因为受到以色列空军的猛击而受到重大损失。最终，叙利亚和以色列达成停火协议，以色列单方面撤军结束了战争。

接着，我们介绍"两伊"战争与第二次石油危机。第一次石油危机过了 4 年多就爆发了第二次石油危机，这次石油危机的直接导火索是伊朗伊斯兰革命和两伊战争。1978 年底，伊朗的政局发生重大变动，亲美的国王巴列维被迫下台，这就是"伊斯兰

有部电影《逃离德黑兰》讲述这段历史，当时美国驻伊朗大使馆被刚刚取得伊斯兰革命胜利的伊朗人民团团包围，6名美国外交官和平民被扣留为人质长达444天。在此期间，一位精通伪装技巧的中情局特工托尼·门德兹策划了一个营救方案，成功地将困在加拿大驻伊朗使馆的6名美国外交官带离伊朗。本片获得第85届奥斯卡金像奖最佳影片奖。当然，这是西方的视角。

革命"。霍梅尼领导的伊斯兰革命成功后，伊朗关闭了美国设在邻近苏联边境的电子情报收集站，取消同美国签订的价值近90亿美元的军火合同，废除美国军事人员雇佣法，将大批美国"军事顾问"赶走。不久之后，霍梅尼公开支持伊朗学生占领美国驻伊朗大使馆，并且扣留美国人质，这就是"德黑兰人质事件"。美国方面则宣布对伊朗实行经济制裁等，此后伊美两国正式断交。伊斯兰革命期间，伊朗停止所有石油出口，全球石油供应突然下降了500万桶/日，国际原油价格从每桶13美元猛升至34美元。

趁着伊朗国内局势不稳定，1980年9月22日，伊拉克入侵伊朗的西南省份。两伊战争爆发，两国的石油出口量锐减，一度曾完全中断，全球石油产量骤降，世界石油产量完全受到影响，产量剧减。据称当时全球市场上每天都有560万桶的缺口，再度引发国际油价飙升。这种状态持续了半年多，此次危机成为20世纪70年代末欧美经济全面衰退的一个重要原因。

第二次石油危机的来龙去脉大家应该知道了，现在我们讲海湾战争与第三次石油危机（见图9-3）。海湾战争，也称波斯湾战争，持续时间从1990年8月到1991年2月，是20世纪90年代最大规模的局部战争。由于伊拉克和科威特两国之间在石油政策、领土划界以及债务等方面存在的长期矛盾激化，同时萨达姆在两伊战争后再度燃起扩张的野心，1990年8月2日，伊拉克军队突然入侵科威特。5个月后，美国发动对伊拉克的战争，由于交战地点是在产油国伊拉克，所以造成了第三次石油危机。

虽然伊拉克入侵科威特的时间点是1990年8月2日，但是国际原油价格从当年的7月下旬就开始了走预期的上涨行情。当战争真正开打的时候，国际原油价格已经上涨超过30%。此后，原油价格在10月21日涨到了每桶40美元的高位。伴随着美国释放2000万桶战略石油储备，国际原油价格开始大幅下挫。此后，原油价格在"联合国军"宣布对伊拉

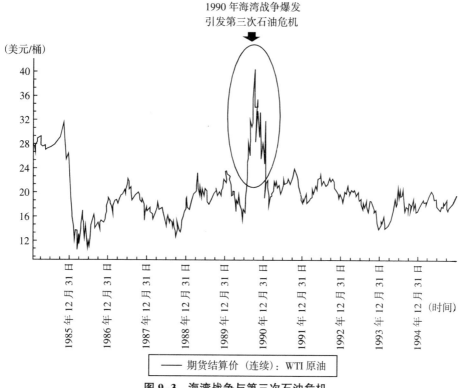

图 9-3　海湾战争与第三次石油危机

资料来源：Wind.

克开战之前再次出现短期飙升，不过开战预期兑现，原油价格反而转向下跌，一直跌到了停战协定签署之前，此时国际原油价格已经回到了每桶 20 美元以下的水平。第三次石油危机的最高涨幅为 200%，但是持续时间却并不太长，原因是战争期间欧佩克大幅度增加了石油产量，以弥补伊拉克遭经济制裁后石油市场上出现的每天 300 万桶的缺口，同时美国释放了战略原油储备，这使得全球原油供应基本稳定，没有出现大的缺口。另外，当时全球经济陷入温和衰退，这本身就降低了原油需求。

讲完了三次石油危机，我们再来看此后几次中东地区发生的战争及其对原油价格的影响。

伊拉克战争，也被称为"第二次海湾战争"。这次战争实际上是 1990 年海湾战争的继续，从 2003 年 3 月持续到 5 月。美国以伊拉克藏有大规模杀伤性武器并暗中支持恐怖分子为由，绕开联合国安理会，以英美军队为主的联合军队对萨达姆统治下的伊拉克实施单方面的军事打击。不过，在此期间原油价格的走势还是那个套路，先走预期行情，战争开始前原油价格大幅上涨了 6 美元。当战争正式开始后，国际原油价格却陷入了暴跌行情。此后，随着市场预期到混乱短期内无法结束时，虽然美国宣布伊

拉克战争基本结束，但国际原油价格却出现了大幅回升行情，突破了 50 美元/桶（见图 9-4 和图 9-5）。

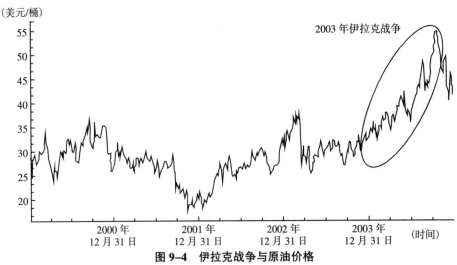

图 9-4　伊拉克战争与原油价格

资料来源：Wind.

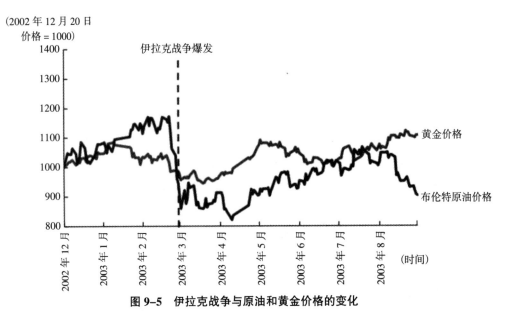

图 9-5　伊拉克战争与原油和黄金价格的变化

资料来源：Wind、兴业证券经济与金融研究院、Dina。

卡扎菲想要非洲联合起来，这当然动了法国和美国的利益。

接着，我们介绍一下前面课程已经提到的利比亚战争。这是一场利比亚在 2011 年发生的武装冲突，在利比亚国内常称为"2 月 17 日革命"，交战双方为穆阿迈尔·卡扎菲领导的

政府和反抗卡扎菲的势力。虽然，利比亚并非中东国家，但是利比亚也是重要产油国和 OPEC 成员国，内战和此后的动荡导致利比亚原油产量大幅波动（见图 9-6），继而导致了国际原油市场大幅波动（图 9-7）。

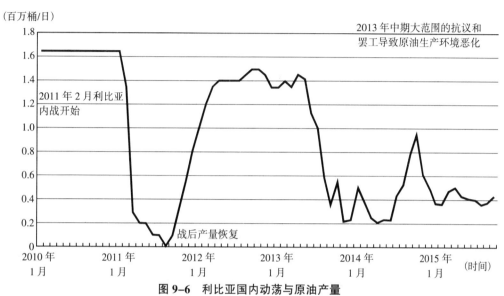

图 9-6　利比亚国内动荡与原油产量

资料来源：EIA.

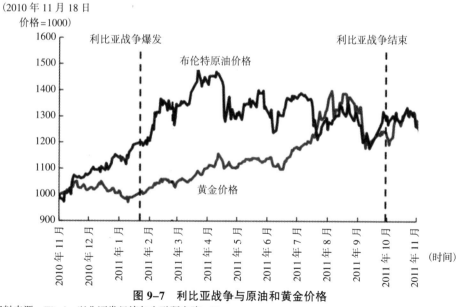

图 9-7　利比亚战争与原油和黄金价格

资料来源：Wind、兴业证券经济与金融研究院、Dina。

利比亚国内的动荡从 2011 年 2 月 15 日就开始了，国际原油价格闻风而动，从 2

月16日就迅速上涨，到3月初已经每桶上涨了20美元，经过短暂回调后，因为3月17日联合国安理会决定在利比亚设立禁飞区，欧美直接参与到战争中，战争规模扩大，原油价格再次大幅攀升（图9-8）。此后，国际原油价格在5月已经涨到了每桶115美元的高位。

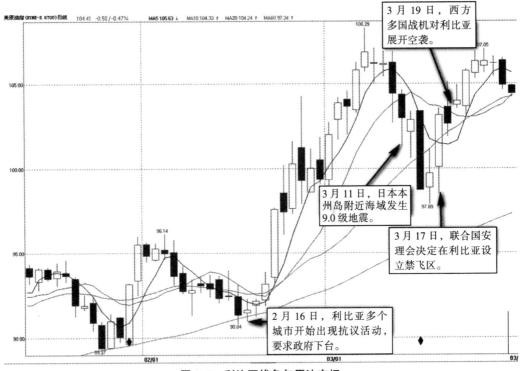

图9-8　利比亚战争与原油市场

资料来源：证券时报网。

中国社会科学院副研究员徐洪峰女士指出：以2012年美元计价，自1861年至2014年的150余年间，高于每桶100美元的极端高油价有四次，均源于主要石油生产国战争，导致石油供给预期锐减推高油价。1861~1865年的美国内战使1864年的油价达到每桶118美元。1980~1988年的两伊战争使国际油价在1980年达到每桶103美元。2003~2010年的伊拉克战争，使国际油价一路攀升，最终在2008年达到每桶104美元。2011年的利比亚战争以及持续数年的"阿拉伯之春"使国际油价自2011年开始，连续三年每桶110美元以上（2011年、2012年、2013年国际油价分别达到114美元/桶、112美元/桶、119美元/桶）。

现在，我们应该给出战争影响原油价格的一些规律，这些规律可以帮助我们预判战争题材驱动的原油行情。

第一，一旦主要产油区有战争的预期，则原油价格就会上涨，这就是预期行情。比如2022年1月，俄罗斯和乌克兰的地缘政治关系紧张，以美国为首的北约和俄罗斯都在俄乌边界加速兵力部署，战争可能性越来越大，阴云密布。俄罗斯原油日产量1100万桶左右，一些能源管线经过乌克兰，一旦俄乌双方发生武装冲突，肯定会对原油供应造成负面冲击。因此，俄乌战争的预期推动原油价格大幅上涨（见图9-9）。

俄乌战争预期高涨

图 9-9　2022 年初俄乌冲突预期推动原油价格高涨

第二，如果此前原油因为战争预期而出现显著上涨，那么在战争正式开始后会出现一定回调。

第三，战争进行过程中，行情会而跟随预期出现波动。

第四，预期战争快要结束时，国际原油价格则会明显下跌。

第五，**战争只是影响原油短期价格的变量，难以改变原油价格此前的趋势**。产油区发生的战争对原油商品价格造成的冲击一般并不会转变原有趋势，如果是在原油价格下跌趋势中发生的战争，那么会引起原油价格的脉冲式上涨，之后还会回到之前的下跌趋势。如果产油区战争发生是在原油价格上涨趋势中，那么就是趋势中新一轮上涨的催化剂。

第六，战争题材做多原油的有一个最佳时点，即刚开始预期会发生战争。**最差的时点是战争刚开始的时候和战争快要结束的时候，进入战争中后期，原油价格下跌的可能性就会越来越大。**

除了战争这个题材之后，石油工人罢工也经常成为小行情的炒作题材。尼日利亚、委内瑞拉等国都发生过石油工人罢工事件（见表 9-1 和图 9-10），对国际油价的短期影响较大，但是无法左右原油的趋势。比如 2002 年 12 月 2 日，委内瑞拉反对派进行以迫使查韦斯政府下台和立即举行大选为目标的全国性无限期总罢工，石油工业生产和

表 9-1 石油工人罢工对原油市场的影响

石油工人罢工事件	时间	对原油市场的影响
伊朗石油工人罢工	1978 年 12 月	伊朗停止石油出口，石油日产量从 600 万桶降至零，油价短期暴涨
委内瑞拉石油工人罢工	2002 年 12 月	委内瑞拉举行全国总罢工，原油产量急剧下降，对外出口几乎停顿，日产量从 300 万桶下降到 60 万桶，但是原油仅仅上涨了 0.53 美元
尼日利亚石油工人罢工	2004 年 1 月	国际油价涨到 54 美元
英国石油工人罢工	2008 年 4 月	英国普通原油管道关闭，国际油价一路飙升到历史新高，达到约 120 美元/桶
美国石油工人罢工	2015 年 2 月	美国 9 个炼油厂的工人大罢工，1980 年来最大规模罢工导致国际油价暴涨 8%
科威特石油工人罢工	2016 年 4 月	7000 多名工人罢工，科威特原油产量立刻从正常的 300 万桶/日锐减至 110 万桶/日，隔夜原油价格上涨 3%
法国石油工人大罢工	2016 年 5 月	法国至少一半炼油厂停工，当日油价涨幅 2%
挪威石油工人大罢工	2016 年 6 月	七处油气田约 700 多名挪威工人举行罢工，导致当日油价涨幅 3%

资料来源：新华网、广发证券。

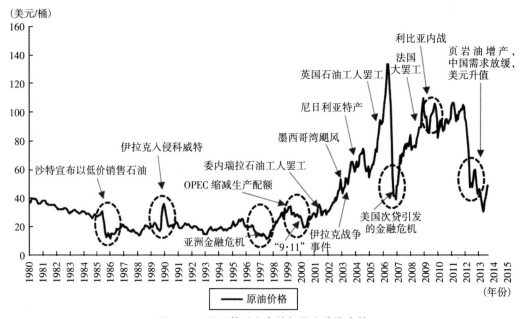

图 9-10 罢工等重大事件与原油价格走势

资料来源：Bloomberg、广发证券（罗立波、刘芷君）。

出口的中断，日产量从 300 万桶下降到 60 万桶，但是原油仅仅上涨了 0.53 美元/桶。

面对罢工事件时，如果趋势上涨，那么多头应该继续持仓；如果趋势下跌，则这是一个利用一次性利好逢高了结多头头寸的时机。

对于趋势交易者而言，罢工事件重点是提供一个时机，对于短线交易者而言则是

一个短线炒作的机会。比如2016年4月17日，科威特工人宣布无限期罢工，原油已经上涨一段时间了，此前小幅调整两天，现在出一个利多消息，则提供了一个趋势进场的有利时机（见图9-11）。

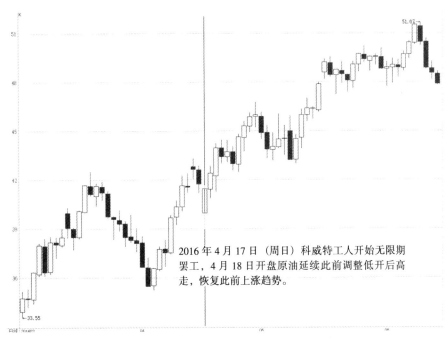

2016年4月17日（周日）科威特工人开始无限期罢工，4月18日开盘原油延续此前调整低开后高走，恢复此前上涨趋势。

图9-11　科威特工人罢工提供进场做多的时机

【开放式思考题】

在研读完第九课的内容之后，可以进一步思考下列问题。虽然这些问题并没有固定的标准答案，但是能够启迪思维，让你更加深入地掌握某些要点，或者是让你跳出僵化模式来重新看待问题。

2019年9月14日，沙特阿美的Abqaiq石油处理厂和一个油田遭到也门胡塞武装无人机群的猛烈袭击，损失惨重。**Abqaiq石油处理工厂是全球最大的石油综合处理中心，处理并中转着沙特近70%的原油生产，沙特及全球最大油田Ghawar的原油也是途经此处再前往出口终端。**虽然沙特重要的石油设施通常防范严密，但这一次仍旧遭到了重创，油价跳空上涨后就持续下跌，什么原因导致了这一情况的发生呢？为什么价格没有持续上涨呢（见图9-12）？

"这主要是受到美国政府决定启动原油储备应对原油供应缺口的影响。"布鲁德曼资产管理公司（Bruderman Asset Management）首席策略师奥利弗·珀斯克（Oliver

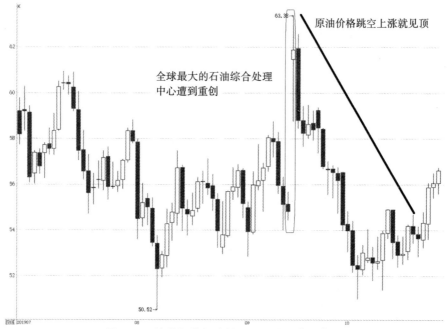

图 9–12　沙特阿美石油处理厂和油田遭到袭击

Pursche）指出。**但油价回落的更深层原因，是经历了恐慌性空头平仓后，越来越多对冲基金与资管机构意识到这起"黑天鹅"事件未必会改变当前全球原油供应过剩与全球经济增速放缓触发原油需求下滑的格局，因此油价飙涨反而成为部分资本逢高沽空套利的"筹码"。**

当时南方基金也给出了自己对上述问题的答案："**沙特遇袭事件对全球油价应会产生扰动，但该影响应是一个短期扰动，对长期原油价格影响不大，原油供给缺口大概率会很快填补。**主要原因在于：一是沙特将对袭击影响进行评估，预计能在较短时间内恢复原油生产。二是当前 OPEC 正在实施主动限产措施，将全球原油产量控制在当前水平。如果油价上涨过快，OPEC 可以迅速释放产能，填补原油供给缺口，稳定市场价格。三是美国作为全球最大石油消费国，自产原油与本国原油储备充足，目前原油为净出口状态。因此，预计短期 WTI 原油价格上升至 55~65 美元/桶的舒适区间较高位置，但随着供给缺口的迅速填补，维持原油价格率处在 55~65 美元/桶的判断。"**除了从驱动面的商品属性来看，你是否可以从题材性质的角度来解释呢？**

【进一步学习和运用指南】

"俄罗斯战争魔咒"与原油的牛市大顶部似乎存在某些密切关系（见图9-13）。第一次"俄罗斯战争魔咒"是1979年苏联入侵阿富汗，此前原油价格经历了一轮暴涨，从1978年初的12.66美元涨至1979年11月的40.75美元。在苏联入侵阿富汗的当月见顶，在随后的一年内回调了69%。

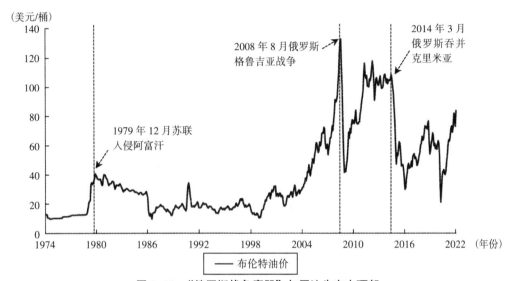

图9-13　"俄罗斯战争魔咒"与原油牛市大顶部
资料来源：彭博、东吴证券研究所（川阅全球宏观）。

第二次"俄罗斯战争魔咒"是2008年8月8日俄罗斯出兵南奥塞梯，与格鲁吉亚展开正面交火。在此之前原油刚刚在当年7月创下147.5美元历史高点。战争持续了10天后国际原油价格见证了次贷危机下的最猛烈下滑。

第三次"俄罗斯战争魔咒"是2014年3月18日俄罗斯多管齐下吞并了克里米亚。此前国际油价自2013年6月以来一直处于高位震荡状态，但克里米亚事件后国际油价不久便在OPEC的价格战下开始暴跌（见图9-14）。

为什么会有这样的现象呢？著名宏观分析师陶川先生给出了如下解释："首先，**作为产油大国，油价上涨壮大了俄罗斯的国力，这也正是其选择在油价高企时对外出兵的基础**。比如1979年和2008年这两次战争前的一年，俄罗斯（苏联）的GDP增速分别为13.8%和8.5%，均为每一轮经济复苏的高点。其次，**作为主要的原油消费国，油价高涨加剧了西方国家的通胀**，容易引发国内民众对政府的不满，从而降低了俄罗斯出兵的外部阻力。以美国为例，在1979年和2008年这两次战争前，美国的国内通胀

（CPI 同比）分别为 12.6% 和 5.6%，通胀的高企打击了美国消费者的信心，而由于民众对政府治理的不满，时任美国总统的支持率也处于任内的低点（见图 9-15）。但物极必反，**油价和高通胀既侵害了西方国家的消费需求，而国内选民的不满也会倒逼民主政府向欧佩克（OPEC）施压**。这也是为什么上述每一次俄罗斯对外战争后，无论是需求的崩塌，还是供给的释放，原油市场都会经历一场剧烈的出清，尽管其中往往也会叠

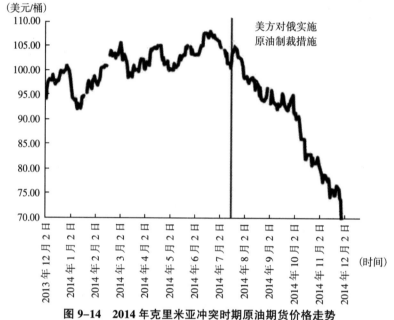

图 9-14　2014 年克里米亚冲突时期原油期货价格走势
资料来源：iFinD、中信建投期货。

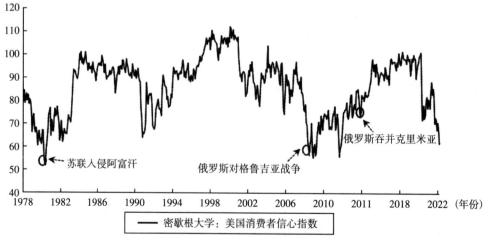

图 9-15　俄罗斯对外开战时美国消费者信心指数通常处于低位
资料来源：彭博、东吴证券研究所（川阅全球宏观）。

加外部事件的冲击。"

建议对这一魔咒感兴趣的读者可以进一步阅读陶川和邵翔先生团队撰写的研究报告——《俄对外战争与油价见顶：历史的巧合还是必然？》。

参考文献

［1］陶川、邵翔：《俄对外战争与油价见顶：历史的巧合还是必然？》，2022 年 2 月15 日。

［2］李彦：《从阿富汗局势看地缘事件如何影响国际原油价格》，2021 年 8 月 16 日。

［3］Commodity Trading Advisor：《沙特油田遇袭引爆空头，原油重回牛市？》，2019年 9 月 17 日。

［4］Irina Slav. Islamic State Attacks Iraqi Oil Field，Aug 16，2021。

［5］Charles Kennedy. Aramco On Lockdown After Houthi Missile Attack，Sept. 06，2021.

［6］Irina Slav. Saudi Forces Thwart Houthi Attack on Oil City，Sept. 17，2021.

［7］梁缘：《高油价将何去何从？数读 162 年油价变迁史》，2022 年 3 月 30 日。

［8］风驰团队：《一图看懂 5 次战争对原油价格的影响》，2022 年 2 月 23 日。

［9］张启尧、程鲁尧：《深度复盘：战争阴云下的全球资产及 A 股走势》，2022 年 3月 5 日。

［10］张革金融团队：《商品（原油）晴雨表》，2021 年 8 月 20 日。

第十课

产业链与原油的商品属性（2）：中游的分析
——库存和运输

历史上每次原油暴跌都是供需失衡引发的，进一步区分的话，则多数是由周期性或危机性需求衰减引发，少数是由技术革命导致的供给增加引发。而值得关注的是，每次油价大跌之前，原油库存均处于较高位置（与彼时的高点相比）。所以从经验来看，库存水平往往会成为原油暴跌的助推剂。

——蔡浩

对马汉（Alfred Thayer Mahan）而言，北方陆地半球，那些经由巴拿马运河和苏伊士运河可以到达的广泛地区是世界权力的关键所在。

——撒乌耳·伯纳德·科恩（Saul Bernard Cohen）

美国承诺保卫波斯湾地区，把这一地区视为与欧亚大陆西部和东部的安全利益同等重要。

——兹比格纽·布热津斯基（Zibgniew Brzezinski）

库存水平可作为衡量原油价格的标尺。供给过剩，原油库存上升、油价下挫；供给不足，原油库存下降、油价反弹。当前全美原油库存水平与2018年低点相当，进而布油价格也几乎持平于2018年高点。原油库存与油价的相关度绝对值高达88.1%，投资者多数时间用库存水平衡量油价。

——张静静

利用产业周期的思维，把眼光放长放远，对于行情要有想象力，也要有判断大行情的魄力和格局。把未来20%以上的价格波动作为自己的研究目标，而不能仅盯着短期的一个开工率或库存来做短期行情。决定商品大方向的就是产业周期，不能解决的矛盾点可能会产生极端行情，研究员应该把产业周期和关键矛盾点作为价格判断的发

力点。大格局出来后，去跟踪每个阶段的利润、库存、开工等短期指标，看是否和大格局印证从而做出后续的思考和微调。长期和短期矛盾共振行情会大而流畅。

——董丹丹

库欣库存是直接影响到油价涨跌的一项指标，也被认为是国际油价的晴雨表。统计数据显示，库欣库存减少300万至500万桶，就可导致WTI原油价格上涨10~15美元，2015年4~6月的情况就是如此。换言之，库欣库存增加几百万桶，就可能令油价跌到20美元区间。

——oilprice.com

原油的商品属性和金融属性，分别对应原油的库存周期和宏观周期。大部分时间，原油的库存和宏观周期同向变化，商品和金融属性共振驱动油价。而当库存与宏观周期发生背离时，哪项因素主导油价变化就显得格外重要。以OECD综合领先指标作为全球宏观周期的指标，以美国原油库存同比作为原油库存周期的指标。

——张铮

库存是与油价相关性最高的基本面指标，是供应和需求共同作用的结果。2011~2013年高油价对应低库存；2014~2016年欧佩克增产油价大跌；2017~2019年欧佩克减产油价回升。2020年疫情导致库存积累油价下行，2021年疫后复苏库存去化油价上行。

——桂晨曦

从第五课到第九课我们主要讲解了原油产业链的上游，也就是供给，本课和下一课我们将讲解原油产业链的中游（见图10-1）。当然，我这里的产业链划分并非是根据原油化工产业的专业知识，而是基于一个职业交易者的角度划分的。产业链中游是一个"骑墙的角色"，当下游需求旺盛的时候，中游往往变成一个需求的角色，而当下游需求清淡的时候，

> 存货投资对经济短周期影响很大，库存作为存货投资的一部分对原油的供求关系有放大的作用。

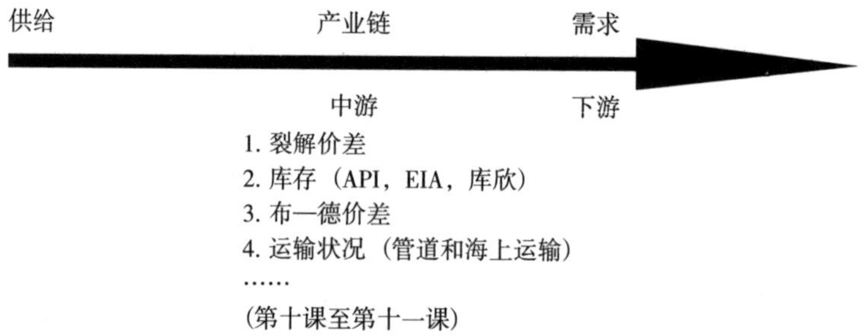

供给　　　　　产业链　　　　需求

中游　　　　　下游
1. 裂解价差
2. 库存（API，EIA，库欣）
3. 布—德价差
4. 运输状况（管道和海上运输）
……
（第十课至第十一课）

图10-1　原油产业链中游

中游往往变成一个供给的角色，当然这是指商业性质的库存。

　　经济有周期，而不同的周期对应着不同的库存状况（见图 10-2）。经济周期可以分为四个阶段，每个阶段对应不同的库存情况，这个模型只考虑中游和下游，并未考虑上游/供给，因此上游/供给的重大变化会让这个模型失效。在经济衰退阶段，主动去库存是主要的行为；在经济复苏阶段，企业还比较谨慎，而下游需求回升使得库存下降，这是被动去库存；当经济进入繁荣阶段，则企业开始大胆激进地补充库存，这就是主动增加库存；当经济进入滞胀阶段，上游已经停不下来，而下游则开始走软，这个时候库存会被动增加。

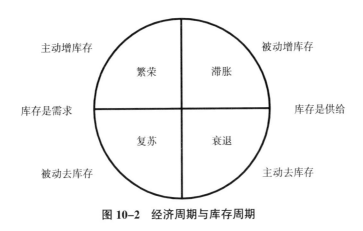

图 10-2　经济周期与库存周期

　　广义的原油库存又可以分为战略库存和商业库存。欧美的战略库存体系是在 20 世纪 70 年代石油危机后逐渐建立起来的，主要用来防范原油供应冲击，维护能源安全，与经济周期不存在明确的对应关系。商业库存主要受供求关系变化影响，与经济周期密切相关。

　　原油商业库存是本课的重点，大的库存周期与经济周期密切相关，而经济周期是我们在下游分析时的重点。原油自身的库存周期与第十一课要介绍的期限结构（Backwardation 与 Contango）关系密切，以 2020~2021 年这段时期为例（见图 10-3）：2020 年 2 月到 4 月原油处于被动补库存阶段，月差是近月贴水的 Contango 结构；2020 年 5 月到 9 月原油处于

期限结构的具体内容将在第十一课具体介绍，因此这里的内容可以在学完后面一课后再回过头来学习和思考一下。

主动去库存阶段，月差仍旧是 Contango 结构；2020 年 10 月到 2021 年 4 月原油处于被动去库存阶段，月差从 Contango 结构变成了 Backwardation 结构；2021 年 5 月到 2021 年 12 月原油处于主动补库存阶段，月差维持 Backwardation 结构。

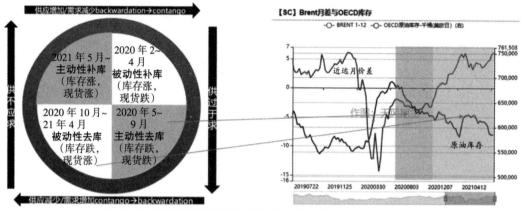

图 10-3 原油库存与期限价差/近远月升贴水（2020~2021 年）
资料来源：吉吉加油。

如何确定库存处于四个阶段中的哪一个呢？第一，看现货价格涨跌；第二，看库存变化或者期限结构。比如，如果现货上涨，那么就是主动补库存或者被动去库存。进一步看，如果库存跌，则能确定为被动去库存。

小的库存周期则比较复杂，一方面跟上游有关，另一方面也跟运输有关，还跟下游的经济短周期、化工行业产能和开工率等诸多因素有关。原油的库存与原油价格的中短期趋势关系密切，以美国商业库存与原油价格的关系为例（见图 10-4），可以看出美国商业库存的变化趋势恰好与 WTI 和 Brent 两个基准原油价格的变化相反。

原油库存的主要数据有 EIA 原油库存数据、API 原油库存数据、OECD 原油库存数据、IEA 原油库存数据、OPEC 原油库存数据、库欣库存数据、中国原油储备数据等，这些数据是由不同的机构主体发布的。其中最为常用的是 EIA 原油库存数据、API 原油库存数据、库欣库存数据，这三个数据都是美国的相关机构发布的，对于原油市场的短期波动影响很

除 OECD 库存外，美国石油协会（API）和美国能源信息署（EIA）公布的美国商业原油库存同样是市场关注的焦点，影响着市场预期与油价短期波动。

来看一个库存数据影响油价走势的具体例子：2016 年 1 月 13 日受 API 原油库存下滑、中国原油进口量激增以及俄罗斯减产表态三重利好提振，原油价格 8 个交易日以来首次走高，但是随后公布的 EIA 原油、汽油以及精炼油库存激增，且均创纪录新高，令一切利好消失殆尽，30 美元/桶再次岌岌可危。

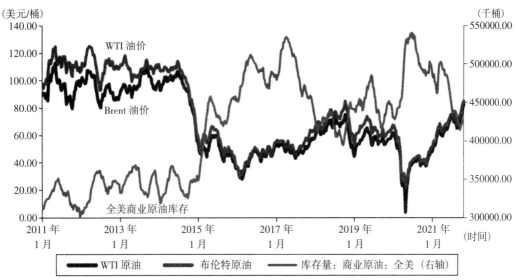

图 10-4　美国商业库存和原油价格

资料来源：Wind、西部证券研发中心、静观金融。

大，也是原油交易者定期关注的数据。我们介绍原油库存，主要就是讲这三个数据。

　　EIA 原油库存数据是由美国能源信息署定期分布的一个数据。这个数据主要显示了美国当周的商业原油库存数量，对原油及相关能化市场有显著的短期影响（见图 10-5）。**EIA 周报，是原油市场主要的短线驱动因素之一。**如果有关注这个原油市场短期变化的交易者会发现，每周三 22：30 的时候原油市场通常会有很激烈的反应，就是因为这个 EIA 的数据公布了。据统计，EIA 库存数据报告公布当日，原油的历史日均波动率为

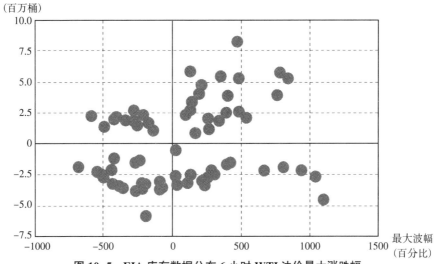

图 10-5　EIA 库存数据公布 6 小时 WTI 油价最大涨跌幅

资料来源：金十网。

2.77%，最大日波动率高达 8.37%，是每周投资原油的绝佳良机。

EIA 原油库存数据在每周三发布，如果遇到法定节假日则会推迟。要查看这个数据可以在常见的财经网站上，特别是一些外汇网站和期货网站，国内一些不正规的原油交易平台也有附属网站，这些网站也提供这一数据。我一般是直接查看 EIA 官网的权威公布，这份数据发布在《原油周报》（Weekly Petroleum Status Report）中。这个数据对原油的中短期走势有影响，你如果刚开始研究和交易原油期货，那么可以观察该数据公布前后原油价格的变化程度和方向。原油库存是供求综合作用后的结果，美国商业原油库存与 WTI 油价的相关性表现较好，根据黎磊先生的分析，两者的相关系数达到了 -0.83。库存数据存在季节性特征，剔除掉季节性因素影响，美国商业原油库存与油价的周期变化联系更明显，存在明显的库存降、价格涨，库存升、价格跌的中短周期循环。但趋势还是取决于上下游，库存数据只是一个同步或者滞后指标。如果上游产油国开始出现罢工，那么当周库存数据不会受到影响，但是原油价格则会走罢工行情的预期，而不是受限于库存数据。更为重要的是要对库存水平进行同比分析，为此顶级石油分析师阿特·伯曼（Art Berman）提出了相对库存（Comparative Inventory）的比较分析概念，所谓相对库存指的是当前全球库存水平与全球近五年平均水平的差值。**当相对库存处于负水平时油价处于相对高位，而相对库存处于正水平时油价则处于相对低位。**

那么，如何查询 EIA 原油库存的数据呢？第一个途径是从 EIA 官网上查看，具体步骤是首先点击首页"Sources & Users"下拉菜单，然后点击第一项"Petroleum & Other Liquids"（见图 10-6），进入后点击"DATA"下拉菜单最后一项（见图 10-7），进入后可以在"Regular Weekly Releases"一项下面找到"Weekly Petroleum Status Report"（见图 10-8）。当然，你也可以直接输入网址 http://www.eia.gov/petroleum/

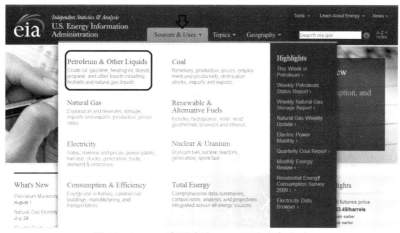

图 10-6 EIA 官网查询 EIA 原油库存（1）

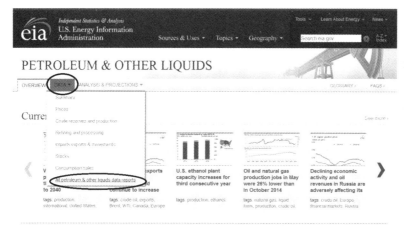

图 10-7 EIA 官网查询 EIA 原油库存（2）

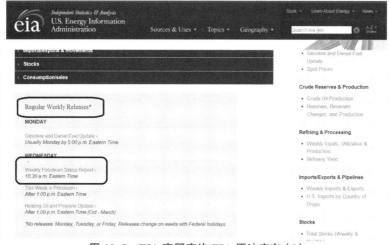

图 10-8 EIA 官网查询 EIA 原油库存（3）

supply/weekly，并将这个网址放到收藏夹。

第二个途径是通过一些财经网站，比如 http：//www.kxt.com/data 就可以看到 EIA 原油库存数据（见图 10-9）以及下面将要介绍的 API 原油库存数据（见图 10-10）。

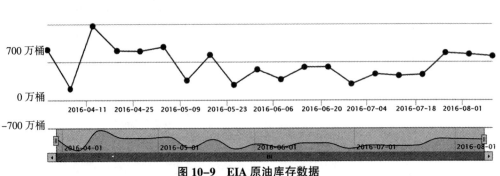

图 10-9　EIA 原油库存数据

资料来源：KXT.com.

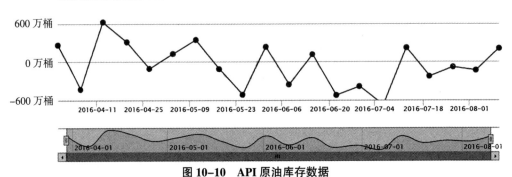

图 10-10　API 原油库存数据

资料来源：KXT.com.

API 原油库存数据是美国石油协会发布的一个库存数据，这个数据每个星期二或者星期三发布，这个数据也会引发原油价格短期波动（见图 10-11），影响力没有 EIA 的原油库存数据大。毕竟，EIA 库存数据是一个官方数据，而 API 库存数据则是一个非官方数据。

不过，因为 API 往往要较 EIA 早一日发布库存数据，所以前者可以看成是后者的指引，这种情形类似于 ADP 就业数据与非农就业数据的关系。但是，API 和 EIA 数据并未完全一致，两者只能说高度相关（见图 10-12）。金十网进行的统计表明，API 和 EIA 同向概率为 75%。

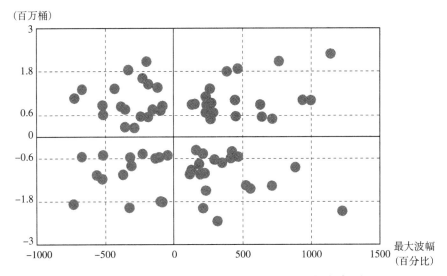

图 10-11 API 库存数据公布 6 小时 WTI 油价最大涨跌幅

资料来源：金十网。

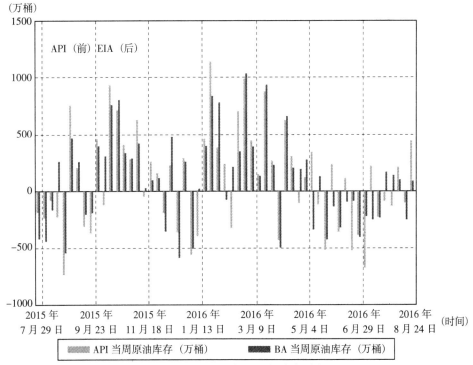

图 10-12 API 和 EIA 周库存对比

资料来源：金十网。

如何查看 API 的数据呢？API 官方网站这个数据是需要付费订阅的，不过很多财经网站，特别是外汇类网站上这个数据是定期更新的。

API 和 EIA 两个数据对于原油交易者是非常重要的，任何原油短线策略都应该懂得它们造成的"数据行情驱动周期"（news-driven cycle）。WTI 主要受到 API 和 EIA 两个数据影响，而布伦特则还要加上 OPEC 方面的定期数据影响。

接着我们介绍一下库欣库存数据。这个原油库存数据与美国库欣关系密切。**WTI 原油是在陆地上开采的原油，在装载到油轮上之前需要先运到沿海地区。当原油产量超过管道运输能力，过剩部分就会被储存在仓库中，如俄克拉荷马州库欣地区的仓库。**

库欣地区位于美国中部，是俄克拉荷马州一个不起眼的小镇，却是全美名副其实的"能源血库"，高耸的原油储罐是这里独特的风景线，其罐容占全美总量的 13%。1912 年 3 月，汤姆·斯利克（Tom Slick）和 C. B. 谢弗（C. B. Shaffer）在库欣地区附近发现了油田。此后 8 年时间，库欣油田发展成为全美最大的油田，石油产量在 1915 年 5 月达到每日 30 万桶的顶峰。在第一次世界大战期间，库欣油田生产的原油占到美国原油总产量的 17%，占全球石油总产量的 3%。

虽然曾经作为石油重镇的库欣目前已经不再产油，但它的储油罐和管道却保留了下来，并逐渐成为美国最重要的原油贸易集散地和管道运输的中转枢纽，当地集中了多条重要油管，原油从生产地输往墨西哥湾的炼厂。**库欣通过密集的管道将上游的石油主产区和下游的炼油区连接起来，并且凭借强大的储存能力提供了市场竞争渴望的流动性，由此不断成长为全美重要的管道储运枢纽，被誉为"世界管道的十字路口"**（Pipeline Crossroads of the World）。目前，库欣地区有 16 条主要输入管道，输入油量达到每日 370 万桶，**输入来源地主要位于加拿大西部、巴肯、落基山脉和二叠盆地；库欣有 14 条主要输出管道，将原油输往美国墨西哥湾沿岸的炼油厂和出口码头，以及美国中部地区的炼油厂。库欣还是 WTI 原油期货的交割地，每周有超过 30 亿桶的 WTI 原油期货合约在此交易。从 2014 年 1 月到 2016 年 2 月的数据可以看出

美国将其国内的石油资源按地理划分为 5 个石油管理区（PADD），WTI 期油交割地位于 PADD2 区域的库欣地区。

1891 年，美国联邦政府以美国邮政局私人秘书米歇尔·库欣的名字为这一地区命名。

WTI 和布伦特原油价格与库欣的原油库存规模呈负相关关系（见图 10-13）。

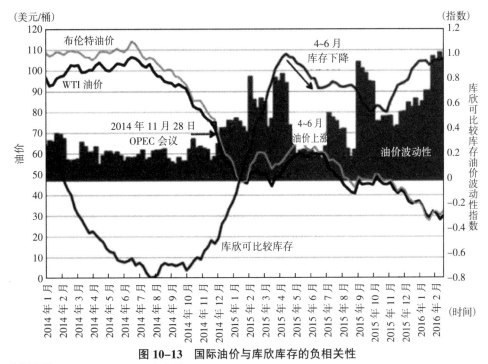

图 10-13　国际油价与库欣库存的负相关性

资料来源：EIA、Oilprice.com、金十网。

从 2014 年 2 月到 7 月底，库欣原油库存持续下跌，与此同时两种主要的国际油价分别超过 100 美元/桶和 110 美元/桶。从 2014 年 8 月到 11 月 28 日，库欣原油库存飙升，与此同时国际油价下跌至 70 美元/桶下方。OPEC 会议拒绝减产的决定加剧了国际油价下跌动能。原油价格持续下跌，到 2015 年 1 月底，全球油价已经下跌至 46 美元/桶。2015 年 2 月，因钻井数目开始下降，原油产量随之缩减，全球油价上扬，不过库欣的原油库存上升则导致油价在当年 3 月再度下跌。

从图 10-13 中可以看出，库欣原油库存在 2015 年 4 月中旬到 6 月中旬出现了下跌，与此同时油价反弹至 60 美元/桶。此后，因为预期伊朗国际制裁解除，同时 A 股暴跌引发全球风险厌恶情绪高涨，而同期的库欣原油库存基本不变，到了 2015 年 8 月中旬国际油价跌到 40 美元/桶附近。

11 月 28 日是一个关键时间点，石油输出国组织政策会议召开。前面的课程我们已经强调了这个会议的重要性，并且给出了会议时间表的查询网址。

库存绝不是油价的领先指标，严格来讲应该是同步指标。领先指标是什么呢？是上游和下游！

265

库欣的原油、成品油库存数据发布主要由美国石油协会（API）完成收集、整理和披露发布等工作。

2015年8月底，库欣的原油库存再度走低，全球油价涨到了50美元/桶附近，直至当年10月底都基本处于这一价位附近。从11月到12月A股大跌，全球风险厌恶情绪再度高涨，同时库欣原油库存再度上行，国际油价暴跌至30美元/桶以下的超低位。到了2016年初，可比较库存持平、页岩油减产传闻以及冻产协议，使得油价回升。

总的来说，库欣地区的原油库存是世界油价的同步指标。另外，全球经济和政治大事件有能力驱动国际油价，但是如果缺乏库欣库存水平的支持，那么这些变化就缺乏持续性。

如何查询库欣库存数据呢？第一个途径是EIA官方网站，你可以直接在搜索栏里面输入Cushing stocks，选择其中相关的项目，点击进入，方框内打钩，然后点击"Graph"（见图10-14），就能看到库欣原油库存的数据走势图了（见图10-15）。

第二个查看库欣库存数据的途径是网址http：//www.genscape.com/solutions/oil/cushing-storage-report#tabs-Overview_panel，这是一份名为《库欣库存报告》（*Cushing Storage Report*）的定期报告（见图10-16），这份报告提供了EIA库存数据与库欣库存数据的对比走势图，其中EIA代表EIA原油库存数

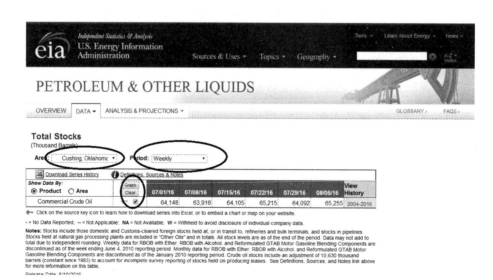

图10-14　EIA官方网站查询库欣库存数据

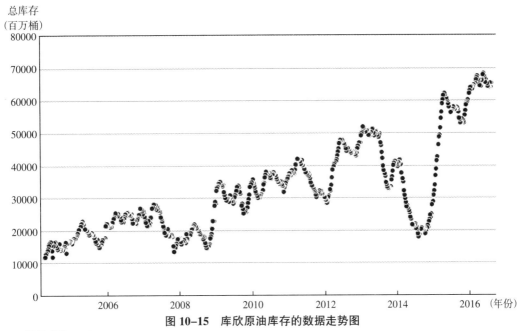

图 10-15　库欣原油库存的数据走势图

资料来源：EIA.

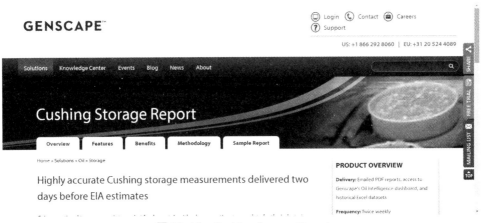

图 10-16　*Cushing Storage Report*

资料来源：Genscape.

据，而 Genscape 则代表库欣原油库存数据（见图 10-17）。此前我们曾经介绍过这个网站，因为它也提供钻井数量统计。

原油短线交易的24堂精品课：顶级交易员的系统与策略（第2版）

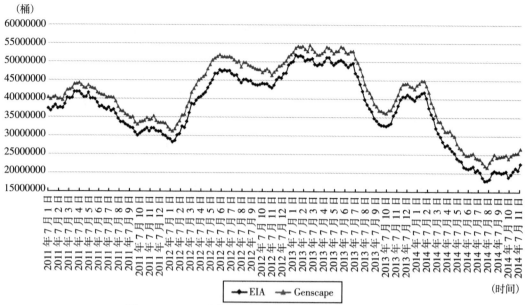

图 10-17　EIA 库存数据与库欣库存数据的对比走势图

资料来源：Genscape.

第三个查询库欣库存数据的途径是网址 http：//cn.investing.com/economic-calendar/eia-weekly-cushing-oil-inventories-1657，这个页面会推送库欣原油库存的最新值，并且列出历史数据（见图 10-18）。

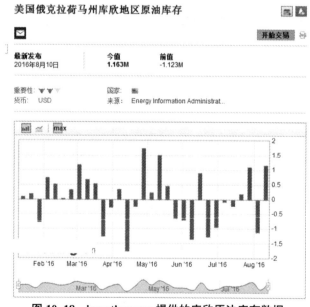

图 10-18　investing.com 提供的库欣原油库存数据

资料来源：Investing.com.

原油库存的三个最新数据我们已经介绍完毕了，我再介绍下 IEA 的原油战略储备。IEA 的战略石油储备是否投放其实主要看美国脸色。一旦决定投放战略石油储备，则原油价格短期内往往会暴跌（见图 10-19 和图 10-20）。

1975 年，美国在能源政策与保护法（EPCA）中建立战略石油储备，该法案为释放原油库存列举了各种条件，涉及军事、战略和经济等诸多方面。只有当总统认定"出现严重能源供应中断，或依照国际能源计划下美国的义务，需要

图 10-19　美国战略石油储备释放与美油价格（1）

资料来源：路透。

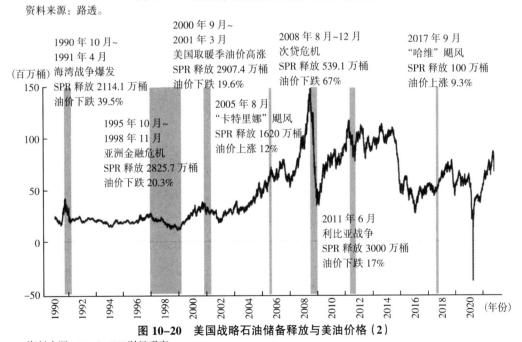

图 10-20　美国战略石油储备释放与美油价格（2）

资料来源：Wind、IMI 财经观察。

动用或出售储备时"，才能释放和出售原油。总统之认定必须满足以下三项条件："(A) 出现紧急情况，供应大面积、长时间严重减少。(B) 紧急情况造成石油产品严重涨价。(C) 涨价可能对国民经济构成重大的不利冲击。"

原油永远是政治经济学和地缘政治学的重要组成部分。

美国战略石油储备的释放可归纳为四个原因：紧急释放（Emergency Drawdowns）、原油试销（Crude Oil Test Sales）、交换协议（Exchanges Agreement）和非紧急型销售（Non-Emergency Sales）。

美国投放原油战略储备有三次比较典型的例子：海湾战争释放储备、"卡特里娜"飓风释放储备、利比亚内战释放储备。如果趋势看涨，那么释放战略储备往往提供了逢低做多的机会。

在介绍美国主导的三次战略石油储备投放之前，我们要先搞清楚一个问题，那就是美国的战略石油储备是怎么建立起来的？1973 年 10 月，第四次中东战争爆发，OPEC 决定将原油市场作为第二战场打击以色列及其支持者，采取原油禁运政策，停止出口，美国也位列黑名单。这次石油禁运持续到了 1974 年 3 月，对于原油消费巨大需要进口的美国而言，无疑遭受了重创。当时，排队定额加油、持枪抢油和持枪护油都成了常态。

原油禁运政策导致了全球，特别是欧美等国家的经济滞胀，物价高企，经济停滞。为了预防类似原油禁运的危机重演，美国政府内部开始讨论建立原油战略储备，在油价低的时候购买储存，在油价高企的时候抛出储备平抑油价。最终，在 1975 年 12 月 22 日，时任美国总统福特签署了《能源政策与储备法案》（*Energy Policy and Conservation*）。当时的战略储备目标是 10 亿桶，但是最高的时候没有超过 7.5 亿桶，高点在"卡特里娜"飓风放储和利比亚内战放储之间。

美国的这些战略原油储备存放在路易斯安那州和得克萨斯州的墨西哥湾沿岸（见图 10-21）。具体而言，美国战略石油储备分布在四个基地：得州的 Bryan Mound 和 Big Hill、路易斯安那州的 West Hackberry 和 Bayou Choctaw 的地下巨型岩洞中。1977 年 7 月，第一批轻质原油 41.4 万桶进入储备地点。到了 1985 年，美国原油战略储备已经达到了 5 亿桶的水平。不过，因为美国一直为不断增长的财政和贸易双赤字困扰，

因此战略原油储备直到 1990 年也只有 5.86 亿桶，离 10 亿桶的目标还有很大的距离。

图 10-21 美国战略原油储备基地位置示意图

资料来源：美国能源部、全说能源。

1990 年伊拉克兵临科威特，美国主导的海湾战争也由此拉开了序幕。战争预期极大地刺激了油价，美国主导了第一次大规模的战略原油释放。

首先来看海湾战争时美国释放储备的情况以及对原油价格的影响（见图 10-22）。从 1975 年战略原油储备机制开始建立到 1991 年第一次战略抛出，整整 15 年时间美国都没有真正动用过战略石油储备这一工具来平抑油价，也不知道究竟效果如何。伊拉克在萨达姆执政之前曾经两次试图以武力吞并科威特，两伊战争后伊拉克想让科威特减免债务，未能达成一致，加上两国在出海口和油气资源划分上多有分歧，而且科威特在历史上曾经属于伊拉克巴士拉省，因此矛盾激化。两国都是重要的产油国，而且处于全球最重要的产油区，沙特和伊朗等重要产油国也在这个区域，一旦开战必然是

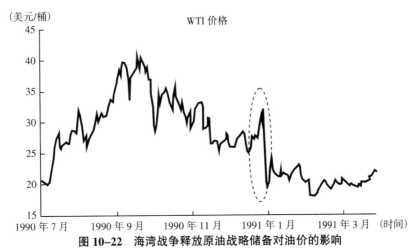

图 10-22 海湾战争释放原油战略储备对油价的影响

资料来源：广发期货。

城门失火，殃及池鱼。中东战火重启必然对全球原油市场造成巨大的冲击。

1990年8月2日，伊拉克在一天之内就出兵吞并了科威特。伊拉克在道义上站不住脚，被国际社会谴责，也为美国进一步加强对中东地区的控制提供了机会。1991年1月16日，美国领导的多国部队开始对巴格达进行空袭，1月17日美国能源部宣布动用3375万桶战略原油储备平抑原油价格。从2月5日第一批战略原油储备释放到4月13日为止，美国能源部累计释放了1740万桶战略储备原油。2月23日，多国部队从地面进入伊拉克和科威特，伊拉克军队开始从科威特撤退。2月27日，美国总统布什宣布停火。3月3日，萨达姆的伊拉克政府接受停火协议，海湾战争就此结束。

原油战略储备的释放其实只是改变了时间上的分布而已：第一，战略储备长期来看是要回补的，意味着现在增加了供给，未来就会增加需求，缓解近端供应矛盾，推升远端补库需求。第二，战略储备的释放驱动了当前原油价格下跌，而这会打击很多油气企业生产的积极性，进而降低远期的供应潜力。

在国际能源署（IEA）框架下，美国主导的能源储备释放对油价有很好的平抑作用，原油价格从每桶33美元左右下跌到18美元左右。国际能源署（IEA）是一个政府间组织，成立于1974年石油危机期间。该组织官网称，其初始作用是负责协调应对石油供应紧急情况的措施。与欧佩克由石油输出国组成相反，国际能源署（IEA）的成员国绝大部分是西方阵营中的石油进口国（其中只有加拿大和挪威长期是石油净出口，美国2011年在62年内首次成为石油净出口国）。在国际能源署的28个成员国中，包括美国、日本、韩国在内的16个国家的战略石油储备分为"由政府控制"和"由企业控制"两部分。由政府控制的战略石油储备，又称为"应急石油储备"。日本、德国、法国、捷克共和国、匈牙利、爱尔兰和斯洛伐克的战略石油储备中，由政府控制的部分甚至超过了由企业控制的部分。而本国石油产量较多的加拿大、挪威和英国，则没有建立由政府控制的石油储备。

经历了原油禁运的美国，最害怕的事情就是中东地区战争引发国家油价飙升，进而导致发达国家的经济滞胀。从1990年8月伊拉克吞并科威特到1991年1月多国部队出兵的近半年时间中，美国领导下的IEA已经为能源危机做好了系统准备：

第一，向国际社会公开宣布将动用原油战略储备，以应付全球性的能源危机。1991 年 1 月 11 日，国际能源署（IEA）宣布，一旦中东地区爆发战争，会向国际原油市场每天投放 250 万桶原油。当时，国际能源署成员国的原油储备高达 36 亿桶，可供成员国消费 96 天。

1991 年 1 月 16 日，时任美国总统布什批准每天向美国原油市场投放 112 万桶原油。当时美国日均原油消费量是 1765 万桶，而美国当时的原油战略储备是 6 亿桶左右，也就是说美国的战略原油储备可供全美国消费一个月。美国和国际能源署的公开行动，稳定了国际原油市场的信心，也稳定了油价。

第二，协调 OPEC 主要国家作为战时原油供应保障工作。1990 年 12 月初，美国能源部长专程前往沙特和阿联酋商讨战争开始后的原油生产工作。海湾战争开始后，沙特用小型船舶将原油运到波斯湾外的大型油轮上，以便将原油出口维持在开战前水平。

第三，各国政府通知和管控各大石油公司不要乘机哄抬物价。比如，美国政府吸取了两次石油危机的教训，1990 年 8 月 8 日，布什要求各大石油公司不用利用战争提高油品价格。1991 年 1 月 16 日，多国部队的进攻一开始，美国的几大原油巨头就宣布冻结油品价格，避免出现价格飙升。

整个海湾战争期间，美国能源部累计销售约 2100 万桶原油，对平抑国际原油价格起到了重要的作用，美国的战略石油储备计划取得了第一次的成就。

接着我们来看"卡特里娜"飓风释放储备的情况以及对原油价格的影响（见图 10-23）。到目前为止，对美国造成最大损失的飓风就是"卡特里娜"，美国国家飓风中

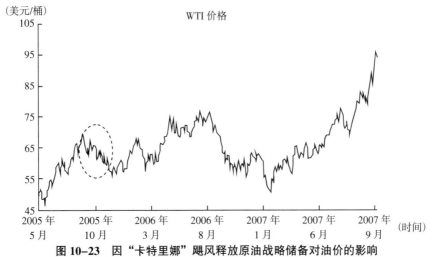

图 10-23　因"卡特里娜"飓风释放原油战略储备对油价的影响

资料来源：广发期货。

273

心估算卡特里娜飓风造成的经济损失高达 1000 亿美元，因此它也被称为美国历史上造成损失最严重的自然灾害。2005 年 8 月 23 日，"卡特里娜"飓风在加勒比海地区的巴哈马群岛附近生成，之后加强成为飓风。8 月 29 日，"卡特里娜"飓风袭击墨西哥湾，摧毁了海湾重要的原油生产和基础设施系统，一度使得该地区石油生产的减产量高达每天 150 万桶左右。墨西哥湾海域 30 个石油钻井出现不同程度的破坏，9 个炼油厂关闭。"卡特里娜"飓风的威力并不局限在强风和洪水危害，还造成至少 10 处油井溢油，溢油量与美国历史上几次最严重的溢油事故数量相当。

"卡特里娜"飓风登陆后的 6 个月内，美国共减少石油产量达 1.14 亿桶，相当于整个墨西哥湾地区原油年产量的 20%。当时美国有 25% 的石油供给是由这里提供，由于供给量的减少导致国际油价飙升至每桶 70.8 美元。

8 月 31 日，布什政府同意动用战略石油储备，释放 3000 万桶帮助稳定能源市场。接着，国际能源署 9 月 2 日宣布，所有 26 个成员国一致同意每天将战略储备的 200 万桶原油投放市场，在 30 天内总计投放 6000 万桶以帮助解决因"卡特里娜"飓风造成的市场紧张局面。这则消息刺激当日纽约市场原油期货价格大幅下跌。此后，美盘原油非商业头寸的持仓大调整，从 2005 年 9 月初开始，NYMEX 原油非商业头寸的净持仓由净多逾 24000 手开始转空，连续五周维持翻空状态后净空持仓规模超过 40000 手，这是当时**两年内最大规模的一次多翻空**。2005 年 11 月底，该原油期货非商业头寸的合计净空持仓规模仍保持在 43000 多手，重新向净多持仓方向转化的迹象并不明显。

第三次比较出名的战略石油储备释放是在 2010 年底利比亚内战时进行的。当时"阿拉伯之春"开始，利比亚领导人卡扎菲因为触碰了法美等国的根本利益而在此浪潮中受到冲击。利比亚因此卷入内战中，导致每天 160 万桶的石油产出全部中断。

2011 年 3 月 23 日，国际能源署（IEA）宣布美国将与其他成员国一同采取联合行动，在未来 30 天内平均每天向市场投放 200 万桶，也就是总计 6000 万桶的原油战略储备，其中美国自己就抛出了 3000 万桶原油，以弥补由利比亚原油停产产生的供应缺口。这次抛出完全在市场的预期之外，3 月 23 日当天尾盘全球原油价格暴跌。收盘时纽约 8 月原油期货价格大跌 4.39 美元，收于每桶 91.02 美元，跌幅为 4.60%。伦敦市场 8 月布伦特原油期货价格更是暴跌 6.95 美元，收于每桶 107.26 美元，跌幅高达 6.09%。此后，油价弱势震荡形成三角形后继续下跌步入熊市（见图 10-24）。

除了上述三次在突发大事件背景下的原油战略储备释放外，还有一次是在宏观通胀高企、民众支持率显著下滑的背景下的战略储备释放，也就是 2021 年 11 月 24 日。

2021 年美国拜登政府为了抑制不断走高的通货膨胀进行了三次重大的原油储备释

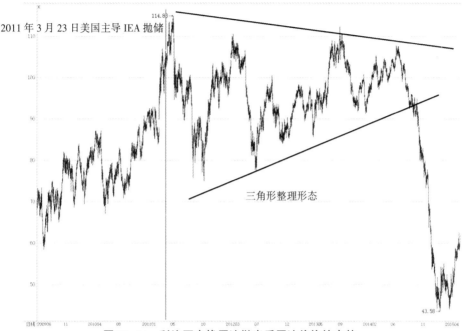

2011 年 3 月 23 日美国主导 IEA 抛储

三角形整理形态

图 10–24　利比亚内战原油抛出后原油价格的走势

资料来源：博易大师、Dina。

放行动。第一次是 2021 年 2 月 11 日，1010 万桶战略石油储备销售。第二次是 2021 年 8 月 23 日，2000 万桶战略石油储备销售。第三次是 2021 年 11 月 24 日，5000 万桶战略石油储备释放，其中将加速国会已批准的 1800 万桶战略储备原油的销售，未来几个月内 3200 万桶原油也将进入交易，未来数年内将回补 3200 万桶原油进入战略原油储备中。与此同时，其他国家的释储计划也已陆续公布，印度将从储备中释放 500 万桶原油，英国将从储备中释放 150 万桶石油，而据日经新闻报道，日本计划释放 420 万桶石油储备。

2021 年 11 月 24 日这次战略原油抛储官宣受到市场较大的关注，因为数量大，而且是在宏观通胀高企的背景下展开的。释放储备消息公布后，原油短期暴跌，但是其中也有疫情等因素影响（见图 10–25）。

除了上述四次比较著名的美国战略原油储备释放之外，还有两次不那么出名的释放行动，都是在克林顿任期内实行的。

第一次是 1997 年为了减少美国财政赤字而出售 2800 万桶原油，这次出售减少了部分美国财政赤字问题，而克林顿也是美国史上少数将美国财政赤字转为财政盈余的总统。但是，美国的贸易在"二战"后一直处于赤字状态。

第二次是 2000 年时，美国能源部为了舒缓美国东北蒸馏油的不足，以**"交换协**

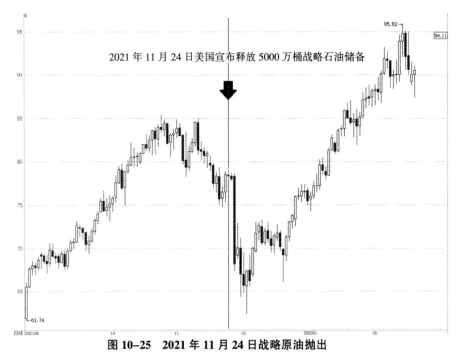

图 10-25 2021 年 11 月 24 日战略原油抛出

资料来源：博易大师、Dina。

议"模式放出 3000 万桶战略石油储备。在这种模式下，放储的原油是需要在期限内归还，因此降低了当时的油价，但是数周后油价有回升趋势。这与前面提到的 2021 年底拜登政府放出 5000 桶战略原油储备有一定相似之处，因为其中的 3200 桶也是以"交换协议"的方式进行的，一定时间之后需要归还。

这里再补充一个查询中国原油库存的网址 http：//futures.xinhua08.com/bd/kc，这个数据是新华社旗下中国金融信息网提供的（见图 10-26），对市场影响不大，只能作为一个参考数据。

原油是最重要的全球贸易商品，整个产业链延伸到世界各地，自然产业链上下游的运输成了原油分析师和交易者不可不考虑的因素，其中最容易引发油价波动的运输节点基本都与主要海峡有关。

下面我们介绍原油运输的主要海峡。关系全球原油运输的重要海峡有 7 个（见表10-1），它们是霍尔木兹海峡、马六甲海峡、苏伊士运河、曼德海峡、丹麦海峡、土耳其海峡、巴拿马运河。

霍尔木兹海峡是连接中东地区的重要石油产地波斯湾和阿曼湾的狭窄海峡，亦是阿拉伯海进入波斯湾的唯一水道，海峡的北岸是伊朗，有阿巴斯港；海峡的南岸是阿曼；海峡中间偏近伊朗的一边有一个大岛叫作格什姆岛；北方有霍尔木兹岛等，皆是

图 10-26 中国石油库存月度数据

资料来源：中国金融信息网。

表 10-1 2009~2013 年主要海峡原油运输量（单位：百万桶/日）

地点	2009 年	2010 年	2011 年	2012 年	2013 年
霍尔木兹海峡	15.7	15.9	17.0	16.9	17.0
马六甲海峡	13.5	14.5	14.6	15.1	15.2
苏伊士运河	3.0	3.1	3.8	4.5	4.6
曼德海峡	2.9	2.7	3.4	3.7	3.8
丹麦海峡	3.0	3.2	3.3	3.1	3.3
土耳其海峡	2.8	2.8	3.0	2.9	2.9
巴拿马运河	0.8	0.7	0.8	0.8	0.8
世界海运原油贸易	53.9	55.5	55.6	56.7	56.5
世界原油总供给	84.9	87.5	87.8	89.7	90.1

资料来源：EIA.

伊朗的岛屿。海峡南部属以阿拉伯人为主体民族的阿曼国。

波斯湾沿岸共有 7 个产油国，分别为伊拉克、伊朗、科威特、卡塔尔、阿拉伯联合酋长国、巴林和沙特阿拉伯。2018 年，上述 7 国的石油产量合计约为 3100 万桶/日，占世界石油产量的 32.7%。拥有的剩余探明石油储量超过 8000 亿桶，占世界的 46.25%。这些国家生产的石油绝大部分要通过霍尔木兹海峡输往其他石油进口国。

2018 年，通过霍尔木兹海峡的日均石油运输量为 2100 万桶，占全球海运石油贸易的 1/3，约等于全球石油消费量的 21%。通过海峡的液化天然气数量，占全球液化天然气贸易量的 1/4 以上。通过该海峡的原油，85% 流向亚洲市场，其中中国、韩国、印度

和日本便是位居前列的亚洲流入地。石油经霍尔木兹海峡运输的路线主要有三条：第一条路线是从波斯湾出发经过马六甲海峡到达亚太地区，主要是东亚；第二条路线是从波斯湾出发经过曼德海峡和苏伊士运河，再经过地中海，最后到达欧洲及美国东海岸；第三条路线是从波斯湾出发绕过好望角经过北大西洋达到西欧地区。总体来看，这一海**峡输送着西欧国家年均石油消费量的30%。**

两伊战争期间，从1987年伊朗和伊拉克开始实施过全面封锁霍尔木兹海峡的行动，发起了无限制袭击油轮的战斗。为了维护霍尔木兹海峡的原油运输和打击伊朗，美国海军派出的护航舰队击沉了大量伊朗舰艇，甚至击落了一架伊朗的民航客机。在1988年美伊短暂的海战中，伊朗海军遭到美军的重创，几乎全军覆没。

2019年6月13日，两艘10万吨的超级油轮在霍尔木兹海峡遭遇袭击，其中一艘遭到袭击的挪威油轮阿尔泰号已经沉没，导致霍尔木兹海峡出现关停风险。6月13日的东京黄金市场在霍尔木兹海峡油轮遭袭的背景下，远月合约价格突破了前期高点，在4660日元附近的高位收盘。市场对美伊两国可能发生军事冲突的担忧是黄金走高的主要因素。

2019年5月12日和6月13日，6艘商船在霍尔木兹海峡附近遭到袭击。5月12日，4艘商船在霍尔木兹海峡附近的阿拉伯联合酋长国富查伊拉以东水域遭到袭击，其中两艘沙特阿拉伯船只的结构遭到了严重破坏。6月13日，挪威船东拥有的"前沿牵牛星号"和日本船东拥有的"国华勇气号"油轮，在霍尔木兹海峡入口处的阿曼湾海域，遭遇袭击后发生爆炸，船上燃起大火，船员被迫弃船逃生。6月20日，伊朗击落一架美军无人机，美国计划对伊朗发动军事打击，但最后一刻取消。随着美伊对抗的升级，围绕霍尔木兹海峡的军事冲突事实上已进入一触即发的状态。袭击活动使得通向霍尔木兹海峡的海上运输保险和运费等成本大幅上涨，当年5月底，联合战争委员会（JWC）对船舶险特战区（中东区域）

地缘局势紧张的时候，伊朗多次威胁封锁霍尔木兹海峡，引发原油市场动荡。

做出最新调整，大幅提高了该地区的保费和索赔金额。2019 年下半年几乎所有船东在航行至波斯湾时所支付的额外保费，都在不断上升。船舶受袭击后的 6 月 13 日至 20日，波斯湾至中国的超大型油轮现货运价大幅上涨了 101%。6 月 20 日，VLCC 油轮从波斯湾到中国之间的即期运价涨到了 3 月以来的最高水平，达到每天 25994 美元，而 5月的平均价格为每天 9979 美元。6 月 13 日之后国际油价连续数日大涨，涨幅达 13% 左右（见图 10-27）。油轮遭袭不是重点，而因袭击事件导致主要海峡的暂时关闭或关闭风险才是带来的重要驱动因素。

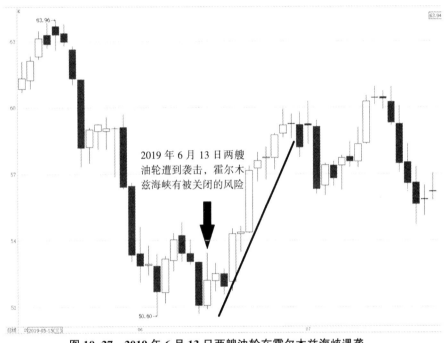

图 10-27   2019 年 6 月 13 日两艘油轮在霍尔木兹海峡遇袭

马六甲海峡是马来西亚近代一个重要的国际贸易交通港埠，国际上习惯用它称呼位于马来半岛与印度尼西亚管辖的苏门答腊岛之间的漫长海峡。海峡呈东南—西北走向。它属于缅甸海，东南端连接南中国海。海峡全长约 1080 千米，西北部最宽达 370千米，东南部的新加坡海峡最窄处只有 37 千米，是连接太平洋与印度洋的国际水道。马六甲海峡是中国和日本以及韩国最主要的能源运输通道，因此马六甲海峡被誉为东亚的"海上生命线"。

苏伊士运河连接地中海与红海，提供从欧洲至印度洋和西太平洋附近土地的最近航线。它是世界使用最频繁的航线之一，也是亚洲与非洲的交界线，是亚洲与非洲、欧洲人民来往的主要通道。运河北起塞得港，南至苏伊士城，长 190 千米，在塞得港

2015 年苏伊士运河新航道航通。

北面掘道入地中海至苏伊士的南面。

除苏伊士运河之外，该地区还有一条重要石油输送管道——苏迈德输油管道（SUMED）。这条输油管道连接苏伊士湾的爱因苏卡纳（AinmSukhna）港和地中海的西迪科瑞尔（SidiKerir）港，由两条平行管道构成，日输油量为 234 万桶。如果苏伊士运河被迫关闭，那么苏迈德管道就成了唯一可以将原油从红海输送至地中海的通道。如果运河和输油管道全部关闭，那么油轮需向南绕过非洲好望角，而此举将增加 4345 千米的路程，原油运输的时间和成本都会大大地增加。

通过苏伊士运河的油轮在爱因苏卡纳港卸油，然后再通过萨米德管线泵送到西迪科瑞尔港。

曼德海峡是连接红海和亚丁湾的海峡，位于红海南端也门和吉布提之间，连接红海和亚丁湾、印度洋。苏伊士运河通航后，为从大西洋进入地中海，穿过苏伊士运河、红海通印度洋的海上交通必经之地，战略地位重要。海峡宽为 26~32 千米，平均深 150 米，其间分散着一些火山岛，丕林岛将海峡分成小峡和大峡，小峡在亚洲一侧宽约 3.2 千米，水深 30 米，是曼德海峡中主要航道；大峡在非洲一侧宽约 25.95 千米，水深 333 米，多暗礁和一些小火山岛。

1995 年末，也门与厄立特里亚两国曾围绕大哈尼什岛的归属问题展开了一场激烈的争夺战，因为该岛位于红海东南端海域正中，临近曼德海峡，因此，得该岛者得海峡。因当时两国战事影响，途经该海峡向南运输的船只完全受阻。

我们来看一个有关曼德海峡与原油价格的实例。2018 年 7 月 25 日，也门胡塞武装袭击了 2 艘原油油轮，因此**暂停经由一条红海重要航道（曼德海峡）的一切石油运输**。沙特领导的联军与也门胡塞武装争夺也门控制权的战争不断升级，**停止油轮经过连接红海与亚丁湾的曼德海峡**，标志着战争进一步升级。

当时沙特表示胡塞武装在红海上袭击了沙特国家航运公司运营的 2 艘超大油轮。**沙特能源大臣称一切经由红海的石油出口都将暂停，直到局势更加明朗，经由曼德海峡的海上运输安全为止**。胡塞武装加大力度打击沙特石油设施，威胁这个王国的经济引擎，进一步增加了地缘政治紧张局势，2018 年 7 月初国际油价也因此达到 2014 年以来的最高水平。暂时关闭曼德海峡给国际油价带来了小幅的上涨动力，涨幅达 1.5%左右（见图 10-28 和图 10-29）。

图 10-28　2018 年夏天油价创出多年新高

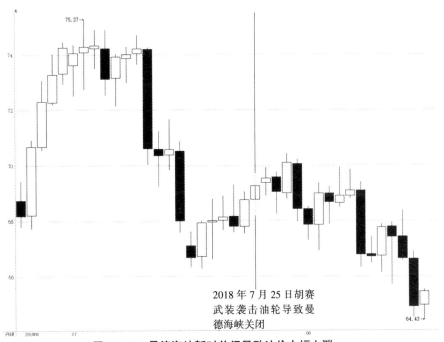

图 10-29　曼德海峡暂时关闭导致油价小幅上涨

丹麦海峡由许多渠道组成，连接波罗的海和北海，是俄罗斯原油出口至欧洲地区

2015年秋天我从伊斯坦布尔坐大巴，然后坐轮渡到了恰纳卡莱，特洛伊古城就在附近，我在那里小住了几天，此处也是"土耳其国父"凯末尔建立了赫赫战功的地方。

的重要通道。根据EIA的相关报告，2013年日均有330万桶的原油从这里经过。普里莫尔斯克港在2005年运营之后，俄罗斯通过这个港口向西欧输送大量原油。2011年，俄罗斯途经丹麦海峡出口的原油中，超过一半经过普里莫尔斯克港。此外，还有少量的挪威和英国原油经过丹麦海峡向东输送至北欧市场。

土耳其海峡是连接黑海与地中海的唯一通道，包括博斯普鲁斯海峡、马尔马拉海和达达尼尔海峡，其中达达尼尔海峡又叫恰纳卡莱海峡，古往今来皆为兵家必争之地，战略地位十分重要。这一海峡是俄罗斯和里海地区原油外输的重要通道，2013年每天约有290万桶石油途经土耳其海峡，其中70%为原油，其余为石油产品。

巴拿马运河位于中美洲国家巴拿马，横穿巴拿马海峡，连接太平洋和大西洋，是重要的航运要道，被誉为世界七大工程奇迹之一的"世界桥梁"。巴拿马运河由巴拿马拥有和管理，属于水闸式运河。从一侧的海岸线到另一侧海岸线长度约为65千米（40英里），而由加勒比海的深水处至太平洋一侧的深水处约82千米（50英里），宽的地方达304米，最窄的地方也有152米。通过巴拿马运河的货物中，石油仅占18%。在2013年全球海运石油当中，途经巴拿马运河的量仅占1.4%。

2016年6月26日，巴拿马运河拓宽工程举行竣工启用仪式。

库存和原油海上运输海峡/运河的详细情况我们已经了解了，现在我们接着介绍一下全球主要的输油管道和输气管道。在此之前，看一张图，这是全球原油贸易流向（见图10-30）。

要介绍全球的重要油气管道，我们先从俄罗斯讲起。俄罗斯通往欧洲的天然气管道经常成为地缘政治博弈的工具，我们只要把这些图大致看一下（具体请见"顶级交易员"微信公众号，下同），等有地缘政治事件或者自然灾害的时候再按图索骥即可。先在地图上定位事件发生大概位置，再查看有无重要管线经过，然后就可以推断出对油气价格的影响。俄罗斯到中国及东亚的管线较为简单，后面涉及中国管线时

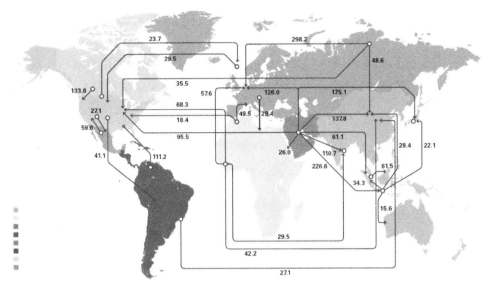

图 10-30　全球石油贸易流向示意图

资料来源：EIA.

还会在图上出现。

　　欧亚大陆上的油气管线，除了俄罗斯之外还有一个国家的管线也值得我们注意，那就是哈萨克斯坦。哈萨克斯坦往西边的管线是输油气到欧洲的，往东边的管线是输油气到中国的。其中，中亚有一个巴库—第比利斯—杰伊汉输油管道（BTC 管道）值得注意，因为这一管道经过高加索，属于敏感地带，亚美尼亚与阿塞拜疆之前的矛盾较为尖锐，而格鲁吉亚与俄罗斯也存在矛盾。

　　现在，我们介绍油气输入中国的线路情况，一方是海上的，另一方是陆上的。海上主要是经过马六甲海峡的路线，陆上的则是哈萨克斯坦和俄罗斯到中国的油气管道，以及中缅油气管道。中缅油气管道起点位于缅甸西海岸马德岛，经缅甸若开邦、马圭省、曼德勒省和掸邦，从云南瑞丽进入中国，在缅甸境内全长 771 千米。另外，中国国内的油气管道可以做一些了解，对于某些能化期货产品的交易者来说比较有用，比如甲醇。

　　北美的油气管道主要涉及加拿大和美国，再加上墨西哥。

　　在中东主要原油出产国当中，伊朗的油气管线、沙特的油气管线、伊拉克的油气管线和阿联酋的油气管线要大致清楚，特别是动荡的伊拉克。

　　另外，西非的油气管线、利比亚的油气管线和挪威的油气管线也要熟悉，特别是西非和利比亚的油气管线，前者经常出现叛军攻击油气管道的事件，后者则因为国内

政局不稳而导致原油出口受阻。

一些重要的原油港口也在上面的图中标注了出来，延伸到海边的油气管道基本对应重要的原油出口港口，这些港口可能因为国内政治或者地缘政治冲突而无法正常运转。

最后，我们谈一下 VLCC（海上超级油轮）运费问题。石油的运输船舶主要有三种类型：VLCC、Suezmax 和 Aframax。VLCC 可装载 200 万桶原油，用于长途航行，全世界大概有 800 艘；"Suezmax"（苏伊士级游轮）是指能够在满载情况下通过苏伊士运河的油轮，全世界总共有约有 700 艘；Aframax 船是"快船"，主要用于 60 万桶原油的短途运输。VLCC 运价指数代表了超大型油轮的运输费用。更为常用的油轮运价指数则是油轮原油运价指数（BDTI），英文全称是 Baltic Exchange Dirty Tanker Index。这个运费指数可以从 http://www.cnss.com.cn/exponent/bdti 查询到（见图 10-31 和图 10-32）。这个运费其实反映了原油运输紧张程度，与原油价格有什么样的关系。原油的需求决定原油贸易需求，进而决定油轮的需求，加上运力，这样就决定了油轮的运费。

> VLCC 是超大型油轮的英文简称，一般相当于 200 万桶原油的装运量。

> 当市场供应过剩、陆上储油空间紧缺，石油交易商便会考虑将原油、成品油储藏在 VLCC 上。2020 年上半年新冠疫情冲击全球经济，原油需求下降，原油浮动仓数量出现显著上升。

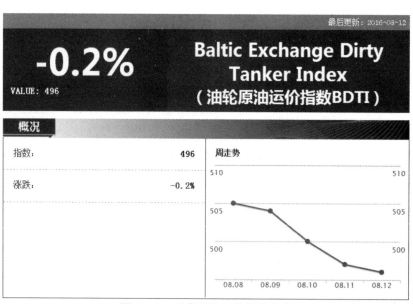

图 10-31　油轮原油运价指数（1）

资料来源：中国海事服务网。

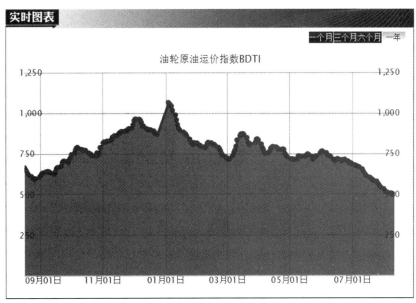

图 10-32　油轮原油运价指数（2）

资料来源：中国海事服务网。

讲到航运价格，BDI 比 BDTI 的名气更大，因为 BDI 反映了大宗商品的运费情况，BDI 是干散货航运指数，与 CRB 走势关系更为密切，与油价走势整体呈正相关性，但是局部波动的关系并不密切（见图 10-33 至图 10-35）。

图 10-33　WTI 与 BDI 走势（1）

资料来源：Stock Charts.

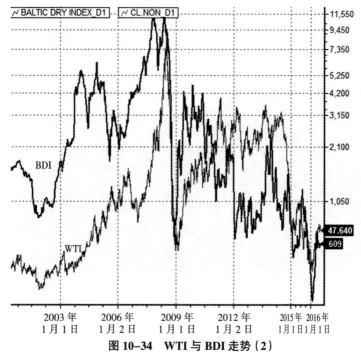

图 10-34　WTI 与 BDI 走势（2）

资料来源：Investment Tools.

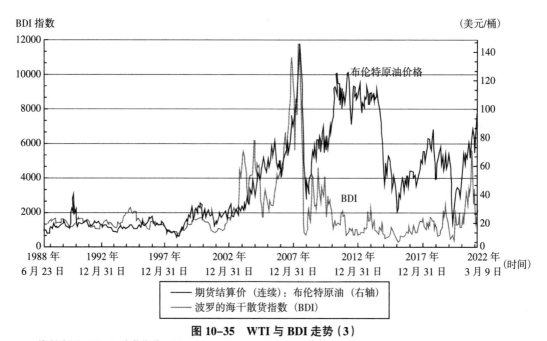

图 10-35　WTI 与 BDI 走势（3）

资料来源：Wind、中信期货、Dina。

【开放式思考题】

在研读完第十课的内容之后，可以进一步思考下列问题。虽然这些问题并没有固定的标准答案，但是能够启迪思维，让你更加深入地掌握某些要点，或者是让你跳出僵化模式来重新看待问题。

（1）2020 年 5 月，原油价格开始走高；2020 年 7 月，全球原油库存开始下降（见图 10-36）。思考：为什么油价上涨领先于库存下降？

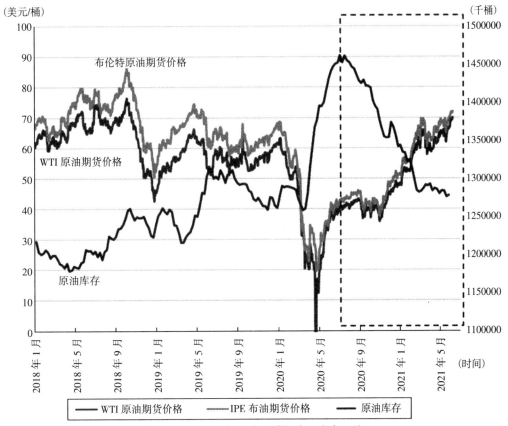

图 10-36　2020 年油价上涨领先于库存下降

资料来源：彭博、EIA、中航证券。

（2）全球原油浮仓（见图 10-37）与原油价格的关系是怎样的？为什么会存在这样的关系？原油价格下跌是导致浮仓费用上升还是下降，原因是什么？为什么浮仓的变动与远期升水的正相关性很高？（见图 10-38）

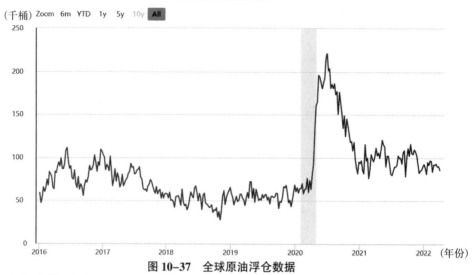

图 10-37　全球原油浮仓数据

资料来源：财经 M 平方。

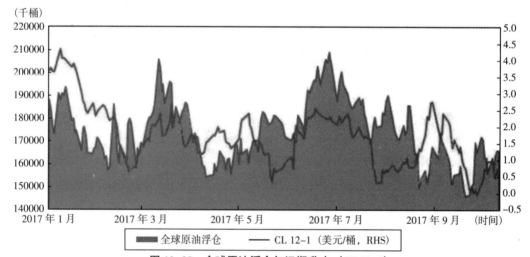

图 10-38　全球原油浮仓与远期升水（CL12-1）

资料来源：兴业研究（付晓芸）。

【进一步学习和运用指南】

（1）IEA 与 EIA 的区别。IEA 是"国际能源署"的英文缩写，其于 1973 年成立，是一个政府间组织，担任其 28 个成员国的能源政策顾问，并与成员国一起协力为其国民提供可靠及经济的清洁能源。初始作用是**负责协调应对石油供应紧急情况的措施**，当前的工作重点是研究应对气候变化的政策、能源市场改革、能源技术合作和与世界其他地区国家展开合作。EIA 是"美国能源信息署"的英文简称，其于 1977 年成立，隶属于美国能源部的统计机构。**EIA 依照美国相关法律，全面收集、分析发布能源信息，其使命是向决策者提供独立的数据、预测、分析，以促进健全决策、建立有效率的市场，让公众了解有关能源及其与经济环境的相互作用，其高效运转的能源信息统计系统，成为美国能源预测预警系统的重要组成部分。**因此，EIA 是我们平时分析原油市场时不可或缺的数据和信息来源，职业原油交易者和分析师每天都应该浏览一下 https：//www.eia.gov。

（2）霍尔木兹海峡是全球原油运输中最为重要的节点，值得进一步深入了解，下面就**"原油短线交易中的霍尔木兹海峡地缘政治"**进行详细阐述。

作为一个原油交易者，霍尔木兹海峡的地缘政治形势是需要随时关注的一个驱动因素。那么，霍尔木兹海峡在什么位置呢？这一海峡位于阿曼（Oman）和伊朗（Iran）之间，被认为是全球最为重要的咽喉点（chokepoint），首屈一指的战略要地，被戏称为"世界油阀"、21 世纪的"生命线"。海峡的北岸是伊朗，有阿巴斯港，海峡的南岸是阿曼。霍尔木兹海峡最窄的地方只有 38.9 千米，每条航道的宽度也只有约 3.2 千米宽。

为什么霍尔木兹海峡如此重要呢？**自古以来，霍尔木兹海峡就是连接东西方国家的纽带，也是世界各国之间文化沟通的桥梁。**在我国元代时期，就将其称为"忽里棋子"。而在明朝时期，就改称"忽鲁模斯"。**16 世纪初，葡萄牙帝国占领了霍尔木兹海峡，随后，英国、法国、俄国等国家也开始了对霍尔木兹海峡的争夺。**

就现在的情况来讲，全球超过 1/3 的海运原油出口需要经过霍尔木兹海峡。具体来说，根据美国能源信息署（EIA）2018 年的数据，每天有超过 2100 万桶原油或者精炼油品需要经过这里，它们来自石油输出国组织（OPEC）中最重要的五个生产者：沙特阿拉伯（Saudi Arabia）、阿联酋（UAE）、科威特（Kuwait）、伊拉克（Iraq）和伊朗（Iran）。

尽管西方国家也严重依赖经过这一海峡的原油供给，但这些油品的绝大多数经过霍尔木兹海峡后输往亚洲。斯特拉福战略预测公司（Stratfor）指出霍尔木兹海峡所承担的运量相当于 90% 的波斯湾石油出口和 40% 的全球消费。**EIA 估计通过该海峡的油轮有 85% 是运往亚洲**，主要接收国家有日本、韩国、印度及中国。**现在中国大约 45% 的石油来自波斯湾周围的国家**，2020 年总共进口了石油 54239 万吨，同比增长幅度 7.3%，石油对外依存度 73.56%。与中国相比，日本更加依赖波斯湾的石油。**现在日本国内生产所需的石油和天然气都来自进口，其中 80% 都是来自波斯湾。**为减少对霍尔木兹海峡的依赖并缩短前往欧洲的航程，海湾各国自 20 世纪 80 年代开始向外修建石

油管道。虽然现在霍尔木兹海峡的重要性已远不如以前了，但是如果封闭它，对世界石油市场依然会有重大影响。

这个海峡内有很多岛屿、暗礁和浅滩。**霍尔木兹海峡有 8 个主要岛屿，其中 7 个由伊朗控制。**伊朗手中掌控着最核心的大通布岛、小通布岛以及阿布穆萨岛。这三个岛屿虽然面积不大，但地理位置非常重要，就像插在霍尔木兹咽喉上的几个橛子，伊朗以这三个岛屿为依托部署了大量军事力量。伊朗尽管实际控制着海湾三岛，但这三岛的主权归属问题却在伊朗和阿联酋之间一直持有争议。在英国殖民中东的时代，这三个岛屿归英属阿联酋管辖，后来英国撤出该地区，就把阿布穆萨岛、大小通布岛的管辖权转交给了沙加酋长国和哈伊马角酋长国。后来这两个酋长国与其他五个酋长国一起组成阿拉伯联合酋长国，宣称对三岛行使主权。不过伊朗巴列维王朝也看到了这些岛屿的战略价值，于是以历史上三岛酋长曾向波斯效忠为由出兵直接占领了三岛。

整个安全航道只有几千米宽，平均深度不足 30 米，使得巨型油轮和重型军舰通行时必须异常小心。**实践证明，这里并不适合大型舰只的快速展开，但是利用岸基火力和导弹却能轻易控制海峡，用水面布雷和沉船设障的方法也能有效地阻塞航道。伊朗在海峡北岸部署了重兵，**设置了包括射程达 360 千米的近百枚反舰导弹和短程弹道导弹阵地。

通常情况下，这一海峡的运输出现中断预期或者实际干扰会对原油交易者的情绪产生显著的冲击。

比如 2011 年 12 月 13 日，伊朗议会议员、国家安全与对外关系委员会委员帕尔维兹（Parviz）在接受伊朗半官方通讯社迈赫尔通讯社采访时向西方抛出了一个警告："我们将很快会在霍尔木兹海峡附近进行军演。因为如果世界想让这片地区变得不安全，我们就让世界变得不安全。伊朗会在军队演习时封锁霍尔木兹海峡。"

消息一出，自东向西国际原油期货市场开始随之震动。在即将收盘的亚洲市场，国际原油 1 月期货价格在冲破连续 3 日的 97 美元/桶关口附近震动后，冲至 97.64 美元/桶；在欧洲，油价开始了温和走高的步伐，攀升至 99 美元附近，直逼百元关口；到纽约早盘开始，油价加快了上升步伐，在顺利冲破 100 美元/桶关口后，在午盘前飙升至 101.25 美元/桶。随后呈现震荡态势，最终收于 100.14 美元/桶，涨幅 2.42%，创下近一个月来最大涨幅。同一天，伦敦布伦特 1 月原油期货价格也上涨 2.24 美元，以 2.09% 的涨幅收于 109.50 美元/桶。

2011 年 14 日，在惊吓了国际能源市场一天后，伊朗官方出面辟谣，告诉全球这只不过又是一个狼来了的故事。"伊朗已经多次表示，封锁霍尔木兹海峡的问题不在日程之内，因为伊朗相信这一地区必须保持和平与稳定，这样才能推动各个地区的发展。"伊朗外交部发言人说。但他也并没有彻底否认这一举动成行的可能性，他表示如果目前的紧张局势演变为战争，霍尔木兹海峡可能会遭遇威胁。在传言澄清之后，布伦特原油下跌 4.48 美元，收于每桶 105.02 美元，纽约原油期货大跌 5.19 美元，跌回 100 美元/桶，收于 94.95 美元/桶。**发生在霍尔木兹海峡上的一个传言仅在两日之内就给国际原油市场带来了逾 9 美元/桶的振幅**，在美伊矛盾突出的这一个月，国际石油价格已经上涨了近 17%。

又比如，2019 年 6 月阿曼湾（Gulf of Oman）的油轮受到了两次攻击，引发原油价格跳涨超过了 4%。请看图 10-39，这是当时布伦特原油期货日内 5 分钟走势图。

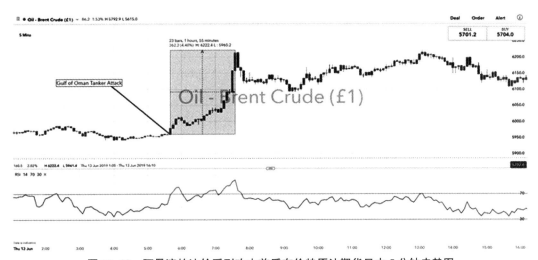

图 10-39　阿曼湾的油轮受到攻击前后布伦特原油期货日内 5 分钟走势图

资料来源：IG Charts.

我们简单归纳下最近几十年在霍尔木兹海峡出现的地缘冲突（见表 10-2）。

表 10-2　霍尔木兹海峡出现的地缘冲突

序号	时间	事件
1	1980~1988 年	"两伊"战争期间，伊拉克干扰原油运输后，伊朗威胁关闭霍尔木兹海峡
2	1988 年	美国海军攻击伊朗，报复后者两伊战争期间在波斯湾（Persian Gulf）布设水雷
3	2008 年	伊朗军舰群在霍尔木兹海峡威慑三艘美国军舰
4	2012 年 1 月	伊朗威胁封锁霍尔木兹海峡，作为对美欧制裁的回应
5	2015 年 5 月	伊朗控告一艘新加坡油轮毁坏采油平台，开火射击，最终扣留了这艘船
6	2018 年 7 月	美国在退出伊朗核协议（Iran Nuclear Accord）之后，宣布将伊朗原油出口削减到零之后，伊朗总统鲁哈尼（Rouhani）宣布伊朗有能力控制霍尔木兹海峡，干扰其海湾邻国的石油外运，进而阻碍全球原油运输

续表

序号	时间	事件
7	2019 年 5 月	两艘沙特的油轮在霍尔木兹海峡外不远处遭到袭击
8	2019 年 6 月	伊朗击落两架美国无人机
9	2019 年 7 月	美国军舰在霍尔木兹海峡击落伊朗无人机。7 月 19 日，伊朗扣押一艘英国运营的油轮，显然是对英国在直布罗陀海峡附近扣押一艘伊朗油轮做出报复，这带动了原油期货价格走高。布伦特原油价格自 7 月 18 日收盘以来已经上涨 2.1%，收在每桶 63.26 美元

那么，伊朗真的具有封锁霍尔木兹海峡的能力吗？

理论上而言，伊朗能够限制进入海峡狭窄通道的交通。1982 年 12 月，《联合国海洋法公约》（*UN Convention on the Law of the Sea*）签署，其定义了路基线延伸 12 海里的领海范围。就霍尔木兹海峡而言，通行船只被迫采用北部和东部路线接近波斯湾，这意味着它们必须经过伊朗的领海。

不过，中断和干扰霍尔木兹海峡的运输也会极大影响伊朗本国的经济，因为它自身也极大地依赖该海峡的自由通行权。如果封锁该海峡，伊朗的出口就会受到极大的冲击，本来就捉襟见肘的外汇储备将面临雪上加霜的恶劣情况。如果伊朗封锁海峡中断邻国的原油出口，则反过来会使得它更加孤立。

因此，虽然伊朗威胁关闭霍尔木兹海峡，但实际上这种行动是铤而走险，完全不可行。因为这样做会彻底摧毁它自己的经济。同时，完全关闭霍尔木兹海峡会导致美国和伊朗步入战争状态，而这必然会导致油价飙升。

（3）**美国 EIA 原油库存反映供需平衡的状况，与原油价格的相关系数达 -0.54**。根据过去 20 年库存走势，库存总量在 2 月到 5 月的晚冬及春季期间通常会持续走高，6 月到 8 月的夏季及初秋之际减速，9 到 11 月的秋季期间则会上升，12 月冬季来临时再跌落；整体而言，库存的季节性高点通常发生在 4 月到 5 月。我们可以在"财经 M 平方"上查询这一数据的历史走势和当下水平（见图 10-40），网址是：https：//sc.macromicro.me/charts/178/us-oil-inventory。

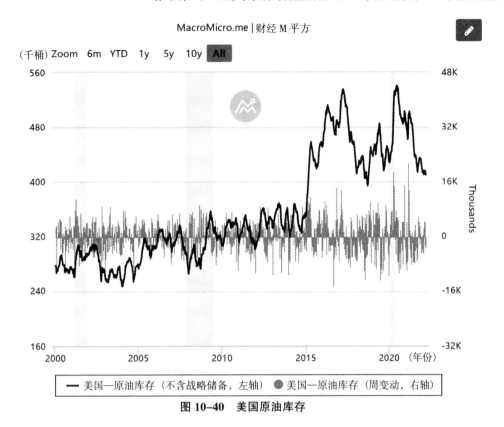

图 10-40 美国原油库存

参考文献

［1］和讯网：《国际金市日评：美伊两国关系交恶 地缘政治危机助长黄金价格》，2019 年 6 月 14 日。

［2］刘浪：《一场海战结束两伊战争，1988 年美伊霍尔木兹海峡之战》，《国家人文历史》2012 年第 4 期。

［3］张静静：《原油贵了吗？有没有衡量油价的标尺？》，2021 年 10 月 30 日。

［4］陈栋：《美国抛售储备原油对油价的影响分析》，2021 年 8 月 27 日。

［5］全说能源：《能源独立后的美国战略石油储备》，2021 年 9 月 9 日。

［6］Henry Park：《原油下挫，布伦特原油与 WTI 原油价差扩大》，2019 年 8 月 16 日。

［7］Justin McQueen. Strait of Hormuz：The World's Most Important Oil Chokepoint，Aug 21，2019.

［8］王晓薇：《霍尔木兹海峡的石油政治》，《华夏时报》，2011 年 12 月 16 日。

［9］Daniels Trading. Top Strategies For Trading Crude Oil，October 13，2020.

［10］蔡浩、吕志刚：《历次原油暴跌原因的启示》，2020 年 4 月 23 日。

［11］Nick Cunningham. The 4 Key Chokepoints For Oil，Jul. 26，2018.

［12］Irina Slav. Saudi Arabia Halts Oil Shipments At Key Chokepoint，Jul. 26，2018.

［13］Gregory Brew. The Most Important Waterway In The Oil World，Jul. 25，2018.

［14］RFE/RL Staff. Iran Opens Export Terminal To Bypass World's Biggest Oil Choke-point，Jul. 22，2021.

［15］Irina Slav. Oil Drops as Biden Prepares Largest Ever SPR Crude Release，Mar. 31，2022.

［16］Tsvetana Paraskova. Biden's Latest Plan to Curb Soaring Gasoline Prices Angers Drillers，Mar. 31，2022.

［17］董忠云：《原油价格或正在筑顶》，2021年6月30日。

［18］明辉说油：《美国战略石油储备现状、总储备量及释放类型》，2021年12月5日。

［19］明辉说油：《库欣小镇：凭啥影响WTI油价》，2021年12月4日。

［20］高智谋：《Zoltan Pozsar最新研报：石油美元的消亡和布雷顿森林体系Ⅲ的崛起》，2022年4月10日。

［21］覃汉、孙羲昱：《不一样的高油价周期》，2022年4月2日。

［22］天风期货研究所能源组：《原油季报：待到山花烂漫时》，2022年3月23日。

［23］李海涛、瞿新荣：《从油价波动的"四象逻辑"看明年原油价格走势》，2019年11月23日。

［24］汪耀瑶：《追踪原油价格波动，你看对数据了吗》，2020年4月30日。

［25］对冲研投：《以史为鉴，复盘历史上原油、铁矿石价格与BDI指数变动关系》，2022年3月11日。

［26］雷悦、王克强：《原油价格和海运费的背离趋势解析》，2022年2月10日。

［27］吉吉加油：《后疫情时代，我们是如何把握原油的牛市节奏的》，2021年6月30日。

［28］赵然：《美元信用受到质疑是引发美国此轮通货膨胀的本质原因》，2021年12月3日。

［29］卓创资讯：《原油多因子系列研究（二）：商品因子库消比的选择及运用》，2021年11月17日。

［30］徐元强：《商品量化报告之原油——利用库存因子进行回测》，2019年5月8日。

［31］资本小论：《商品期货的库存周期研究》，2020 年 7 月 22 日。

［32］徐寒飞、尹睿哲：《50 美元将成原油长期大顶？——对国际油价走势的深度思考》，2016 年 8 月 30 日。

［33］大有荣成：《美原油库存背后的投资规律》，2016 年 8 月 17 日。

［34］《美国原油库存背后的投资规律：用 API 来预测 EIA》，2015 年 10 月 14 日。

［35］WEEX 乘风：《原油市场老兵揭示油价规律：掌握这个关键指标！》，2019 年 8 月 10 日。

［36］刘道明、许隽逸：《苏伊士运河突发事故影响集运及原油市场》，2021 年 3 月 24 日。

第十一课

产业链与原油的商品属性（3）：中游的分析
——价差和基差

　　许多投机客和投资者整日都在盯着原油价格，试图从中找出原油价格运行的阻力最小路径。我曾经反复向大家强调裂解价差作为原油市场需求线索的巨大价值。裂解价差扩大经常表明对原油产品的需求增加了……而原油也是许多大宗商品和行业的驱动因素。因此，理解和跟踪裂解价差的变化不仅对原油交易者价值非凡，对于任何金融市场参与者而言也是一项基本要求。

——安德鲁·赫克特（Andrew Hecht）

　　在石油产业内经常听到一个名词——"甜酸价差"（Sweet-sour Spread），指的是重原油（酸原油）和轻原油（甜原油）之间的价格差值。

——杰克·D. 施瓦格（Jack D. Schwager）

　　WTI 和布伦特原油之间的价差代表了两种原油价格基准的差异。WTI 代表着美国炼厂接受的原油价格，布伦特价格代表着国际炼厂接受的原油价格。裂解价差衡量了原油及其产品之间的价差。在美国，通常采用 3 : 2 : 1 的裂解价差标准。这个标准意味着三桶原油生产出两桶汽油和一桶柴油。对于比如 Phillips 66 这样的炼油厂商而言，更高的行业平均裂解价差意味着更高的平均利润。从 2012 年到 2013 年，平均裂解价差收缩了，原因是汽油和馏分油相对于原油的价格下跌了，成品油需求下降导致整个行业的业绩恶化了，炼厂股价在 2013 年下跌。

——亚力克斯·张伯伦（Alex Chamberlin）

　　避免失败的关键在于要用系统，而不要用分量，要以整体，而不要以局部的方式进行思维。

——史蒂芬·D.柯维（Stephen R. Covey）

原油短线交易的24堂精品课：顶级交易员的系统与策略（第2版）

炼厂在能化产业链中的角色是非常重要的，但当交易者分析和评估原油价格与能源行业的时候却经常被忽略掉。炼厂就像普通的生产者，被收益所驱使。幸运的是，交易者们可以通过分析裂解价差来评估炼厂的收益情况。最为出名的裂解价差就是RBOB-Brent裂解价差。

——大卫·贝（David Becker）

通过历史裂解价差和美原油期、现货价格的相关分析，我们可以比较看到，两者之间确实存在着显著的正相关性。原油裂解价差与期、现货价格的趋势基本是往同一方向变动的，期货与现货价格的变动往往会比裂解价差的变动晚1到5天，存在着一定的滞后性。

——李小鹏

怎么从价格关系的角度去看，去衡量跨区背景下的原油供需存三方面因素呢？大概可以通过三个价格关系去解读原油市场基本面。第一个就是基差，即现货和期货的价差。第二个价格关系就是成品油和原油的价差，也叫裂解价差。第三个价格关系就是跨地域的价差。在原油市场中既有北美的WTI原油，还有北海的布伦特原油，更有中东迪拜原油，这几个基准价格之间的价差关系，就是一个跨地区的套利关系。

——佘建跃

对于原油市场来说，远期曲线是一个分析原油市场的利器，它不仅可以反映当前的库存以及下游需求情况，还可以把基本面预期等串联起来。

——姜才超

中游分析除了涉及库存和运输之外，还涉及价差的分析。在本课我将介绍原油相关的三个价差：WTI-Brent价差（跨区价差）、裂解价差（Crack Spread）和时间价差（跨期价差/期限价差）。这三个价差分别与原油/石化产业链的上游、下游和中游对应（见图11-1）。

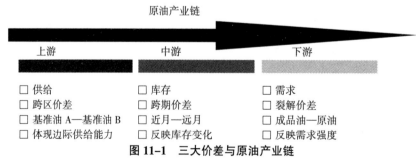

图11-1 三大价差与原油产业链

资料来源：上海分公司投资分析团队、Dina。

第十一课　产业链与原油的商品属性（3）：中游的分析——价差和基差

首先我们介绍 WTI–Brent 价差，或者说"跨大西洋价差"。在讲解这一价差之前，我们先要对全球主要原油品种有所了解，如表 11-1 所示，全球有八大主要的原油定价和交易品种，其中最为重要的两个品种是 WTI 和 Brent（布伦特）。

表 11-1　全球主要原油品种

品种	地区	API 值	含硫量（%）	分类	吨桶比（1 美式桶=42 美制加仑≈159 升）	倾点
WTI	北美	39	0.34	轻油	7.64	−5
Brent	欧洲	38.1	0.39	轻油	7.42	
Dubai	中东	44.6	0.03	轻油	7.848	21
Bonny	北非	31	1.70	酸油	7.239	−12.2
Tapis	亚太	38.2	0.15	轻油	7.506	43
大庆	中国	33	0.10	轻油	7.328	26.7
Cinta	印度尼西亚	32.5	0.10	轻油	7.105	105
Minas	马来西亚	34	0.09	轻油	7.373	100

资料来源：上海原油期货交易所、中证期货。

讲 WTI–Brent 价差就不能不先把国际原油的定价中心搞清楚，无论是 WTI 还是 Brent 都是原油的两个国际基准价格。全世界有很多大型原油交易所，包括中国上海自贸区也有国际原油期货交易中心。亚洲的国际金融中心往往都有原油交易所，如日本的 TOCOM 和新加坡的 SGX，这两个交易所则是以阿曼原油为标的的（见图 11-2）。

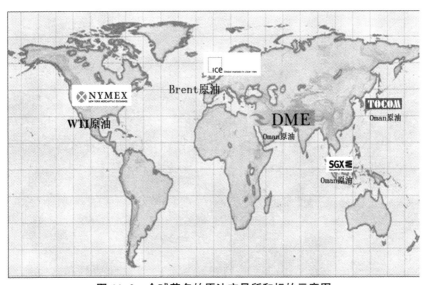

图 11-2　全球著名的原油交易所和标的示意图

WTI（West Texas Inter-mediate）原油是美国得克萨斯州出产的轻质原油和中质原油的总称，是轻质低硫原油（Light Sweet Crude Oil）的代表性油种。现在，WTI 原油期货是全球商品期货中成交量最大的品种。但是，NYMEX 的原油交割必须在与得克萨斯州毗邻的克拉荷马州库欣（Cushing，Oklahom）进行，这导致 WTI 原油期货价格经常会受到交割不畅状况的影响。

美国和中国以 API 度作为原油分类的基准，是美国石油学会（API）制定的用以表示石油及石油产品密度的一种量度。它表示石油产品 15.6℃时的相对密度（与水比）。国际上把 API 度作为决定原油价格的主要标准之一。它的数值越大，表示原油越轻，价格越高。

全球有四种国际性的原油基准价，分别是北美的 WTI、欧洲的 Brent、亚洲的迪拜原油和阿曼原油，其中前三种原油的地位更为重要（见图 11-3）。

伦敦国际石油交易所北海轻质原油 Brent 是该地区原油交易和向该地区出口原油的基准油，其品质低于 NYMEX 的轻质低硫原油。采用这一基准价格的地区为西北欧、北海、地中海、非洲以及部分中东国家（如也门等）。

北美原油主要以 NYMEX 交易所的 WTI 作为定价。产于美国西得克萨斯原油 WIT，其油质较好。北美地区的交易或向该地区出口的部分原油定价主要参照 WTI。采用这一基准价格的地区为厄瓜多尔出口美国东部和墨西哥湾的原油、沙特阿拉伯向美国出口的阿拉伯轻油、阿拉伯中油、阿拉伯重油和贝里超轻油。

迪拜原油是轻质酸性原油，产自阿联酋迪拜。海湾国家所产原油向亚洲出口时，基本采用迪拜原油价格作为基准价格。不过最近几年因为迪拜的原油产量逐步下降，使得其作为基准油价的地位开始动摇。例如，OPEC 最近新的一揽子原油基准价改为阿布扎比的 Murban 原油。而身为全球领先的普氏能源资讯也计划在迪拜原油基准价格的每日评估中包含更多新的中东原油级别，用以增加市场的流动性、定价的准确性。

除了迪拜原油外，阿曼原油的月度平均价格也已成为以日本为主要对象的、面向整个亚洲的中东产原油的价格指标。阿曼原油产自中东阿曼，相对于迪拜原油，其储量更多，产出量比较稳定，不受目的的限制。因此，阿曼原油价格和迪拜原油价格一样，均是中东地区的重要原油价格指标。**阿曼原油的 API 度约为 34 度，属于中质原油**，硫含量约为 2%。

除了上述场内交易给出的定价基准之外，还有 OTC 交易的定价基准。我们以亚洲 OTC 市场为例，这个市场上的参与者主要是天然气和原油生产商、炼油公司、原油需求客户、原油交易商、综合性贸易公司、投资银行。亚洲 OTC 市场上

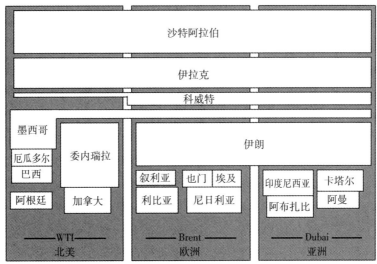

图 11-3　三大地区的原油基准价

的中东产原油贸易以掉期交易为主。这是因为原油现货贸易中极易遇到品质风险和其他运输过程中的风险，加上现货交易中禁止买卖条款的情况比较多，OTC 市场上的参与者普遍喜欢用掉期交易来规避实货交割的风险、减少甚至消除基差风险。所谓的掉期交易就是固定价格换浮动价格（将来的价格），以现金结算其差额。这个浮动价格会参照期货市场的收盘价、普氏之类的估价、JCC 价格（日本进口原油的加权平均到岸价）等。

WTI 和 Brent 原油期货价格的意义我们搞清楚后，现在开始讲 WTI-Brent 价差。从 2009 年到 2019 年（见图 11-4），Brent-WTI 价差高点在 28 美元，低点在 -3.6 美元。当 WTI-Brent 价差变小时，两种原油中美国的炼厂更倾向于采购 WTI。但如果把时间放长一些，从 1984 年到 2017 年来看（见图 11-5），就会发现 2008 年以后这个价差的波动明显扩大了并且负值成了常态，这是什么原因导致的呢？

对 1990 年到本书写作完成为止的 WTI-Brent 价差数据进行研究可以发现，在 2005 年之前，基本上都是 WTI 高于 Brent，且价差波动幅度较小，也就是说 WTI-Brent 原油价差在 2005 年之前都是正值，因此习惯上我们一般都把两者的价

作为价格报告机构的普氏能源资讯会收集 OTC 市场上的报价，然后根据一定的方法估算处理后，在普氏窗口上公布出当日的各油种价格。普氏窗口对所有资信良好的参与者开放，但对参与者也有严格的要求。比如参与者的所有买/卖报价必须是可交易的实盘，且必须遵守普氏交易原则，否则将失去其参与资格。

WTI-Brent 价差在不同时间阶段内有着不同的波动区间，但在具体的区间之内存在着比较稳定的套利机会。

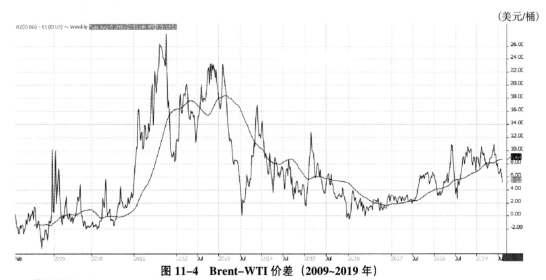

图 11-4　Brent-WTI 价差 （2009~2019 年）

资料来源：FXempire，David Becker.

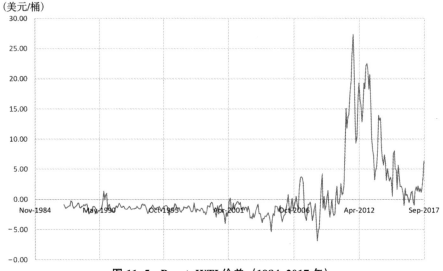

图 11-5　Brent-WTI 价差 （1984~2017 年）

资料来源：Mindy L. Mallory.

差写成 "WTI-Brent" 形式。但是，2005 年之后这个价差的波动幅度扩大了，而且经常出现 WTI-Brent 原油价差倒挂成负值的情况，如 2007 年的 WTI/Brent 原油价格倒挂、2009 年的 WTI/Brent 原油价格倒挂，到了 2011 年 WTI-Brent 原油价差持续呈现负值（倒挂）的状态。

我们对上述三个阶段的 WTI-Brent 价差关系和驱动因素先进行一个简要的介绍和剖析，然后再对影响这个价差的重要驱动因素进行逐一讲解，以便在事件驱动提供题材时对原油期货进行短线交易。

第一阶段是 1990~2005 年，在这个阶段中 WTI-Brent 价差为正值且波动幅度较小。在这一段时期，美国原油消费稳步增加，但是国内产量却严重不足，因此需要先从海外进口原油运输到墨西哥湾沿岸。由于 WTI 原油产量不高，同时质量较好，因此整体上对 Brent 原油是升水状态。

第二阶段是 2005~2011 年，在这个阶段中 WTI-Brent 价差波动剧烈，并且出现了几次较为显著的价格倒挂。比如 2007 年的 WTI/Brent 原油价格倒挂、2009 年的 WTI/Brent 原油价格倒挂。2007 年导致倒挂的因素有美国次贷危机影响 WTI 原油需求，安理会加大对伊朗制裁力度影响了 Brent 原油供给等。2009 年倒挂时间较短，原因众说纷纭，莫衷一是，大家可以进一步就这问题进行自己的独立研究。从 2005 年美国页岩油气革命开始，这一时期主要增加了天然气的产量。从 2007 年开始，页岩油的产量开始逐步增加，逐步改变了美国国内原油的供需状态。2008 年开始的次贷危机加剧了原油市场的波动，大西洋两岸的供需差异加大进而导致 WTI-Brent 价差的波动加大。

第三阶段是 2011 年之后到现在，这个阶段 WTI-Brent 价差基本都是倒挂（负值）。由于 WTI-Brent 价差长期处于负值，以至于许多原油分析师和交易者都将价差公式改为了 "Brent-WTI" 形式。页岩气革命肇始于 2005 年，页岩油生产开始于 2007 年，到了 2010 年页岩油产量开始飙升。伴随着加拿大和美国内陆的油气产量剧增，原有的油气管道已经不能满足需求了，库欣地区出现了胀库现象。大量的原油不能及时输送到墨西哥湾沿岸的炼厂，WTI 原油出现了局部的供给过剩情况。2015 年之后，库欣地区的油气运输管道大幅扩建。每一次的油气管道设施改善都使得 WTI-Brent 价差出现大幅的反弹，如管道 Seaway 的反输、Seaway Ⅱ 的投产使用。

这个价差是全球能源研究机构和交易员都非常关注的一个指标。**影响 WTI-Brent 价差的因素有原油品质差异、库欣**

区域之间的原油供求不均是 WTI-Brent 价差变动的根本原因。

库存变化、地缘政治变化、自然灾害、经济景气程度、美元、投机力量、非洲—欧洲与北美原油产量差异，等等。

先谈第一个因素，原油品质差异影响 WTI-Brent 价差。前面介绍的 WTI、Brent、迪拜/阿曼原油期货标的物分别为低硫轻质原油、低硫中轻质原油、高含硫中质原油。WTI 原油期货标的物较布伦特含硫低、品质轻，因而一般情况下 WTI 价格较 Brent 高 1.5 美元/桶左右，而 Brent 价格则比迪拜/阿曼价格高 3 美元/桶左右。但是，自 2010 年下半年起，WTI 与 Brent 价格出现持续倒挂，原因主要还是页岩油气革命，加上其他因素。

第二个影响 WTI-Brent 价差的因素是库欣库存变化。WTI 原油与库欣的关系密切，因为 WTI 原油主要产自前面第八课讲页岩油提到的二叠纪，二叠纪的原油产量占得州总产量的 3/4，占全美的 1/10。二叠纪的原油开采出来后先集中到得州的米德兰（Midland），从米德兰分出去两个方向，第一个是往南输送到墨西哥湾的美国炼厂聚集区，第二个是往北的库欣，经过库欣中转后输送给更加北面的芝加哥炼厂聚集区。原油走哪条线路到炼厂，取决于运输情况和运输费用，以及炼厂的处理能力和利润率还有下游需求。当原油产量大增叠加运输不佳时，库欣库存就会猛增，这个时候 WTI 原油价格就会走低。

例如 2011 年 10 月中下旬到 11 月上旬，库欣原油库存"胀库"的问题得到逐步解决。此前，因为页岩气革命美国国内的原油产量猛增，但由于当时输油管道容量限制，大量原油被积压在库欣，导致 WTI 原油价格相比 Brent 原油价格出现明显折价。而自 2011 年 10 月开始，除了解决输油管道的瓶颈问题之外，卡车、火车和水路运输等替代输油方式也采用起来，这些缓解了库欣的高库存担忧（见图 11-6），加上当时的美国经济数据向好，这使得 WTI 原油价格上涨，进而使得 Brent-WTI 价差缩小（见图 11-7）。

十多年前美国页岩油技术革命之后，WTI 原油价格开始比布伦特原油低。

影响库欣原油库存的因素很多，比如美国的原油出口政策、页岩油的产量、炼厂的消化能力、原油运输能力等。永远记住，库存很难充当领先指标，而上游和下游却是很好的领先指标。

结合前面一课的美国油气管道图来阅读。

炼厂的利润率可以用后面介绍的"裂解价差"来度量。

WTI 原油品种比 Brent 原油更高，在不考虑其他因素的前提下，WTI 相对 Brent 应该享受溢价。

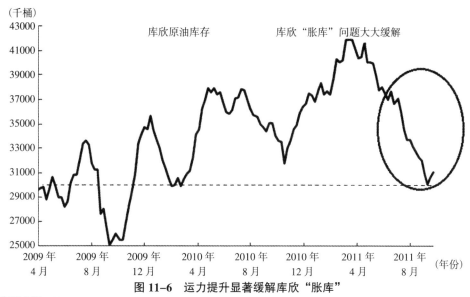

图 11-6　运力提升显著缓解库欣"胀库"

资料来源：EIA.

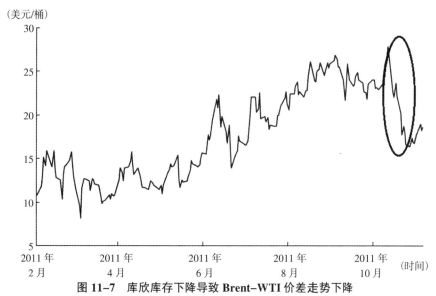

图 11-7　库欣库存下降导致 Brent-WTI 价差走势下降

资料来源：彭博。

　　美国的原油出口政策也会影响库欣库存，进而影响 WTI-Brent 价差，因为美国原油出口意味着国内原油的供给量/库存量将下降，这势必提升 WTI 原油价格，而同时国外原油的供给量/库存量将增加，这就会影响 Brent 原油价格。比如，2015 年底，美国商务部宣布出口原油不再需要申领牌照，这意味着美国原油大规模出口到欧洲也不存在法律障碍，这使得 WTI 价格相对于 Brent 价格上升，价差缩小（见图 11-8）。

图 11-8 出口禁令解除对 WTI-Brent 价差的影响

资料来源：彭博。

除了库欣库存对 WTI 价格有影响外，EIA 和 API 的原油库存数据对 WTI 也有影响，当然也会对 WTI-Brent 的价差产生影响。比如 2016 年 5 月 25 日 API 当周的库存下降了 514 万桶，创下了半年来的最大单周降幅，这使得 WTI 的价格出现了上涨，相对于 Brent 原油价格上涨了（见图 11-9）。

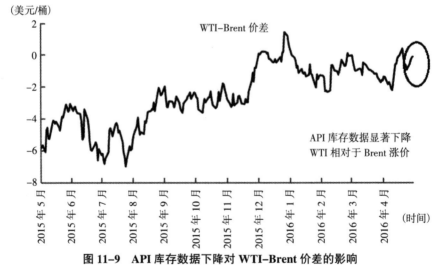

图 11-9 API 库存数据下降对 WTI-Brent 价差的影响

资料来源：彭博。

WTI-Brent 价差、美国原油出口和库存之间存在密切关系（图 11-10）。WTI-Brent 价差扩大，会导致美国原油出口下降，从而使得美国原油库存增加，这会使得 WTI 与 Brent 的价差缩小，直观来讲就是 WTI 更便宜了，Brent 更贵了，这会增加美国原油出

口，减少美国库存。美国原油库存下降，WTI 价格上升，这就减少了美国出口原油的动力。

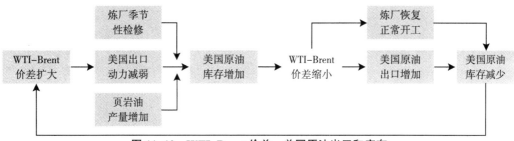

图 11–10　WTI–Brent 价差、美国原油出口和库存
资料来源：华泰证券研究所、Dina。

　　第三个影响 WTI–Brent 价差的因素是地缘政治变化，如伊拉克因为 IS 引发地缘政治动荡，进而导致原油供应显著缩减，进口伊拉克原油的欧洲国家将采购中东其他国家和主要以 Brent 计价的非洲原油作为补充，而这必然会提升 Brent 相对 WTI 的比价。**地缘政治事件往往会导致 Brent–WTI 价差扩大**，因为 WTI 原油是在美国本土生产的，受到中东和欧洲地缘政治的影响相对较小，一旦美国本土之外有地缘政治事件发生，则原油分析师和交易员们就会立即做出 WTI 原油比以 Brent 原油供应更为稳定的判断。来看一个具体的实例，2018 年时任美国总统特朗普宣称要退出伊核协议并且对伊朗实施新的经济制裁，从这个消息宣布开始 WTI 原油和 Brent 原油的价格双双上涨，而 Brent–WTI 价差开始大幅走阔，两者价差超过 6 美元/桶。在 2018 年 3 月和 9 月，美伊关系处于冲突加剧的情况，Brent 原油和 WTI 原油价格都涨到了 70 美元以上，Brent–WTI 价差则超过了 10 美元/桶（见图 11–11）。

　　下面看第二个实例。2014 年 4 月 1 日，利比亚局势没有进一步升级的迹象，而东部反对派与政府的谈判取得较大的进展，即将重新开放东部的原油出口。而此前的 3 月份，利比亚原油产量已经因为派别冲突导致产量下降到 25 万桶/日。反对派与政府的对立关系降温引发了利比亚复产的预期，导致 Brent 原油价格下跌 1.99% 至 105.62 美元/桶，而这使得 WTI–Brent 价差缩小（见图 11–12）。

　　再来看第三个地缘政治变化影响 WTI–Brent 价差的实例。2014 年 4 月 24 日政府军在乌克兰东部城市斯拉维安斯克（Slaviansk）摧毁了亲俄军事力量的三个哨所，并导致 5 名反政府军人员身亡。普京警告称此举将导致严重后果。随后，俄罗斯国防部长宣布俄乌边境举行军事演习，这导致市场担忧欧洲的能源供应将出现问题，促使 Brent 原油价格上涨，即导致 WTI–Brent 价差扩大（见图 11–13）。

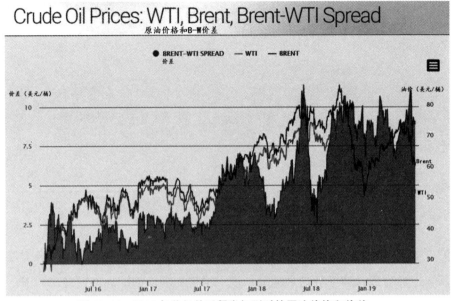

图 11-11　2018 年美伊关系紧张加剧时的原油价格和价差

资料来源：Bluegold Research，CMEGroup，Dina.

图 11-12　利比亚局势缓和使得 WTI-Brent 价差缩小

资料来源：彭博。

第四个影响 WTI-Brent 价差的因素是自然灾害。比如墨西哥湾飓风会影响美国炼厂的工作，影响 WTI 原油价格，进而影响 WTI-Brent 价差。

第五个影响 WTI-Brent 价差的因素是经济景气程度。从宏观层面来讲，Brent 和 WTI 价差反映了美欧经济状况的差异，欧洲主要对本地和来自非洲的油气消费最多，

图 11-13　俄乌地缘局势紧张导致 WTI-Brent 价差扩大

资料来源：彭博。

而 Brent 油价反映了这些地区原油的供求情况，而 WTI 则反映了北美的原油供求情况，除去储量因素，那么经济景气程度就决定了原油的需求量。另外，由于亚洲加大从非洲进口原油，因此也对 Brent 油价产生影响，所以亚洲经济景气程度会影响到 Brent 油价走势。

　　第六个影响 WTI-Brent 价差的因素是美元。很多人可能不知道美元的强弱也会影响 WTI-Brent 价差。我们在本课程开始的部分就指出了原油的两重属性，其中最为重要的属性是资产属性，而资产属性与美元息息相关。而资产属性和美元也会对 WTI-Brent 价差产生影响。

　　国际原油是以美元计价的，这是基辛格当年实施的一个大战略，将快要崩塌的美元与原油挂钩，从而将黄金美元转变为原油美元。原油以美元计价，则意味着倘若美元走强，那么非美货币购买美元计价资产的能力就会遭到削弱。具体来讲，如果美元走强，欧元走弱，那么欧洲市场对于 Brent 原油的购买力就会减弱。另外，WTI 原油的下游买家则基本是美国国内的炼厂，因此美元强弱不会削弱它们的购买力。整体而言，美元走强会造成 Brent 原油的需求下降，而 WTI 原油的需求则不会发生明显变化。需求上的差异将导致 WTI 价格和 Brent 价格的波动幅度也出现差异，具体来讲就是 Brent 油价比 WTI 油价的跌幅更大，这就是原油的资产属性在发挥作用（见图 11-14）。

　　第七个影响 WTI-Brent 价差的因素是投机力量。因为原油具有资产属性，因此大量的投机资金介入其中，原油成了投机性很强的品种，由于监管上的差异必然会导致 Brent 和 WTI 两者之间的波动率差异。2008 年次贷危机后美国加强了原油投机的监管，

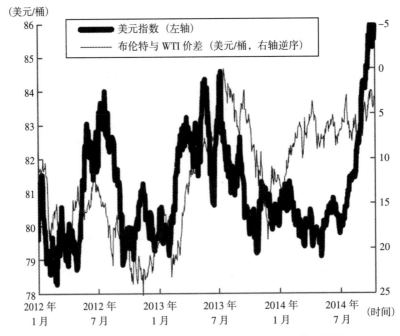

图 11-14　美元指数走高有利于布伦特与 WTI 价差收窄

资料来源：莫尼塔、王玮。

大量投机资金从 WTI 转移到 Brent，这就使得 WTI 的波动率下降，而 Brent 的波动率上升，自然也会让 WTI-Brent 价差波动更大。

第八个影响 WTI-Brent 价差的因素是非洲—欧洲与北美原油产量差异。地区的原油产量差异也会影响 WTI-Brent 价差，北海和非洲都以 Brent 原油计价，当非洲的利比亚等国产量出现问题时，Brent 就会走强，而北海原油持续减产也是 Brent 油价走强的基础。**与北美页岩油产量持续上升相反**，布伦特原油供应趋紧，非欧佩克国家的石油产量也在下降。从 2016 年到新冠疫情暴发，这些国家未能对原油产业链上游生产进行充足资本投资，以满足其产量目标，因此 Brent 原油产量可能赶不上 WTI 原油的产量。

WTI-Brent 价差可以用来寻找两地原油价格套利的机会，但是我们更倾向于结合其他因素来分析原油价格动向，因为 WTI-Brent 价差反映了全球原油市场的结构性差异，而这种差异可能成为驱动整个原油市场上涨或者下跌的动力。比如 2008 年之后页岩油气产量大增，导致 WTI-Brent 价差为负，这是一个信号，我们就要去思考背后的原因。讲到这里，我们还是来一张原油价格与 WTI-Brent 价差的叠加走势图（见图 11-15），让大家直观地感受到原油价格与 WTI-Brent 价差的关系，虽然这种关系并不是线性的，也并不稳定，但是却可以让我们从异常值中找到有价值的真相。

图 11–15　WTI 原油价格与 WTI–Brent 价差

资料来源：良时期货研究中心。

　　需要强调的一点是，利用 WTI–Brent 价差不能直接对油价的涨跌进行相关性分析。因为就我们的经验和学术界的实证研究而言，2010 年以来的**原油期货价格与 WTI–Brent 价差并不存在显著的线性相关性，但是价差异常值代表的基本面供需状态确实会对油价产生一定程度的冲击**。当然或许我们可以利用深度学习的神经网络找出原油价格与 WTI–Brent 的非线性关系，甚至利用后者对前者进行短期预测，但这种预测类似一个黑盒子，其中到底存在什么样的逻辑并不能得到有说服力的论证。相对 WTI–Brent 价差而言，第十课介绍的库存数据，如库欣库存与油价的线性相关性更加显著。

　　那么在哪里可以看到 WTI–Brent 价差走势呢？可以从彭博和路透终端上查询到，但是如果你想要免费的信息来源，那么可以试试这个网址：https：//ycharts.com/indicators/brent_wti_spread，这个网站提供了 Brent–WTI 价差走势图（见图 11–16）。也可以通过"财经 M 平方"官网查询（见图 11–17），网址是 https：//sc.macromicro.me。

　　炼厂是全球原油供应链的关键一环，它连接着原油上游生产到下游消费终端（见图 11–18 和图 11–19）。原油的价值

利用深度学习的相关算法来进行原油市场的预判和交易将在《原油算法交易的 24 堂精品课：智能时代的交易科学与策略》一书中展开我们的相关专业经验和理论。

图 11-16　Brent-WTI 价差走势图

资料来源：ycharts.com.

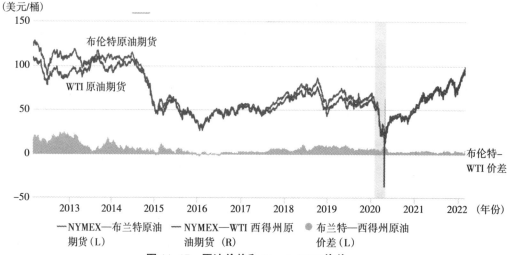

图 11-17　原油价格和 Brent-WTI 价差

资料来源：财经 M 平方。

炼厂通过裂解和炼化过程将原油转化为有经济价值的最终产品

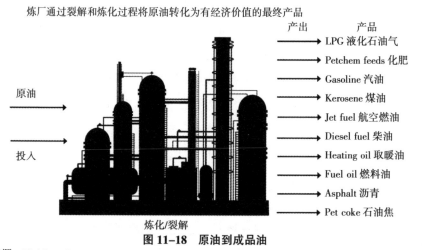

图 11-18　原油到成品油

资料来源：MathPro，Inc.

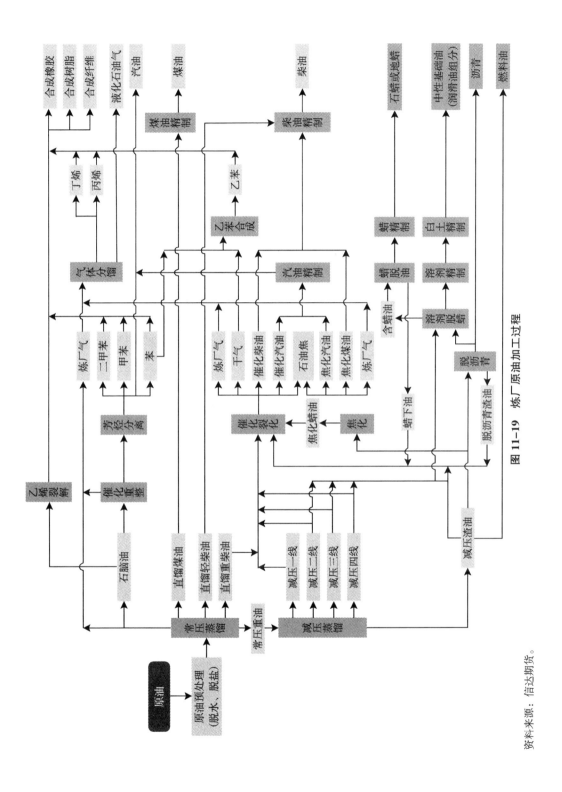

图 11-19　炼厂原油加工过程

资料来源：信达期货。

313

只有在被开采出来并且加工成产品才能得到体现。

如果原油和成品的价格同向和同比例波动，那么原油价格的波动就不会使炼厂担心。但实际情况是，两者的波动经常不一致。因为两者受到不同驱动因素的影响，这些驱动因素来源于上游供给、终端需求、库存、运输、经济活动、政府管制和地缘政治，等等。

原油价格构成了炼厂直接运营成本的绝大部分，而原油裂解成品则构成了最大的收入。因此，炼厂的利润与两者的差值密切相关。

这个差值就是我们要介绍裂解价差（Crack Spread）。所谓裂解价差简单来讲就是汽油价格或燃料油价格与原油价格的差值，或者说**原油和原油提炼品之间的价格差异即为裂解价差**，也可以认为是炼油厂预期中"裂解"原油可获得的利润空间。当然，裂解价差只是炼厂利润的粗略估计，是一个代表变量。对于绝大多数炼厂而言，当汽油价格或燃料油价格相对于原油价格上涨时，裂解价差将上涨，这使得炼厂的利润增加，从而驱动原油价格进一步上涨。裂解价差表明对成品油的需求增加，这会进一步导致炼厂开工率上升，炼厂开工率上升则对原油的需求就会增加。**实际统计数据表明，基于 WTI 的 321 裂解价差领先于炼厂开工率 3 周时间**（见图 11–20），因此可以利用裂解价差预判炼厂开工率进而预判原油需求。

在没有飓风等外部重大冲击的情况下，裂解价差是炼厂开工率的高效预判指标，但如果非市场因素导致炼厂出现停产的话，则这一指标的领先作用会暂时失效，甚至出现负相关性。比如 2005 年卡特丽娜（Katrina）、2008 年古斯塔夫（Gustav）和 2017 年哈维（Havey）等几次超级飓风导致美国墨西哥湾沿岸的炼厂大规模停产，开工率跳水了 20% 左右，减少了成品油供给，但当时的成品油消费却没有受到任何负面冲击，因此反而促进了汽油—原油裂解价差大幅上涨，这就造成了裂解价差和炼厂开工率的显著背离。2020 年初新冠

> 成品油的裂解价差持续下降将会拖累炼厂开工率。如果终端无法承受高成品油价，成品油价涨幅慢于原油，这是原油需求下滑最为直接的信号。

> 墨西哥湾沿岸的原油产量占美国总产量的 17%，而美国逾 45% 的炼油厂分布于此，热带风暴可能会阻碍该地区的油气生产及提炼。

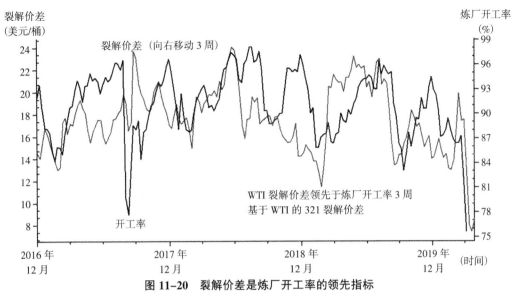

图 11-20 裂解价差是炼厂开工率的领先指标

资料来源：EIA、中粮期货研究院。

肺炎疫情在全面蔓延，炼厂停工，开工率急剧下降，但同时由于限制出行等政策出台，下游的成品油消费也急剧萎缩，因此裂解价差也大幅下降。在 2020 年初，炼厂开工率和汽油裂解价差同时显著下降（图 11-21）。

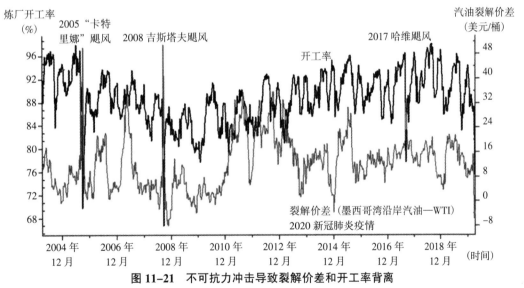

图 11-21 不可抗力冲击导致裂解价差和开工率背离

资料来源：EIA、中粮期货研究院。

那么，裂解价差究竟是怎么计算的呢？裂解价差被定义为多项比率，比如 A:B:C 或者 A:B:C:D。其中 A 代表原油桶数，B 代表汽油桶数，C 代表柴油桶数，D 代表燃料

油/煤油。

美国炼厂行业比较常用的裂解价差比例是3:2:1，表示3桶原油生产出2桶汽油（84加仑）和1桶柴油（42加仑）时收入和成本之间的差值。例如2012年7月16日，12月到期的原油期货报价为87.1美元/桶，RBOB汽油期货报价为2.9711美元/加仑，柴油期货报价为2.7932美元/加仑。为了计算裂解价差，需要对单位进行折算，一桶大约等于42加仑。三桶原油总计261.3美元，两桶汽油84加仑，一桶柴油42加仑，那么裂解价差就等于（117.31 + 249.57 − 261.30）/3 = 35.19（美元）。通常而言，3:2:1裂解价差（见图11-22和图11-23）很好地度量了美国炼厂的整体利润变化。

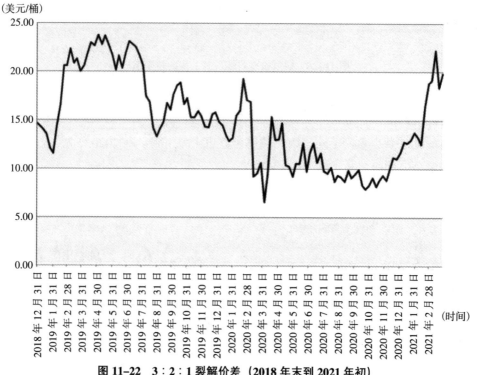

图11-22 3：2：1裂解价差（2018年末到2021年初）

资料来源：彭博、Valero。

同样的道理，如果裂解价差是6:3:2:1则表明6桶原油生产出3桶汽油、2桶柴油和1桶燃料油/煤油时的收入和成本之间的差值。

计算裂解价差时要参考特定的原油价格（如WTI、Brent等）、特定的成品价格和特定的炼油中心（如美国墨西哥湾沿岸、新加坡等）。图11-24展示了2015年7月26日基于美国墨西哥湾沿岸炼厂中心和当时的原油和汽柴油价格计算裂解价差的具体过程。其中原油采用WTI基准、汽油采用PROB基准、柴油采用ULSD基准。

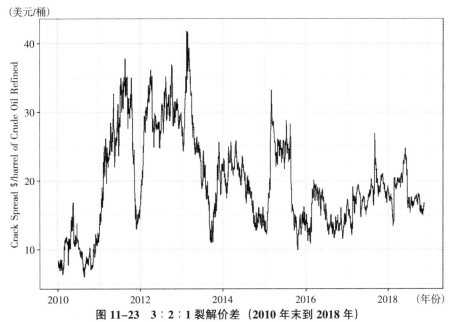

图 11-23　3：2：1 裂解价差（2010 年末到 2018 年）

资料来源：Mindy L. Mallory.

Computing the 3:2:1 Crack Spread (Gulf Coast) for WTI Crude
基于WTI价格计算3:2:1的裂解价差

EIA reported the following Gulf Coast spot prices ($/bbl), as of July 27, 2015: 2015年7月27日

- Crude Oil (WTI) 原油　$47.17
- Gasoline (RBOB) 汽油　$73.08
- Diesel (ULSD) 柴油　$63.84

A Crack Spread is computed as follows:

Crack Spread = value of diesel + value of gasoline – cost of crude
裂解价差　柴油价值　汽油价值　原油成本

Given the spot prices listed above, a **3:2:1 (WTI) Crack Spread** would be:

$$\underbrace{(1/3 * \$63.84)}_{\text{ULSD}} + \underbrace{(2/3 * \$73.08)}_{\text{RBOB}} - \underbrace{\$47.17}_{\text{WTI}} = \$22.83$$

柴油　汽油　原油　裂解价差

WTI is West Texas Intermediate crude
RBOB is the hydrocarbon base blend for ethanol blended reformulated gasoline (RFG)
ULSD is ultra-low-sulfur diesel fuel

图 11-24　计算 3：2：1 裂解价差的具体过程

资料来源：Dave Hirshfeld.

尽管原油可以裂解的种类很多，但是**原油交易者最为关心的还是原油与汽油之间的裂解关系**，因为交通运输是原油的主要下游用途，同时汽油也是交易量最大的成品油期货。从原油裂解出来的下游产品很多，但是只有少部分存在相应的期货交易品种。保持裂解价差方程的简洁性可以让我们更加高效和容易地追踪裂解价差的变化。你不

必注册成为某个原油行业报价服务商的会员，也不必订购一个专业的彭博终端来获取非常准确的裂解价差。只需要跟踪最重要且最简单可交易的能源期货之间的差值就能获得实时的裂解价差。所以，关注原油期货与汽油期货的价差变化就足够了，并没有把柴油价格变化包含进来。虽然在 NYME（New York Mercantile Exchange）有柴油期货挂牌交易，但是却缺少足够的成交量和持仓量信息，同样的情况也适用于取暖油期货。

因此，原油交易者和分析师最常用的裂解价差是 RBOB–Brent 裂解价差，它代表着汽油和原油之间的裂解价差。BROB 是 "Reformulated Gasoline Blendstock for Oxygen Blending" 的缩写。这类汽油是芝加哥商业交易所（Chicago Mercantile Exchange）的合约标准。每份 RBOB 合约包含 42000 加仑汽油，并以美元报价。RBOB–Brent 裂解价差在 2008~2019 年这段时间内的最大值是 28 美元，最小值是 –5.5 美元（图 11–25）。

（美元/桶）

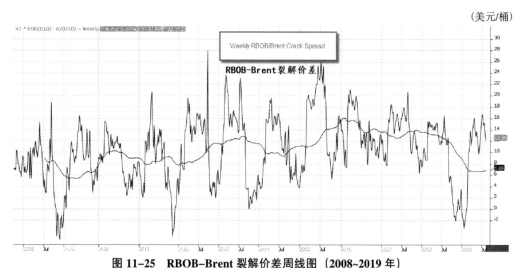

图 11–25　RBOB–Brent 裂解价差周线图（2008~2019 年）
资料来源：FXempire，David Becker.

为什么裂解价差会出现变化？ 简单来讲，就是影响原油市场和汽油市场的因素存在差异。**原油产业链上游的因素对原油市场的影响大于对汽油市场的影响，而炼厂等原油产业链中游因素对汽油市场的影响则要更直接一些。**

比如地缘政治因素（Geopolitical Issues）。总体而言，当政治动荡导致原油供给缩减时，原油价格相对成品油价格就会上涨，最初这会导致裂解价差走弱。不过，炼厂会对此做出调整，裂解价差下降意味着利润减少，它们生产成品油的动机就会减弱，进而导致成品油供应减少，这反过来又会促进裂解价差走强。

又如，如果 OPEC 准备干预原油供给，那么原油价格的波动将比汽油大，在这种情况下裂解价差就会缩小。

再如，炼厂因为飓风等自然灾害暂时关闭，那么汽油价格比原油涨得更快幅度更大。**美国大多数汽油的供应都来自墨西哥湾沿岸地区，因此这个区域的天气事件或者运输堵塞会导致短期汽油价格的上升，进而导致裂解价差扩大。**

我们来看一个具体的例子。2021 年 9 月 14 日，科洛尼尔成品油管道公司（Colonial Pipeline）宣布由于飓风"尼古拉斯"（Hurricane Nicholas）引发停电，使得它不得不关闭了主要的产品油运输管道。科洛尼尔是美国东海岸（大西洋沿岸）主要的成品油管道运输者，每天要从休斯敦向北卡罗来纳州和纽约运送大量成品油。当天，近月汽油合约（front-month RBOB）与洲际交易所布伦特原油合约（ICE Brent）的裂解价差从前一日的 14.8 美元/桶涨到了 15.13 美元/桶。不过，近月柴油合约（front-month ULSD）的裂解价差从前一日的 17.07 美元/桶轻微回落到了 17 美元/桶。实际上，当时休斯敦区域的炼油人并没有因为飓风登陆而停止运作，因此当时市场估计一旦科洛尼尔重启管道，裂解基差就会回落。当时汽油裂解价差大幅上行的另外一个重要因素，是其库存处于 5 年同比最低水平（见图 11-26）。

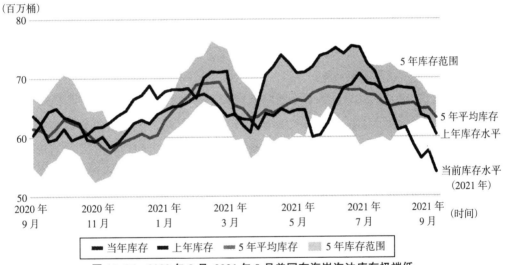

图 11-26　2020 年 9 月~2021 年 9 月美国东海岸汽油库存极端低

资料来源：EIA，Dina.

汇率变化也会影响裂解价差，对于大量进口原油的消费国而言，汇率与原油价格是显著负相关的。货币贬值，则原油价格上涨，进而导致裂解价差收紧。

季节性因素也会影响裂解价差，在美国春天和夏天对汽油的需求量大，因为夏季是出游高峰。而秋天和冬天则对燃料油的需求大，因为冬天是取暖高峰。并且每个冬季末是炼厂设备维护密集期，因此只有少数炼厂在工作，这使得汽油涨价，促使裂解

从 RBOB-WTI 价差季节性统计数据可以看出，美国汽油裂解价差每年夏季有明显的扩大规律。

裂解价差是炼油业或炼油占整体业务比重较大的企业盈利指标。如果汽油和原油的价差扩大，则炼油企业的盈利就会增加，而汽油和原油的价差变小，炼油企业的盈利很可能就会下降。

价差走高。**就季节性对裂解价差的影响而言，主要是夏天和冬天增加了对成品油的需求，进而使得裂解价差扩大。** 具体以汽油的裂解价差季节性为例，美国汽油消费大多数时候会在 4 月末就开始缓慢上升，9 月之后逐步回落，年底的圣诞节附近会有个小的高点，次年初会降到最低点。但由于汽油的供需季节性比较确定，因此汽油裂解价差的季节性会早于供求变化 2 个月左右，**每年高点会在 3 月出现，低点在 10 月出现。**

另外一个影响裂解价差的因素是炼油厂生产各种原油炼成品的相对比例。炼油厂的产成品有汽油、煤油、柴油、燃用油、飞机燃料和沥青等。而炼油厂则会根据下游相对需求的变化适度调节各种产品的生产比例以满足地方市场的需求。

简而言之，如果裂解价差小，则炼厂利润低，这意味着对原油的需求不会增加，这个时候汽油和燃料油处于主动去库存阶段。如果裂解价差大，则炼厂利润高，这意味着对原油的需求会增加，这个时候汽油和燃料油处于主动补库存阶段。

那么，**如何利用裂解价差呢？** 能源行业的分析师和参与者们，以及 EIA 这样的政府机构，还有金融公司和投资者都在利用公开的裂解价差数据去估计不同地区炼厂的利润变化。比如 CME 和 NYMEX 等商品交易所也提供了许多基于裂解价差的期货和金融衍生品。炼厂和其他市场参与者可以通过这些金融产品来对冲原油市场和下游市场的波动风险。自从裂解价差衍生品在交易所上市开始，它们的交易量就非常大，因为它帮助炼厂对冲了许多上下游价格波动的风险。

作为原油交易者，无论是投机还是投资，都可以将裂解价差作为原油价格运动的一个短期领先指标。裂解价差是一个实时的原油产业链动向指标。**作为中游行业的炼厂，其利润变化反映了产业链上游的供给相对产业链下游需求的变化，与库存平衡供求的意义类似。** 当裂解价差扩大时，意味着下游对成品油的需求增加了，这意味着对原油的需求会增加，

进而引发原油价格的上涨。当裂解价差缩小时，炼厂就会缩小成品油产量，这就意味着会降低对原油的需求，进而导致原油价格下跌。

对于原油期货交易者而言，裂解价差是一个不错的原油价格预判工具。2017 年 6 月 21 日，NYMEX 的原油期货价格跌到了当年的最低点 42.05 美元/桶（见图 11-27），当时许多分析师认为原油价格还会进一步下跌，但是裂解价差却给出了相反的信号。

图 11-27　2017 年 6 月 21 日 NYMEX 原油期货价格跌到 42.05 美元/桶
资料来源：博易大师、Dina。

我们先来看当时的汽油裂解价差（Gasoline Crack Spread），在原油创出年底低点之前数日，汽油裂解价差就已经筑底了（见图 11-28）。从图中可以看到，NYMEX 的汽油裂解价差 8 月合约在 6 月 15 日最低跌到了 14.64 美元/桶，然后止跌回升。等到 6 月 21 日原油期货合约见底时，汽油裂解价差已经在 16 美元的水平交易了。**两者的背离表明，原油价格很快就会从下跌中回升。**从那以后，汽油裂解价差向上突破 20 美元的整数位置，于 7 月 19 日触及最近新高 20.91 美元。与此同时，原油价格也比 6 月 21 日的最低点高出了 5 美元。

汽油是季节性商品，因为它的需求在夏季达到高点。美国暑期的出行刺激了汽油需求，这导致汽油裂解价差的季节性高点出现在夏天。即便如此，2017 年 6 月中旬的汽油裂解价差走势也给出了原油价格将回升的信号。

图 11-28　汽油裂解价差在 2017 年 6 月中旬筑底成功

资料来源：CQG，Dina.

　　大多数时候我们只关注汽油裂解价差，但有时候也会参照下取暖油裂解价差（Heating Oil Crack Spread），**查看其有无反季节性变化**。就取暖油的季节性而言，其需求一般在冬天达到高峰。虽然取暖油有这种季节性特点，但通常我们还是将其作为其他缺乏季节性的馏分油的代理变量，比如类似的柴油和航空燃油等。请看图 11-29 取暖油裂解价差 8 月合约比汽油裂解价差合约更早筑底，早在 2017 年 6 月 6 日就在 13.51 美元见底了。等到原油价格在 6 月 21 日见底时，取暖油裂解价差都已经涨到 15

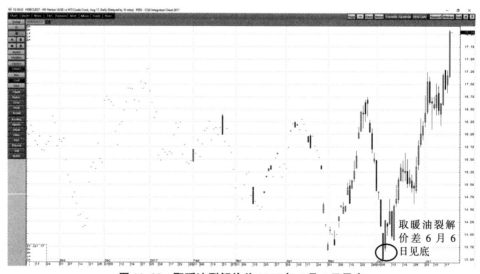

图 11-29　取暖油裂解价差 2017 年 6 月 6 日见底

资料来源：CQG，Dina.

美元了。此后，更是一路上涨，7 月 19 日见到高点 18.09 美元，此时的原油则涨到了 47 美元的水平。对比之下，本应该在夏天走弱的取暖油裂解价差却比汽油裂解价差更加强势，更早见底，对原油价格见底的预判价值更大。

2017 年 6 月中上旬汽油和取暖油的裂解价差都预示了原油在底部附近。即便到了 7 月 19 日，两个裂解价差仍旧表明成品油需求强劲，这种需求最终会转化成对原油的强劲需求。

再往前回顾一下，裂解价差在 2014 年 6 月发出了中期高点的信号，当时原油价格正在 107 美元附近构筑中期顶部。

2014 年 4 月，汽油裂解价差达到高点 27.34 美元，到 7 月跌到了 16 美元。这波下跌表明原油价格超过 100 美元会减少产品油和原油的需求。

同期，柴油裂解价差从 2014 年 4 月的 25 美元高点跌到了 7 美元，触及 15 美元的低点（见图 11-30）。

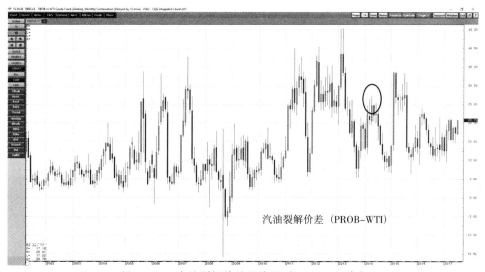

图 11-30　汽油裂解价差月线图（2002~2017 年）

资料来源：CQG，Dina.

请看 NYMEX 的原油期货价格走势（见图 11-32），原油从 2014 年 6 月的 107.73 美元开始下跌，开启一轮大熊市。

那么，从哪里可以看到裂解价差数据呢？ 有些专业研究报告（见图 11-33）和财经媒体会提供这些数据，如《华尔街日报》、路透等，也可以从付费的财经资讯端获得。而我则偏好采用芝加哥商业交易所（CME）汽油裂解价差期货的每日数据来观察裂解价差的走向，栏目名称是 "RBOB Gasoline Brent Crack Spread Futures Quotes"（见图

11 -34），网址如下：www.cmegroup.com/trading/energy/refined -products/rbob -crack -spread-swap-futures.html。

图 11-31　柴油裂解价差（2002~2017 年）

资料来源：CQG，Dina.

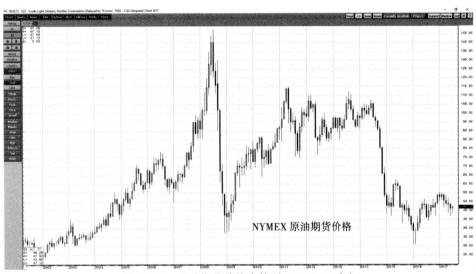

图 11-32　原油期货价格走势（2002~2017 年）

资料来源：CQG，Dina.

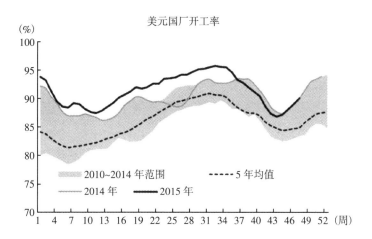

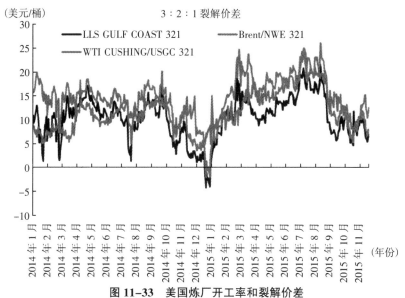

图 11-33　美国炼厂开工率和裂解价差

资料来源：DOE、东证期货（金晓）。

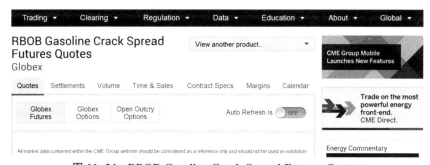

图 11-34　RBOB Gasoline Crack Spread Futures Quotes

资料来源：CME.

也可以从 https：//www.energyexch.com/market 查询到 WTI 和汽油的裂解价差（见图

11-35），这个网站还可以查到 Brent-WTI 价差，以及金油比。同时，还可以观察消息和数据对原油价格的影响，从而将技术面与驱动面结合起来理解，如果能够结合散户持仓情绪，则对于原油短线交易者是非常有用的工具。

图 11-35　WTI 和汽油的裂解价差

我这里简单罗列下其他可以查询裂解价差的来源：Scotia Howard Weil，Bloomberg Professional Service，OPIS，Platt's 以及 EIA 和 CME 等。对于中文世界的原油交易者而言，可以直接到"财经 M 平方"中查询裂解价差（见图 11-36），网址为 https：//sc.

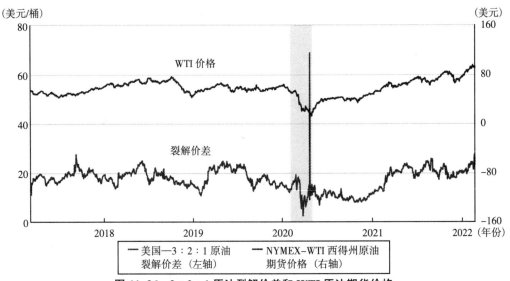

图 11-36　3∶2∶1 原油裂解价差和 WTI 原油期货价格

资料来源：财经 M 平方。

macromicro.me。

　　最后我们简单提一下第三种与原油有关的价差，这就是原油的时间价差（Calendar Spreads）或者说期限价差，主要是基差和期限结构（月差）。

　　先介绍基差。基差是指某一特定商品在某一特定时间和地点的现货价格与该商品在期货市场的期货价格之差。简单来讲，基差=现货价格－期货价格。原油价格与基差的关系也不是简单的线性关系（见图11-37），不是说基差增加，原油价格就上涨，基差减小，甚至为负，原油价格就下跌，要搞清楚什么原因导致的，这个更为重要。做原油期货期限套利的人可能会痴迷于基差本身的历史区间，其实这也容易走入误区，因为那些都是现象，都是特定背景下的数据，只有搞清楚背后的原因才能知道现在的基差合理与否。基差是价差的一种，但它既是一种市场心理预期和情绪指标，也是产业链中游衡量指标，因此我们会在后续的心理分析章节中探讨基差的意义和用法。

　　基差是现货与期货的差值，一般是现货与近月合约或者主力合约的差值；月差一般是指不同月期货合约的差值。远期曲线可以包含现货价格，也可以不包含。因此，期限结构包含两层含义：一是现货和期货间的价差关系，二是不同期货合约间的价差关系。曲线结构可以绘制成远期曲线。

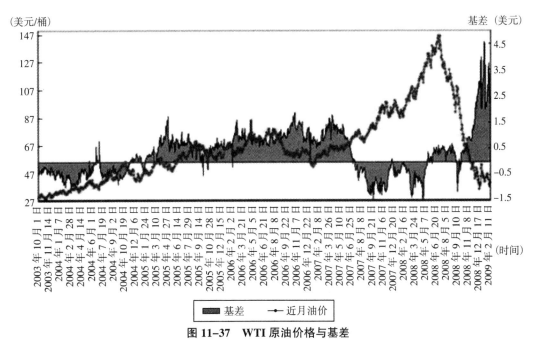

图 11-37　WTI 原油价格与基差

资料来源：良时期货研究中心。

基差为正，而且扩大，要么是现货紧张，要么是地缘政治原因短期内导致现货走高，而中长期地缘政治的问题会解决，这就使得远期供给情况会比现在好，所以远期价格没有走高，甚至还走低。基差无非几种情况，但即便是同一种情况，背后原因也千差万别，关键是搞清楚为什么。基差是一个市场信号，市场的语言，你能读懂是什么意思，这是最有价值的，而不是机械地照本宣科。

原油期货市场的月差或者说期限结构分为两种：Contango（远期升水）和 Backwardation（远期贴水）。将不同交割月的原油期货合约价格按照到期时间先后放在时间线上连成一条曲线就成了**原油远期曲线**（Crude oil forward curves 或者 Crude oil futures curve）。这条原油远期曲线就体现了原油期货市场的月差或者期限结构。所以，当我们谈论和分析月差以及期限结构的时候其实是基于远期曲线展开的。

原油远期曲线是原油分析师和交易者听到最多的术语之一。作为一名原油期货交易者，深刻理解原油远期曲线的意义和用法是非常重要的。对于原油远期曲线存在许多误解，因此有必要做一些介绍和澄清。

站在原油分析师和交易者角度来讲，究竟什么是原油远期曲线？许多人认为这一工具预测了未来的原油价格，这是一种完全错误的肤浅认识。原油远期曲线简单来讲就是不同期限原油期货合约及其价格的期限结构呈现。原油期货合约在到期时间上是前后相继的。

字面上的理解总是比较抽象的，动手可以让我们更直观地理解远期曲线的构成。那么，原油远期曲线究竟是怎样绘制出来的呢？让我们来看一个具体的例子。

第一步，我们需要今天收盘时的原油合约价格以及现货价格。假设今天是 2021 年 5 月 25 日，我们绘制原油远期曲线的数据列在表 11-2 中。

表 11-2　2021 年 5 月 25 日绘制原油远期曲线需要的数据

Contract（原油合约/到期日）	价格（美元）	收盘日期
CLY00（Cash）现货	66.07	2021 年 5 月 25 日
CLN21（2021 年 7 月）	66.07	2021 年 5 月 25 日
CLQ21（2021 年 8 月）	65.79	2021 年 5 月 25 日
CLU21（2021 年 9 月）	65.32	2021 年 5 月 25 日
CLV21（2021 年 10 月）	64.78	2021 年 5 月 25 日
CLX21（2021 年 11 月）	64.25	2021 年 5 月 25 日
CLZ21（2021 年 12 月）	63.72	2021 年 5 月 25 日
CLF22（2022 年 1 月）	63.22	2021 年 5 月 25 日

续表

Contract （原油合约/到期日）	价格（美元）	收盘日期
CLG22（2022 年 2 月）	62.74	2021 年 5 月 25 日
CLH22（2022 年 3 月）	62.29	2021 年 5 月 25 日
CLJ22（2022 年 4 月）	61.88	2021 年 5 月 25 日
CLK22（2022 年 5 月）	61.51	2021 年 5 月 25 日
CLM22（2022 年 6 月）	61.16	2021 年 5 月 25 日
CLN22（2022 年 7 月）	60.78	2021 年 5 月 25 日
CLQ22（2022 年 8 月）	60.42	2021 年 5 月 25 日
CLU22（2022 年 9 月）	60.09	2021 年 5 月 25 日
CLV22（2022 年 10 月）	59.77	2021 年 5 月 25 日
CLX22（2022 年 11 月）	59.48	2021 年 5 月 25 日
CLZ22（2022 年 12 月）	59.22	2021 年 5 月 25 日

资料来源：Barchart.com.

第二步，将上述数据绘制在直角坐标系上，纵坐标是上述合约的价格，横坐标是按照合约到期日从近期到远期等距离排列。将这些点绘制在直角坐标上，然后再连接起来，就构成原油远期曲线了。月差或者说期限结构就可以在这幅图上（见图 11-38）进行分析，主要是看升贴水结构。

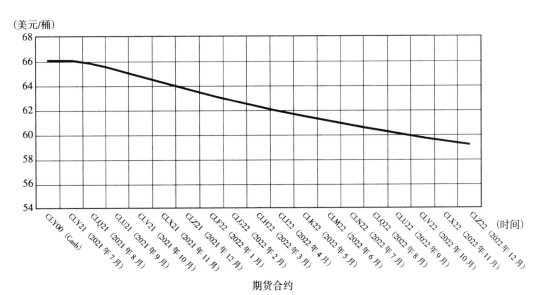

图 11-38　2021 年 5 月 25 日的原油远期曲线

资料来源：Barchart.com，OilTrader，TraderOil.

那么，原油远期曲线能够告诉我们什么呢？这本教程学到这里，你应该对原油的分析和交易有了不少自己的见解和心得，因此不妨停下来先自己思考一番，或许你自己就能找到部分答案。

当我们将到期时间不同的原油期货合约价格连起来的时候，这条远期曲线实际上透露了一段时间内的原油供求状况。图 11-39 是一个 WTI 原油远期曲线的实例，这是彭博社终端自动绘制的一条原油远期曲线。

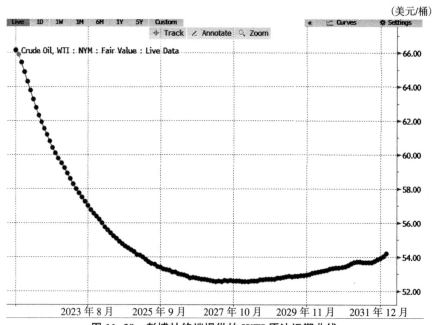

图 11-39　彭博社终端提供的 WTI 原油远期曲线

资料来源：彭博。

这条 WTI 原油远期曲线的特征是越靠近左边，价格越高。换言之，现在的原油需求很强，短期原油需求要比远期原油需求更强。不过，这个体现了今天市场对供求的看法，或许明天或者下周就会显著改变。最为重要的是我反复强调的一点：原油远期曲线并不能直接用来预测未来的油价水平。因此，不能根据图 11-39 就简单地预测未来一年的油价将要下跌。这是许多刚刚进行原油分析和交易者的初学者最常见的误解。

原油远期曲线与国债收益率曲线是非常高效的分析工具，结合本书提供的其他工具，就能够帮助原油分析师和交易者做出更加有效的预判。

国债收益率曲线会逐日变化，原油远期曲线也如此。图 11-40 是两条原油远期曲线的比较图，今日的曲线与一年前的曲线存在显著的不同。这种显著不同体现了市场供求关系的预期出现了根本性变化。

（美元/桶）

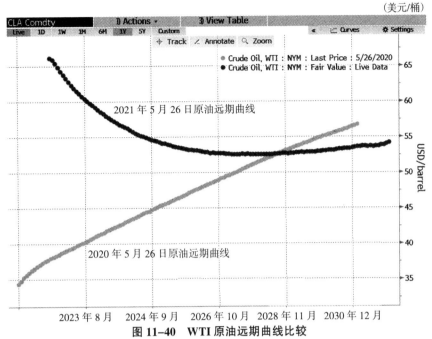

图 11-40 WTI 原油远期曲线比较

资料来源：彭博。

大家应该注意到了上面两条原油远期曲线的斜率是相反的。2020 年 5 月 26 日的原油远期曲线是斜向上的，这就是 Contango（远期升水）；2021 年 5 月 26 日的原油远期曲线是斜向下的，这就是 Backwardation（远期贴水）。

当原油远期曲线斜向上呈现 Contango 时，最简单的解释是近期内原油需求相对较弱，中长期原油需求相对较强。当原油远期曲线斜向下呈现 Backwardation 时，最简单的解释是近期原油需求相对较强，中长期原油需求相对较弱。Backwardation 和 Contango 是原油远期曲线两个最基本的分类。简单来讲，它们体现了两种相反的供求预期。但是要利用它来预判未来的原油价格走势需要注意两点：第一，要对两条以上的远期曲线进行比较，从而得出市场供求预期的动态变化；第二，要将原油远期曲线与其他定量和定性工具结合起来得出完整的逻辑链条，如与本课介绍的裂解价差和此前的库存变化数据结合起来。

下面我们就第一点结合实际行情深入讲一下。2007~2017 年，当原油转为 Contango 结构或者处于扩张的 Contango 结构时，也就是说远期贴水转成升水或者远期升水不断走高时，原油价格基本处于下跌走势中。比如 2014 年 11 月 3 日，原油远期曲线转为 Contango 结构后原油价格一路下跌，从 2021 年 11 月 2 日到 2017 年 6 月 13 日活跃的主力合约累计下跌了 41%。

原油的牛市则往往与 Backwardation 结构相伴随。例如，2008 年 7 月 3 日，美国原油主力合约收盘在 145.3 美元，这是一个历史性的高点。此前一年时间当中，也就是 2007 年 7 月到 2008 年 7 月，原油远期曲线一直处于 Backwardation 结构中。

我们可以将 2007~2017 年原油价格与远期曲线的关系放在一起来观察（见图 11-41），从中可以总结出三个规律：第一，远期升水（Contango）扩大继续看跌，远期贴水（Backwardation）扩大继续看涨。直观地讲就是"曲线向上倾斜角度增加，油价向上趋势不变；曲线向下倾斜角度增加，油价向下趋势不变"。

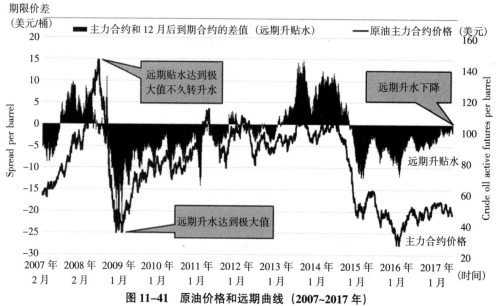

图 11-41 原油价格和远期曲线（2007~2017 年）

资料来源：Marketrealist.

Backwardation 表明当前供不应求，油价通常会上涨；Contango 表明当前供过于求，油价通常会下跌。但是，过度倾斜的 Backwardation 意味着市场见顶，过度倾斜的 Contango 意味着市场见底。

第二，远期贴水（Backwardation）达到高点，形成 Super Backwardation，牛转熊；远期升水（Contango）达到高点，形成 Super 超级 Contango，熊转牛；深度的 Backwardation 或 Contango（即较大的月差）显示出市场陷入极度疯狂或绝望，而拐点便孕于极端之中，可以将其作为一种情绪指标（心理面），而不是供求指标（驱动面）。原油价格在经历暴跌至底部附近时往往会产生过深的 Super Contango 曲线，而暴涨至顶部附近时也可能产生过深的 Super Backwardation 曲线。**远期曲线在市场底部过度悲观或顶部极度乐观中会严重扭曲，即在月差或者价差上出现局部的极值点**。比如，1998 年第二季度，OPEC+讨论减产问题，原油远期曲线出现 Super Contango 结构，近月合约价格继续下跌，但是远月合约价格却止跌企稳了。又比如 2016 年初，当时原油价格已经跌到了 30 美元/桶以下（见图 11-42），但是市场上一些大的机构仍旧唱空，认为还要跌到 10 美元/桶附近，情绪极端悲观，这个时候也出现了 Super Contango 结构，等到 2016 年 9 月 OPEC+达成产量冻结协议时，原油价格早已筑底完成回升到了 40 美元/桶以上了。从这两个例子可以看出 Super Contango 是抄大底的情绪温度计之一。原油价格暴跌到绝对低位后市场非常悲观，并且形成 Super Contango 或者是 Contango 转成 Backwardation，则是较强的逢低做多机会。

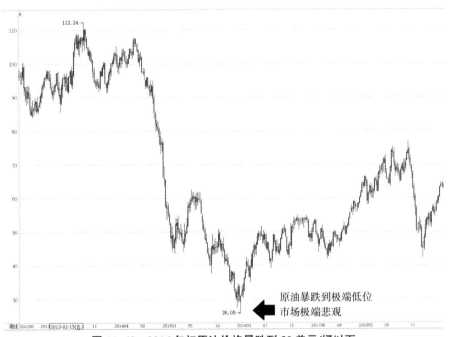

图 11-42　2016 年初原油价格暴跌到 30 美元/桶以下

　　这个跟 2015 年年底，国际油价跌到 30 美元/桶，某些投行认为油价要跌到 10 美元/桶，是一样的愚蠢，因为远月价格是 40 美元/桶。30 美元和 40 美元之间形成的套利结构已经足够了，Super Contango 和供应向左走的变动，远远早于你们看新闻 2016 年 9 月达成冻产协议，等达成冻产协议近远月价格已经都回到 40 多美元/桶，这已经远离低点。

第三，远期贴水转升水（Backwardation 转 Contango），继续跌；远期升水转贴水（Contango 转 Backwardation），继续涨。简单来讲，就是远期贴水原油价格上涨，远期升水原油价格下跌，极端升贴水则反转，可以从更长时间段上看到这一规律（见图 11-43）。

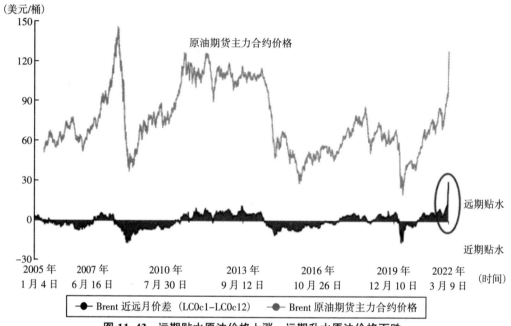

图 11-43　远期贴水原油价格上涨，远期升水原油价格下跌
资料来源：路透、国投信安期货研究院、Dina.

原油的期限结构转换往往并不是一蹴而就的，通常需要 1~2 个月的时间进行整固等待基本面变化。

上面只是抽象地呈现了 Contango 和 Backwardation 两种期限结构与原油价格走势的关系，这两种结构与供求/库存变化的具体关系应该如何理解呢？可以从无风险套利者的交易入手去理解。

Contango 就是所谓的期货或者远月升水结构。它的特征是现货或者近月合约疲弱，远月合约相对强势，期货各个月份价格连起来的曲线向右上方倾斜。如果每个月的价差够大就可以进行买现货抛期货或者多近月合约空远月合约的操作。当 Contango 扩大到能完全覆盖仓储和资金成本时，就出现无风险套利机会，大玩家可以可用仓储费较便宜的仓储存油，同时抛远月期货，锁定利润。当原油出现 Contango 结构且月

差足够大时，无风险套利者会买现货油囤积起来，这个过程中的各项费用中**仓储费占比最大，占比可能高达 90%**。因此**仓储费是决定 Contango 结构囤油是否有利的关键点**。在原油的各项储罐中，岸罐是最便宜的，其次是浮仓。原油在供应逐步增加的过程中，首先是成本较低的岸罐会逐步满库，接着是海上浮仓的使用增加。

比如 2020 年 3 月，在新冠肺炎疫情和沙特价格战的双重冲击下，Brent 原油远期曲线从 Backwardation 迅速转变为 Contango，并且价差在供求和恐慌情绪的推动下不断扩大，WTI 原油 5 月期货合约更是暴跌至前所未有的 -37 美元，反映的是原油供给过剩和库存空间暂时不足的问题。OPEC 当时估计 4 月全球原油需求下滑了 2000 万桶/日，而 OPEC+ 减产 970 万桶/日则要从 5 月 1 日才开始，并且依然不能彻底解决严重供过于求的问题，这就造成了原油期货历史上最陡峭的超级远期曲线（Awesome Super Contango），有一种解释认为巨大的月间价差隐含的其实与高昂仓储费有关。到了 4 月 Super Contango 结构下（见图 11-44）吸引了大量浮仓囤油套利资本的介入，近月贴水开始得到支撑（见图 11-45）。**当期限结构**

Contango 结构是指远期价格高于近期价格，远期曲线向上切斜。这是因为存在远期交割的货物会有利息和仓储费用的原因，所以高于近期。这种情况叫作期货升水，也叫现货贴水，或者叫作期货溢价。原油市场处于 Normal Contango 甚至是 Super Contango 之时，基本上就是产业资本内卷的"囚徒困境"时刻。在 Contango 结构下，现货商对价格会更加敏感，因为 Contango 结构本身就适合做套期保值，现货商分歧很大，你在这挺价，别人就在盘面套保，所以大家都希望别人去挺价，自己去套保锁利润。最终的结果就是大家都选择套保，而非挺价。

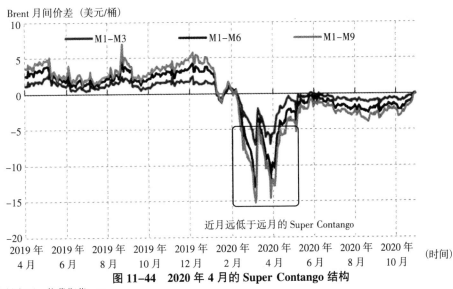

图 11-44　2020 年 4 月的 Super Contango 结构

资料来源：信贷期货、Dina。

335

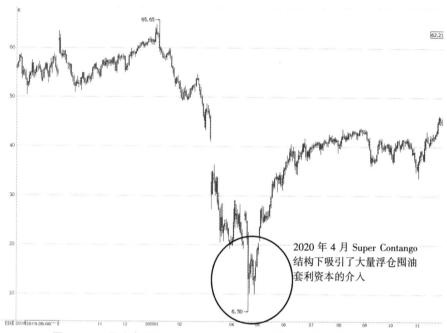

图 11-45 原油出现 Super Contango 结构吸引了大量套利资本介入

形成 Super Contango 时，往往是见底的重要特征。

Backwardation 就是所谓的期货或者远月贴水结构。它的特征是现货或者近月合约强势，远月合约相对弱势，期货各个月份价格连起来的曲线向右下方倾斜。根据法兰克·J. 法博齐（Frank J. Fabozzi）在《商品投资手册》一书中的统计，原油在 70%的时间处于现货溢价的 Backwardation 结构。如果每个月的价差够大就可以进行，则此种期限结构有利于卖出现货，做多期货的套利操作。要想抓住商品市场特别是原油市场的大牛市必须对这个结构有明确的了解。从历史上来看，原油价格持续飙升都对应着月差为负值的 Backwardation 结构（见图 11-46）。从图 11-46 中可以看到 WTI 原油远期合约与近期合约的差值为负时，原油价格上涨，差值为正时，原油价格下跌。

进一步讲，远期曲线上不同时间长度的月差对库存有着不同的实际意义。月差向市场提供了供求关系的最新情况，告诉参与者是需要增加库存还是减少库存。6 个月的月差被称

Backwardation 结构是指近期价格高于远期价格，远期曲线表现为向下倾斜。也可认为，出现这种现象一般是因为对近期现货商品的需求非常强劲，价格再高也愿意承担。期限时间较长的期货合约比期限短的定价更低。这种情况叫期货贴水，或叫作现货升水，或者现货溢价。

总体而言，库存验证此前的远期曲线/月差结构：远期曲线反映市场对供需及库存变化预期，月差领先原油库存 6 周左右，交易者可以利用原油曲线结构预判行情，再利用库存数据去验证预判。

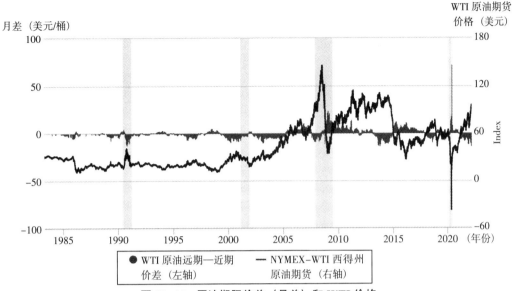

图 11-46　原油期限价差（月差）和 WTI 价格

资料来源：财经 M 平方。

为"库存价差"（Storage Spread），它与库欣的库存水平密切相关。

在第十课中已经提到了俄克拉荷马州的库欣是美国商业原油的库存中心，是库存数据的关键来源。全球的原油交易者们经常利用 WTI 原油合约的 6 个月价差来度量市场的牛熊情绪以及库存变化。

远期曲线上的 1 个月价差则是装船运输原油的玩家需要考虑的对象。他们利用 1 个月价差去对冲时间风险。一个 Contango 结构对于他们是有利的，这意味着可以在价格较低的现在装船，而在一个月后能够以更高的价格卖出去。相反，如果是 Backwardation 结构则意味着装船运输抵达后大概率只能以更低的价格卖出去。

可以从 www.erce.energy 查询到 WTI 和 Brent 两个原油期货的远期曲线结构（见图 11-47 和图 11-48）。

在短线交易中如何利用原油远期曲线呢？在我们的交易结构中一直强调系统思维，单就分析预判过程来讲就要尽量综合驱动分析（基本面因子分析）、心理分析（情绪面因子分析）和行为分析（技术面因子分析）进行。下面我们就以原油期货 1 小时走势图短线交易为例进行说明。2022 年 2 月 15 日的原油期货 1 小时走势图（见图 11-49）上出现了上涨回调后止跌回升的迹象。

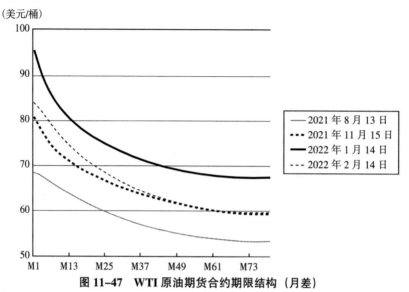

图 11-47　WTI 原油期货合约期限结构（月差）

资料来源：ERCE.

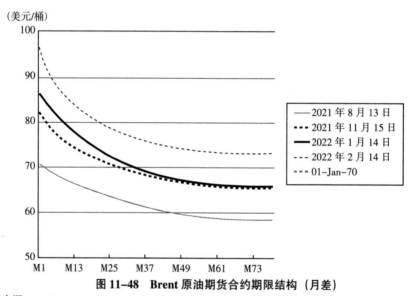

图 11-48　Brent 原油期货合约期限结构（月差）

资料来源：ERCE.

也可以利用一些外汇黄金交易商提供的多空头寸对比来掌握短期市场情绪。COT 等指标则适合了解日线级别的情绪变化。

短线交易者看到这一迹象之后，开始正式分析。首先利用斐波那契回调线看是否在关键点位附近出现了看涨 K 线组合（见图 11-50）。以此前一波上涨波段 AB 为单位 1，以 B 为起点绘制斐波那契回调线谱。看涨反转 K 线出现在 0.5 回撤点位上，同时震荡指标 KD 在超卖后不久低位金叉。在我们的其他教程当中，提到过震荡指标与舆情调查得到的市场情

绪指数非常接近，因此可以作为短期心理指标使用。

图 11-49　2022 年 2 月 15 日原油期货 1 小时走势图出现止跌回升迹象
资料来源：博易大师。

图 11-50　看涨 K 线叠加斐波那契点位和超卖金叉
资料来源：博易大师、Dina。

行为面的技术因子和心理面的情绪因子我们已经分析了，那么驱动面的基本因子处于什么状态呢？我们以本课重点强调的月差/远期曲线为基础来分析。查看 2 月 14 日的 WTI 原油远期曲线（见图 11–51）和 Brent 原油远期曲线（见图 11–52），可以看到两者较一个月前 1 月 14 日都有显著抬升，Backwardation 扩大的迹象明显，折射出需求相对较强的特征，支持行为面的做多结论。

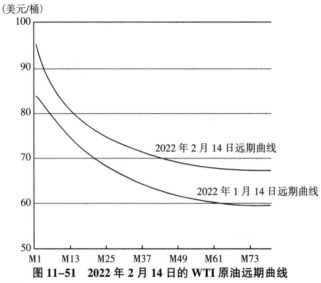

图 11–51　2022 年 2 月 14 日的 WTI 原油远期曲线

资料来源：ERCE、Dina.

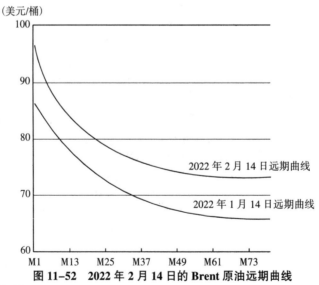

图 11–52　2022 年 2 月 14 日的 Brent 原油远期曲线

资料来源：ERCE，Dina.

此后，价格继续上涨几个小时后在 0.618 延伸点位出现看跌的流星线，同时 KD 出

现顶背离（见图11-53），这是原油短线交易较为常见的离场组合特征之一。此后，原油价格大幅下跌。

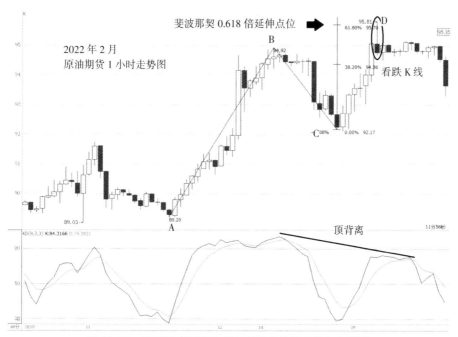

图11-53　流星线出现在0.618延伸点位处且叠加顶背离

资料来源：博易大师、Dina。

现在厘清一下三种价差的核心意义和相互关系（见图11-54）。WTI-Brent价差体现了作为全球原油定价基准的布伦特原油与作为北美原油定价基准的西得克萨斯轻质原油的价差，这个价差整体上体现了北美与全球原油供求平衡的差异，**在多数时候体现了北美原油产量的变化**，也就是体现了原油产业链上、中游的变化。期限价差或者说远期曲线与原油库存关系明显，两者相互影响，同时两者也处于中游位置，共同反映了产业链上、下游供需关系的变化。在远期升水的Contango结构下，月差扩大使得贸易商低价买入现货囤积，高位做空期货，这样就增加了库存；而在远期贴水的Backwardation结构下，贸易商高价卖出现货，低位做多期货，这样库存将减少。这是期限价格对库存的作用，反过来库存也可以作用于期限结构。当库存减少时，说明需求大于供给，因此现货短缺，期限结构呈现Backwardation；当库存增加时，说明需求小于供给，因此现货过剩，期限结构呈现Contango。在较低库存时，油价相对强势，其远期曲线显示出现货溢价的Backwardation结构，而随着库存升高，油价逐渐走弱，远期曲线的Backwardation结构逐渐走平，在库存高企时油价极度弱势，导致远期曲线

变成期货溢价的 Contango 结构。由此可见，期限价差/月差与库存有着密切的关系（见图 11-55），当近月相对远月出现升水（Backwardation 结构），同期库存明显下降。

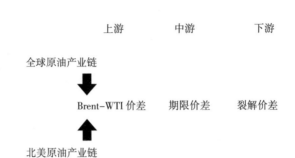

图 11-54　三种价差在原油产业链当中的相对位置和关系

资料来源：Dina.

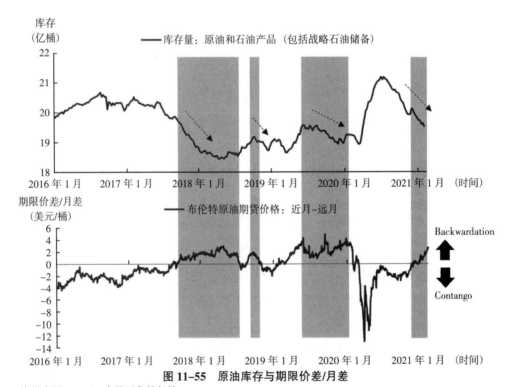

图 11-55　原油库存与期限价差/月差

资料来源：Wind、东吴证券研究所。

而裂解价差则体现了下游需求的强度，与库存关系密切。北美地区的库存体现了北美与全球供需差异（WTI-Brent 价差），也体现了北美 WTI 的期限结构和裂解价差。

传统的技术/行为分析强调"价格吸收反映一切信息"，驱动分析和心理分析则强调**"价格结构吸收反映一切信息"。三种价差就是价格结构的载体。原油市场的三种价差结构为我们提供了原油价格运行的阻力最小路线图。其中，Brent-WTI 价差吸收并且反**

映了关于区位、品质和地缘政治风险的信息；裂解价差吸收并且反映了原油和成品油的供求信息；期限价差吸收并且反映了上下游供求与库存的信息。

那么，如何将这三者结合起来分析原油市场呢？我们以 2020 年 6 月 4 日作为分析决策点（见图 11-56），来具体展示下如何利用三种价差进行综合分析。2020 年 3 月到 4 月原油价格暴跌，然后出现了显著的上涨。

图 11-56　WTI 原油期货 2020 年 7 月合约的日线走势（截至 2020 年 6 月 4 日）
资料来源：CQG.

活跃的 7 月合约在 6 月出现了强劲的反弹。要知道在 2020 年 4 月 20 日时，5 月合约一度跌成了负值，而 6 月合约则在 4 月 21 日跌到了 6.5 美元/桶。几天之后的 4 月 27 日，7 月合约见到低点 17.27 美元/桶。到了 6 月 3 日，7 月合约见到了近期高点 38.18 美元/桶，较此前的低点上涨了超过 120%。

原油库存从 2019 年末开始持续上升，6 月 4 日前一周的 EIA 原油库存较同期五年均值高出 12%，汽油库存较五年均值高出 10%，库存上涨意味着需求较弱，这并非原油能够继续上涨的特征。

过去十年，WTI-Brent 价差与原油价格的趋势性方向基本是一致的。

图 11-57 显示 WTI-Brent 8 月合约的价差从 4 月 30 日的 -4.41 美元/桶稳步上涨到了 6 月 3 日的 -2.44 美元/桶。在此期间，WTI 原油期货从 20 美元之下涨到了 36 美元，Brent 原油期货从 4 月 30 日的 25 美元之下涨到了 6 月 3 日的 39 美元之上。6 月 4 日这天，WTI-Brent 价差在前期高点附近整固，所以就 WTI-Brent 价差而言不好进行原油价格的方向判断。

再来看裂解价差的情况。裂解价差体现了将原油加工成为成品油的利润空间，我们这里以汽油—原油和柴油—原油的裂解价差为标准。裂解价差体现为对原油的需求

强弱，体现了原油实时需求。图 11-58 显示汽油—原油裂解价差从 3 月底的-2.96 美元/桶涨到了 6 月 3 日的 10.09 美元/桶。2019 年同期，该价差已经超过了 20 美元/桶。

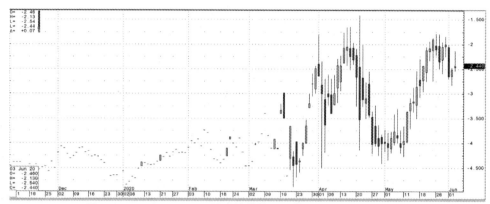

图 11-57　WTI-Brent 8 月合约的价差（截至 2020 年 6 月 4 日）

资料来源：CQG.

图 11-58　PBOB（汽油）-WTI 裂解价差（截至 2020 年 6 月 4 日）

资料来源：CQG.

图 11-59 显示了取暖油或者说超低硫柴油与 WTI 的裂解价差变化。这一价差在 2020 年 6 月 3 日跌到了 7.8 美元/桶，是 2010 年以来的最低值。2019 年同期，这一价差还在 23 美元/桶。

整体来看，两个裂解价差都处于比较低的水平。所以，单从裂解价差的角度来分析，原油缺乏进一步上涨的动力，要么横盘震荡，要么回落。

从 WTI-Brent 价差和裂解价差来看，原油进一步上涨缺乏动力。接着，我们再来分析最为重要的期限结构。许多资深的原油分析师和交易者，包括我们在内都不厌其烦地强调期限结构是基本面供需趋势的"气压计"，是一个非常重要的"撒手锏"级工具。如果一段时间内原油供不应求的话，则原油期限结构呈现 Backwardation 结构。如

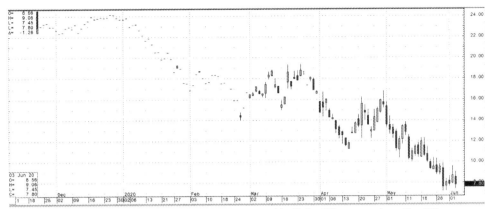

图 11-59 ULSD（超低硫柴油）——WTI 裂解价差（截至 2020 年 6 月 4 日）
资料来源：CQG.

果市场基本均衡或者供过于求的话，则呈现 Contango 结构，这意味着远期合约价格高于近期合约价格。图 11-60 显示了 2021 年 7 月合约与 2020 年 7 月合约的价差走势。可以看出，在 2020 年 1 月的时候，原油处于 Backwardation 结构（远期贴水）。到了 2020 年 3 月之后，期限结构变成了 Contango 结构（远期升水），4 月末远期升水达到了极大值。

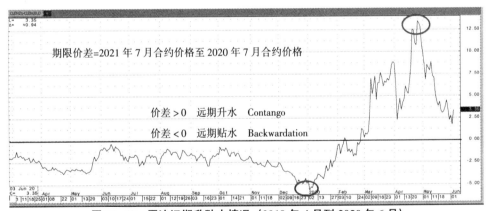

图 11-60 原油远期升贴水情况（2019 年 4 月到 2020 年 6 月）
资料来源：CQG.

2021 年 7 月合约（远期合约）与 2020 年 7 月合约（近期合约）的价差在 2020 年 1 月初的时候在 -5.65 美元/桶，这是远期贴水的 Backwardation 结构，到了 4 月 27 日变成了 14.46 美元/桶，这是远期升水的 Contango 结构。这一升贴水结构转换体现了新冠疫情再暴发和 OPEC 决定 3 月初放弃限产等重大信息。不过，从 4 月末开始，远期升水下降，Contango 曲线陡峭程度下降。这表明全球原油产量在下降，同时需求相比 4

月在上升。从期限结构来看，原油价格将获得支撑，整体还是看涨的。

上面我们从驱动面的三个价差角度入手分析了原油的走势情况，接着我们再加入心理面和行为面的分析（见图 11-61）。站在决策点 2020 年 6 月初这个时间上，NYMEX 的 2021 年 7 月原油合约从 4 月 27 日的低点开始回升，该合约最近的高点出现在 6 月 3 日的 38.18 美元。

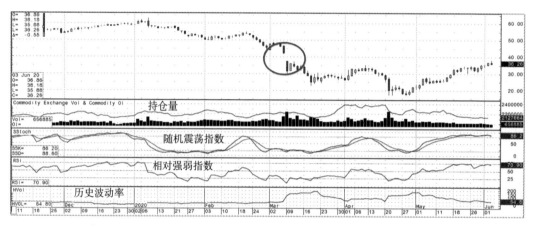

图 11-61 2020 年 6 月初原油的心理面和行为面综合特征

资料来源：CQG.

持仓量和波动率其实体现了心理层面的一些重要因子。期货交易当中的顺势往往与持仓量逐渐增加有关，这个分析中出现了价格上涨但是持仓量显著下降的特征，你觉得应该怎么解读呢？

正如原油期货日线走势图呈现的那样，价格动量和相对强度指标（RSI）处于超买状态附近。总的持仓量为 2.127664 百万手，这是三月中旬以来的持仓量低点，许多交易者选择了旁观。决策点 2020 年 6 月 3 日的历史波动率为 54.8%，显著低于 5 月初高达 180% 的波动率高点。

此前原油价格下跌过程中在 41.88 美元到 37.64 美元形成了向下跳空缺口，现在价格正在试图回补这一缺口。技术图形表明此前的翻倍上涨已经耗尽了上涨动量，而缺口近在咫尺也表明未来几天或者数周将受阻于此。短期来看，继续上涨的可能性不大。

从中期来看，此刻原油期货的阻力最小路径取决于基本面的需求侧。中东地缘政治风险也是一个经常带来供给端冲击的"黑天鹅"驱动因素。如果伊朗重返国际原油市场，其巨大的库存和产量增长空间，则会对全球原油价格带来负面影响。因为 Brent 原油价格是中东原油的重要定价基准，所以中东的任何重要变化都会直接影响其价格变化。

5 月末，EIA 报告日均产出从 5 月中旬的 13.1 百万桶跌到了 11.2 百万桶。当美国原油生产快速回落，同时低油价刺激全球需求继续回升。当然其中会有新冠疫情的阶段性暴发冲击，这会干扰其中期升势。因此，综合中短期的驱动面（主要是三个价差）、心理面和行为面来看，原油在 2020 年 6 月之后应该是震荡后继续上升。

上述分析是在 2020 年 6 月初进行的，主要是利用本课的工具结合技术指标进行了中短期的分析示范，大家可以按照这个思路进一步拓展和深化。

WTI–Brent 价差、裂解价差和基差/月差（远期曲线）三种价差我们都讲解完了，希望原油交易学习者能够结合本教程的其他工具一起使用，而不是奢望价差分析就能准确预判原油趋势。

本课三种工具当中，裂解价差和远期曲线最有应用价值，因此对于一般交易者而言很难直接接触原油需求面的短期变化，但是通过这两个工具可以很好地及时追踪需求面的变化。同时，作为短线交易者具体的进出场位置和仓位管理是非常重要的，因此离不开具体的技术工具。在本教程的最后几课我们会专门介绍一些技术分析手段，但为了让大家能够融会贯通、举一反三，也会在前面这些课程中适当结合一些技术分析，如上面提到的斐波那契线谱、震荡指标和 K 线形态等。

三种价差结构是众多原油交易者和生产者掌握的所有供求信息后形成的决策均衡结果。其中的远期曲线是原油交易者对于油价趋势和交易赔率进行判断的重要工具。

【开放式思考题】

在研读完第十一课的内容之后，可以进一步思考下列问题。虽然这些问题并没有固定的标准答案，但是能够启迪思维，让你更加深入地掌握某些要点，或者是让你跳出僵化模式来重新看待问题。

（1）3：2：1 是一个最为常用的裂解价差比率，具体计算的时候是根据下面这个公式展开的：

$$Crack\ Spread = (2 \times P_{RBOB} \times 42 + 1 \times P_{ULSD} \times 42 - 3 \times P_{Crude\ Oil}) / 3$$

请从网上找到 RBOB、ULSD（Ultra Low Sulfer Deisel）和 WTI 三个报价，代入上述公式，计算出当天的裂解价差。

（2）是否可以利用机器学习算法，基于原油期限结构建立原油价格的高效预测策略？比如利用惩罚性回归中的套索回归（LASSO predictive regression model）。有算法和编程基础的读者可以参考唐·布雷丁、科纳尔·奥沙利文和西蒙·斯宾塞（Don Bredin, Conall O'Sullivan & Simon Spencer）2021 年 8 月在《能源经济学》（*Energy Economics*）上发表的文章《预测 WTI 原油期货回报率：期限结构是否有用？》（*Forecasting WTI crude oil futures returns：Does the term structure help?*）

【进一步学习和运用指南】

（1）除了本课中详细介绍的汽油和柴油与原油的裂解价差之外，还有一些其他价差，如航空燃油价差（Jet fuel Crack Spread），这类价差可以反映特定行业对能源的需求状态。我们这里就以航空燃油价差为例进行分析。2021 年末，在全球经济复苏态势明显的大背景下，新冠变异病毒奥密克戎来袭，同时美国宣布释放原油战略储备。在这样的情况下，航空业的情况如何呢？对炼油业和能源行业有什么影响？航空燃油价差可以在某种程度上"一斑窥全豹"的作用。

美国航空燃油的库存在 2021 年夏天达到年内的季节性高点，然后就一路下行，到了 2021 年 11 月的时候已经跌到了 2016~2020 年的波动区间和均值之下。甚至在 2021 年 11 月 26 日周末，航空燃油的库存跌到了 5 年最低点的下方。库存走低表明 2021 年 10 月的炼厂整体产出下降了，同时也反映了相对于夏天航空燃油的消费显著增加了。

虽然航油的需求和供给都低于 2019 年的平均水平，但是更低的库存水平和需求相对供给的增长仍旧扩大了 2021 年 7 月以来的航油裂解价差。所谓航油价差就是一桶航空燃油和一桶原油之间的价格差值。

从 2021 年 2 月新冠疫苗大规模接种以来，航油裂解价差在 2021 年 11 月初首次超过美国墨西哥湾沿岸 3：2：1 裂解价差（USGC 3：2：1 Crack Spread）。USGC 这个价差衡量了美国炼厂整体上的盈利状况。对奥密克戎变体（COVID-19 Omicron Variant）的担忧导致国际旅行的限制增加。这一病毒变体导致布伦特原油期货下跌了 12%，同时也导致航油需求下降，进而导致航油裂解价差缩小。

2021 年较高的夏季航油库存表明在市场增加汽油和馏分油需求这段时期内炼厂处理了更多的原油来提升产量。2021 年 8 月墨西哥湾地区的飓风导致了炼厂停电和产量下降，导致了库存回归到季节性正常水平。从 2021 年 9 月 3 日这个周末开始，航油库存降到了 5 年平均值之下。从那以后到 2021 年底，除了 2021 年 10 月 22 日这周之外，周度航油库存都持续低于 5 年平均水平（见图 11-62）。从 2021 年 8 月最后一周开始，美国炼厂的原油投入四周移动平均值仍旧低于 16 百万桶。

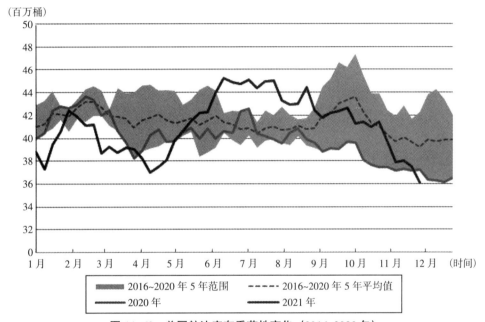

图 11-62 美国航油库存季节性变化（2016~2020 年）

资料来源：EIA，Hydrocarbon Engineering，Bella Weetch.

2021 年 9 月和 10 月较低的原油投入表明了炼厂因为维护而减产的季节性特征。这一减产的季节性操作也使得航油库存处于相对于夏季的低位。

航油需求也处于新冠疫情开始以来的平均水平之下。2021 年夏天航油产量提升，而航油需求仍旧处于低位，这就促进了库存水平的提高。但是，航油需求从年初到 2021 年 8 月逐渐增加（见图 11-63）。

航油需求的变化趋势与乘客人数的变化趋势是大体一致的。从 2021 年夏季开始的航油需求增加，伴随库存低于 5 年平均水平，航油裂解价差从 2021 年 7 月初开始逐渐扩大（见图 11-64）。

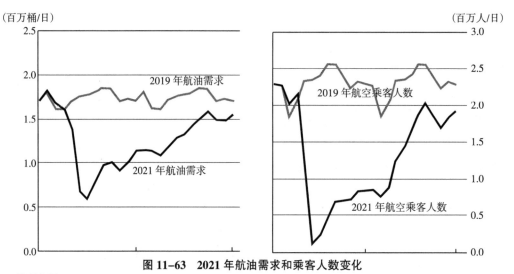

图 11-63　2021 年航油需求和乘客人数变化

资料来源：EIA，TSA，Dina.

图 11-64　航油裂解价差和 321 裂解价差（2019 年 9 月到 2021 年 9 月）

资料来源：EIA，彭博，Hydrocarbon Engineering，Bella Weetch.

　　航油裂解价差大致表示了航油炼化的利润。美国墨西哥湾沿岸有着美国最大产能的炼厂群，其航油裂解价差从 2021 年 7 月初开始逐步扩大。从 2021 年 7 月 1 日开始，该地区的航油裂解价差从 4.44 美元/桶走高到 10 月 14 日的 15.61 美元/桶。从那以后，美国墨西哥湾沿岸的航油批发价 stk 相对原油价格下跌了，而这导致航油裂解价差相对 10 月中旬走低。

　　2021 年 11 月 30 日的航油裂解价差是 11.09 美元/桶，比 7 月初增加了 6.65 美元/桶。航油裂解价差与 321 裂解价差的值很接近。因为汽油大约是美国炼厂产量的一半，

柴油则为产量的 1/3，因此 321 裂解价差是美国炼厂利润状况的有效衡量指标。2020 年
之前，航油被认为是炼厂利润的重要来源，而航油裂解价差经常高于或者接近于 321
裂解价差。整体而言，动力燃料需求在 2020 年的下降导致航油和 321 裂解价差两者同
时下降了。2021 年，美国新冠疫苗接种增加和出行限制放松，使得 321 裂解价差从
2021 年 2 月开始扩大。从 2021 年 2 月到 11 月，321 裂解价差持续比航油裂解价差更
高，在 8 月初的时候两者差值一度扩大到了 10.55 美元/桶。

在 2021 年 11 月初，相对走高的航油裂解价差和相对走低的 321 裂解价差使得两
者回到了接近的状态。航油裂解价差在 2021 年 11 月初比 321 裂解价差高出一点。

汽油和柴油主要用于陆上和水上交通工具和机械动力使用，而航油主要供航空使
用。**尽管航油使用量比汽油和柴油少，但也正是因为占产业链总产品比重低，一旦需
求端出现冲击，其裂解价差波动的幅度会更大，更具指示意义。**例如，2020 年初新冠
疫情暴发时，新加坡煤油和柴油裂解价差变化可见图 11-65，航油裂解下跌的幅度更大。

图 11-65　新加坡柴油裂解价差和航油裂解价差

资料来源：路透（佘建跃、许鹏艳）。

航油裂解价差的绝对变化和比较 321 裂解价差的相对变化除了帮助我们掌握整个
经济和能源行业的供求变化之外，还能够帮助我们掌握航空业的经营状态，对于分析
航空股有很大的帮助，类似的思路还可用于分析其他相关行业，如航运业和 BDI 指数
的变化。

与航运相关的燃料油，其裂解价差的研究对于分析原油产业链、航运业、大宗商
品市场和国际贸易，乃至整个宏观经济都具有价值。从 2020 年 1 月起，国际海事组织
要求公海船舶使用低硫船燃料油（不超过 0.5%S），否则需要在船上安装脱硫塔装置。

这一要求使得燃料油的基本面有了结构性重大变化，直接体现为燃料油裂解价差的波动幅度扩大了。在对燃油料期货进行分析的时候，可以结合燃料油裂解价差和 BDI 两个指标。

比如国信投研 2019 年 7 月 8 日给出的一则分析就用到这一原理："周五夜间，燃料油主力 1909 合约强势上行，报收 2885，涨幅 2.78%。1909-2001 价差由 6 月 28 日的 332 扩大至 7 月 5 日的 419，低于新加坡 1908-1912 价差约 50 元。外盘方面，新加坡近月 1-2 价差维持在 22 美元的历史高位，高硫 380 现货升贴水跟随近月价差走强，**此外东西半球燃料油裂解价差也重新回到正值，是 2019 年一季度以来的最高水平，反映全球燃料油供需面偏紧的事实。**全球库存方面，截至 7 月 1 日，中东富查伊拉重质馏分及渣油库存为 985.3 万桶，较上周减少 10%；截至 7 月 3 日，新加坡燃料油库存为 1955.7 万桶，较上周减少近 17%，**两地库存均出现下降是 2017 年有记录以来的首次。**需求方面，BDI 干散货运费指数持续攀升，较 6 月 18 日的阶段低位增幅逾 40%，中美暂时'停战'带动外部贸易环境改善，**将在第三季度航运旺季提振集装箱运输需求，进一步增加燃料油需求……"**

（2）原油的期限价差或者说远期曲线究竟是什么因素决定的呢？除了"供求"这种模糊的说法之外，没有具体的少数几个决定因素呢？在**《原油远期曲线的决定因素：库存、消费和波动率》**（*Determinants of the crude oil futures curve：Inventory，consumption and volatility*）这篇研究报告中，几位作者给出了自己的答案：

"从 2008 年开始，WTI 原油远期曲线的远期升水（Contango 结构）持续了很长一段时间。我们进行了检验以便确认是否能够依靠库存单一变量就能解释这一长时间的非典型远期升水情况。为此，我们基于标准理论对芝商所的 WTI 原油期货期限价差、OECD 和美国的原油库存，以及原油消费、隐含波动率（Implied Volatility）进行了统计分析。当我们将合约期限价差建模为一个连续序列后，结果表明原油远期合约和库存之间确实如库存理论推断的那样存在双向因果关系（Two-way Causation）。但是，当我们将负向价差（Backwardation）和正向价差（Contango）分开处理和分析后发现期限价差和美国原油库存的双向因果关系无效了；**除了库存变化因素之外，OECD 原油消费对负向价差的影响更显著，而美国原油消费对正向价差的影响更显著；同时，波动率增加直接扩大了正向价差。**上述新的因果作用渠道从 2008 年以来变得日益重要，可以归结为更高库存、缺乏弹性的供给以及全球经济状况的不确定等因素的影响……"

在这带着问题实证解答为主的论文当中，我们可以看到远期曲线与原油库存、消费、价格隐含波动率存在显著的关系。对于原油分析师和交易者而言能够从中找到什

么有用的结论吗？远期曲线与库存是否可以相互印证？波动率是不是体现了风险升水？

上述这些问题的回答不影响我们直接利用四者之间的关系进行原油价格预判和交易。对这篇文章的逻辑和结论感兴趣、想要深入了解和研究的读者可以找到 *Journal of Banking & Finance* 这本杂志的 2017 年 11 月第 84 卷仔细阅读全文。

（3）如何亲自动手绘图跟踪远期曲线形状的变化呢？在课程正文当中我们已经介绍了查阅及时远期曲线的一些网站和工具。假如我们想要自己构造出远期升贴水，进而观察远期曲线形状变化呢？虽然我们很难呈现远期曲线的历史动态变化，但是可以通过呈现近期与远期合约的价差来观察远期曲线的结构变化。如果近期合约价格高于远期合约价格，那么就是 Backwardation 结构；如果近期合约价格低于远期合约价格，那么就是 Contango 结构。结构的转化体现了供求的超边际变化。价差的变化，也影响结构的斜率，体现了供求的边际变化。

我们以 2015 年 5 月 WTI 合约（^CLK15）作为近期合约，以 10 月合约（^CLV15）作为远期合约。当 5 月合约价格低于 10 月合约价格时，就是 Contango 结构；当 5 月合约价格高于 10 月合约价格时，就是 Backwardation 结构。

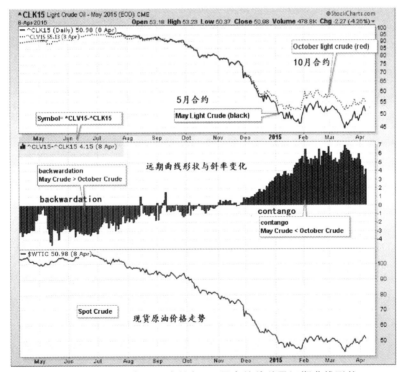

图 11-66　2015 年 5 月合约与 10 月合约价差及远期曲线形状

资料来源：StockCharts.com，Dina.

图 11-66 上面窗口中的实线是 2015 年 5 月 WTI 轻质原油合约（^CLK15）价格走势，虚线是 2015 年 10 月 WTI 轻质原油合约（^CLV15）价格走势。中间的窗口展示了 10 月合约与 5 月合约的差值。当 10 月合约价格高于 5 月合约价格时，差值在零轴之上，远期升水，远期曲线是 Contango 结构；当 10 月合约价格低于 5 月合约价格时，差值在零轴之下，远期贴水，远期曲线是 Backwardation 结构。下面窗口是 WTI 现货原油价格走势。

我们可以在 StockChats.com 这个网站上完成自己的作业。首先打开该网站，并且在网站顶部检索引擎输入关键字"Light Crude Oil 2022"（见图 11-67）。

图 11-67　创建合约价差走势图（1）

资料来源：stockcharts.com.

搜索出来的就是 2022 年的 WTI 原油合约（见图 11-68），你可以从中选择一个作为近期合约，另一个作为远期合约。这里我们选择 2022 年 5 月合约（^CLK22）是近期合约，2022 年 10 月合约（^CLV22）是远期合约。

点击 2022 年 5 月合约（^CLK22）最前面的走势图标（见图 11-69）。

点击去自动刷新后就出现了 2022 年 5 月合约（^CLK22）的日线走势图（见图 11-70）。其中有自动设置的两条移动平均线 MA（50）和 MA（200），还有成交量（Volume），最下面的指标是 MACD。

2022 年 5 月合约（^CLK22）的日线走势图最下面则是一些参数设置选项（见图 11-71）。这个部分的具体设置才是我们主要工作部分所在。

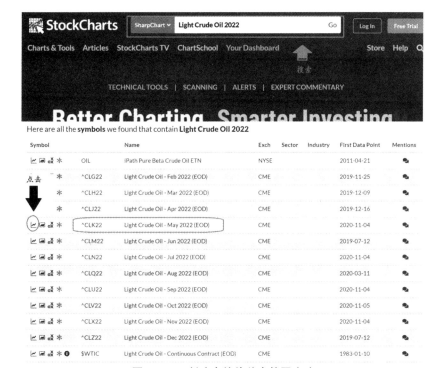

图 11-68　创建合约价差走势图（2）

资料来源：stockcharts.com.

图 11-69　创建合约价差走势图（3）

资料来源：stockcharts.com.

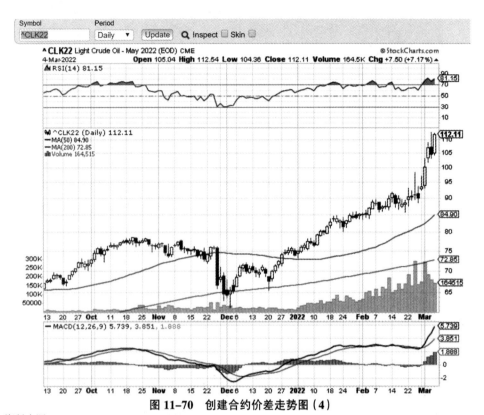

图 11-70　创建合约价差走势图（4）

资料来源：stockcharts.com.

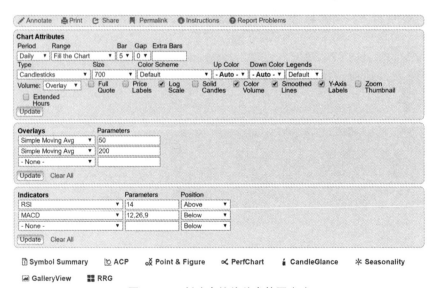

图 11-71　创建合约价差走势图（5）

资料来源：stockcharts.com.

找到"叠加"（Overlays）栏目，点击"清除"（Clear All）（见图 11-72）。

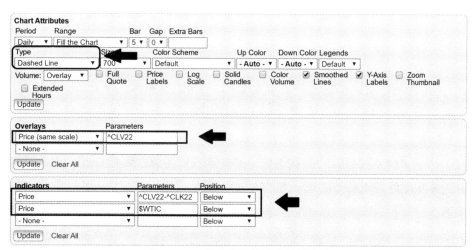

图 11-72　创建合约价差走势图（6）

资料来源：stockcharts.com.

接着，对参数进行修改。第一处是将"图标属性"（Chart Attributes）中"图表类型"（Type）中的"蜡烛图"（Candlesticks）改为"虚线"（Dashed Line）这样便于与另外一条合约价格线相区分（见图 11-73）。第二处是将"叠加"（Overlays）栏目的第一行改为"同样坐标的价格走势"［Price（same scale）］，后面的"参数"（Parameters）改为"^CLV22"。第三处是将"指标"（Indicators）栏目前两行都改为"Price"，后面的参数"参数"（Parameters）分别填写"^CLV22-^CLK22"和"$WTIC"。修改填写完成后，点击"更新"（Update）。

图 11-73　创建合约价差走势图（7）

资料来源：stockcharts.com.

最后就得到了一幅描述 10 月合构–5 月合约价差的走势图（见图 11-74），然后你就可以将价差和原油价格放在一起进行分析了。现在你应该按照这里的路线图自己制

作一幅最新的原油期限价差走势图，并基于自己绘制的图将其他驱动因子放进来综合研究，比如裂解价差、地缘政治风险因子、库存等。

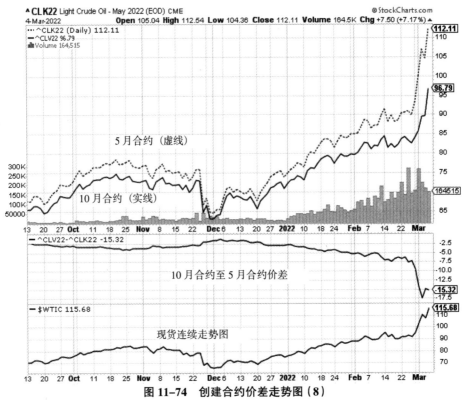

图 11-74　创建合约价差走势图（8）

资料来源：stockcharts.com.

（4）在没有飓风等外部重大冲击的情况下，裂解价差和炼厂开工率呈现高度正相关性，因此两者可以相互佐证和参照，用来判断原油产业链中下游的情况。炼油厂产能利用率＝炼油厂实际产出/潜在产出的比率，可视为炼油厂对原油需求的预期，当炼油厂看好未来需求时，将提升产能利用率。另外，**汽油为原油终端产品，因此可借由汽油库存观察原油终端消费及需求**。当终端消费强劲、汽油库存减少时，汽油价格强势，厂商需要进一步拉货生产汽油产品，使得原油价格上升。**汽油与原油价格相关系数高达 0.7，对原油价格存在一定程度的影响。汽油库存与炼油厂产能利用率两者多呈反向变动**：当夏季结束时，用车及汽油需求减少，汽车库存上升，同时炼油厂会进入季节性维护期，产能利用率亦会随之降低。直至冬季来临，炼油厂结束维护期，产能利用率随之提升，并视冬季用油需求决定产能利用率回升幅度。我们可以在"财经 M 平方"上查看美国的汽油库存和炼油厂产能利用率变化（见图 11-75），网址如下：https://sc.

macromicro.me/charts/1280/gasolin-inventory-refinery-utilization-rate。

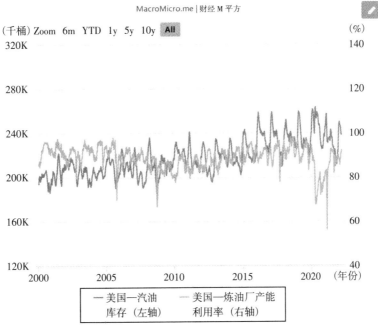

图 11-75 美国的汽油库存和炼油厂产能利用率变化

资料来源：财经 M 平方。

参考文献

［1］Brad Zigler. A Few Questions about Crack Spreads，Feb. 2，2009.

［2］佘建跃：《原油背后的博弈：从基差、裂解价差、区域价差读懂油价》，2016 年 7 月 10 日。

［3］Alex Chamberlin. Why the crack spread signals the Refining segment's performance，Oct. 1，2014.

［4］Dave Hirshfeld. Crack Spread：A "Quick-and-Dirty" Indicator of Refining Profitability，Jul. 28，2015.

［5］Brian Noble. What Crack Spreads Say About Oil Prices，May 2，2017.

［6］李小鹏：《原油裂解价差分析》，2017 年 7 月 13 日。

［7］Andrew Hecht Marketplace. Crack Spreads Continue to Support Crude Oil，Jul. 24，2017.

［8］David Becker. What is the RBOB/ Brent Crack Spread and How is it Used in Energy Trading?，Sept. 8，2019.

［9］Manu Milan. Will the Crack Spread Keep Benefiting from Lower Crude Prices?, Dec. 16, 2015.

［10］Gordon Scott. Crack Spread, James Chen, Feb. 23, 2021.

［11］Mindy L. Mallory. Crude Oil and the Crack Spread, 2021.

［12］EatWanderExplore.The Oil-Gasoline Crack Spread: An Advanced Investment Strategy, 2022.

［13］Janet McGurty. Oil Futures: Rbob, Ulsd Crack Spreads Rally on Colonial Pipeline Outage, Jeff Mower, 14 Sept. 2021.

［14］John Edwards. 4 Factors You Didn't Know About RBOB, Feb. 13, 2022.

［15］Elliott Gue. Valero: Crack Spreads and Refining Profits, Apr. 04, 2021.

［16］WSO. Energy Trading 101: The Crack Spread, Jan. 11, 2013.

［17］Paul D. Cretien. Exploiting Crack Spreads with Options, Sept. 30, 2012.

［18］Bella Weetch. EIA Reports Increased Jet Fuel Crack Spread in the US, Dec. 2, 2021.

［19］佘建跃、许鹏艳：《新冠疫情对裂解价差的影响》，2020 年 2 月 14 日。

［20］赵晖：《飓风来袭：从裂解价差与天气波动捕捉原油价格规律》，2017 年 8 月 29 日。

［21］张峥：《美国裂解价差和炼厂开工率》，2020 年 4 月 13 日。

［22］Henry Park, CMEGroup：《Brent-WTI 价差与原油价格，谁主沉浮?》，2019 年 6 月 20 日。

［23］邢彬彬：《WTI-Brent 原油价差分析》，2018 年 12 月 26 日。

［24］小哈图：《读懂原油行情的利器——远期曲线》，2016 年 8 月 31 日。

［25］小哈图：《关于 WTI-Brent 原油价差的终极逻辑》，2016 年 9 月 5 日。

［26］永安期货：《跨期价格理论及跨区域价差理论》，2018 年 1 月 23 日。

［27］董丹丹：《Brent 的 Contango 结构将进一步加深——原油的价格结构和存储成本相对应》，2015 年 2 月 4 日。

［28］Oil Trader. Crude Oil Futures Curve Explained-Everything you Need Know, May. 26, 2021.

［29］Bozorgmehr Sharafedin. Oil Forward Curves Signal Tight Market, Supporting Price Rally, Jan. 31, 2022.

［30］Rabindra Samanta. Oil's Forward Curve: What Does It Indicate, Jun. 14, 2017.

［31］ 姜才超：《原油分析工具——远期曲线》，2017 年 12 月 26 日。

［32］ Warren Patterson. Crude oil：How backwardated can it go，Apr. 9，2019.

［33］ Christina Sklibosios Nikitopoulos. Determinants of the Crude Oil Futures Curve：Inventory，Consumption and Volatility，Journal of Banking & Finance，Volume 84，Nov. 2017.

［34］ 付鹏：《究竟该如何分析和交易原油：供需、利率和期限结构》，2019 年 1 月 16 日。

［35］ Pelin Berkmen，Sam Ouliaris，Hossein Samiei. The Structure of the Oil Market and Causes of High Prices，Sept. 21，2005.

［36］ Andrew Hecht. Market Structure In Crude Oil Sends Conflicting Signals，Jun. 4，2020.

［37］ Arthur Hill. How Can I Track Contango and Backwardation in Oil Futures，Apr. 10，2015.

［38］ KimchiCuresEbola. Why Term Structure Will Kill Your Long WTI Trade，Apr. 2，2020.

［39］ Raghav Duseja. The Term Structure of Crude Oil：Theory，Feb. 15，2020.

［40］ Don Bredin. Forecasting WTI Crude Oil Futures Returns：Does the term Structure Help，Aug. 2021.

［41］ EagleFX. Crude Oil Analysis：Its Long-Term Structure Hints for a New Uptrend，2020-02-18.

［42］ Steve LeCompte. Oil Futures Term Structure and Future Stock Market Returns，Nove. 16，2016.

［43］ Lee Brodie. Dennis Gartman：Term Structure Bearish for Oil，Apr. 4，2012.

［44］ David R. Harper. Contango vs. Normal Backwardation：What's the Difference，Aug. 23，2021.

［45］ Goehring & Rozencwajg Associates. Global Resource Anomaly：Oil Market Term Structure，Sept. 13，2019.

［46］ 张峥：《原油的商品属性和金融属性》，《国际石油经济》2018 年第 12 期。

［47］ 郭朝辉：《原油远期曲线告诉我们什么》，2020 年 12 月 9 日。

［48］ 佘建跃：《原油远期曲线抖漏的基本面》，2021 年 3 月 18 日。

［49］ 董丹丹：《未来油价见顶会有哪些迹象》，2022 年 3 月 24 日。

［50］ Simon Spencer. Forecasting WTI Crude Oil Futures Returns：Does the Term Structure Help, Don Bredin, Conall O'Sullivan, 2021.

［51］ Gabriel J. Power. Hedging the Crack Spread During Periods of High Volatility in Oil Prices, Pan Liu, Dmitry Vedenov, Apr. 19, 2016.

［52］ 陶川、赵艺原：《以史为鉴，油价突破 60 美元和对股市的影响》，2021 年 2 月 16 日。

［53］ 资本小论：《论期现关系与供应端矛盾》，2020 年 9 月 30 日。

［54］ 郭嘉沂、付晓芸：《地炼，战储，神秘的中国原油需求》，2017 年 10 月 21 日。

［55］ 能源研发中心：《跨市场套利分析：深度解析 WTI 与布伦特原油期货价格关系》，2016 年 9 月 4 日。

［56］ 刘悦：《WTI 和布伦特原油价差中的政治经济学》，2015 年 4 月 5 日。

［57］ 张峥：《WTI–布伦特原油价差解析及新一价定律》，2019 年 11 月 5 日。

［58］ 凌云汇：《英美原油价差套利：原油 ATM 策略原理》，2020 年 5 月 3 日。

［59］ 许锟、肖展、李艺云：《石油行业研究框架与油价的逻辑》，2021 年 3 月 24 日。

产业链与原油的商品属性（4）：下游的分析

1892年、1933年的极端低油价均由经济衰退造成。而1915年、1945年和1946年的极端低油价则分别因为"一战"和"二战"导致全球经济低迷，石油需求减少。

——徐洪峰

世间的一切，皆有兴衰周期，及时把握，终能功成名就。

——威廉·莎士比亚（William Shakespeare）

产油国和出口国影响市场的时间大多是不可预测、不可控的；消费国和进口国影响市场的事件大多是可以查询、总结和预测的。所以市场上的研究员大多把精力放到数据的变化上，并大多基于数据的变化规律对油价的走势进行预测。

——孙钦磊

下游主要是成品油以及化工产品的贸易销售环节，其中，终端产品的消费量是一个重要的因素，它会影响下游终端企业的利润，从而改变终端企业的生产意愿并最终传导至上游，令原油供给曲线平移。

——孙萌洋

一场新的能源革命悄然兴起。对原油市场来说，最大的冲击来自新能源车。

——董丹丹

从需求来看，石油需求可以分为OECD（48%）和非OECD国家（52%）。相比非OECD国家对石油的刚性需求（主要受经济增长驱动），OECD国家对高油价反应更加灵敏（除经济增长外，受政策影响较大）。

——张瑜

研究需求是项很复杂与枯燥的工作，涉及宏观货币财政以及微观的企业投资周期，需要庞大的研究团队与逻辑支撑，对经济与需求复苏的判断需要庞大的数据支撑，其

中尤其对于经济判断，强大如美联储不一定能预判清楚。研究需求其实是项很庞大的工作，新加坡BP团队据说有300多人在研究需求，研究清楚需求是项挑战，但不是没有捷径，那就是直接观察库存。

——李海涛

在过去50年历史上，油价大约有4次向上突破了相当于今天70美元/桶的价格水平。其中，1980~1982年、1991年、2008~2009年这三次出现了经济衰退。当（12个月移动平均的）油价增速超过了50%，经济衰退的概率为100%。

——宋雪涛

机构的即期需求预测应用在油价分析中，其适用性并不好，而修正后的数据对于价格具有较强的前瞻性。但是，机构需求数据的终值往往要在数月之后才会公布，根本不可能用于价格的及时分析预测之中。所以，即期的原油需求分析中，除了美国的周度高频数据外，其余地区只能采用间接指标来进行分析。通常采用的间接指标，主要包括现货升贴水、库存以及价差数据。

——郭嘉沂

原油长期的需求变化与全球经济GDP的增长是非常同步的。所以如果我们基于全球经济增长去分析长期原油需求的增长，是非常好用的。但如果做年内的分析，比如像月度和季度的话，就不是很好用了。在这种情况下，可能就需要关注一些更高频的指标，比如说品种间价差，还有远期曲线，以及库存等来进行即期原油供需情况的分析。

——杨帆

为什么现代经济是建立在原油的基础上的？简单来讲，三种能源产品中的煤炭对应固态，原油对应液态，天然气对应气态。它们之中只有液体的原油易储存、易使用、热量高。

从经济角度来看，石油效率最高，因此是当之无愧的经济"血液"，无论是工业和交通业，还是农业和建筑业，都离不开原油这一能源基础。原油的下游主要就与其在经济中的核心作用有关，也就是以工业和交通为主的各种需求。从全球经济增长率与原油需求增速的关系也可以印证上述结论（见图12-1），特别是2020年新冠肺炎疫情冲击下全球经济增长率创出新低时的原油需求变化（见图12-2）。总之，全球经济上扬时，原油需求增加，全球经济衰退时，原油需求减少。

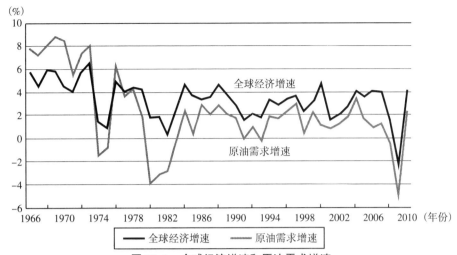

图 12-1　全球经济增速和原油需求增速

资料来源：美国能源部、世界银行、彭博。

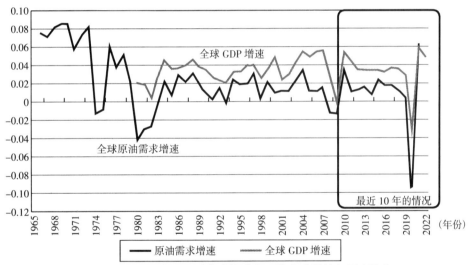

图 12-2　2020 年新冠肺炎疫情冲击下的全球增长和原油需求

资料来源：IEA、BP、混沌天成研究院。

2001 年之前，国际原油市场基本是看美国的脸色，2001 年之后国际原油市场开始看中国的脸色了。特别是 2008 年次贷危机之后的"4 万亿元"刺激政策，更是彰显了中国对全球原油市场的影响力（见图 12-3）。当然，当时的大涨也叠加了美联储的超级量化宽松政策。同时，技术面/行为面也给出了相应的见底上涨启动信号。

不过，2016 年中国经济结构处于深刻变化之中，而中国房地产继续疯狂，这不是好事，成功跨越中等收入陷阱需要好几年的时间。无痛转型是不可能的，因为一些不

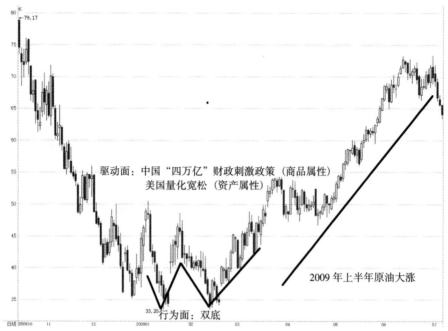

驱动面：中国"四万亿"财政刺激政策（商品属性）
美国量化宽松（资产属性）

2009 年上半年原油大涨

行为面：双底

图 12-3　中国"4 万亿元"刺激政策推动原油走强

符合未来经济发展趋势的部门必须收缩，各种要素必须重新配置。

中国经济转型进行中意味着工业和房地产部门会调整，而转型成功后第三产业占比显著提高则意味着对原油及产品油的需求将结构性地下降（见图 12-4）。中国对原油的影响力将下降，正如当年美国一样，就商品属性的需求端而言，中美两国对原油价格的影响力都将下降。但是，只要国际原油仍旧以美元计价，则美国对原油价格的影响力就会最大化。简而言之，美国现阶段仍旧能够通过原油的二重属性影响国际油价，而中国基本只能通过原油的商品属性影响国际油价。

中国现在肯定是有一个大战略来提升自己对全球资本市场的影响力，第一，推行自己的全球结算系统与 SWIFT 为主的系统抗衡；第二，持续构建黄金储备以及黄金的人民币计价市场；第三，则是构建拥有定价权的国际原油市场。人民币国际化，人民币黄金化，人民币原油化，这些做法都是为了提升我们在全球资本市场的话语权，当然也使得中国未来

中国原油需求的观察窗口之一是海关总署的统计数据。

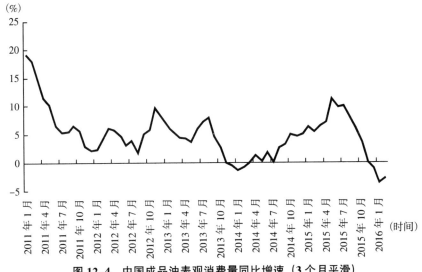

图 12-4　中国成品油表观消费量同比增速（3 个月平滑）

资料来源：Wind，莫尼塔，刘晓宁、陈秋祺、林良樟。

能够通过资产属性影响原油的价格。

在修订这本讲义的间隙，周末有位期货界大佬来闲聊，这位老哥主要做能化，对于原油也有不少自己的独特之处。闲聊了半小时，他反复强调一个观点，未来十年大宗商品主要看地中海右侧到南亚次大陆的需求怎么样。他说像土耳其、伊朗、巴基斯坦和印度这些国家人口结构年轻化，正处于快速发展的轨道上，这些国际处在欧亚大陆中部，既有海上交通的优势，又是陆地交通的枢纽，欧亚大陆整合是大趋势，美国阻挡不了，美国想要制造混乱那也是螳臂当车。随着陆地交通的劣势逐渐下降，陆权复兴是必然的，这会带来新一波的大宗商品牛市。

这位大佬旁征博引，有数据、有历史、有逻辑，确实让人折服，他提出来"大宗商品新变量"这一课题，其实认真探究下去确实会让人获益颇多。原油现在的增量需求在中美，未来的增量需求在中东和南亚。

我们说世界经济现在的格局是二分的，发达国家和发展中国家就是二分的范畴，发达国家构成了 OECD，而不发达国家构成了非 OECD 国家，上面讲的"大宗商品新变量"就属于非 OECD 的范畴，中东和南亚就属于这个范畴。原油产业链的下游可以这样二分，而二点论中的重要一点则是非 OECD，如中国和印度（见图 12-5）。总体而言，OECD 占原油需求的 48% 和非 OECD 国家占原油需求的 52%。**非 OECD 国家对石油的需求主要受到经济增长的驱动，因此呈现刚性；OECD 国家对高油价反应富有弹性，除了受到经济增长影响外，还受到政策的较大影响。**OECD 国家的人均汽车拥有量

较高，而且经济以服务业为主，因此 OECD 国家的石油需求中运输行业占了大部分，同时 OECD 国家的石油消费受运输政策、能源政策影响更大，对高油价反应更加灵活。

图 12-5　原油下游的二分法

10 年前原油市场，供给主要看 OPEC，需求主要看 OECD（见图 12-6）。OPEC 原油产量代表供给侧，与原油价格成反比关系；OECD 工业生产指数代表需求侧，与原油价格成正比关系。但是，由于俄美在供给侧的影响力日益增加，同时中印在需求侧的

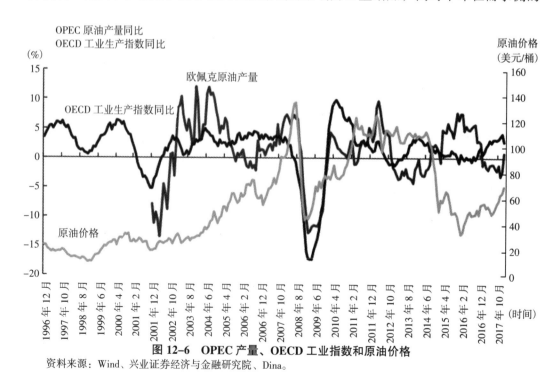

图 12-6　OPEC 产量、OECD 工业指数和原油价格

资料来源：Wind、兴业证券经济与金融研究院、Dina。

比重越来越大，因此只通过 OPEC 和 OECD 来评估原油供需已经不准确了。

　　中国和印度在原油下游中的分量有多重，我们来看一些数据，让数据客观而形象地告诉你真实的情况。先看 2014 年 BP 石油公司提供的数据，可以看到如果不看欧洲这个地缘综合体，那么原油进口最大的三个国家是美国、中国和印度（见图 12-7）。而原油消费国排名中国是第二名，印度是第四名（见图 12-8）。

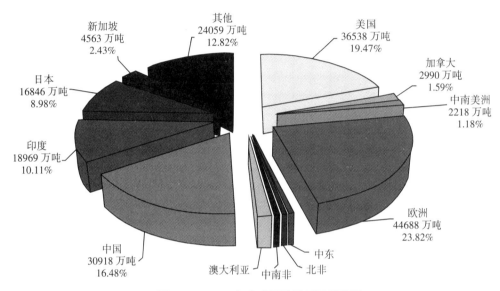

图 12-7　2014 年全球原油进口国别份额

资料来源：BP、北海居。

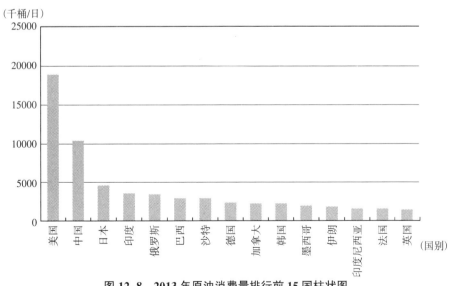

图 12-8　2013 年原油消费量排行前 15 国柱状图

资料来源：EIA.

印度的发展水平与中国相比还有很大差距，即便在这种情况下它的原油进口也占了10.11%，如果稍微发展一下，那么这个比例是多大呢？印度是一个拥有12.96亿人口（2014年）的大国，但是石油、天然气储量仅占世界储量的0.3%和0.7%。由于本土能源资源储存和产量严重不足，对海外依赖度很高。印度本国权威机构预测到2030年，印度90%的石油和天然气将来源于国外。而国际权威机构IEA则预测，从2014年到2040年印度原油需求的增量将大于中国（见图12-9）。

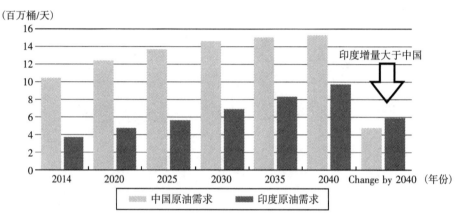

图12-9　中国和印度原油需求展望（从2014年到2040年）

资料来源：IEA，彭博。

前面讲这么多就是让大家注意以印度为主的新变量，以后分析原油的下游情况时不能只盯着中国和美国的经济数据了，必须定期关注印度的经济发展情况。

要分析原油的下游我们需要考虑一些什么具体的因素呢？原油产业链下游有什么指标可以跟踪呢？前面我们已经把上游和中游的几乎所有因素都讲解了一遍，现在我们就开始正式介绍原油下游的相关因素和分析工具（见图12-10），而原油消费的季节性因素我们放到下一课去专门讲解。

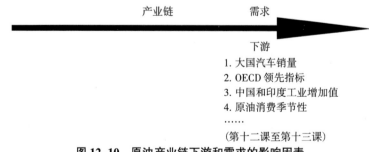

图12-10　原油产业链下游和需求的影响因素

原油的下游涉及原油主要的用途是什么？因为中国是过去十年原油消费的最大增

量，因此我们以中国为例（见图 12–11）。显而易见，交通运输和工程机械用消耗的原油是最多的，我记得看过一本讲中美原油消费对比研究的专著，里面强调超过六成的原油是被交通运输消费的。美国运输行业使用的能源 93.9% 都来自原油（见图 12–12），而工业部门使用的能源 35.7% 来自原油（见图 12–13），这表明交通运输行业确实非常"耗油"。美国汽油需求同比与油价同比具有显著的负相关性，高油价对于需求造成抑制，而低价则会一定程度上刺激需求（见图 12–14）。

炼厂加工量反映对于原油的直接需求，而石化产品消费反映终端需求。

交通运输和工程机械是"油老虎"。

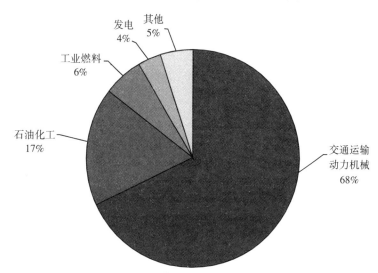

图 12–11　中国原油消费用途占比

资料来源：Wind、中期研究。

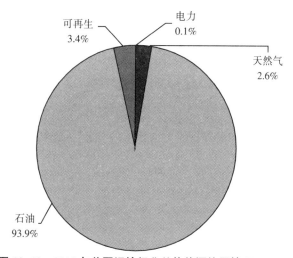

图 12–12　2009 年美国运输行业总体能源使用情况

资料来源：EIA，UBS.

原油短线交易的 24 堂精品课：顶级交易员的系统与策略〔第 2 版〕

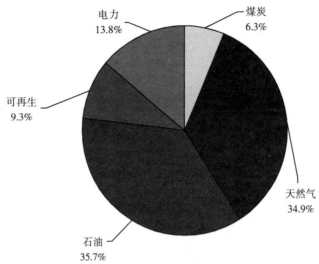

图 12-13　美国工业部门总体能源使用情况

资料来源：EIA，UBS.

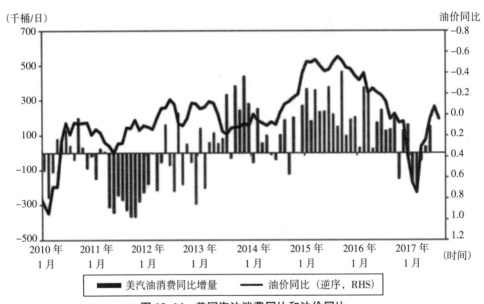

图 12-14　美国汽油消费同比和油价同比

资料来源：彭博、兴业研究。

做天然橡胶期货的人也非常关注汽车销量数据，当然重卡的数据更为重要。

海上运输主要也是靠烧油，陆上运输主要也是靠烧油，而路上运输耗油量是最大的，自然而然地我们会关注汽车销量，因此第一个需要考察的下游因素是大国的汽车销量，主要是中国和美国的汽车销量。如何了解中国的汽车销量呢？一个比较权威的途径是中国汽车工业协会的官网（http：//

372

www.caam.org.cn）和这个机构的一个附属网站——中国汽车工业协会统计信息网（http：//www.auto-stats.org.cn）。官网上有个"数据中心"栏目（见图12-15），可以查阅各大洲和主要国家的汽车产量进口和注册量数据。因此，这个网站比较有用，不仅可以查阅中国的汽车销售情况，也可以及时知道其他主要国家和地区的销量情况。而中国汽车工业协会统计信息网则完全以提供各种统计数据和统计报告为主（中国汽车工业协会统计信息网），相对而言更适合汽车产业链的人士查看（见图12-16）。

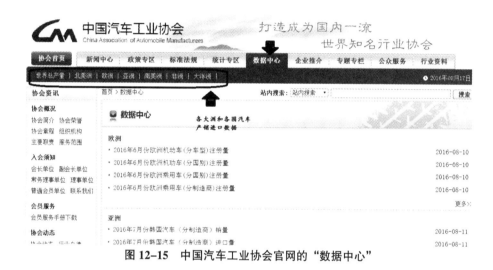

图12-15　中国汽车工业协会官网的"数据中心"

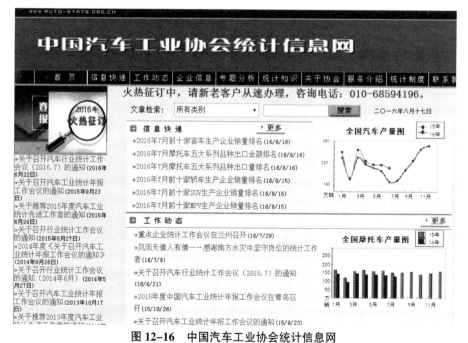

图12-16　中国汽车工业协会统计信息网

第二个途径是中国汽车流通协会的官网 www.cada.cn，这个网站有一个特色栏目是"中国汽车经销商库存预警指数"（见图 12-17），点击首页下拉菜单栏"统计数据"可以看到包括这个指数在内的众多数据（见图 12-18）。

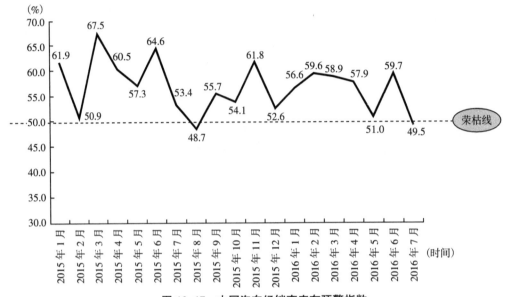

图 12-17　中国汽车经销商库存预警指数

资料来源：中国汽车流通协会。

图 12-18　中国汽车流通协会官网的"统计数据"专栏

其他了解中国汽车销售量的途径包括全国汽车市场研究会的官网（网址：www.cpcal.org）、搜狐汽车频道的销量专栏（网址：http：//auto.sohu.com/cxsj）以及提供汽车销售信息的盖世汽车资讯（网址：http：//auto.gasgoo.com）。

　　如何了解美国的汽车销量呢？上述几个网站其实也提供了包括美国在内别国汽车销售数据，而美国商业部则是最权威及时的来源。进入美国商业部网站（www.commerce.gov）后键入"Auto Sales"即可检索最新的有关数据和报告（见图12-19），而不少外汇网站在公布美国经济相关数据的时候也会公布汽车销量数据，因此如果你一直跟踪美国经济数据的话也可以及时得知汽车销量数据，某些外汇网站的财经日历会列出美国汽车销售数据的公布日期。

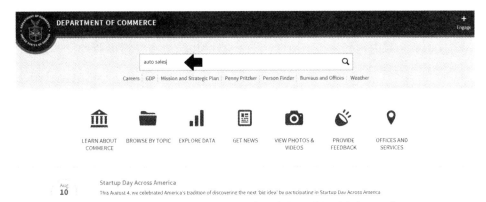

图 12-19　在美国商业部网站检索汽车销量的相关数据和研报

　　不仅是原油分析师和交易者会关注汽车销量，天然橡胶期货的分析师和交易者也会关注汽车销量。但是现在能源市场上又有了一个新变量，那就是新能源汽车。

　　从 2020 年开始一场新的能源革命悄然兴起，**新能源车将成为未来原油市场的最大冲击之一。2022 年全球新能源车渗透率达到关键门槛的 10%，这是加速市场渗透的标志**，混沌天成研究所的报告指出："中国是全球最大的汽车市场，2020年份额占比 33%，接近欧美两地的销量总和。2021 年 1~11月，我国新能源汽车产销量再创新高，累计产量已超 300 万辆，销量接近 300 万辆，预计全年产销突破 340 万辆。1~11月我国新能源汽车累计销量渗透率提升至 12.7%。中国已经率先突破了 10%的关键点。欧洲是全球新能源车的第二大市场，2021 年的渗透率可能超过 20%。从各国新能源汽车发展目标

OECD 领先指标是预测世界最大经济体商业活动的工具。

375

来看，欧洲的英国、爱尔兰、丹麦、葡萄牙、西班牙等国家均针对未来新能源的普及程度提出了100%的目标，未来欧洲新能源汽车市场发展前景较好。美国新能源车也在加速发展中，若拜登政府新能源政策在2021年内落地，美国2022年的新能源车市场有望复刻欧洲2019~2020年渗透率发展轨迹，2022年渗透率有可能提升至9%~10%……**新能源车对全球成品油消费的抑制作用逐步显现。"**

接着，我们介绍第二个需要考察的下游因素是OECD领先指标。什么是OECD我在这里就不科普了，简单来讲就是发达国家的经济协商机构。在经济领域，OECD非常重视经济周期的研究，每月定期发布综合领先指标（Composite Leading Indicators，CLI）。OECD的综合领先指标是按照一定标准将国民经济各领域的指标数据合成后构建而成，是反映一个国家宏观经济发展周期的领先指标。

OECD的综合领先指标主要有6个月领先指标和趋势领先指标两种。其中OECD 6个月领先指标是为了提供经济活动扩张与缓慢转折点的提前信号而设计的，对未来经济发展具有预测功能，能够较好地提前预示这些国家的经济发展情况。主要领先指标显示未来连续6个月增长的方向和幅度，尤其需要关注关于美国的指标。OECD领先指标对未来工业发展和钢铁以及基本金属需求有相当准确的预测。

在原油方面，CLI数据也有精准的预测记录，业界专家杨海立先生在2004年对1996年到2004年间的数据研究表明：CLI领先原油价格10个月见顶，且在时间上CLI对原油价格见顶的预示性出奇准确。他统计并绘制了纽约原油期货1月连续（以下简写为CLC1）与OECD综合领先指标（CLI）月线图（见图12-20），可以看出，原油价格在2000年11月、2002年2月、2004年8月最近三次的见顶回落，而CLI增速则恰恰在2000年1月、2002年4月、2003年10月刚好领先10个月出现峰点。

这个数据在每月第一周的星期五发布，哪里可以看到这个指标呢？在OECD的下列两个网址：http：//www.oecd.org/std/leading-indicators/和https：//data.oecd.org/leadind/composite-leading-indicator-cli.htm可以看到这个数据（见图12-21）。当然，不少财经网站也会公布这个数据。

上面我们大概可以知道OECD综合领先指标是原油价格走势的领先指标。OECD指标衡量了经济走势的前景，而经济走势则与原油需求密切相关，所以全球GDP增速与全球原油需求增速是正相关的（见图12-22）。

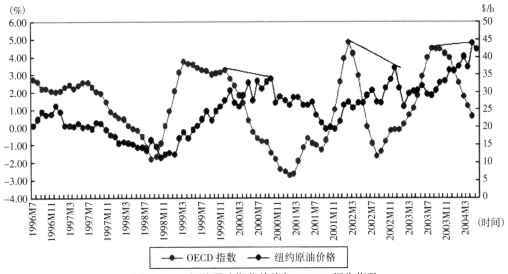

图 12-20　纽约原油期货价格与 OECD 领先指数

资料来源：杨海立。

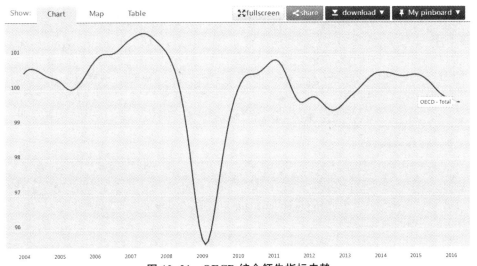

图 12-21　OECD 综合领先指标走势

资料来源：OECD.

　　但是，同时我们要明白一点，原油价格高企反过来又会影响全球 GDP 增速，GDP 增速步入下降阶段后对原油的需求也会减少。从 1960 年到 2021 年，原油价格涨幅翻倍的情况出现过六次，虽然油价大幅上涨的具体原因存在差异，但是油价翻倍后都出现了全球经济增速大幅下滑（见图 12-23）。

　　根据张瑜和陆银波等的定量分析，油价在 80 美元/桶之下，PPI 随油价上涨而上行，企业利润率上行。油价在 80 美元之上，PPI 是否随油价上涨而上行存在较大不确定性，企业利润率下行，油价对企业盈利有负面冲击。80 美元对于宏观经济而言是一个关键关口。除非原油市场出现严重且持续的供需失衡，否则 80 美元对于油价来说也是一个强阻力水平。

图 12-22　全球 GDP 增速与全球原油需求同比增长

资料来源：IMF、Bloomberg、莫尼塔公司、王玮。

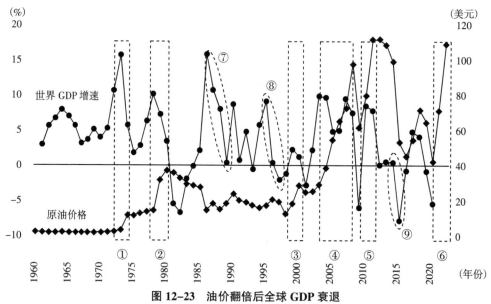

图 12-23　油价翻倍后全球 GDP 衰退

资料来源：Wind、中泰证券研究所。

　　研究原油需求的第三个需要考察的下游因素是中国、美国和欧洲的经济数据，特别是工业增加值和 PMI、GDP 增速。我们可以发现中国、美国和欧洲的工业增加值、PMI 和 GDP 增速与原油价格高度正相关（见图 12-24 和图 12-25）。

　　哪里可以查询中国、欧洲、美国的工业增加值、PMI 和 GDP 呢？中国金融信息网（http：//dc.xinhua08.com/）可以查询，许多国外财经网站也可以查询，比如 http：//www.tradingeconomics.com。中国的 PMI 数据有两个，一个是财新 PMI（原名为汇丰PMI），还有一个官方的 PMI，或者与原油消费关系更大。

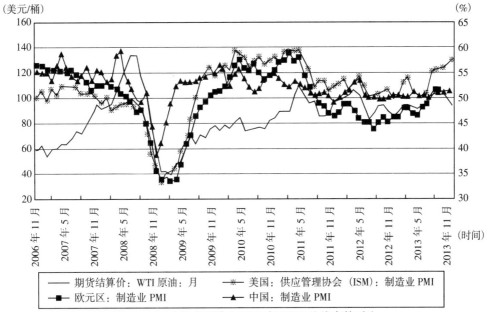

图 12-24　中欧美制造业 PMI 与 WTI 油价走势对比

资料来源：Wind、方正中期研究院。

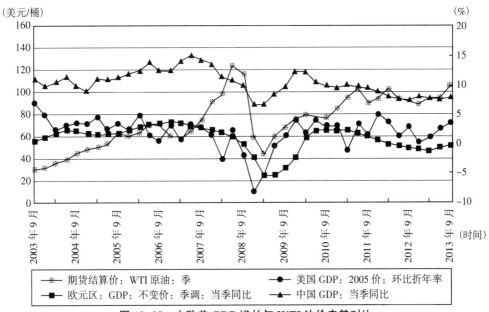

图 12-25　中欧美 GDP 增长与 WTI 油价走势对比

资料来源：Wind、方正中期研究院。

　　需要注意的是，美国经济数据一方面通过产业链下游作用于原油的商品属性，进而影响油价；另一方面美国经济数据还通过影响美元走势，作用于原油资产属性，进而影响原油价格。

　　研究原油需求的第四个需要考察的下游因素是印度和日本的经济数据。上述几个网站也可以查询到印度和日本的经济数据，还有一些印度本地的财经网站也可以提供更加及时全面的经济信息，比如印度信息在线（http: //www.indiainfoline.com），这是一家以商业金融、股市财经类为主的网站（见图 12-26）。第二个网站是 MoneyControl.com，它是印度的主要金融资讯来源，提供新闻、观点和股市分析、商品、个人财务、基金、保险和贷款（见图 12-27）。印度全国证券交易所（NSE）网站（https: //www.nse-india.com）也值得浏览下（见图 12-28）。

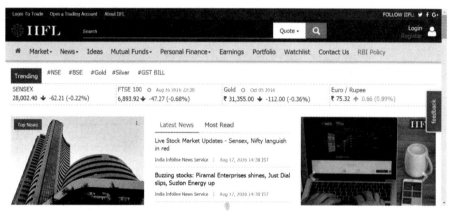

图 12-26　indiainfoline.com 首页

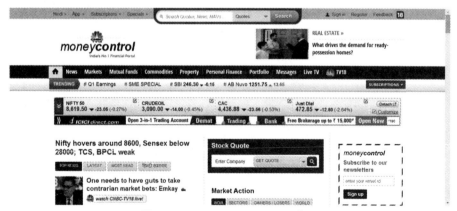

图 12-27　MoneyControl.com 首页

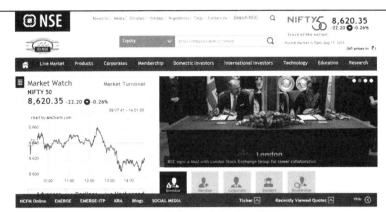

图 12-28　印度全国证券交易所首页

关于印度未来的前景有积极的因素，如人口年龄结构和地理位置优势，以及人均收入增长空间大，但是也有消极的因素，如女性劳动参与率低、土地制度束缚以及种姓制度的流毒，等等。不过，无论如何我们不能轻视印度，否则就是盲目自大。

关于原油需求的一些数据还可以从主要的能源机构获取，如 EIA、OPEC、IEA 等，都有大量关于原油需求的研究报告和数据。我们可以选择最为重要的部分来阅读，特别是关于中国、美国和印度的部分。

【开放式思考题】

在研读完第十二课的内容之后，可以进一步思考下列问题。虽然这些问题并没有固定的标准答案，但是能够启迪思维，让你更加深入地掌握某些要点，或者是让你跳出僵化模式来重新看待问题。

（1）总结一下：哪些指标可以间接地推断出需求？除了裂解价差、库存之外还有什么指标可以间接推断需求变化？

（2）为什么商品远期曲线的近端更容易受到需求的影响？远端更容易受到供给的影响？奥地利学派认为越是远离产业链消费端，则调整刚性越大，能否从这个角度去理解？

【进一步学习和运用指南】

（1）我国的成油品定价是以政府管理为主，这一定价会影响炼厂的开工率。中国的炼厂大部分在山东地区，炼油总产能达 2.1 亿吨，产能聚集规模仅次于美国休斯敦地区

(2.7亿吨)、日本东京湾沿岸（2.2亿吨），截至2022年是世界第三大炼油中心。代表企业有浙江石化、恒力石化。请找到它们的财务报告和研究报告，进行阅读和分析，养成定期跟踪的习惯，对于了解中国成品油供求边际变化非常有用。

（2）EIA每周公布的美国每日原油产品消费量（见图12-29）可视为原油需求指标；原油净需求量同比（见图12-30）则是原油需求量减去原油供给量后取同比并计算四周移动平均。两者可以从"财经M平方"查询，网址如下：https：//sc.macromicro.me/collections/19/mm–oil–price。

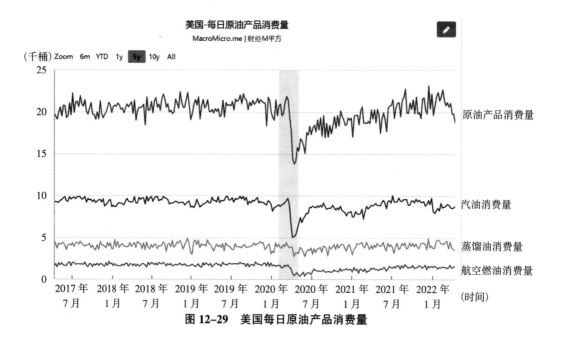

图12-29　美国每日原油产品消费量

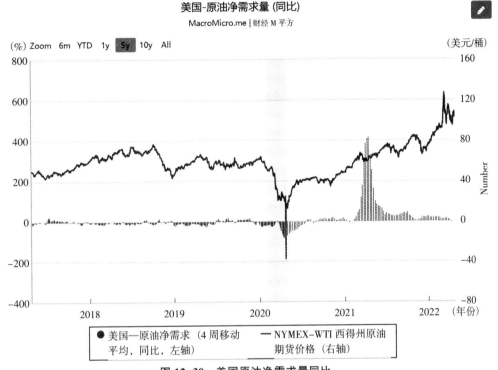

图 12-30　美国原油净需求量同比

参考文献

［1］孙钦磊：《如何看原油市场走势系列之一：供求关系篇》，2016 年 8 月 31 日。

［2］董丹丹：《原油：平衡中不断寻求突破》，2021 年 12 月 22 日。

［3］明辉说油：《一图看懂成品油产业链格局》，2021 年 9 月 1 日。

［4］Lukas Boer，Andrea Pescatori，Martin Stuermer. Energy Transition Metals，Oct. 12，2021.

［5］Fredj Jawadi，Mohamed Sellami. On the Effect of Oil Price in the Context of Covid-19，Feb.2，2021.

［6］李迅雷、唐军：《这轮原油价格暴涨会否引发经济危机》，2022 年 3 月 25 日。

［7］黄文涛、钱伟：《历史上高油价都是如何回落的》，2022 年 3 月 21 日。

［8］宋雪涛、向静姝：《油价 100 美元，离衰退有多远》，2022 年 3 月 18 日。

［9］张瑜、陆银波：《高油价：企业盈利冲击或更值得担忧》，2022 年 3 月 13 日。

［10］张瑜、齐雯：《2019 年油价："油"问必答》，2019 年 3 月 19 日。

［11］陶川、邵翔：《以史为鉴，油价突破 80 美元的演绎与影响》，2021 年 10 月

5 日。

[12] Kyohun Joo, Jong Hwan Suh, Daeyong Lee C, Kwangwon Ahn D. Impact of the Global Financial Crisis on the Crude Oil Market, 2020.

[13] Leduc, Sylvain, Kevin Moran, Robert J. Vigfusson. Learning in the Oil Futures Markets: Evidence and Macroeconomic Implications, Sep. 2016.

[14] 李彦：《从历史上的复苏之年看本轮国际原油价格的牛市表现》，2021 年 3 月 16 日。

[15] 魏一凡：《历史上五次能源大危机》，2021 年 10 月 6 日。

[16] 魏一凡：《原油投研框架——读懂化工研报》，2021 年 12 月 25 日。

[17] Szilard Benky, Max Gillmanz. Granger Predictability of Oil Prices after the Great Recession, Dec. 5, 2019.

[18] 郭嘉沂、付晓芸：《鉴古知今，欧洲需求复苏持续性可期》，2017 年 9 月 27 日。

[19] 郭嘉沂、付晓芸：《还原美国原油需求真相》，2017 年 8 月 24 日。

[20] 郭嘉沂、付晓芸：《原油需求分析之谜》，2017 年 8 月 24 日。

[21] 杨帆：《原油供需端和库存端的分析框架》，2020 年 2 月 25 日。

原油短线交易

的24堂精品课 下册

第2版

顶级交易员的
系统与策略

The top trader's systems

and strategies

魏强斌　吴　进
陈　杰　文　梅 ——————— 著

经济管理出版社

ECONOMY & MANAGEMENT PUBLISHING HOUSE

图书在版编目（CIP）数据

原油短线交易的 24 堂精品课：顶级交易员的系统与策略/魏强斌等著. —2 版. —北京：经济管理出版社，2023.8
ISBN 978-7-5096-9177-9

Ⅰ.①原… Ⅱ.①魏… Ⅲ.①原油—石油市场—市场交易—基本知识 Ⅳ.①F830.92 ②F407.22

中国国家版本馆 CIP 数据核字（2023）第 149470 号

策划编辑：勇　生
责任编辑：勇　生　刘　宏
责任印制：黄章平
责任校对：陈　颖　王淑卿

出版发行：经济管理出版社
　　　　　（北京市海淀区北蜂窝 8 号中雅大厦 A 座 11 层　100038）
网　　址：www. E-mp. com. cn
电　　话：（010）51915602
印　　刷：唐山昊达印刷有限公司
经　　销：新华书店
开　　本：787mm×1092mm/16
印　　张：47.75
字　　数：905 千字
版　　次：2023 年 10 月第 2 版　2023 年 10 月第 1 次印刷
书　　号：ISBN 978-7-5096-9177-9
定　　价：138.00 元（上、下册）

目 录

上 册

　　原油库存的主要数据有 EIA 原油库存数据、API 原油库存数据、OECD 原油库存数据、IEA 原油库存数据、OPEC 原油库存数据、库欣库存数据、中国原油储备数据等，这些数据是由不同的机构主体发布的。其中最为常用的是 EIA 原油库存数据、API 原油库存数据、库欣库存数据，这三个数据都是美国的相关机构发布的，对于原油市场的短期波动影响很大，也是原油交易者定期关注的数据。我们介绍原油库存，主要就是讲这三个数据。

　　WTI–Brent 价差是全球能源研究机构和交易员都非常关注的一个指标。影响 WTI–Brent 价差的因素有原油品质差异、库欣库存变化、地缘政治变化、自然灾害、经济景气程度、美元、投机力量、非洲–欧洲与北美原油产量差异，等等。

　　印度的发展水平与中国相比还有很大差距，即便在这种情况下它的原油进口也占了 10.11%。印度是一个拥有 12.96 亿人口（2014 年）的大国，但是石油、天然气储量仅占世界储量的 0.3% 和 0.7%。由于本土能源资源储存和产量严重不足，对海外依赖度很高。印度本国权威机构预测到 2030 年，印度 90% 的石油和天然气将来源于国外。而国际权威机构 IEA 则预测，从 2014 年到 2040 年印度原油需求的增量将大于中国。

下 册

　　如果价格往往反季节性，则说明有大行情，而大行情的方向就是与季节性相反。淡季走强，往往表明基本面非常强劲，趋势往上，做多机会；淡季走软，往往表明基本面非常疲弱，趋势往下，做空机会。异常值是非常重要的信号，我经常强调"异常背后必有重大真相"，反季节性走势就是异常值，是非常宝贵的信号。

　　COT 数据分析的第一个要点是原油非商业净多头与原油价格走势之间存在非常强大的正相关性；第二个要点是非报告净多头往往跟随非商业净多头运动，这表明散户的投机资金往往与主力投机资产的动向一致而且前者追随后者；第三个要点是商业净多头与非商业净多头是反向变化的，互为镜像关系，因为商业头寸以套保为主，而非商业头寸以投机为主，套保和投机互为主要对手盘；第四个要点是非商业净多头的进入历史高值区域则容易构筑顶部，非商业净多头进入历史低值区域则容易构筑底部。

如果美国是相对低息货币国家，那么美元走强，往往与避险需求有关，这个时候风险厌恶情绪高涨，这个风险厌恶情绪如果是经济不稳定引发的，那么意味着原油的下游也会受到负面冲击。这就是两个属性都利空原油走势：一方面，避险需求使得美元走强，进而通过资产属性使得原油走弱；另一方面，避险需求与全球或者主要经济体经济不稳定有关，这就使得下游负面冲击通过商品属性使原油走弱。

黄金与原油都是"母亲"，黄金是"货币之母"，原油是"商品之母"，黄金与虚拟经济关系密切，原油与实体经济关系密切。不过，现在能照出虚拟经济泡沫的恰恰是黄金，能够反映出实体经济不振的恰恰是原油。用纸币来衡量资产的价格往往不准确，因为纸币本身容易超发，而纸币一旦泛滥必然引发资产价格重估，所有大类资产都会涨价。但是，如果你将黄金作为价值尺度来衡量各类资产的价格，就会发现不会那么吓人，还是比较平稳的。简而言之，黄金是资产泡沫的"照妖镜"。

至于如何利用汇率来预判原油价格走势，简而言之就是将汇率看作各国经济的晴雨表，而不同国家位于原油产业链不同环节，特定汇率可以对应特定的原油产业链环节，特定的汇率表明产业链特定环节的健康程度。

为什么原油可以作为判断其他大宗商品走势的基石？第一，原油也是"非美资产"，美元通过资产属性也影响了原油的价格，因此油价体现了美元走势的预期。其他大宗商品很多也是以美元计价，或者是其上游产品以美元计价。第二，其他大宗商品的生产、加工、运输过程中几乎离不开原油的提炼物。第三，某些大宗商品或者是它们的提炼物是原油的替代品，比如制造生物燃料的大豆、白糖等。第四，大宗商品特别是工业品主要受到经济周期的影响，而原油作为经济运行的基础自然也深受经济周期的影响。

收益率曲线具体怎么用到研判原油走势上？第一，收益率曲线如果近乎水平状或者短期利率甚至高于长期利率，那么原油见顶可能性大增；第二，收益率曲线如果因为远端上升而变得陡峭，那么原油见底可能性大增。排名前三名的原油消费国和进口国的收益率曲线反映了未来原油的下游需求端的情况。另外，美国的收益率曲线也非常重要，因为它既是原油消费大国，同时美元走势也受到收益率曲线的影响，而美元则会通过资产属性影响原油价格。

当他们发表看法时，我们要问为什么他们有这样的观点？背后的逻辑和证据是什么？他们的意图是什么？他们是想要找"接盘侠"，还是想要驱动市场朝着对自己头寸有利的方向继续前进，又或者只是为了表达自己的观点？当他们采取某种行动时，我们要探究他们这样的原因是什么？要解答上述问题，光靠猜测和内幕信息是行不通的。我们要结合当时的产业链背景和美元走势去理解他们的言行。

大家应该习惯于"技术分析"的叫法了，但是这个叫法容易让人误导，产生一种"科学技术"的幻觉，仿佛这是一门"技术含量高"的"能力"和"学问"。但是，多年交易成败得失的经验表明技术分析并非"技术"，而是一门混合着经验与迷信的"金融巫术"。巫术并非贬义，也不是褒义，而是实证性的描述。现代科学就来源于"巫术"，巫师是最早的知识分子和科学家。技术分析的价值和纰漏不断得到行为金融学家和交易者的批判和完善。为了不被"技术"二字误导，我更愿意称其为"行为分析"。"行为"只是表明市场被我所观察到的动作，所见而非所想，尽量去除主观的看法。

回调点位有很多，但常用的是 0.383、0.5 和 0.618。再进一步简化则以 0.382~0.618 的区域作为支撑区域，看原油价格是否能够在此区域内出现看涨反转 K 线。反弹点位有很多，但是常用的是 0.383、0.5 和 0.618。再进一步简化则以 0.382~0.618 的区域作为阻力区域，看原油价格是否能够在此区域内出现看跌反转 K 线。

形态分析过于纷繁复杂，单单就 K 线形态而言就存在上百种模式，不光是初学者，即使是入行多年的老手也认不得其中的大部分模式。很多采用 K 线形态进行行情分析的交易者向我诉说了他们最为头疼的问题：由于记不清众多的形态，所以无法在行情走势中准确识别出它们。如何解决这一问题呢？毕竟，高效的记忆和识别形态模式对于交易者提高交易效率而言非常关键，化繁为简的同时还能够不降低效率无疑是每个交易者对新形态分析技术的希望所在。敛散模式也许可以在某种程度上满足交易者的这一愿望。

技术分析书籍将人引入了一个"死循环"，让很多人耗费多年的光阴而无法得到实质性的提高，让很多人越做交易越没有信心。因为纯技术分析如果不加上仓位管理是不可能持续获利的，而纯技术分析加上仓位管理后就面临一条"反比曲线"，这条反比曲线就制约了你的高度，你沿着边际改善方向一前进一段时间后会觉得报酬率太低，以致期望值可能为负，然后你又会沿着边际改善方向二去努力，一段时间后你会发现胜算率实在是太低了……在

一条既定的反比曲线上你就这样反反复复地努力，但是都被困在原地，这就是"轮回"。要跳出"轮回"就要"觉悟轮回"，而"跃升图"给了我们工具。

原油走势的季节性

与时逐而不责于人。故善治生者，能择人而任时。

——《史记·货殖列传》

得时无怠，时不再来，天予不取，反为之灾。

——《国语·越语》

原则上来讲，我们不应该仅仅根据季节性形态来决定交易，而应该将这方面的信息纳入到基本分析和技术分析之中。

——杰克·施瓦格（Jack Schwager）

日出入安穷？时世不与人同。故春非我春，夏非我夏，秋非我秋，冬非我冬。泊如四海之池，遍观是邪谓何？

——《郊祀歌·日出入》

原油价格的季节性是价格潜在走势的最直观体现，从季节性的走势来看，一般价格在第一季度倾向于上涨，第二、第三季度开始做顶，价格变化处于横盘震荡阶段，第四季度原油价格倾向于下跌。如果以2月到7月为一个半年，8月到次年1月为另一个半年，我们不仅发现2月到7月的上涨概率大，而且还发现其平均的上涨幅度也比较大。下跌概率大于50%的月份主要集中在后半年（8月到次年1月），下跌概率高的月份是9月和10月，18次数据统计中有11次处于下跌阶段。

——杨安

影响原油价格变化的因素众多，但是其中某些影响因素可能会在每年反复出现，并造成相似的价格波动，这就是投资者较为关注的原油市场季节性变化规律对油价的影响。在原油供应相对稳定的情况下，需求旺季带来价格的高企或消费转淡后的价格低落。当然，季节性规律也不是永恒不变的，其规律变化可能只适合某些特定阶段，

比如近年原油市场特点是供需失衡结构，这就大大削弱了原有的季节性规律。因此，常常需要结合其他相关因素做出客观评估。

——袁铭

刚开始做国际原油期货时，对于季节性规律比较轻视，因为行情行进过程中分析者和交易者往往都是云里雾里的，季节性分析就像江恩的几何学一样，事后让人有大彻大悟的感觉，但是行情走出来之前却让人心中没底。不过，2008年偶然间遇到一位定居长沙专做白糖的职业期货交易者，那时候他正准备发自己的第一期投资产品，他告诉我其实季节性规律还是很有用的。

> 商品季节性规律可以正着用，也可以反着用。

第一，**季节性对趋势有助涨助跌的作用。**如果趋势向上，而季节性规律也向上，那么就是大胆做多的时段；如果趋势向下，而季节性规律也向下，那么就是大胆做空的时段。趋势怎么看？预判趋势看大的基本面，确认趋势看大的技术面。

第二，**季节性提供了回撤进场的机会。**如果趋势向上，季节性属于淡季，那么商品可能出现回调，这个时候就是逢低做多的机会；如果趋势向下，季节性属于旺季，那么商品可能出现反弹，这个时候就是逢高做空的机会。

第三，**如果价格往往反季节性，则说明有大行情，而大行情的方向就是与季节性相反。**淡季走强，往往表明基本面非常强劲，趋势往上，是做多的机会；淡季走软，往往表明基本面非常疲弱，趋势往下，是做空的机会。异常值是非常重要的信号，我经常强调"异常背后必有重大真相"，反季节性走势就是异常值，是非常宝贵的信号。

> 季节性本该走强，但却下跌，这是弱势的征兆。

商品的季节性走势具有上述三个用处，这就是我们为什么要了解原油市场的季节性变化规律的原因。原油市场的季节性变化主要与产业链下游的需求有关，因此属于产业链下游的分析因素，也是原油商品属性的分析因素。在撰写本课的时候，我主要参考了无著先生在这方面的研究，加上了自己的一些心得。

原油市场的季节性规律究竟是怎样的？无著先生运用 250 日移动平均法，对纽约原油 2000~2008 年的收盘数据进行了处理，试图提取出季节性的模式，得出了一个"原油季节性指数"（见图 13-1）。

图 13-1 原油季节性指数

资料来源：文华财经、良时期货研究中心（无著）。

需要注意的是这幅走势图是从 6 月 25 日开始的，次年年初数据位于中间。从"原油季节性指数"走势图中可以发现国际油价在第一季度和第三季度处于涨势，而第二季度则处于回落整理态势，第四季度处于跌势。我们再来看南华期货分析师史明珠给出的原油涨跌月度统计数据（见图 13-1），其中 3 月、4 月、7 月、8 月、9 月上涨概率较大，而 10 月和 11 月下跌概率和下跌平均幅度都较大。

国外研究机构 Equity Clock 统计了截止到 2014 年 12 月 13 日的 20 年 WTI 期货价格数据，得出了一条更加清晰的原油市场季节性变化规律（见图 13-2）。基于 1982 年 3 月 10 日到 2012 年 3 月 14 日长达 30 年数据，迪米特里·斯佩克（Dimitri Speck）得出了一条原油市场季节性变化规律（见图 13-3）。两幅季节性走势图基本一致，年度低点在 1 月到 2 月出现，年度高点在 9 月到 10 月出现。

油价季节性特征较为显著，第一季度适合做多，第四季度适合做空。不过，多空要放到大的供求周期中去看，要看趋势，季节性是其次的。

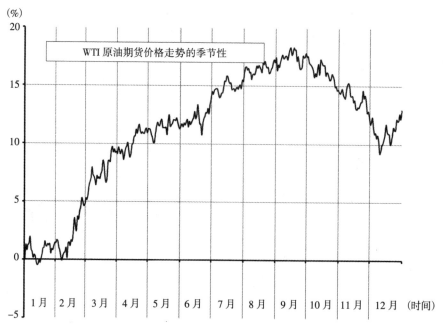

图 13-2　WTI 原油期货价格的季节性变化（基于截至 2014 年 12 月 13 日的 20 年数据统计）
资料来源：Equity Clock.

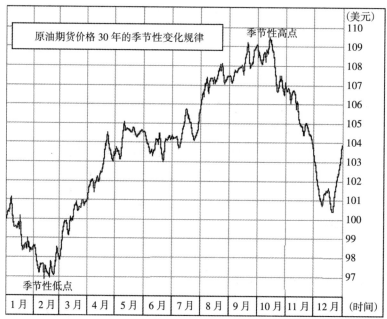

图 13-3　WTI 原油期货价格的季节性变化（1982 年 3 月 10 日到 2012 年 3 月 14 日）
资料来源：Dimitri Speck，Dina.

　　期货经纪商 Daniels Trading 对 1986~2018 年的 WTI 原油价格数据进行了季节性分析，得出了更为详细的原油市场的季节性变化规律。无论是 WTI 原油还是原油都对北半球的季节性因素非常敏感。北半球冬季从 12 月 1 日到次年 2 月 28 日，原油价格通常处于年内低点，度假旅行需求会驱动原油短期走高，但是整体仍然承压。北半球春季从 3 月 1 日到 5 月 31 日，原油价格逐渐走高，脱离年度最低的 25% 范围。北半球夏季从 6 月 1 日到 8 月 31 日，WTI 油价表现强劲，往往处于年度最高的 25% 范围内。北半球秋季从 9 月 1 日持续到 11 月 30 日，WTI 原油价格构筑年内顶部，开始下跌。

　　另外，国联期货研究中心梳理了 1984~2015 年的国际原油价格数据，他们指出："从上半年和下半年角度来看，最高点基本上是对半分（即上半年 16 次，下半年 15 次），但是最低点更大概率分布在上半年（即上半年 18 次，下半年 13 次）；**从季度的角度来看，最高点更大概率分布在第一季度和第四季度，而对应的最低点更大概率分布在第四季度和第一季度**；从月份的角度来看，最高点更容易发生在该年内的 1 月、4 月和 12 月，对应的最低点更容易发生在该年内的 12 月和 1 月。通过以上表述，季节性呈现出以下规律，当第一季度出现最高点时，往往当年的第四季度容易出现最低点，如 1984 年、1991 年、1993 年、1997 年、1998 年和 2001 年；而当第一季度出现最低点时，往往当年的第四季度容易出现最高点。"另外，南华期货分析师史明珠列出了 1987 年 1 月到 2009 年 12 月的 NYMEX 原油期货季节性统计表（见表 13-1）；南华期货倪振华先生则以柱状图的形式列出了每个月的涨跌概率（见图 13-4），统计样本是从 1987 年到 2010 年。

国联期货研究中心认为，原油价格一年中上涨概率超过 50% 的月份有 7 个，平均分布在上半年和下半年，而上涨概率最高的是 7 月，高达 70.98%，其次是 3 月，高达 68.18%；而上涨概率低于 50% 的有 4 个月，也是平均分布在上半年和下半年，但是下半年的下跌概率要大于上半年，即下跌概率较高的两个月是 10 月和 11 月，下跌概率分别为 58.06% 和 67.74%。另外，从原油的月度收益率均值来看，在一年中有两个上涨高峰，分别是 3 月和 9 月，分别为 2.258% 和 2.172%。而一年中也有两次下跌高峰，分别是 10 月和 11 月，分别为 -1.933% 和 -2.885%。

表 13-1　NYMEX 原油期货季节性统计表（1987 年 1 月到 2009 年 12 月）

月份	年数		上涨年数占比（%）	月度收益率（%）	平均最大			平均百分率（%）		
	上涨	下跌			涨幅	跌幅	差值	期初	期末	变动
1 月	13	10	56.52	0.600	1.96	2.62	-0.66	49	52	3
2 月	12	11	52.17	0.366	2.11	1.92	0.19	54	55	1
3 月	16	7	69.57	4.658	3.11	1.52	1.59	31	61	30
4 月	14	9	60.87	2.062	2.55	1.51	1.04	42	64	22
5 月	11	12	47.83	2.283	2.77	1.33	1.44	45	49	4

续表

月份	年数		上涨年数占比（%）	月度收益率（%）	平均最大			平均百分率（%）		
	上涨	下跌			涨幅	跌幅	差值	期初	期末	变动
6月	13	10	56.52	1.335	2.21	1.8	0.41	51	56	5
7月	17	10	73.91	2.127	1.84	2.08	−0.24	46	63	17
8月	12	11	52.17	2.041	2.03	2.01	0.02	49	52	3
9月	13	10	56.52	3.205	2.72	2.39	0.33	43	66	23
10月	8	15	34.78	−3.467	2.18	3.44	−1.26	58	38	−20
11月	8	15	34.78	−3.361	1.70	2.54	−0.84	62	37	−25
12月	12	11	52.17	−0.233	1.54	2.60	−1.06	55	60	5

资料来源：南华期货分析师史明珠。

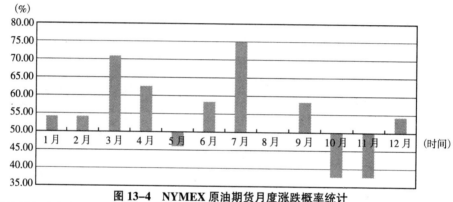

图13-4 NYMEX原油期货月度涨跌概率统计

资料来源：倪振华。

原油市场的季节性变化规律究竟怎么来的呢？什么因素导致了原油市场的季节性变化规律的出现？大宗商品都有季节性变化规律，对于农产品而言上游对季节性的影响要大些，而对于工业品而言下游对季节性的影响要大些。原油作为工业品，其季节性变化趋势基本受到下游的影响。

原油的消费主要是三大成品油消费，所谓的三大成品油是指汽油、燃料油和柴油，它们占了成品油消费量的九成以上。

汽油是各类交通工具和农用机械的燃料，夏天是汽油消费的高峰期。柴油则主要用于大型车辆和船舶。

取暖油属于燃料油，准确来讲是一种民用燃料油，主要用途是欧美家庭取暖，在欧洲和美国成品油消费市场上占了很大的份额。美国东北部地区是全球最大的取暖油消费市场，寒冷的冬天是取暖油消费的高峰期。例如，2007年1月美国出现超预期的暴风雪天气，刺激了取暖油消费，原油价格筑底回升（见图13-5），成为2007~2008

年原油牛市的导火索。

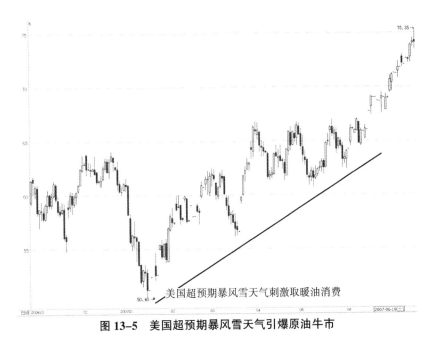

美国超预期暴风雪天气刺激取暖油消费

图13-5　美国超预期暴风雪天气引爆原油牛市

三种成品油当中，取暖油和柴油对两种天气变化非常敏感：一是大西洋和墨西哥湾的飓风情况；二是寒潮情况。

为什么原油价格在第一季度倾向于处于涨势？因为这是以北美地区为主的北半球中高纬度地区的取暖油消费处于高峰期。

为什么原油价格在第二季度倾向于处于回落整理态势呢？主要是取暖油高峰期过后，缺乏季节性的驱动因素，所以价格比较疲软。

为什么原油价格在第三季度倾向于处于涨势？因为这时以北美地区为主的北半球中高纬度地区的汽油消费处于高峰期，欧美家庭多选择在这个时间段外出度假，学校在这个时候放暑假，伦敦和纽约等地金融人士也会选择在这个时段外出度假。汽油消费高峰属于需求因素，另外往往还会叠加一个供给因素，这就是墨西哥湾的飓风高发期，所以往往这个季节原油消费比较强势。恶劣的天气条件会降低原油的运输能力，破坏炼厂设施，降低炼厂的开工率。

为什么第四季度原油价格倾向于下跌走势呢？因为汽油消费高峰过后，取暖油消费还未启动，市场缺乏驱动因素刺激。

决定原油价格走势季节性规律的因素可以简单地归结为三个：第一个因素是取暖油的消费周期；第二个因素是汽油的消费周期；第三个因素是天气周期。

取暖油的消费周期，我们可以从取暖油的库存走势中得到验证。我们以馏分油库存来近似地表示取暖油的库存走势，本书采用的是 2004~2008 年美国的馏分油库存数据。从走势可以看出，第一季度馏分油的库存减少，因为这个时候是取暖油的消费高峰，然后从 4 月开始库存逐步回升（见图 13-6）。

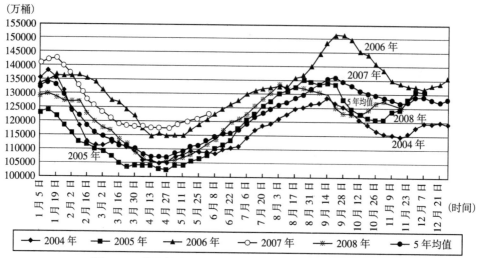

图 13-6 美国馏分油库存季节性走势〔2004~2008 年数据〕

资料来源：EIA、良时期货研究中心（无著）。

汽油的消费周期，我们可以从汽油的库存走势中得到验证。从美国汽油库存走势可以看出，从第二季度末开始，汽油库存开始走低，到了秋季库存达到年内最低点，这个时候刚好是汽油消费的高峰期（见图 13-7）。

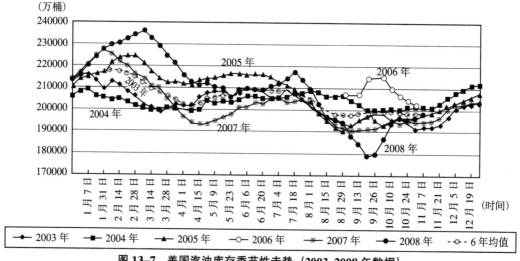

图 13-7 美国汽油库存季节性走势〔2003~2008 年数据〕

资料来源：EIA、良时期货研究中心（无著）。

我们可以从美国炼厂利用率来观察天气的周期性影响，因为每年8月到10月为大西洋和墨西哥飓风的高发期，这个时候美国墨西哥湾地区的炼厂开工率/利用率会显著下降。从美国炼厂利用率走势图上可以清楚地发现这一规律（见图13-8）。

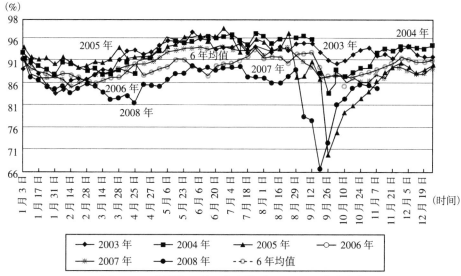

图13-8 美国炼厂利用率走势（2003~2008年数据）
资料来源：EIA、良时期货研究中心（无著）。

上面都是讲美国的原油/成品油消费的季节性变化，下面我们来看下欧洲的原油需求的季节性变化（见图13-9），从中也可以发现同样的规律，那就是第一季度和第三季度消费旺盛，第二季度和第四季度需求回落。

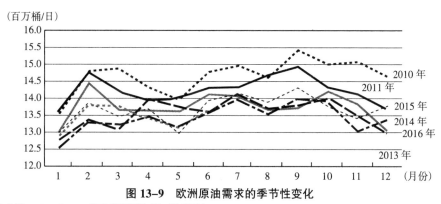

图13-9 欧洲原油需求的季节性变化
资料来源：Bloomberg、华泰期货研究所（陈静怡）。

季节性的规律使得每个时段都会引导市场形成某个关注焦点，而这个关注焦点往往容易引发题材炒作。因此，事件驱动交易者（或者说题材投机客）应该对原油市场

的季节性变化规律烂熟于心，知道什么时候会端上什么"菜"。

我之前强调过，一定要将季节性因素纳入基本面大框架中去考察，季节性因素能否真正体现出来还要看大的基本面是否支持。原油的整体产业链状况和美元趋势决定了大基本面，而季节性因素决定了淡旺季。大基本面和季节性因素构成了一个 2×2 的矩阵，如果原油商品属性和资产属性支撑大基本面看涨，而现在处于旺季，那么上涨有力，如果处于淡季，即便有回调幅度也不会太大。如果原油商品属性和资产属性支撑大基本面看跌，而现在处于旺季，那么即便有反弹幅度也有限，如果处于淡季，则下跌会非常凶悍（见表13-2）。

表13-2　大基本面和季节性因素的交互作用矩阵

	大基本面看涨	大基本面看跌
旺季	上涨有力	反弹幅度有限
淡季	回调幅度有限	下跌有力

在上述理论框架的基础上，我们将原油的年内走势分作两段来考察：第一段是第一季度到第二季度，第二段是第三季度到第四季度。

第一段年内走势中市场先是关注取暖油的消费情况，这是市场的第一季度的焦点，也就是我们在后面课程中的心理分析中经常提到的东西。随着取暖油消费高峰结束，市场则会将焦点转向库存水平、第三季度汽油消费和天气预报。

第一段年内走势有两种情况：第一种情况是大基本面看涨，那么第一季度的上涨较为显著，而第二季度的回调幅度就非常有限。第二种情况则是大基本面看跌，那么第一季度的上涨幅度有限，而第二季度下跌的幅度较大。对于第一种情况，无著先生举了2005年的例子。他指出："当时美国包括取暖油在内的馏分油库存处于低位水平，而当时由于需求快速增长，EIA数据显示2005年1月全球原油供应量为8403万桶/日，而需求量为8463万桶/日，全球原油库存水平又较低。整体市场供求气氛偏紧张，元旦过后原油价格快速上涨，

大的供求趋势和美元趋势决定大基本面，季节性受制于大基本面。

从 41 美元上涨到 3 月下旬的 58 美元，上涨幅度达 41%。4 月价格小幅回落，但 5 月价格再度震荡走高，市场强势明显。"（见图 13-10）

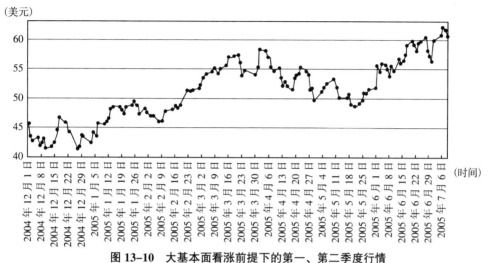

图 13-10　大基本面看涨前提下的第一、第二季度行情
资料来源：文华财经、良时期货研究中心（无著）。

对于第二种情况，无著先生举了 2001 年的例子。他指出："当时 EIA 数据显示，2000 年全球原油日供应量为 7776 万桶，而日需求量为 7666 万桶，到 2001 年的时候全球原油日供应量为 7768 万桶，需求量为 7740 万桶，市场供应过剩，库存水平偏高。整体市场供求气氛宽松，2000 年 12 月下旬到 2001 年 2 月初，原油价格小幅反弹，之后再震荡回落，第二季度市场继续维持弱势整理。"（见图 13-11）

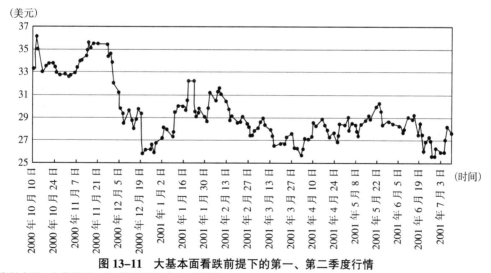

图 13-11　大基本面看跌前提下的第一、第二季度行情
资料来源：文华财经、良时期货研究中心（无著）。

第二段年内走势中市场先是关注天气状况，特别是墨西哥湾的天气状况，同时也关注汽油消费情况。而第四季度市场则会关注库存走势、第一季度取暖油消费预期和寒潮预期。一般而言，第四季度的原油价格调整幅度要比第二季度大，毕竟汽油的消费量要比取暖油消费量大，第二季度调整不深是因为后面汽油消费量对原油价格影响很大，而第三季度调整深是因为取暖油消费对原油价格的支撑力度不及汽油。

第二段年内走势有两种情况：第一种情况是大基本面看涨，那么第三季度的上涨较为显著，而第四季度的回调幅度就非常有限。第二种情况则是大基本面看跌，那么第三季度的上涨幅度有限，而第四季度下跌的幅度往往就很大。

对于第一种情况，无著先生举了2007年的例子，他指出"EIA数据显示，2006年全球原油日供应量为8460万桶，而日需求量为8477万桶，到2007年的时候全球原油日供应量仍为8460万桶，但需求量增加至8559万桶，另外当时汽油库存水平处于历史低位，再加上美国大幅增加战略储备库存，市场供求气氛偏紧，原油价格第三季度大幅走高，第四季度继续冲高并且维持高位强势整理。从2000年到2008年，由于全球经济的快速发展，市场供求氛围偏紧张，2000年、2002年、2003年、2004年、2005年、2006年、2007年和2008年均出现类似的情况，其中2007年最强势"（见图13-12）。

图13-12 大基本面看涨前提下的第三、第四季度行情

资料来源：文华财经、良时期货研究中心（无著）。

对于第二种情况，无著指出："当时市场的供求氛围宽松，而且汽油库存处于高位水平，第三季度原油价格呈现震荡格局，进入第四季度价格开始大幅回落。从2000年到2008年，只有2001年一年出现这种走势，但在这之前的商品熊市中这种走势比较

常见。"(见图 13-13)

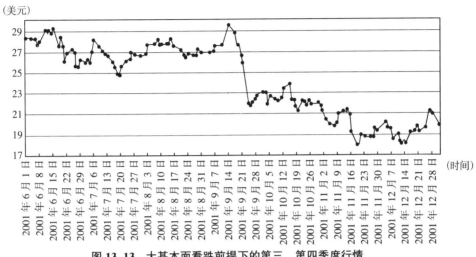

图 13-13　大基本面看跌前提下的第三、第四季度行情

资料来源：文华财经、良时期货研究中心（无著）。

本课没有提及的大量原油季节性统计数据表明时间框架越大，则季节性因素的影响越小，而趋势因素的影响越大。

另外，交割因素也会对原油价格产生周期性的影响。原油期货主力合约一般为 3 月、5 月、7 月、9 月和 12 月，交割期限是在交割月的 15 日之后的五个工作日，遇假期顺延。合约的最后交易期限为交割月前的三个交易日。例如，2016 年的原油期货 3 月合约，3 月 15 日、16 日是周六假日，3 月 17 日至 3 月 21 日五个工作日为最后交割期限，原油期货 3 月合约最后交易为 2 月 26 日、2 月 27 日和 2 月 28 日三个交易日。主力机构通常会在交割日调仓换期或在交易日平掉头寸，临近最后的交割期限或最后的交易期限，行情波幅比较大，原油交易者需要特别关注这些敏感的"时间之窗"。

【开放式思考题】

在研读完第十三课的内容之后，可以进一步思考下列问题。虽然这些问题并没有固定的标准答案，但是能够启迪思维，让你更加深入地掌握某些要点，或者是让你跳出僵化模式来重新看待问题。

（1）原油库存也存在明显的季节性，比如 OECD 的库存（见图 13-14）。请结合 OECD 的原油库存分析原油价格的季节性驱动力。

（2）季节性是否可以作为套利交易的基础？

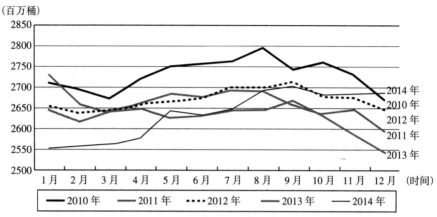

图 13-14　OECD 的原油库存季节性变化

资料来源：EIA.

【进一步学习和运用指南】

　　原油除了年内的季节性走势之外，还存在周间日的"季节性"，也就是说原油在一周之内的走势也存在某种周期性（见图 13-15）。这幅周间日的走势规律图基于从 2006 年到 2022 年初的日内交易数据计算得出。周间日规律可能没有年度季节性规律那么好用，不过我们也应该心里有数，特别是对于原油日内交易者而言。

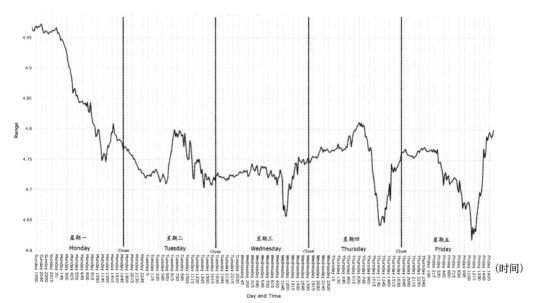

图 13-15　原油走势的周间日规律

资料来源：Intraday Seasonals.

参考文献

［1］杨安、董硕：《原油市场季节性大揭秘，内含绝佳抄底指标》，2018 年 7 月 16 日。

［2］Alexander DeKeyserling. Average U. S. Gasoline Prices Are Higher This Thanksgiving Than Any Since 2012，Nov. 24，2021.

［3］Robert Boslego. Crude Oil Seasonality，Inventory Rebalancing and Production Cuts，Apr. 17，2017.

［4］Intraday Seasonals. Crude Oil（CL3）Intraday Patterns，2022.

［5］Benjamin R. Auer. Daily Seasonality in Crude Oil Returns and Volatilities，May 2014.

［6］Sobia Quayyoum，Mushtaq Hussain Khan，Syed Zulfiqar Ali Shah，Biagio Simonetti，Michela Matarazzo. Seasonality in Crude Oil Returns，Sep. 16，2019.

［7］Market Folly. Seasonality of Crude Oil，Oct. 14，2009.

［8］Dimitri Speck. Seasonal Patterns in Commodities，Mar. 24，2021.

［9］Rabindra Samanta. Does Seasonality Impact the Crude Oil Inventory，Oct. 8，2020.

［10］Gordon Kristopher. How Seasonality Impacts Crude Oil Prices，Apr. 5，2016.

［11］Oil Sands Magazine，The Seasonality Effect on Oil Prices and Canadian Crude Differentials，Feb. 22，2022.

［12］Chris Vermulen. Oil & Oil Stocks Seasonality & Year-End Outlook，2012.

［13］Daniels Trading. Summer Seasonality and Wti Crude Oil Pricing，May 1，2020.

［14］Tradewell. United States Oil ETF Seasonality，2022-04-08.

［15］Eric Panneflek. The Seasonality Effect on Crude Oil Prices，May 27，2018.

［16］黎磊：《减产周期下，原油行情大》，2019 年 7 月 10 日。

［17］图表家：《WTI 迎来季节性拐点，历史规律暗示原油黄金将走低》，2018 年 5 月 11 日。

［18］国际原油资讯：《原油投资技能：掌握油价历史季节性特征规律》，2017 年 1 月 9 日。

［19］黎磊：《带您把脉原油期货波动规律》，2019 年 5 月 28 日。

［20］袁铭：《不得不掌握的原油历史季节性特征规律》，2017 年 1 月 6 日。

［21］王书平、吴振信：《布伦特原油价格季节性波动分析》，2008 年 2 月。

原油金融市场的心理分析（1）：持仓与共识预期

资深的原油交易者在进行交易的时候会使用一些另类信息。他们有时候会查看远期曲线、CFTC 投机头寸以便了解市场的需求；同时也会分析期权以便利用可预测的高波动率或者是保护目前的头寸。

——贾斯汀·麦奎因（Justin McQueen）

所谓聪明的人，都是善于逆向思维的。

——织田信长

在整体持仓资金规模基本恒定前提下，当商业与非商业净多头峰值出现时，意味着在这一方向上资金难以持续流入，往往意味行情反转。

——李海涛

在交易实战中，CFTC 数据……结合当周的贝克休斯美国石油钻井数据，更准确地把握下周一、周二的市场氛围。贝克休斯与 CFTC 数据对国际油价的影响权重几乎相当，根据当周实际数据……即可得出下周初油市的基本交投氛围，长期准确率达到 80% 以上。必须注意的是……周末期间没有影响油价的其他重大利多利空因素出现，也就是说在消息面清淡的情况下适用。如果周末发生了重大的利多利空事件，则可以增加或抵消"贝克休斯+CFTC"的利多/利空因素。

——利刃出鞘

原油投资方向的交易者不断地发掘对价格产生影响的因子。主要包括供给类因子，如 OPEC 原油总产能、产量与剩余产能、页岩油产量等。需求类因子如 GDP、PMI 等，以及美元美债相关因子和避险资产因子等。当前先进的自然语言处理技术可以使投资者有效地分析原油相关的社交媒体情绪。情绪类因子对于原油价格的研究可以用于强

化现有的量化交易策略。

——陈锴扬

人们总是问我，前景最好的地方在哪里，但其实这个问题问错了，你应该问：前景最悲观的地方在哪里？

——约翰·邓普顿

预测原油价格是一种动态的过程，需要持续分析 OPEC 的决策心态、供求均衡和地缘政治，以及市场对于这些因素的观点与预期。

——Jack D. Schwager

大家都知道的东西通常来说在最好的情况下没什么用，而在最坏的情况下则是错误的。

——Howard Marks

美元汇率对油价的影响程度最大，其系数为-1.7154，负号表明美元汇率对油价影响是一种反向关系……如果美元汇率波动 1 个单位，则油价反向波动 1.7154 个单位；其次是供求缺口，影响系数是 1.3681……供求缺口扩大将使得油价上涨；投机因素在三者之中对于油价的影响虽然最小，但是 0.61 的系数值表明投机因素对原油价格形成有重要作用，系数为正意味着非商业交易者净多头头寸增加将使原油价格上涨。

——王书平

原油的驱动分析我已经介绍完毕了，驱动分析有两个属性，资产属性是最为重要的，与美元相关。但是由于我个人出版了诸多外汇专著，并且有一本关于美元周期的专门讲义整理后会出版，所以就没有在本书大费笔墨来谈美元了，只是在第四课提纲挈领地讲了一下。原油驱动分析的第二个属性是商品属性，从第五课到第十三课都在讲，从上游讲到中游，再讲到下游。我知道大部分刚进入这个市场的读者都热衷于技术分析方面的内容，但是市面上关于这方面的内容实在太多了，而且我个人在《外汇交易三部曲》和《黄金短线交易的 24 堂精品课》中讲解的技术分析体系已经非常系统了，因此不再去反复大谈技术分析，而是将重点放在驱动分析和心理分析上。我知道这本书出版后，有人会认为缺乏技术分析这类"看起来更加具有可操作性"的内容，对此我只能一笑置之，不久后你就会发现什么是你和对手都相当缺乏的素质。但是，为了原油分析和交易流程的完整起见，我会用三课将技术分析的精髓——"势位态"结合原油这个品种提纲挈领地讲一遍。

说这么多，就是想告诉你，分析中最难的、最少人去钻研的、最有价值的部分是驱动分析；其次是心理分析；至于行为/技术分析，你看看身边有多少人、多少书在讲，就明白这里面到底有多少有价值的东西了。技术分析易学，所以大众热衷于此，但金融市场是少数人赚多数人的钱，多数人在干什么，少数人在干什么，大众的盲点就是利润的源泉。技术分析的利润因为学习者和使用者众多早已不断下降，你还执迷不悟，偏执与此？

我用了超过一半的篇幅讲原油驱动分析的各种工具，这部分讲义仍旧感觉意犹未尽，只能等待以后不断完善。从本课开始一直到第二十课，我都会讲心理分析，其中包括用来验证资金流向的跨市场分析（见图14-1）。

《三国志·卷三十九·蜀书九》中的"攻心为上，攻城为下"，就体现了心理分析的重要性。

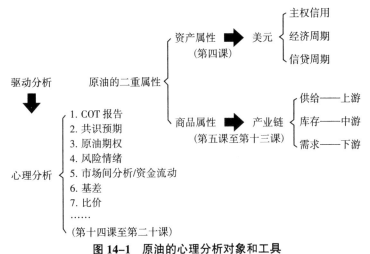

图14-1　原油的心理分析对象和工具

那么，本课讲些什么呢？首先是原油的 COT 报告，这个是最重要的；其次是共识预期的周期模型，这个模型我在外汇交易和股票投机的相关讲义当中都有涉及，这里专门结合原油讲一下，因为你未必会去读其他讲义的相关内容。另外，还会大致谈到其他一些具体的心理分析工具，比如原油期权和基差，后者使用的时间不多，但是市场处于极端情绪状态时这些工具会给出提醒信号，进而确认趋势潜在的反转点。

本课的主角之一要上场了，这就是原油 COT 报告。外汇和大宗商品只要在美国期货会场挂牌交易，就可以获得这个品种的 COT 报告，这个报告反映了玩家们的动向和情绪，所

CFTC 每周五 15:30（夏令时北京时间每周六凌晨 4:30，冬令时北京时间每周六凌晨 5:30）发布一份持仓报告，报告资料来源为芝加哥、纽约、堪萨斯城和明尼安纳波利斯的期货或期权交易所。这份报告（分为"期货"和"期货与期权"两种，通常所说的持仓报告是指期货）将市场内的交易者在当周周二收盘时的仓位公布，揭示了基金等投资者在美国期货市场上持仓数量及方向的变化，反映了不同市场主体对市场行情的看法。

以是原油心理分析的杀手级运用，需要自己多加揣摩，而不是依赖于我这里讲到的部分过往经验。

COT 报告的英文全称是"Commitments of Traders Report"，本书专讲原油的 COT 报告。这个报告是美国商品期货交易委员会（CFTC）定期发布的一个交易者持仓报告。

COT 报告是怎么构成的呢？持仓报告主要分两部分，一部分是报告持仓（Reportable），另一部分是非报告持仓（Non Reportable），前者是超过规定数量的持仓，是必须向监管当局申明的持仓，一般认为是机构持仓；而后者则属于不需要向监管当局申明的持仓，一般认为是散户持仓。

报告持仓又分为两类：一类是商业持仓（Commercial）；另一类是非商业持仓（Non Commercial）。一般认为商业持仓是产业链上游的生产者、中游的贸易商和下游的消费商建立的，这部分可以与原油的商业属性对应。同时，非商业持仓则被看作是资产管理机构建立的，这部分可以与原油的资产属性对应（见图 14-2）。

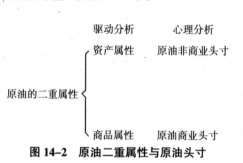

图 14-2　原油二重属性与原油头寸

非商业持仓下面又分为多头（Long）、空头（Short）和套利（Spreading）三种类型。

COT 报告只是公布了一些统计数据，报告持仓和非报告持仓只反映了头寸大小，而商业头寸和非商业头寸则未必能够完全区隔开来，某些大投行也涉足了原油的运输和库存业务，甚至也涉及生产业务，这样就使得它们的资产管理头寸可以当作套保头寸来申报。因为资产交易和投机面临更高的税收。

非商业头寸可能被低估，但是不会被高估。

当然，次贷危机后美国监管发现了部分资产管理/投机类仓位伪装成了商业头寸，而一些互换/掉期交易也被不恰当地当作商业持仓，因此新的 COT 报告会将互换和掉期交易单列出来，同时也加大了监管力度，这就使得很多投机资金流向了其他原油期货市场。

那么如何解读 COT 报告提供的数据呢？如何解读原油 COT 报告中各种持仓数据的意义呢？这些持仓数据对于我们预判原油期货价格走势有什么作用呢？

我会用给出一些 COT 数据的分析要点，知道这些要点之后你真正的工作就是基于这些要点打开 COT 数据的相关网站然后自己动手去分析，并且将分析的结论置于提供的原油分析框架去理解，而不是简单地认为出现了 A，就会出现 B。世界并不这么简单，出现了 A 之所以必须出现 B，是因为具备了条件 C 和条件 D，而后面这两个条件只有你用系统的框架去判断才能发现。

COT 数据分析的第一个要点是原油非商业净多头与原油价格走势之间存在非常强大的正相关性（见图 14-3）。非商业净多头具体是指非商业多头减去非商业空头，当非商业净多头上涨的时候，油价上涨；当非商业净多头下跌的时候，油价下跌。

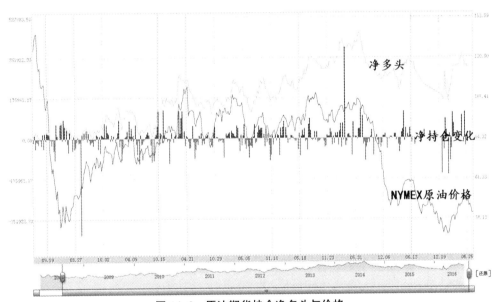

图 14-3　原油期货持仓净多头与价格

资料来源：和讯期货。

COT 数据分析的第二个要点是非报告净多头往往跟随非商业净多头运动，这表明散户的投机资金往往与主力投机资产的动向一致而且前者追随后者。

COT 数据分析的第三个要点是商业净多头与非商业净多头是反向变化的，互为镜

像关系，因为商业头寸以套保为主，而非商业头寸以投机为主，套保和投机互为主要对手盘。当然，商业头寸当中也有多头和空头，非商业头寸中也有多头和空头。

COT数据分析的第四个要点是非商业净多头的进入历史高值区域则容易构筑顶部（见图14-4和图14-5），非商业净多头进入历史低值区域则容易构筑底部。而商业净多头进入历史高值区域则容易构筑底部，商业净多头进入历史低值区域则容易构筑顶部（见表14-1）。

图14-4　年内COT非商业净头寸高点与原油价格高点（2013年）

资料来源：Barchart，Seekingalpha，Sean Bellamy McNulty。

图 14-5　五年 COT 非商业净头寸高点与原油价格高点（2009~2013 年）

资料来源：Barchart，Seekingalpha，Sean Bellamy McNulty.

表 14-1　原油价格与净多头的高低点

原油价格	原油非商业净多头	原油商业净多头
高点	高点	低点
低点	低点	高点

　　为什么会出现上述情况呢？因为投机资金持仓的峰值出现意味着在这个方向上很难继续流入资金，因此趋势会反转。而商业头寸是以套保为目的的，因此对于生产商而言，一旦涨到利润最大区域，则他们的做空套保数量往往也倾向于最大，对于下游需求商而言，一旦价格跌到利润最大区域，则他们的做多套保数量往往也是最大的。

　　如何确定净多头的高低点呢？一个办法分别找出 1 年、2 年、3 年、5 年和长期的净多头高点和低点，看现在的 COT 净多头持仓是否靠近这些范围，另一个办法则是确定原油价格中长期高低点，然后标注出当时对应的持仓高低点。这些高低点就是参照

系，用来观察现在持仓是否临近甚至超过这些参照点，进而从心理和资金层面判断行情会出现修正甚至反转。

COT 数据的最大作用在于判断潜在的反转点，所以上述第四个分析要点最有价值。原油价格的趋势性反转点往往与商业净多头或者非商业净多头的极端值有关。

那么，从哪里可以看到 COT 数据呢？从 CFTC 的官网可以看到，首先登录 www.cftc.gov，点击首页下拉菜单"MARKET REPORTS"，然后选择"Commitments of Traders"（见图 14-6）。

> COT 数据非常有用，特别是做趋势交易的时候，这个可不是什么花拳绣腿。

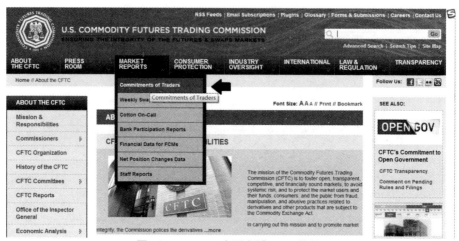

图 14-6　CFTC 官网查看 COT 数据

但是，我个人更加偏好一些做成走势图的网站，第一个是和讯期货。首先，登录 http://futures.hexun.com，寻找到"CFTC 持仓查询"点击进入（见图 14-7 和图 14-8），此后你可以选择品种、净多头头寸类型和时段。和讯期货的 COT 数据走势图有一个优势就是将价格线放在上面，这样便于观察持仓和价格之间的关系。

第二个查询的网站是原油 COT 数据的 99 期货网。首先进入 www.99qh.com，首页上有"CFTC 持仓"和"CFTC 持仓（新）"两个选项，都可以点击进去（见图 14-9）。

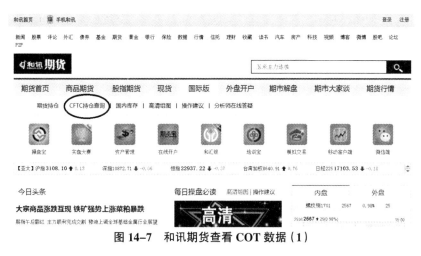

图 14-7　和讯期货查看 COT 数据（1）

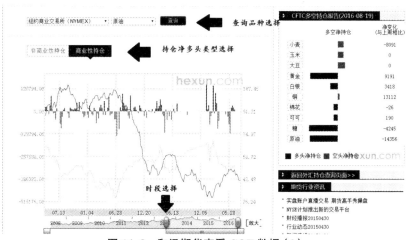

图 14-8　和讯期货查看 COT 数据（2）

图 14-9　99 期货网查看 COT 数据

　　如果点进"CFTC 持仓"，这就是比较简单的持仓统计，包括"商业持仓图表"和"非商业持仓图表"等（见图 14-10），如果点进"CFTC 持仓（新）"则分类更细，其中"生产/贸易/加工/用户持仓图表"和"资产管理机构持仓图表"是重点，前者相当于"商业持仓图表"，对应于原油的商品属性，后者相当于"非商业持仓图表"，对应于原油的资产属性。另外，"非报告头寸总持仓图表"则显示了散户持仓（见图 14-11）。这个数据源的特点是持仓数据特别详细，但劣势在于没有叠加价格数据。

图 14-10　CFTC 持仓数据旧版

资料来源：99 期货网。

图 14-11　CFTC 持仓数据新版

资料来源：99 期货网。

　　如何简单地查看和利用原油 COT 数据呢？比较常见的是计算原油 COT 指数。原油 COT 指数等于原油期货大额投机者净头寸减去大额套保者净头寸。"财经 M 平方"提供

了基于上述原理的"原油筹码 COT 指数"（见图 14-12），该指数向上则原油倾向于上涨，直到出现极大值；该指数向下则倾向于下跌，直到出现极小值。该指数的网址如下：https://sc.macromicro.me/collections/19/mm-oil-price。

图 14-12 原油筹码 COT 指数和原油价格

资料来源：财经 M 平方。

怎么利用 COT 数据来判断油价转折点，以及从哪里寻找 COT 数据我都已经详细介绍了，下面讲共识预期，也就是市场焦点。

很多读者可能会说技术分析包含一切，虽然技术走势本来就包含了心理信息，但是我们从另外一个事实就可以知道技术分析其实不能很好地促进我们对市场心理的把握。现有的机械交易系统基本都是基于技术分析的，它们不考虑驱动因素和心理因素，所以长期很难获得暴利，毕竟市场有周期性的变化和结构性的变化，周期性变化源于心理因素，它使得震荡和单边交替，而结构性变化源于驱动因素，这两种变化会让基于纯技术分析的交易者回吐大部分利润，甚至失效。

既然分析这么重要，而心理分析的要素我们也大概了解了，那么究竟心理分析的框架是什么样的呢？请看图 14-13，这就是我采用的"心理分析示意图"。

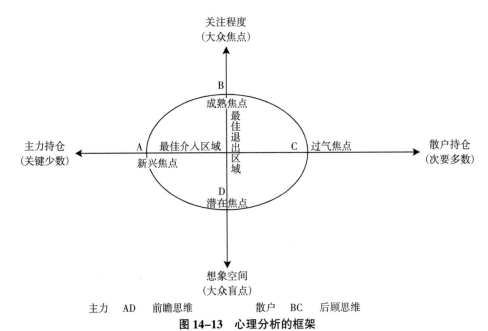

图 14-13　心理分析的框架

资料来源：《外汇交易三部曲》（2010 年版）。

　　这里面有四个问题需要了解。第一个就是一个市场观点的想象空间还有多大。越大则说明能走的预期行情越大；如果一则新闻带出的信息都是铁板钉钉，则未来进一步发展的可能性非常小，即进一步炒作的空间很小，这样就是缺乏想象空间的焦点，自然也就不会引发机构交易者注意，当然也不太可能发展成为趋势。如果一个观点还没有被绝大多数散户所注意，但是未来进一步发展的可能性很大，则很可能成为主力的建仓理由，这就是潜在焦点 D。如果这个焦点逐步显现，少部分散户也开始注意了，主力也基本完成建仓了，并且市场此前的热点还在聚光灯下，则这个市场观点就是新兴焦点 A，这时候主力开始顺势而为，行情也开始发动了，这也是我们最佳的介入起点。此后，随着市场不断地炒作和市场新兴焦点的不断扩散和渗透，大家都开始注意到了，关注程度逐步达到最高，这个市场焦点就成了成熟焦点 B，这时候我们也就应该退出了。AD 是这个阶段中主力力图把握的阶段，而 BC 是散户着力的阶段。想象空间是第一个关键问题，主力持仓是第二个关键问题，关注程度是第三个关键问

　　一些极端价位被市场广泛认可的时候，往往意味着成熟焦点。比如，2007 年，牛市 1 万点。又如高盛在原油上涨的时候喊 200 美元/桶，下跌的时候喊 20 美元/桶。

题，散户持仓是第四个关键问题，进行心理分析的时候就需要把握这四个问题：一问"这个题材还有没有进一步发展的空间？"二问"主力如何看待这个题材？"三问"散户如何看待这个题材？"四问"大众对这个题材的关注程度如何？"

参与者们总是围绕一两个主题在行动，而且市场主题在周期性地转换，我们需要每天浏览市场新闻以便很好地紧贴市场焦点转换。当一个焦点得到绝大部分人高度重视的时候，这个操作机会也就处于无利可图的状态了，这就是大众的焦点。一旦一个题材成为大众的焦点，那么散户也基本全部加入其中了，这样的行情马上就要结束了。我们要找到市场存在的新兴焦点，同时还要明白目前的成熟焦点，所谓新兴焦点就是那些想象空间还足够，同时市场关注程度还有进一步发展空间的焦点，而成熟焦点则是那些众所周知、人人都想根据这一热点进行正向操作的热点。如果说新兴焦点是正向操作机会，那么成熟焦点则是反向操作机会。

心理分析的关键是找出市场的新兴焦点，并确认市场对这一焦点的关注程度正在不断增强。其实市场的新兴焦点和成熟焦点往往都在头条之类的专栏中出现，第一次出现则往往是新兴焦点，如果反复出现而且又缺乏想象空间，同时关注程度极其高（以致没有进一步提升的空间），则不属于新兴焦点，而是成熟焦点。

市场焦点为什么这么重要呢？我们再来回顾一下上述我建立的心理分析的框架，关键的少数是机构交易者，他们往往是赢家，次要的多数是散户交易者，他们往往是输家。赢家的着眼点在潜在焦点到新兴焦点这个发展阶段，而输家的着眼点则是从成熟焦点到过气焦点这个发展阶段。不论是潜在焦点、新兴焦点还是成熟焦点，或者是过气焦点，它们都涉及焦点，或者说题材，一个被大众心理上可能认可、已经认可、将要认可、过去认可的题材。驱动分析的目标可能还是侧重于大的趋势，或者是找出一波单边走势，也可以看成是找出潜在焦点，而心理分析的目标则是揣摩市场对这些驱

报告头寸属于主力，非报告头寸属于散户。

动因素的偏好。**毕竟，市场心理决定了驱动因素发酵的程度和顺序！**

那么，我们如何获得原油的共识预期/市场焦点呢？看看原油相关的媒体和论坛/群组的交易者们都在谈论什么，都在关注什么。

另外，下面谈一下原油期权。2015年2月，NYMEX原油期权日均交易量超过230000份合约，其中超过60%的基准WTI期权（LO）交易以电子方式在CME Globex进行。交易者正越来越多地将能源期权策略纳入其投资组合中，并可在NYMEX利用电子流动性的优势。原油期权也会出现一些多空的极端比率，而这些比率往往反映了市场的极端情绪和成熟的市场焦点，因此意味着原油价格的转折点或者是波段结束点。原油期权也可以从CME官网上查询到相关信息，但是比起COT报告，市场驱动力要差很多，可以作为参考。

关于原油现货与期货的基差，以及远期合约与近期合约的差值有很多似是而非的说法，现货相对期货溢价你既可以认为是现货需求坚挺，因此期货价格也会得到支撑，有做空风险；你也可以认为是原油价格预期将走弱，因此期货价格将会继续下跌。就我多年的实际交易经验而言，基差和期限差值的正负并没有机械单一的意义，相反你应该搞清楚期货溢价/现货溢价、远期溢价/近期溢价的具体基本面背景是什么，市场情绪是什么。基差和期限价差的极端值更加有意义，这些极端值有较大概率与价格趋势或者波段转折点有关。

【开放式思考题】

在研读完第十四课的内容之后，可以进一步思考下列问题。虽然这些问题并没有固定的标准答案，但是能够启迪思维，让你更加深入地掌握某些要点，或者是让你跳出僵化模式来重新看待问题。

（1）如何将原油COT与库存报告结合起来分析原油短期

高盛分析师约翰·马歇尔（John Marshall）与凯瑟琳·福格泰（Katherine Fogertey）对WTI价格、美国石油指数基金走势和能源指数基金走势进行统计，计算它们的隐形波动率和期权买卖偏度（Put-call Skew），以此追踪原油交易者的情绪变化。当隐性波动率和卖权偏度上升时，该指标意味着交易者愿意"以任何价格对冲"，石油超卖。

价格走势？能否设计一个量化预判模型？

（2）尝试分析一个具体的 COT 实例，看看你能对哪些数值进行比较和分析，并得出一些有价值的结论。进入如下网址或者分析图 14-14 给出的报告实例：https：//www.tradingster.com/cot/legacy-futures/067651。

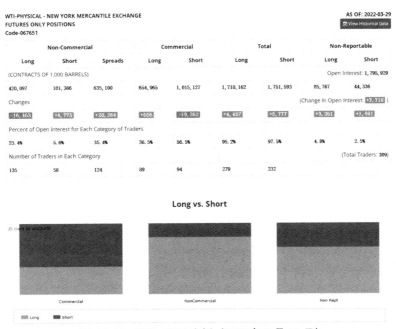

图 14-14　原油 COT 实例（2022 年 3 月 29 日）

资料来源：CFTC，Tradingster.

【进一步学习和运用指南】

（1）有机器学习和算法交易基础的读者，可以进一步阅读期刊 *International Journal of Forecasting* 上的一篇文章 *Crude Oil Price Forecasting Incorporating News Text*。作者收集了 2011 年 3 月 29 日到 2019 年 3 月 22 日的 WTI 原油日度数据，以及这段时期的 28220 条原油期货新闻相关的简短标题文本数据。通过对文本数据进行标记（Tokenization）和障碍词过滤（Stop-words Filtering）预处理后，使用无监督学习算法 Glove 对清洗文本进行词嵌套，进而获得词向量矩阵（Word Vector Matrix），最终提取了主题（Topic）和情绪（Sentiment）两个指标并结合机器学习算法来预测原油价格。

（2）除了利用 COT 数据对原油市场进行持仓和共识预期分析之外，还可以利用一些零售外汇和 CFD（差价合约）交易平台提供的散户原油持仓数据进行类似的分析。比较出名的这类数据有 Dailyfx 的 IG 客户情绪（IG Client Sentiment）指数（见图

14-15），这一指数提供了主要外汇品种，以及如黄金、原油等重要商品的散户持仓情况，这个指数通常是一个反向指标，因此，当持仓呈现"净多头"（NET LONG）时，走势倾向于下跌；当持仓呈现"净空头"（NET SHORT）时，走势倾向于上涨。当前原油散户持仓状态是净多头占主导，因此走势看跌（Bearish）。我们还可以进一步点击"OIL-US CRUDE"这一行，然后就可以看到原油的持仓历史变动（见图 14-16）和当前变动的解释（见图 14-17）。

SYMBOL	SIGNAL	NET LONG		NET SHORT	CHANGE IN LONGS	SHORTS	OI
EUR/USD	BEARISH	71%		29%	0%	-4%	-1%
USD/JPY	MIXED	25%		75%	-10%	4%	0%
AUD/USD	BEARISH	41%		59%	9%	-14%	-6%
GBP/USD	BULLISH	69%		31%	-1%	3%	0%
USD/CAD	BEARISH	72%		28%	2%	-3%	0%
NZD/USD	MIXED	48%		52%	-2%	14%	6%
AUD/JPY	MIXED	22%		78%	-17%	2%	-3%
EUR/CHF	BULLISH	65%		35%	-4%	11%	1%
EUR/GBP	BEARISH	71%		29%	12%	-5%	6%
EUR/JPY	BULLISH	26%		74%	-3%	-3%	-3%
GBP/JPY	MIXED	28%		72%	-6%	2%	-1%
USD/CHF	BULLISH	67%		33%	-3%	8%	0%
GOLD	MIXED	77%		23%	-4%	1%	-3%
SILVER	MIXED	93%		7%	-1%	19%	0%
OIL - US CRUDE	BEARISH	67%		33%	13%	-22%	-2%
US 500	BEARISH	52%		48%	6%	-10%	-2%
WALL STREET	BEARISH	52%		48%	1%	-5%	-2%

图 14-15　IG Client Sentiment 指数

资料来源：Dailyfx.

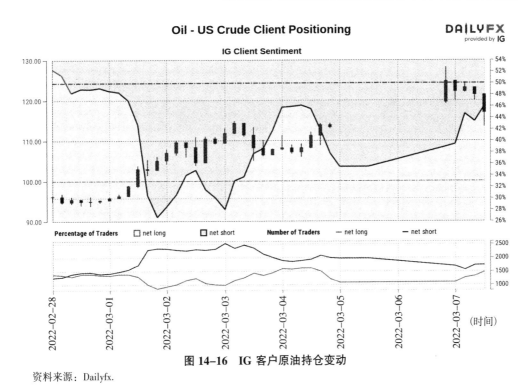

图 14-16　IG 客户原油持仓变动

资料来源：Dailyfx.

NUMBER OF TRADERS NET-SHORT HAS INCREASED BY 8.32% FROM LAST WEEK.

SYMBOL	TRADING BIAS	NET-LONG%	NET-SHORT%	CHANGE IN LONGS	CHANGE IN SHORTS	CHANGE IN OI
Oil - US Crude	BEARISH	51.14%	48.86%	51.53% Daily	-20.55% Daily	4.99% Daily
				18.56% Weekly	8.32% Weekly	13.33% Weekly

Oil - US Crude: **Retail trader data shows 51.14% of traders are net-long with the ratio of traders long to short at 1.05 to 1.** In fact, traders have remained net-long since Feb 28 when Oil - US Crude traded near 95.74, price has moved 22.98% higher since then. The number of traders net-long is 51.53% higher than yesterday and 18.56% higher from last week, while the number of traders net-short is 20.55% lower than yesterday and 8.32% higher from last week.

We typically take a contrarian view to crowd sentiment, and the fact traders are net-long suggests Oil - US Crude prices may continue to fall.

Our data shows traders are now net-long Oil - US Crude for the first time since Feb 28, 2022 07:00 GMT when Oil - US Crude traded near 95.74. Traders are further net-long than yesterday and last week, and the combination of current sentiment and recent changes gives us a stronger Oil - US Crude-bearish contrarian trading bias.

图 14-17　IG 客户原油持仓变动解读

资料来源：Dailyfx.

IG 客户情绪指数不仅可以用于原油和黄金交易的分析，也可以用于外汇交易的分析过程。那么，如何查询这一指数呢？请通过如下网址跟踪该指数的动态变化和解释：https：//www.dailyfx.com/sentiment。或者直接进入官网（http：//www.dailyfx.com），点击

菜单"Trading Strategies"，选择"Sentiment"（见图 14-18）。

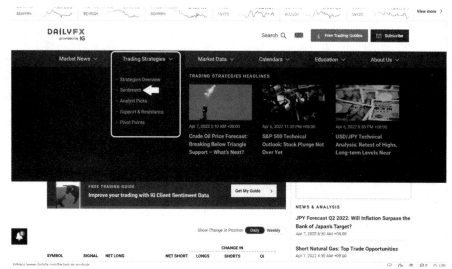

图 14-18 "Trading Strategies"中的"Sentiment"
资料来源：Dailyfx.

（3）除了原油可以利用 COT 报告之外，外汇和大宗商品期货也可以利用。查询 COT 报告的网址有许多，除了本课正文中提到的之外，还有如下网址可以查询：

https：//www.suricate-trading.de/cot-daten

https：//www.barchart.com/futures/commitment-of-traders

https：//www.tradingster.com/cot

https：//cotbase.com

还有一些关于 COT 分析的交易者经典书籍值得进一步阅读，如 *The Commitments of Traders Bible*：*How to Profit from Insider Market Intelligence*、*Trade Stocks and Commodities with the Insiders*：*Secrets of the COT Report*、*Commitments of Traders*：*Strategies for Tracking the Market and Trading Profitably*。

参考文献

［1］资本小论：《关于商品期限结构的解读》，2019 年 11 月 16 日。

［2］陈锴扬：《市场情绪如何影响原油价格？》，2020 年 9 月 2 日。

［3］Justin McQueen，David Bradfield. How to Trade Oil：Crude Oil Trading Strategies & Tips，Oct. 8，2018。

［4］利刃出鞘：《CFTC 原油持仓报告详解》，2020 年 12 月 21 日。

［5］中粮视点：《如何解读 CFTC 原油持仓报告》，2020 年 5 月 25 日。

［6］EIA. This Week in Petroleum，Nov. 3，2021.

［7］Dailyfx. Oil-US Crude IG Client Sentiment：Our Data Shows Traders are Now Net-long Oil-US Crude for the First Time Since Feb. 28，2022，07：00 GMT When Oil-US Crude Traded Near 95.74，Mar. 8，2022.

［8］Karsten Kagels. COT：Understanding Data and Reports as a Trader，2020.

［9］边卫红：《主导全球原油价格走势的因素研判》，2019 年 6 月 17 日。

原油金融市场的心理分析（2）：风险偏好与跨市场分析

天下熙熙，皆为利来；天下攘攘，皆为利往。

——《史记·货殖列传》

忽略了感情的策略，并非真正的策略。

——德川家康

进行原油期货短线交易时，务必使用原油波动率指数（Oil Volatility Index）作为方向变量。

——埃米特·摩尔（Emmett Moore）

不要别人说什么就做什么，听着就行，做你自己觉得好的事情。要在别人贪婪的时候恐惧，而在别人恐惧的时候贪婪。

——巴菲特

就算再不淡定，如果能够对市场情绪在市场波动时所创造的风险和机会有所了解，你就能掌握其他人所不具备的投资优势。交易者只能在评估指标的帮助下，才能判断出市场中的大幅波动是由参与者情绪还是其他因素引起的。

——苏珊·迈吉（Suzanne McGee）

原油具有特殊性：它既是大宗商品之王，需要扎实的供需分析，同时也具备很强的政治属性色彩；它的作用方式和方法带有商品的属性，同时也带有很强的金融属性。做大类资产分析的时候可以先从油价和利率开始，进而延伸到对各大类资产的判断。

——付鹏

"VIX 越高，风险越高"说法并不完全正确。VIX 在剧烈波动处有聚集的特征，而这些波动聚集处通常是在市场剧烈波动，或指数的低点和高位处。那么，在股指高位

处的 VIX 聚拢高企意味着市场风险的集中；而股指快速下跌处的 VIX 高企意味着市场风险的释放。若 VIX 指数在股市快速下跌时持续地高企并突破极值，这可能预示市场的重大转折——风险已经释放到极致，股市将开始企稳并上扬。

——隽永

从绝望中寻找希望，人生终将辉煌！

——俞敏洪

极少数精英追求效率，实现自我认知，他们活在现实中。但大部分人是需要围绕一个东西转的，不管这些东西是宗教、小说、爱情还是今日头条。

——张一鸣

原油 ETF 波动率主要受到价格涨跌及市场避险因素作用，在原油价格快速下跌时，ETF 波动率往往会急剧攀升，这也反映出投资者对于价格下跌的恐慌程度。利用 ETF 波动率可以间接确认价格是否接近底部区间。当 ETF 波动率急剧上升之后出现企稳或下跌，表面市场情绪有所缓和，看跌情绪不再浓重，市场有可能已经接近底部区间了。

——杨安

做外汇和黄金交易很多年了，2008 年在北京的时候曾参与高赛尔金条投资，也推荐了少数密友购买，正是长期浸淫在外汇和黄金市场使我对于"风险偏好"这个词时刻铭记于心。后来参与了金融期货和商品期货的交易，获得了不少经验和教训，同时也让我更加重视"风险偏好"这个因素。

在利用空闲时间，将多年交易和分析的笔记整理和完善成《外汇短线交易的24堂精品课》（2009 年版）和《顺势而为：外汇交易中的道氏理论》（2012 年版）两本正式出版物时，我将对"风险偏好"的理解变得越发深刻系统，这就是教学相长的过程。

做原油为什么也要讲"风险偏好"？风险偏好对于原油市场有多大的影响呢？原油算得上是大宗商品之母，很多农产品都已经将原油作为重要的生物能源的上游，同时农产品的成长过程必需的农药和化肥大多源于石化过程，农产品的运输成本与原油关系密切。工业品的开采和运输成本与原油关系密切，化工品就更不用说了。简单几句就可以看出来原油确实与其他大宗商品关系密切，其本身也算得上最为重要的大宗商品了。而大宗商品处于"风险—收益"矩阵的高端，因此对于风险情绪非常敏感，具体怎么个敏感法，并不像通常认为的那样——风险情绪上涨原油就会下跌。

要搞懂原油与风险情绪的关系，就必须搞懂"风险—收益"矩阵，搞懂不同交易品种在这个矩阵中的相对位置，因为相对位置决定了它们之间的联系（见图 15-1）。

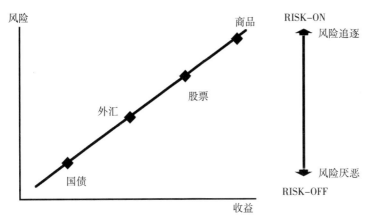

图 15-1　"风险—收益"矩阵与风险偏好

资料来源：《黄金短线交易的 24 堂精品课》（2016 年版）。

　　整体而言，金融标的风险与收益是正相关的，也就是说提高收益就要承担更大的风险，这是一个整体的风险和收益匹配问题。因为更高的收益来自更高的波动性，而更高的波动率同时意味着更高的风险。这个风险和收益是单就波动性而言，既没有考虑我们持仓方向准确性的问题，也没有考虑仓位管理问题。

　　对市场波动方向的判断能力对于单个人来讲可能存在，但是对于整个参与群体而言可以假定是难以准确判断市场方向的。因此，对于整个参与群体而言，风险和收益主要涉及波动率，而无法用自己的判断能力来提高收益和降低风险。

　　我们以较为典型的几大金融市场/标的作为代表"入驻"风险—收益矩阵，它们分别是国债、外汇、股票和商品。这里需要注意的是，参与外汇市场的大多数重量级交易机构倾向于低杠杆甚至无杠杆，而且主要赚取的是息差和汇兑收益，而不是短线价差。市场上的大型主流玩家在外汇市场上取得的年均利润率要显著低于股票市场，基本上低于 15%。只有高杠杆的零售外汇玩家可能超越这一收益，而对于索罗斯这样的玩家而言，只有在某些特殊时期才会采用杠杆获得非常高的收益，比如欧洲货币机制出现危机的时候、东南亚经济危机的时候、日本超级量化宽松的时候。所以，在不考虑杠杆的情况下，外汇的风险和收益要低于股票。

　　在这个"风险—收益"矩阵中，风险和收益最低的是国债，往上走则依次是外汇、股票、商品。当然，还有一些其他的金融标的，比如信用债、金融期货、期权等，这些大家可以根据其"风险—收益"特征放到相应的位置上。情绪主导市场，情绪好的时候大家就会追逐高收益的标的，因为这个时候忽略了风险，这个就是"RISK-ON"。情绪差的时候大家就会非常在意风险，这个时候就会规避风险，要规避风险就只能选择那些收益率较低的标的，因为其风险会相对较低。

从中长期来看，一个特定资产的收益率是较为恒定的，是有大致区间的，是能够预期的。比如，很多学者统计过英国、美国乃至 A 股的上市公司的长期收益率，在几十年甚至上百年都有一个比较明确的相对区域。所以决定大家整体配置的原因往往不是因为收益率变化，而是因为风险情绪变化，也就是对风险的承受能力发生了变化。

风险承受能力为什么会发生变化？第一，跟整体宏观经济的周期阶段有关，经济好的时候，大家认为还会好，这就是直线预期；第二，跟融资难易程度有关，如果可以零成本甚至负成本获得大量资金，大多数人的风险偏好都会上升。除此之外，还有一些其他因素，我们这里就不占用篇幅了。

那么，原油在这个"风险—收益"矩阵中究竟处于什么位置呢？我们在分析原油价格的时候应该如何看待风险偏好呢？原油的二重属性是我们进行原油驱动分析的核心，我们前面的课程已经清晰地讲解了其中的各种要素：对于资产属性而言，美元对于原油价格的影响最大，而美元属于外汇市场的重要标的。对于商品属性而言，产业链对于原油价格的影响最深远，而产业链的情况比较复杂，简单的可以分为上、中、下游三个环节研究，更简单的分法则是供给和需求两个方面。原油的二重属性使得原油相对于一般商品受到风险情绪作用的机制更加复杂（见图 15-2）。

单单考虑原油的资产属性，若美元强则原油弱，若美元弱则原油强，而美元与外汇市场关系密切。如果美国是相对低息货币国家，那么美元走强，往往与避险需求有关，这个时候风险厌恶情绪高涨，这个风险厌恶情绪如果是经济不稳定引发的，那么意味着原油的下游也会受到负面冲击。这就是两个属性都利空原油走势：一方面，避险需求使得美元走强，进而通过资产属性使得原油走弱；另一方面，避险需求与全球或者主要经济体经济不稳定有关，这就使得下游负面冲击通过商品属性使得原油走弱。

但是，如果避险需求是因为地缘政治动荡，准确来讲是因为产油大国地缘政治动荡引起的呢？而且欧元区牵涉其中，这导致对美元的避险需求增加，但同时上游的减产冲击使得油价坚挺。这就是另外一种情形了，一方面美元走强通过资产属性压制油价，另一方面上游冲击通过商品属性提振油价。两个力量孰大孰小，可以通过查看产业链下游的需求情况如何再做权衡。如果中印经济繁荣，那么又多了一个利多因素，这种情况下会出现美元和原油同时上涨的景象。

大家发现一个问题没有，原油的资产属性与美元有关，而美元往往是避险资产，因此风险厌恶上升时，美元走强，原油走弱。但是，原油的商品属性则具体可以体现在上、中、下游，而上游较容易因为地缘政治动荡而紧缩，而这有利于油价，这个时候风险厌恶情绪居于主导；下游则容易因为经济繁荣而提振，而这也有利于油价，这

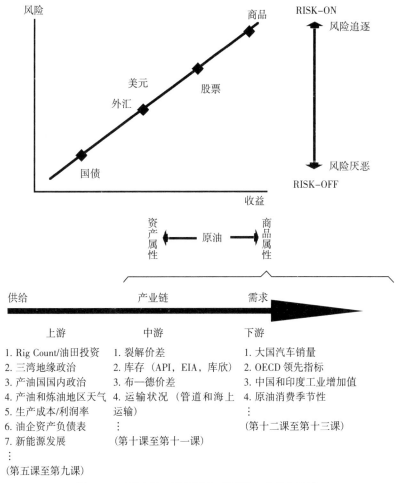

图 15-2　原油的二重属性与"风险—收益"矩阵

个时候风险追逐情绪居于主导。因此，一是风险厌恶未必能够损害油价，关键看引发风险厌恶的事件是否也导致了原油供给的收缩。二是风险追逐则一定能够提振油价，因为在风险追逐的情况下，要么以美元为主的全球流动性过剩，这个时候所有资产重估，具有资产属性的原油也因此受益；要么经济繁荣，预期良好，这个时候下游需求旺盛，具有商品属性的原油也因此受益。

　　我再简单归纳一下：情况一，引发风险厌恶情绪的事件如果不与上、中游负面冲击有关，供给不受损害，则原油以跌为主，因为这个时候商品属性与资产属性都不利于原油价格。情况二，引发风险厌恶情绪的事件如果与上、中游负面冲击有关，供给和运输受到损害，则原油可涨可跌，因为这个时候资产属性促跌，商品属性促涨，需要考虑下游情况。情况三，引发风险追逐的事件往往促进原油上涨，这类事件往往与

全球或者美元大宽松，以及新兴市场经济繁荣有关。

所以，全球性的风险厌恶未必让原油跌，全球性的风险追逐往往让原油涨。如果进一步简化，那么全球性的风险厌恶一般会让原油跌，全球性的风险追逐往往让原油涨。也就是说，大多数情况下全球乐观情绪与原油价格是正相关的。

那么，如何衡量风险偏好呢？第一种方法是观察债券、外汇、股票和商品等几大市场的涨跌情况，风险厌恶情绪高，则国债容易涨，股票和商品容易跌；风险追逐情绪高，则国债容易跌，股票和商品容易涨。通过进行跨市场观察，我们可以推断市场情绪。

第二种方法则是直接观察一些现成的风险情绪衡量指标（见图 15-3），这些指标反映的是所有资产市场在整体上受到情绪影响，而不是对原油价格的乐观或者悲观看法。观察风险情绪的指标有很多，比如葡萄酒价格指数、泰德价差、风险厌恶基金和风险追逐基金的比值、股指波动率指数、国债违约掉期、高息差货币走势、债券信用价差，等等。在分析风险偏好的时候，快速浏览一下这些指标可以给你提供一些较为客观的风险感受，然后再结合最近一个最重要的事件来推断未来的风险情绪，后面这步其实就延伸到了前面一课讲的共识预期和市场焦点的内容了。

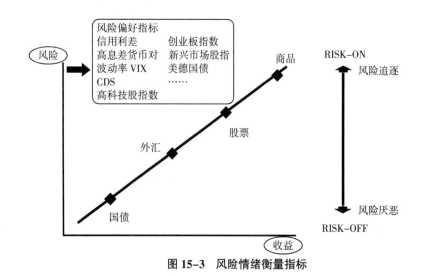

图 15-3　风险情绪衡量指标

本课我们只介绍三个风险情绪衡量指标，第一个要介绍的风险偏好指标是国际上最为常用的一个，即波动率指数 VIX，全称是芝加哥期权交易所波动率指数（Chicago Board Options Exchange Volatility Index）。

这个指标是在 1993 年问世的（VIX 由范德堡大学教授罗伯特·威利在 1993 年创

立，因此威利又被称为"VIX之父"。这个指数是利用标普指数的看涨期权与看跌期权的隐含波动率加权得到的，该方法兼顾了投资者对看涨期权和看跌期权的波动率预期需求。VIX指数用以反映 S&P 500 指数期货的波动程度，测量未来 30 天市场预期的波动程度，通常用来评估未来风险，因此也有人称作恐慌指数（见图 15-4）。

资产价格波动率反映了风险偏好水平，波动率越大说明风险厌恶情绪越高，波动率越低则说明风险追逐情绪越高。股票本身作为风险水平较高的资产，其波动率更是与风险偏好密切相关。

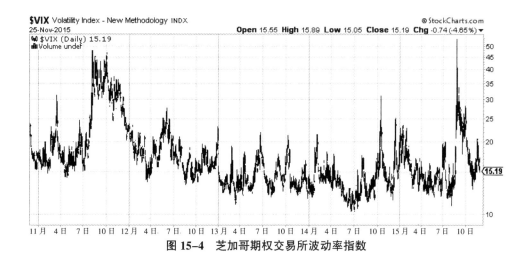

图 15-4　芝加哥期权交易所波动率指数

　　VIX 指数虽然是反映未来 30 天的波动程度，却是以年化百分比表示，并且以正态分布的概率出现。它反映了美国股市的波动状态，从诞生那天开始一直作为全球风险偏好的风向标。毕竟，美国资本市场是全球资本的中心，美国股市是全球最为发达的国际股市，全球的重大政经动向都会反映在美国股市上。因此，VIX 的起伏反映了全球资本市场风险情绪的变化。VIX 上涨时，风险厌恶情绪高涨，如果对原油中上游没有负面影响，则原油价格往往下跌，也就是说 VIX 与原油价格往往是负相关的（见图 15-5 和图 15-6）。

　　VIX 指数本身是不能交易的。但是有 VIX 期权和 VIX 期货可供交易员使用。ETF 兴起后，便出现了 VXX（见图 15-7）和 UVXY（见图 15-8）两个看多 VIX 的 ETF。那么做空 VIX 的 ETF 则是 XIV（见图 15-9）。

图 15-5　WTI 油价与 VIX（1）

资料来源：StockCharts.com。

图 15-6　WTI 油价与 VIX（2）

资料来源：StockCharts.com。

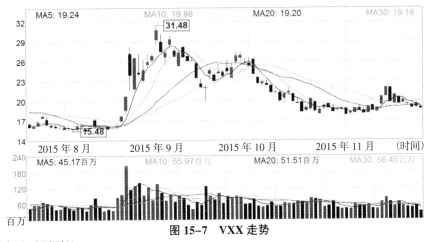

图 15-7　VXX 走势

资料来源：新浪财经。

图 15-8　UVXY 走势

资料来源：新浪财经。

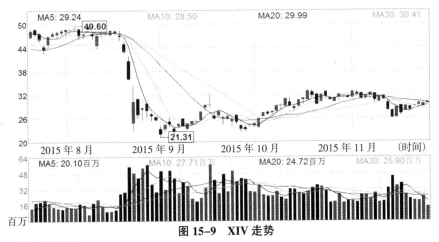

图 15-9　XIV 走势

资料来源：新浪财经。

看多 VIX 的基金价格上涨时，表明参与者认为风险厌恶情绪上升；看多 VIX 的基金价格下跌时，表明参与者认为风险厌恶情绪下降。看跌 VIX 的基金价格上涨时，表明参与者认为风险厌恶情绪将下降；看跌 VIX 的基金价格下跌时，表明参与者风险厌恶情绪将上升。

下面分别给出三个基金走势查询网址，可以用来协同观察 VIX 的走势。

VXX 查询网址：

http：//stock.finance.sina.com.cn/usstock/quotes/VXX.html

http：//quotes.money.163.com/usstock/VXX.html

http：//xueqiu.com/S/VXX

http：//finance.yahoo.com/q?s=VXX

UVXY 查询网址：

http：//stock.finance.sina.com.cn/usstock/quotes/UVXY.html

http：//quotes.money.163.com/usstock/UVXY.html

http：//finance.yahoo.com/q?s=UVXY

http：//xueqiu.com/S/UVXY

XIV 查询网址：

http：//stock.finance.sina.com.cn/usstock/quotes/XIV.htm

http：//quotes.money.163.com/usstock/XIV.html

http：//finance.yahoo.com/q?s=XIV

http：//xueqiu.com/S/XIV

讲到 VIX，就不能不提 OVX。OVX 或者说 Oil Vix 是芝加哥期权交易所在 2008 年创立的。计算方式采用原油 USO（United States Oil Fund）的 ETF 期权来计算出未来 30 天原油市场预期的波动程度。如何更加直观地理解 OVX 的意义呢？假设原油目前在 100 美元/桶价格交易，而当前的 OVX 指数为 20，那就意味着接下来的 12 个月内原油价格的波动幅度在 20 美元，也就是最高到 120 美元，最低到 80 美元，80~120 美元的区间置信度为 68%，在 60~140 美元的区间置信度为 95%，40~160 美元的区间置信度为 99.7%。

下面看一个真实的 OVX 实例。2022 年 2 月 28 日，俄乌爆发举世震惊的冲突不久，俄军大举进攻乌克兰。当时 OVX 的读数是 49.5，在过去 52 周内大致在 26~102 的范围内波动。从 2 月 9 日开始，OVX 上涨了大概 25%，大概从 39.5 增加到了 49.5。这十几年的 OVX 最高点大概在 2020 年 3 月见到，在新冠肺炎疫情恐慌（COVID−19

pandemic）期间飙升到了 190（见图 15-10），按照上面的说法这意味着未来一段时间原油的波动幅度将是巨大的。但是，这是理论上的东西，真正有经验的交易者更倾向于从波动率极端值中寻找价格趋势的反转迹象。统计数据表明，金融市场的波动率有均值回归（mean-reverting）的特征。

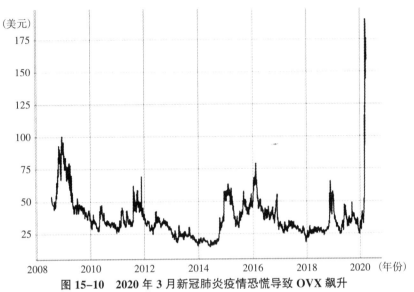

图 15-10　2020 年 3 月新冠肺炎疫情恐慌导致 OVX 飙升

资料来源：Tastytrade.

　　资深原油交易者 Jeff Clark 给出了一个高效的可操作性技巧。他将布林带用在了 OVX 上以便更好地洞察波动率的变化。布林带是波动率侦测工具，OVX 也是波动率侦测工具，一个是历史波动率，另一个是预期波动率。他将布林带这个波动率技术分析工具用在了这里我们重点介绍的原油波动率指数 OVX 之上，可以称为"波动率的波动率分析"或者说"波动率叠加分析"。将参数为（20，2）的布林带指标用在 OVX 走势分析上，基于上述均值回归和负相关性的思想，当 OVX 指数突破到布林带上轨之上时在原油上寻找做多机会（见图 15-11）；当 OVX 指数跌破到布林带下轨之下时在原油上寻找做空机会。

　　布林带度量了价格或者指数最可能的波动区间。当价格或者指数触及布林带外轨时，反转很可能就发生了。假定 OVX 在绝大多数情况下与原油价格反向波动，则 OVX 飙升触及布林带上轨时，OVX 很可能反转向下，原油则可能反转向上。当 OVX 指数向下暴跌穿破布林带下轨时，回升即将来临，相应的原油价格即将下跌。

　　2021 年，这个策略并没有给出任何做空原油的信号。OVX 三次触及布林带下轨，但并没有任何一次称得上是暴跌。图 15-12 给出了 OVX 在 2021 年四次飙升之布林带之上的相应 WTI 原油期货做多点。

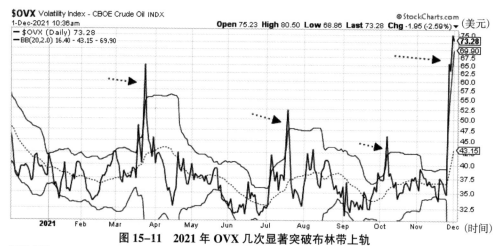

图 15-11　2021 年 OVX 几次显著突破布林带上轨

资料来源：StockCharts.com.

图 15-12　2021 年 OVX 飙升突破布林带上轨的原油做多重要机会

资料来源：StockCharts.com.

　　2021 年前三次做多信号，原油价格迅速上涨。第一次信号是 3 月给出的，这波上涨持续了 3 个月，涨幅为 30%。7 月和 10 月的做多信号发生了一波较短时间的涨势，几周内获利 20% 左右。11 月 30 日触发了当年第四个做多信号，此后的涨势有目共睹（见图 15-13）。

　　那么，怎么可以在 OVX 指数上叠加布林带呢？进入 StockCharts.com，在检索栏输入 "$OVX"（见图 15-14），点击 "Go" 开始检索，会出现一幅还没有叠加布林带指标的走势图（见图 15-15）。滑动到下方出现参数设置框（见图 15-16），选择 "Bollinger Band"，确定参数（20，2），点击 "Update"（更新），最后出现叠加了布林带的 OVX

指数日线走势（见图 15-17）。

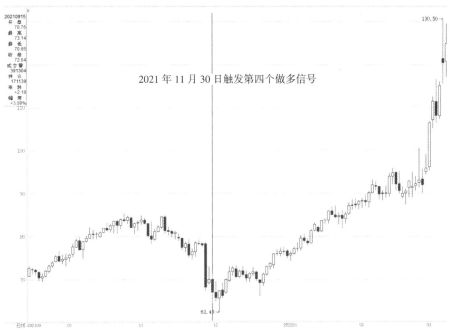

2021 年 11 月 30 日触发第四个做多信号

图 15-13　第四次做多信号

资料来源：博易大师、Dina。

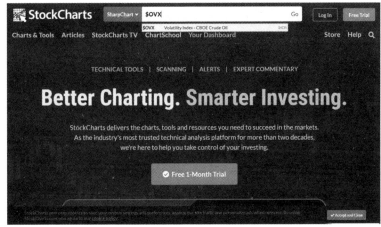

图 15-14　在 OVX 叠加布林带指数（1）

资料来源：StockCharts.com.

图 15-15　在 OVX 叠加布林带指数（2）

资料来源：StockCharts.com.

图 15-16　在 OVX 叠加布林带指数（3）

资料来源：StockCharts.com.

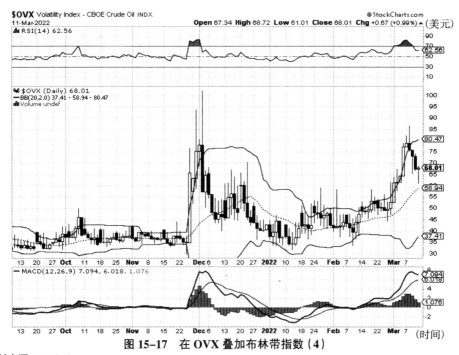

图 15-17　在 OVX 叠加布林带指数（4）

资料来源：StockCharts.com.

　　本课程的学习者，可以按照上述方法对 OVX 进行观察，提前捕捉重大的原油交易暴利机会。这个方法适合日线上或者小时线上的短线交易，后面要介绍的也是基于 OVX 的 Emmett Moore 策略则适合于 5 分钟的原油短线交易框架。

　　原油市场波动性指数（OVX）是衡量市场对未来几个月油价将有多大波动的情况，原油波动性指数与股市 VIX 的功能一样，可以反映市场的风险情绪。正如 VIX 与股价表现相反一样，当 OVX 倾向于上涨，油价下跌；当 OVX 倾向于下跌，油价上涨（见图 15-18）。

恐慌指数大于 60，原油在底部区域；恐慌指数小于 20，原油在顶部区域附近。

　　不过也有相反的说法，比如资深原油分析师约翰·季格森（John Jagerson）就强调："不想证券市场上的 VIX，OVX 与原油价格是正相关的，因为风险水平越高，则原油价格越倾向于上涨。"OVX 与原油价格究竟是同向还是反向变化存在许多矛盾的统计结论。我们的观点，有些风险冲击因素会同时导致经济增长下降和原油需求下降，比如经济危机，这样的风险因素往往会导致 VIX 与 OVX 同时上升，进而导致与这两者

图 15-18　WTI 油价与 OVX

资料来源：StockCharts.com。

同时呈负相关性；另外一些风险因素，如中东地缘政治冲突，导致原油供给下降，这时 VIX 和 OVX 也会同时上升，但是原油价格却可能上涨，这时候原油与两者就呈正相关性，这种情况往往是在经济滞胀的阶段。**绝大多数情况下，OVX 和原油价格两者还是反向波动的。**因此，前面介绍的叠加布林带寻找 OVX 均值回归机会的策略还是比较有效的，做原油短线的交易者和分析师应该仔细研究下，将其融入自己的策略体系。

如果我们将 VIX 和 OVX 放在一起看，会发现两者基本同向运动（见图 15-19）。

图 15-19　OVX 和 VIX

资料来源：StockCharts.com。

那么，在原油短线交易中具体怎么运用 OVX 呢？这里我们具体介绍资深原油交易者 Emmett Moore 使用的一个高效策略。这个交易策略将让你处于原油市场中的优势一方，因为它采用了少有人知道和使用的期权波动率指标来作为可靠的交易信号过滤器。因此，我们简单地称呼这个策略为"OVX 日内交易策略"，它是基于美国原油期货市场研发出来的，由于全球原油市场基本上是高度一致联动的，因此这个策略经过细微调整后可以用来交易国内的原油期货合约。

OVX 日内交易策略基于美国 WTI 原油期货合约，这一合约的具体标准请参考附录，这里简单介绍下。一份原油合约对应于 1000 桶原油，最小的价格变化是 0.01 美元，即 1 美分。因此，当合约报价变动 1 美分时，合约总价值就变动了 10 美元。简单举例来说，如果你在报价 50 美元的时候，购买了一份合约，并且在 50.01 美元平仓，那么你的利润就是 10 美元。

美国 WTI 原油期货合约具有高度的交易流动性，典型的一个交易日通常会有百万手合约成交。这一期货在日内的最佳交易时间定义为"最佳交易时段"，具体来讲就是美国东部时间上午 9：00 到 11：30。如果你在"最佳交易时段"内进行原油短线交易，就参与了日内交易量最充沛的时段。只在最佳交易时段内进行交易的优势就在买卖价差通常只有 1 美分。

基于同样的理由，**在最佳交易时段结束之前平仓也是非常重要的。**如果你继续持有隔夜仓位，则意味着需要为每手合约提供几千美元的隔夜保证金。因此，OVX 日内交易策略专注于原油期货的日内交易，任何隔夜头寸或者额外保证金要求都是这一策略所拒绝的。

OVX 日内交易策略建立在波动率提供的统计优势之上。当你有准备开立头寸时，应该先问自己一个问题——"当前**我是否具有一个统计优势？**"如果当前的交易机会不具备这样的优势前提，那么你就相当于在老虎机上白白浪费钱。一旦你决定进场，那么必然是具备统计上的优势才行。**作为一个原油短线交易者，先立于不败之地的意义在于先在统计上获得优势。站在统计优势这边，让其他冒失鲁莽的人成为那你的对手盘。**

OVX 日内交易策略的基本原理非常简单，那就是只顺着日内的主导方向交易。这个策略有两个关键构件：第一个是中间点（Mid-Point），第二个是波动率过滤（Volatility Filter）。这两个要件组合起来，就能在原油日内交易中取得极好的绩效。

首先，我们介绍和检验一下单纯基于中间点的原油日内交易策略。该策略的第一条规则是只在最佳交易时段进行交易，同时只做多，不做空。开仓的规则是开市后两

小时，以这两小时的波动高低点为区间计算中间点，当价格向上穿越中间点，且一根 5 分钟 K 线最低点在中间点之上时，就进场做多。平仓规则是当价格向下穿越中间点，且一根 5 分钟 K 线最高点在中间点之下时，就平掉多头头寸离场。当最佳交易时段快要结束时，还未出现前述离场信号，则在该时段末离场。

单纯基于中间点的原油日内交易策略实际表现如何呢？请看图 15-20 和图 15-21 的绩效统计数据：

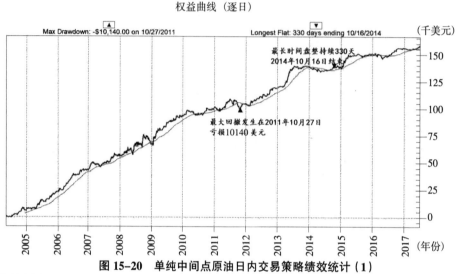

图 15-20　单纯中间点原油日内交易策略绩效统计（1）

资料来源：Emmett Moore.

Overall

Total Net Profit:	$158,520	总净利润	Profit Factor ($Wins/$Losses):	1.39	盈亏比
Total Trades:	2,433	总交易次数	Winning Percentage:	42.1%	胜率
Average Trade:	$65	平均盈利	Payout Ratio (AvgWin/AvgLoss):	1.91	报酬率
Max Closed-out Drawdown:	-$10,140	最大兑现亏损	CPC Index (PF x Win% x PR):	1.12	
Max Intra-trade Drawdown:	-$10,570	最大日内浮亏	Expectancy (AvgTrade/AvgLoss):	22.61%	
Account Size Required:	$14,970		Return Pct:	1,058.9%	
Open Equity:	$0		Kelly Pct (AvgTrade/AvgWin):	11.82%	
Percent in the Market:	19.5%		Optimal f:	0.50	
Avg # of Bars in Trade:	15.72		Z-Score (W/L Predictability):	-0.2	
Avg # of Trades per Year:	185.0		Current Streak:	4 Wins	

Monthly Profit Analysis

Average Monthly Profit:	$1,003	平均月度利润	Monthly Sharpe Ratio:	0.43	月度夏普比率
Std Dev of Monthly Profits:	$2,293	月度利润标准差	Annualized Sharpe Ratio:	1.49	年度夏普比率
			Calmar Ratio:	1.14	

图 15-21　单纯中间点原油日内交易策略绩效统计（2）

资料来源：Emmett Moore.

总共做了 2433 笔交易，平均每笔交易的利润是 65 美元。这一简单的原油日内交易策略绝对胜过扔硬币的随机结果。如果我们能够添加更加有效的过滤指标，就能进

一步提供其绩效。怎样才能提高平均绩效，同时又避免过度优化呢？为此，引入了本课重点介绍的 OVX。

正如 VIX 一样，OVX 也并非一个完美的领先指标，不过它可以提供不同维度的信息。当然，也有一些学术研究表明 OVX 对原油价格波动有预测价值。本课程是面对原油交易者和分析师的，因此就不纠缠于学术探讨了。我们就来看看将 OVX 与中间点策略结合起来的实际效果如何，改进后的策略规则如下：

（1）等原油期货市场开盘后两小时形成一个参照区间，如果 OVX 下降了 2%，则以这个区间的高点和低点的均值等到中间点。

（2）当 5 分钟 K 线向上穿越中间点，同时其低点在中间点之上时进场做多。

（3）当 5 分钟 K 线向下穿越中间点，同时其高点在中间点之下时了结多头头寸离场。

（4）如果在最佳交易时段快要结束时还未触发上述离场条件，则直接平仓离场。

这个增加了 OVX 过滤的原油日内交易策略的绩效表现如何呢？请看图 15-22 和图 15-23。注意其统计时间要显著短于此前的纯中间点策略。

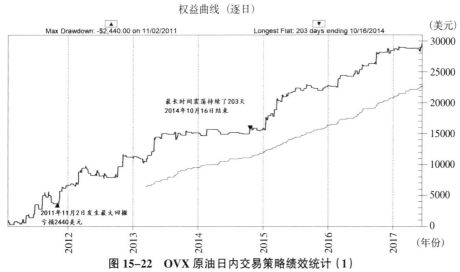

权益曲线（逐日）

图 15-22　OVX 原油日内交易策略绩效统计（1）

资料来源：Emmett Moore.

通过引入波动率来过滤，策略的绩效又大幅提高了。从数据对比来看，我们提高了自己的"统计优势"，平均每笔盈利从 65 美元大幅上升到了 126 美元，最为重要的是最大日内回撤幅度从 10570 美元下降到了 2790 美元。

Overall

Total Net Profit:	$29,520 总利润	Profit Factor ($Wins/$Losses):	**2.01** 盈亏比
Total Trades:	234 总交易次数	Winning Percentage:	49.1% 胜率
Average Trade:	$126 平均利润	Payout Ratio (AvgWin/AvgLoss):	2.08 报酬率
Max Closed-out Drawdown:	-$2,440 最大兑现亏损	CPC Index (PF x Win% x PR):	2.05
Max Intra-trade Drawdown:	-$2,790 最大日内浮亏	Expectancy (AvgTrade/AvgLoss):	51.29%
Account Size Required:	$7,190	Return Pct:	**410.6%**
Open Equity:	$0	Kelly Pct (AvgTrade/AvgWin):	24.68%
Percent in the Market:	4.2%	Optimal f:	0.68
Avg # of Bars in Trade:	17.08	Z-Score (W/L Predictability):	2.6
Avg # of Trades per Year:	36.5	Current Streak:	2 Wins

Monthly Profit Analysis

Average Monthly Profit:	$378 平均月度利润	Monthly Sharpe Ratio:	0.47 月度夏普比率
Std Dev of Monthly Profits:	$801 月度利润标准差	Annualized Sharpe Ratio:	1.63 年化夏普比率
		Calmar Ratio:	1.63

图 15-23　OVX 原油日内交易策略绩效统计（2）

资料来源：Emmett Moore.

在全球顶尖的原油交易员当中，除了埃米特·摩尔（Emmett Moore）和杰夫·克拉克（Jeff Clark）之外，还有一位名叫萨缪尔森（Samuelsson）的原油交易者也公开承认采用波动率过滤指标之后自己的交易绩效大幅提高了："我首先查看了一些波动率过滤指标，这些指标在其他策略中很管用。当把波动率指标加入到原油交易策略中之后也一样……正如你看到的一样，加入波动率过滤之后，交易绩效大幅提高了。"Samuelsson 添加波动率前后的绩效对比请看图 15-24 和图 15-25。

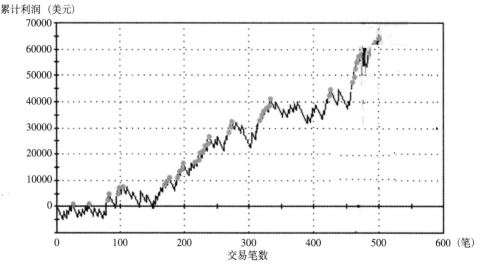

图 15-24　未添加波动率过滤之前的绩效

资料来源：Samuelsson，Dina.

累计利润（美元）

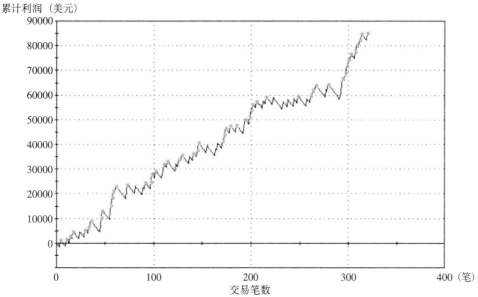

图 15-25　添加波动率过滤之后的绩效

资料来源：Samuelsson，Dina.

哪里可以看到 OVX 的走势呢？登录下面网址所在的网站，即可看到 OVX 走势图（见图 15-26 至图 15-29）：

http：//www.barchart.com/charts/stocks/$OVX

https：//www.cnbc.com/quotes/.OVX

https：//sc.macromicro.me/charts/21526/ovx

https：//fred.stlouisfed.org/series/OVXCLS

图 15-26　OVX 走势图（1）

资料来源：Barchart.

原油短线交易的24堂精品课：顶级交易员的系统与策略（第2版）

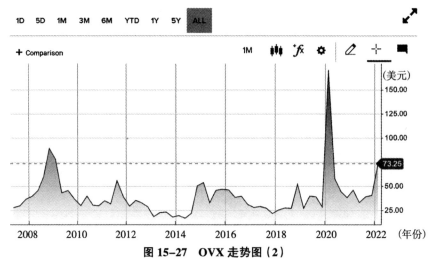

图 15-27　OVX 走势图（2）

资料来源：CNBC.

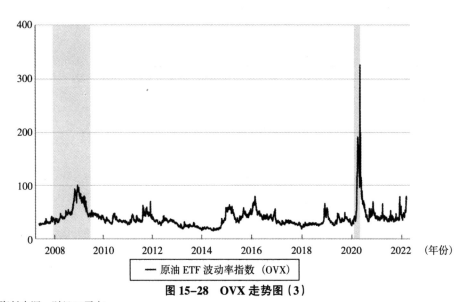

图 15-28　OVX 走势图（3）

资料来源：财经 M 平方。

442

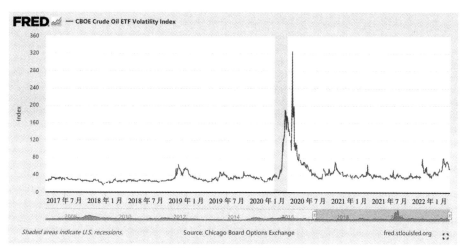

图 15-29　OVX 走势图（4）

资料来源：圣路易斯联储。

第二个衡量风险情绪的指标是国债 CDS。国债 CDS 是信用违约掉期合约的一种，当某国的国债 CDS 价格升高，这表示市场认为该国未来信用违约的可能性增加。比如，自欧债危机爆发以来，"笨猪五国"的国债 CDS 价格呈直线上升的走势（见图 15-30 和图 15-31），它充分反映出市场对于这些国家未来违约的担心程度。

> "笨猪五国"（英语：PI-IGS），也叫作"欧猪五国"，是对 2010 年左右欧洲五个主权债券信用评级较低的经济体的贬称。这个称呼囊括了葡萄牙（Portugal）、意大利（Italy）、爱尔兰（Ireland）、希腊（Gree-ce）、西班牙（Spain）。

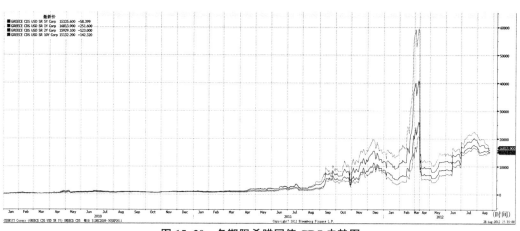

图 15-30　各期限希腊国债 CDS 走势图

资料来源：Bloomberg.

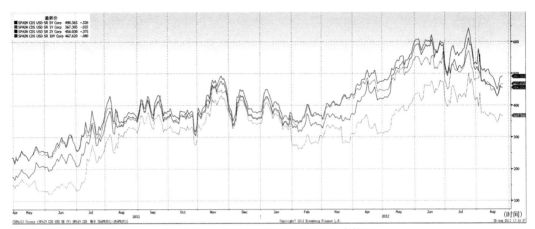

图 15-31　各期限西班牙国债 CDS 走势图

资料来源：Bloomberg.

国债 CDS 的价格显著上升，意味着该国国债违约的可能性显著上升。比如 2015 年俄罗斯被经济制裁之后其国债 CDS 价格大幅走高，这就意味着很多购买俄罗斯国债的人急于为自己的头寸建立保护。当然还有一些宏观对冲基金本来就是在下注其违约，因此购买国债 CDS 本来就是一种交易投机行为。如果美国国债 CDS 价格显著飙升，那么整体对于美元的信用有很大的负面冲击，资产属性上是利多原油的，但是如果美国经济有大问题，那么商品属性上则是利空原油的。因此，若美国国债的信用出现问题的话，除非美国不再是重要经济体，否则对于原油价格的影响是较为复杂的。当然，除了美国之外的其他主要经济体如果国债违约可能性上升，国债 CDS 的价格飙升，则对全球资本市场的风险偏好也会有不同程度的影响。

一般而言，我们关注的是五年期国债 CDS。如何查询主要经济体的五年期 CDS 价格走势？我们一般从彭博上查找，下面是主要经济体国债 CDS 的查询网址：

中国 CCHIN1U5：IND　　http://www.bloomberg.com/apps/quote?ticker=CCHIN1U5：IND

美国 CT786896：IND　　http://www.bloomberg.com?apps/quote?ticker=CT786896：IND

英国 CUKT1U5：IND　　http://www.bloomberg.com/apps/quote?ticker=CUKT1U5：IND

德国 CDBR1U5：IND　　http://www.bloomberg.com/apps/quote?ticker=CDBR1U5：IND

法国 CFRTR1U5：IND　　http://www.bloomberg.com/apps/quote?ticker=CFRTR1U5：IND

希腊 CGGB1U5：IND　　http://www.bloomberg.com/apps/quote?ticker=CGGB1U5：IND

爱尔兰 CT777651：IND　　http://www.bloomberg.com/apps/quote?ticker=CT777651：IND

西班牙 CSPA1U5：IND　　http://www.bloomberg.com/apps/quote?ticker=CSPA1U5：IND

葡萄牙 CPGB1U5：IND　　http://www.bloomberg.com/apps/quote?ticker=CPGB1U5：IND

意大利 CITLY1U5：IND　http://www.bloomberg.com/apps/quote?ticker=CITLY1U5：IND

奥地利 CAUT1U5：IND　http://www.bloomberg.com/apps/quote?ticker=CAUT1U5：IND

瑞典 CT777839：IND　http://www.bloomberg.com/apps/quote?ticker=CT777839：IND

匈牙利 CHUN1U5：IND　http://www.bloomberg.com/apps/quote?ticker=CHUN1U5：IND

保加利亚 CBULG1U5：IND　http://www.bloomberg.com/apps/quote?ticker=CBULG1U5：IND

拉脱维亚 CT404983：IND　http://www.bloomberg.com/apps/quote?ticker=CT404983：IND

土耳其 CTURK1U5：IND　http://www.bloomberg.com/apps/quote?ticker=CTURK1U5：IND

俄罗斯 CRUSS1U5：IND　http://www.bloomberg.com/apps/quote?ticker=CRUSS1U5：IND

南非 CSOAF1U5：IND　http://www.bloomberg.com/apps/quote?ticker=CSOAF1U5：IND

巴西 CBRZ1U5：IND　http://www.bloomberg.com/apps/quote?ticker=CBRZ1U5：IND

阿根廷 CT350188：IND　http://www.bloomberg.com/apps/quote?ticker=CT350188：IND

委内瑞拉 CVENZ1U5：IND　http://www.bloomberg.com/apps/quote?ticker=CVENZ1U5：IND

国债 CDS 反映了主权的信用状况，当然也反映了市场的情绪，而市场情绪会影响黄金不同属性的显现。除了国债 CDS 可以反映一国的政经稳定情况之外，国债利差也可以起到相同的指标作用。一般而言，美国和德国的主权信用是最高的，所以市场会关注其他国家与美德两国的国债利差变化。由于美德两国的主权信用通常较高，因此其国债利率常常处于最低水平，可以看作是全球资本市场的无风险利率水平，或者说基准利率水平。其他经济体国债利率则加上某个风险溢价，这就是风险溢价近似于这些经济体国债利率与美国和德国国债利率的利差。所以，国债利差也在某种程度上体现了主权信用情况，当然会影响全球的风险情绪。因此，国债利差与国债 CDS 都可以作为主权信用和风险情绪的及时指标。

最常用的利差比较时间框架是 10 年国债利差，也就是目标国与德国或者美国 10 年期国债的利差（见图 15-32）。这个利差的及时变动可以从下列网址查询到：http：//www.investing.com/rates-bonds/government-bond-spreads。

我们介绍了国债 CDS，介绍了国债利差，大家应该明白根本的目的是衡量市场风险情绪。当然，除了国债 CDS 之外，几乎所有的 CDS 都是风险情绪的衡量指标，只不过范围不一而已，主权风险是最大的风险情绪来源。除了国债利差之外，几乎所有的利差都体现了一定程度的信用区别，也就是一定的风险升贴水，只不过主权债务的利差体现了最大的信用区别而已。后面你了解其他类型的信用利差后，那时你就会明白风险情绪的衡量指标其实是无处不在的，只不过我们没有那个意识去观察，更没有那个意识去运用。

10-Year Government Bond Spreads

与德国国债利差

与美国国债利差

Country	Yield	High	Low	Chg.	Chg. %	Vs. Bund	Vs. T-Note	Time
Argentina	2.090	2.090	2.090	0.000	0.00%	177.2	17.4	29/01
Australia	2.620	2.641	2.600	+0.005	+0.19%	230.3	70.5	08:00.21
Austria	0.567	0.586	0.550	-0.019	-3.21%	24.9	-134.8	08:01:49
Belgium	0.593	0.600	0.592	-0.023	-3.70%	27.5	-132.2	08:01:42
Botswana	5.000	5.000	5.000	0.000	0.00%	468.2	308.4	00:08:24
Brazil	16.000	16.060	15.980	-0.295	0.00%	1,568.2	1,408.4	29/01
Bulgaria	2.650	2.650	2.600	0.000	0.00%	233.2	73.4	08:01:51
Canada	1.235	1.240	1.235	+0.012	+0.98%	91.7	-68.1	08:01:23
Chile	4.540	4.550	4.540	-0.060	-1.30%	422.2	262.4	30/01
China	2.869	2.920	2.830	-0.042	-1.44%	255.1	95.3	07:15.36
Colombia	8.600	8.640	8.554	-0.013	-0.15%	828.2	668.4	30/01
Croatia	4.080	4.080	3.858	+0.175	+4.51%	376.2	216.4	08:01:31

图 15-32　10 年国债利差列表

资料来源：Investing.com.

TED 利差是三个月的美国国库券利率和三个月的欧洲美元存款利率的差值。因为欧洲美元的存款是离岸商业银行的债务，不受美联储最后贷款人角色的保护，因此与具有共同期限的美国国库券相比，具有更高的风险，因此要求支付更高的利率。两者的差值类似于一种信用利差，体现了国际资本市场的风险偏好变化。

上面是用得比较多的风险情绪观察指标，另外还有 TED 利差、国债利差、信用债利差、苏富比股价、外汇市场高息差货币对走势、黄金价格、艺术品市场走势、新兴市场股票指数、高科技股票指数等指标也可以用来衡量全球的风险情绪，大家可以稍微留意一下。如果想要详细了解的话，可以参考另外一本拙著《黄金短线交易的24 堂精品课》的"第十六课　最关键的指标：风险偏好"里面介绍了几乎所有的风险度量指标，很多你闻所未闻，比如葡萄酒指数。

最后，为了让大家直观体会一下风险偏好对于原油价格的影响，我们来个稍微复杂点的案例，首先看一则简讯：

2015 年 9 月 3 日，美国 NYMEX 原油期货一度涨至 48 美元上方，布伦特原油期货也站上 52 美元。欧洲央行当日公布利率决议，维持央行基准利率不变。同时央行行长德拉基表示，将会保持货币政策宽松，并准备在必要时实施一切可能有效的政策。原油价格在德拉基讲话后继续大幅攀升。另外，美国经济数据向好，美国股市近期出现回暖迹象，抵消了此前原油库存意外增加的影响。但随着美元指数走强，原油回吐了部分涨幅（见图 15-33）。

我们先梳理上述简讯里面的信息，得出：

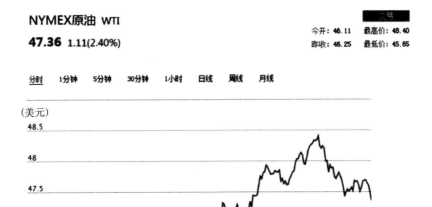

图 15-33　2015 年 9 月 3 日 NYMEX 原油价格走势

资料来源：FX168.

第一，欧洲央行继续宽松，这会提升风险偏好，为全球资产向上重估带来新的力量，但原油是美元标价，而欧元走软会使得美元走强，所以从资产属性的角度来讲，不利于油价，但市场风险情绪有利于原油。

第二，美国经济不错，从商品属性角度来讲，有利于原油价格。

第三，美国股市走强，风险追逐情绪高涨，有利于油价。

第四，库存意外增加，从商品属性角度来讲，不利于原油走强。

大家可以看出，虽然有种种不利因素，但是风险情绪主导了短期的走势，短期内心理因素的影响是很大的。不过，虽然原油整体上涨，但是尾盘也明显回撤，这就是因为美元走强和库存意外增加的因素限制了原油的涨幅。

从这个例子可以看出，风险情绪对于短期市场影响很大，因此我们需要"见风使舵"。同时资产属性和商品属性决定了趋势，因此无论市场情绪如何多变，我们不能逆势而行。风险情绪决定了资金在市场间的配置，而这势必影响各大类资产之间的涨跌情况，反过来通过分析各大类资产的涨跌情况，也让我们有线索去把握内在的驱动因素和市场情绪，便于我们把握原油价格的脉动。

【开放式思考题】

在研读完第十五课的内容之后，可以进一步思考下列问题。虽然这些问题并没有固定的标准答案，但是能够启迪思维，让你更加深入地掌握某些要点，或者是让你跳出僵化模式来重新看待问题。

（1）VIX是一个关键的风险情绪度量指标，全球风险情绪的变化可以造成原油价格的急剧变化，特别是全球经济和金融危机导致的风险厌恶情绪会加速原油的下跌。那么，一般的风险厌恶情绪会造成趋势性的影响吗？比如，在供求的推动下原油处于上行趋势，中间如果出现风险厌恶情绪，是否会结束这种上行趋势呢？如果风险事件加大了供求缺口，那么上行趋势是否加速呢？

2021年波云诡谲，各种风险事件轮番上场，风险情绪也急剧变化，但是有一条最基本的主线让我们能够看清楚大势，那就是全球经济复苏和沙特领导的OPEC+维持产量紧缩的态度不变。

我们先来看看2021年至2022年初的VIX走势图（见图15-34），可以看到三个最高的峰值，第一个对应2021年3月欧洲新冠肺炎疫情再度大暴发，第二个对应2021年5月印度新冠肺炎疫情大暴发，第三个对应2021年11月南非出现奥密克戎病毒变异。这些峰值都意味着风险厌恶情绪，那么它们对原油价格有些什么影响呢？

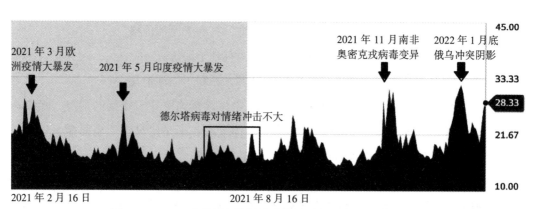

图15-34　VIX走势图与重要风险事件（2021年至2022年初）
资料来源：雅虎财经、CBOE、Dina。

2021年3月欧洲新冠肺炎疫情卷土重来，导致国际油价下跌。3月初开始的原油价格调整主要是因为欧洲疫情出现了反复，3月20日欧洲开启了第三波封锁。这波下跌从3月初持续到4月初。为什么这次下跌能够企稳呢？请先从驱动面角度找逻辑

（见图 15-35），再看看行为面上有什么特征（见图 15-36）。

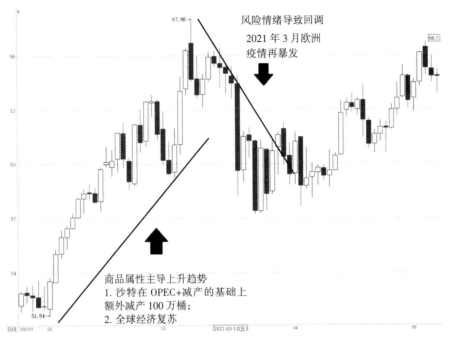

图 15-35　2021 年 3 月风险事件导致原油价格回调

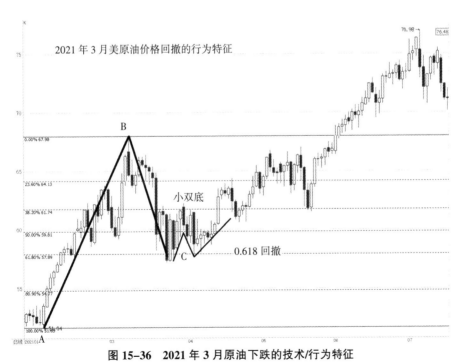

图 15-36　2021 年 3 月原油下跌的技术/行为特征

资料来源：博易大师、Dina。

2021 年，经历 3 月的欧洲新冠肺炎疫情冲击之后，5 月又迎来了印度疫情大暴发，但为什么这次市场回调幅度和时长都远逊于 3 月呢（见图 15-37 和图 15-38）？是不是

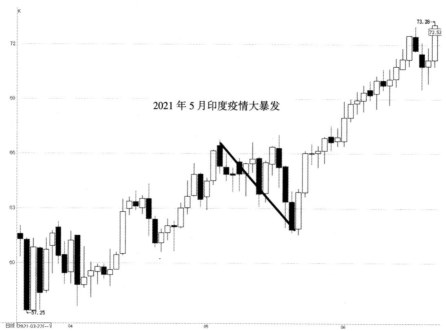

图 15-37　2021 年 5 月印度疫情大暴发导致油价回调

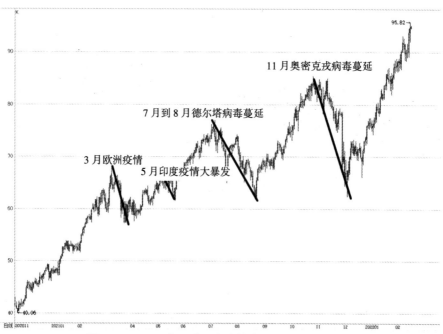

图 15-38　2021 年四次重大疫情冲击的回调幅度对比

可以从题材新颖度和印欧经济影响力差异来解读呢？

接着是 2021 年 7 月到 8 月，出现了毒性和传染性较强的德尔塔病毒，从 VIX 来看对市场情绪影响不大，但是原油价格却出现了较大幅度的下跌，这是什么原因呢？上半年 OPEC+通过非常有效的供应端管理不但推高了油价，而且也赢得了市场的认可，为稳定原油市场做出了贡献。但是，到了 7 月 OPEC+例行月度会议却出现了超预期的变化，OPEC 成员国阿联酋突然提出要求提升其原油产量基准，**这是一个超预期的信息，叠加德尔塔病毒的出现引发市场的剧烈回调。**

7 月到 8 月中旬原油价格经历了长达一个半月的调整，最大的驱动就是德尔塔病毒传播，全球新增确诊病例逐步攀升。8 月 20 日新增确诊数见顶，油价调整也结束。7 月到 8 月这波下跌之后，原油价格出现了强劲的回升，除了疫情转好导致风险情绪不差之外，还有什么驱动因素呢？9 月之后，一场号称史上最强的飓风"艾达"横扫墨西哥湾，让美国原油产量出现超预期的收缩。

到了 11 月，奥密克戎病素养出现且蔓延，VIX 涨到了年度最高点，原油价格出现了年度最大的回调（见图 15-39）。除了新冠变异病毒这个利空因素之外，美国拜登政府启动了历史上力度最大的一次联合战略原油释放行动也是重要驱动因素。简而言之，2021 年 11 月的油价下跌背后的驱动力主要有两点：第一是奥密克戎变异病毒的负面冲击，第二是汽油价格持续高涨推动了美国通胀飙升，为了稳定支持率拜登政府采取一切可能措施打压油价。

贯穿 2021 年，新冠肺炎疫情边际变化与原油价格的波动存在密切关系，但原油价格的趋势性变化是由 OPEC+主导的供给与全球经济复苏共同决定的。换而言之，新冠肺炎疫情的边际变化影响了风险情绪的变化，风险情绪造成了原油价格的波动，这种波动大部分可以通过 VIX 来度量和把握；商品属性主导了原油价格的趋势，这种波动大部分可以通过跟踪 OPEC 和 OECD 国家的综合领先指标 CLI 来把握。

能够主导市场变化的必然是决定性变量的超预期变化。

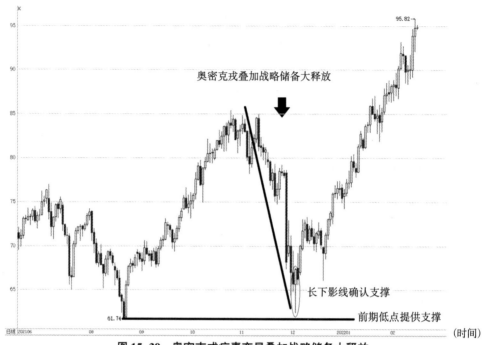

图 15-39 奥密克戎病毒变异叠加战略储备大释放

（2）2020 年 4 月下旬，OVX 出现历史极大值（见图 15-40），而原油价格出现历史极小值（见图 15-41）。能否以此作为线索建立一个捕捉原油大牛市起爆点的基本面量化交易策略？

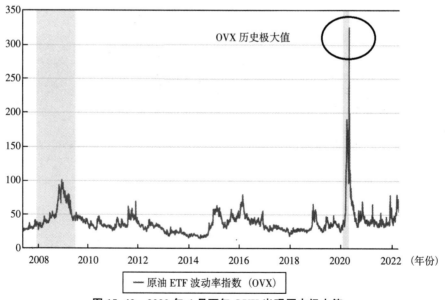

图 15-40　2020 年 4 月下旬 OVX 出现历史极大值

资料来源：财经 M 平方、Dina。

图 15-41　2020 年 4 月下旬原油价格出现历史极小值

资料来源：博易大师、Dina。

【进一步学习和运用指南】

在本课当中，我们着重强调全球风险情绪变化对大类资产，特别是对原油价格的直接影响。事实上，全球风险也会直接作用于实体经济，通过对产业链和经济增长的影响间接影响原油的供求，最终影响原油价格。伦敦经济学院（London School of Economics）系统风险中心的主任乔恩·丹尼尔森（Jon Danielsson）和智力天主教大学（Pontificia Universidad Católica de Chile）的助教马塞拉·瓦伦苏拉（Marcela Valenzuela）、美联储经济学家伊尔克努尔·泽尔（Ilknur Zer）于 2022 年 1 月发表了一篇文章《全球风险观点如何影响经济增长》（*How global risk perceptions affect economic growth*），详述了风险偏好和经济增长的关系。下面我们就编译这篇论文的部分内容：

金融风险和经济增长的关系是复杂的。本论文发现**高风险情绪将损害经济增长，而低风险情绪则具有初始的积极作用，但最终会变成负面冲击**。通过对资本流动、投资、发债数量的影响以及挑战货币政策独立性，全球风险情绪对经济增长和区域风险有很强的驱动力。

2008 年全球金融危机提醒我们金融部门对于整个宏观经济的重要性，但是这一教训其实早在几十年之前的大萧条时期我们就知道了，现在却忘记了。金融风险不仅影

响投资和增长，也导致了不确定性、缺乏效率、衰退和危机。

我们的兴趣在于搞清楚金融风险究竟是如何影响经济增长的、货币政策促进经济增长的力量源泉、宏观审慎政策驯服系统风险的能力，以及美国在驱动全球风险情绪过程中的相对重要性。

金融风险和经济增长之间的关系似乎显而易见。高风险毫无疑问将损害经济增长（Ahir et al.，2019；Bloom，2009），但是低风险将如何影响经济增长呢？

我们曾经在 2021 年提出上述问题，并且提出一个全新的理论和实证框架来分析风险与宏观经济的相互作用（A new theoretical and empirical framework for analysing how risk interacts with the macroeconomy）。我们推测参与者们对于自身风险估计准确度的信念强度是一个关键因素，它驱动了投资决策和资本流动，并且最终影响了未来宏观经济的稳定性和增长。

那么，低风险是如何影响经济增长的呢？我们发现低风险对于宏观经济的影响是非常不同于高风险的。当参与者认为到风险太高时，经济增长就遭受负面冲击。但是，低风险情绪和观点却又是一个"繁荣—萧条"效应（Boom-to-Bust Effect），也就是开始对经济的影响是正面的，但是最终会变成负面的。

之所以低风险和高风险带来的宏观影响不对称，根源在于无法直接衡量风险和金融杠杆的演化。**风险是一个隐藏变量（Latent Variable），我们不能直接衡量它，只能利用一个模型从市场价格推出它。**

认为风险将持续低位的坚定信念支撑了乐观主义，增加了参与者的风险偏好，从而推动了经济上的投资。进一步来讲，资产价格会在这段宏观稳定的时期内上涨。因此，风险信念、金融摩擦（Financial Frictions）和风险承担激励（Risk-Taking Incentives）相互作用。承担更多风险的意愿推高了资产的价格，同时也放宽了信贷条件（Credit Conditions），而这些都推动了增长，这就是"繁荣—萧条"循环（Boom-to-Bust Cycle）中的繁荣阶段。

在繁荣阶段中，随着时间的推移和风险偏好的上升，良好投资的数量下降了，而冒进的投资日益增加，这就逐渐增加了金融系统的脆弱性。明斯基（Minsky）提出的连锁反应出现了，宏观稳定性遭到了持续破坏，繁荣埋下了反转的种子，萧条开始登场。

即便如此，低风险对经济增长的整体影响也是正面的。但是，信贷快速增长和低风险持续较长时间削弱了这一正面影响。这正是我们在 2008 年全球金融危机中看到的结果：过度的信贷增长叠加强劲的风险偏好，推动了一轮"繁荣—萧条"循环的出现，

最终在 2008 年见顶。

全球金融环境非常重要。全球风险偏好高，低风险观点持续时间长对经济增长的影响力远胜于区域风险情绪。因此，**美国的影响力具有主导性，它占据了全球风险情绪近 2/3 的权重。**

全球风险情绪对经济增长的影响主要通过三个渠道实现：投资、资本流动和债券发行风险（Riskiness of Bond Issuance），而区域风险情绪的影响可以忽略不计。我们在图 15-42 中展示了高风险和低风险影响经济增长的逻辑链条。

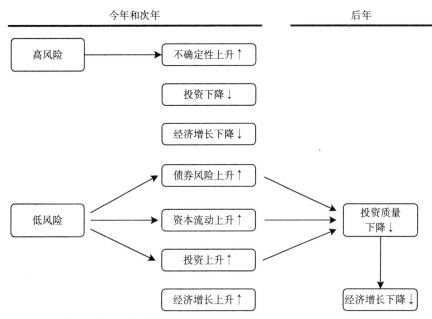

图 15-42　感知风险和经济增长（Perceived risk and growth）

下面就来具体谈一谈我们的理论和实证方法。我们整个体系的起点是一个金融波动率模型。在这个模型当中一个马尔科夫转换过程（Markov-Switching Process）主导了波动率的高低状态。虽然风险状态（Risk State）是隐藏的，但是参与者能够通过一个贝叶斯学习模型（Bayesian Learning Model）获得一个有关它状态的信号，进而构建一个有关低风险的后验信念（Posterior Belief）或者说后验概率。这个后验信念驱动了风险偏好（Appetite for Risk）的变化。

虽然我们不能够直接观察到这个后验信念，但是能够建造一个有效的代理变量来表示它，这个代理变量就是 DLR（Duration of Low Risk），也就是**低风险久期**。DLR 衡量了一个国家金融市场处于低波动率环境的年数。**低波动率持续的年数越长，则 DLR**

布林带也是衡量波动率的
常用工具。

的值越大。

通过估计年度实际波动率（Annual Realised Volatility），并计算其趋势以及偏离值，进而确认波动率状态的高低，我们构建出了 DLR。

为了估计出风险情绪和经济增长的关系，我们收集和使用了 73 个国家（地区）从 1900 年到 2016 年的面板数据。平均下来，每个国家的数据涵盖了 55 年。

接着，我们利用每个国家 12 个月的真实股票收益计算出年度真实波动率，并且计算偏离趋势的程度进而构建出 DLR。在得出 DLR 的估计值之后，我们采用 GDP 加权对所有国家的数据进行平均，进一步计算出特定年份的全球 DLR 值。图 15-43 展示了全球的低风险久期分布和重大的经济事件。

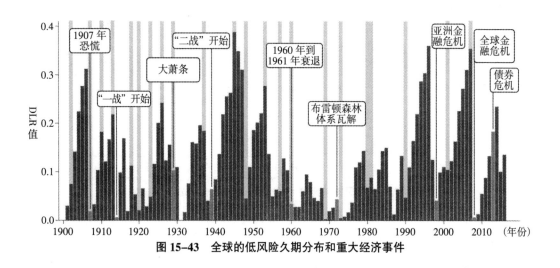

图 15-43　全球的低风险久期分布和重大经济事件

DLR 对于同期的经济增长有正向影响，特别是次年，接着第三年就是一个反转。全球 DLR 对经济增长的影响比区域 DLR 更大。总之，全球 DLR 对资本流动、总投资和债券市场债务发行质量有类似的周期冲击。

进一步来讲，我们的结论对于几个重要的政策讨论有直接的影响。全球风险的重要性是这些讨论的一个重要出发点。关心经济增长的国家政策制定者们被全球金融周期所掣肘，

而全球金融周期体现在全球 DLR 的波动之中。因此，货币政策的独立性（Monetary Policy Independence）存在诸多限制。

即使某个国内货币当局想要刺激或者冷却经济，全球风险情绪和偏好的变化也会显著影响国内货币政策的决定和效果。

更为重要的是从 2008 年次贷危机以来，政策制定者为了防止危机重现，积极地试图降低金融机构承担的风险，进而降低整个金融体系的风险水平。诸如这样既降低严重危机可能性的承诺，也影响了经济增长，政策制定者不得不考虑宏观审慎政策和风险情绪对危机和增长的影响。

除此之外，还有更多教训值得金融当局学习。比如，我们的研究表明参与者基于对风险的认知进行投资决策，而这些风险认知又是根据此前的市场波动得出的。政策制定者无法改变这类风险认知，如果政策刺激或者冷却经济的政策与参与者的风险认知南辕北辙的话，那么政策就会大打折扣或者毫无用处。

最后，我们来做一个总结。高风险毫无疑问会降低经济增长，而低风险的影响则较为微妙：开始阶段是积极促进经济增长，然后则会转为负面，但整体而言其影响仍然是正面的。存在两个例外情形：持续时间超长的低风险环境和过度的信贷扩张。

即便美国的风险对全球经济增长有强大的影响力，全球加总的波动率环境仍旧对美国施加了更大的影响力。

总之，我们的研究阐明了金融市场和宏观经济的相互关系，同时对一些政策有特别的指示意义，如宏观审慎监管和货币政策。

我们来理一理这篇文章的逻辑和对原油交易的意义。通过波动率的持续时间来定义和观察风险环境和偏好的变化，进而对高低风险环境与经济增长的相关性进行探讨。高风险环境会导致投资下降，这里的投资是经济学意义上的投资，与消费相对，而并非金融学意义上的投资。原油新增产能属于投资的范畴，因此在持续高风险环境下原油产能是边际递减的，甚至是总量下降的。当金融环境进入低风险环境时，经济增长会导致对原油的需求增加，这样就形成了原油大牛市。先是供给缩减，接着是需求增加。原油大牛市会推动原油产能和产量扩张，等到金融环境进入高风险状态时，经济减速，对原油的需求减少，最终就是原油价格暴跌的熊市。

参考文献

[1] Jon Danielsson, Marcela Valenzuela, Ilknur Zer. How Global Risk Perceptions

Affect Economic Growth，13 Jan. 2022.

〔2〕Ahir，H，N Bloom and D Furceri. The Global Economy Hit by Higher Uncertainty，VoxEU.org，11 May 2019.

〔3〕Bloom，N. The Impact of Uncertainty Shocks. Econometrica，2009，77（3）：623–685.

〔4〕Brunnermeier，M K and L H Pedersen. Market Liquidity and Funding Liquidity. The Review of Financial Studies，2009，22（6）：2201–2238.

〔5〕Danielsson，J，H S Shin and J-P Zigrand. Modelling Financial Turmoil through Endogenous Risk，VoxEU.org，11 Mar. 2009.

〔6〕Danielsson，J，M Valenzuela and I Zer. The Impact of Financial Risk Cycles on Business Cycles：A Historical View，2021.

〔7〕Hodrick，R and C E Prescott. Postwar US Business Cycles：An Empirical Investigation. Journal of Money Credit & Banking，1997（29）：1–16.

〔8〕Jordà，Ò. Estimation and Inference of Impulse Responses by Local Projections. American Economic Review，2005，95（1）：161–182.

〔9〕杨安：《原油市场年报：2022 难续牛市，油价重心料将下沉》，2021 年 12 月 26 日。

〔10〕John Jagerson. Using the Oil VIX（OVX）to Forecast Energy Prices，2008.

〔11〕Mark Sebastian. Introducing OVX：The VIX of Oil，Feb. 18，2022.

〔12〕Emmett Moore. Crude Oil Trading：A Strategy that Works，Jul. 3，2017.

〔13〕Sage Anderson. Trading Extreme Oil Volatility Amid Russia–Ukraine Conflict，Feb. 28，2022.

〔14〕Jeff Clark. My Favorite Oil Trading Indicator，Dec. 2，2021.

〔15〕Sun-Yong Choi，Changsoo Hong. Relationship between Uncertainty in the Oil and Stock Markets Before and after the Shale Gas Revolution：Evidence from the OVX，VIX，and VKOSPI Volatility Indices，May 5，2020.

〔16〕Milan Bašta，Peter Molnár. Oil Market Volatility and Stock Market Volatility，Sep.，2018.

〔17〕Sage Anderson. Trading the Crude Oil Correction，Dec. 3，2021.

〔18〕Yanhui Chen，Kaijian He，Lean Yu. The Information Content of OVX for Crude Oil Returns Analysis and Risk Measurement：Evidence from the Kalman Filter Model，17

Dec. 2015.

［19］ Samuelsson. Discovering a Crude Oil Trading Strategy （Improving a Crude Oil Strategy）, Feb. 14, 2022.

［20］ Y Bai, X Liu, S Jia. Crude Oil Price Forecasting Incorporating News Text. International Journal of Forecasting, Jan. 3, 2022.

［21］灰岩国际咨询:《深度理解 TED 利差指标的应用》，2020 年 12 月 29 日。

［22］ EIA. The Brent Crude Oil Price Decline on Nov. 26 Was among the Largest in Years, Dec. 10, 2021.

［23］隽永:《"恐慌指数 VIX"到底是什么鬼》，2017 年 5 月 12 日。

原油与黄金

如同历史上所有其他帝国一样，罗马人认为自己可以不受经济学基本原理的束缚，但事实证明并非如此……通过稀释货币来支付公共建设、社会福利和战争开支这类模式，将会不断在历史中重演。而每次类似事件都是以非常难堪的形式收场。

——麦克·马隆尼（Mike Maloney）

市场对 QE3 的反应与对 QE1 和 QE1 的如出一辙，非美货币兑美元上涨，美元指数跌到了 4 个月以来的新低，黄金则带领商品涨到了 6 个月以来的新高。

——约翰·J. 墨菲（John J. Murhpy）

美元、原油、黄金价格之间存在一个"三角"关系，三者价格的相互变化组合，能够在很大程度上综合反映全球经济增长前景、货币宽松展望的变化方向。

——秦泰

虽然黄金属于"避险资产"，而原油属于"风险资产"，理论上来讲两者不具有正相关性。但是由于共同的商品属性，两者均以美元计价，而原油价格大涨往往伴随着美元指数的弱势表现，同时原油大涨伴随而来的通胀升温也使得黄金同步走高，因此黄金与原油表现出较强的正相关性。

——张启尧

从历史统计来看，黄金和原油的价格比率基本在 10 到 30 之间波动。

——阿兰·阿里（Aran Ali）

近代以来，主要经济体的货币往往与贵金属挂钩，不是金本位就是银本位。"二战"之后，美元先是跟黄金挂钩，但是因为"越战"使得美国政府赤字急剧扩大，维持美元兑换黄金的固定比率变得日益困难，多番折腾之后不得不放弃美元挂钩黄金。

　　大战略家基辛格说服了沙特将原油以美元计价，此后众多原油出口国跟随，原油代替黄金成了美元的支撑。这段历史表明原油与美元的某一共同特点，乃是曾经充当某种纸币的抵押品，布雷顿森林体系下美元可以换成黄金，黄金为美元背书，后来美元与黄金脱钩了，但是拿着美元去OPEC国家买原油它们是接受的，这相当于原油为美元背书了。

　　现在，随着美国农业在世界的地位越来越强大，拉美的转基因作物种子也是来自如孟山都这样的美国公司，所以大宗农产品也在为美元背书了。

　　现在美国和欧洲一些主要经济体，一方面说黄金没有用，另一方面却大量持有黄金储备（见表16-1），这不是自相矛盾吗？其实，它们只不过将黄金放到了后台，以防万一，如果纸币信用崩溃了，那么可以让黄金站到前台，而美国是不希望其他货币包括黄金代替美元的。格林斯潘没有任职美联储之前总是强调黄金本位制的好处，但上任后口风快速转变。其实，所有有点头脑的银行家心底都认可黄金是"货币之母"。

> 黄金可以对抗通胀和纸币滥发，但是黄金不像股权一样可以享受经济增长的红利。

表16-1　全球黄金储备排名（2016年第一季度）

序号	国家	黄金储备（吨）	黄金占外汇储备（%）
1	美国	8133.5	71.90
2	德国	3384.2	68.40
3	意大利	2451.8	67.00
4	法国	2435.4	65.10
5	中国	1658.0	1.70
6	俄罗斯	1094.7	9.70
7	瑞士	1040	8
8	日本	765.2	2.50
9	荷兰	612.5	54.30
10	印度	557.7	7.30

资料来源：世界黄金协会。

　　黄金与原油都是"母亲"，黄金是"货币之母"，原油是"商品之母"，黄金与虚拟经济关系密切，原油与实体经济关

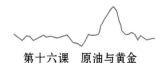
系密切（见图 16-1）。不过，现在能照出虚拟经济泡沫的恰恰是黄金，能够反映出实体经济不振的恰恰是原油。用纸币来衡量资产的价格往往不准确，因为纸币本身容易超发，而纸币一旦泛滥必然引发资产价格重估，所有大类资产都会涨价。但是，如果你将黄金作为价值尺度来衡量各类资产的价格，就会发现不会那么吓人，还是比较平稳的。简而言之，黄金是资产泡沫的"照妖镜"。

图 16-1　黄金和原油的太极图

原油是"商品之母"，因为实体经济的健康运行基本建立在原油正常供应的基础上，美国次贷危机后能够快速修复资产负债表，一方面是美联储提供了紧急流动性，避免了金融危机传染，稳住了金融结构的正常信贷；另一方面则是页岩油气革命大大降低了美国经济的运行成本。靠 QE 解决不了根本问题，这是事实，说这个话的经济学家不少，大部分是奥地利学派或者凯恩斯主义者，前者认为应该让市场自动出清，产能和资源重新配置，后者认为应该大搞财政刺激。

不过，让这些预言家大跌眼镜的是美国经济复苏形势还是在全球名列前茅的，其就业增长屡屡创出新高。货币主义者认为这是 QE 的功劳，其实安倍经济学也搞 QE，但是效果非常短命，势头远逊于美国。上述三派经济学家之所以看走眼都是因为忽略了页岩油气革命的影响，因为这场革命极大地提高了美元能源的自给率和财政平衡能力。由于油价降低使得美国家庭的实际可支配收入上升了，花在油品上的钱减少了，可以用在其他地方的钱更多了。页岩油气革命带来的好处从侧面体现了原油作为"商品之母"的地位。同时，页岩油气革命使得美国在能源上的定价权和话语权进一步增强，美元的原油本位制得到巩固。

简而言之，无论是作为"货币之母"的黄金，还是作为"商品之母"的原油都曾

经或者正在为美元背书，这是两者关系中最值得探究的地方。下面，我们就从以下六个方面讲解原油与黄金的关系。

分析原油与黄金关系的第一个方面是两者属性。黄金具有三重属性：商品属性、投资属性和货币属性（见表16-2）。货币属性主导黄金长期走势，投资属性主导黄金中期走势，商品属性主导黄金短期走势。

表16-2　黄金属性与研判要点

时间周期	属性	分析要点
黄金价格的长期走势	货币属性	注重以信用本位的稳定性
黄金价格的中期走势	投资属性	注重以股票为主的金融市场的走势，关注游资的流向
黄金价格的短期走势	商品属性	注重以印度为主的黄金消费的趋势，特别是季节性

资料来源：《黄金短线交易的24堂精品课》（2016年版）。

而原油具有两重属性：商品属性与资产属性。两者都具有商品属性，而原油的资产属性与黄金的投资属性和货币属性关系较为密切。因此，就属性而言，两者会受到一些共同宏观冲击的影响。下面两个方面我们会具体讲一下商品属性因素和美元因素对两者的影响。

分析原油与黄金关系的第二个方面是通胀率/商品属性对两者的影响。黄金是商品，除了金饰品之外，工业用金也体现了黄金的商品属性。而原油是商品这是毋庸置疑的。

商品的投资收益是通胀率，对商品的投资类型主要是存货头寸。有经济学家发现国内农民囤粮的时候往往是通胀厉害的时候，具体而言就是实际利率为负的时候。实际利率等于名义利率减去预期通胀率，名义利率相当于纸币存款的收益率，而预期通胀率往往是直线预期的，也就是根据此前一段时间的通胀率水平往未来推，这个预期通胀率是存货头寸的收益率。那么实际利率可以看作是持有纸币的收益减去持有商品的收益率，当实际利率为负的时候，持有纸币的收益率就低于持有商品等实物资产的收益率了。

原油和黄金都是实物资产，因此当通胀预期高涨时，特别是实际利率为负时，原油和黄金就是很好的抗通胀资产，两者容易出现同时上涨的格局。

分析原油与黄金关系的第三个方面是美元对两者的影响。国际原油无论是金融市场上的合约还是贸易市场上的结算货币，都是以美元计价的。伊拉克和伊朗都尝试过改弦易辙，都功败垂成，而俄罗斯因为没有国际结算系统的支持，因此也无法推行非美元结算。美国控制了国际结算系统，国际资金流动绝大部分要靠美国控制的这套系统，而俄罗斯与他国进行原油交易不可能以现金进行。中国现在搞了自己的全球结算

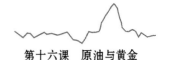

系统，这对美国也算釜底抽薪的大招，美国不会善罢甘休，未来还会有更多不见硝烟的经济战争。美国拥有全球最大的黄金官方储备，却与英国握有国际黄金的定价权，伦敦和纽约作为全球性的黄金定价中心，其地位短期内难以撼动。虽然上海期货交易所的黄金期货和上海黄金交易所的黄金现货延期交割在亚太地区有一定影响力，但与欧美的黄金市场相比还是难以望其项背。并且，中国香港的黄金市场则基本跟随欧美定价。总之，原油和黄金都是以美元计价的。

　　原油的资产属性与美元计价关系密切，黄金的货币属性和投资属性与美元计价关系密切。美元计价意味着美元的流通数额的大变化将引发相关大类资产价格的变化，这就是所谓的"资产价格重估"。次贷危机后美联储搞 QE，引发了原油和黄金的资产价格重估，美国股市、债市和大宗商品市场普遍上涨，这就是全面的资产重估。加入WTO 后，中国出口导致外汇储备急剧增加，在盯住汇率制度下，中国人民银行不得使用人民币换美元，美元成了人民币发行的抵押品，美元储备越多人民币发行量越大，最终导致国内流动性泛滥，一场以房地产为主的资产价格重估开启了。

　　什么是资产？中短期内供给缺乏弹性，且具有题材的事物就是资产。说到资产，就不能不提资产泡沫。作为职业交易者，对于经济学领域有不少自己的看法，写下了不少笔记，与主流经济学的区别在于我希望经济学能够帮助自己预判经济形势，而不是作为政策辩护和历史阐释。十多年来，我在这方面有点个人见解，准备以"泡沫和危机经济学"为题结集成册，这本书的目的是预判泡沫的出现和破灭。虽然理想很远大，现实比较骨感，但绝对能够对大家把握资产泡沫起到或多或少的作用。

　　原油和黄金都是资产，美元的流通变化将会引发原油和黄金的资产重估，因此美联储的资产负债表扩展幅度是关注的重点。如果美联储的资产负债表迅速扩展，那么原油和黄金容易出现快速飙升。下面有两个网址，第一个可以看到美联储资产负债表规模（见图 16-2）；第二个可以看到美联储资产负债表：

　　http：//www.federalreserve.gov/monetarypolicy/bst_recenttrends.htm

　　http：//www.federalreserve.gov/releases/h41/Current

　　分析原油与黄金关系的第四个方面是地缘政治冲突对两者的影响。俄罗斯与美国，一个代表陆权，另一个代表海权。西方的地缘政治里，这两者的关系是水火不容，永远斗争的。这种观点已经上升到了意识形态领域，美国的遏制理论就受到这些东西的深刻影响，比如布热津斯基这些美国战略家不遗余力地鼓吹遏制欧亚大陆一体化的政策，说白了就是不允许欧亚大陆出现高度分工和经济一体化。

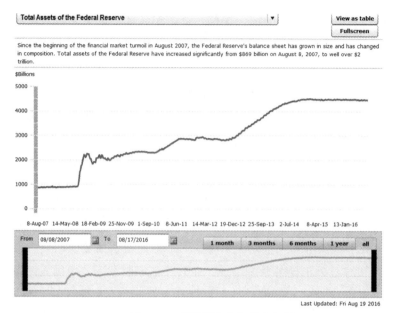

图 16-2　美联储资产负债表规模

资料来源：FED.

伯罗奔尼撒战争是以雅典为首的提洛同盟与以斯巴达为首的伯罗奔尼撒联盟之间的一场战争。这场战争从公元前 431 年一直持续到公元前 404 年，期间双方曾几度停战，最终斯巴达获得胜利。这场战争结束了雅典的经典时代，也结束了希腊的民主时代，强烈地改变了希腊的国家。战争给繁荣的古希腊带来了前所未有的破坏，导致战后希腊奴隶制城邦的危机，整个希腊开始由盛转衰。几乎所有的希腊城邦都参加了这场战争，其战场几乎涉及了整个当时希腊语世界。在现代研究中也有人称这场战争为"古代世界大战"。

古希腊与波斯（大概在今天伊朗的位置）的伯罗奔尼撒战争被视为海权与陆权争夺世界霸权的起点，此后英国与沙俄在中亚的苦斗，美国与苏联的两极争霸都是这类争斗的延续。现在代表陆权的俄罗斯与代表海权的美国仍旧全方位角力，而这两个国家都是能源重要产出国，美国还是重要的能源消费国。另外，中东是欧亚大陆的枢纽，自然也是大国博弈的重要舞台，而中东又是原油主要出口地区。再看其他几个原油出口地区与地缘政治的密切关系：北非的马格里布以及西非向来被法国视为传统势力，但是美国也在积极布局非洲，他们都对中国在非洲的开发和合作并不高兴，而北非和西非也是重要的原油出口地。加勒比海和墨西哥湾有大量石油资源，委内瑞拉有反美的习惯。马来西亚和越南的原油出口成了其经济支柱之一，印度尼西亚也依靠自产的原油来发展经济，日韩原油交通线经过此处，世界最为重要的航道马六甲位于此处，澳大利亚、英国、美国和日本等海权国家的海洋霸权与此相关，中国南海油气资源丰富，虽然南海属于中国但对方势力想要插手其中。伊拉克、叙利亚和科威特所处的美索不达米亚平原是中东的战略中枢，历史上阿拉伯人、土耳其人和波斯人都在这里争夺，这是我所谓中东三角形的中心位置。

从上面的文字可以看出原油蕴藏丰富的地区往往也是文明和地缘政治冲突聚集的地方，因此原油与地缘政治关系密切。一旦地缘政治冲突影响到原油生产和运输，甚至原油的消费，那么原油价格必然受此影响发生变化。

而黄金当然也与地缘政治关系密切，国际黄金以美元计价，但在某国内的黄金本地价格则显示了该国货币的稳定程度。1998年东南亚经济危机波及韩国时，黄金的韩元价格显著上升，其他东南亚国家的黄金本币价格也飙升。在拉丁美洲，国内政局和币值长期不稳定，大豆、黄金和美元都成了硬通货。倘若每次国际冲突都有美国的介入，一旦预期会刺激美国财政赤字增加，则黄金的美元价格将显著上涨。

因此，一旦某项地缘政治事件同时引发了原油产业链问题和美国财政问题，那么黄金和原油就会出现同时上涨的情况。

分析原油与黄金关系的第五个方面是经济周期因素对两者的影响。首先来看经济周期对原油价格的影响（见图16-3），身处市场中的交易中应该记得次贷危机后原油并未快速下跌，而是晚于其他商品见顶，而且在冲顶的过程中上涨幅度非常大，那个阶段相当于是滞胀阶段。由此可见，原油涨幅最大的一段首先是滞胀阶段，其次是繁荣阶段，而在衰退阶段的跌幅最大。在复苏阶段，特别是新兴经济体复苏阶段，由于经济增长对于原材料和能源的需求增加，这个时候原油的商品属性主导，如果同时美元冲高回落，那么原油上涨更加确定无疑。在繁荣阶段，经济热火朝天，通胀率持续上升，存货投资有利可图，纸币贬值，实物资产升值，这个时候原油价格上涨。滞胀阶段，其他商品现行见顶，而原油却加大力度上行。在衰退阶段，全球经济萧条，特别是新兴经济体，下游需求锐减，原油价格暴跌。当然上述规律只考虑了经济

原油与地缘政治关系密切，同时石油还是现代经济的"血液"，石油价格动荡会引发恶性通胀和经济停滞，这会影响黄金价格。总体而言，石油价格变动之所以会与金价同向波动，主要有两个原因：第一，石油和黄金都受地缘政治的影响；第二，石油价格影响经济发展和通胀水平，而经济稳定与物价稳定影响金价走势。

周期，而原油产业链上游情况，地缘政治冲突和美元走势则会干扰上述规律的运行。

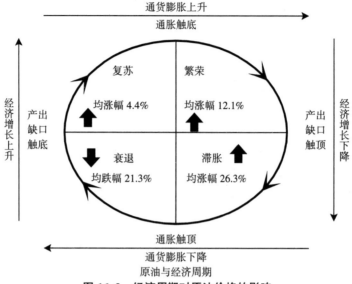

图 16-3　经济周期对原油价格的影响

接着来看经济周期对黄金价格的影响（见图 16-4）。金价在衰退阶段是上涨的，如在大萧条和次贷危机中后期是上涨的，但是危机初期或者说滞胀阶段金价也会小幅下跌。在 2008 年次贷危机时，金价先回探了一次，当时金价大佬张卫星的黄金期货多头爆仓，然后快速进入主升浪，一直涨到 2000 美元下方（见图 16-5）。

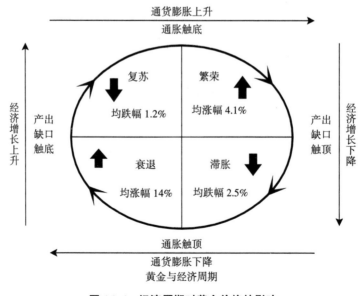

图 16-4　经济周期对黄金价格的影响

图 16-5 危机初期/滞胀阶段的金价回调

　　在复苏阶段，为什么金价跌？这个时候股票市场机会很大，做实业也有潜在丰厚利润，黄金不像股票有股息、债券有利息，这个时候投资属性主导黄金，而黄金投资收益低于股票，因此复苏阶段黄金的吸引力低。在繁荣阶段，通胀上升，黄金的商品属性主导，黄金与其他实物资产一样享有抗通胀的优势，这个阶段黄金价格是上涨的。在滞胀阶段，通胀见顶，大宗商品开始见顶，这个时候黄金的商品属性主导，另外，由于资产负债表传染效应使得黄金也会被抛售来获取紧缺的流动性，自然跟随其他商品价格下跌。在衰退阶段，银行和国家信用出现问题，央行主动降息，黄金货币属性主导，金价大涨阶段。黄金三种属性与经济周期四个阶段的关系可以用一张图来表示，如图 16-6 所示。

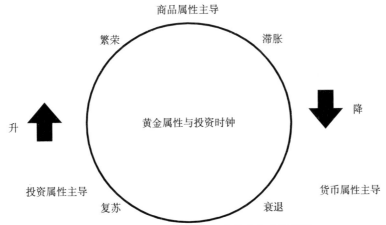

图 16-6 经济周期四个阶段中的黄金主导属性

资料来源：《黄金短线交易的 24 堂精品课》（2016 年版）。

　　从上面的见解大家可以归纳下黄金和原油在经济周期中的重叠表现和相反表现：第一，在繁荣阶段，原油和金价一同上涨，但是原油均涨幅高于黄金；第二，在其他三个阶段，两者是反向运行的。

　　上面只考虑了经济周期的因素，如果有其他因素的干扰，那么上述规律可能就会隐藏起来。假设现在全球主要经济体处于复苏阶段，如果只考虑经济周期，那么金价是微跌的，原油价格是上涨的，但是如果现在地缘政治冲突出现在伊拉克，美国出动了地面部队，那么金价和原油都会上涨，虽然现在是复苏阶段。

当金油比触及五年低点时，黄金较之原油的配置价值更大；相反，当金油比触及五年高点时，则原油的配置价值更大一些。或者是金油比超过30时，寻找原油做多机会；金油比低于10时，寻找原油做空机会。

　　分析原油与黄金关系的第六个方面是**黄金与原油价格比**。在过去三十多年里，黄金与原油按美元计价的价格波动相对平稳，黄金平均价格约为300美元/盎司，原油的平均价格为20美元/桶左右。黄金与原油的兑换关系平均为1盎司黄金兑换约16桶石油。在20世纪70年代初期，1盎司黄金兑换约10桶原油，在布雷顿森林体系解体后，曾达到1盎司黄金兑换30桶以上的原油，随后，在整个70年代中期到80年代中期，尽管中间黄金与原油的价格都出现过大幅上涨，但二者关系仍保持在10到20倍。80年代中期以后，原油价格骤跌，一度又达到1盎司黄金兑换约30桶原油的水平。按2005年的原油平均价格56美元/桶和国际黄金价格均价445美元/盎司计算，这个比例大约维持在1盎司黄金兑换8桶原油的水平。

　　第二次世界大战以后到20世纪70年代，油价和金价之间的比率几乎保持不变，基本上维持1：6的稳定关系，即大约1盎司黄金兑换6桶原油。当时官方规定的黄金兑换价格为每盎司35美元，原油为每桶5美元到7美元。黄金价格与美元挂钩，不受供需变化影响，维持固定价格，缺乏波动调整效应。而原油价格也处于较低的水平，属于廉价石油时代。图16-7显示了1976年1月到2006年1月原油价格/黄金价格的比率，接着的图16-8则显示了黄金价格/原油价格的比率。

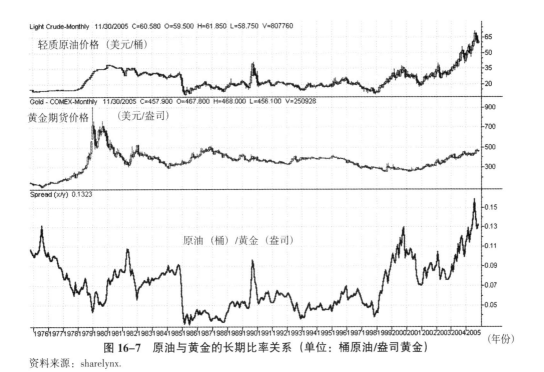

图 16-7　原油与黄金的长期比率关系（单位：桶原油/盎司黄金）

资料来源：sharelynx.

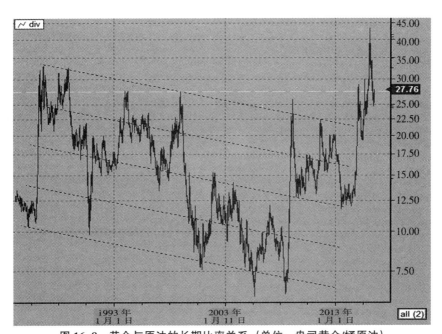

图 16-8　黄金与原油的长期比率关系（单位：盎司黄金/桶原油）

资料来源：InvestmentTools.

那么，在哪里可以看到即时的金油比率变化呢？第一个资料来源是"Ingold-wetrust"，首先进入到如下网址：

https：//ingoldwetrust.report

进入到上述网站之后，最好选择"英文版"（EN），因为其他版本的网页容易出现乱码。点击"CHARTS"，弹出菜单后选择"GOLD/WTI-RATIO"（见图 16-9），然后就会出现历史和当前的金油比数据走势图（见图 16-10）。

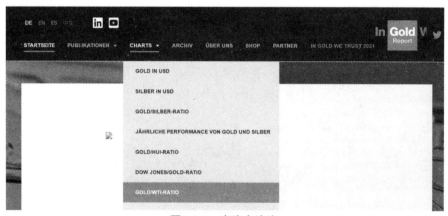

图 16-9　查询金油比

资料来源：Ingoldwetrust.

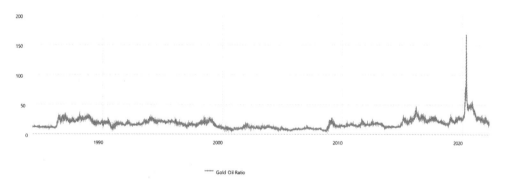

图 16-10　金油比走势（1）

资料来源：圣路易斯联储、Incrementum、ingoldwetrust。

第二个金油比的信息来源网址是：

https：//www.longtermtrends.net/oil-gold-ratio

进入到该网站后可以看到 20 世纪 40 年代的金油比数据（见图 16-11），这个网站可以提供比第一个信息源更长时间的金油比数据（实际上油金比）。

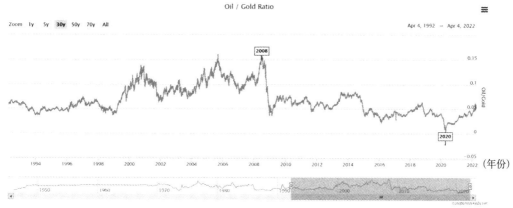

图 16-11　金油比走势（2）

资料来源：longtermtrends.

　　这个网站还同时提供了金价和油价近一百年来以来的叠加走势图（见图 16-12），这个可以和金油比结合起来观察，非常方便分析其中的比率关系和各自趋势。

Oil vs. Gold

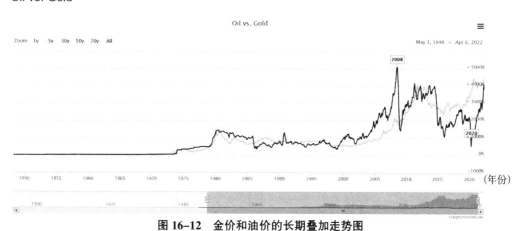

图 16-12　金价和油价的长期叠加走势图

资料来源：longtermtrends.

　　第三个金油比的查询网址如下：

　　https：//www.MACROTRENDS.net/1380/gold-to-oil-ratio-historical-chart

　　这个金油比走势图（见图 16-13）可以标注衰退日期（"Show Recessions"），或者选择对数坐标（"Log Scale"）。其实，就个人经验而言，铜油比与衰退的关系可能更加密切。

　　最后，我们看两幅图（见图 16-14 和图 16-15），分别是 WTI 原油价格、CRB 指数与黄金价格的低点循环图和高点循环图，你从中可以发现什么规律呢？金价往往领先于 CRB 指数，CRB 指数领先原油价格，理想情况下金价是原油价格的先行指标。

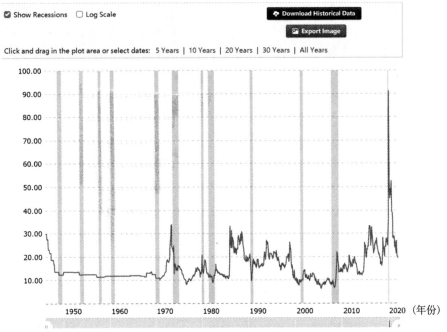

图 16-13　金油比走势（3）

资料来源：macrotrends.

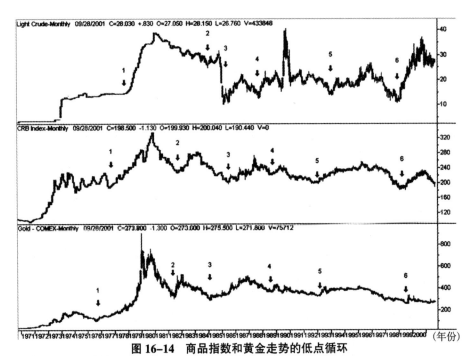

图 16-14　商品指数和黄金走势的低点循环

资料来源：《黄金短线交易的 24 堂精品课》（2016 年版）。

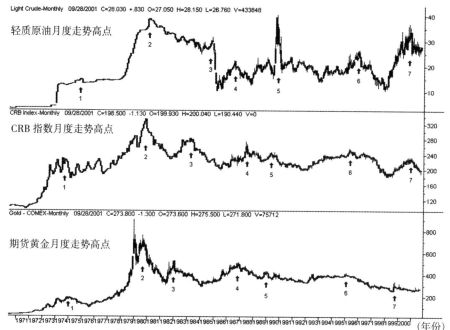

图 16-15　商品指数和黄金走势的高点循环

资料来源:《黄金短线交易的 24 堂精品课》(2016 年版)。

【开放式思考题】

在研读完第十六课的内容之后,可以进一步思考下列问题。虽然这些问题并没有固定的标准答案,但是能够启迪思维,让你更加深入地掌握某些要点,或者是让你跳出僵化模式来重新看待问题。

(1)从 1860 年到 2019 年,黄金价格与原油价格的比率基本在 10 到 30 之间波动,即便超过 30 幅度也不大。但是,2020 年初新冠肺炎疫情在全球暴发时,金油比却飙升到了 90 附近(见图 16-16),这是 1860 年以来的历史高点,同时也显著高于此前的若干次高点,因为此前历史高点都在 40 以下。那么,为什么 2020 年初金油比会两倍多于此前高点?试着同时从黄金和原油两个品种的驱动因素入手来解答这一问题。

(2)原油价格和黄金价格之间有什么逻辑链条呢?可以试着从如下角度去解答这一问题:第一,原油导致通胀,恶性通胀是黄金价格的主要驱动力;第二,中东的地缘政治动荡是原油和黄金的共同驱动力;第三,黄金开采需要原油作为能源;第四,原油和黄金都以美元标价和交易;第五,高油价导致利率上升和经济衰退,黄金与实际利率、经济危机关系密切;等等。看看你还能找出哪些我这里没有提到的逻辑链条。

THE GOLD-OIL RATIO

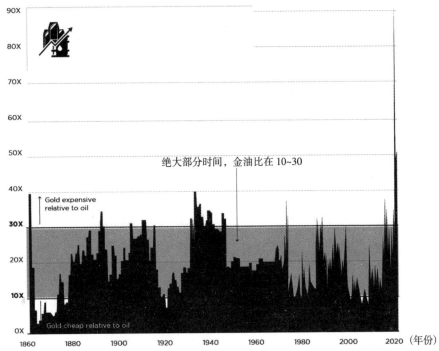

图 16-16　2020 年初新冠肺炎疫情暴发时金油比飙升到了 90 附近

资料来源：Visualcapitalist.

【进一步学习和运用指南】

（1）在本书第一版的时候，金油比长期中值并不大，在 6 左右，但是 2015~2020 年这段统计其内，这一数值上升到了 24.4（见图 16-17）。

由此可见，依靠中值来判断金油比的回归倾向和套利操作是多么不靠谱！我们的建议是应该对金油比进行震荡指标分析（见图 16-18）。利用超卖/超买、金叉/死叉来分析金油比波动周期和套利时机更加有效。

（2）黄金的三重属性，使得黄金经常被用作某种金融度量基准，如风险偏好、通胀水平等。我习惯于利用铜金比来度量和跟踪增长/风险的相对变化，利用铜油比来度量和跟踪增长/通胀的相对变化。这种比率分析其实就是比较分析的具体

比率分析与横截面强弱有着密切的关系，在进行经济和金融周期分析的时候，大类资产的比率分析是非常有价值的。

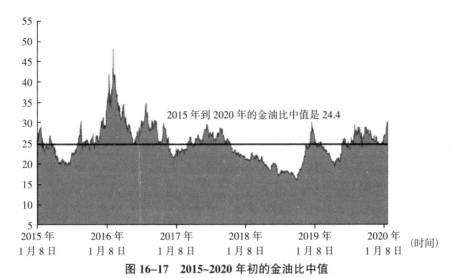

图 16-17　2015~2020 年初的金油比中值

资料来源：Equityrt.

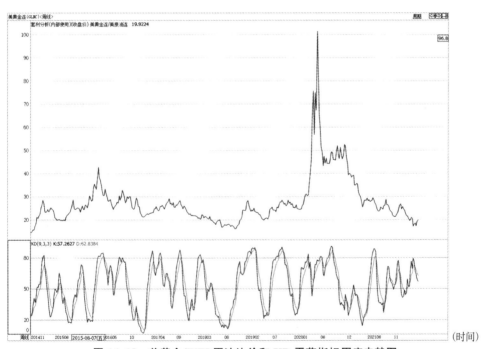

图 16-18　美黄金/WTI 原油比价和 KD 震荡指标周度走势图

资料来源：博易大师、Dina。

化，只有在比较中我们才能发现本质和主导因素。涉及黄金，也经常会用到各种比率，除了课程中提到的金油比之外，还有其他一些比率，比如道琼斯股指与金价的比率（见图 16-19），这一指标体现了增长和通胀、增长和风险的关系。又比如金价/银价比率（见图 16-20），在货币属性和商品属性当中，金价更倾向于前者，而白银更倾向于

原油短线交易的 24 堂精品课：顶级交易员的系统与策略（第 2 版）

后者。因此，当以工业为主的产业繁荣时，白银往往强于黄金，因此白银更多体现为增长属性，而黄金更多体现为通胀/避险属性，同时这一比率有较强的均值回归倾向，因此市场上存在大量的金银比率套利活动。

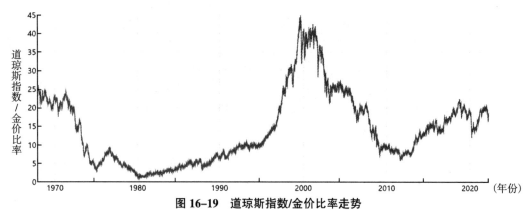

图 16-19 道琼斯指数/金价比率走势
资料来源：圣路易联储、Incrementum、ingoldwetrust。

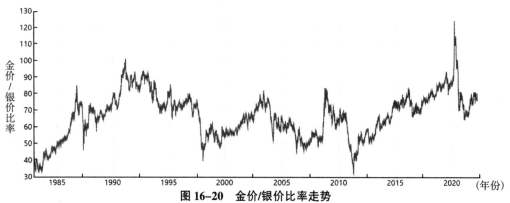

图 16-20 金价/银价比率走势
资料来源：圣路易联储、Incrementum、ingoldwetrust。

美国 M2 口径的货币供应量一直被认为与黄金价格有密切关系，因此也存在美国 M2 与金价的比率分析。这一比率中的 M2 是以十亿美元为单位的，除以每盎司的金价（见图 16-21）。

从上述三个比率当中，你会发现金价作为一个货币的锚，几乎可以与任何重要金融指标，甚至经济指标进行比率分析。那么，是否可以将油价这个大宗商品的锚，与任何金融指标，甚至经济指标进行有意义的比率分析呢？除了金油比、铜油比之外，你还能想到哪些以原油作为基准的比率呢？比如，GDP/油价比、PPI/油价比、宏观杠

美国 M2 货币
供应/金价比率

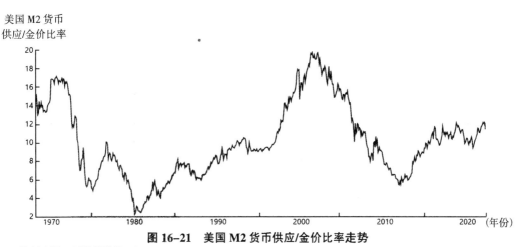

图 16-21　美国 M2 货币供应/金价比率走势

资料来源：圣路易联储、Incrementum、ingoldwetrust。

杆率/油价比等，你可以在此基础上完成自己的研究和运用。

（3）从 1993 年到 2019 年，在这接近 30 年时间当中，铂金/原油比价的高低点存在一定规律，8 次到达比值 28 上方；全部向下回归。8 次到达比值 14 下方；全部向上回归。请对此做进一步的研究。

参考文献

[1] What is the Relationship between Gold and Oil Prices. American Bullion，2018.

[2] Tim McMahon. Comparing Oil vs. Gold，Jun. 25，2021.

[3] Goldforbeginner. The Correlation between Gold and Crude Oil：3 Theories，2022.

[4] Meera Shawn. The Correlation between Gold and Oil，Jul. 26，2020.

[5] Aran Ali. A Historical Divide：A 160-Year View of the Gold-Oil Ratio，Nov. 5，2020.

[6] Macrotrends. Gold Prices vs Oil Prices-Historical Relationship，2022.

[7] Steve Saville. The Gold-Oil Relationship，Sep. 5，2006.

[8] Jana Simakova. Analysis of the Relationship between Oil and Gold Prices，2011.

[9] Dave Vivek. Correlation of Forex with Gold and Oil，Nov. 29，2019.

[10] Garib Yusupov，Wenjia Duan. Long Run Relationships between Base Metals，Gold and Oil，2010.

[11] Kay Ng. Relationship between Gold and Oil Prices：Why There's a Big Discon-

nection in 2020，May 28，2020.

［12］ Muhammad Mansoor. Relationship between Gold and Oil Prices and Stock Market Returns，2020.

［13］ Equity RT. Relationship between Gold and Oil in Financial Markets，2020.

［14］ Nick Barisheff. The Gold，Oil And US Dollar Relationship，Apr. 23，2005.

［15］ John Lee. Revisit of the Tight-bound Relationship between Gold and Oil，Dec. 19，2008.

［16］ 百鬼行：《黄金和原油是暂时的背离，还是彻底的分道扬镳》，2019 年 11 月 5 日。

［17］ Mongi Arfaoui，Aymen Ben Rejeb. Oil，Gold，US Dollar and Stock Market Interdependencies：A Global Analytical Insight，Aug. 15，2017.

［18］ 秦泰、贾东旭、王茂宇：《春节期间全球宏观回顾：美元、原油、黄金"倾斜的三角"》，2021 年 2 月 17 日。

［19］ 张青：《从金油比看当下原油投资机会》，2019 年 9 月 2 日。

［20］ 哈利兄弟价值投资：《原油交易的神奇数字规律》，2020 年 3 月 9 日。

［21］ 张明：《原油价格何去何从？基于原油双重属性的五因子分析框架》，2021 年 12 月 16 日。

原油与外汇市场

　　1975 年，石油输出国组织决定出售石油时，只收取美元，令美元顿时成了全球储备货币，也巩固了石油的重要地位。如果说 20 世纪五六十年代的布雷顿森林体系是金本位当道，20 世纪七八十年代便是油本位的年代。

——阿什拉夫·莱迪（Ashraf Laidi）

　　从长度为 10 年的一个完整朱格拉周期看，油价走势与全球和中美经济增速走势有明显的正相关性，显示出原油需求端对油价的影响在长期比较明显；从长度为 40 个月的一个完整基钦周期看，油价走势与中美制造业景气度大体相关，但也存在局部走势差异明显的阶段；从长度为 1 年左右的短周期看，油价走势与中美制造业景气度的关联并不显著。

——张明

　　在任何经济体中，汇率是最重要的价格指标，因为它影响到所有其他价格。

——杰弗里·弗里登（Jeffry Frieden）

　　绝大多数人对于加元普遍焦点在原油上，忽视了汽车制造业对加拿大经济及贸易的影响力。汽车制造业是加拿大最大的制造业，占 GDP 10%，占商品出口总额 15%、进口总额 10%。

——龙宣伊

　　原油作为美元计价商品和最重要的战略物资之一，具有一定的金融属性，和美元指数、美债收益率等金融指标的变动具有一定的相关性。

——唐川林

　　外汇市场已然受到油价下跌的影响，加元、巴西雷亚尔、哥伦比亚比索、墨西哥比索、挪威克朗和俄罗斯卢布遭到抛售。如果石油生产国出现不稳定的局面，就可能

推动原油价格和货币走高。尽管如此，如果油价仍然低迷甚至下跌，我们预期这些货币的表现将继续落后非石油生产国家。

——艾瑞克·诺兰德（Erik Norland）

据不完全统计，全球有近200种货币，在思考原油价格与货币市场的相互影响效应时，应当将原油储量纳入考量。相比原油储量小的国家，美国、俄罗斯等这些原油供应与消费大国的货币变动与油价关联度更高。

——李婉莹

任何一个经济体都与原油相关，即便像斐济和马尔代夫这样以旅游业为经济自主的国家也离不开原油，至少交通工具离不开各种成品油。不过，原油却是以美元计价的，因此，各国进口原油的时候往往需要将本币兑换成美元，这是原油市场与外汇市场发生联动的途径之一。原油进口国的经济状况既会影响原油的需求，也会影响本国货币与美元汇率。

经过这条途径互动的外汇有日元、韩元和印度卢比。比如，安倍经济学之后，一方面因为货币幻觉和日元贬值使得日本消费和出口增加，而这使得日本经济向好，进而加大了对原油的需求，这个时候就需要兑换更多的美元来满足对原油的进口需要，叠加日元自己的贬值效应，就使得日元兑美元贬值；而另一方面原油的需求得到少许提振，剔除其他因素自然有利于原油价格获得提振。

由于缺乏新兴产业和竞争优势，日本国内投资一直不振，又由于老龄化和国内市场已经饱和，因此日本国内需求也一直不振。投资和消费两驾马车拉不动怎么办？只能靠出口，而对日本出口影响最大的还是日元汇率，因此日元贬值往往能够拉动日本出口，日元贬值后旅游业形势大好。这就使得日元贬值对日本经济有正向作用。另外，由于日本经济资源匮乏，原油需要大量进口，日元贬值又会导致进口成本增加。所以，对日本经济最有利的组合是原油下跌或者维持在低位，而日元汇率也处于贬值或者低估状态。

另外，由于日元是超低息货币，所以有时候也作为避险货币或者套息交易的融资货币。只要东亚没有地缘政治动荡，日本经济稳定，则中东、欧洲和美国政治经济出现动荡时，日元都是较好避险资产，会升值。

从上述几个机制可以发现日元与原油的一些微妙关系：第一，因为日本经济靠出口拉动，因此日元主动贬值时会促进经济发展，继而提升对于原油的需求，这个时候是日元汇率经由日本经济影响了原油价格。这种情况下，日元汇率是油价的先行指标。

第二，当原油价格走低时，可以减轻日本的财政压力，这会促使日元走强。但是，除非原油价格走低是因为供给增加，而非全球经济不振，否则原油价格走低不会导致日元汇率走强。这种情况下，原油价格是日元汇率的先行指标。第三，如果因为中东等产油地区动荡引发原油价格走高和日元走强，那油价和日元汇率的波动则是同时被第三个因素引发的，两者是同步关系。第四，如果产油国、原油运输和中转地区、东亚、美国、重要原油消费国之外的地区发生地缘政治和经济动荡，那么日元和美元都会升值，而美元升值可以通过资产属性压制油价，这样就会出现日元升值与油价下跌的组合，两者也是受第三个因素发生同步波动。我们来上一张日元指数与 WTI 油价的对比走势图（见图 17-1），可以看出两者关系比较复杂，并不单一，在分析的时候必须找出阶段主导因素，而不能单纯看相关性。

上述分析已经讲解清楚了日元汇率与原油的关系，那么在哪里可以看到日元汇率走势呢？如下网址提供了美元兑日元的汇率走势（见图 17-2）：

http：//cn.investing.com/currencies/usd-jpy

图 17-1　日元指数与 WTI 油价

资料来源：StockCharts.

又比如韩国也是原油的重要进口国，同时韩国是贸易大国，出口量很大。因此，很多经济学家都视韩国经济状况和贸易状况为世界贸易的风向标。2011 年后世界经济不愠不火，欧元区和中东相继爆发危机，贸易保护主义抬头，这使得全球贸易萎缩。韩国作为贸易大国，自然也深受负面冲击。由于出口和国内消费以及造船业、航运业

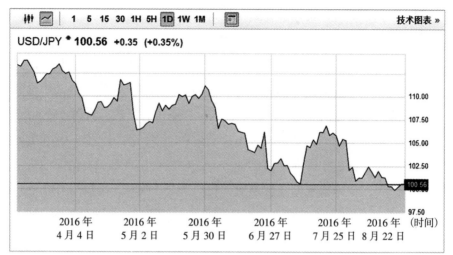

图 17-2　美元兑日元汇率走势

资料来源：Investing.com.

都不振，因此韩国对原油的需求是下降的，这使得韩国对原油的需求降低。剔除其他因素，原油的价格会受负面影响，按理因为进口减少，那么韩元应该坚挺才对。但是，世界是一个系统，因素是复杂多变的：第一，韩国消费原油数量的增加对原油价格的影响较小；第二，韩国不仅进口下降，出口也下降，加上原油进口只是进口中的一项。因此，原油价格与韩元汇率的关系应该是以原油价格影响韩元汇率为主，基本上是单向的，韩元汇率无法显著影响原油价格。

那么，如何利用韩元汇率来预判原油价格呢？韩元汇率反映了韩国经济情况，甚至反映了全球贸易情况，因此韩元汇率波动其实反映了原油产业链中下游的情况。韩元贬值往往说明世界贸易和各国内需不足，因此表明原油产业链下游疲软，原油需求走低。

上述分析已经讲解清楚了韩元汇率与原油的关系，那么在哪里可以看到韩元汇率走势呢？如下网址提供了美元兑韩元的汇率走势（见图 17-3）：

http：//cn.investing.com/currencies/usd-krw

中国是过去十年最能影响油价的进口国之一，人民币汇率浮动区间越来越大，大陆房地产和 A 股走势对于人民币汇率的影响越来越大。人民币汇率有在岸与离岸两种，央行通过控制离岸市场能够借到的人民币数量可以影响离岸人民币汇率。经济学家从 2015 年开始一度争论房地产稳定和人民币稳定到底孰轻孰重，由此可见人民币汇率的影响力有多大。人民币汇率在短期和局部体现了国家的意志，在长期和全局体现了经济规律的意志，因此查看人民币，找出波动背后的原因是国家意志的体现还是经济规

图 17-3　美元兑韩元汇率走势

资料来源：Investing.com.

律的体现就显得非常重要了。

　　除去国家意志的成分，如果人民币汇率波动体现了经济规律，那么人民币汇率就是原油下游/需求的晴雨表，人民币汇率是原油价格的先行指标。

　　上述分析已经讲解清楚了人民币汇率与原油的关系，那么在哪里可以看到人民币汇率走势呢？如下网址提供了美元兑人民币的汇率走势（见图 17-4）：

图 17-4　美元兑人民币汇率走势

资料来源：Investing.com.

http：//cn.investing.com/currencies/usd-cny

未来的大宗商品，特别是原油走势不能不看印度的脸色。印度虽然地理位置优越，人口年龄结构和规模优势明显，但其原油还是主要依靠进口，自给率远低于中国，而且未来这种情况还会进一步加剧。

印度的原油进口需要很大，同时黄金进口需要也很大，当印度卢比因为赤字过大而快速下跌时，为了捍卫汇率，印度政府和央行往往会限制黄金进口，这样做的目的主要是为了减少对美元的需求，保证进口原油所需要的美元。

印度卢比汇率整体上反映了印度经济健康程度，而印度经济健康程度决定了其对原油的需求。印度卢比汇率在未来会成为国际油价的领先指标。

上述分析已经讲解清楚了印度卢比汇率与原油的关系，那么在哪里可以看到印度卢比汇率走势呢？如下网址提供了印度卢比兑美元的汇率走势（见图 17-5）：

http：//cn.investing.com/currencies/inr-usd

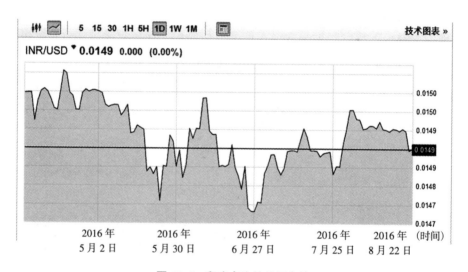

图 17-5　印度卢比兑美元走势

资料来源：Investing.com.

欧元区的原油基本全靠进口，而欧元区的经济数据和预期都被欧元走势所吸收和体现。因此，欧元走势是原油需求和价格的先行指标之一（见图 17-6）。

王风华和汪玉龙两位先生通过统计 2005 年 2 月到 2009 年 2 月的数据，得出一个公式：WTI 油价 = 1.080 + 0.003 × 欧元兑美元汇率。那么，在哪里可以看到欧元汇率走势呢？如下网址提供了欧元兑美元的汇率走势（见图 17-7）：

http：//cn.investing.com/currencies/eur-usd

图 17-6　WTI 油价和欧元指数

资料来源：StockCharts.

图 17-7　欧元兑美元汇率走势

资料来源：Investing.com.

　　另外，以美元计价的资产都是美元对手资产，我们都可以称之为"非美资产"。"非美货币"这个词做外汇的都非常熟悉，就是除了美元之外的货币，而所谓的"直盘汇率"则是指非美货币与美元的汇率，而"交叉盘汇率"就是两种非美货币之间的汇率，这种汇率大多经由这两种货币的直盘汇率换算得来。

　　大宗商品基本也是非美资产，原油自然也是如此，因此原油与众多非美货币一样

都是"非美资产"。当美元发生变化时，其实意味着所有非美资产的美元价格基本在朝着同一个方向前进。比如美联储加息预期导致美元上涨时，那么欧元兑美元的汇率会下跌，而原油的美元价格也会下跌；相反，当美联储降息预期导致美元下跌时，那么欧元兑美元的汇率会上涨，而原油的美元价格也会上涨。

美元币值的变化会导致所有非美资产出现联动，因此原油与所有非美货币往往都有同向的联动关系。最显著的联动关系就是原油与欧元的联动关系。

上面我们讲了，由于原油以美元计价和交易，各经济体对原油都存在很大的需求，原油进口需要先购买美元，因此本币的美元价值与原油贸易有关系；再者，所有美元计价资产都是美元的对手资产，非美元资产兑美元的走势存在同向联动关系。现在讲第三点，美元是主要避险货币，因此当全球经济和政治出现动荡时，美国具有相对的安全性，这个时候美元指数会上涨，进而会导致所有非美资产下跌，当然如果排除了地缘政治危及原油产业链中上游，那么原油会和其他非美资产一样下跌。

为什么美元是避险货币呢？第一，欧亚大陆国家众多、大国众多，地缘政治冲突容易爆发，历史上的两次世界大战主要发生在欧亚大陆，美国地理位置优越，一国独大，地缘政治的安全性较高，适合资金避险；第二，美国法制对资本保护较为有力，法律健全，产权明晰；第三，美国金融市场规模大，比如美国国债之类产品的信用评级高，市场容量大，交易活跃；第四，美元本身是国际货币，无论国际贸易还是国际投资都是最具流动性的货币，绝大多数国家都储备了美元，许多国家的商家也欢迎美元支付；第五，美国军力世界第一，控制了世界贸易通道；第六，美国控制了全球金融体系；第七，虽然日元也是避险货币，但是因为欧元在美元指数中占了很大部分权重，因此美元指数仍旧体现出避险的特性。

石油美元的存在导致了原油与外汇的第四种联动途径。原油出口国在美国的软硬兼施下不得不采用美元计价和贸易，这使得原油出口国获得了美元储备。但是，全球对原油的消费随着经济周期的变化而变化，而这会影响原油出口国的出口量和收入。

另外一些政治因素也会干扰原油出口量，比如美国领导国际社会制裁伊朗，使得伊朗无法进行正常的原油贸易，出口量大幅下降。但原油出口是很多原油出口国的经济支柱，比如委内瑞拉就非常依赖原油出口。

一些主要原油出口国的汇率会折射出这些国家的政治稳定和经济增长预期，通过观察这些国家的汇率可以预判原油生产和出口的前景。需要关注其汇率的原油出口国有沙特（见图17-8和图17-9）、伊朗（见图17-10）、伊拉克（见图17-11）、委内瑞拉（见图17-12）、尼日利亚（见图17-13）、利比亚（见图17-14）和俄罗斯（见图

17-15)、加拿大（见图 17-16）。但需要注意的是，比如委内瑞拉等国可能存在黑市汇率和官方汇率的差别，而前者是更好的经济晴雨表。查询上述各国汇率的网址依次为：

http：//cn.investing.com/currencies/usd-sar 沙特里亚尔

http：//cn.investing.com/currencies/usd-irr 伊朗里亚尔

http：//cn.investing.com/currencies/usd-iqd 伊拉克第纳尔

http：//cn.investing.com/currencies/usd-vef 委内瑞拉玻利瓦尔

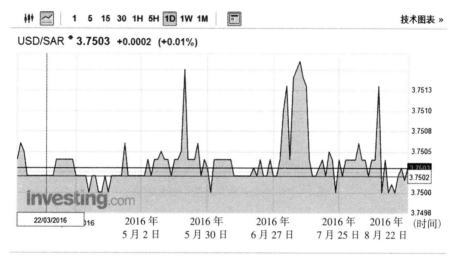

图 17-8　美元兑沙特里亚尔日线走势

资料来源：Investing.com.

图 17-9　沙特里亚尔名义有效汇率指数和布伦特原油价格走势

资料来源：Wind、中粮期货研究院。

http：//cn.investing.com/currencies/usd-ngn 尼日利亚奈拉

http：//cn.investing.com/currencies/usd-lyd 利比亚第纳尔

http：//cn.investing.com/currencies/usd-rub 俄罗斯卢布

https：//cn.investing.com/currencies/usd-cad 加拿大元

图 17-10　美元兑伊朗里亚尔日线走势

资料来源：Investing.com.

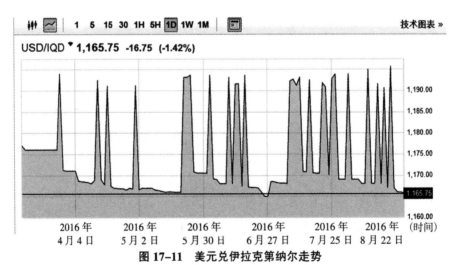

图 17-11　美元兑伊拉克第纳尔走势

资料来源：Investing.com.

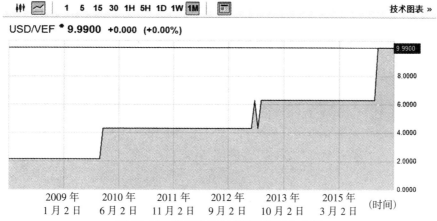

图 17-12　美元兑委内瑞拉玻利瓦尔走势

资料来源：Investing.com.

图 17-13　美元兑尼日利亚奈拉走势

资料来源：Investing.com.

图 17-14　美元兑利比亚第纳尔走势

资料来源：Investing.com.

图 17-15　美元兑俄罗斯卢布走势

资料来源：Investing.com.

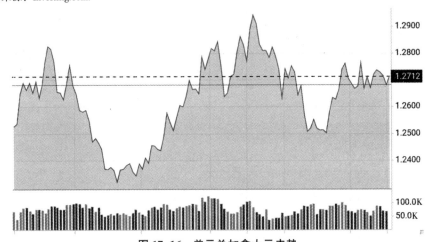

图 17-16　美元兑加拿大元走势

资料来源：Investing.com.

通常而言，在油价下跌的时候，俄罗斯卢布等汇率与原油价格的相关性更强；因为油价低迷暗示着需求疲弱，这对重度依赖能源出口的经济体而言无疑存在巨大的影响。在2015~2016年油价下跌期间，这两者就表现出很强的正相关。当油价稳步上升时，货币政策等其他特定因素更能主导这些货币的走势。

在上述这些主要原油出口国当中，俄罗斯卢布兑美元和加拿大元兑美元的汇率与国际油价的正向相关性显著（见图17-17和图17-18），值得我们在进行原油和外汇交易时保持关注，追问显著波动的逻辑。俄罗斯卢布兑美元汇率和油价整体呈现显著的正相关性，但是原油出口占比的变化会影响相关程度的高低。比如2007年之前和2018~2020年第一季度，原油价格相对其他商品价格较低的时候，其在俄罗斯出口中的占比就相对较低，这个时候原油价格与俄罗斯卢布汇率的正相关性就会降低。

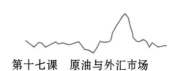

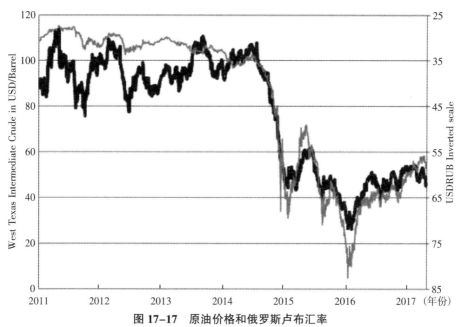

图 17-17　原油价格和俄罗斯卢布汇率

资料来源：彭博、芝加哥商品交易所、Erik Norland。

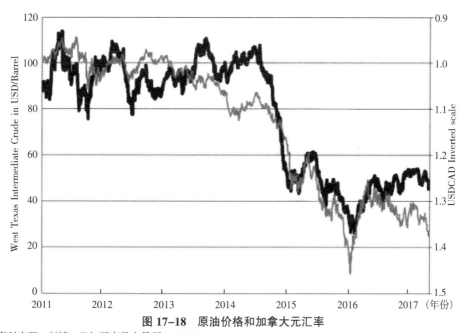

图 17-18　原油价格和加拿大元汇率

资料来源：彭博、芝加哥商品交易所、Erik Norland。

总之，原油与外汇市场的互动主要是通过以下四个途径：

第一个途径是原油进口需要美元支付，这就引发本币与美元汇率的变化；第二个

途径是原油以美元计价，直盘汇率也以美元计价，当美元币值发生变化时，原油和直盘汇率会联动；第三个途径是美元的避险功能，当欧亚大陆的情况相对美国情况更糟糕的时候，美元成为避险资产，美国成为避险天堂，这个时候大多数非美货币都会下跌，特别是新兴市场货币，同时原油往往也会下跌；第四个途径是原油出口国因为原油消费出口情况和油价变化会获得大量美元储备，储备的多寡影响到该国的财政平衡和经济稳定性，而这会对该国货币的直盘汇率产生影响，另外，美元储备投到国外什么资产上也会对美元和第三国汇率产生影响，这就是石油美元积累和配置引发的联动。

至于如何利用汇率来预判原油价格走势，简而言之，就是将汇率看作各国经济晴雨表，而不同国家位于原油产业链不同环节，经济对原油的依赖程度不同，特定汇率可以对应特定的原油产业链环节，特定的汇率表明产业链特定环节的健康程度（见图17-19）。

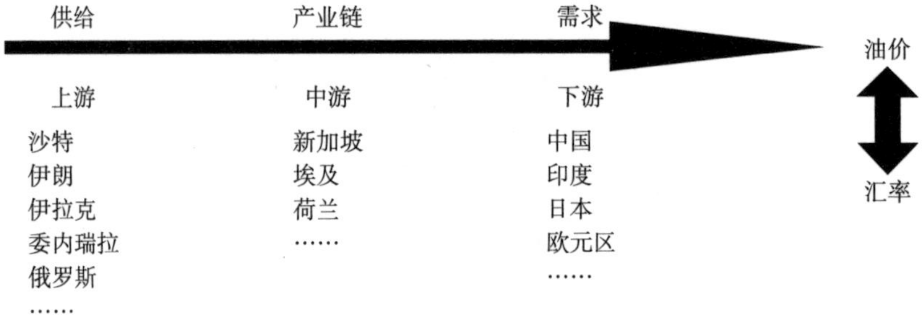

图 17-19　汇率与原油产业链、油价

比如，原油出口国汇率可以用来预判原油产业链上游的情况，原油出口国汇率贬值则要求我们找出贬值的原因，是不是会影响该国在原油的行业在投资，会不会影响该国的社会稳定进而危及原油生产和出口。原油出口国汇率贬值的原因也许是因为政治动荡，也许是因为原油价格下跌和出口减少引发的，关键是找出原因并且推断事态进一步发展的方向会不会影响原油产量和出口。

而原油进口国的汇率则可以用来预判原油产业链下游的情况，进口国汇率升值一般是经济走好的特征，或者是因为避险资金涌入，又或者是热钱涌入，本币升值使得进口原油单价更加便宜，会提振进口需要，另外经济本身走好也会增加对原油的需要。

而位于马六甲海峡旁边的新加坡、控制苏伊士运河的埃及以及经营着鹿特丹港口的荷兰，它们的经济状况则反映了原油产业链中游的景气程度。2012年之后，韩国等亚洲国家经济持续低迷，导致新加坡经济也持续低迷，新加坡元持续贬值。由于荷兰属于欧元区，因此我们只能关注新加坡和埃及的汇率走势（见图17-20和图17-21），

查询两者汇率走势的网址依次为:

    http：//cn.investing.com/currencies/usd-sgd 新加坡元

    http：//cn.investing.com/currencies/usd-egp 埃及镑

    特定汇率代表了原油产业链特定环节的健康状况，因此**非美货币汇率体现商品属性，而美元汇率则体现了资产属性**，本课就不再赘述美元与原油的关系了（见图 17-22）。

鹿特丹处北海航运要冲，扼西欧内陆海咽喉，自鹿特丹可方便出海，并经莱茵河与有关运河、高速公路、铁路、石油管线连接西欧陆运输网，通往包括西欧、中欧、东欧部分地区在内广欧洲腹地，素有"欧洲门户"称号。鹿特丹化工园是世界最重要的石油化工中心之一，与新加坡和休斯敦并称为世界三大炼油基地，鹿特丹港有 6 个原油码头，约 40% 的土地用于发展炼油业和污染小的石油化工业。港区拥有 4 个世界级的精炼厂、逾 40 家化学品和石化企业、4 家工业煤气制造企业和 13 家罐装贮存和配送企业。

图 17-20　美元兑新加坡元汇率走势

资料来源：Investing.com.

图 17-21　美元兑埃及镑汇率走势

资料来源：Investing.com.

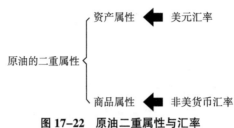

图17-22　原油二重属性与汇率

【开放式思考题】

在研读完第十七课的内容之后，可以进一步思考下列问题。虽然这些问题并没有固定的标准答案，但是能够启迪思维，让你更加深入地掌握某些要点，或者是让你跳出僵化模式来重新看待问题。

主要产油国和净石油出口国，哪个受到油价下跌的负面冲击更大？一些主要产油国，如中国、英国和美国，实际上将是油价下跌的净受益国，因为它们的消费量大于产量。相比之下，净石油出口国在面对油价下跌时最为脆弱，其中包括安哥拉、阿塞拜疆、哥伦比亚、伊朗、伊拉克、哈萨克斯坦、利比亚、尼日利亚、阿曼、俄罗斯、委内瑞拉和也门。

【进一步学习和运用指南】

俄罗斯是OPEC+中的决定性力量，原油价格与俄罗斯财政状况密切相关，而这两者又与俄罗斯卢布汇率相互作用，因此将原油价格与卢布汇率结合起来观察就非常有必要。我们可以从"财经M平方"这个网站对两者进行观察（见图17-23），网址是：

https：//sc.macromicro.me/charts/2750/rub-vs-oil

参考文献

［1］Erik Norland：《油价、债务、房地产导致加元贬值？》，2017年5月30日。

［2］张峥：《原油：为什么俄罗斯不着急减产》，2020年2月21日。

［3］Forexexperts. Crude Oil and Forex Market Correlation（USDCAD，CADJPY，US-DRUB，USDNOK），2016.

［4］Justin McQueen. USD/CAD，Oil Price，USD/JPY Analysis & News，Mar. 31,

图 17-23　美元兑俄罗斯卢布汇率与 WTI 原油价格

资料来源：财经 M 平方。

2020.

　　［5］李婉莹：《原油及相关市场间溢出效应》，2019 年 1 月 19 日。

　　［6］Ben Lobel. CAD and Oil：The Canadian Dollar and Oil Price Correlation，Apr. 25，2019.

　　［7］智通财经：《原油崩了，加息预期也无法支撑货币市场，11 月加元跌幅超 3%》，2021 年 12 月 1 日。

　　［8］金十数据：《中国俄罗斯"抱团取暖"！石油天然气全面合作，受制于人已成过去式》，2018 年 5 月 29 日。

　　［9］金十数据：《油价大涨 20%？别高兴得太早，这些"副作用"正在吞噬油市》，2017 年 10 月 25 日。

原油与商品期货

原油是商品之母，搞清楚了原油，商品期货就懂了一大半。

——魏强斌

全体金融市场是紧密联系在一起的，如果你不了解其他市场的情况，那么你哪个市场也分析不明白。

——约翰·J.墨菲（John J. Murphy）

原油价格与其他大宗商品价格整体呈正相关性，尤其与工业金属相关性较强。原油和主要工业金属呈现出相同的特点，即经济增长时需求量都增加、主要以美元计价、受利率影响较大和受益于通货膨胀。因此在原油价格大涨期间，以工业金属为首的大宗商品整体表现较好。

——张启尧

柴油价格在很大程度上受制于原油，生物柴油作为重要的中间转换环节，将原油价格的波动最终传导至豆油，近年来豆油期价被动跟随原油的迹象较为明显。CBOT豆油期货连续合约与NYMEX原油期货连续合约的每日收盘价格数据多数时间具有较强的联动性。

——曹彦辉

制糖比是巴西糖厂根据乙醇和原糖价格，衡量自己利益最大化的重要指标。在乙醇和原糖的需求相对平衡的情况下，糖厂会根据当前国际原糖价格以及国内含水乙醇折糖价来平衡制糖比。

——永安期货研究院

无论是铜还是原油通常都是糟糕的经济领先指标，两者作为经济衰退的先行指标都表现不佳。比如2007年12月，NBER确认美国经济周期见顶，而铜价继续上涨到了

2008年7月才见顶，几个月后才开始下跌。换而言之，铜价是一个滞后指标，而非领先指标。原油也是如此，也是到2008年7月才见顶，跟铜的情况一样。

——马克·赫尔伯特（Mark Hulbert）

商品期货的基本面分析非常耗时，如果你坚持分析两个以上品种的话，那么几乎可以榨干你的精力，很多独立交易者都深感精力不够用，结果就是三种演化方向：第一个方向是放弃期货交易；第二个方向是采用纯粹的技术分析；第三个方向是专注于一两个品种的全方位研究。后面两个方向十多年前我都亲自尝试过很长一段时间，最终选择了第三个方向。又过了两三年，我发现如果能够将原油分析清楚，那么绝大部分商品都懂了一大半。

从那以后，我称原油是"商品之母"，而黄金是"货币之母"。在黄金中长期趋势上，我判断非常到位，得益于我对黄金三重属性的深入了解，并且围绕其建立了系统的分析框架。随着我在原油上逐步建立起系统的分析框架，对原油的趋势也了然于心，只要给我几天时间静下心来琢磨原油，就能得到有价值的洞察。研究和交易的过程中，我发现了通过研究原油可以在某种程度上起到举一反三的作用。

为什么原油是"商品之母"？为什么原油可以作为判断其他大宗商品走势的基石？第一，原油也是"非美资产"，美元通过资产属性也影响了原油的价格，因此油价体现了美元走势的预期。其他大宗商品很多也是以美元计价，或者是其上游产品以美元计价。考察原油的时候，其实也就是考察美元，而美元是大宗商品的共同驱动因素。第二，其他大宗商品的生产、加工、运输过程中几乎离不开原油的提炼物。第三，某些大宗商品或者是它们的提炼物是原油的替代品，比如制造生物燃料的大豆、白糖等。第四，大宗商品特别是工业品主要受到经济周期的影响，而原油作为经济运行的基础自然也深受经济周期的影响。原油价格能体现经济周期的预期，分析原油走势自然也就分析经济周期动向，而经济周期是所

研究好原油，你的商品交易就成功了一半。

500

有大宗商品的共同驱动因素。

综上所述，分析原油走势往往相当于完成了其他特定大宗商品分析工作的一半多，个人经验是 65%。大家应该都听过一个讲烂了的 80/20 法则，意思是要把 80% 的精力投入到最具生产力的 20% 努力中。如果将这个法则套用到商品期货市场，我认为关键 20% 就是原油走势的分析工作。花 80% 的精力把原油分析好了，剩下 20% 精力去研究某个具体的品种就足够了。当然，我这个是趋势交易者的做法，如果你是做日内的 T+0 交易，那么心理分析和关键点位以及仓位管理是最重要的。

反过来，某些品种的走势也能帮助我们判断原油的动向，特别是工业品期货，如有色金属等。当某些商品期货与原油走势背离的时候，我们可以从这个背离信号追问出一些对判断原油未来走势有价值的信息。

下面，我就逐一介绍主要商品期货品种与原油的关系。首先从原油与农产品展开，因为农产品的蛛网周期一直为大众所关注，业内有几个大佬都是凭着对这一周期长年累月地了解完成了"本垒打"。

糖这个商品期货品种在国内非常受短线炒客的青睐，因为这个品种在郑商所上市，而郑商所周围以前都是炒客的大本营，同时因为白糖期货历史上与国内现货商瓜葛颇深，自然有一些"妖气"，便于"运作"。白糖的上游是甘蔗，甘蔗除了蔗糖之外还有一个主要用途是提炼燃料乙醇。燃料乙醇可以在某种程度上替代成品油，因此燃料乙醇和原油的相对价格，以及新能源政策会影响白糖和燃料乙醇的相对生产比例。

在燃料乙醇大规模商业化生产之前，甘蔗主要用来榨糖，原油与白糖的最大联系在于农药和化肥，以及制糖和运输过程中的能耗。但是，现在情况彻底改变了，因为燃料乙醇的关系，白糖与原油的联系更加紧密。

那么，谁决定谁呢？或者放松一点条件，谁影响谁更多一些？谁是主导呢？在网上看过一篇统计文章，因为没有署名，所以作者也不可考了，这篇文章的结论是："原油是白糖的 GRANGER 原因，也就是说，**原油期货价格对白糖期货价格有引导关系，而白糖的期货价格对原油期货价格没有引导关系。而且原油期货价格对白糖期货价格的引导最佳结果是滞后 5 阶。**"

一线交易者几乎也是这样认为的，从 WTI 原油价格与美 11 号原糖价格走势（见图 18-1）以及 WTI 原油价格与国内白糖期货指数走势（见图 18-2）来看，明显可以看出原油走势大部分时间领先于白糖。

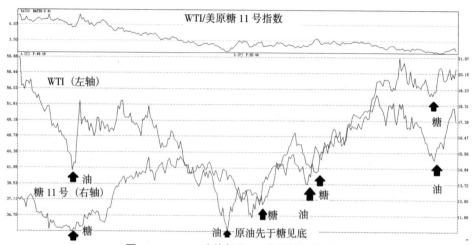

图18-1　WTI油价与美11号原糖价格走势

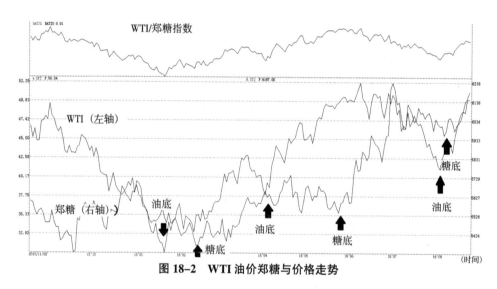

图18-2　WTI油价郑糖与价格走势

棉花与原油是正相关的，但是相关度明显要低于白糖与原油。有人统计过2004~2012年的数据，发现棉花期货与原油的相关系数为0.4956。在这段数据统计期内，棉花都是先于原油见顶，但是在见底过程中却两者交互领先。

棉花的种植和收割需要农业机械，同时也需要化肥和农业，在运输过程中需要消耗成品油。棉花的下游用途与化纤产品既存在互补性也存在替代性，因此棉花整体上与原油在产业链上各环节都有一定的关系。另外，两者也受到宏观景气程度的影响。

WTI油价和美棉指数（见图18-3），以及WTI油价与国内棉花期货（见图18-4）之间还是体现出了一定程度的正相关性。

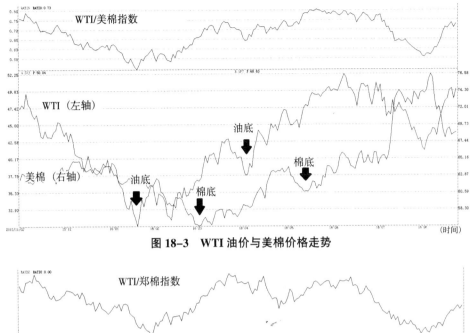

图 18-3 WTI 油价与美棉价格走势

图 18-4 WTI 油价与郑棉价格走势

国内外学者利用各种统计模型对大豆与原油的价格关系进行了分析，得出的结论是原油价格会影响大豆的价格。归纳一下其实跟白糖一样，还是两条途径：第一条途径，大豆生产和运输过程需要消耗一些基于原油的产品，比如化肥、农药、汽油和柴油等；第二条途径还是因为大豆是生物柴油的主要来源之一，原油价格上涨会促进生物柴油的消费，原油价格下跌会削弱生物柴油的消费。

因为现在大豆提取生物柴油的成本比较高，所以相比燃料乙醇而言，生物柴油的普及率要低一些，后面谈到的棕榈

生物柴油（Biodiesel）是一种较为洁净的合成油，普遍用于拖拉机、卡车、船舶等。它是指以油料作物如大豆、油菜、棉、棕榈等，野生油料植物和工程微藻等水生植物油脂以及动物油脂、餐饮垃圾油等为原料油通过酯交换或热化学工艺制成的可代替石化柴油的再生性柴油燃料。

油也被主产国用于降低对原油的依赖度。

可以发现，WTI油价与美豆指数（见图18-5）、国内大豆期货（见图18-6）的走势具有较为显著的同向性。蒋雪婷女士领衔的一个的研究课题表明，原油价格与美豆价格之间的相关系数为0.914。就实际运用而言，原油价格是大豆走势的预测指标，但是大豆价格却很难成为原油价格走势的预测指标。当然，大豆的产量周期对于大豆价格影响也很大，不能只看原油价格。

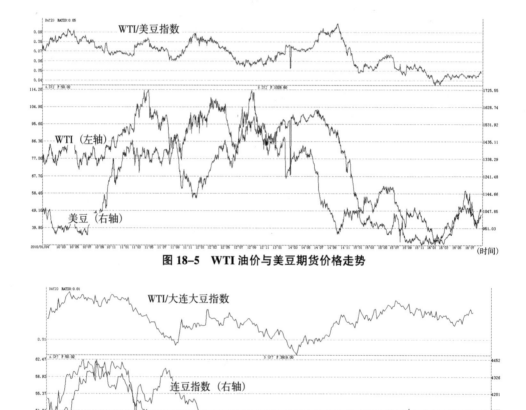

图18-5　WTI油价与美豆期货价格走势

图18-6　WTI油价与大连大豆期货价格走势

玉米与大豆在饲料方面有很大的替代性，同时两者都是生物柴油的重要来源，另外玉米淀粉还可以制作燃料乙醇。玉米价格也是通过上述两条途径被原油价格影响，蒋雪婷女士的相关研究表明玉米与原油的相关系数为0.854，稍微低于大豆。从WTI油

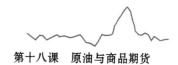
价与美玉米价格走势图（见图18-7），以及 WTI 与大连玉米期
货价格的走势图（见图18-8）可以看出，原油价格往往还是
领先于玉米价格变化的，特别是在国际油价与国内玉米期货
价格的走势上更体现出这一点。

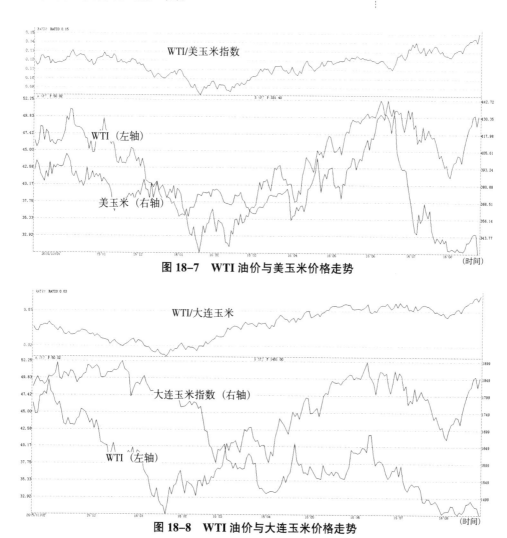

图 18-7　WTI 油价与美玉米价格走势

图 18-8　WTI 油价与大连玉米价格走势

油脂与原油的关系更为密切，因为生物柴油的直接来源
就是油脂。我称豆油、棕榈油和菜籽油为"油脂三剑客"，是
在国内期货市场上市的三个油脂品种。

豆油是生物柴油的重要来源。美国 2015 年 8 月生物柴油
生产中的原料用量为 9.09 亿磅，其中豆油仍是占比最大的原

油脂主要受到大豆产量周
期和原油走势的影响。

料，用量为 4.64 亿磅。

印度尼西亚和马来西亚是利用棕榈油生产生物柴油的主要经济体，2013 年两国的棕榈油生物柴油年度总消费量在 500 万吨左右，但是两国的棕榈油年度产量在 5000 万吨左右。因此，棕榈油生物柴油转化量为两国总产量的 1/10。

湘财祈年期货的相关研究指出："豆油指数和棕榈油指数的相关系数高达 0.9899，说明它们的价格属于高度正相关关系；棕榈油指数和美原油指数、豆油指数和美原油指数的相关系数分别为 0.8294、0.8557。"

菜籽油也可以制作生物柴油，但是经济可行性更差，因此主要是因为豆油和棕榈油的联动关系而被影响，也就是说原油价格变化影响了豆油和棕榈油的工业消费，进而影响作为油脂替代品的菜籽油。

> 请参考本课后面的开放式问题思考对此进行回答。

从图 18-9 到图 18-13 可以看出，国际油价与国内外油脂品种具有较高的联动性，而且**有些时候油脂价格先于原油见底**。这是不是意味着油脂的重要参与者对某些宏观因素的看法更加前瞻和准确呢？

图 18-9 WTI 油价与美豆油价格走势

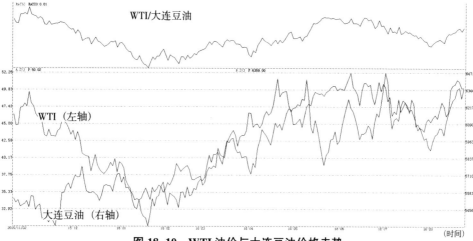

图 18-10 WTI 油价与大连豆油价格走势

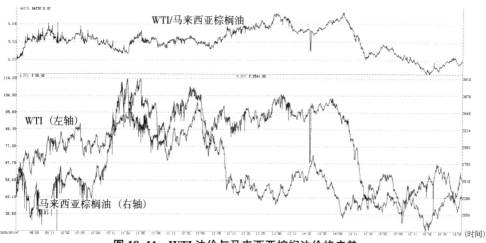

图 18-11 WTI 油价与马来西亚棕榈油价格走势

图 18-12 WTI 油价与大连棕榈油价格走势

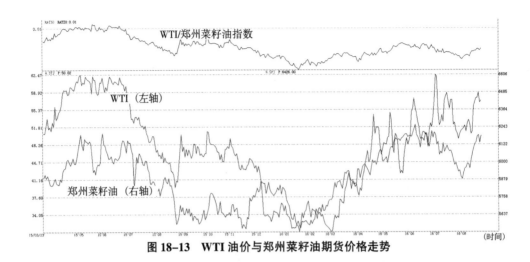

图18-13　WTI油价与郑州菜籽油期货价格走势

接着，我们介绍原油与金属的关系。有色金属，特别是铜往往被看作宏观经济的晴雨表，因此做有色期货的交易者往往也会像原油交易者一样非常关注宏观经济数据，比如OECD领先指标就是非常好的经济领先指标，不同的研究者分别指出OECD领先指标是铜和原油价格的领先指标。这表明原油和有色期货往往被同一组因素所驱动，这组因素就是世界经济周期。

做农产品期货我们要关注USDA（美国农业部），要关注美国期货市场，而做有色期货我们主要关注英国的期货市场。从下列走势图可以看出（见图18-14到图18-22），国际原油与铜、铝、锌、镍等有色期货品种的相关度都非常高。如果要做跨市场分析，有色品种选一个铜跟原油一起分析就行了，其他偶尔看一下，对比一下，找一下背离的原因就可以了。

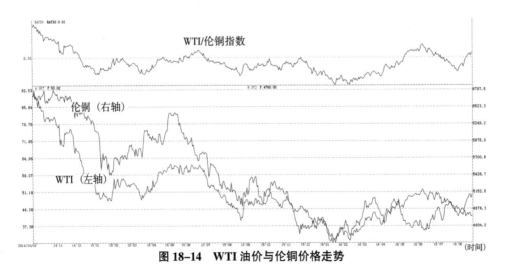

图18-14　WTI油价与伦铜价格走势

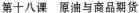

图 18-15　WTI 油价与沪铜价格走势

铜油比是我们经常用到的一个指标，可以观察增长/通胀，也就是美林时钟所处的阶段。铜价是增长的代理变量，油价是通胀的代理变量；另外，增长是通胀的先行指标，因此铜价通常可以作为油价的先行指标。比如，2011~2012 年的大宗商品牛市中，铜价2011 年 2 月见顶，而油价 2011 年 5 月见顶；2017~2018 年的大宗商品牛市中，铜价2018 年 1 月见顶，油价则于 2018 年 10 月见顶。对铜与原油的价格极高点与极低点进行统计，可以发现铜价的高点领先于油价高点，铜价低领先于油价低点（见图 18-16）。

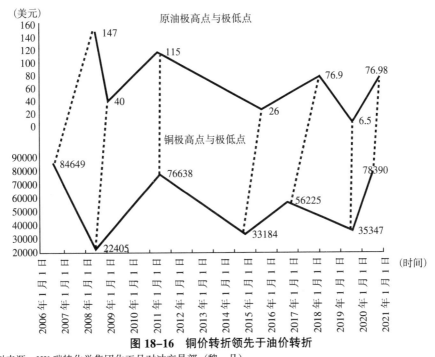

图 18-16　铜价转折领先于油价转折

资料来源：HK 瑞特化学集团化工品对冲交易部（魏一凡）。

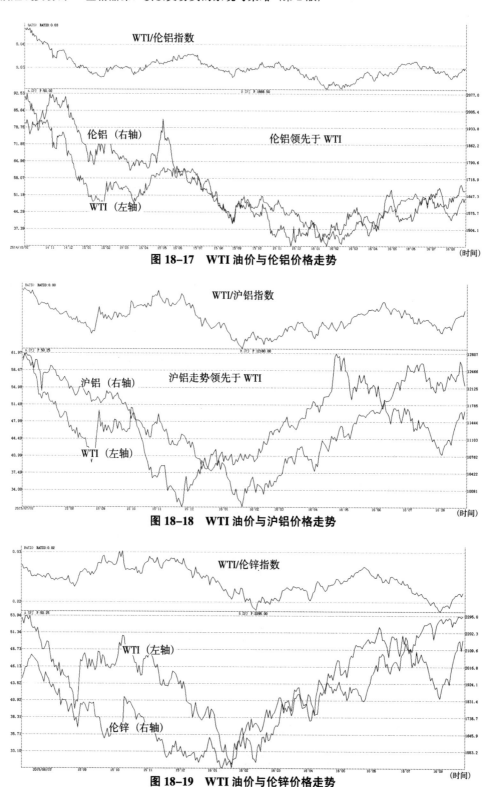

图 18-17　WTI 油价与伦铝价格走势

图 18-18　WTI 油价与沪铝价格走势

图 18-19　WTI 油价与伦锌价格走势

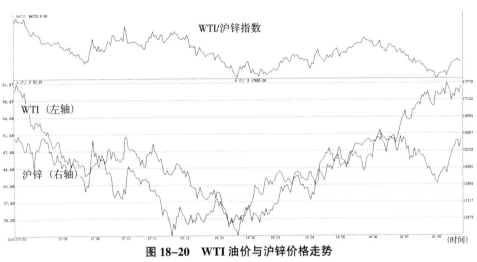

图 18-20　WTI 油价与沪锌价格走势

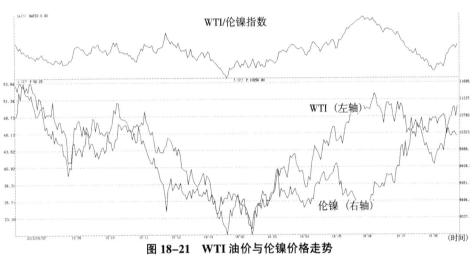

图 18-21　WTI 油价与伦镍价格走势

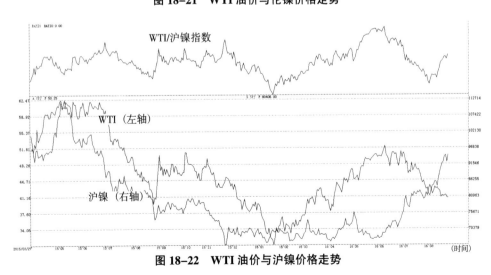

图 18-22　WTI 油价与沪镍价格走势

螺纹钢和铁矿石与原油有多大关系呢？螺纹钢的上游是铁矿石，铁矿石的开采和运输要消耗化石能源，因此铁矿石与原油关系是密切的。另外，铁矿石也是以美元计价，所以与原油同时受到美元走势影响。螺纹钢与原油的直接关系不大，主要还是因为螺纹钢与工业增加值关系大，而原油与工业增加值关系也很大，整体上讲两者都是受宏观经济周期影响。从图 18-23 和图 18-24 中可以看出国际油价与螺纹钢价格还有铁矿石价格都呈显著的正相关性。与其通过螺纹钢价格预测原油价格，不如看主要经济体的经济数据来预测螺纹钢和原油的价格。

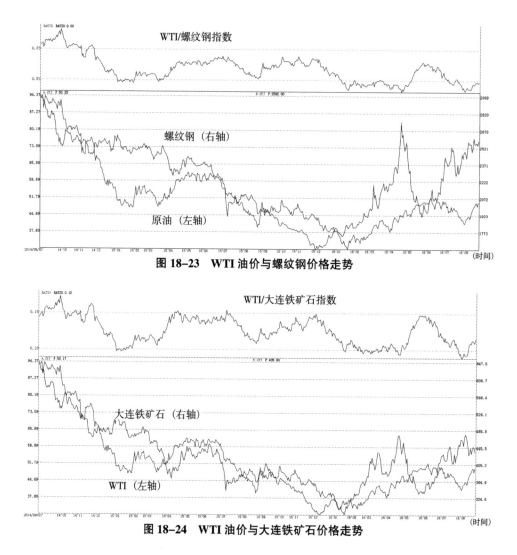

图 18-23　WTI 油价与螺纹钢价格走势

图 18-24　WTI 油价与大连铁矿石价格走势

最后，我讲下原油与能化期货的关系。能源和化工方面的期货与原油关系非常密切，从化工产业链（见图 18-25）可以直观看出乙二醇、PVC、PE、PP、PTA 和橡胶等化工产品与原油乙烯裂解过程的直接关系。**原油价格变化对化工品的影响主要通过石脑油与汽油这两个中介进行传导。**石脑油是原油经过一次与二次加工后（以一次加工为主）得到的轻质油品，主要用途包括裂解生产烯烃、重整生产芳烃或汽油、异构生产汽油、直接调入汽油等，作为连接能源与化工的重要中枢，石脑油会将原油价格的波动传导至化工品的成本曲线之中，在一定时间内影响化工品的供应与价格。汽油是原油不同加工过程的产品与一些化工品的组合，相较作为中间品的石脑油，汽油是直接用于消费的产成品。汽油与化工品的联系主要存在两个维度：一是部分汽油组分本身也是化工生产原料或下游产品，如甲苯、二甲苯既是高辛烷值调油组分又是纯苯、PX 的生产原料，并可进一步用于生产苯乙烯、PX；二是部分汽油组分在生产过程中会副产化工原料，且两者比例可以在一定范围内调节，如催化裂化生产汽油的同时也会副产丙烯，可用于生产 PP；因此当原油价格波动时，会通过汽油影响这些化工品的生产成本或下游利润，进而影响其供需与价格。化工产业链条长，变量多且复杂，短期内变量变化大，因此国内期货交易界很少听到在化工产业链上赚到大钱的同行。

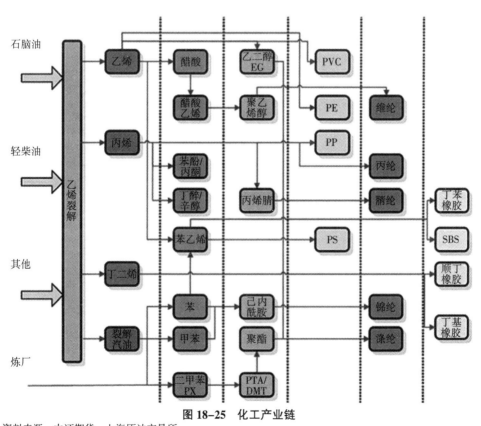

图 18-25　化工产业链

资料来源：中证期货、上海原油交易所。

这类基本上就是看两个因素：第一个因素就是原油价格趋势；第二个因素就是经济情况。由于塑料类的产品存在寡头生产者的情形，因此厂商短期内提振价格也会影响期货走势。

一些化工品的上游并非原油，而是煤炭或者天然气，但是因为能源之间存在替代性，而且一些化工品可以同时用多种上游能源制成，这些化工品其实也会紧跟原油价格波动。

另外，天然橡胶与原油的关系密切，主要还是因为人工橡胶与化工行业关系密切，天然橡胶与原油都受宏观经济的影响。

至于产品油，比如取暖油和柴油与原油的关系，其实主要体现在产业链上的利润空间问题。

下面一系列图表列出了国际油价与能化类期货的对比走势（见图18-26到图18-36），从中只不过加强我在本课开始时强调的一个结论——原油是"商品之母"！

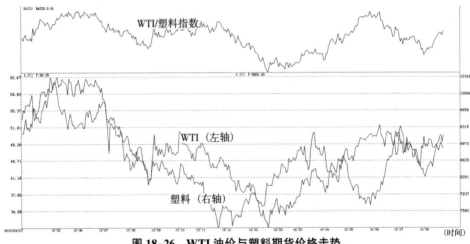

图18-26　WTI油价与塑料期货价格走势

图 18-27　WTI 油价与 PP 期货价格走势

图 18-28　WTI 油价与 PVC 期货价格走势

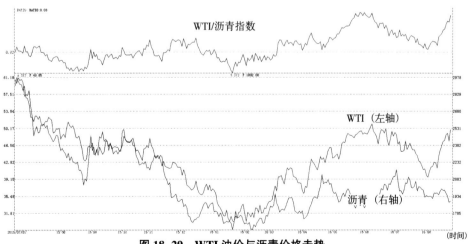

图 18-29　WTI 油价与沥青价格走势

原油是 PTA 的主要原料。PTA 产业链简单，因此以"成本加成法"作为主要的定价方式：PTA 的价格 = 原油 + 石脑油裂解 + PX 加工差 + PTA 加工差。其中加工利润取决于产业链基本的供需格局，**当产业链供需格局变动不大时，PTA 的价格主要受到原油价格波动影响**。因此，我们认为 PTA 价格主要受到两大因素决定：第一是产业链供求格局，特别是 PTA 自身的产能扩张/收缩情况、下游产能和需求；第二是原油价格的变化趋势。

图 18-30　WTI 油价与 PTA 期货价格走势

图 18-31　WTI 油价与沪胶期货价格走势

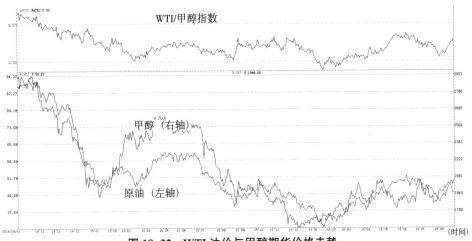

图 18-32　WTI 油价与甲醇期货价格走势

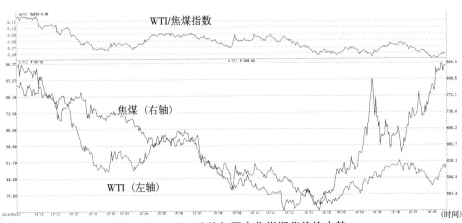

图 18-33　WTI 油价与国内焦煤期货价格走势

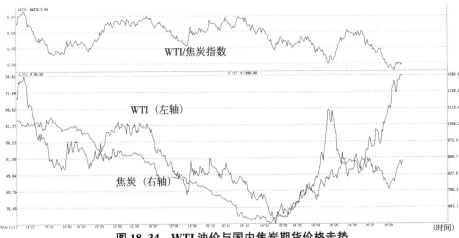

图 18-34　WTI 油价与国内焦炭期货价格走势

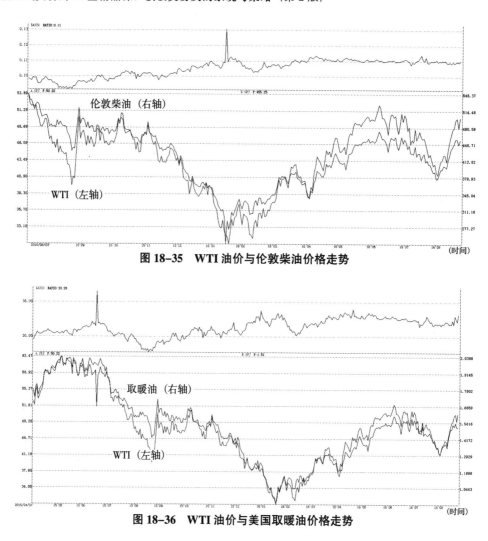

图 18-35　WTI 油价与伦敦柴油价格走势

图 18-36　WTI 油价与美国取暖油价格走势

　　不过，化工期货有时候也会与原油走势呈现短期背离走势，为什么会这样呢？第一，原油下游 80% 左右产品都是成品油，成品油需求主要来自交通运输，而化工是工业制品门类之一，虽然化工的上游是原油，但是原油和化工的重要终端需求存在差别；第二，化工行业存在产能集中释放的特征，而原油的产能在中短期内较为稳定。因此，化工产业链的结构瓶颈对价格影响较大，这是原油缺乏的特征。

　　了解了原油与主要大宗商品价格之间的关系之后，大家应该明白这课的主要目的是提醒你明白原油对于任何特定期货品种的交易者而言都是最为重要的研究对象！不懂原油，不能做商品期货！我们很难从其他商品上找出原油未来的动向，但是却可以从原油上找出其他商品未来的动向！

【开放式思考题】

在研读完第十八课的内容之后，可以进一步思考下列问题。虽然这些问题并没有固定的标准答案，但是能够启迪思维，让你更加深入地掌握某些要点，或者是让你跳出僵化模式来重新看待问题。

（1）原油期货作为之母，会影响很多产品的价格。生物柴油是石油炼制柴油的替代品，价格也会受到原油价格的影响。中国生产生物柴油的主要来源是地沟油，美洲生产生物柴油的主要来源是大豆油，东南亚则利用棕榈油炼制生物柴油。生物柴油的价格直接受原油的影响，而豆油的价格则同时受生物柴油价格和食用产业链的影响。生物柴油价格与豆油价格呈现出显著的正相关性（见图18-37），那么豆油价格是否具有一定的领先性？当两者背离时，是否主要以生物柴油回归豆油价格走势为主？进一步讲，能否利用豆油价格作为生物柴油和原油价格的领先指标？

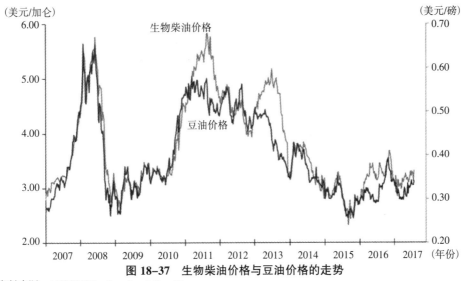

图18-37 生物柴油价格与豆油价格的走势

资料来源：AMS/USDA，farmdoc daily，Dina.

（2）PTA价格与原油价格呈现高度正相关走势，但在极少数情况下会出现低正相关性，甚至负相关性。请从原油成本和PTA产业链结构的角度给出相应的解释。当原油价格上涨，而PTA大幅扩产，这种情况下两种价格的相关性会有怎样的变化呢？

【进一步学习和运用指南】

（1）最近 20 年，原油和铜的走势高度一致（见图 18-38）。资深原油和外汇交易者肖恩·贝拉米·麦克纳尔蒂（Sean Bellamy McNulty）提出了一个交易两者背离的策略：当原油价格上涨，而铜价格下跌的时候，做空原油和/或做多铜；当原油价格下跌，而铜价格上涨的时候，做多原油和/或做空铜。他在 *Is Oil Finally Following Copper's Lead?* 当中给出了 2013 年的一些背离实例（见图 18-39），可以发现这些背离持续时间很短。感兴趣的读者可以进一步研究铜和原油的背离套利交易。

（2）20 世纪 70 年代两次石油危机直接导致全球商品价格上涨。1973~1980 年，原油价格大约上涨超过 1800%，黄金和白银价格整体上涨 700%，铝价上涨 160%，铜价上涨 68%，大豆上涨 51%。整体来看，除黄金外，白银和铜的价格对原油价格的上涨更为敏感（见图 18-40）。

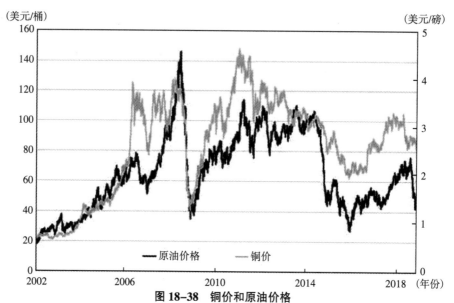

图 18-38　铜价和原油价格

资料来源：圣路易斯联储、雅虎财经、Louis James、Dina。

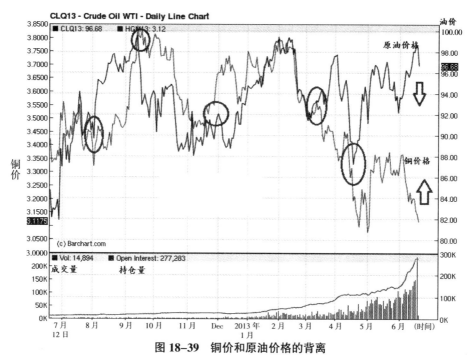

图 18-39 铜价和原油价格的背离

资料来源：Stockscharts，seekingalpha，Sean Bellamy McNulty，Dina.

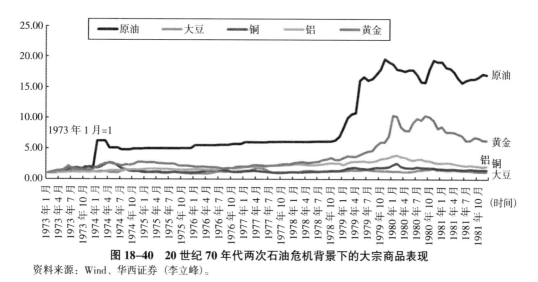

图 18-40 20 世纪 70 年代两次石油危机背景下的大宗商品表现

资料来源：Wind、华西证券（李立峰）。

参考文献

［1］曹彦辉、侯雪玲：《原油与美豆油价格之间的传导关系》，2014 年 12 月 15 日。

［2］永安北京研究院：《原油到原糖的价格传导机制》，2021 年 11 月 16 日。

［3］Sayed H. Saghaian. The Relationship among Ethanol, Sugar and Oil Prices in Brazil：Cointegration Analysis with Structural Breaks，2015.

［4］Scott Irwin, Darrel Good. The Relationship between Biodiesel and Soybean Oil Prices，Sep. 7，2017.

［5］Melike Bildirici, Ceren Türkmenb. The Chaotic Relationship between Oil Return, Gold, Silver and Copper Returns in TURKEY：Non-Linear ARDL and Augmented Non-linear Granger Causality，2 Dec.，2015.

［6］The Relationship between Prices of Various Metals, Oil and Scarcity，Sep.，2018.

［7］Crashing Copper Prices Spell Trouble for Oil, Oilprice，Feb. 5，2020.

［8］Mark Hulbert. Here's What Copper and Oil Prices Predict about the Chance of Recession in 2022，Mar. 12，2022.

［9］Copper & Oil Prices：A Look at the Correlation, Admiral Metals，2022.

［10］刘思琪：《原油对PTA的影响力分析》，2022年3月10日。

［11］黑貔貅俱乐部：《原油滞后于铜见顶》，2021年4月28日。

［12］李立峰：《复盘70年代原油价格大涨及对大类资产的影响》，2022年3月7日。

［13］胡佳鹏、李青、黄谦：《原油价格波动向化工传导的逻辑》，2020年5月13日。

［14］魏一凡：《从原油大跌看化工品系统性逻辑思维方法论》，2021年7月20日。

［15］晓原经济：《从前几次原油破百的宏观背景分析中，寻找大宗商品中长期交易的主导驱动》，2022年3月2日。

［16］董丹丹：《化工与原油走势缘何分道扬镳》，2021年6月9日。

［17］魏一凡：《恐慌指数VIX》，2021年9月21日。

［18］曹妍、程胜：《国际粮食价格和原油价格的关系：非线性框架下的实证研究》，2021年7月15日。

原油与证券市场

当能源股成为龙头股的时候，这对于股市而言则是一个非常危险的信号……大多数股票见顶之前，你都能看到原油价格飙升的影子。

——约翰·J.墨菲（John J. Murphy）

原油价格会影响通胀预期，而通胀预期会主导利率预期，进而影响到债券的走势。

——魏强斌

原油价格与 LIBOR 的负相关性在长中短期均有体现。其中，布伦特原油价格与 LIBOR 的相关性较 WTI 而言更强。布伦特油价与 LIBOR 的负相关性随着周期拉长而增强，但负相关关系的稳定性在季度周期测算下最强；而 WTI 油价与 LIBOR 的负相关性及其稳定性均会随着周期拉长而增强。

——张明

长期来看，油价与美国 10 年期国债收益率的正相关关系是基于宏观周期的推动，但在短期内，由于油价自身的基本面可能与宏观面出现背离，油价也会与美国 10 年期国债收益率反向变化。因此，在分析油价时，除了把握库存周期与宏观周期，更重要的是分析库存周期与宏观周期出现背离时的核心因素。

——张峥

从通胀的数据来看，持续但稳定的高油价相对来说并不会对通胀的同比数值产生难以忍受的影响，而价格上涨速率过快才是导致通胀数据节节攀升的主要因素。

——肖兰兰

能源价格在全球大类资产配置中处于内核的关键位置，油价的波动不仅仅是一个普通商品的影响。由于全球各国普遍采取通胀目标制度，油价的波动会通过对货币政策的预期影响传导到其他大类资产上。纵观过去几十年的历史，但凡油价大幅波动，

无论是暴涨还是暴跌，都会引发全球金融市场大幅波动的原因也正是在此。因此，油价的分析对于大类资产分析有着关键性的意义。

——付鹏

油价上涨的前期A股往往跟随油价上升，当油价攀升进入中后期股市往往先于油价见顶。通过复盘2007年以来的三轮油价大涨，我们发现油价上涨的前期和后期A股市场呈现不同的市场表现特征。这三次油价大涨期间，原油价格走势均呈现出"第一次大幅上涨（第一阶段）—中期震荡（第二阶段）—第二次大幅上涨（第三阶段）"的三段式特点。在油价第一次大幅上涨阶段（第一阶段），A股市场基本都会跟随油价上升，当油价攀升进入第二次大幅上涨阶段（第三阶段），股市往往涨幅开始收敛，呈现出高位震荡、先于油价见顶的特征。

——张启尧

基于主成分分析（Principal Component Analysis），我们发现原油远期曲线的曲率因子（Curvature Factor）能够预测月度股票收益率：月度曲率因子增加1%，则下月股票市场指数收益率会下降0.4%。这个预测模式在非原油行业板块资产组合中普遍有效，但在原油行业板块相关的资产组合中却并不存在。

——I-Hsuan Ethan Chiang

TIPS按照实际收益率进行报价，通常紧跟原油价格的上行步伐，投资者可以通过与其关联度较强的油价走势来预判通胀变化。

——李婉莹

原油价格破百后市场表现相对较好的行业主要分三类：一是受益于涨价的品种，主要集中于中上游能源材料类及农资品；二是具备强产业周期催化的高景气行业；三是自身产业链与原油价格相关度较低的行业，如金融、医疗等服务业。

——胡国鹏

从上一轮油价周期来看，石化板块上市公司股价表现（相对收益）大致可以分三个阶段：阶段一，炼化公司股价表现领先于油价，主要原因是炼化供需周期自身修复，以及油价跌至绝对低位带来的价差修复；阶段二，一体化公司（两桶油）股价表现基本与油价同步；阶段三，油服公司股价滞后油价。

——张樨樨

广义的证券包括股票和债券。债券受通胀率影响很大，特别是久期较长的债券。而通胀率与原油的关系密切，当然中国的通胀率与诸周期关系也非常密切。本课我们讲原油与证券的关系，具体就是讲原油与债券的关系，以及原油与股票的关系。

原油是"商品之母"，是众多大宗商品走势的强大引擎之一，因此大部分情况下可以用原油来推测其他商品的走势，但是却很难用其他商品的走势来推测原油的走势。

跨市场分析可以作为驱动分析的范畴，也可以作为心理分析的范畴，当然我在这本教程当中将其作为心理分析的范畴，因为它可以帮助我们看清楚全球资本流动的逻辑和方向。要分析清楚原油的走向，要做好原油交易，肯定会用到跨市场分析工具，大宗商品可以作为一个确认工具，如用 CRB 指数来确认对原油的一些分析和判断，而证券市场则是一个很好的提醒指标。

债券市场的分析工具和模型相对成熟，涉及的因素要比股票市场少很多。债券分析师，特别是国债分析师对于宏观经济的运行往往把握得要更加到位一些，因为他们对于通胀和增长的关注远远超过了一般人。券商研究所的宏观分析师、债券分析师和银行业分析师其实有很多共同的工作，他们对经济的把握往往要比行业分析师以及期货品种分析师更加全面和深刻。而行业分析师作为中观层面的研究者则可以更快地得到某些经济信号，从而对宏观经济进行验证。

狭义的原油产业链是石化分析师的工作领域，但我在本书定义的原油产业链显然是广义的，因为这条广义产业链的下游是整个宏观经济。因为我定义的原油产业链属于广义，所以我们对原油下游的掌握更多的是与经济周期关联，而经济周期又是债券分析师所专注的，因此讲原油与证券市场的联系，我更加侧重从债券市场的角度来讲。

本课中我要讲的第一个主题是经济周期中原油价格与债券价格（见图 19-1）。经济周期是本书反复出现的一个话题，因为它与原油产业链下游紧密相连，是决定性的因素。一般而言，大宗商品的高点出现在经济周期的滞胀阶段，而原油价格是大宗商品中较晚见顶的，因为原油的产业链很长，所以上游调整起来存在很长的时滞。"哈耶克三角"其实就探讨了这种时滞对于经济周期的意义，产业链越长，下游需求调整传导到上游的时间就越长，这就会导致整个系统大幅波动。"哈耶克三角"讲的内容其实系统论里面早就讲了，只不过两个学科的人交流太少而已。

回到正题中，原油往往也会在滞胀阶段的末期见顶，所以如何判断原油的顶部呢？可以利用这个规律去定位，滞胀阶段是通胀上升而增长下降的阶段，因此增长高点确认之后就是大概率进入滞胀阶段了，一般你确认增长见顶之后，那么就是油价飙升冲顶的时候了。

我们再来说债券的底部。我们这里先以国债和利率债为例讲，信用债还有考虑信用利差的问题。国债价格主要受到通胀预期和增长预期的影响。在滞胀阶段，增长已

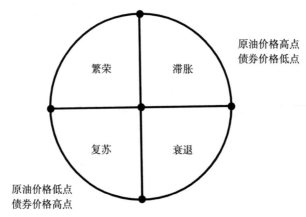

原油价格高点
债券价格低点

繁荣　　滞胀

复苏　　衰退

原油价格低点
债券价格高点

图 19-1　经济周期中的油价与债券价格

经见顶了，而通胀也处在顶部附近，因此债券价格往往也在滞胀阶段见底。

　　我们来看一段历史。因为中国需求在过去十年是原油下游的最大增量，所以以中国的经济周期为主举例。2007 年第四季度中国经济增长在高位，通胀水平也继续上行。大宗商品表现最强，而原油价格不断上行，当然原油更大的涨幅在后面的滞胀阶段，也就是 2008 年第一季度到第二季度，原油创下历史高点 147 美元/桶的纪录，原油在滞胀阶段见顶，此后一路下跌，跌到 2015 年才有点企稳迹象，可见周期的力量有多大。也就是在 2008 年这个滞胀年，债券价格开始见底走牛。2008 年第三、四季度，中国经济增长率大幅下滑，通胀压力缓解，中国人民银行为了稳住经济不断降息，这一阶段债券是最好的投资资产，债券价格从 2008 年 8 月开始显著上涨。

　　总结一下，原油价格的高点和债券价格的低点往往在滞胀阶段出现。这个规律在判断油价的时候怎么用？第一，看能不能确认经济周期的阶段，这个主要看经济增长数据和通胀数据。经济增长数据有 PMI 和工业增加值等，这些是比较及时的经济增长数据。通胀数据有 PPI 和 CPI。如果经济周期大概率处于滞胀阶段，那么主要看原油见顶的各种其他信号。第二，分析利率水平是否处于历史高点，债券价格是不是见底了，然后以此确定原油价格是否快要见顶了。

　　接着讲原油价格低点和债券价格高点与经济周期的关系。经济见底之后，通胀还没有起来，这个时候经济处于复苏阶段。原油价格在这个阶段见底，当然是不是原油的底部都是经济的底部之后出现的？这也未必，因为原油不仅受到经济需求一个因素的影响，只是说经济需求是最为重要的因素之一。

　　另外，在衰退阶段因为央行主动降息，而通胀和增长预期都下降了，所以债券会走牛市。等到了复苏阶段，增长开始恢复了，但是通胀还未起来，这个阶段利率已经

见底了，债券价格则会见顶。

因此，在经济复苏阶段，债券价格见顶，而原油价格见底，你可以通过定位经济周期阶段来获得原油处于底部附近的信号，也可以通过将债券利率水平与历史低点比较来推测原油是否大概率处于底部附近。我们看一下 WTI 原油价格走势与美国 10 年国债利率走势的对比就可以明显发现两者是高度一致的（见图 19-2）。

> 中国的利率走势跟诸周期的关联性较大，美国的利率走势与原油的关联性较大。

> 国债利率高点对应国债价格低点，国债利率低点对应国债价格高点。

图 19-2　WTI 油价与美国 10 年期国债期货利率走势对比

资料来源：StockCharts.com.

一个国家的国债收益率曲线和 10 年期国债利率是这个国家宏观经济状况的最直接体现。美国 10 年国债收益率是全球金融市场的一个长期定价基准，是全球宏观经济和大类资产的指示器。**为什么原油价格与美国 10 年期国债收益率呈现高度正相关的关系呢？可以基于经济增长、通胀预期和风险溢价三个债券定价因子进行解释。**

第一个因子是经济增长，经济增长对资本投入的需求就旺盛，自然就会拉高利率，利率就是资本的价格。经济增长对原油的需求自然就增加，在供给相对不变甚至萎缩的情况下，原油价格就会上涨。因此，经济增长同时驱动了利率上

涨和原油价格上涨。

WTI 原油价格同比与中国、美国和欧元区 19 国三大经济体 PPI 同比的相关性分别为 75.1%、73.5%、77.6%。

　　第二个因子是通胀预期。为什么是通胀预期，而不是实际通胀呢？因为当前利率是未来使用资本的价格或者补偿，10 年期国债利率则主要体现了对未来通胀的补偿，这是资本供给者要考虑的成本。原油是 PPI 的主要来源，原油价格上涨将推动整个经济的物价水平，进而推升利率。因此，原油通过通胀水平这个中间变量推动了债券利率变化。美国通胀预期可以通过通货膨胀保值债券 （Treasury Inflation-Protected Securities，TIPS） 这个代理用标量来衡量。TIPS 银行的通胀预期与原油价格有着密切的关系 （见图 19-3），如果说 CPI 和 PPI 等指标体现了历史通胀水平，那么 TIPS 就体现了未来通胀水平。

美国页岩油企业的融资渠道主要有三条：一是自有资金；二是银行贷款；三是发行高收益债（标普评级 BBB-及以下）。截至 2020 年 3 月 10 日，美国能源型企业高收益债的存量规模占美国高收益债总规模的比重为 16.45%。由于油企在高收益债中的占比较高，美国高收益债的信用利差与油价呈现出非常明显的负相关关系。

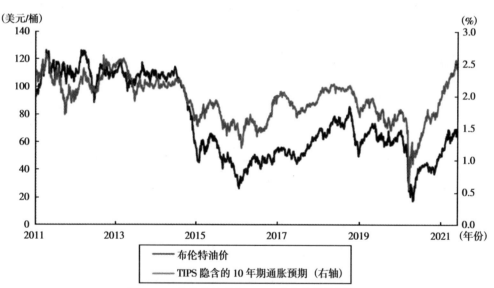

图 19-3　布伦特油价与 TIPS 隐含的通胀预期
资料来源：彭博、东吴证券研究所。

　　第三个因子是风险溢价/信用利差。宏观形势稳定向好，风险偏好上升，则全球资产市场的风险类资产 （比如原油）就会受到追捧，而 10 年期国债等避险资产则会遭到抛售，债券价格下跌，实际利率上升。因此，当风险偏好上升时，风险资产原油受到追捧价格上升，美国和德国的 10 年期国债等

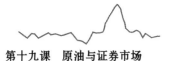

最高信用等级的避险资产被抛售，原油价格和美国 10 年期国债利率同时上涨。

利率变化存在周期波动，首次加息往往是在经济周期的繁荣阶段。美国和中国是全球原油消费的主力，它们的首次加息往往意味着脱离利率低点。在这种情况下就趋势而言，原油上涨的概率更大还是下跌的概率更大的呢？从美国利率周期来看，1999年、2004 年、2015 年三轮首次加息后的原油表现（见图 19-4）都是趋势上涨的。美联储首次加息后，短期的原油价格或可能会出现一定程度的震荡或者回调，但从中期来看，整体上行趋势比较显著。首次加息往往意味着经济还将上行，通胀会继续上升，这些都是利多原油价格的。

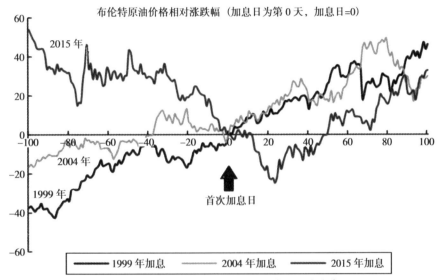

布伦特原油价格相对涨跌幅（加息日为第 0 天，加息日=0）

图 19-4 三轮美联储首次加息前后的原油价格表现

资料来源：Wind、长江证券研究所（于博）。

从上面的讲解我们知道债券和原油都受到通胀的影响，债券的收益率是实际利率，而实际利率如果低于通胀率就会自动调整以便抵补通胀损失，通胀会影响原油的存货投资需要，进而影响原油价格。因此，在结束第一个主题之前，我们看下美国通胀率指标之一 PPI 与 WTI 油价的直观关系（见图 19-5），两者基本是同步关系，高低点对应。

如果从同比角度来看油价和 PPI 的关系，可以发现在**我国油价是 PPI 的精准领先指标**（见图 19-6）。PPI 与 PPI 的剪刀差决定了公司的利润，进而影响股票市场；PPI通胀水平的重要指标，而通胀影响利率水平，进而影响债券价格。

图 19-5 WTI 油价走势与美国 PPI 走势

资料来源：StockCharts.com.

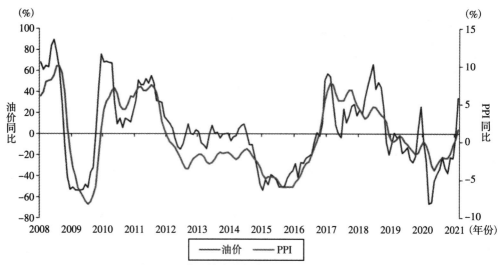

图 19-6 我国的油价领先于 PPI（同比基准）

资料来源：Wind、东吴证券研究所。

2015~2020 年，Brent 原油与 WTI 原油月平均价格同比与我国 PPI 指数同比的相关性分别高达 89%和 86%。

原油价格对利率水平有一定的领先性！

原油价格会影响 PPI 价格，但是央行的货币政策会同时关注 PPI 和 CPI 的波动情况，两者持续同向变动会引起央行的货币政策变化，但是如果两者背离的话，则央行按兵不动的可能性较大。从历史经验来看，PPI 明显回升时，央行会密切关注通胀和通胀预期的变化，但不一定会收紧货币政策。

在 CPI 和 PPI 均明显上行的全局性通胀阶段，我国央行大概率会收紧货币政策。若 CPI 和 PPI 走势分化背离，则我国央行可能会密切关注通胀预期的变化，但结构性通胀可能并不会实质性影响货币政策。对于金融交易者而言，央行货币政策变化直接导致了大类资产定价基准的变化和流动性的宏观变化，对所有大类资产都有直接显著的影响。

讲到原油价格与通胀的关系，我们需要澄清一个问题，那就是 **"究竟是原油价格的绝对高度，还是原油价格的边际变化影响通胀率水平呢？"**

资深能化分析师肖兰兰给出了一个较为中肯的答案："从通胀的数据来看，**持续但稳定的高油价相对来说并不会对通胀的同比数值产生难以忍受的影响，而价格上涨速率过快才是导致通胀数据节节攀升的主要因素。** 我们以 2012~2014 年和 2018~2022 年两个时间段来做对比说明。2012~2014 年，油价一直处于高位，绝对价格在 100~130 美元，振幅也就是二三十美元的范围。同期的 CPI 同比来看，由于其他分项维持在低位，整体 CPI 基本稳定在 1% 至 2.5%，处于较为温和的位置。"（见图 19-7）

图 19-7 布伦特油价和美国 CPI

资料来源：天风证券（肖兰兰等）。

因此，对通胀率，进而**对债券价格有影响力的是油价的边际变化而不是绝对值。**

我本课要讲的第二个主题是"收益率曲线与原油"。经济学家与能做出大致准确的经济预测很难画等号，大多数经济学家的任务是规划和解释，而不是预测。当年对经济学家比较失望，所以我非常留意哪些工具能够真正预测经济走势。"铜博士"据说比

经济学家更擅长预测经济，除了它之外还有一位也非常擅长预测经济，那就是"收益率曲线"。虽然这位经济学家也会出错，不过它的正确率应该远远超过了全球经济学家的平均预测水平。

收益率曲线其实可以看成是增长率预测曲线，金融市场体现了一切信息，相当于将一切有关宏观经济的信息输入一台超级计算机，然后得出从现在到未来的一系列经济增长率预期。

那收益率曲线与原油有什么"半毛钱"的关系没有？当然有！收益率曲线体现了经济增长，以及通胀预期，而原油的中下游与经济增长通胀预期有密切关系。先说增长吧，经济增长了，对原油的需求就增加了，经济增长同比下降了，甚至萎缩了，那么对原油的需求就下降了。那通胀呢？通胀预期高，则存货投资热火朝天，中游变成需求端，原油需求进一步增加。通胀预期低，则存货投资冷清一片，中游变成供给，原油需求进一步萎缩。因此，收益率曲线对预测原油价格绝对有用处。

既然有用，那么我们就有必要花功夫搞清楚收益率曲线与经济周期的关系（见图 19-8）。经济周期的衰退阶段，央行基本都会降息，也就是短期利率下降，这个时候收益率曲线

> 收益率曲线的纵轴代表收益率，横轴则是距离到期的时间。收益率曲线有很多种，如国债的基准收益率曲线、存款收益率曲线、利率互换收益率曲线及信贷收益率曲线等。

> 倒置的收益率曲线通常表示经济即将下行。

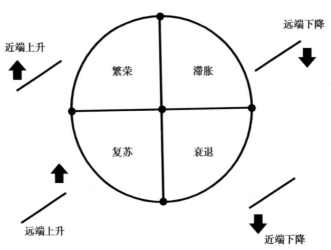

图 19-8　经济周期中的收益率曲线

会从近乎水平状甚至近高远低的倒置状变成近期更低的状态。复苏阶段，预期未来经济增长会走强，通胀也会起来，这个时候远期利率上升。繁荣阶段，为了抑制经济过热，央行会加息，这个时候收益率曲线代表短期利率的近端会上升。

在滞胀阶段，经济增长预期下降，通胀也已见顶，远期利率下降，因为预期到未来通胀都会下降，而央行会在未来降息。倒置的收益率曲线往往出现在这个阶段，而历史上油价大涨常伴随出现美债长短端收益率倒挂（见图 19-9）。

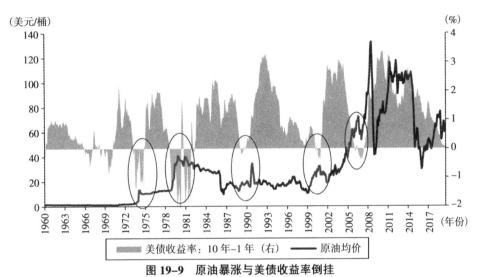

图 19-9 原油暴涨与美债收益率倒挂

资料来源：Wind、华泰证券研究所。

收益率曲线具体怎么用到研判原油走势上？第一，收益率曲线如果近乎水平状或者短期利率甚至高于长期利率，那么原油见顶可能性大增；第二，收益率曲线如果因为远端上升而变得陡峭，那么原油见底可能性大增。

排在前三名的原油消费国和进口国的收益率曲线反映了未来原油的下游需求端的情况。另外，美国的收益率曲线也非常重要，因为它既是原油消费大国，同时美元走势也受到收益率曲线的影响，而美元则会通过资产属性影响原油价格。

好了，如何基于收益率曲线分析原油价格走势，我大致已经跟大家说明了，那么具体从哪里可以查询到这一数据呢？我一般关注中国和美国的收益率曲线，除了一些付费的财经资讯数据终端之外还有公开来源查询两国的收益率曲线。查询美国的收益率曲线有三个公开来源：第一个是美国财政部提供的收益率曲线（见图 19-10），具体的收益率曲线查看网址如下：

https：//www.treasury.gov/resource –center/data –chart –center/interest –rates/Pages/His –

toric–Yield–Data–Visualization.aspx

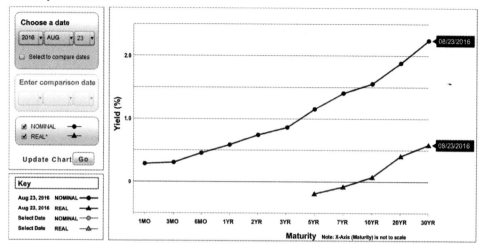

图 19-10　美国国债收益率曲线（1）

资料来源：美国财政部。

第二个是美国一个投资顾问公司提供的美国收益率曲线（见图 19-11）。这个收益率曲线也是根据不同期限美国国债收益率绘制的，具体的查询网址如下：

http：//www.martincapital.com/index.php?page=graph&view=yieldcurve

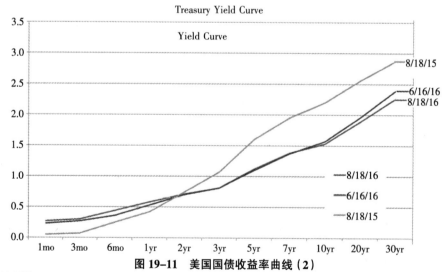

图 19-11　美国国债收益率曲线（2）

资料来源：Martin Capital Advisors.

第三个是一家知名外汇经纪商提供的美国收益率曲线（见图19-12）。这个收益率曲线也是基于美国国债收益率绘制的，具体的查询网址如下：

https：//www.oanda.com/forex –trading/analysis/economic –indicators/united –states/rates/yield–curve

US Yield Curve

Yield curves plot the return on various fixed income instruments. The shape of the curve illustrates the relationship between expected yields and time to maturity. In the U.S., the Treasury yield curve is the benchmark interest rate baseline.

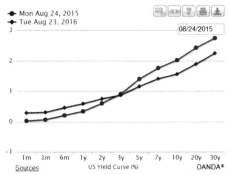

图 19-12　美国国债收益率曲线（3）

资料来源：OANDA.

中国的收益率曲线则可以从中国债券信息网查询（见图19-13）。除了国债收益率曲线之外，还有其他类型的收益率曲线，具体查网址如下：

http：//yield.chinabond.com.cn/cbweb–mn/yield_main

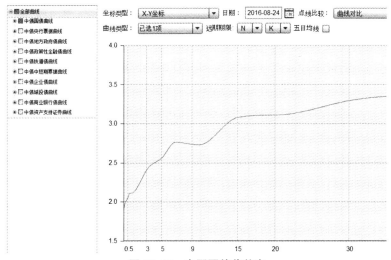

图 19-13　中国国债收益率

资料来源：中国债券信息网查询。

其实，收益率差反映了经济增长和通胀的预期，从美国国债收益率差与 WTI 油价走势的对比可以看出两者关系密切（见图 19-14）。

图 19-14 美国国债收益率差与 WTI 油价走势

资料来源：StockCharts.com.

信用利差反映了风险升水，进而反映了资产市场的风险情绪。

我们要讲的第三个主题是"信用利差与原油"。信用利差其实是风险情绪的度量工具，与我们在本教程第十五课的内容密切相关，同时信用利差与债券关系也非常密切。信用利差在经济周期的不同阶段，在不同的风险偏好下呈现出周期性和阶段性的扩张和收缩状态。在风险追逐情绪高涨的时候，大家会对高风险高收益的资产趋之若鹜，这个时候信用利差会下降。在风险厌恶情绪高涨的时候，大家会对低风险低收益的资产趋之若鹜，这个时候信用利差会上升。

为什么风险追逐的时候，信用利差会下降呢？风险偏好强的时候，市场上的资金会去追逐那些高利息的资产，需求上升导致资产价格上涨，对于债券而言，这意味着利息下降。与此同时，市场资金会冷落那些低收益的安全资产，对于债券而言，意味着利息上升。一方面，高信用等级的债券由于被抛售而利息上升；另一方面，低信用等级的债券由于被追捧而利息下降，这样信用利差就缩小了。

在风险厌恶情绪上升的时候，信用利差为什么会上升呢？这个时候市场上的资金会追逐那些拥有较高等级信用的资产，如果是债券的话则其利息会下降，而低信用等级的资产则会遭到抛售，其利息将上升。所以，信用利差在风险厌恶情绪上升的时候会扩大。总之，信用利差度量风险情绪，信用利差是资产市场情绪的风向标。

简而言之，信用利差就是低等级债券收益率与高等级债券收益率的差值，如 AAA 债券与 BBB 债券的收益率差值、希腊国债与德国国债的差值、信用债与国债的收益率差值、新兴市场国债收益率与美国国债的差值等。

较为专业的交易员会关注泰德利差。泰德利差就是美国 T-Bill 三个月的利率与欧洲美元三个月利率的差值（一般是三个月期 LIBOR），**是反映国际金融市场的最重要的风险衡量指标**。简而言之，泰德利差是 3 个月伦敦银行间市场利率与 3 个月美国国债利率之差。

T-Bill 是美国政府发行的短期债务证券。短期国库债券通常只持有一段短时间（通常为 3 个月至 1 年），很容易转换作现金。短期国库债券一般折价出售，并可获豁免州及地方税。

构成泰德利差的 LIBOR 在剔除通胀以后与油价呈现显著的负相关性，以剔除通胀的 3 个月 LIBOR 为例（见图 19-15），可以看到它与 WTI 和 Brent 都呈现明显的负相关性。

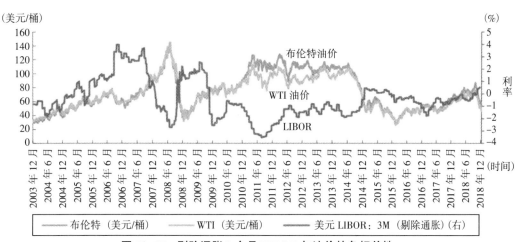

图 19-15　剔除通胀 3 个月 LIBOR 与油价的负相关性

资料来源：Wind、平安证券研究所。

　　当泰德利差往上上行，则显示全球资本市场风险扩大，市场资金趋紧，银行借贷成本提高，也连带提高企业的借贷成本，代表信用状况紧缩。因此，交易者可以从泰德利差的走向上来观察目前市场上信用的状况。由于 T-Bill 期限短风险接近于零，所以是短期资金最佳的避险途径，而欧洲美元的价格变动更大一些，投资者可以利用买进欧洲美元并卖出 T-Bill 来做利差交易。通常情况下，两者之间的利率波动不致太大。但是如果资本市场信用出现状况，或交易者预期会有大幅波动，交易者为了安全起见，会偏向于买进更安全的 T-Bill，但是收益也会比欧洲美元低很多。另外，银行在同业拆借市场上会更加谨慎地操作，银行间的资金成本也会随之增加，所以最终 LIBOR 上行，两者间利差变大。如果泰德利差下降，反映到市场上则认为银行体系风险大幅下降，银行间借贷成本降低，也连带降低企业借贷成本水平，大量流动性会不断充斥市场。

　　泰德利差变大表明全球市场风险增加，原油价格倾向于下跌。相反情况下，即 TED 利差变小，则表明全球风险减小，原油价格倾向于上涨（见图 19-16）。

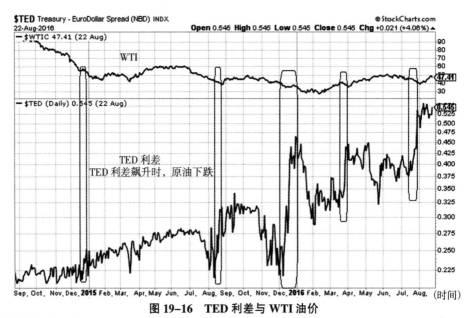

图 19-16　TED 利差与 WTI 油价

资料来源：StockCharts.com.

　　我经常用的泰德利差的信息来源有两个，一个是 StockCharts.com.（见图 19-17），另一个是 OANDA（见图 19-18），具体网址如下：

　　不同信用的存在，导致了信用利差的存在，导致了信用溢价的存在，而通过观察这些溢价水平的变化，我们就知道了资产市场风险情绪的变化。

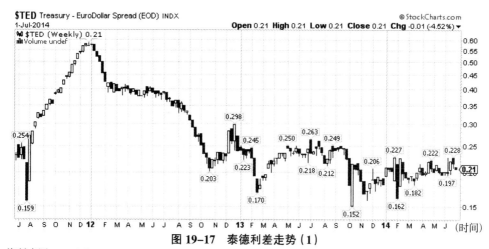

图 19-17　泰德利差走势（1）

资料来源：StockCharts.com.

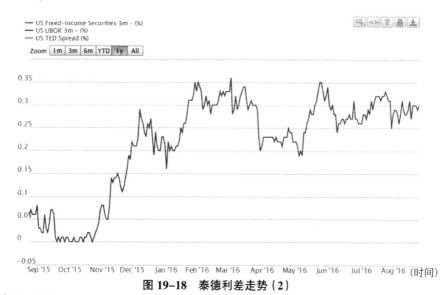

图 19-18　泰德利差走势（2）

资料来源：OANDA.

　　我要讲的第四个主题是"原油与股票指数"。还是放在经济周期里面来讲（见图19-19），股市的高点先于原油的高点出现，一般股指的高点出现在繁荣阶段，而原油的高点出现在滞胀阶段。不过，中美股市存在差异，A股中产业链上游类股票占比很高，周期性很强，不少大宗商品类个股，这使得A股的高点更靠近繁荣后期甚至滞胀早期。能源股疯狂上涨往往出现在股市见顶阶段，这是一个典型的特征。

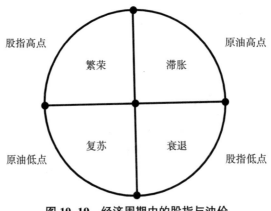

图 19-19　经济周期中的股指与油价

　　股市的低点往往也先于原油价格低点出现。股市低点往往在衰退阶段，原油低点往往在复苏阶段出现。

　　从上面的规律可以大概知道如何去运用股市来判断原油价格走势了。股市长期下跌后企稳上涨，而原油价格下跌，则原油可能见底；股市长期上涨后滞胀下跌，而原油价格继续上涨，则原油可能见顶。看看道琼斯指数与 WTI 走势就可以发现，道琼斯指数的底部大多数早于 WTI 的顶部，当然也有一些例外（见图 19-20 和图 19-21）。

图 19-20　WTI 油价走势与道琼斯指数

资料来源：StockCharts.com.

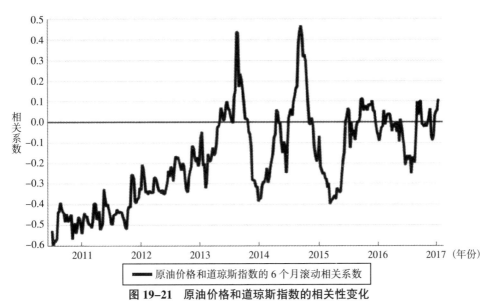

图 19-21　原油价格和道琼斯指数的相关性变化

资料来源：Forexcec，Dina.

　　股指主要看美国和中国的，比如道琼斯指数、沪深 300 指数、上证指数（见图19-22）等。东吴证券的陶川等对 2017~2021 年的原油价格与上证指数相关性进行了深入分析，这段时期内国际油价对沪指的 3 个月领先相关系数达到了 -0.74，**即油价在上涨 3 个月后 A 股往往会出现下跌**（见图 19-23），他们利用这一关系在 2022 年春季对此后 A 股的大跌做出了及时准确的判断。

　　油价 20 日移动平均线持续 3 个月上涨，可以作为 A 股系统性下跌的预示信号，也就是减仓和观望的依据。为什么会这样呢？油价上涨导致通胀预期升温，引发货币政策收紧，而且油价大幅上涨与滞胀关系密切，这对于股市而言都是重大利空。

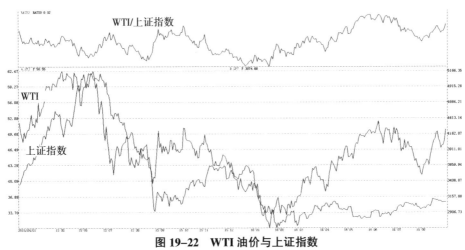

图 19-22　WTI 油价与上证指数

资料来源：Forexcec，Dina.

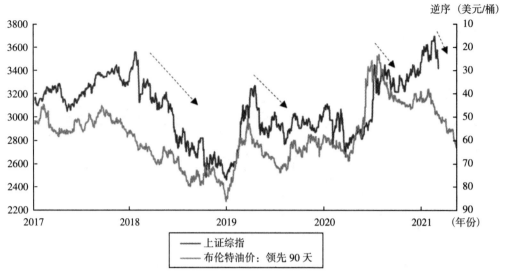

图19-23　领先90天的布伦特油价与上证综指

资料来源：Wind、东吴证券（陶川、赵艺原）。

印度全国共有23个股票交易体系，最主要的是孟买股票交易所（BSE）和印度国家股票交易所（NSE）。孟买证券交易所成立于1875年，是亚洲最古老的证券交易所。孟买股票交易所作为印度的第二大市场，2005年的成交量在全球排名第五位。有6000多家公司在孟买股票交易所上市，交易活跃的公司达2500家，这使孟买股票交易所堪称印度资本市场的门户。印度国家证券交易所在2005年的交易量仅次于美国纽约股票交易所和纳斯达克交易所。

2016年以后做原油的话，印度的股指（见图19-24）也要关注了。在印度最被广泛使用的股票指数是SENSEX指数（又称孟买敏感30指数、BSESENSEX），它是投资印度股市的重要参考指标，这个指数由孟买证券交易所发行。各类财经媒体提到的"印度股市"实际上都是指孟买股票交易所，因此，该交易所的SENSEX-30指数几乎成了印度股市的代名词。另外，俄罗斯的股市与原油价格关系密切（见图19-25），本教程开头我已经提到过，也要时不时查看一下，俄罗斯股市主要看RTS股票指数。

好了，学完本课大家应该明白如何通过证券市场去分析原油走势了，同时也可以通过原油走势去优化大类资产配置。对于原油与股票行业板块的关系，我们在本课并没有涉及。什么板块在原油价格高涨的时候具有正收益呢？从1973年和1978年的两次石油危机期间（见图19-26），原油价格高涨，就美股行业板块的表现来看，明显超过大盘涨幅的有三个板块（见图19-27）：第一个板块是能源，1981年美股前20大市值的公司，10家是能源股；第二个板块是工业和原材料；第三个板块是电信，主要与技术革命的产业化大规模运用有

图 19-24　WTI 油价和孟买敏感 30 股票指数

资料来源：StockCharts.com.

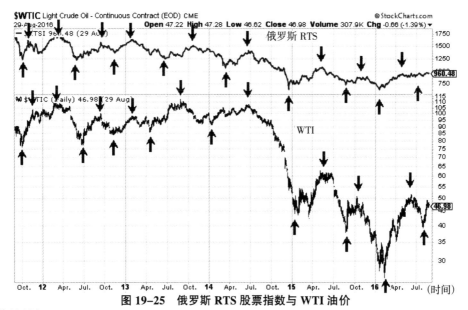

图 19-25　俄罗斯 RTS 股票指数与 WTI 油价

资料来源：StockCharts.com.

关，这个板块具有很好的抵抗通胀成本的能力。

在 20 世纪两次石油危机过程中，具体来讲就是从 1973 年到 1978 年，美国石油板块的股价一路上涨，能源板块在 20 世纪 70 年代的累计超额收益率大幅走高（见图 19-28）。

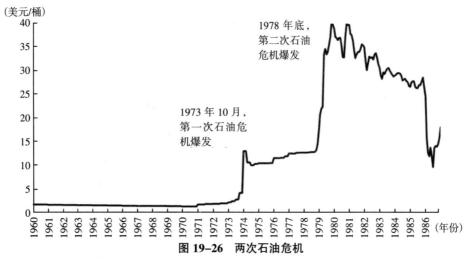

图19-26　两次石油危机

资料来源：Wind、国信证券。

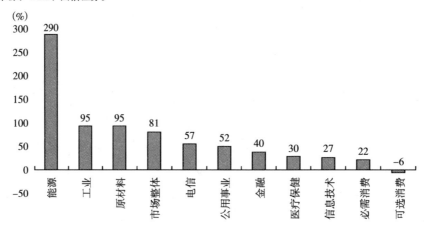

图19-27　20世纪两次石油危机期间美股板块表现

资料来源：Wind、彭博、国信证券。

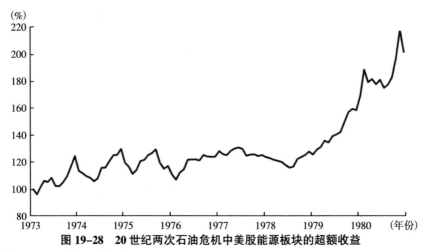

图19-28　20世纪两次石油危机中美股能源板块的超额收益

资料来源：Wind、彭博、国信证券。

因此，在原油飙升的背景下，能源板块和能够抵抗通胀甚至受益于通胀的板块是景气板块。

与能源板块相反，在原油价格飙升的背景下，汽车制造业将遭受重创。1973~1975年第一次石油危机期间世界汽车产量由3992万辆下降到3300万辆，降幅17.3%；1979~1980年第二次石油危机期间油价上涨导致世界汽车产量由4230万辆降到3852万辆，降幅8.9%；1990~1992年第三次石油危机期间世界汽车产量由4970万辆降到4698万辆，降幅达5.47%（见图19-29）。

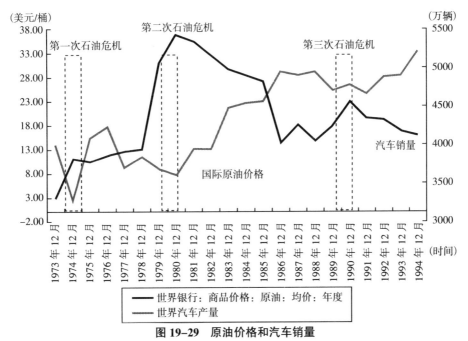

图19-29 原油价格和汽车销量

资料来源：Wind、招商策略研究、Dina。

另外，航运股与原油的关系密切，存在一些规律，比如 **VLCC停船数据对运价指数有一定的指向意义**，从而可以用来预判全球油轮股的股价；**平均航速是行业景气度的同步指标，可以用来观察船舶利用率**，对航运板块的股票投资有指导意义。

周期股研究的核心是供求关系，其中需求是根本，供应是加速器，需求不行一切都是免谈的。在原油价格和经济周期的循环中，周期股的魅力就在于估值永远是有个底的！

【开放式思考题】

在研读完第十九课的内容之后，可以进一步思考下列问题。虽然这些问题并没有固定的标准答案，但是能够启迪思维，让你更加深入地掌握某些要点，或者让你跳出僵化模式来重新看待问题。

（1）2001年11月至2006年8月，国际原油市场出现了一波大行情，中国加入WTO引领全球经济持续高速增长。为什么A股虽然在2006年到2007年有一波大牛市，但整体仍旧是下跌，整体情况还不及其他股票市场？（见图19-30）

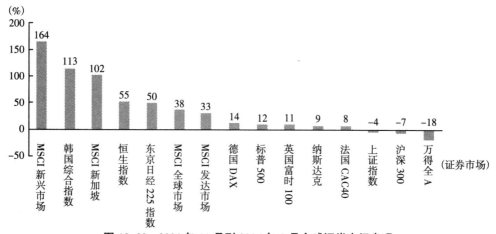

图19-30　2001年11月到2006年8月全球证券市场表现

资料来源：Wind、兴业证券（尧望后势微信公众号）。

（2）GDP增长速度对于一国证券市场有显著的影响。思考一下，原油价格涨跌对哪些国家的GDP增长是正向提升的，对哪些国家的GDP增长是负面冲击的？

（3）巴菲特在石油股上有过两笔值得我们对比分析和反思的投资：第一笔是2003年在中国石油上的投资，四年赚了8倍；第二笔是2008年在康菲石油上的投资，不到一年腰斩一半出局。造成两笔投资完全不同结局的根源是什么呢？能否从当时原油价格的高低入手？一个买在了2003年"非典"疫情的恐慌中，一个买在了经济繁荣的亢奋之中，从中发现了周期股的最佳买点是在经济周期的什么阶段？

【进一步学习和运用指南】

（1）原油牛市与A股大势以及板块轮动有什么规律？著名分析师张启尧先生提出

了原油牛市三段论模型，并在此基础上给出了 A 股市场在这三个阶段中的表现特征，如果我们再把美林时钟加进来，那么就可以清楚地看到原油价格趋势、美林时钟阶段和 A 股趋势的逻辑关系（见图 19-31）。从 2007 年到 2019 年，三次原油牛市与 A 股走势在三个阶段的实证表现如图 19-32 所示。

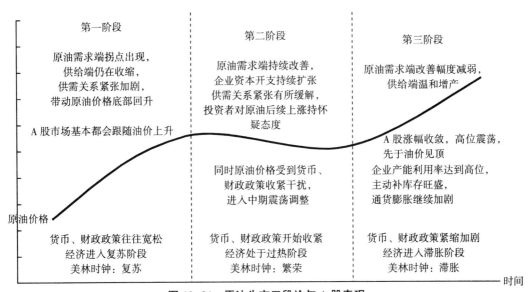

图 19-31　原油牛市三段论与 A 股表现

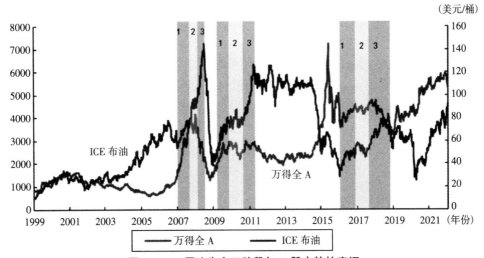

图 19-32　原油牛市三阶段与 A 股走势的实证

资料来源：Wind、兴业证券研究院。

　　关于行业板块轮动，张先生的研究也给出了有价值的结论："根据复盘结果，我们发现在历次油价大幅上涨阶段中，通胀受益类和财政扩张受益类的行业明显表现出色。

通胀受益类行业，如上游原材料板块的钢铁、石油石化、有色金属和下游消费品的食品饮料等，其中**食品饮料、钢铁、石油石化在历次原油价格大涨期间的上涨概率达100%，平均涨跌幅均超过 25%。**财政扩张受益类行业，如建筑材料、家用电器、交通运输等。由于历次经济复苏阶段，我国往往采取积极的财政政策，通过扩大基建、刺激消费等手段带动经济增长，**受益于扩大基建的建筑材料、交通运输以及刺激消费利好的家用电器行业历次油价大涨期间表现较为出色，上涨概率均超 83%。**"感兴趣的学习者可以进一步阅读《复盘六轮油价上涨：资产表现及启示》这份含金量较高的研报。

（2）**利用重要国家的国债收益率曲线可以对主要股指、主要汇率、大宗商品指数等进行驱动面预测。**同时，**原油远期曲线也可以对主要股指、主要汇率、大宗商品指数等进行驱动面预测。**学有余力的同学可以先从原油远期曲线与股指的关系入手，建议先阅读北卡罗来纳大学（University of North Carolina）I-Hsuan Ethan Chiang 和圣心大学（Sacred Heart University）W. Keener Hughen 两人在 2017 年《银行和金融季刊》（*Journal of Banking and Finance*）上发表的论文《原油期货价格能够预测股票收益吗？》（*Do Oil Futures Prices Predict Stock Returns?*），这篇文章利用了机器学习算法的主成分分析法（Principal Component Analysis）。

（3）到目前为止，通过前面几节课的学习，我们对原油与大类资产的关系已经有了比较详尽的了解。那么，从中长期的视角来看这些相关性又会有什么发现呢？知名国际研究机构 A. Stotz Investment Research 对 1989~2020 年的宏观大类资产的月度数据进行了统计和分析（见表 19-1）。涉及的大类资产类别有世界和美国的股票市场收益率、全球债券收益率、黄金价格、原油价格、美元指数以及代表大宗商品的全球 CPI。我们不仅查看了它们整体的相关性，也描述了相关性的十年滚动变化。如何定量化相关性

表 19-1　1989~2020 年大类资产月度数据相关性

	全球股票	美国股票	全球债券	黄金	美元指数	WTI 原油	全球 CPI
全球股票	1	0.91	0.14	0.1	−0.36	0.23	0.04
美国股票	0.91	1	0.11	−0.01	−0.2	0.17	0.04
全球债券	0.14	0.11	1	−0.17	0.13	0.18	0.19
黄金	0.1	−0.01	−0.17	1	−0.35	0.17	0.04
美元指数	−0.36	−0.2	0.13	−0.35	1	−0.25	−0.13
WTI 原油	0.23	0.17	0.18	0.17	−0.25	1	0.2
全球 CPI	0.04	0.02	0.19	0.07	−0.13	0.2	1

资料来源：A. Stotz Investment Research，Refinitiv.

的程度呢？>70%，是强正相关；50%~70%，是温和正相关；30%~50%，是弱正相关；-30%~30%，是不相关；-50%~-30%，是弱负相关；-70%~50%，是温和负相关；<-70%是强负相关。

　　显然，美国股票市场与全球股票市场的正相关性非常高，这也是A股指数开盘价往往由美股指数确定的原因。从长期来看，原油价格与大类资产的相关性非常微弱，几乎不稳定。为什么会这样呢？这就是不同的宏观驱动因子主导不同的走势阶段导致的。比如，原油短缺导致的恶性通胀上升，这会同时推升金价和CPI，三者之间的正相关性就会变得非常高。

　　大类资产的相关性是动态的，本教程的第四课重点分析过美元指数，可以看到美元指数与股票指数、黄金价格以及原油价格的相关性也是动态变化的（见图19-33），最近十年基本呈现强负相关性。

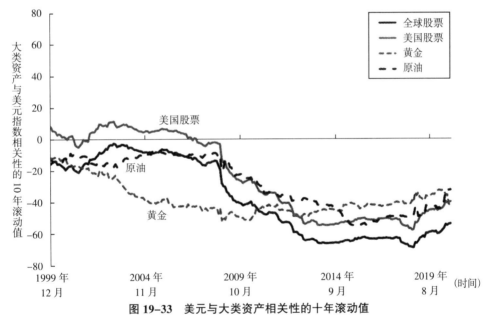

图 19-33　美元与大类资产相关性的十年滚动值

资料来源：A. Stotz Investment Research，Refinitiv.

　　站在原油的角度来看相关性（见图19-34），可以发现全球股票指数与原油最近十年还是呈现显著正相关性的，与美元指数则呈现显著负相关性。不过，也要看到此前一段时间，原油与股票的正相关性很微弱，原油与美元指数的负相关性也很微弱。

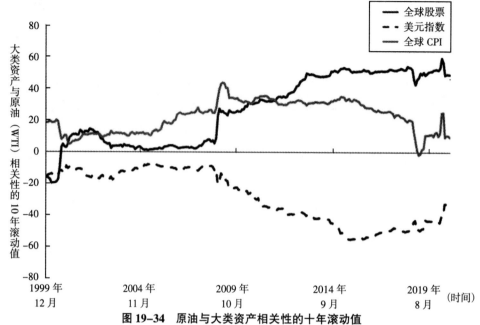

图 19-34 原油与大类资产相关性的十年滚动值

资料来源：A. Stotz Investment Research，Refinitiv.

参考文献

［1］于博等：《历史上的美联储加息周期》，2022 年 2 月 18 日。

［2］张峥、柳瑾：《油价与美国 10 年国债收益率》，2018 年 10 月 17 日。

［3］I-Hsuan Ethan Chiang，W. Keener Hughen. Do Oil Futures Prices Predict Stock Returns，Oct. 25，2016.

［4］李婉莹：《原油及相关市场间溢出效应》，2019 年 1 月 19 日。

［5］张樨樨等：《原油：二次探底历史重演，蕴藏哪些机会》，2020 年 3 月 4 日。

［6］Forexcec. The U.S. Dollar and Oil Relationship is Changing，2019.

［7］Zero Hedge. How Does Oil Impact Bond Markets，May 21，2018.

［8］A. Stotz Investment Research. Relationships between Stocks，Bonds，Gold，Oil，US Dollar，and Inflation，Oct. 23，2020.

［9］Jonathan Prather. Is Crude Oil Correlated to the 10-Year U.S. Treasury Note，Jun. 19，2015.

［10］Olena Liashenkol，Tetyana Kravetsl. The Relationship between Oil and Gas Prices，Dow Jones and US Dollar Indexes：A Wavelet Co-movement Estimation and Neural

Network Forecasting，2020.

[11] HiFleet 海运油气：《从全球超大型原油船舶行为数据分析窥见原油运价/股价未来变化趋势》，2020 年 7 月 7 日。

[12] 人神共奋：《会有第四次石油危机吗？》，2022 年 3 月 27 日。

[13] 燕翔：《70 年代能源危机中的股市表现》，2021 年 10 月 7 日。

[14] 钟正生、姚世泽：《油价格战的历史、爆发原因与后续发展》，2020 年 3 月 11 日。

[15] 红星资本局：《深度分析：30 年来最大跌幅！原油价格战打到比农夫山泉还便宜，背后隐现"三国杀"》，2020 年 3 月 9 日。

[16] 石木见：《原油暴跌之下怎么看待周期股投资》，2020 年 4 月 22 日。

[17] 陈思霖：《要不要跟着巴菲特追高买石油？细数股神对石油股的爱恨情仇史》，2022 年 3 月 12 日。

[18] Dynamic Spillovers between Gulf Cooperation Council's Stocks，VIX，Oil and Gold Volatility Indices，Abdullah Alqahtani，Julien Chevallier，2020.

[19] 胡国鹏、袁稻雨：《油价破百后市场将如何演绎》，2022 年 3 月 6 日。

[20] 刘政宁、张文朗：《油价上涨如何影响美国通胀》，2022 年 3 月 5 日。

[21] 张启尧、陈恭懿：《复盘：石油危机下的美股》，2022 年 3 月 8 日。

[22] W. Keener Hughen. Do Oil Futures Prices Predict Stock Returns，I-Hsuan Ethan Chiang，Jan. 23，2017.

[23] 张夏、陈星宇：《三次石油危机对各产业链影响回顾分析》，2022 年 2 月 28 日。

[24] 陶川、赵艺原、邵翔：《油价再破 70 美元后的演绎和影响》，2021 年 6 月 2 日。

[25] 周璐、陶川：《油价上涨对 PPI 和行业盈利影响有多大》，2021 年 4 月 9 日。

[26] 陶川、赵艺原：《油价为何领先 A 股》，2021 年 3 月 8 日。

[27] Guillaume L'oeillet，Julien Licheron. The Role of Oil Prices in Monetary Policy Rules：Evidence from 4 Major Central Banks，Sep. 18，2009.

[28] 刘奥南、吴舒红：《金融因素对原油价格的影响分析》，2017 年 6 月 28 日。

[29] 老罗话指数投资：《介绍一只跟踪市场的原油股票指数——道琼斯美国石油指数》，2021 年 10 月 20 日。

[30] 黄伟平、左大勇、徐琳：《年内 PPI 同比何时见顶？——基于原油价格和 PMI

的 PPI 同比预测》，2021 年 4 月 1 日。

　　〔31〕刘文波：《全球利率环境与原油价格》，2017 年 9 月 11 日。

　　〔32〕价值投资策略笔记：《深度解析原油基金套利的原理和方法》，2020 年 3 月 28 日。

对手盘：重量级玩家

原油市场对于全球经济是如此的重要。除了供求机制外，与其他金融市场相比，它更容易受到宏观经济和政治因素的影响。它也是许多关键玩家进行大规模操纵的目标。这些操纵既有间接的口头干预，也有直接的产量干预。一旦交易者能够分析这些宏观因素和关键玩家的行为，那么它们就能够相对较容易地搞清楚原油价格的未来动向。当所有因素在某一时间点指向同一个主题时，市场将在特定方向运行很长一段时间。这时交易者就能够在原油等市场上持有较长时间的头寸获取丰厚的利润。

——西蒙·沃特金斯（Simon Watkins）

通过仔细研究影响主要原油生产国和消费国的宏观因素来建立自己的市场判断。在商品交易市场中，具有全球影响力的公司屈指可数，如果你知道它们在做什么，就等同于知道了赚钱的秘方。

——凯特·凯利（Kate Kelly）

在一秒钟内看到事情本质的人和花半辈子也看不清事情本质的人，自然会有不一样的命运。不要憎恨你的敌人，那会影响你的判断力。让朋友低估你的优点，让敌人高估你的缺点。离你的朋友近些，但离你的敌人要更近，这样你才能更了解他。

——《教父》

任何一个市场最重要的是交易规则，在既定的交易规则下才能决定有什么样的参与者，而市场参与者又决定了参与的模式是套利、投机还是套保或算法量化交易，而参与的模式最终决定了整个市场价格波动的模式。

——柳瑾

问题的关键不是要认同合作伙伴或敌人，而是要站在对方的角度去透彻看世界，从而明智地预测他们下一步会怎么做以及未来的形势变化，在此过程中你已经克服了

一些不确定性因素，进而减小了一些风险，你的博弈因此被改善了。

——埃伦·C. 夏皮罗 （Eillenn C. Shapiro）

梅威瑟和他的教练研究过哈顿的比赛录像，摸清楚了他的习惯，比如在出左勾拳的时候，哈顿喜欢把右手放下，梅威瑟必须在拳击场上熟悉哈顿的这些习惯。

——加里·克莱因 （Gary Klein）

从事柔道是我一生中自觉自愿的事，它不仅是一项运动，而且似乎是一门哲学，它教会我对待对手也要心怀敬意。

——普京

臣一路走来，没有敌人，看见的只有朋友与师长。人，不能怯弱，但不能不知敬畏，要学会敬畏自己的对手。

——《大军师司马懿》

从人类生存的角度，适度的暴力是必须的，这是一个物竞天择的世界，如果你不能赢得竞争，就无法生存下去。过度的暴力也是具有毁灭性的，就像纯粹的和平主义一样，战争也可以很容易将一个文明迅速抹杀，所以人类必须寻求一种平衡，既要有对于和平的追求，也要有掌控暴力的能力。

——约翰·丹纳赫

第一步，看客观的数据，要站在对方的角度看问题；第二步，根据客观的数据，形成主观的逻辑判断；第三步，主观逻辑与客观数据进行验证对比。站在对立面的角度思考，是形成系统性思维非常重要的一步。大脑中能够同时保持两种不同的观点，才能做出客观的判断。我们从资金主力的立场想问题，可能有一天我们也能成为主力。

——魏一凡

产业间的上游或者下游的亏损其实也很正常，要不然谁都去做产业了。只不过产业内的利润分配永远都不可能只导向一端而另一端永远都在亏损状态，这也可以说是博弈后的结果。更为重要的是行情末端往往是金融资本绞杀产业资本的时候。

原油市场上有不同类型的玩家，每种类型的玩家都有特定类型的核心利益焦点和诉求（见表 20-1）。

在本课我们将介绍一些原油交易界的重量级参与者，这些玩家对原油市场的走势有着举足轻重的影响，在介绍这些大玩家之前，我先从博弈论的角度证明一下与大玩家在大多数时候保持一致的重要性。

对于投机交易而言，交易者得到的结果不仅取决于他自己的行为，因为结果都是有代表性交易者（有影响力）共同决定的，所以一场交易的获利与否需要考虑到所有代表性参

与者的行为。请看表 20-2，这是一个忽略了很多细节的模型，但是基本可以模拟交易这个博弈过程，当然这里主要针对的是投机交易，也就是零和博弈。

表 20-1　原油市场不同玩家类型的不同利益诉求

序号	玩家	在原油市场上的核心利益和诉求
1	国际能源机构	国际能源市场供需平衡
2	石油资源国	经济利益最大化，通过能源实现政治目的
3	石油公司	股东利益最大化
4	消费者	能源开支最小化
5	炼厂	裂解价差最大化，利润最大化
6	交通运输行业	燃料成本最小化
7	OECD	油价上涨的经济成本
8	OPEC	原油收入的财政效应
9	原油进口大国	国际收支平衡和滞胀风险
10	对冲基金等投资机构	投资收益最大化

表 20-2　交易这个博弈过程

	B 做空，C 做空	B 做空，C 做多	B 做多，C 做空	B 做多，C 做多
A 做空	−3	2	−2	+3
A 做多	+3	−2	2	−3

在表 20-2 中，A 代表我，B 代表机构交易者，C 代表散户交易者。如果机构交易者和散户交易者都做空，则市场基本上缺乏进一步做空的力量，所以如果我加入到空方阵营，则很遭遇大逆转走势，亏损自然也很大，简单计为 −3。如果机构交易者做空，而散户交易者做多，则表明市场上还存在很多散户力量可以转为空头，而且机构交易者一般在趋势的前段和中段持仓，则表明下跌趋势还未结束，所以这时候我们加入到机构交易者一边，可以赚信息和资金上处于劣势的散户交易者的钱，简单计为 2。当市场上机构交易者做多，而散户交易者做空，我们应该同此理，站在机构交易者一边，但是如果我们站在散户一边，则亏钱，简单计为 −2。当机构交易者和散户交易者都做多的时候，市场肯定是缺乏进一步上涨的动量了，此时做空则可以获利不少，简单计为 3。这是对表格 "A 做空" 一行的介绍，"A 做多" 一行也是类似的。

表 20-1 很好地模拟了真实短线交易中面临的博弈情景，如果仔细去揣摩其中的意义，可以对大家的交易起到不小的促进作用。即使只掌握最浅一层的含义，也能对你

的交易思路有不少启发：你交易行为的绩效取决于其他参与者的行为！

原油期货市场当中活跃着一些大玩家，我们要独立分析影响原油价格的各种客观因素，同时也要注意大玩家的动向和言论。

下面，我就逐一介绍原油市场的大玩家们，他们是各种各样的对冲基金，常年活跃在原油期货和衍生品市场上，他们的一举一动备受关注。当他们的发表看法时，我们要问为什么他们有这样的观点？背后的逻辑和证据是什么？他们的意图是什么？他们是想要找接盘侠，还是想要驱动市场朝着对自己头寸有利的方向继续前进，又或者是只是为了表达自己的观点？当他们采取某种行动时，我们要探究他们做这样的原因是什么。要解答上述问题，光靠猜测和内幕消息是行不通的。**我们要结合当时的产业链背景和美元走势去理解他们的言行。**

我要介绍的第一个大玩家是 Andurand Capital，这家对冲基金最近十几年在原油市场上叱咤风云，虽然也曾经失败，但是其成功次数更多。这家公司的官网 http://www.andurandcapital.com，可以说空无一物，很难从中找到对我们有用的信息。或许以后他们的官网会刊登一些有价值的研究报告，所以大家不妨经常关注一下。

Andurand Capital 是由皮埃尔·安杜兰（Pierre Andurand）创立的，此君在高盛任职过，后来又在一家石油集团当交易员，那时候绝大多数同事都专注于对冲现货各个环节的风险，而他却喜欢去研究其他交易员的可能行动（见图 20-1）。

图 20-1　皮埃尔·安杜兰（Pierre Andurand）

资料来源：Business Insider.

他认为掌握能源市场的基本驱动因素和心理因素同样重要。在研究过程中，他坚持将所有这些因素放在一起衡量，并在此基础上制定原油交易策略，按照这个方法交易下去，没用多长时间他的资金就开始每年翻倍了。2008 年 2 月他与合伙人开始了自己的对冲基金事业，他认为原油每年都有几个较好的交易机会，因此他的主要精力集

中在能源类金融产品的交易上。要追踪 Pierre Andurand 在原油市场上的言行只能通过搜索引擎，中文财经网站（见图 20-2）和英文财经网站（见图 20-3）都时不时有关于他的报道和访谈。

【油市崩溃预测者：牛市行情启动】伦敦对冲基金 Andurand资本管理首席投资官兼经理Pierre Andurand：原油正启动"多年牛市行情"——因为低油价已经遏制供应，油价料在2016年反弹至60……

文 / luojun615　　2016年03月30日 22:59:26　　💬 0

【油市崩溃预测者：牛市行情启动】伦敦对冲基金Andurand资本管理首席投资官兼经理 Pierre Andurand：原油正启动"多年牛市行情"——因为低油价已经遏制供应，油价料在2016 年反弹至60-70美元/桶、并在2017年反弹至80美元/桶。

图 20-2　互联网上有关 Pierre Andurand 的信息（1）

资料来源：华尔街见闻。

Andurand returning after BlueGold to cut risks at new hedge fund

Learned his lesson?

By Matthew Brown

January 23, 2013 • Reprints

FROM THE ARCHIVES

Pierre Andurand, the trader who shut his BlueGold energy hedge fund after it lost 34 percent in 2011, seeks to cut volatility of returns by more than half when he opens a new fund next week.

Swings in performance will be 10 to 15 percent a year at Andurand Capital Management LLP, compared with 40 percent

图 20-3　互联网上有关 Pierre Andurand 的信息（2）

资料来源：futuresmag。

第二个大玩家是高盛。2006 年高盛预测油价将突破 200 美元，从而误导了不少航空公司的对冲交易和套保交易。它于 1869 年成立，是全世界历史最悠久且规模最大的投资银行之一，拥有丰富的现货市场知识和国际金融产品运作能力，被视为原油市场最大玩家之一。

第三个大玩家是摩根士丹利。这家公司在中国也是闻名遐迩，是能源市场的大玩家之一，广泛参与原油期货和现货市场。摩根士丹利本来是JP摩根大通公司的投资部门，1933年美国经历了大萧条，国会通过《格拉斯–斯蒂格尔法》，禁止银行混业经营，于是摩根士丹利作为一家投资银行于1935年9月5日在纽约成立，而JP摩根则转为一家纯商业银行。这个原油市场大玩家几乎隔三岔五地公开发表对原油的看法，所以你经常可以在各大财经媒体看见它对原油市场的言论。你可以在搜索引擎输入关键词来检索相关信息，然后点击"最新相关信息"，获得最新报道（见图20-4）。另外，也可以从如下官方网址获取及时的市场观点：

> 摩根士丹利石油市场研究主管为亚当·朗森（Adam Longson），你也可以同时检索这个人的言论。

http：//www.morganstanley.com/ideas

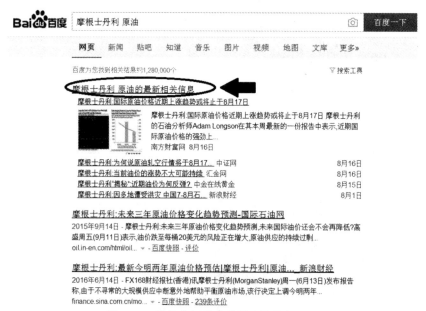

图20-4　摩根士丹利有关原油的最新言论

资料来源：百度。

第四个大玩家是嘉能可国际，全球最大的商品交易商，嘉能的前身是马克·里奇（Mark Rich）（见图20-5）缔造的。他的名言是："不卖石油给祖国的敌人，就不是真正的石油商。"

图 20-5 马克·里奇（Mark Rich）

资料来源：扑克投资家。

这个人一直被美国通缉，直到克林顿卸任之前才被赦免，但终究没能回到美国。这个原油大佬的一生颇具传奇色彩，有本名为 *The King of Oil：The Secret Lives of Marc Rich* 的传记（见图 20-6）描写了他跌宕起伏的一生，这本书中文版《石油之王：马克·里奇的秘密人生》由华夏出版社 2010 年出版。做原油的人可以看一下，因为从这个人的一生可以看到原油价格的中长期走势与历史事件的相互影响。

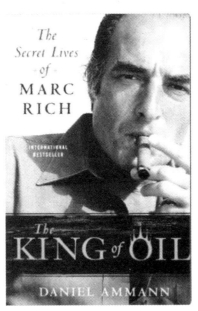

图 20-6 *The King of Oil：The Secret Lives of Marc Rich*

资料来源：Amazon.

作为和嘉能可及维多（Vitol）齐名的顶级大宗商品和矿业交易商，托克是在1993是由克劳德·多芬（Claude Dauphin）和埃里克·德·蒂尔凯姆（Eric de Turckheim）建立的。当时两人选择从原油之王马克·里奇（Marc Rich）的集团中出走并自立门户。

第五个大玩家是Trafigura，中文名为托克。这家公司是全球第三大独立石油贸易公司和全球第二大独立有色金属精矿贸易公司，每日实物石油交易量超过250万桶，在全球独立贸易公司中位居第三。托克的石油贸易量在全球"自由市场"所占的份额估计达6%。这家公司的官网是http：//www.trafigura.com，有个"FINANCIALS"栏目，里面的半年报可以看下（见图20-7）。

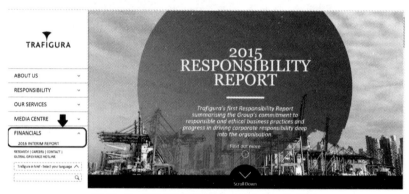

图20-7　托克官网的"FINANCIALS"栏目

资料来源：Trafigura.

国际原油现/期货及衍生品市场除了上述几个大玩家之外，还有一些对冲基金在原油市场上的洞察力非凡。2015年原油市场上收益名列前茅的几家对冲基金（见图20-8）都有一定本事，因为当年原油走势波动较大，行情很难把握。这几家对冲基金的网站和相关报道也可以留意，其中Landsdowne值得重点关注，可以通过谷歌检索相关新闻。

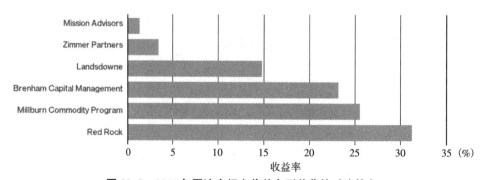

图20-8　2015年原油市场上收益名列前茅的对冲基金

资料来源：Bloomberg.

　　大玩家们的观点和行动要与 COT 持仓、共识预期、产业链动态、美元走势结合起来看。如果 COT 非商业净多头位于极端高位，媒体和"专家"一边倒地看涨，这个时候有个别大玩家出来唱多，那就值得警惕了，这个需要反着看。相反，如果媒体和"专家"比较悲观，产业链上游的钻井数持续下降，COT 非商业净多头位于极端低位，这个时候大玩家有做多举动，那么就是大胆干的机会了。

　　国外还存在一些通过跟踪各类原油基金表现来推断聪明资金动向的策略，比如跟踪做空原油基金价格表现来推断原油价格走势（见图 20-9 和图 20-10），跟踪原油基金价格表现来推断原油价格走势（见图 20-11）、跟踪 3 倍做空/做多原油基金的表现来推断原油价格走势等，但是这些效果其实并不好，因为两者基本上是镜像关系，只有极少数时候出现背离信号时可以提供有价值的机会。多年观察下来，我比较偏好一个指标——"选定能源股票新高新低百分比"（见图 20-12），其实就是看新高股票数目减去新低股票数目所占总数的百分比，这个指数如果超过 50，则见顶部；如果低于-50，则见底部。这个指标其实是"愚蠢玩家"风向标，当最愚蠢的那些玩家最后进场时，行情就到头了，这个指标也可以看成是一个情绪指标。

图 20-9　做空原油基金 DTO 表现与 WTI 油价（1）

资料来源：StockCharts.com.

图 20-10　做空原油基金 DTO 表现与 WTI 油价（2）

资料来源：StockCharts.com.

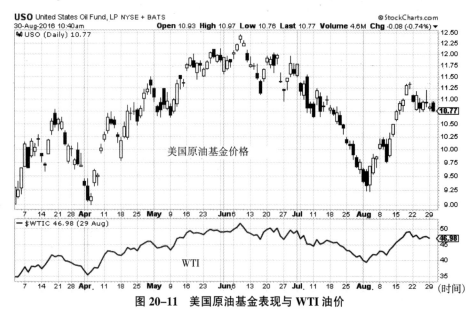

图 20-11　美国原油基金表现与 WTI 油价

资料来源：StockCharts.com.

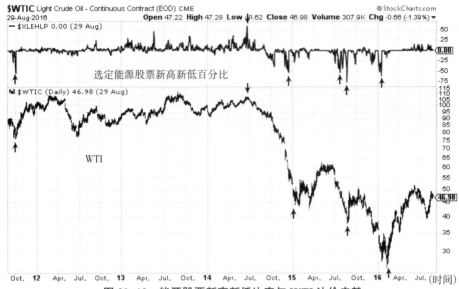

图 20-12 能源股票新高新低比率与 WTI 油价走势

资料来源：StockCharts.com.

除了投资机构这类大玩家之外，我们还要对一些有原油产业背景的大玩家进行跟踪，它们的财务报告和行业研报，以及重要动向都是我们关注的焦点，此类产业大玩家有如下五家：

（1）埃克森美孚（Exxon Mobil）。它的官方网站是 https：// www.corporate.exxonmobil.com，其中值得重点关注的栏目是 "En-ergy and innovation" 下面的 "Energy Outlook"（能源展望）（见图 20-13）。

> 财报体现了经营的盈亏平衡点以及固定资产投资情况，这些与未来的供给和产能密切相关。

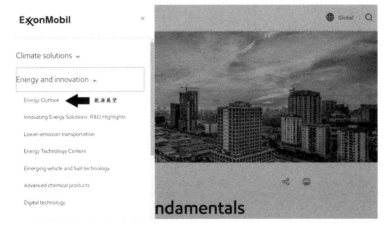

图 20-13 "Energy Outlook"（能源展望）

资料来源：Exxon Mobil.

（2）英国石油公司（BP）。它计划转变为专注于为客户提供解决方案的综合性能源公司，将逐步降低油气产量和炼油产能，全面向综合能源迈进，氢能、可再生能源是其发展的重点。它的官方网站是 https：//www.bp.com，其中值得重点关注的栏目是"News and Insights"（新闻和洞见）（见图 20-14）。

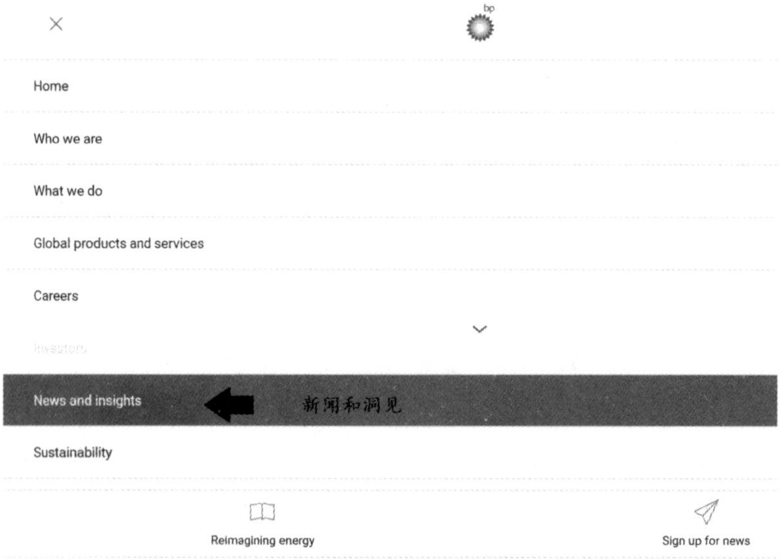

图 20-14　"News and Insights"（新闻和洞见）

资料来源：BP.

（3）荷兰皇家壳牌集团（Royal Dutch/Shell Group），世界第二大石油公司，总部位于荷兰海牙，由荷兰皇家石油与英国的壳牌两家公司合并组成。壳牌也在积极布局新能源，它计划电力销售翻番、扩大 LNG 产能以及逐步减少石油产量。它的官方网站是 https：//www.shell.com，其中值得重点关注的栏目是"Inside Energy"（走进能源）（见图 20-15）和**"壳牌情景规划"**（Shell Scenarios），后面这个栏目可以经由下列菜单路径找到"1. Shell Global > 2. Energy and innovation > 3. The energy future > 4. Shell Scenarios"（见图 20-16）。也可以直接由如下网址进入：

https：//www.shell.com/energy-and-innovation/the-energy-future/scenarios.html

为什么"壳牌情景规划"（Shell Scenarios）这个栏目这么重要呢？情景规划（Scenario Planning）最早出现于第二次世界大战后不久，当时是一种军事规划方法。

美国空军试图想象出它的竞争对手可能会采取哪些措施，然后制定相应的战略。在 20 世纪 60 年代，兰德公司和曾经供职于美国空军的赫尔曼·卡恩（Herman Kahn）把这种军事规划方法提炼成一种商业预测工具。卡恩后来成为美国顶尖的未来学家。

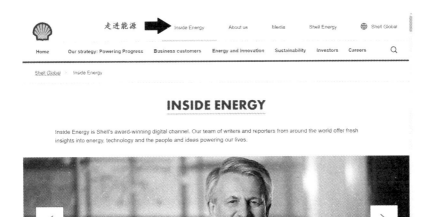

图 20-15　"Inside Energy"（走进能源）

资料来源：Shell Group.

图 20-16　Shell Scenarios（"壳牌情景规划"）

资料来源：Shell Group.

1972 年传奇式的情景规划（Scenario Planning）大师，法国人皮埃尔·瓦克（Pierre Wacker）领导壳牌情景规划小组。当时该小组发展了一个名为"能源危机"的情景。他们想象，一旦西方的石油公司失去对世界石油供给的控制，将会发生什么情况以及怎样应对。

在 1973~1974 年冬季 OPEC 宣布石油禁运政策时，壳牌有良好的准备，成为唯一一家能够抵挡这次危机的大石油公司。从此，壳牌公司从世界七大石油公司中最小的一个跃升

情景规划要求参与者先设计几种未来可能发生的情形，接着再去想象会有哪些出人意料的事发生。这种分析方法使参与者能够进行较为客观而深入的分析和讨论，从而使基于其上的战略更具弹性和有效性。高明的棋手总是能清晰地设想出双方下一步，甚至接下几步棋的多种可能的"情景"。同样，"情景规划"方法能够提供预判和预防机制，在问题和外部冲击没有发生之前，设想可能的各种情景，当想象过的情景真正出现时，参与者就能从容和有效地加以应对了。

成为世界第二大石油公司。1982年皮埃尔·瓦克退休，接任他的就是彼得·舒瓦茨（Peter Schwartz）。

在1986年石油价格崩落前夕，壳牌情景规划小组又一次预先指出了这种可能性，因此壳牌并没有效仿其他的各大石油公司在价格崩落之前收购其他石油公司和扩大油田生产，而是**在价格崩落之后，花35亿美元购买了大量油田，彼得·舒瓦茨说这一举措为壳牌锁定了20余年的价格优势。壳牌这个栏目为我们洞察原油大行情提供了一个高质量的窗口。**

情景规划是什么我们已经了解，不过大家可能觉得情景规划与原油短线交易没有直接的关系，其实很多交易者之所以失败就是因为缺少情景规划思维。我们以前一直强调概率思维，其实概率思维是对比较初级的交易者使用的术语，当你真正步入交易者的成功大门时，你才发现"情境规划思维"的重大实践价值。当下的市场在此后特定一段时间发展的可能性有两种以上，其中最有可能的是两种。比如我们首先查看了明天以及接下来几天原油市场要公布的重要信息，以及原油期货市场当前的反映和价格走势；其次我们据此对明天原油期货的日内走势作各种推测；再次从支持和反对两个角度对各种走势假定进行概率上的排定，并为每种走势作出交易上的规划；最后**选出能够适合大多数走势的占优策略。**

（4）道达尔石油（TOTAL）。道达尔2021年正式战略转型为一家多元化能源公司，制定了相应的碳中和战略，努力在2050年达到20%的油（含生油基油品）、40%的天然气（含生物天然气和氢）及40%的电力的能源结构，致力于实现净零排放目标。它的官方网站是https：//totalenergies.com，其中值得重点关注的栏目是"News and Media"（新闻和媒体）（见图20-17）。

（5）康菲国际石油（conocophillips）。它的官方网站是https：//www.conocophillips.com/，其中值得重点关注的栏目是"News and Media"（新闻和媒体）（见图20-18）。

从上述五大石油公司公开的2022年后的中期资本支出计划看，传统能源领域的投资增速持稳或下滑的居多。即使资本支出增加，投资的重点也已经不再是传统的油气产业了。全球碳中和大背景下，这些大型石油企业缺乏意愿在该领域继续增加投资，而是将注意力转向了清洁能源等新型市场。**2022年及以后国际原油的价格与产能扩展规律可能会比以往更弱化，原因就在于全球正在进行中的碳中和运动。**

当你不能跟踪聪明的大玩家时，可以跟踪愚蠢的大众玩家，后者的效果往往比前者更加稳定。2012年在杭州见了一位后来移民德国的期货大佬，他真可谓白手起家，营业部经理希望他看在多年交情的份上写一点经验之谈给大家，他写了七八条，其中

有一条就是**看看周围大多数人的看法和头寸是什么，然后避免跟大多数人的头寸相同，特别是情绪化人**。这不是故弄玄虚，过来人都知道。

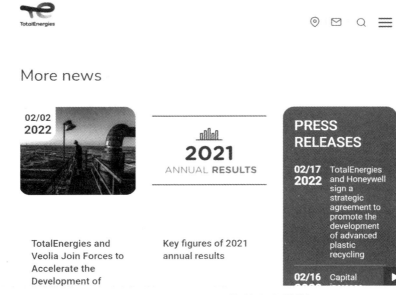

图 20-17 "News and Media"（新闻和媒体）

资料来源：道达尔能源。

图 20-18 "News and Media"（新闻和媒体）

资料来源：康菲石油。

【开放式思考题】

在研读完第七课的内容之后，可以进一步思考下列问题。虽然这些问题并没有固定的标准答案，但是能够启迪思维，让你更加深入地掌握某些要点，或者是让你跳出僵化模式来重新看待问题。

（1）油价阴谋论的主要观点是认为原油价格会成为一种国际政治博弈手段。比如2014 年国际油价暴跌时，阴谋论就盛行。

当时有人询问能源委员会专家咨询委员会主任、原国家能源局局长张国宝关于美国通过操纵原油价格打击俄罗斯的说法，后者是这样回答的："其实阴谋论最早是俄罗斯自己说的。俄罗斯前财长说，油价低了，就是美国想整俄罗斯，因为油价在 106 美元俄罗斯才能做到财政平衡。美国人把油价打压下来，就会给俄罗斯的经济造成很大困难。之后，可能普京也在某种场合说过类似的话。还有的观点认为是美国和沙特联合起来，虽说沙特很吃亏，但还是得看美国的脸色来行事。过去就有人说导致苏联解体、压垮苏联的最后一根稻草就是油价下跌。但这些能源圈的人可能过多地夸大了能源的作用，油价真能压垮苏联吗？我认为油价是没有这个本事的，我不同意阴谋论的观点。第一，现在国际上的能源体量这么大，石油的买卖每天都是巨额的，单靠一个国家想让它升就让它升，想让它跌就能跌下去的时代已经过去，美国也做不到。第二，即使油价真的被美国人为压低了，难道只有俄罗斯一家倒霉吗？沙特也是倒霉的，而且对美国来讲也是'双刃剑'，因为美国的页岩油的成本比较高。"

那么，你认为美国**有没有意愿和能力**，利用原油价格打击俄罗斯呢？**原油价格的大幅持续下跌会不会动摇俄罗斯的国本呢？**国家或者说大国政府是不是原油市场的超级玩家呢？

（2）在本课的正文中提到的五家世界石油巨头基本都不太愿意在传统石油领域扩大投资，它们虽然有大量现金流，但是资本开支却不断下降。如果绿色能源无法填补石油产能的缺口时，那么会出现什么情况呢？

【进一步学习和运用指南】

卓创资讯基于情景规划分析预测体系，构建出了多因子模型，用于中期国际油价的预测，预测结果在月度《国际油价情景分析报告》上发布。

他们的原油情景规划预测体系包括了近 50 个观察指标，分为八类：一是石油金融

因素；二是宏观经济因素；三是石油供应端因素；四是石油需求端因素；五是价格结构因素；六是事件驱动因素；七是中国石油市场因素；八是随机因素（如疫情等）。

其中，金融类指标包括原油期货商业和非商业持仓情况等；宏观经济因素包括美国 CPI、失业率、美元指数等指标；供给端指标包括美国原油和成品油产量、原油钻机数等；需求端指标包括成品油需求量、炼厂开工率、裂解价差等；价格结构指标包括美国原油和成品油库存、OECD 库存、跨期价差、跨市价差等。建议本书读者进一步阅读卓创资讯的《原油多因子系列研究》。

参考文献

［1］Simon Watkins. An Insider's Guide to Trading the Global Oil Market，2019.

［2］闫建涛等：《图解原油期货：300 张图说清原油期货》，石油工业出版社，2018 年 5 月。

［3］柳瑾：《原油期货大热身：从分析架构体系到价格趋势，宏观视角下原油市场的机会都在这里了》，2018 年 1 月 2 日。

［4］张国宝：《迄今最靠谱、最权威、最看得懂的原油价格分析》，2014 年 11 月 15 日。

［5］卓创资讯：《基于情景分析预测体系的多因子模型》，2022 年 11 月 17 日。

［6］资本小论：《关于商品价格波动、对商品顶底的解读》，2019 年 12 月 12 日。

［7］Commodity Trading Advisors：《原油涨跌有规律可循？看看对冲基金空仓变化!》，2015 年 11 月 27 日。

［8］严明：《基于哈佛分析框架的石油公司比较分析》，2020 年 8 月 4 日。

原油市场行为研究（1）：宏观波动二元性

海是人锻炼谦卑和耐力的学校，让人了解真实的自己。

——雅克·罗格（Jacques Rogge）

忘掉 OPEC 吧，忘掉库存报告吧，忘掉关于经济增长和衰退的那些报道吧！如果你想要从原油交易中挣钱，那么只需要关注一个指标——波动率。原油价格经常在一天之内波动 3%~4%，在一个月波动 20% 左右。这样的高波动率能够带来巨大的利润或者巨大的亏损。

——杰夫·克拉克（Jeff Clark）

一个人幸运的前提，其实是他有能力改变自己。

——苏童

我们还没有充分掌握人类的行为规律，但不能就此下结论说这样的规律不存在。一旦我们掌握了人类的行为规律，人类行为与机器行为之间的本质区别也就消失了。

——艾伦·麦希森·图灵（Alan Mathison Turing）

任何关于原油价格行为的分析都可以归结为三个要素——势位态。任何技术分析指标的运用都是针对这三个要素之一展开的。

——魏强斌

一阴一阳之谓道，继之者善也，成之者性也。

——《易经·系辞上》

除非你做一些与大多数人不同的事情，否则不可能产生卓越的表现。

——约翰·邓普顿

分析原油绝对价格趋势的方法是变量分析法，尤其是原油期货价格这种高频率波动的价格更是如此（原油供需平衡表方法由于数据频率和连续性等问题难以有效指导

原油期货价格分析）。当前原油最大的变量端在供给，因为原油的需求端经济的增长需求并不强劲、变量因素波动不大；供给端最大的变量是欧佩克的减产、页岩油的增产。

——柳瑾

油价趋势线上的波动主要由交易因素触发，我们可以通过观测多空头持仓量和月差曲线结构来判断市场情绪，另外美元也是重要观测指标。

——张瑜

商品期限结构的变化往往意味着中长期趋势的形成。因为商品期限结构的转变是一个漫长的过程，某一商品期限结构由 Contango 结构转型成为 Backwardation 结构则代表着进入中长期的牛市，其价格不会出现大幅度的调整；即使基本面已经彻底反转，而基本面的反转也不是一天两天形成的，所以即使在基本面情况反转的情况下，商品的期限结构也会由 Backwardation 结构转变为 Contango 结构，给我们的时间也是充足的。

——资本小论

驱动分析可以告诉你大行情出现的概率和大致的主流趋势方向，但是驱动分析离开行为分析之后，交易者就很难最小化风险和最大化利润，很难得行情控制亏损。驱动分析找出了一段时期的最大驱动因素之后，还不能马上料定市场会对此驱动因素展开适当的注意。驱动因素要最终形成行情，必然通过参与者的心理决策，只有通过心理分析这个环节才能真正把握到"大行情的实现"。行为分析为具体的仓位管理提供了前提，没有阻力支撑线，我们根本无法进行所谓的交易进出。由此来看，行为分析是整个交易的枢纽，而心理分析则是整个行情分析的枢纽。

关于技术分析，其实讲来讲去都是那些东西，花样可以变化出很多来，但无非就是几年一个周期的"技术时尚"而已。资金做大了以后，越发感受到技术分析的局限性。而且市场也在不断进化，单靠技术分析在市场中过得滋润的人真的是"稀有动物"了。但是，技术分析没用吗？也不是。我的经验是综合起来使用，与驱动分析和心理分析结合起来使用，这才是真正的交易正途。

从本课连续三课都讲行为分析/技术分析，按照"势位态"的顺序来讲。多年来，我一直不遗余力地将技术分析简化为"势位态"三要素，目的在于化繁为简，实在没有必要搞那么多技术指标和工具，否则只能是作茧自缚。本课讲"势"这个要素，但是在讲这个要素之前，我想先给原油交易者谈谈"行为分析/技术分析"的一些"命门"。

大家应该习惯于"技术分析"的叫法了，但是这个叫法容易让人误导，产生一种"科学技术"的幻觉，仿佛这是一门"技术含量高"的"能力"和"学问"。但是，多年交易成败得失的经验表明技术分析并非"技术"，而是一门混合着经验与迷信的"金融巫术"。

巫术并非贬义，也不是褒义，而是实证性的描述。现代科学就来源于"巫术"，巫师是最早的知识分子和科学家。技术分析的价值和纰漏不断得到行为金融学家和交易者的批判和完善。为了不被"技术"二字误导，我更愿意称其为"行为分析"。"行为"只是表明市场被我所观察到的动作，所见而非所想，尽量去除主观的看法。

如果要给我的做法镀一层金，也可以认为行为分析属于技术分析的一个发展阶段，一个总括技术分析基本要点和工具的阶段。**技术分析的"圣杯"归结为一点就是：区分单边走势和震荡走势。但是，这个圣杯却是技术分析本身所不能追求到的，所以说"技术分析的最高功夫在技术分析之外"。**但是，要做到较好地控制和管理风险，同时最大化利润，则必须在技术分析上下功夫。行为分析是一个十分庞大的体系，无论怎么样我们要掌握这个体系都必须有所重点，同时把握住最根本的要素。

趋势分析的关键是围绕着单边走势还是震荡走势。行为分析可以告诉你过去的走势是什么，但是对于未来的走势更多是一种试探和估测，甚至连概率都谈不上，这就是行为分析本身的限制之处。"顺势而为"就行为分析而言，更多地可以理解为对把握趋势的无可奈何，不能主动去把握，只能被动去跟从。我们着重运用的趋势分析工具放在了工具一栏（见表 21-1），后面会有部分涉及，其他没有涉及的技术工具可以从我们的系列丛书中去寻找。

> 价格波动率的周期性，或者说敛散的周期性是一个非常有用的工具，哪怕一个纯技术分析者也能够从中获得高效的结果。

> 趋势分析的重点到底是方向（涨跌），还是敛散？这个问题值得深思，所有技术分析的精髓都可以通过解决这个问题来获得解决。

> 逻辑搞清楚了，工具可以信手拈来，所谓"运用之妙，存乎一心"，心法才是关键，而非具体的工具。

表 21-1　行为分析的三要素和相应的工具

要素	工具	分析要素
势	三 N 法则（N 字，N%，N 期）	单边 VS 震荡
	两跨（跨时间分析，跨空间分析）	
	螺旋历法 + 波浪理论	
位	斐波那契点位	支撑 VS 阻力
	中线（前日波幅中点）	
	波幅（日均波幅和离差）	

续表

要素	工具	分析要素
态	K线（价态）	收敛 VS 发散
	成交量（量态）	

"位"主要是指阻力和支撑水平位置，当交易者知道了趋势之后，必然对操作方向有了具体的意见，接下来寻找的是进场位置，当然隐含的出场位置也在初步评估之中，这时候位置分析就显得非常重要了。在第二十二课我们会专门讲这个要素。

很多做高频炒单的超短交易者根本不顾什么技术分析，当然基本分析也没用，重要的是动量、套利关系和仓位管理。

找到了持仓方向和潜在的进场点，接下来就需要确认这些进场点（顺带也就确认了持仓方向）的有效性，于是"态"就发挥作用了，这里面用得比较多的形态分析工具是蜡烛图，也就是通常所谓的K线。我会在第二十三课专门讲这个要素。

任何技术分析工具都属于"势、位、态"三要素分析的特定领域。如果你明白了一个工具的用处，当然也就知道了它在行为分析中的具体价值，这样你就不会为无数的技术指标和工具所迷惑，你也不会不遗余力地追求更多的指标，因为你会发现只要能构建一个全面分析势、位、态三要素的策略就能取得较好的交易绩效。**如果你采用了几十个指标，但是却没有涵盖势位态三要素的分析，则你的交易策略效率必然是很低的。**如果你采用了两个技术指标，但是却能够涵盖势、位、态三要素分析，那么你这个交易策略的效率必然非常高。

趋势分析的技术工具可以确认趋势，不能预测趋势。

本课的主题是"势"，也就是趋势。**趋势具有持续性，更具有稀缺性，这是趋势的两种基本特征。单边和震荡则是趋势的两种基本类型。**

技术分析的三大前提建立在趋势持续性的基础上，但是却忽略了更为重要的稀缺性，这也是绝大多数交易者永远亏损的根源之一。传统的技术分析和我们发展出来的行为分析都面临一个困境：技术分析（行为分析）的圣杯在技术分析

（行为分析）之内是找不到的，技术分析（行为分析）的最大梦想无法单靠自己实现。

技术分析的最大目标是区分单边走势和震荡走势，单边走势被认为是存在狭义趋势的走势，而震荡走势则被认为是不存在狭义趋势的走势。当一个交易者能够预先知道下一段走势的类型时，他就可以立于不败之地：如果是单边走势，则采用"设定止损，不设止盈"的策略，采用趋势技术指标分析和操作；如果是震荡走势，则采用"设定止盈，不设止损"的策略，采用震荡技术指标分析和操作。但是，**技术分析恰恰发展不出一种手段（指标）可以区分当下走势属于单边还是震荡，所以技术分析的最大梦想是技术分析本身永远无法实现的，这就是纯技术分析者的最大悲哀所在。**

很多交易者都忽视了技术分析的局限性，他们总是假设技术分析可以满足他们的所有要求，而这导致了他们误认了技术分析的能力范围。

巴菲特的搭档查理·芒格相当注重"能力范围"对自己的限制。当你在能力范围之内活动的时候，你可以恰当地运用自己的能力和资源，更有效率地达成你的目标；当你超出你的能力范围进行活动的时候，你将犯下甚或致命的错误，当然也很难达成你的目标了。技术分析这种手段本身具有很大的局限性，它的三大前提表明了具体的局限所在，很多人不知道这些前提是局限的界碑，**反而将前提认作不证自明的公理。**

走势具有惯性也是技术分析的重要前提，如果走势没有惯性，技术分析的主流分析策略和操作思路将无用武之地——毕竟如何抓住单边走势是传统技术分析和主流技术分析的主要任务和目标。但是，走势的惯性其实只在单边走势中得到体现，单边走势相对于震荡走势而言是稀缺的，难题还不在这里。

真正困难的地方在于技术分析很难区分当下的走势是震荡走势还是单边走势。如果是单边走势，那么走势的惯性就很大，如果是震荡走势就谈不上惯性了，最多只能说"继续

宏观波动的二元性就是单边与震荡。

高手往往通过不断追问"为什么"来质疑前提，从而超越一般人。

震荡的惯性很大"。**为什么我们学了这么多技术分析之后还是亏钱，其中一个重要的原因在于我们利用了基于单边走势的传统技术分析去把握不只有单边走势的非传统行情。**

价格吸收了一切信息，这并不必然是技术分析的要求，但却是所谓的传统技术分析的重要前提条件之一。用**"价格终将吸收一切信息"**代替**"价格吸收一切信息"**更为符合实际，价格对于信息的反应在局部和短期内总是处于偏离理性的状态，这是日内交易者必须明白的一个道理，而这种偏离却是为了更好地贴近实际的价值中枢。简而言之，偏离是为了更好地接近。

原油价格的走势必然包含了基本面或者说驱动面的预期成分，这个预期是市场情绪和心理对于基本面吸收过后形成的。为什么人们会如此关注价格而忽视了价格形成的因素呢？这是因为大家认为"价格吸收一切信息"是绝对正确的，而技术分析不能与基本分析并存也是不争的事实，其实这个观点根本就是迷信，是一个未经自己反复验证的谬误观点。正是因为这一观点的广泛传播和流布使得绝大多数人从来都是纯粹技术分析的信徒。

但是，他们忽略了一个不争的趋势：像杰西·利弗莫尔和理查德·丹尼斯这样的纯技术交易者逐渐衰落，一些混合交易者取得了非凡的成功。**价格不能及时吸收所有信息，它只是吸收那些当下被市场参与者意识到的信息。**当市场中不具分量的人意识到某些信息的时候，价格并不会有显著的走势出现，所以我们要观察价格吸收的对象而由此引发的走势就必须跟踪那些机构交易者的观点和动向。

纯粹的技术分析不能告诉我们如何判断历史是否会重演，因为价位重现的基础更多的是基于驱动—心理因素的同等程度的再现；纯粹的技术分析不能告诉我们如何判断走势是否会持续，因为价格走势的持续更多的是依赖于驱动—心理因素的持续发展空间；**纯粹的技术分析不能告诉我们价格吸收了哪些信息，但是结合驱动—心理分析我们可以知道价格究**

如何分析预期和预期的吸收程度呢？比如，利好公布之前上涨没有，市场是否对此已有充分讨论，基本面数据预期值和实际值的差别，散户多空情绪调查……其实，也可以对历史上类似情况进行量化统计分析……

竟为哪些因素所推动、即将为哪些因素所推动。

　　总而言之，纯粹的技术分析很难告诉我们趋势的性质，这就是技术分析的短处所在，不过技术分析可以为我们提供其他的东西，这些东西对于交易而言也是必不可少的。

再精巧的纯技术分析，不如粗线条的混合分析。

　　在一个时间段内的涨跌走势基本不会直线一样地发生，因为市场普遍以曲折的方式来运动，所谓的趋势也就是一个主要移动方向而已，市场以"驱动—调整"的方式朝着趋势方向前进。趋势不同于方向，但是趋势与方向有关，趋势是整体的特征，市场以较大幅度的驱动浪与较小幅度的调整浪结合起来表达趋势。

　　从驱动—心理层面来分析预测趋势比从行为—技术层面预测趋势要有效得多，但是我们仍旧不能忽略了从行为层面展开的趋势分析。如果你不能为自己的持仓确定一个方向，那么你就无法持仓。持仓方向必须考虑到最优的风险报酬率和胜算率，在单边走势中，也就是狭义顺势走势中，行情的回调幅度与前进幅度相比较更小（更高的风险报酬率或者说盈亏比），同时特定价位回调的可能性低于继续前进的可能性（更高的胜算率）。在震荡走势中，风险报酬率比单边走势更低，所以对于交易者而言宁愿操作单边走势也不要操作震荡走势。但问题的关键却是我们依靠技术分析无法甄别单边走势和震荡走势，我们只能在走势走出来之后才能对趋势的性质进行判断。

拙著《斐波那契高级交易法：外汇交易中的波浪理论和实践》专门讲了"驱动—调整"这种根本结构的运用，可以从图书馆借阅参考一下。

　　评估接下来的趋势我们往往需要将驱动—心理分析与行为分析结合起来。如果单单采纳驱动—心理分析，不看价格走势，**就容易忽略市场已经吸收的信息，极有可能在一个已经展开行情的末段才入场；如果单单采纳行为分析，就谈不上预估接下来的趋势，当然也很难主动把握大行情，规避大部分调整行情了。**

　　不同的市场走势涉及操作上的占优策略，也就是一个类型的市场走势有一个相应的最优策略，但是一个适应所有类型的市场走势的策略才是占优策略，也就是说不管市场走势

各种选择或者情形的收益期望值进行比较，选择机会成本最小的选项或者情形。

如何，采取这种策略能够赚取最高的总收益。为什么采取最优策略，还采取占优策略呢？最为关键的原因在于我们很难在走势完成之前确认趋势的性质。采取驱动—心理分析可以识别出一些特别强劲的单边走势和特别疲软的区间市场和收缩市场，但是仍旧不能高效率地识别出趋势的性质。

趋势的性质是策略建立和有效的基础，对特定趋势性质最有效的策略并不是对所有趋势性质整体有效的策略，前者是最优策略，后者是占优策略。在交易这种博弈行动中，占优策略比最优策略更符合长期取胜的原则。

下面我们就分别介绍四种性质的趋势：单边市、区间市、收缩市和扩展市，更为重要的是给出它们的最优策略，**最优策略只能在你能事先识别出该类型趋势的前提下使用，否则你就应该偏重采用占有策略。**

单边市场是玩家的梦幻时刻，幸运的玩家和优秀的玩家可以在其中迅速积累起梦幻般的财富，而倒霉和拙劣的玩家则往往赚不了什么钱甚至还赔光了老本。在2006~2007年的中国A股大牛市中，我见到了好几个超级幸运的玩家和非同一般优秀的玩家，他们把握住了超级单边走势带来的梦幻机会。而在2014~2015年的原油暴跌中，超级单边又造就了少数几个业界大佬。

单边走势分为两种子类型，第一种是单边向上走势，如图21-1和图21-2所示，第二种是单边向下走势，如图21-3和图21-4所示。

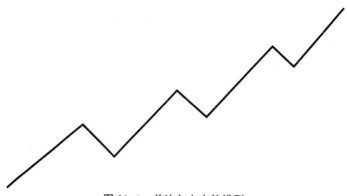

图21-1 单边向上走势模型

图 21-2　美原油期货单边向上走势实例

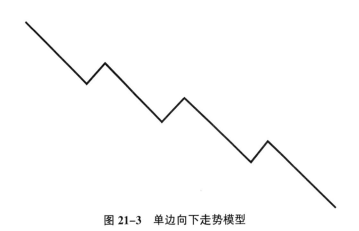

图 21-3　单边向下走势模型

　　单边向上走势的特点是向上的波段以相对更大的幅度发展，而向下的波段则以相对更小的波幅向下发展，这类走势中典型的波浪是向上 N 模式。这类走势的最优策略是利用跟进止损（也就是我们定义的后位出场）来控制出场，而进场方式上更多地应该采取见位进场和破位进场。见位进场就是调整段进场，而破位进场则是在突破前期高位的时候进场。

　　单边向上走势在进场和出场上的讲究大概就是这些，更为重要的是仓位管理，单边向上走势中恰当地加仓是非常必要的。**仓位管理要通过具体的进场和出场来实施，同时仓位管理也可以帮助交易者更好地应对纯技术分析和交易的困境：不能区分单边和震荡走势。**在采取跟进止损的前提下，潜在风险是极其有限的，而潜在利润则是非

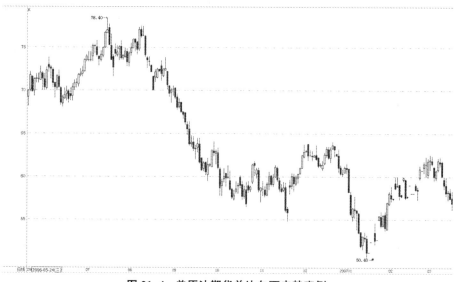

图 21-4　美原油期货单边向下走势实例

常丰厚的，自然其潜在回报率非常高。由于单边走势不存在连续数次做错方向的可能性，回调幅度也相对较小（触及跟进止损的可能性相对较小）而胜算率也很高，所以单边向上走势的风险报酬率和胜算率都相对较高，自然就应该持有较大的总仓位。

如果不采取止损措施，而只采取止盈措施，则单边走势也不适合交易，如果既不采取止损措施，也不采取止盈措施，则最后的随机出场使得交易结果非常不确定。单边向下走势涉及的交易策略也同上述道理。后面我们将会看到**在采取最优交易策略的前提下，单边走势较震荡走势更适合交易，准确地说是更应该采用相对较重的仓位来交易。单边走势的最优策略是设定跟进止损出场，采用见位或者破位策略进场**，在这个最优策略下单边走势可以为我们提供期望值极高的交易机会（期望值由风险报酬比和胜算率计算得到）。

区间走势是非常"勾引"人犯错的一种走势，它为你提供了看似胜算率很高的交易，但是一旦它出乎意料地转向单边走势，则你的损失将变得相当严重，此前丰厚的利润将瞬间吐回，打爆账户也是经常都有的事情。区间走势类似于西方技术分析中的箱体形态或者说矩形，如图 21-5 和图 21-6 所示。

图 21-5　区间走势模型

图 21-6　美原油期货区间走势实例

区间走势的最优交易策略是设定止盈，同时设定止损，规则和理性的区间走势较难见到，比单边走势更稀缺，区间走势往往与收缩走势和扩展走势夹杂出现，形成不规则的震荡走势，这种走势非常要命，因为风险报酬率和胜算率都极差。

如果交易者能够预先判别走势属于区间走势，则止盈是必须设定的，而止损则是可有可无的，当然这里的前提必须记住——预先判别。在实际情形中，要做到预先判别走势属于区间走势基本上不可能高概率地做到，因为震荡走势的确定性远远低于单边走势，而区间走势属于震荡走势。如果区间走势与单边走势都可能出现，而且你不能预先分辨出它们来，就面临几种选择了。

假如市场只有两种可能走势，即单边走势和区间走势，而进出场策略分为四种，如表 21-2 所示，则对于单边走势而言，"设定止损，不设定止盈"为最优策略。对于区间走势而言，"不设定止损，设定止盈"为最优策略。如果你能预先区分出这两种走势，则最佳的做法就是采用相应的最优策略，不过更为实际的情况是绝大多数时候，特别是采用纯技术分析策略进行交易的时候我们无法预先区分两种走势，那么只能寻求占优策略，也就是整体上能够取得最高期望值的策略，这就是"设定止损，不设定止盈"的策略。如果加上"试探—加仓"策略，则可以进一步提高期望值，所以"跟进止损（后位出场）+试探加仓"策略是非常经典的一个古典策略。这个古典策略是投机大师杰西·利弗莫尔正式确立的。一般而言，区间走势运动幅度较小，所以通过突破幅度可以过滤区间走势，进而在单边走势可能性更高的走势上加仓，这就是随着风险报酬率升高相应地增加仓位的理性做法。

表 21-2　最优策略和占有策略（标记粗体部分）

	单边走势	区间走势	策略累计分数
不设定止损，不设定止盈	很难做到持续盈利（0分）	略微盈利（1分）	1分
设定止损，不设定止盈	**大赚小亏，长期盈利丰厚**（5分）	小额亏损和大量的手续费（−1分）	4分
设定止损，设定止盈	小赚小亏（0分）	小赚小亏（0分）	0分
不设定止损，设定止盈	小赚大亏（−5分）	**只赚不亏**（4分）	−1分

区间走势相对于不规则的震荡走势确定性更高，所以其胜算率更高，风险报酬率至少持平，一般情况下区间走势要相对更高些。而单边走势的确定性较所有走势的确定性都高，胜算率和风险报酬率自然也是最高的，当然也应该持有较重的仓位。由此看来，四种走势其实蕴含了四种不同组合的胜算率和风险报酬率，大家应该仔细看看如表 21-3 所示的概率组合水平。

表 21-3　趋势性质与期望值和持仓水平

	胜算率	风险报酬率	期望值	持仓水平
单边走势	高	高	高正值	重
区间走势	高	平	低正值	轻
收缩走势	高	低	接近0	空
发散走势	低	低	负值	空

从表 21-3 中可以很明显地看出单边走势提供了较高的期望值水平，自然应该以相对较重的仓位进行交易，而属于震荡走势的区间走势、收缩走势和发散走势则应该尽量持有空仓。

震荡走势的特点是运行幅度有限，所以"试探进场—运行一定幅度加仓"的策略可以较好地筛选震荡走势和单边走势，用试探—加仓策略来区隔单边走势和震荡走势的一种次优策略。为什么收缩走势和发散走势具有趋负的期望值，我们下面详细地加以分析。

西方技术形态中的水平三角形是收缩走势的代表，收缩走势是高点越来越低，低点越来越高的走势，反映了市场越发缺乏驱动因素或者市场的交易多空双方面临重大的不确定因素，如图 21-7 和图 21-8 所示。这类走势中的最优策略是不介入，因为几乎没有盈利空间，虽然风险也逐步走低，没有盈利空间，风险也大幅下降，但是交易者持仓却面临资金的时间成本和手续费。

图 21-7　收缩走势模型

图 21-8　美国原油期货收缩走势实例

假如市场存在三种走势，如表 21-4 所示，而交易者不能预先区分三种走势，则占有策略是"设定止损，不设定止盈"。

表 21-4　最优策略和占有策略（标记粗体部分）

	单边走势	区间走势	收缩走势	策略累计分数
不设定止损，不设定止盈	很难做到持续盈利（0 分）	略微盈利（1 分）	亏手续费（-1 分）	0 分
设定止损，不设定止盈	**大赚小亏，长期盈利丰厚**（5 分）	小额亏损和大量的手续费（-1 分）	亏手续费（-1 分）	3 分
设定止损，设定止盈	小赚小亏（0 分）	小赚小亏（0 分）	亏手续费（-1 分）	-1 分
不设定止损，设定止盈	小赚大亏（-5 分）	**只赚不亏**（4 分）	亏手续费（-1 分）	-2 分
不介入	不亏不赚（0 分）	不亏不赚（0 分）	**不亏不赚**（0 分）	0 分

一个市场处于收缩状态，则肯定存在处于单边走势中的另外一个市场，资金放在前面一个市场就失去了在后一个市场赚钱的机会，这就是资金的机会成本，收缩状态中如果可能你能赚些小钱或者是不亏手续费，但是你失去了本应该赚大钱的机会。

发散走势的典型代表是西方技术形态扩散三角，对于这类走势的最佳做法肯定是"设定止盈，不设定止损"，但是如果交易者不能预先区分扩散走势和单边走势，则这样操作的风险可以达到无限大（在某些品种中甚至不仅仅是爆仓）。发散走势的特点如图21-9和图21-10所示，低点越来越低，高点越来越高，但是波幅的中枢一直在一个水平上，每次行情都像要突破了，但是很快就折返回来，设定止损的人将遭受极大的损失，在外汇日内市场中，发散走势进场与其他震荡走势夹杂出现，使得今日的交易非常难做。

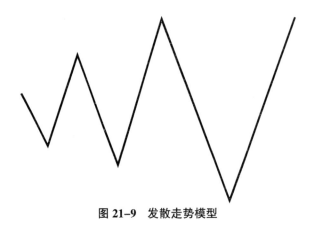

图 21-9　发散走势模型

图 21-10　美国原油期货发散走势实例

　　请看表21-5，市场可能出现的趋势类型都囊括进来了，可以看到"设定止损，不设定止盈"是占有策略，这个策略就是在交易者不能预先分趋势类型的时候采用的策略。

表 21-5　策略和占有策略（标记粗体部分）

	单边走势	区间走势	收缩走势	发散走势	策略累计分数
不设定止损，不设定止盈	很难做到持续盈利（0分）	略微盈利（1分）	亏手续费（–1分）	很难做到持续盈利（0分）	0分
设定止损，不设定止盈	**大赚小亏，长期盈利丰厚（5分）**	小额亏损和大量的手续费（–1分）	亏手续费（–1分）	小亏损（–2分）	1分
设定止损，设定止盈	小赚小亏（0分）	小赚小亏（0分）	亏手续费（–1分）	小赚小亏（0分）	–1分
不设定止损，设定止盈	小赚大亏（–5分）	**只赚不亏（4分）**	亏手续费（–1分）	**小赚（1分）**	–2分
不介入	不亏不赚（0分）	不亏不赚（0分）	**不亏不赚（0分）**	不亏不赚（0分）	0分

　　纯技术交易者应该严格按照表21-6的占有策略，同时在仓位管理上采用"试探—加仓"策略，也就是说纯技术交易者应该采用"**跟进止损＋试探加仓**"策略作为唯一策略。

表 21-6　震荡走势中的最优策略和占有策略（标记粗体部分）

	区间走势	收缩走势	发散走势	策略累计分数
不设定止损，不设定止盈	略微盈利（1分）	亏手续费（–1分）	很难做到持续盈利（0分）	0分
设定止损，不设定止盈	小额亏损和大量的手续费（–1分）	亏手续费（–1分）	小亏损（–2分）	–4分
设定止损，设定止盈	小赚小亏（0分）	亏手续费（–1分）	小赚小亏（0分）	–1分
不设定止损，设定止盈	**只赚不亏（4分）**	亏手续费（–1分）	**小赚（1分）**	4分
不介入	不亏不赚（0分）	**不亏不赚（0分）**	不亏不赚（0分）	0分

　　如果原油交易者能够引进驱动—心理分析，那么可以较高的可靠性区分单边走势和震荡走势，但是对于震荡走势内部的三种具体走势（区间走势、收缩走势和发散走势）却无法进一步区分。驱动—心理—行为分析者不仅采用"跟进止损＋试探加仓"策略，而是符合时宜地在震荡走势可能性更大的时候采用"不设定止损，设定止盈"策略，因为这是震荡走势的占有策略，如表21-6所示。不过，**更为恰当的做法是将资金**

尽量放在发动了单边走势的品种和市场上，驱动—心理分析的最大效能是寻找**最强劲的单边走势市场和品种，然后利用行为分析和仓位管理进行把握**。如果你真想在震荡走势交易，那么还是应该采取一个比平时更加宽的止损，"以防万一"，因为没有人能够百分之百预先区别单边和震荡。

如何认识和运用趋势分析，其中的"命门"我已经在上面讲清楚了。在本课剩下部分，我讲 3N 法则这个趋势确认的具体工具。

先讲 N 字法则，N 字法则其实并不是简单的"推动浪 + 调整浪 + 推动浪"，这只是我们用来识别单边趋势的一种 N 字而已。除了这种 N 字之外，还存在着其他一些经常出现的 N 字结构，了解这些 N 字结构对于实际交易也存在不少益处。

N 字结构分为三种类型，如图 21-11 所示。第一种是单向突破 N 字结构，也就是两浪推动中间夹杂着一浪调整；第二种是未突破 N 字结构，也就是一浪推动跟着两浪调整；第三种是双向突破 N 字结构，也就是一浪推动接着两浪都是伪推动浪的情况，类似于趋势中的发散类型。

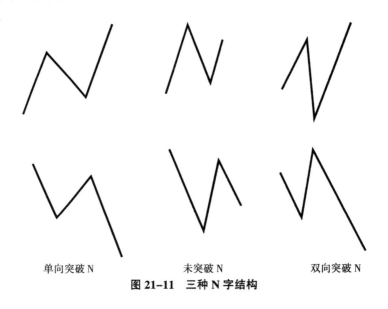

单向突破 N　　　　　　未突破 N　　　　　　双向突破 N

图 21-11　三种 N 字结构

单向突破 N 字结构是确认原油价格单边走势的有效标志，但是一旦遇到类似双向突破的结构则会令严格止损的交易者面临不断的损失。双向突破 N 和未突破 N 一般出现在震荡走势中，未突破 N 在主流交易策略中应对，而双向突破 N 对于纯技术交易者而言只能靠"试探性仓位（轻仓）"以及放宽止损幅度（这个理论上可以做到，实际上面临两难选择）来应对了。

驱动—心理分析评估了最可能的趋势之后，我们一般就要密切关注多个时间框架

的原油走势上是否出现了符合的单向突破 N 字结构，如果出现了，那么接下来就涉及进场点确定和确认的问题。

　　在进场点问题上，单向突破 N 字也具有重要的地位，请看图 21-12。对于上升单向突破 N 字，前期高点被突破处的 B 点就是破位进场点，而前期低点获得支撑处 A 点就是见位进场点。当然在此情况下，B 点突破阻力的有效性涉及持续上升 K 线形态的确认，A 点获得支撑的有效性涉及看涨反转 K 线形态的确认。对于下跌单向突破 N 字，前期低点被跌破处的 B 点就是破位进场点，而前期高点获得阻力处的 A 点就是见位进场点。同理，在此情况中，B 点跌破支撑的有效性涉及持续下跌 K 线形态的确认，A 点受到阻力的有效性涉及看跌反转 K 线形态的确认。

原油短线交易见位进场可以结合基差极端值过滤。

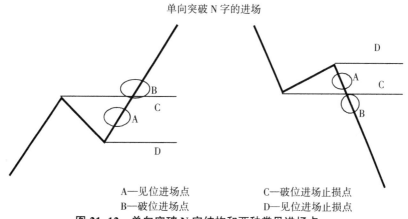

单向突破 N 字的进场

A—见位进场点　　　　　C—破位进场止损点
B—破位进场点　　　　　D—见位进场止损点

图 21-12　单向突破 N 字结构和两种常见进场点

　　调整中进场是见位进场，突破中进场是破位进场，这是最基本的两种进场方式，而这两种方式特别是破位进场方式要依赖于单向突破 N 字结构。而对于未突破 N 和双向突破 N，无论是见位进场还是破位进场都很难应对，只能靠轻仓来应对，也就是在行情发展一定幅度和时间之后才加仓，此前一直采用试探性仓位，这样就可以减轻未突破 N 和双向突破 N 的危害了。

　　N 字确认趋势的方法我已经讲明白了，接着说一下 N% 法

则。这个法则与波幅突破基本等同，原油交易者可以设定 N% 等于 4%。也就是价格累计下跌 4% 则向下趋势确认，累计上涨 4% 则向上趋势确认。

波幅突破是很古老的话题，除了波幅比例突破之外，还存在固定波幅突破，比如可以将原油价格的趋势门槛波幅设定为 5 美元，则在一个方向上原油价格发展超过了 5 美元点则确认趋势向上。

杰西·利弗莫尔就是采用类似的方法确认趋势。

除了上述这些我们介绍的方法外，还存在 TPO 市场轮廓理论的开盘区间突破交易法以及杰克·伯恩斯坦的开盘半小时区间突破交易法，这些大家可以参考相关的材料。下面我们要谈到是这些策略背后隐藏的思想。

这些策略都存在一个内在一致的结构，这就是市场走势被划分为两部分，即盘整和单边。其实，许多成功的交易策略都是基于此种模型，比如大名鼎鼎的周规则。波幅突破隐藏的模型是什么呢？我们称之为"市场敛散走势的内在机制"，在《黄金高胜算交易》中我们谈到了"敛散"，但是没有透露这一模型。由于本次课程针对资深原油交易者，因此大家具备基础在以前知识和经验的基础上搞懂这一"普遍的交易结构"，毕竟这一结构是当今许多有效交易策略建立的基础。

什么是"市场敛散走势的内在机制"？请看图 21-13 和图 21-14，虽然开盘区间突破交易法中蕴含了这一机制，但是这一机制并不局限于在开盘区间突破走势中发挥作用。这一模型将市场划分为两个阶段，两个阶段既相互对立，又相互统一。第一个阶段是"散户时段"：市场筹码分散，仓位分散，处于震荡走势，缺乏活跃氛围，买卖力量都处于弱势状态，这一走势的末端开始有主力介入，他们的目的是测试上下价位的买卖力量，同时通过触发止损来试图制造走势冲力，我们将这个过程称为"试力"，好比太极拳中的试力过程，试力是为了发力。为什么要"试力"？这是因为主力要寻找"阻力最小路径"，与用兵之道相合——"避实击虚"。找到顺应力道

之处，则全力推进，然后突破开始，趋势成形，这就是主力时段。从散户时段到主力时段有波幅异动点，这就是"节点"，原油市场中的这个节点还是有一些规律的，跟欧美经济和原油重要经济数据的公布和会议的召开有关。

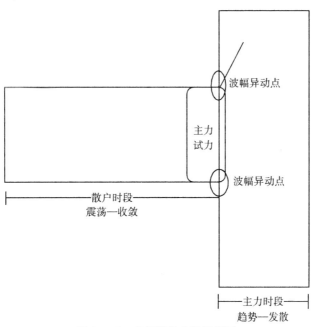

图 21-13　市场敛散走势机制图

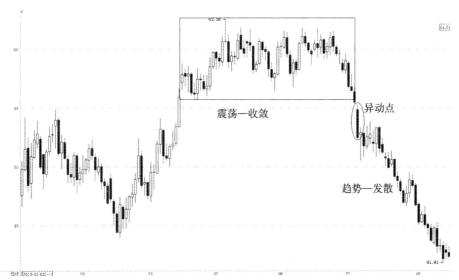

图 21-14　原油市场敛散走势与波幅异动点

资料来源：博易大师。

最好的波幅突破策略最好是隐藏上述模型思想的策略，如果死扣固定波幅或者比例波幅未必真的能够过滤和确认市场的趋势。

有没有什么更具操作性的原油波幅异动点确认方法呢？这里可以利用布林带相关的方法。我们介绍一个经过测试的布林带策略。这是一个顺势的原油日线波段交易策略，基于趋势突破（Trend Breakout），也就是波幅异动点。这个策略产生的交易信号并不算频繁，因此可以手动操作。不过最大回撤幅度有一点大，因此严格的风险管理是必须的。这个策略不仅适合原油短线交易，也适合大多数商品期货的短线交易。相应的进出场和仓位管理规则见表 21-7，简单来讲就是当日收盘价大于布林带上轨，则做多或者平空；当日收盘价小于布林带下轨，则做空或者平多（见图 21-15）。

> 这个策略的智能交易代码放在"附录六原油布林带突破交易策略代码"当中了。

表 21-7　原油布林带突破交易策略概览

条件	参数值
交易时间框架	原油期货日线（印度 MCX 原油期货合约）
使用指标	Bollinger Band（布林带）
做多或者平空条件	当日收盘价大于布林带上轨
做空或者平多条件	当日收盘价小于布林带下轨
止损比率	1%
固定利润兑现目标	无
头寸规模	50%
本金	200000 美元
佣金	100 美元/手
保证金比率	20%

资料来源：R-Quant，Trading Tuitions，Dina.

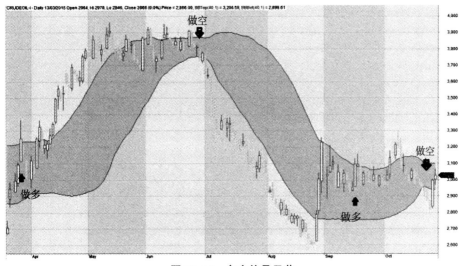

图 21-15　多空信号示范

资料来源：R-Quant，Trading Tuitions，Dina.

这个策略的绩效评估请如表 21-8 和图 21-16 所示。可以见到这个策略的最大回撤值有点高（−42.07%），胜算率 37.5%是趋势跟踪类型策略中比较正常的情况，年化收益率 111.72%是没有利用盈利加仓情况下比较高的收益率了，整体来看它是一个盈利丰厚的策略。

表 21-8　原油布林带突破交易策略测试报告

参数	值
初始权益	200000 美元
最终权益	581072 美元
合约	印度 MCX 原油期货
测试时间	2015 年 3 月 16 日到 2016 年 6 月 3 日
交易时间框架	日线
净利润率	190.54%
年化收益率	111.72%
交易笔数	8
胜算率	37.50%
平均持仓时长	27.50 个交易日
最大连续亏损笔数	3
最大回撤	−42.07%

资料来源：R-Quant，Trading Tuitions，Dina.

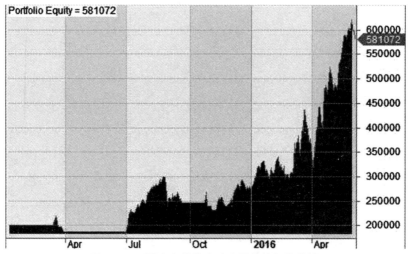

图 21-16 原油布林带突破交易策略权益曲线

资料来源：R-Quant，Trading Tuitions，Dina.

在第十五课讲解 OVX 的时候，介绍了一个利用布林带分析 OVX 捕捉大行情的策略，那个策略的思路与这里是相反的。一个是利用均值回归的原理，另一个是利用趋势突破的原理。

3N 法则中的第三个 N 代表"N 期法则"，也就是以价格向上突破 N 期高点确认趋势向上，向下突破 N 期低点确认趋势向下。海龟交易法的周规则就属此类趋势确认技术。均线和直边趋势线也是常用的趋势确认工具，其用法比较简单，每本讲技术分析的书都会详细讲解，我这里就不赘述了。

交易的时间越长，我越觉得技术分析越简单越好。如果说确认趋势的技术方法最精简的形式是什么的话，那肯定是 N 字结构，一旦市场出现了一个 N 字结构确认此前驱动分析和心理分析的趋势判断，那么剩下来的就是寻找恰当的点位进场，而 N 与斐波那契数点位交易法真是天然一对，下节课我们以斐波那契点位为主来介绍"位"的分析。

注意，行为分析里面的趋势分析我往往都用"确认趋势"而非"预测趋势"，因为行为分析只是现象分析，用现象去预测现象，你觉得在科学的立场上说得通吗？

【开放式思考题】

在研读完第二十一课的内容之后，可以进一步思考下列问题。虽然这些问题并没有固定的标准答案，但是能够启迪思维，让你更加深入地掌握某些要点，或者是让你跳出僵化模式来重新看待问题。

（1）趋势的稀缺性，也就是波动率敛散周期中发散阶段的稀缺性，**为什么存在这样的稀缺性呢**？如何处理这种稀缺性问题？在什么样的驱动面背景下，原油会出现大行情？在什么样的心理面背景下，原油容易出现大反转行情？行为面/技术面能够通过波动率的周期性来把握单边行情吗？仓位管理是通过怎样的机理来避免趋势判断失误呢？

（2）艾略特波浪理论提出了一个关于趋势甄别的结构性方法，宏观敛散性在其中有详尽的体现，比如驱动浪整体呈现发散特征，而调整浪则呈现收敛特征。艾略特波浪理论在原油趋势分析上究竟有没有效果？先来看一个事后得到验证的例子。2022 年 1 月 10 日早国际著名的艾略特波浪理论预测机构 Ewminteractive 就给出了国际油价将在第二浪调整结束后，开启第三浪大幅飙升模式（见图 21-17），此后的趋势完全在其预判当中（见图 21-18）。

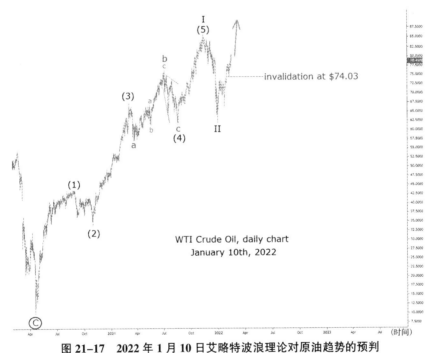

图 21-17　2022 年 1 月 10 日艾略特波浪理论对原油趋势的预判

资料来源：Ewminteractive.

在修订本书的时候，2022 年 3 月 27 日资深原油波浪理论交易者 T. 皮祖蒂（T. Pizzuti）和 K. 赫尔斯（K. Hulse）利用艾略特波浪理论对 WTI 原油价格趋势进行了预判（见图 21-19），认为未来大势向下。请在艾略特波浪理论和敛散周期的基础上对这张分析图进行解读，并形成文字阐述。当你读到这里的时候，可以验证下两位顶尖艾

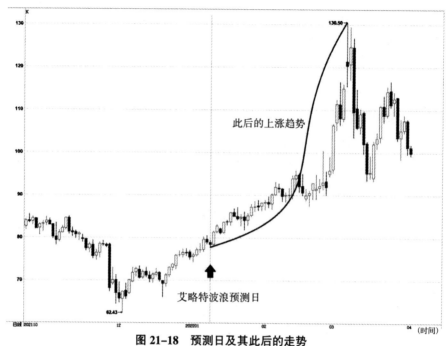

图 21-18　预测日及其此后的走势

资料来源：博易大师、Dina。

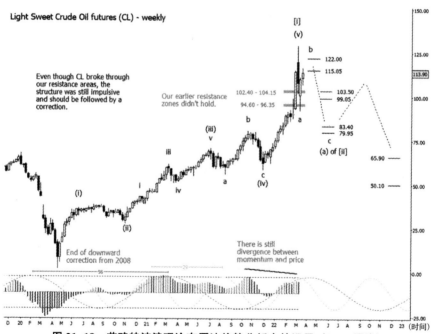

图 21-19　艾略特波浪理论在原油趋势分析中的运用（WTI 周线）

资料来源：TradingOnMark.

略特波浪交易者的纯技术预测效果。

【进一步学习和运用指南】

（1）情景规划是我们在原油交易，乃至任何金融交易当中都要掌握的一种思维方式。技术分析可以采用情景规划的思路、心理分析可以采用情景规划的思路，基本面分析，可以采用情景规划的思路。情景规划可以看作是期望值分析的商业化，期望值分析在概率游戏当中非常重要，通过这种思路我们可以将金融分析和交易变得科学化。因此，我们强烈建议本课程的参与者能够进一步学习一下情景规划的相关理论知识，并将其融入到自己的交易实践当中。

（2）就我们的经验而言，原油交易者要懂一些艾略波浪理论的模型，同时可以随时关注一些原油日线及以上级别的艾略特波浪分析和预判，与驱动面和心理面结合起来用。因此，建议本课程的学习者进一步阅读一些艾略特波浪理论的基础书籍，同时每周至少阅读两三篇原油市场的艾略特波浪理论分析。下面列出一些比较著名的原油艾略特波浪分析网站：

www.fxempire.com

https：//bullwaves.org

www.fxstreet.com

https：//seekingalpha.com/user/676728/instablogs

https：//www.wavesstrategy.com/blog/crudeoil–waveanalysis

https：//wavetraders.com/ew_newsletter

http：//ewminteractive.com

http：//chartreaderpro.com

参考文献

［1］EWM Interactive. Crude Oil–Ahead of the Putin War–Induced Surge，Mar. 3，2022.

［2］Gregor Horvat. Crude Oil Elliott Wave Analysis，Dec. 16，2021.

［3］Eagle F X. Crude Oil Analysis：Its Long–Term Structure Hints for a New Uptrend，Feb. 18，2020.

［4］R–Quant. A Simple Crude Oil Trading Strategy–Trading Tuitions，Jul. 18，2018.

［5］T. Pizzuti, K. Hulse. Crude Oil Price Peak? Elliott Wave Points to Correction, Mar. 27, 2022.

［6］Ashish H. Kyal. Are Crude Oil Prices Going to Crash? —Wave Perspective and Time Cycle Analysis, Dec. 2, 2021.

［7］Gregor Horvat. GOLD and Crude OIL Look for a Recovery: Elliott Wave Analysis, Mar. 18, 2022.

［8］金融大数据分析与服务:《美原油指数周期循环分析图》, 2021 年 12 月 19 日。

原油市场行为研究（2）：点位

来而不可失者时也，蹈而不可失者机也。

——苏轼

正如一句老话所说："趋势是你的朋友。"尽管这是长期交易者的信条之一，但也与短线交易关系密切。任何一个趋势的直接驱动因素都是多头力量胜过空头力量或者相反。短线交易者在一个斐波那契回撤点位（Fibonacci Retracement Level）介入一波行情的话就能够做到顺应趋势，并且获得可观的利润。比如在原油的短线交易中，在上涨趋势交易中可以在 0.382 或者 0.618 回调点位进场做多。

——丹尼尔斯（Daniels）

谐波形态（Harmonic Patterns）仅向交易者提供了一个支撑/阻力区域。任何一个交易者如果认为谐波形态决定了价格未来的走势，那必然是绝对错误的。倘若你能够懂得这一底层逻辑，那么就能够成为一个伟大的谐波交易者。相反，如果你认为谐波形态决定了未来的价格走势，那么就误入歧途了。一个睿智的交易者总是对市场保持敬畏和开放心态，不排除任何可能性。

——Harmonicpattern.com

时来天地皆同力，运去英雄不自由。

——罗隐

激水之疾，至于漂石者，势也，鸷鸟之疾，至于毁折者，节也。是故善战者，其势险，其节短。势如彍弩，节如发机。

——《孙子兵法》

谈到原油交易，你会发现有几个指标特别有效。我认为随机震荡指标 RSI 是最有效的原油交易指标，它可以很容易确定原油是否处于超买或者超卖状态。这对于交易

原油或者天然气期货合约而言是非常重要的。

——乔·W.加库奥（Joe W. Gakuo）

我不知道世间有什么是确定不变的，但我只知道，只要一看到星星，我就会开始做梦。

——梵高

一旦你掌握了谐波形态，就可以将其加入到自己的金融交易工具箱中。但千万不要误认为这就是金融交易的圣杯（Holy Grail for trading）。与其他交易分析工具一样，它们也经常失效。即便如此，它们对于资深交易者而言也是价值非凡的。

——纳西夫·格尔尼卡科（Nassif Guernikako）

原油交易者首先进行驱动分析和心理分析，得出一个初步的结论，然后通过上述的趋势分析确认这个结论，操作的方向就有了。然后等待进场时机，这个需要"位"和"态"两个要素的分析来完成。

位置分析为什么重要？这是因为市场走势运用都不是直线式地发展的，市场体现出一定的随机扰动特性，这就要求交易者需要应对噪声风险，同时交易者还要防止交易方向与趋势不符。这两点要求交易者必须控制风险，设定交易的持仓临界点，或者说证伪点，而这需要借助于一系列关键位置。要找出关键位置，就必须进行位置分析。

位置分析的手段有很多，但是绝对没有趋势分析的手段多，所以掌握起来非常快，而且位置分析比较明确，不像趋势分析那样大而不当。最为重要的是位置分析得出的结论比较可靠，可靠性比趋势分析更高，与形态分析的可靠性相比也不逊色。我自己较为常用的工具是前期高点和低点、斐波那契水平线、中线和日均真实波幅（ATR）等（见表22-1）。另外，**震荡指标也可以辅助我们确定原油市场参与者的情绪变化和原油价格波动点位**。

位置分析主要围绕支撑阻力展开，支撑以 S 代表，阻力以 R 代表，由于支撑和阻力是可以相互转化的，所以我们以 R/S 同时指代支撑和阻力。R/S 模式是位置分析的主要手段，

> 点位是在存在趋势的前提下通过形态来确认的。当然，有些大型或者中型形态本身就与趋势确认有关。趋势是一种技术特征，但是可以通过驱动面和心理面来预判。原油的远期曲线结构对于趋势有很强的预示意义。裂解价差、COT、库存、运输费用、上市炼厂股价等指标择时效果较好，可以与技术点位结合起来使用。

表 22-1　位置分析的工具和要素

要素	工具	分析要素
位	斐波那契水平线（包括加特利/谐波点位）	支撑 VS 阻力
	中线（前日波幅中点）	
	波幅（日均波幅和离差）	

围绕 R/S 我们可以找出可能的进场点和可能的出场点，从而确定出潜在交易的风险报酬率结构，进而计算出合理仓位。

阻力位置是指那些限制价格涨势的位置，比如前期高点价位作为阻力位置 R。支撑位置是对行情下跌走势起限制作用的价位，如前期低点就容易成为一个关键支撑位置。

阻力位置与支撑位置一样，好比市场温度计的刻度，可以衡量市场驱动因素的强度。驱动—心理分析是要把握烧水壶下的火候，而行为分析则是直接利用温度计衡量水壶中水的温度，**驱动—心理分析具有前瞻性，而行为分析则具有跟随性。**

在技术分析发展的历史过程中，位置分析主要借助于所谓的"价位极点和密集区分析法"，也就是寻找那些显著的价格高点和低点，以及价格成交密集区。前期低点表明了驱动—心理因素的某种极端状态，这个极端状态成了某种市场温度的刻度，一旦驱动—心理因素，甚至单纯的行为因素推动价格再次来到这个位置的时候，此前的极端状态往往成了**某种度量基准。**

极点包括低点和高点，价格近期的波段高点和低点一般是显著的 R/S 位置，因为这是供求关系改变的边缘位置，是某种临界点，此后再次充当临界点的可能性较大。

价格的极点代表了市场的驱动—心理—行为的综合极端状态，而与此相对应的则是近期成交密集区代表的驱动—心理—行为的平衡状态。前期成交密集区涉及一个"**对称原理**"，也就是说一段上升走势中的价格疏密程度与之后一段下跌走势中的价格疏密程度是对应的，而一段下降走势中的价

进场点和出场点的确定除了借助技术因子之外，最好能够结合心理面和驱动面因子，特别是共识预期和重要数据公布，以及重要事件。

大处着眼预判，小处着手跟随。

极端点位对应的驱动面，可以作为参照基准。

临界点处的价格表现，特别是影线长短，是非常有用的市场温度度量指标。

格疏密程度与之后一段上升走势中的价格疏密程度是对应的。价格的稀疏代表发散状态，代表买卖双方意见相差很大，力量对比相差很大，价格的紧凑代表收敛状态，代表买卖双方意见比较一致，力量对比接近。

如果是价格的极点意味着反弹位置，那么价格的成交密集区意味着引力位置，不过反弹位置和引力位置也是可以相互转换的，正如反弹位置中支撑位置和阻力位置之间可以相互转换一样。

前期高点和低点，以及成交密集区是我们寻找点位的常用手段，由于比较简单，所以没有必要演示，我重点讲一下斐波那契点位的确定方法。当然，**点位谱系确定之后，还要经由"态"来筛选和确认唯一有效的点位**。

斐波那契点位技术是西方技术分析的巅峰表现之一。西方技术分析的精髓在于善于利用数理关系，古希腊和阿拉伯文化是西方文明的根基之一，西方人注重数理关系，这体现在定量分析上，黄金分割率和斐波那契数字就是这种传统的体现；道家文化是东方文明的根基之一，东方人注重道象关系，这体现在定性分析上，阴阳哲学和五行生克是这种传统的体现。**东方和西方各自沿着数量和道象的传统衍生出了自己的金融交易方法。**

西方交易方法的核心在于黄金分割率及其衍生比率，无论是斐波那契点位交易方法，还是加特利波浪（Gartley Wave）交易方法和艾略特波浪理论，甚至江恩理论、螺旋历法都与黄金比率密切联系，这些西方交易技术的精华都集中体现于黄金率（斐波那契比率）的具体运用。

我们接触了不少国内的黄金、外汇和股票、期货交易者，这些成功的交易者有一个共同的特点：相当重视利用支撑阻力线管理交易，将支撑阻力线看作是自己交易生涯的生命线，认为只有准确地把握支撑阻力线才能提高报酬率和胜率。

对于如何把握支撑阻力线，不同的短线交易者有不同的支撑阻力确认技术。那么，什么是最好的支撑阻力识别技术

点位与趋势是相互确认的，不能抛开趋势谈点位，也不能抛开点位谈趋势。沉迷于各种神奇的点位预判方法，就如"只见树木不见森林"。无论是江恩点位，还是加特利点位；无论是谐波理论，还是艾略特波浪理论，点位都是看起来神奇，用起来"眩晕"。为什么会这样呢？因为缺乏一条化繁为简的准绳，这就是通过趋势来过滤点位，通过点位来把握趋势。

黄金率、圆周率（π）和 e 是宇宙中最为神奇的三个比率，在金融市场的时空分析中也常常用到它们。数学界大名鼎鼎的欧拉公式，就有 π 和 e：

$$e^{i\pi} + 1 = 0$$

这个公式被誉为最完美的公式，原因就是它太"简单"了，不过却完美体现出了数学之美。它包含了两个极为重要的无理数：e 和 π，还有虚数单位 i，数字只包含了数学和哲学中最重要的 0 和 1，并且只用了最为基本的加法连接它们（数学中很多运算可以由加法表示，如减法是加法的逆运算，乘法本质是多个加法），它形式虽然简单，但似乎已经包含万物。高斯曾说过：一个人如果第一次看见这个公式而没有感受到它的魅力，那他不会成为数学家。因此，欧拉公式也被称为上帝公式。

呢？蜡烛线本身彰显了一些动态发展中的支撑阻力位置，而黄金率，也就是我们通常说的斐波那契比率，具体而言是斐波那契线谱则能预先给出一些潜在的支撑阻力位置，然后再用蜡烛线或者说K线来确认唯一的有效位置。本课主要讲油价斐波那契点位线谱的获得，下一课主要讲原油价格K线确认唯一有效的点位。

斐波那契线谱有很多种，常用的是斐波那契回撤线谱和扩展线谱，前者比较符合顺势而为的技术跟随思路，因此是重点。在讲斐波那契点位线谱之前，先要搞清楚两种进场方式：一是破位进场，回撤线谱的1或者0轴（最近一个高点或者低点）是待破的关键点位，而扩展线谱则可以作为突破后的价位目标。二是见位进场，回撤线谱的主要点位可以作为待确认的关键点位，一旦被K线确认则可以进场。

破位进场法是顺势而为的最主要方法，也是最被人诟病的方法。杰西·利弗莫尔（J. L.）非常推崇这个方法，海龟交易者也推崇这个方法，但这个方法是有命门的，那就是要么像J. L.一样注重驱动分析，要么像理查德·丹尼斯一样注重仓位管理和资产组合。

假突破大多数可以通过谐波形态预判。

如图22-1所示，E点是进场点，左图是上升趋势中的破位进场，粗线是价格走势，细线是前期高点构成的阻力位置，而小圆圈则是破位进场做多的大致区域。右图是下降趋势中的破位进场，粗线是价格走势，细线是前期低点构成的支撑位置，而小圆圈则是破位进场做空的大致区域。

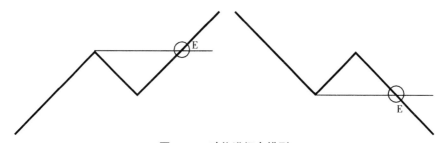

图22-1 破位进场点模型

破位进场之后，做多交易的初始止损放在被突破的阻力线（现在转化为支撑线）之下，做空交易的初始止损放置在被突破的支撑线（现在转化为阻力线）之上。当然，真正的破位进场并不说关键位置被突破就可以进场了，最好还是加入形态分析和驱动—心理因子分析，做多突破需要持续向上的形态突破此阻力，做空突破需要持续向下的形态突破此支撑。

> 一个简单有效的突破过滤策略是：Backwardation 确认向上突破，Contango 确认向下突破。当然，你还可以观察更高一级时间框架下的价格走势，类似于三重时间框架过滤法。

见位进场法比较容易为大众所接受，A 股市场上做强势股主升浪的炒家习惯于这种进场方法，如图 22-2 所示。E 点是进场点，左图是上升趋势中的见位进场，粗线是价格走势，而小圆圈则是见位进场做多的大致区域。右图是下降趋势中的见位进场，粗线是价格走势，而小圆圈则是见位进场做空的大致区域。见位进场之后，做多交易的初始止损放在最近低点之下，做空交易的初始止损放置在最近高点之上。当然，真正的见位进场最好还是加入形态分析，做多之前需要看到看涨反转形态，做空之前需要看到看跌反转形态，下一课我们会具体展开这些。

> 见位进场除了 K 线确认之后，还应该加入震荡指标以及驱动—心理因子来过滤。

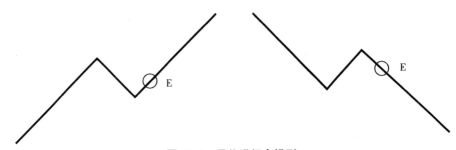

图 22-2　见位进场点模型

破位进场主要看最近高点和低点附近的价格是否突破，当然如果经过前面的驱动—心理分析和趋势分析，你认为原油价格趋势向上，那么你要等待价格突破最近高点才做多；如果经过前面的驱动—心理分析和趋势分析，你认为原油价格趋势向下，则你要等待价格跌破最近低点才做多。这就是破位进场的本意，破位进场绝不是跌破低点就做空，突破高

点就做多。点位突破和跌破都是现象，只有符合你判断的现象出现才能作为进场信号。

见位进场主要看斐波那契回撤线谱，当然你也可以综合如下因素：**震荡指标极端状态、基差极端值、反转K线形态、新消息和数据、成交量极端值等**。我这里只介绍在原油价格走势上如何确定斐波那契回撤线谱，以及哪些点位比较有效。

斐波那契回撤线谱分为两类，第一类是上升走势中出现回调，确定回调结束点；第二类是下降走势中出现反弹，确定反弹结束点。

先看第一类情况（见图22-3）。AB是一段显著上涨，这个就是此后绘制回撤线谱的单位1。正常走势下，是AB走出来了，然后在B点出现了显著下跌，如连续两根阴线，则可以考虑绘制回撤线谱。这个线谱以A、B为两点绘制，B点是回调起点。回调点位有很多，但常用的是0.383、0.5和0.618。再进一步简化则以0.382~0.618的区域作为支撑区域，**看原油价格是否能够在此区域内出现看涨反转K线。**

斐波那契点位是解构谐波理论的重要基础。后面会专门介绍谐波理论在原油短线交易中的运用，其波段结构的比率基础就是各种斐波那契点位。

图22-3 美原油期货上涨波段后的斐波那契回撤线谱确定

资料来源：东方财富通。

再看第二类情况（见图 22-4）。AB 是一段显著下跌，这个就是此后绘制回撤线谱的单位 1。正常走势下，是 AB 走出来了，然后在 B 点出现了显著上涨，如连续两条阳线，则可以考虑绘制回撤线谱。这个线谱以 A、B 为两点绘制，B 点是反弹起点。反弹点位有很多，但常用的是 0.383、0.5 和 0.618。**再进一步简化则以 0.382~0.618 的区域作为阻力区域，看原油价格是否能够在此区域内出现看跌反转 K 线。**

散户持仓和 COT 等情绪心理面指标也可以用来确认价格局部反转节点。

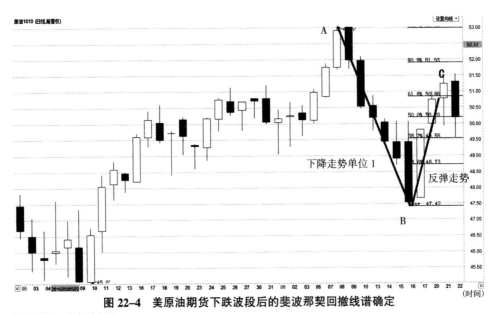

图 22-4　美原油期货下跌波段后的斐波那契回撤线谱确定

资料来源：东方财富通。

可以绘制斐波那契回撤线谱的软件很多，国内期货交易者常用的软件基本都可以绘制，比如博易大师、赢顺等，也可以在 metatrader4.0 或者 5.0 上操作。你找到它们的"画图"功能，在标题栏或者鼠标右键菜单栏有这个选项，进去后找到相应的工具，实验两次就会了。

点位不仅与进场有关，也与出场密切相关。一套完整的交易方法必然涉及进场和出场。我们接着讲一下出场与点位的关系。出场最重要的点位是后位出场点（见图 22-5）。后位出场点放置在现价的后面，如果你是做多交易，那么后位出场点被触及前就在现价的下方；如果你是做空交易，那么后位出场点被触及前就在现价的上方。

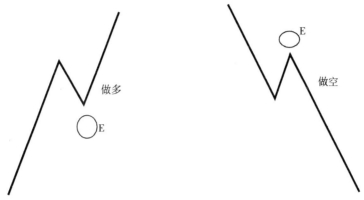

图 22-5　后位出场点模型

图 22-5 中的 E 是出场点，左边是做多的后位出场点，右边是做空的后位出场点。后位出场点分为三种子类，第一类是初始止损出场点，第二类是盈亏平衡出场点，第三类是跟进止损点。

后位出场点的最主要运用就是止损（包括初始止损和跟进止损）。止损就是"结束错误交易带来的亏损继续扩大态势"，这句中最为关键的修饰语有两处，第一处是"错误"，第二处是"继续扩大"。所谓"错误"交易是指当初交易的前提假设已经被否决了，继续持有该交易头寸的理由已经不存在了。前提假设分为两种类型：第一种类型是基本面型；第二种类型是技术面型。

我们已经搞清楚了"错误"的含义，接下来我们来谈谈"继续扩大"的含义。止损的目的是制止亏损继续扩大以致危及本金安全，进而削弱以后的交易能力。在什么情况下，损失会或者说容易出现继续扩大呢？具体而言，就是前提假设被否决的时候，也就说是基本面或者技术面因素反向突破临界点的时候。

上面讲了止损认错的含义，那么什么是止损的科学成分呢？止损的设置充满了科学的成分，通常而言，止损，更准确地说是后位出场点位的设置需要考虑到四个关键因

科学交易的关键特征是"可证伪性"。

基本面量化是增强其"可证伪"的重要步骤。基本面量化和因果推断量化是驱动面分析和运用的重要趋势。

期货升水到贴水，或者期货贴水到升水，就是一种典型的基本面/驱动面临界点变化。

素（见表 22-2）。

表 22-2　后位出场法要点

序号	后位出场法四个关键因素（初始止损和跟进止损）	主要作用
1	关键水平外侧（做空止损放置在阻力线之上，做多止损放置在支撑线之下）	设定最小疆界，或者说止损的最小幅度；放大利润
2	布林带一侧外（做空止损放置在布林带上轨之上；做多止损放置在布林带下轨之下）	
3	符合资金管理比率要求（一般是 2%~8%）	设定最大疆界，也就是说止损的最大幅度；截短亏损
4	给予市场一定的回旋空间（一般只允许行情回撤前一波段的 1/2）	

　　后位出场是每个交易都必须具备的出场要件，而前位出场和同位出场则是可选要件，这是大家要搞清楚的一点。无论是震荡走势还是单边走势后位出场基本都是必要的，只是设置的幅度大小而已，震荡走势中如果想要获利往往要求设定恰当的前位出场点和同位出场点。前位出场点一般是将出场目标定在价格尚未发展到的水平，如图 22-6 所示，图中的 E 就是前位出场点。

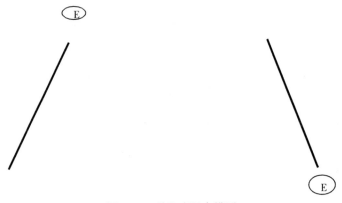

图 22-6　前位出场点模型

　　如图 22-6 左图所示，在做多交易中，我们设定一个预先的出场点，当原油价格达到这一价位我们就迅速了结多头头寸。再来看做空的前位出场，如图 22-6 右图所示，在做空交易中，我们设定一个预先的出场点，当原油价格跌至这一目标时我们立即了结空头头寸。由于出场点在现价发展的前方，所以被称为"前位出场点"。

　　前位出场点和后位出场点的适用情况见表 22-3，特别要注意的是市场趋势性质不同时在采用出场点上的倾向。

表 22-3　后位出场和前位出场的选择

后位出场			
长	单边走势	大	大
交易的时间结构	市场趋势性质	账户规模	能承受浮动损失
短	震荡走势	小	小
前位出场（同位出场）			

同位出场反映了交易者最美好的愿望：在最高点了结多仓，在最低点了结空仓，如图 22-7 所示，E 点表明了出场点。同位出场点不是预先设定的，而是当价格发展到某一非既定水平时才确认的出场点，一般而言同位出场点需要借助特殊的手段，比如成交量确认。在原油交易中经过改进的前位出场点可以成为很好的同位出场点，比如将 R/S 位置与反转 K 线形态结合起来，就可以做到"准同位出场"，在震荡市场中这种出场方法应该得到重视。

原油驱动面重大变化、COT 极端值、周度 K 线在关键点位出现长影线以及共识预期的高度一致，都可以作为同位出场的要件。

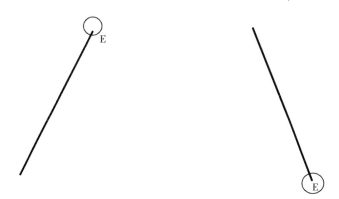

图 22-7　同位出场点模型

现在我们讲一下如何运用斐波那契扩展线谱确定潜在的前位出场点。第一种类型是原油期货做多过程中的潜在出场点位确定。第二种类型是原油期货做空过程中的潜在出场点位确定。

先看第一种情况（见图 22-8），AB 段上涨，也是我们此后绘图的单位 1，BC 回调，假设我们在 C 点附近见位进场做多原油期货（前提是我们判断趋势向上，而且利用斐波那契回撤线谱及其他方法确认时机做多），那么多头头寸的潜在出

场点位 D 怎么确定呢？以 AB 段为单位 1，C 点为起点，向上投射出斐波那契扩展线谱，就得到几个潜在的出场点，然后我们可以借助 K 线看跌反转形态或者基本面消息来确认其中一个有效点位。

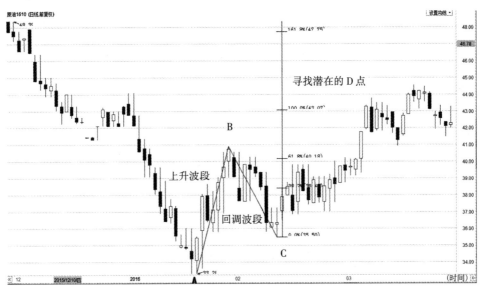

图 22-8　美原油期货再度上涨的斐波那契扩展线谱确定
资料来源：东方财富通。

再看第二种情况（见图 22-9）。AB 段下跌，也是我们此后绘图的单位 1，BC 反弹，假设我们在 C 点附近见位进场做空原油期货（前提是我们判断趋势下行，而且利

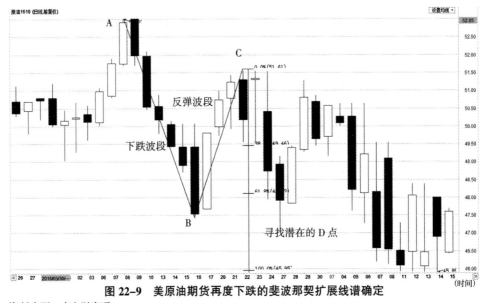

图 22-9　美原油期货再度下跌的斐波那契扩展线谱确定
资料来源：东方财富通。

用斐波那契回撤线谱及其他方法确认时机做空），那么空头头寸的潜在出场点位 D 怎么确定呢？以 AB 段为单位 1，C 点为起点，向下投射出斐波那契扩展线谱，就得到几个潜在的出场点，然后我们可以借助 K 线看涨反转形态或者基本面消息来确认其中一个有效点位。

斐波那契比率可以简洁迅速地帮助我们确认潜在的点位，这是一个比较常用的点位筛选工具，在本书的修订版里面我们想进一步介绍下谐波形态（Harmonic Patterns）或者说加特利波浪（Gartley Wave）理论。与其说这一理论关乎形态或者波浪，不如说它与点位关系密切。

"谐波形态"这个概念由加特利（H. M. Gartley）于 1932 年建立。加特利在其专著《股市盈利》（*Profits in the Stock Market*）中介绍了一个 5 点位模式（5-point pattern），这就是加特利形态。**最初的加特利形态并未考虑斐波那契比率。**后来拉瑞·佩萨温托（Larry Pesavento）在《交易形态识别中的斐波那契比率》（*Fibonacci Ratios with Pattern Recognition*）利用斐波那契比率对这些形态进行研究，并且提出了交易加特利形态的具体策略。有许多人对加特利形态进行了研究，并且著书立说，其中影响力最大的是斯科特·卡尼（Scott Carney），他写了一本名叫《谐波交易》（*Harmonic Trading*）的专著，并且发现了一些加特利衍生形态，如螃蟹形态、蝙蝠形态、鲨鱼形态和 5-0 形态等。卡尼还对这些形态的交易价值和仓位管理策略进行了深入而全面的分析和阐述。

谐波形态主要基于价格或者时间的斐波那契比率关系，我们此前简单介绍了斐波那契点位，其实也是谐波理论/加特利波浪理论的基石。在任何时间框架中，斐波那契比率和基于其上的谐波点位都是非常有用的。它们的基本思路都是使用以斐波那契为主的比率（见表 22-4）去预判和确定关键转折点位（Key Turning Points），这些点位可能是回撤点位，也可能是延伸点位。

加特利其实讲的是形态背后的点位确定技术。

在表 22-4 中并没有列出 0.886 和 1.13。其实 0.886 是 0.786 的平方根，或者是 0.618 的四次方根。而 1.13 则是 1.27 的平方根。

表 22-4 谐波理论采用的比率和衍生

类型	比率	衍生与计算
Primary	0.618	Fn-1/Fn of Fibonacci numbers
Primary	1.618	Fn/Fn-1 of Fibonacci numbers
Primary	0.786	$0.786 = \sqrt{0.618}$
Primary	1.272	$1.272 = \sqrt{0.618}$
Secondary	0.382	$0.382 = 0.618 \times 0.618$
Secondary	2.618	$2.618 = 1.618 \times 1.618$
Secondary	4.236	$4.236 = 1.618 \times 1.618 \times 1.618$
Secondary	6.854	$6.854 = 1.618 \times 1.618 \times 1.618 \times 1.618$
Secondary	11.089	$11.089 = 1.618 \times 1.618 \times 1.618 \times 1.618 \times 1.618$
Secondary	0.500	$0.500 = 1.000/2.000$
Secondary	1.000	Unity
Secondary	2.000	斐波那契数列主要数字
Secondary	3.000	斐波那契数列主要数字
Secondary	5.000	斐波那契数列主要数字
Secondary	13.000	斐波那契数列主要数字
Secondary	1.414	$1.414 = \sqrt{2.000}$
Secondary	1.732	$1.732 = \sqrt{3.000}$
Secondary	2.236	$2.236 = \sqrt{5.000}$
Secondary	3.610	$3.610 = \sqrt{13.000}$
Secondary	3.142	$3.142 = Pi$ 圆周率

注：Primary 表示主要比率；Secondary 表示次要比率。

资料来源：Financial Trading with Five Regularities from Nature: Mastering the Fifth Regularity for Price Action and Pattern Traing.

> 点位是连接趋势和价格线形态的枢纽，但是不能只看点位不看趋势，只看点位不进行 K 线形态确认。

通过此前的点位关系确定此后的点位，这样就可以给出潜在的进场点、止损点和出场点了。谐波形态涉及一个潜在反转域（Potential Reversal Zone），这个区域就是点位，就是进场点、止损点和出场点的技术基础。在谐波理论中，这个潜在反转域或者说潜在反转点位，通常以 D 命名。

谐波形态利用斐波那契比率系列构建起一系列几何形态，以便为价格运动的未来路径提供可信的预判，但是这种预判必须与其他因子结合起来，如震荡指标、K 线形态、数据和

事件冲击，以及市场持仓结构，等等。**在潜在反转域附近寻找反转K线形态通常是第一步确认手段，**如吞没形态、十字星等。在原油短线交易中，谐波理论可以为我们提供非常有价值的点位信息，如进一步叠加期限结构和题材性质等过滤工具，就能够显著提供胜算率和风险报酬率。

谐波形态主要有如下几类：等幅形态（AB=CD Pattern）、加特利形态（Gartley Pattern）、蝙蝠形态（Bat Pattern）、螃蟹形态（Crab Pattern）、蝴蝶形态（Butterfly Pattern）、鲨鱼形态（Shark Pattern）和密码形态（Cypher Pattern）等。本课重点介绍其中四种形态在原油交易中的运用：加特利形态、蝙蝠形态、螃蟹形态和蝴蝶形态。

那我们就先从这四种形态开始。第一个主要形态是加特利形态，包括看涨加特利形态（Bullish Gartley Pattern）和看跌加特利形态（Bearish Gartley Pattern）两种基本类型（见图22-10、图22-11和图22-12）。

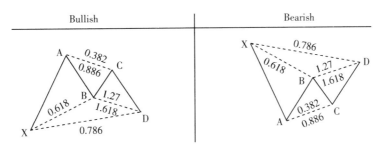

图22-10　加特利形态的结构与比率（1）

资料来源：Finila.

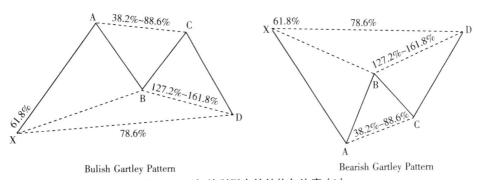

Bulish Gartley Pattern　　　　　　Bearish Gartley Pattern

图22-11　加特利形态的结构与比率（2）

资料来源：Profitf，Dina.

1935年，加特利在其专著《股市盈利》的第222页首次提出了一个市场形态，这个形态就是现在我们要介绍的加特利形态，为了与其他加特利提出的形态相区别，也被称为"加特利222形态"（Gartley 222 Pattern）。绝大多数使用谐波理论的交易者都将

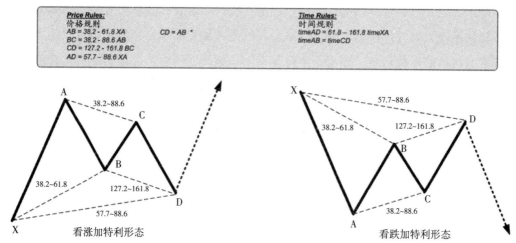

图22-12　加特利形态的结构与比率（3）

资料来源：Movimenti di Prezzo Armonici.

技术面/行为面涉及结构，心理面涉及周期，基本面/驱动面涉及逻辑。逻辑、周期和结构，是达到很高水平的交易者必然会去琢磨的东西。点位是结构的重要组成部分，任何一个短线交易者都不能忽略点位。原油交易者如何在具体行情走势中确定点位是一个涉及可操作性的关键问题。比较有效的点位确定手段与行为面和心理面指标有关。点位分析技巧纯熟后，就要将趋势和逻辑分析融入进来。

加特利形态与斐波那契数字紧密地联系起来。但实际上，H. M. 加特利本人从未在其专著中将斐波那契数字包括进去，而是采用如"1/3""2/3"等比率。在加特利形态中引入斐波那契数字和比率的工作是由拉瑞·佩萨温托（Larry Pesavento）和斯科特·卡尼（Scott Carney）奠定和展开的。绝大多数采用加特利形态的交易者都认为这个系统具有较高的胜算率，加特利本人指出在一个十年的周期内，其胜算率在70%左右。

看涨加特利形态经常出现在一波上涨趋势的早期阶段，它是调整结束的标志，在 D 点之后价格将上涨。这里需要注意的是**任何谐波形态都出现在一个更大结构之中，如艾略特波浪，因此交易者不仅应该注意到谐波点位，还需要注意到更大背景中的趋势。**

AD 在比率上是 XA 波段的 0.786 回撤，CD 波段是 BC 波段的 1.27~1.168 倍延伸。D 点就是我们前面提到的潜在反转点位，更宽泛一点就是"潜在反转域"。如果在这一区域出现其他看涨反转特征，如看涨吞没 K 线、KD 指标超卖金叉、远期曲线 Contango 结构变成 Backawardation、库存超预期下降、OPEC 超预期减产、散户情绪极端看空、原油 COT 出现投机净空极大值等，那么就可以在 D 点附近进场做多原油。相应的初始止损可以防止在 D 点下方合理的位置。

　　加特利形态的主要结构规则扼要总结如下：第一，AB 必须是 XA 的 0.618 回撤；第二，BC 是 AB 的 0.382~0.618 回撤；第三，CD 是 AB 的 1.272~1.618 延伸/扩展；第四，CD 是 XA 的 0.786 回撤；第五，D 是潜在反转点位，初始止损可以放在 D 点之外，甚至 X 点之外；第六，第一目标点位是从 D 开始的 CD 0.618 回撤，第二目标点位是从 D 开始的 1 倍 XA。

　　在绝大多数真实交易中，市场并不会完美精确地符合比率要求，不容易 AB 回撤了 XA 的 0.648，而不是理想模型中的 0.618。因此，交易者需要设定一些容错空间。

　　我们来看一下原油价格走势中的加特利形态实例，它们分别是原油 4 小时走势图中的看跌加特利形态（见图 22-13）和原油 30 分钟走势图中的看跌加特利形态（见图 22-14）。

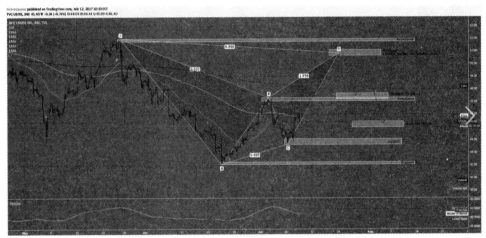

图 22-13　原油 4 小时走势图中的看跌加特利形态

资料来源：tradingview.

　　蝙蝠形态在外观上与加特利形态类似，也分为两种基本类型：看涨蝙蝠形态（Bullish Bat Pattern）和看跌蝙蝠形态（Bearish Bat Pattern）但是在比率上存在差异。可以认为蝙蝠形态是加特利形态的一个变种，它是由斯科特·卡尼发现和确立的形态，被公认为谐波形态中胜算率最高的之一。它与加特利形态类似，只是在比率上存在细微的不同。两者的主要不同在于 AB 段相关比率的差异，具体差异见表 22-5。

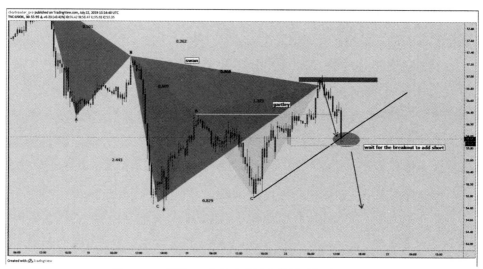

图 22-14　原油 30 分钟走势图中的看跌加特利形态

资料来源：chartreaderpro.

表 22-5　加特利形态与蝙蝠形态的区别

	加特利形态	蝙蝠形态
AB 与 XA	AB 是 XA 的 0.618 回撤	AB 是 XA 的 0.382 到 0.5 回撤
CD 与 XA	CD 是 XA 的 0.786 回撤	CD 是 XA 的 0.886 回撤
CD 与 AB	CD 是 AB 的 1.272 到 1.618 延伸	CD 是 AB 的 1.618 到 2.618 延伸

　　AB 对 XA 的回撤要小于 0.618，一般是 0.382 到 0.5。而 CD 是对 BC 的 1.618~2.618 倍延伸，而 AD 则是对 XA 的 0.886 回撤（见图 22-15、图 22-16）。D 点是潜在反转点位，在看涨蝙蝠形态中 D 点所在区域是做多位置，止损点放在此点位之下；看跌蝙蝠形态中 D 点所在区域是多空位置，止损点放在此点位之上。

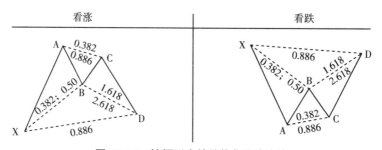

图 22-15　蝙蝠形态的结构与比率（1）

资料来源：Finila.

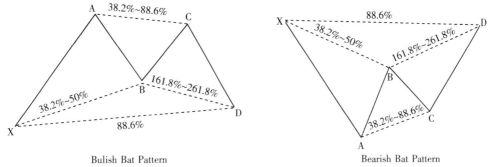

Bulish Bat Pattern　　　　　　　　　　　Bearish Bat Pattern

图 22-16　蝙蝠形态的结构与比率（2）

资料来源：Profitf, Dina.

蝙蝠形态的主要结构规则扼要总结如下：第一，AB 是 XA 的 0.382~0.5 回撤；第二，BC 是 AB 的 0.382~0.886 回撤；第三，CD 是 XA 的 0.886 回撤；第四，CD 是 AB 的 1.618~2.618 倍延伸；第五，第一目标点位是从 D 开始的 0.618 倍 CD 回撤，第二目标点位是从 D 开始的 1.272 倍 CD 回撤，第三目标点位是从 D 开始的 1 倍 XA 回撤。

我们来看一下原油价格走势中的蝙蝠形态实例，该例出现在原油 30 分钟走势图中（见图 22-17）。

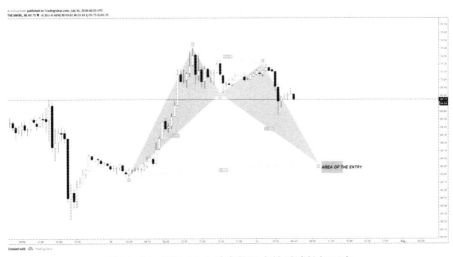

图 22-17　原油 30 分钟走势图中的看涨蝙蝠形态

资料来源：tradingview.

螃蟹形态也是卡尼确立起来的谐波形态，被他认为是最为精确的形态之一，预判的反转点位与模型提供的斐波那契比率非常接近。CD 段较长，大幅超过 X 点是其显著的特征之一，这也是一个较为复杂的形态，对交易者的综合素质要求较高，需要其他技术工具来辅助确定 D 点和初始止损的具体设置。

原油短线交易的24堂精品课：顶级交易员的系统与策略〔第2版〕

这个形态与后面要介绍的蝴蝶形态类似，试图在新高之后做空，或者新低之后做多，与多头陷阱或者空头陷阱有关，常常与顶背离或底背离相伴随，可以相互确认。在原油这类波动剧烈的交易品种当中，螃蟹形态和蝴蝶形态经常出现在顶部或者底部的高潮或者恐慌阶段。

螃蟹形态也分为两种基本类型：看涨螃蟹形态（Bullish Crab Pattern）和看跌螃蟹形态（Bearish Crab Pattern）。在看跌螃蟹形态中，AB向下回调了XA的0.382~0.618倍。CD是BC的2.24~3.168倍延伸。AD是XA的1.618倍延伸。D是潜在反转点位，在看跌螃蟹形态当中，D是一个近期新高，同时也是做空潜在点位，止损有时放在D点之上（见图22-18、图22-19）。

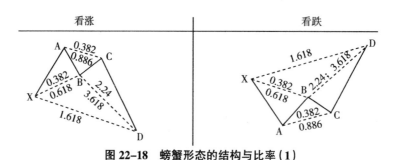

图22-18 螃蟹形态的结构与比率（1）

资料来源：Finila.

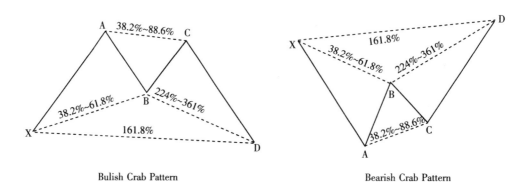

Bulish Crab Pattern　　　　　　　　　　Bearish Crab Pattern

图22-19 螃蟹形态的结构与比率（2）

资料来源：Profitf，Dina.

螃蟹形态的主要结构规则扼要总结如下：第一，AB是XA的0.382~0.618回撤；第二，BC是AB的0.382~0.886回撤；第三，CD是XA的1.618倍延伸；第四，CD是AB的2.24~3.16倍延伸；第五，不像其他谐波形态，螃蟹形态形成过程中的波动非常剧烈，因此止损的设置并没有简单的规则，需要借助其他技术手段来进一步确认恰当的停初始止损设定点；第六，利润目标是从D开始，延伸0.618~1.272倍CD。

蝴蝶形态与螃蟹形态的相同之处在于寻找"败位"（Fails at Breaking）交易机会，与加特利形态和蝙蝠形态则相反，后两者寻求"见位"（Corrections at Trend）交易机会。蝴蝶形态经常出现在市场关键位置附近，如中长期顶部或者底部附近。当蝴蝶形态被确认有效时，趋势就反转了。

蝴蝶形态被认为是谐波形态中最容易交易的一个，它提供了一个胜算率很高的机会。而它提供的风险报酬率结构则依赖于 CD 延伸幅度，因此交易者需要筛选出值得交易的、具有较高风险报酬率的蝴蝶形态。

蝴蝶形态分为两种基本类型：看涨蝴蝶形态（Bullish Butterfly Pattern）和看跌蝴蝶形态（Bearish Butterfly Pattern）。看涨蝴蝶形态在价格创新低后等待做多机会（见图 22-20），看跌蝴蝶形态在价格创新高后等待做空机会（见图 22-21）。

螃蟹形态的缺点之一在于止损点不好确定。为此，需要结合如水平支撑阻力线、震荡指标来设定具体的止损点。

我们在利用谐波结构进行分析的时候，一定要结合其他指标，特别是非技术指标，不能简单地依据结构和比率来进行原油交易。

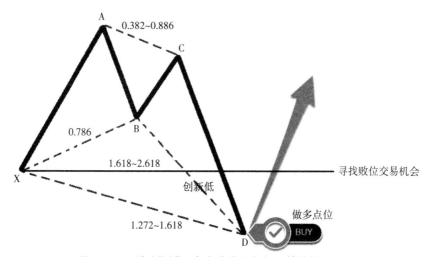

图 22-20　看跌蝴蝶形态在价格创新低后等待做多机会

CD 是 BC 的 1.618 或者 2.618 倍延伸，AD 是 XA 的 1.27 或者 1.618 倍。D 是新低或者新高所在，是一个潜在反转点位。当蝴蝶形态完成后，进场点就在 D 点附近（见图 22-22、图 22-23）。

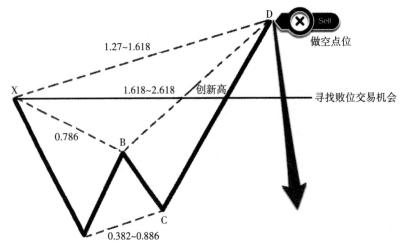

图 22-21　看跌蝴蝶形态在价格创新高后等待做空机会

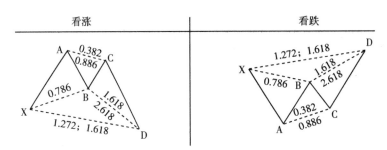

图 22-22　蝴蝶形态的结构与比率（1）

资料来源：Finila.

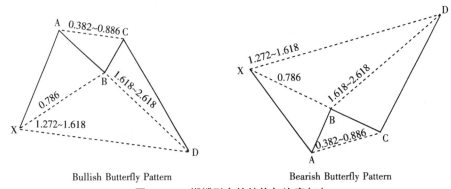

Bullish Butterfly Pattern　　　　Bearish Butterfly Pattern

图 22-23　蝴蝶形态的结构与比率（2）

资料来源：Profitf, Dina.

　　蝴蝶形态的主要结构规则扼要总结如下：第一，AB 是 XA 的 0.786 回撤；第二，BC 是 AB 的 0.382~0.886 回撤；第三，CD 是 AB 的 1.618~2.618 倍延伸；第四，CD 是 XA 的 1.272~1.618 倍延伸；第五，D 是潜在反转点位，交易者可以在此进场，将初始

止损防止在 D 点之外；第六，第一利润目标点位是从 D 出发，CD 的 0.618 回撤，第二利润目标点位是从 D 出发，CD 的 1.272 倍。

我们来看一下原油价格走势中的蝴蝶形态实例。首先来看一个看跌蝴蝶形态的实例（见图 22-24），这是 WTI 日线走势图，最近三个交易日原油价格下跌超过 250 点，跌至 74 美元之下。驱动面上的一个关键因子是原油库存快速累积。在此前一周，EIA 公布了 800 万桶库存，显著高于经济学家预测的 110 万桶库存。刚开始原油价格出现了下跌，但是在美国重新制裁伊朗的消息宣布后出现了反弹。此时，原油价格走势已经呈现出看跌蝴蝶形态，单从技术面来看这对空头也非常有吸引力。CD 段在 77.1 美元附近完成，跌破 74.4 美元的重要支撑点之后，下行趋势就比较明显了。接下来的重要支撑在 72.75 美元。

在本例中，我们结合了驱动面和行为面的因子来分析原油价格的走势。库存是原油驱动面分析的重要因子；谐波点位是原油行为面分析的重要因子。在这里，我们结合了原油库存和谐波蝴蝶点位对原油短线走势进行预判。怎样结合点位与驱动面？这确实需要长时间的实践和总结，但收获的结果是巨大的。

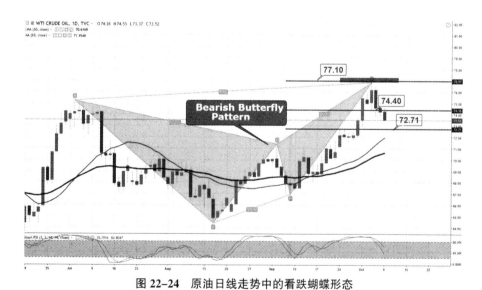

图 22-24　原油日线走势中的看跌蝴蝶形态

资料来源：fxleaders.

接着，我们再来看一个看涨蝴蝶形态的实例。2019 年 6 月 24 日星期一，伊朗和美国之间的剑拔弩张关系导致原油价格微幅上涨了 0.43%，在 57.84 美元的水平进行交易。在伊朗伊斯兰革命卫队（Islamic Revolutionary Guard Crops）宣称击

落美国 RQ-4A 全球鹰无人侦察机（RQ-4A Global Hawk Surveillance Drone）后，美国时任总统特朗普（Donald Trump）宣布将对伊朗采取严厉制裁政策。

而伊朗方面则谴责美国在伊朗空域采取攻击和侦察行动，但美国方面则坚称自己的无人机遭到攻击时是在国际空域飞行。美国可能在美国原油市场交易时段宣布对伊朗的制裁措施，这将对原油价格造成什么样的冲击呢？伊美之间的冲突整体上都会对和原油价格形成支撑，国际原油投资者都在观察伊朗对新制裁措施的反应。另外，OPEC 很可能在星期二即将召开的峰会上延长减产期限，这也为原油价格提供了支持。

简言之，驱动面的伊美冲突和 OPEC 延长减产预期为原油提供了支撑。行为面/技术面上的主要特征是原油日线走势上出现了看涨蝴蝶形态（见图 22-25）。此刻，美国原油价格正在测试关键阻力 57.58 美元。一旦向上突破成功，接下来的关键阻力点位是 59.4 美元和 61 美元一线区域。50 日移动平均线就位于这一区域。就技术面而言，日线上的看涨蝴蝶形态是主要因子。

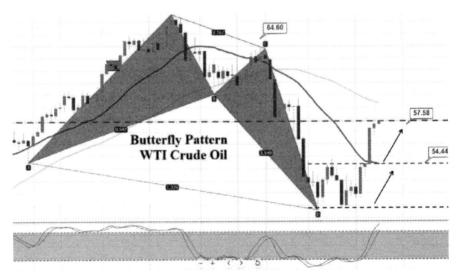

图 22-25　原油日线走势中的看涨蝴蝶形态

资料来源：fxleaders.

在介绍完上述四种主要谐波形态之后，我们接着介绍等幅形态、鲨鱼形态和密码形态三种次要谐波形态类型。

等幅形态是经典的图表形态之一，早在加特利波浪理论和谐波理论创立之前，美国金融市场的一线参与者就已经发现了这一规律。比如 J. L. 在早年的短线抢帽子交易中就应该发现了这类规律，后来所谓的"亚当理论"也有其影子，国内的股票交易理论工作者当中也有人专门以这个规律写了整整一本书。在谐波理论的形成过程中，从加特利到卡尼，都对这一形态的空间和时间规律进行了探讨。

　　等幅形态细分下去有三种子类型：第一类是经典等幅模型（见图 22-26），BC 是 AB 的 0.618~0.786 回撤，而 CD 则是 BC 的 1.272~1.618 倍，也就是说 CD 大致与 AB 的幅度是基本一致的；第二类是时空等幅模型（见图 22-27），CD 不仅在运行幅度上等于 AB，在运行时间上也等于 AB；第三类是等幅延伸模型（见图 22-28），CD 幅度等于 AB 的 1.272~1.618 倍。在所有这三种等幅形态中，D 点就是一个可供交易的反转点位了。

等幅模型与斐波那契回撤和延伸点位关系密切。可以认为等幅模型是斐波那契点位的一个特例。

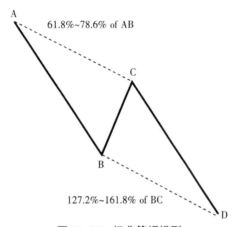

图 22-26　经典等幅模型

资料来源：Profitf, Dina.

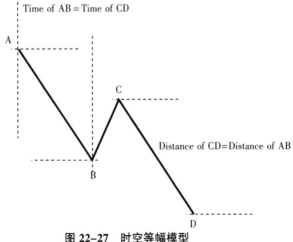

图 22-27　时空等幅模型

资料来源：Profitf, Dina.

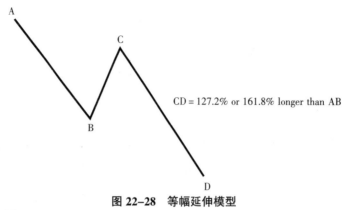

CD = 127.2% or 161.8% longer than AB

图 22-28　等幅延伸模型

资料来源：Profitf, Dina.

　　我们以等幅形态中的看涨情形为例来做进一步的说明。看跌情形只要将上述模型倒置过来理解即可。AB 是下降波段，当 AB 被确认后，下一波就是等到 BC 段形成。C 点必须比 A 点更低，也必须比 B 点更高。通常情况下，C 点回撤到 AB 段的 0.618~0.786 点位。但是，在下行动量充足的市场中，C 点也许回撤到 0.382~0.5 的点位水平。D 点肯定比 B 点更低，CD 的价格幅度可能基本等于 AB，也可能是 AB 的 1.272~1.618 倍。下跌驱动力很强时，CD 可能会达到 AB 的 2 倍，甚至更多，特别是 C 点附近出现了大阴线或者向下跳空缺口之后。如果你只想交易时空等幅模型，那么就要求 CD 的运行时间也与 AB 基本一样。稍微有些原油交易经验的人都知道，仅是从比率或者时间周期上确定 D 点是不太现实的，这时候需要借助其他技术手段，最好还能结合消息面的最新变化。

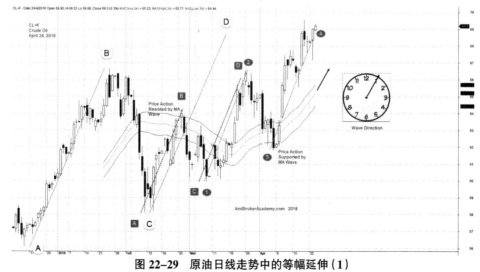

图 22-29　原油日线走势中的等幅延伸（1）

资料来源：AmiBrokerAcademy.

　　等幅延伸在原油日线、4 小时线和 1 小时线走势图中出现的频率很高，比如 2018 年第一季度就出现了明显的等幅延伸（见图 22-29、图 22-30）。

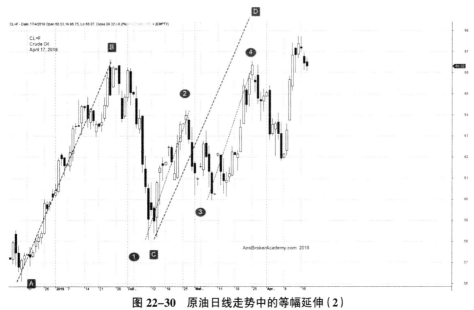

图 22-30　原油日线走势中的等幅延伸（2）

资料来源：AmiBrokerAcademy.

　　鲨鱼形态是一个相对较晚被发现的形态，卡尼在 2011 年才确立。鲨鱼形态与螃蟹形态有些近似，具体来讲就是最后一波延伸得比较长。在图 22-31 中，我们用 O、X、A、B、C 来标注这一形态的关键点。鲨鱼形态与其他谐波形态的最重要区别在于它有两个比较特别的比率：0.886 和 1.13。一旦 C 点完成，价格的反向波动将是非常迅速的，因此需要快速的进场和高效的头寸管理策略。换言之，稍微慢一点进场，价格可能已经远离 C 点了。

　　鲨鱼形态的波段之间存在如下比率关系：第一，AB 是 OX 的 1.13~1.618 倍；第二，BC 通常是 OX 的 1.13 倍；第三，BC 是 AX 的 1.618~2.24 倍。

　　为了避免错失进场时机，鲨鱼形态在操作上与其他谐波形态存在一些差异，这也是点位利用上的思路差异。通常会在 BC 段还未完成时，也就是运行到 0.886 时就进场，然后止损放置在 C 点外侧，利润目标是回撤 BC 段的 0.618。整体而言，鲨鱼形态的操作要复杂些，不过可以为我们确定点位提供一些重要参考。毕竟，**本课内容主要是针对如何高效地确定进出场的潜在点位，而不是全盘照搬各种谐波形态。**

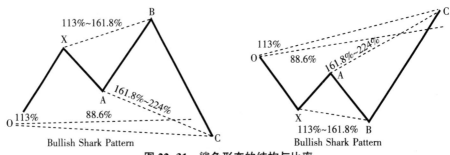

图 22-31　鲨鱼形态的结构与比率

资料来源：Profitf，Dina.

形态千变万化，比率屈指可数。点位是灵魂，形态是肉身。

　　密码形态实际上是蝴蝶形态的反转，它没有后者那么普遍。但是，可以在蝴蝶形态的基础上掌握密码形态。这一形态是由达伦·奥格莱斯比（Darren Oglesbee）发现和定义的。这一形态也分为看涨和看跌两种情况（见图 22-32）。

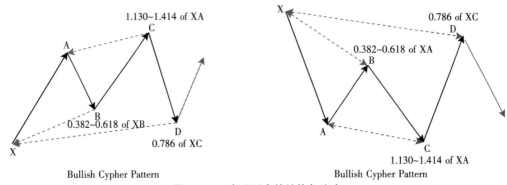

图 22-32　密码形态的结构与比率

资料来源：Profitf，Dina.

谐波形态提供了一些潜在点位，但是我们不能忘记三点：第一，趋势；第二，点位的确认，第三，驱动面和心理面因子提供的信号。

　　密码形态首先有一个波动，定义为 XA，一旦这个波段形成，那么价格可能往密码形态进一步发展。B 点通常会回撤 XA 的 0.382~0.618 比例。BC 段则是 XA 的 1.130~1.414 倍，有些人则定义为 1.272~1.414 倍。CD 一般是 XC 的 0.782 回撤，一旦 D 点确认，则期待中的反转将出现，利润目标是 CD 段的 0.382~0.618 回撤比例（见图 22-33）。初始止损点可以设置在 X 点外侧：在 D 点进场之后，看涨密码形态的初始止损设置在 X 点之下的合理位置，看跌密码形态的初始止损设置在 X 点之上的合理位置。

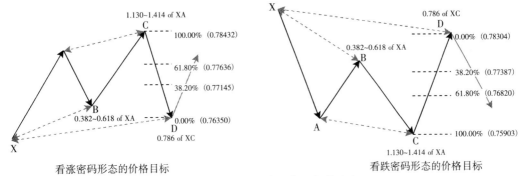

看涨密码形态的价格目标　　　　　　　　　　　　看跌密码形态的价格目标

图 22-33　密码形态利润目标的确定

资料来源：Profitf, Dina.

密码形态的出现频率较少，因此可以适当放宽其比率要求，不然交易者等待很长时间后，都不会见到完美的密码形态出现。虽然这一形态会出现在任何时间框架中，但是在 1 小时走势图和日线走势图上出现频率最高，因此原油短线交易者可以在这两种时间框架上注意这一形态的出现，并据此寻找进出场的有效点位。

在现实原油行情走势中，完全符合上述结构比率是不现实的，因此交易者需要放宽一两条结构规则，同时利用其他技术手段，最好叠加驱动面和心理面指标来确定 D 点。

关于点位我已经大概介绍清楚了，根据经验我认为一个原油交易员应将大部分时间用于驱动—心理分析，行为/技术层面的东西其实不用那么复杂，利用 N 字结构确认趋势，利用斐波那契技术或者加特利波浪理论得到点位，在利用下一课 K 线技术确认唯一点位就可以为仓位的"进出加减"提供坚实的基础。本书着重讲原油的驱动—心理分析，如果你想要对技术分析有更多全面的了解，市面上这类书数量是最多的，占整个交易类书籍的 85%，充斥着各种技术指标和形态，这类东西很受欢迎，但这类书研究的是什么？现象！成天沉迷于现象，结果是什么？你懂的！必须清楚一点：用本质来洞悉现象，才能不迷失在现象中。

【开放式思考题】

在研读完第二十二课的内容之后，可以进一步思考下列问题。虽然这些问题并没有固定的标准答案，但是能够启迪思维，让你更加深入地掌握某些要点，或者是让你跳出僵化模式来重新看待问题。

（1）为什么加特利波浪理论/谐波形态在市场中有效呢？你能想出几个理由来，并且在统计上进行分析呢？

（2）原油与外汇，以及黄金市场的关系密切，使用的技术手段也有共同之处，而许多交易所或者经纪商也同时提供这三个品种的期货或者差价合约。下面是一些外汇市场的真实走势图（见图22-34至图22-40），其中都标注了一些波段和比率，请结合本课教授的谐波理论相关知识确定其具体为哪一种谐波形态。

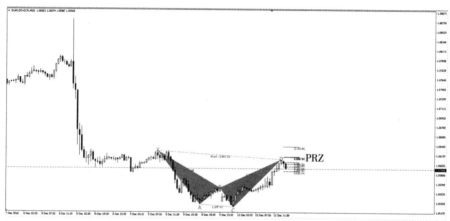

图 22-34　欧元兑美元 30 分钟走势图中的谐波形态
资料来源：metatrader4，Admiral Markets.

图 22-35　英镑兑美元 5 分钟走势图中的谐波形态
资料来源：metatrader4，Admiral Markets.

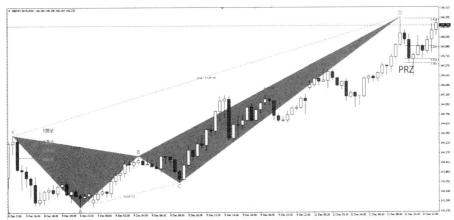

图 22-36　英镑兑日元 30 分钟走势图中的谐波形态

资料来源：metatrader4，Admiral Markets.

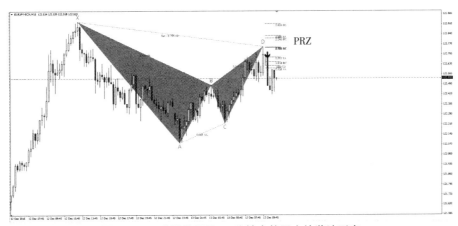

图 22-37　欧元兑日元 15 分钟走势图中的谐波形态

资料来源：metatrader4，Admiral Markets.

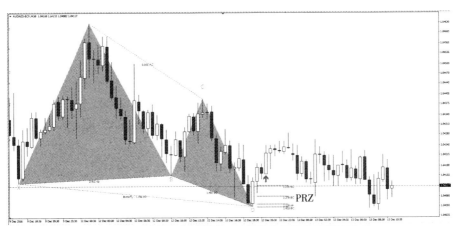

图 22-38　澳元兑新西兰元 30 分钟走势图中的谐波形态

资料来源：metatrader4，Admiral Markets.

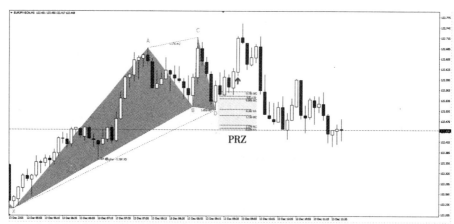

图 22-39　欧元兑日元 5 分钟走势图中的谐波形态

资料来源：metatrader4，Admiral Markets.

【进一步学习和运用指南】

（1）我们在外汇、黄金和股票的短线交易中都大力提倡"四度斐波那契交易策略"，其实这一策略也可以运用到原油短线交易中。在本课的正文部分我们主要介绍了斐波那契理论和加特利波浪理论，这些理论主要提供了各种斐波那契点位，**如果能够结合 K 线形态、成交量和持仓量，以及震荡指标来分析则绩效更佳**，这就是典型的"四度斐波那契交易策略"了。需要深入全面了解这一策略的学习者可以进一步阅读我们的专著《斐波那契高级交易法：外汇交易中的波浪理论和实践（第 3 版）》《黄金短线交易的 24 堂精品课：超越 K 线战法和斐波那契技术（第 3 版）》和《高抛低吸：斐波那契四度操作法（第 3 版）》。在本课的最后我们还要补充一下震荡指标在确定点位方面的一点技巧，下面通过一个基于震荡指标的原油短线交易策略来阐释，这个系统可以融入到本课的斐波那契点位策略中，相互增益。无论你是交易 WTI 还是布伦特原油期货，或者是国内原油期货都可以采用类似的思路。

在这里我们只列出了做多的思路，做空的思路可以类推得到。

第一步，我们将随机震荡指标 RSI 和 CCI 作为副图放到原油行情图之下（见图 22-40）。

原油交易者可以选择的技术指标有许多，价格类指标有趋势指标和震荡指标，以及横截面技术指标，如横截面动量等。交易者应该选择与自己交易理念和市场实际匹配的技术指标。多年的交易经验告诉我们，随机震荡指标，比如 KD 或者 RSI 是非常好的时机和点位捕捉指标。因此，我们这里选择参数为 20 期的 RSI 为基础来构建一个原

图 22-40　WTI 15 分钟走势图叠加 RSI 和 CCI

资料来源：TradingStrategyGuides，Dina.

油短线交易框架。RSI 指标能够快捷地判断出市场是否处于超买或者超卖状态，这在商品市场非常有价值。

　　我们选择的第二个指标是 CCI，用它来侦测商品市场周期。CCI 指标确实是设计用来发现原油市场循环周期的，可以作为上涨或者下跌趋势的过滤器。在本策略中，我们将 CCI 的策略设置为 200 期。CCI 指标读数在零轴之上是看涨信号，零轴之下是看跌信号。

CCI 全 称 为 Commodity Channel Indicator（商品通道指标）。

　　第二步，等待 RSI 出现指标超买钝化，也就是长时间处于在超买区附近波动（见图 22-41）。一个良好的原油做多策略只会寻找强势上涨交易日。这与大众的信念相反，当 RSI

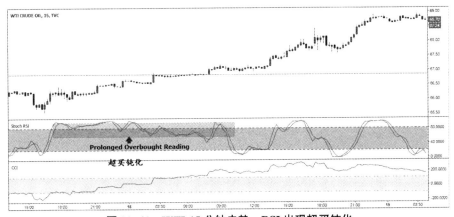

图 22-41　WTI 15 分钟走势，RSI 出现超买钝化

资料来源：TradingStrategyGuides，Dina.

呈现出超买钝化时，那就是强势看涨的信号。超买之后继续超买，超卖之后继续超卖，直到死空头和死多头破产为止，这就是古老的金融市场法则。

原油价格波动是非常活跃的，因此我们不会为指标钝化设定一个具体的时间长度。但是，我们要求指标钝化期间，RSI一直处于50分界线之上。理想状态下，RSI一直处于80分界线之上。不过，单是这一条件并不能让我们进场做多。

第三步，RSI超买钝化之后回落到超卖区域，同时CCI在零轴之上，最好在100分界线之上（见图22-42）。如果RSI超买钝化意味着聪明资金买入的力量，那么一旦价格回落到超卖状态，则聪明资金会继续买入，从而使得价格回升。

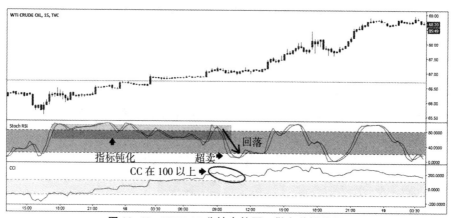

图22-42 WTI 15分钟走势图，做多前提信号

资料来源：Trading Strategy Guides, Dina.

不过，也存在其他可能性。因此，为了过滤掉虚假信号，我们增加了CCI用来确认原油价格循环周期（Crude Oil Cycle）。具体来讲就是RSI从高位回落到超卖区域时，CCI一直维持在零轴之上，我们可以把条件弄得再严格一点——一直维持在100之上。这样就可以确保一个更高的胜算率。一旦上述条件具备，则我们就具备做多原油的前提条件了。

第四步，当RSI的快线（Fast Moving Average）向上穿越20时，进场做多（见图22-43）。这个进场信号是非常清晰明了的，我们仅仅需要RSI的快线从超卖区域回升，向上穿越20水平。一旦进场之后，就需要设定止损单了。

第五步，将你的初始保护性止损设置此前一次RSI超卖对应波段低点处（见图22-44）。简单地寻找前一次RSI处于超卖区域时，相应的价格最低点在哪个位置。一旦你找到这个点位，就可以将止损设置在那个价格之下不远处。

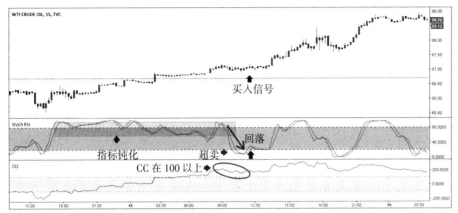

图 22-43　WTI 15 分钟走势，做多进场信号

资料来源：Trading Strategy Guides，Dina.

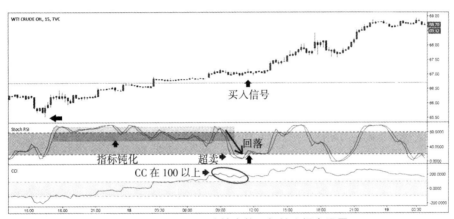

图 22-44　WTI 15 分钟走势，初始止损点设置

资料来源：Trading Strategy Guides，Dina.

第六步，交易日收盘前或者是 CCI 回落到零轴之下，则离场（见图 22-45）。当然前提是盘中并未触发你的初始止损点。原油的高度波动性使得它具有日内获利的巨大潜力。我们偏好的离场策略是当市场朝着预期方向发展时耐性地持仓，直到 CCI 跌到零轴以下或者是临近收盘。CCI 是一个非常有用的指标，它可以提前侦测到一个原油价格周期是否已经结束或者是一个新价格周期是否开启。

上面是一个在 15 分钟走势图上做多原油的策略，其实反转过来就是一个做空的策略（见图 22-46）。

上述这个策略是基于 RSI 和 CCI 展开的，RSI 涉及点位，CCI 涉及趋势。在本课中，我们重点介绍了各种确定点位的方法。除了线谱之外，震荡指标也是比较好用的。震荡指标可以作为见位交易的分析工具，确认回撤结束；震荡指标也可以作为破位交

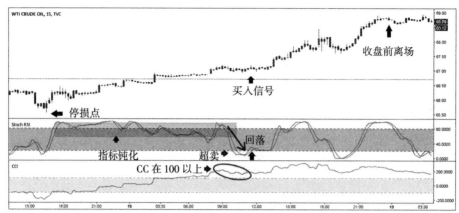

图 22-45　WTI 15 分钟走势，收盘前离场

资料来源：Trading Strategy Guides，Dina.

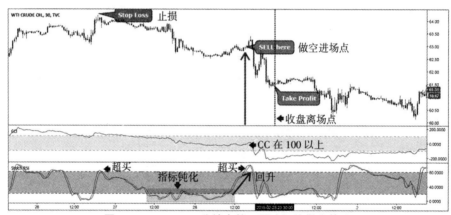

图 22-46　WTI 15 分钟走势，原油短线做空策略

资料来源：Trading Strategy Guides，Dina.

易的分析工具，确认突破有效。在上述原油 15 分钟交易策略当中，震荡指标的使用就分为两步：第一步钝化确认趋势突破有效，这是破位角度的使用，第二步进入反向极端区域后回到正常区域，这就是见位角度的使用。第二步的见位可以与斐波那契或者加特利理论提供的点位进行相互确认。

（2）想要深入了解加特利波浪理论/谐波形态的交易者可以进一步阅读斯科特·卡尼（Scott Carney）的《谐波交易》（*Harmonic Trading*）三卷本以及拉瑞·佩萨温托（Larry Pesavento）的《交易形态识别中的斐波那契比率》（*Fibonacci Ratios with Pattern Recognition*），这两本书都有中译本，译名稍有区别。

参考文献

［1］Joe W. Gakuo. What is the Best Strategy for Trading in Crude Oil, Jan. 8, 2022.

［2］How to Trade Like a Professional Oil Trader–Crude Oil Trading Tips, Trading Strategy Guides, Apr. 5, 2021.

［3］Daniels. 3 Scalping Strategies for Wti Crude Oil, Sep. 3, 2020.

［4］Nassif Guernikako. Harmonic Patterns：The Ultimate Trading Guide, 2022.

［5］Suri Duddella. Harmonic Patterns, 2016.

［6］Denton Salvage. Butterfly Harmonic Pattern Trading Strategy, Jan. 24 , 2022.

［7］Profitf. Harmonic Pattern Gartley, Apr. 4, 2017.

［8］WTI Crude Oil Live Charts：Harmonic and Chart Patterns with Entry Alerts, Mark Holden, Dec. 9, 2019.

［9］Ercu Kartas. Crude Oil Bearish Gartley and Short Opportunity, Jul. 22, 2019.

［10］Mark Holden. Crude Oil Bearish Gartley and Short Opportunity, Mar. 6, 2019.

［11］Mark Holden. Crude Oil Technical Analysis and Trade Setup Update, Jun. 29, 2020.

［12］Mark Holden. Crude Oil Forecast and Potential Trade Setups, Jun. 16, 2019.

［13］Mark Holden. Crude Oil H1 Chart Overview and Short Opportunity, Apr. 11, 2019.

［14］Mark Holden. Harmonic Patterns on the Charts 03–21–2018, Mar. 21, 2018.

［15］Mark Holden. Latest Harmonic Patterns of Today 03–08–2018, Mar. 8, 2018.

［16］Profitf. Harmonic Pattern Shark, May 15, 2017.

［17］Profitf. Harmonic Pattern Butterfly, May 27, 2016.

［18］Profitf. Harmonic Pattern CRAB, Jul. 27, 2016.

［19］Profitf. Harmonic Pattern BAT, Aug. 20, 2018.

［20］Profitf. Forex Cypher Pattern, Nov. 17, 2017.

［21］Profitf. ABCD Pattern Trading, Jan. 10, 2019.

［22］Scott M. Carney. Harmonic Trading, Volume One：Profiting from the Natural Order of the Financial Markets, 2010.

［23］Scott M. Carney. Harmonic Trading, Volume Two：Advanced Strategies for Profiting from the Natural Order of the Financial Markets, 2010.

［24］Scott M. Carney. Harmonic Trading，Volume Three：Reaction vs Reversal，2010.

［25］ Forexfactory. Birth of New Trend Tipple Entry Harmonic Pattern Trading，May 31，2014.

［26］M. Carney Explained in Detail，Admiral Markets，Feb. 20，2019.

［27］Arslan Butt. WTI Crude Oil Take a Dip-Bearish Butterfly Does Well，Oct. 8，2018.

［28］Arslan Butt. WTI Oil Prices Surges Amid Middle East Tensions-Technical Outlook，Jun. 24，2019.

［29］李晓辉、谢圣：《基于"繁微数据"的原油多周期择时预测》，2020 年 7 月 9 日。

原油市场行为研究（3）：态

勤奋和天赋其实都没那么重要，做对的事情最重要。平常心就是回到事物本源的心态，也就是要努力认清什么是对的事情，认清事物的本质。错的事情一定要马上停止，但对的事情不一定都要做，做对的事情也需要聚焦。改变不容易，但任何时候可能都是好时机。

——段永平

趋势确认了，你就要寻找具体的进场时机了。具体进场时机的确定首先选位置，然后等待市场告诉你这个位置是不是改进，这就是"态"。简而言之，当我们进行原油交易的时候，触发进场的是"态"确认了"点位"。

——魏强斌

谁让你读了这么多书，又知道了双水村以外还有个大世界……如果从小你就在这个天地里日出而作，日落而息，那你现在就会和众乡亲抱同一理想：经过几年的辛劳，像大哥一样娶个满意的媳妇，生个胖儿子，加上你的体魄，会成为一名出色的庄稼人。不幸的是，你知道的太多了，思考的太多了，因此才有了这种不能为周围人所理解的苦恼。

——《平凡的世界》

通过驱动分析和心理分析，我们会有一个关于市场大势的看法，不过这只是一个主观的判断。然后，我会去查看**行情此前是怎么走的，是什么因素主导的，我现在的主观判断在行情中是否得到体现，体现了多少**，也就是说价格吸收了多少。如果行情并未完全走完预期，那么我就会看行情是不

原油的驱动分析是本课程的重点，不过也只有通过技术/行为分析才能将驱动分析的结论进行验证和落地。价格运动的惯性与趋势之间并不能完全画等号，因此"机械"地按照技术分析进行动量交易并不是完善的解决办法，点位的存在就是在提醒交易者不能简单地直线外推走势。

是已经开始出现，这就是趋势的确认，也就是趋势分析的工作。趋势确认了，你就要寻找具体的进场时机了。具体进场时机的确定首先选位置，然后等待市场告诉你这个位置是不是该进场或者离场，这就是"态"。简而言之，当我们进行原油交易的时候，触发进场的是"态"确认了"点位"。

很多日内波动交易者或许对"点位"和"态"的关注更多一些，前面一些步骤花的力气要少得多。交易和复盘多年以后，我觉得如果你不是精力没地方花的话，还是应该尽量往更长的时间上挪。因此，我在本课程中传达的立场是尽可能多地在前端上花时间，也就是在驱动分析和心理分析上花时间，然后用行为/技术手段来确认信号和管理仓位。

"态"包括一切西方技术形态和 K 线形态，甚至点数图和其他一些奇奇怪怪的图表形态也包括在这里面。以前做美国期货和美股，以及外汇的时候习惯于用竹节线，后来慢慢习惯于用 K 线，多年下来觉得 K 线稍微有点优势，而且也是咱们东方哲学和文化在金融界为数不多的遗产，因此后来基本上都习惯于用 K 线。

因此，本课讲"态"就主要以 K 线/蜡烛线为主，然后也会讲解西方技术形态在原油短线交易中的运用和实例。

下面的讲解我以根本结构为主，至于千变万化的、名称各异的各种组合没有必要去贪多求全，决定输赢的不是你背熟了多少种 K 线组合和图形形态，而是你是否能够举一反三，做到万变不离其宗。本质是一，现象过万，我告诉你现象的话大家都是无功而返，告诉你本质，你回头就可以自己推演万千。

形态分析过于纷繁复杂，单单就 K 线形态而言就存在上百种模式，不光是初学者，即使是入行多年的老手也认不得其中的大部分模式。很多采用 K 线形态进行行情分析的交易者向我诉说了他们最为头疼的问题：由于记不清众多的形态，所以无法在行情走势中准确识别出它们。如何解决这一问题呢？毕竟，高效的记忆和识别形态模式对于交易者提高交易效率而言非常关键，化繁为简的同时还能够不降低效率无疑

竹节线中的宽幅震荡日是非常重要的技术形态，与天量结合起来用在原油短线交易中效果特别好。

K 线是一个局部信息，只有与点位结合起来才能获得中观层面的意义；更进一步来说，只有与趋势结合起来才能获得宏观层面的价值。

是每个交易者对新形态分析技术的希望所在。敛散模式也许可以在某种程度上满足交易者的这一愿望。

原油市场走势具有二元性，也就是单边（发散）和震荡（收敛）交替夹杂出现，同时一段走势中成交密集和稀疏状态也交替出现，更为微观地看还可以发现蜡烛线呈现出大实体和小实体两种类型，小实体意味着收敛状态（见图23-1），大实体意味着发散状态（见图23-2）。

长影线是非常重要的微观形态特征。

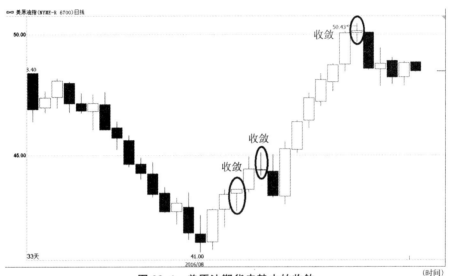

图 23-1　美原油期货走势中的收敛

资料来源：文华赢顺。

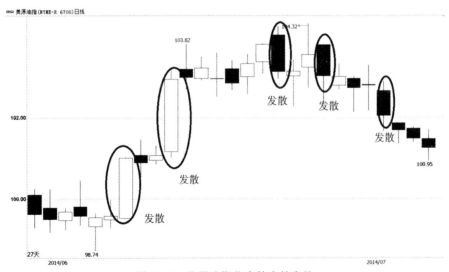

图 23-2　美原油期货走势中的发散

资料来源：文华赢顺。

行为特征中最为重要的两个是敛散性（波动率）和横截面动量（相对强弱）。

市场在所有方面都体现出二元性，最根本的二元性是收敛和发散，如表23-1所示。微观层次的收敛和发散意味着小实体K线和大实体K线，中观层面的收敛和发散意味着成交密集区和成交稀疏区，宏观层面的收敛和发散意味着区间震荡走势和趋势单边市场。收敛和发散是一种形态范畴的因素，形态背后隐藏着参与者的群体心理和博弈过程。

收敛反映了市场的犹豫特征，而发散反映了市场的收敛特征；收敛表明市场参与者在此区域达成了一致性，市场处于均衡状态，而发散则表明市场参与者在此区域分歧很大，市场处于失衡状态。广义的形态分析可以是宏观的（相当于是趋势分析），也可以是中观的（相当于位置分析），当然也是微观的（相当于狭义的形态分析）。但是，我们这里主要介绍微观层面的形态分析，这种分析主要用于确认方向和位置的有效性。一种反转形态可能确认了某个R/S水平有效，一个持续形态则可能确认了某个R/S水平无效。一个反转形态往往是由两根K线组成的，一个持续形态往往是由单根K线组成的，这是大家需要注意的。

原油价格的敛散性与裂解价差，以及基差有关系吗？

价格线，包括K线分为两种形态。其中，一种是收敛形态（小实体K线），意味着市场在此价位达到均衡，意味着市场参与者比较犹豫。这是一种提醒信号，提醒交易者注意趋势处于停顿状态。接下来的市场如果开始发散（大实体K线），则表明市场给出了确认信号，确认了某一运动方向是市场新的方向（这个方向既可能与停顿之前的方向相同，也可能相反）。

表23-1 敛散二元性

敛散性	蜡烛线	价格密集度	走向特征	市场情绪	市场状态	交易含义
收敛	小实体蜡烛线	成交密集区	区间震荡市场	犹豫	均衡	提醒信号
发散	大实体蜡烛线	成交稀疏区	趋势单边市场	坚决	失衡	确认信号

比较常用的K线形态有好几十种，这也是大家比较重视的形态，如图23-3所示。从这个图中可以发现，经典的K线

组合都体现出了敛散性，如果你从敛散性去把握这些 K 线形态，则可以更好地理解和掌握原油价格的走势，更为重要的是可以利用它们去把握有效的进出场位置和市场方向。

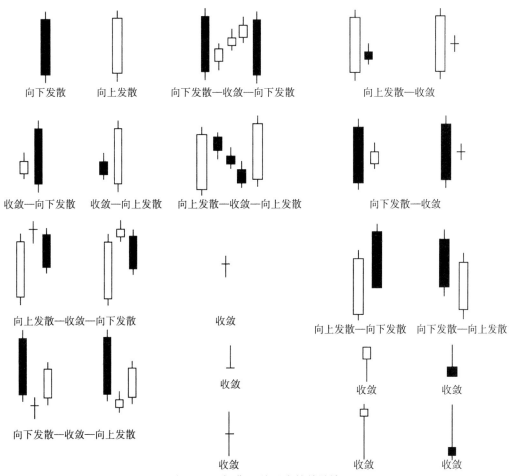

图 23-3　经典 K 线形态的敛散性

注：发散是确认进场的信号，收敛是提醒进场即将到来的信号。

资料来源：《外汇交易三部曲》（2019 年）。

　　市场一般会给出一个提醒信号，然后再给出一个确认信号，但是也可能在一个确认信号之后直接给出一个相反的确认信号。所以，我们可以得到基本的三种敛散模式：第一种是"发散—收敛—反向发散"，第二种是"发散—收敛—同向发散"，第三种是"发散—反向发散"，如图 23-4 所示。敛散模式一的典型代表之一是下降三法和上升三法。敛散模式二的典型代表之一是刺透形态和乌云盖顶。敛散模式三的典型代表之一是早晨之星和黄昏之星。在下面的详细讲解中，我们将结合具体的实例来阐述这些理

论和相应的操作技巧。

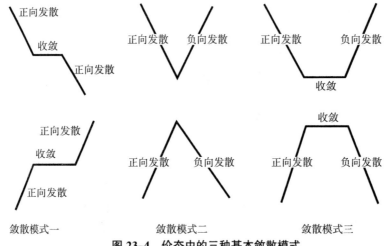

图 23-4　价态中的三种基本敛散模式

在我们的形态理论中，交易信号主要有三种类型，上面已经提到了其中两种，它们与敛散形态互相对应。第一种是提醒信号，一般小实体 K 线是提醒信号，这时候市场处于新方向的选择当中，它提醒交易者注意此后市场的走向；第二种是确认信号，一般大实体 K 线是确认信号，这时候市场已经选择了一个新的方向，它确认了或者否定了此前趋势分析和位置分析得到的假设。

提醒信号和确认信号分别对应着收敛和发散形态（见表 23-2）。除了这两种信号之外，还有一种信号就是交易信号。通常而言，当确认信号确认了趋势分析和位置分析的假设有效之后（同时符合仓位管理的基本要求），则确认信号的第一根价格线就是交易信号。由此看来，交易信号与价格线的形态没有什么关系，如果其他条件具备，确认信号之后的第一根价格线就是交易信号。

表 23-2　敛散性和信号类型

敛散性	蜡烛线	市场情绪	交易含义
收敛	小实体蜡烛线	犹豫	提醒信号
发散	大实体蜡烛线	坚决	确认信号

讲了这么多虚头巴脑的东西，很多初学者可能觉得还不如来几个"神奇指标"和"必胜形态"有用。功夫高的人从来不是因为一来就练某个绝招，然后就天下无敌了，所谓得意技那是建立在长年累月全面深入学习和实践基础上的。

如果我们判断并且确认了趋势向上——当然，这是概率性的判断，因此仓位管理

很重，而且利用斐波那契技术找到几个潜在的点位可以介入，接下来的事情就是让市场告诉我们该怎么操作。

来看一些例子，假设我们已经通过驱动分析和心理分析决定做多原油期货，而现在油价第三次来到 49.94 美元这个点位，前面两次都止跌了（见图 23-5）。前期低点构成一个关键点位，我们观察市场给我们在这里发出什么信号。最终，市场在关键点位这里形成了一个看涨吞没，这是一个收敛—发散组合，加上前面一根阴线就属于"敛散模式三"。好了，天时、地利、人和全有了，可以进场做多了。

> 看涨吞没出现时，原油远期曲线是 Backwardation 结构，那么你的胜算率和风险报酬率是不是又高了一些？

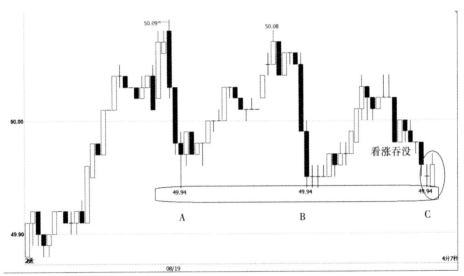

图 23-5　看涨吞没确认油价前期低点构成的支撑有效

资料来源：文华赢顺。

什么是天时？驱动—心理分析给出了趋势向上的结论，而且趋势分析确认了这一结论，这是天时。什么是地利？地利就是点位。什么是人和？市场发出一个信号——看涨吞没来确认点位，这就是人和。

上面这个例子是利用前期低点来作为待确认的关键点位的，举一反三就是你可以用前期高点来作为待确认的关键点位。前期低点可以作为支撑点位确认，也可以作为阻力点位确认，前期高点也是如此，也就是说支撑阻力是可以相互转化的。

我想着重讲一下斐波那契回撤点位在见位进场时的运用。回撤点位有很多，从0.191到0.808都有分布，但我都是化繁为简，采用0.382~0.618作为"观察窗口"。

如果我盘前经过深思熟虑决定做多，那么就会画出这个"观察窗口"，然后看市场在这个窗口中给我传递什么信号。那么就有三种可能了：第一种可能，市场根本没有来到这个窗口，那么我只能观察市场在其他窗口的表现，比如前期高点构成的窗口，是不是阳线突破等；第二种可能，市场来到这个窗口，但是并未发出让我读懂的信号，这个时候我只能继续等待了；第三种可能，市场发出我读懂的信号，并且是做多信号，如出现了早晨之星，那么我就可以扣动扳机了。

我们来看几个实例，让你从本质世界来到现象世界，让你有落地的感觉。第一个例子（见图23-6），当时我从驱动面上分析了一番，大概有几条，伊朗有加入OPEC冻产联盟的意向、EIA库存大幅下降、美国几个经济数据都比较靓丽等，心理面上有个优势就是前期CFTC上的大空头开始回补。技术走势上也有突破近期高点来确认趋势，因此我趁着原油价格回调画出了斐波那契回调线线谱。以AB为单位1，以B为起点向下分割，得到了0.382和0.618两条线。两线之间就是我定义的"观察窗口"，如果油价在这个窗口内出现看涨信号，也就是看涨K线组合，我就会入场。后来，油价在此窗口出现了"看涨孕线"，这正向发散—收敛的形态，接着出现了一根中阳线，这是发散形态，这就是"敛散模式三"。市场在窗口向我招手，表明做多时机成熟，阳线确认看涨孕线之后，我立即进场做多（见图23-7），市场此后也比较给面子。出场的话，我一般以跟进止损为主。以前日内做得多，所以也采用ATR和斐波那契扩展线谱等方法，结合分批出场的仓位管理模式。

点位提供了"观察窗口"，那么在这个区域内出现的价格形态、相应的消息、数据和事件则构成了信号。

图 23-6　看涨孕线在观察窗口出现确认做多时机

资料来源：文华赢顺。

图 23-7　阳线收盘确认看涨孕线后进场做多

资料来源：文华赢顺。

　　再来看第二个例子（见图 23-8），当时的驱动面是钻井数在油价持续上涨后连续攀升，而且我查了下当时的页岩油气厂商财务状况，油价已经让大多数厂商处于盈亏线上，而且日线上出现了价格与动量指标的背离走势，此后价格一路走低，然后回升。很显然，当时我已经决定做空，接下来就要看市场是否"向我招手"了。以 AB 段为单位 1，以 B 点位起点向上做出斐波那契回撤线谱，只画出 0.382 和 0.618。市场后来在

这个区域出现了乌云盖顶，这是"敛散模式二"，市场在窗口与我对话，它的语言是"现在做空时机了"，于是我进场做空（见图 23-9）。

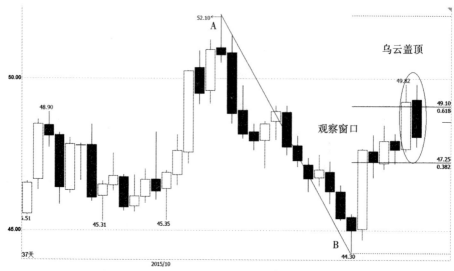

图 23-8　乌云盖顶在观察窗口出现确认做空时机

资料来源：文华赢顺。

图 23-9　乌云盖顶收盘后进场做空

资料来源：文华赢顺。

　　市场在观察窗口的哪些信号很有价值呢？在看涨趋势中，回调观察窗口中出现看涨吞没、早晨之星等形态；在看跌趋势中，反弹观察窗口中出现看跌吞没、黄昏之星等形态。要增加观察窗口信号的可靠性，还可以结合震荡指标，如看涨趋势中回调窗

口出现看涨吞没，同时 KD 指标出现超卖金叉。

接着，我们介绍一些常见的中型形态，它们其实结合了形态和点位的相关知识，也就是说这些形态往往涉及见位和破位，或者败位等进场时机。

第一种中型形态是上倾和下倾隧道。两条向上倾斜的平行线构成了上倾隧道，两条向下倾斜的平行线构成了下倾隧道。隧道形态和旗形之间非常相似，但是旗形规模显著小于隧道，而且旗形有一个旗杆。上倾隧道出现时，交易者等待两种机会：第一种机会是等待价格回落到下轨附近见位做多的机会，这种情况可以结合 K 线看涨反转形态、斐波那契回调点位、震荡指标超卖或者低位金叉、驱动面或者心理面因子等指标确定；第二种机会是等待价格跌破下轨，这种情况代表着上升趋势结束和下跌趋势的开始，这是破位交易的机会，风险报酬率很可观。下面我们就以第二种情况来介绍原油短线交易中的上倾隧道破位交易。

来看第一个上倾隧道的例子。2022 年 1 月 19 日美原油 1小时走势图上出现了上倾隧道（见图 23-10）。价格向下跌破了隧道下轨，这是进一步下跌的走熊信号。向下突破后价格

期限价差、基差、裂解价差、持仓趋势、原油 CFD 合约都可以用来过滤窗口内的技术信号。这些过滤指标当中，哪些是最有效的呢？可以通过机器学习的主成分分析法等手段来确认，感兴趣的读者可以进一步阅读我们的专著《原油算法交易的 24 堂精品课：智能时代的盈利科学与策略》。

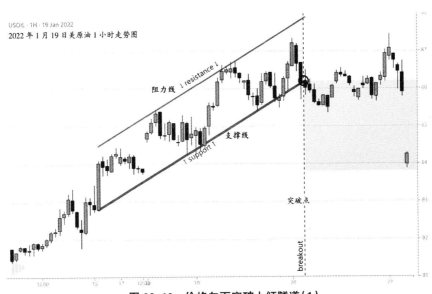

图 23-10　价格向下突破上倾隧道（1）

资料来源：Patterns.cc，Dina.

呈现震荡走势，但是收盘价都在隧道形态最高价之下，盘整一天后跳空大跌。

第二个上倾隧道的例子，出现在 2021 年 11 月 16 日美原油日线走势图上（见图 23-11）。价格以小 K 线长影线形态逐步收盘跌破，当第一根小实体长影线的价格线出现时，交易者应该观察是否存在回升可能，这个时候可以从其他技术指标入手去观察，最好能够结合诸如裂解基差、期限结构、重要数据或消息、COT 报告或者散户持仓等确认。但是连续出现数根收盘走跌的小 K 线之后，反弹的可能性就比较小了。价格跌破隧道下轨之后有一小波反弹，然后暴跌。

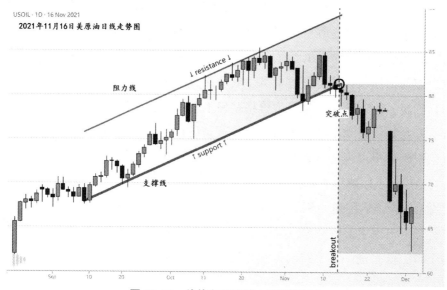

图 23-11　价格向下突破上倾隧道（2）

资料来源：Patterns.cc，Dina.

第三个上倾隧道的例子，出现在 2022 年 1 月 19 日美原油 1 小时走势图上（见图 23-12）。原油价格在 86 美元附近跌破隧道下轨后并没有马上下跌，而是强劲反弹，创出新高，形成震荡形态，受制于 87.5 美元一线阻力，形成双重顶部。

第四个上倾隧道的例子，出现在 2022 年 3 月 9 日美原油 1 小时走势图上（见图 23-13）。美原油在 125 美元附近跌破隧道下轨后，流畅下跌。其实，这个例子中的原油价格走势有一个特征表明走势较弱：在形成上倾隧道的过程中，价格有一小波反弹，但是很快大跌回隧道，然后就压着下轨微弱上行。

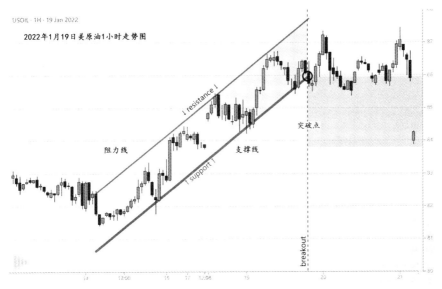

图 23-12 价格向下突破上倾隧道（3）

资料来源：Patterns.cc，Dina.

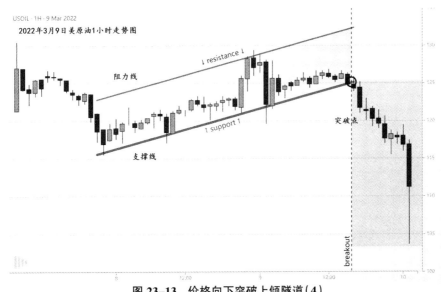

图 23-13 价格向下突破上倾隧道（4）

资料来源：Patterns.cc，Dina.

    第五个上倾隧道的例子，出现在 2021 年 11 月 10 日美原油 1 小时走势图上（见图 23-14）。隧道下轨由两个点构成，第二个点是一根下影线较长的小实体 K 线，接着"一日游"上涨，马上就拐头下跌，大阴线跌破隧道下轨，可以看成是一个下跌 N 字结构出现在了隧道下轨破位进场处。

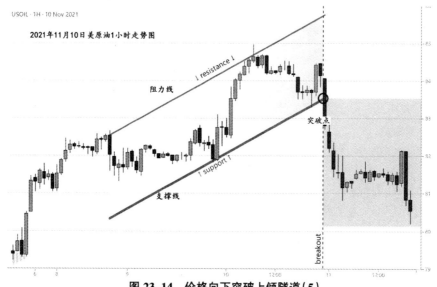

图 23-14　价格向下突破上倾隧道（5）

资料来源：Patterns.cc，Dina.

　　第六个上倾隧道的例子，出现在 2022 年 2 月 16 日美原油 4 小时走势图上（见图 23-15）。跌破下轨这根 K 线下影线太长，此前一根 K 线是出现在隧道下轨处的十字星。从这两个角度来看下跌过程不太会流畅，后来果然出现反弹，反弹高点在前一波上涨的 0.618 处受阻，然后一根阴线吞掉 4 根阳线的结构。

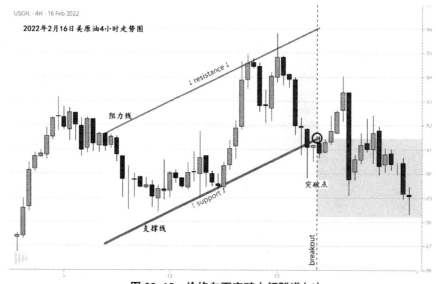

图 23-15　价格向下突破上倾隧道（6）

资料来源：Patterns.cc，Dina.

下倾隧道出现时，交易者等待两种机会：第一种是等待价格上涨到上轨附近见位做空的机会，这种情况可以结合 K 线看跌反转形态、斐波那契回调点位、震荡指标超买或者高位死叉、驱动面或者心理面因子等指标确定；第二种是等待价格升破上轨，这种情况代表着下降趋势结束和上升趋势的开始，这是破位交易的机会，风险报酬率很可观。下面我们就以第二种情况来介绍原油短线交易中的下倾隧道破位交易。

来看第一个下倾隧道的例子，出现在 2021 年 12 月 6 日美原油 1 小时走势图上（见图 23-16）。价格在 68 美元附近向上突破了隧道上轨，突破后回落到小平台，接着恢复上涨，在隧道上轨附近形成了一个向上 N 字结构突破。其实，也可以将其看成上升图中的一个矩形/箱体，价格在箱体高点附近"顶位"横盘了很久，然后突破，回撤，正式上涨。

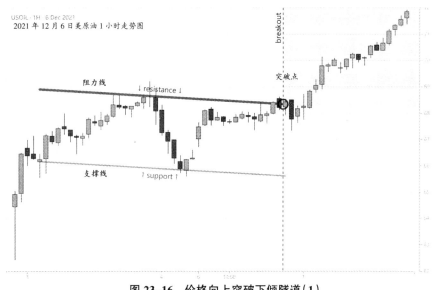

图 23-16 价格向上突破下倾隧道（1）

资料来源：Patterns.cc，Dina.

第二个下倾隧道的例子，出现在 2021 年 9 月 3 日美原油日线走势图上（见图 23-17）。箱体之前有一波上涨，因此这个隧道也可以看成是一个旗形。这个箱体可以看成是波浪理论的调整浪，以前一波驱动浪为单位 1，可以进行斐波那契点位分析，确定这一调整浪的最可能终点。原油价格在 69 美元附近向上突破了隧道上轨，轻微回撤几个小时后恢复上涨，在隧道上轨之上形成向上 N 字结构。

图 23-17　价格向上突破下倾隧道(2)

资料来源：Patterns.cc，Dina.

第三个下倾隧道的例子，出现在 2022 年 2 月 3 日美原油 1 小时走势图上（见图 23-18）。我们大部分时间以收盘价为基准绘制隧道，原油价格在 89 美元附近向上突破隧道上轨，小幅回撤一根 K 线之后开启飙升模式。

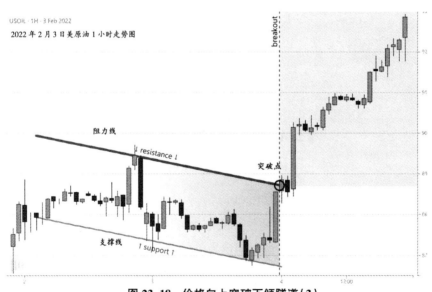

图 23-18　价格向上突破下倾隧道(3)

资料来源：Patterns.cc，Dina.

第四个下倾隧道的例子，出现在 2022 年 1 月 14 日美原油 1 小时走势图上（见图

23-19）。这个下倾隧道其实更应该从斐波那契回撤的角度去分析，前一波上涨后，价格下跌到 0.618 斐波那契点位附近形成看涨 K 线，如果这样去预判的话，可以在进场点上更早介入以获得更高的风险报酬率。

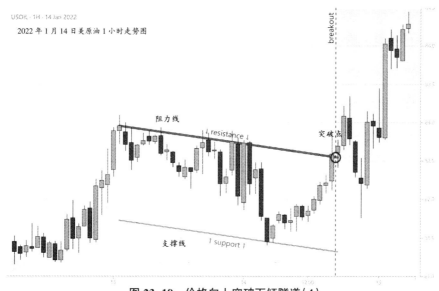

图 23-19　价格向上突破下倾隧道（4）

资料来源：Patterns.cc，Dina.

第五个下倾隧道的例子，出现在 2022 年 2 月 11 日美原油 4 小时走势图上（见图 23-20）。在 92 美元附近向上跳空突破，然后回补缺口，回测上轨支撑，形成一个 0.5

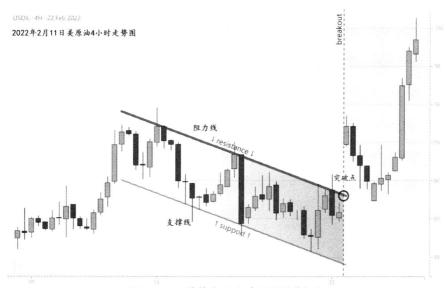

图 23-20　价格向上突破下倾隧道（5）

资料来源：Patterns.cc，Dina.

斐波那契点位回撤，之后开启上涨模式。

第六个下倾隧道的例子，出现在 2022 年 1 月 11 日美原油 1 小时走势图上（见图 23-21）。隧道的下降趋势压力线在 78.5 美元附近被向上突破，几个小时内再也没有收盘回到上轨之下。突破时出现了上影线较长的小实体 K 线，接着马上被实体阳线吞没，这在股市短线交易中是较常用的看涨指标，这种被阳线覆盖的长上影线 K 线就不是流星线了，而是"仙人指路"。

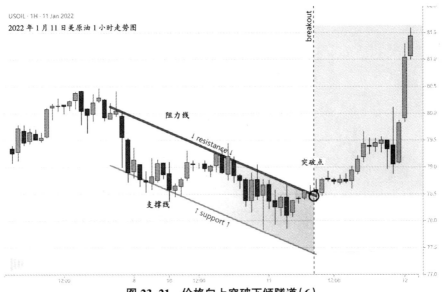

图 23-21　价格向上突破下倾隧道（6）

资料来源：Patterns.cc，Dina.

第二种中型形态是上倾三角和下倾三角。三角形有一条边是水平线，这是与尖旗形和楔形的重要区别。上倾三角的上边是水平线，另外一条边往上倾斜，下倾三角的下边是水平线，另外一条边往下倾斜。

我们先来看原油短线交易中的上倾三角。形成上倾三角后，价格既可能向上突破，也可能向下突破。

向上突破的可能性较小，比如 2021 年 12 月 6 日美原油 1 小时走势图上，价格在 68.5 美元附近向上突破（见图 23-22）。向上突破之前，价格持续十几个小时在高位盘整，这其实就是"顶位"。再来仔细看这个上倾三角形内部，三角形最低点其实是对此前一波上涨的 0.618 回撤。所以，如果按照我们此前课程提供的工具，在确认趋势向上后，早在三角形构造过程中的最低点形成之后就可以进场了。如何确认上涨走势呢？千万不要忘了此前教授的趋势识别方法，**更不要忘了佐证期限结构、裂解价差、库存、**

OPEC 动向、OECD 综合领先指标等驱动面因子。

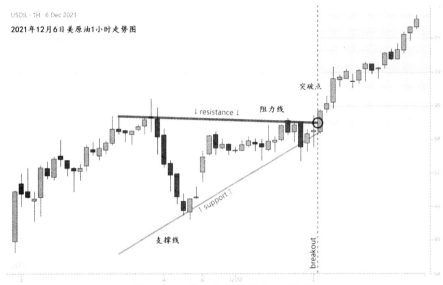

图 23-22　价格向上突破上倾三角形

资料来源：Patterns.cc，Dina.

在原油金融市场中，向下突破上倾三角形的情况更加普遍。第一个价格向下突破上倾三角形的例子，出现在 2022 年 3 月 14 日美原油 1 小时走势图上（见图 23-23）。价格从高位

斐波那契回撤点位适合分析和预判中型形态内部的结构，斐波那契延伸点位适合分析和预判中型形态突破后的走势波段。

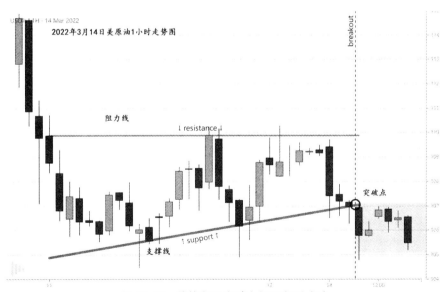

图 23-23　价格向下突破上倾三角形（1）

资料来源：Patterns.cc，Dina.

下跌，接着形成震荡走势，低点逐渐走高，高点却在同一水平。如果从斐波那契点位的角度衡量，则高点在此前一波下跌的 0.5 回撤点位处。当价格来到 107 美元附近的上轨处时，向下突破发生了。突破后出现了小幅反弹，很快夭折。

第二个价格向下突破上倾三角形的例子，出现在 2021 年 11 月 2 日美原油 4 小时走势图上（见图 23-24）。原油价格在 81 美元两度获得支撑后出现了回升，但是回升并未突破 85 美元附近的最高点，三角形的两个高点明显低于这一最高点。上涨一段时间后，突然跌破上升趋势线。图中有两波主要下跌，第一波发生在三角形内部，第二波发生在三角形之后，两波的高度是一样的，所以这里体现了加特利波浪和斐波那契比率关系。

> 无论是破位还是见位，我们都要结合当时的消息面来看，因此应该习惯价格在点位附近时查看 Forexfactory 等网站的价格和消息对照走势图。将期限结构/远期曲线、裂解价差与技术趋势指标结合起来使用，将数据和事件与点位指标结合起来使用，这就是我们想要透露的一个原油顶级交易者的珍藏秘诀。

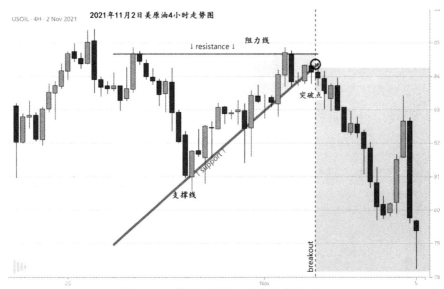

图 23-24　价格向下突破上倾三角形（2）

资料来源：Patterns.cc，Dina.

第三个价格向下突破上倾三角形的例子，出现在 2021 年 11 月 2 日美原油 1 小时走势图上（见图 23-25）。其实，这个形态与尖旗形也比较接近。价格从最高点回落后一直压在支撑线上运行，最终跌破，跌破后不久形成两阴夹一阳的"空方炮"形态。K 线形态要与点位结合起来看，这是稍微有点

经验的短线交易者需要做到的，但是这还不够，还要结合趋势来看。**趋势不能仅要看技术指标和趋势线，还要看驱动面和心理面的主要因子。趋势是果，驱动是因。**

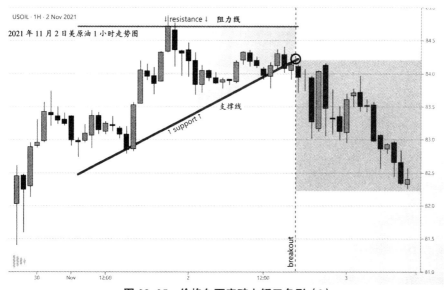

图 23-25　价格向下突破上倾三角形（3）

资料来源：Patterns.cc，Dina.

　　第四个价格向下突破上倾三角形的例子，出现在 2021 年 9 月 17 日美原油 1 小时走势图上（见图 23-26）。如果以最高点来看，高点是越来越低的。1 小时价格线收盘价跌破上升趋势线之后，小幅反弹，然后一阴吞三阳。

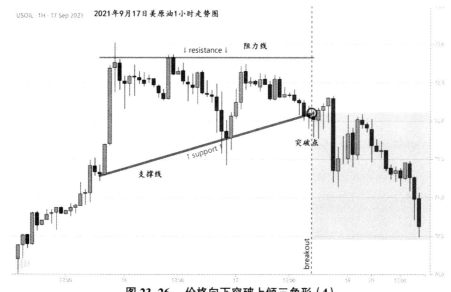

图 23-26　价格向下突破上倾三角形（4）

资料来源：Patterns.cc，Dina.

下倾三角形的主要特征是阻力线向下倾斜，支撑线呈水平状态。下倾三角形的突破也是分两种情况：一种是向上突破阻力线，另一种是向下跌破支撑线。先来看向上突破阻力线的情况，第一个价格向下突破下倾三角形的例子出现在2021年10月27日美原油1小时走势图上（见图23-27），两个低点基本位于同一水平，高点则逐渐走低。跌破支撑线后又反弹企图，上影线较长，但最终是一个中阴线收盘，这就进一步确认了向下突破有效。

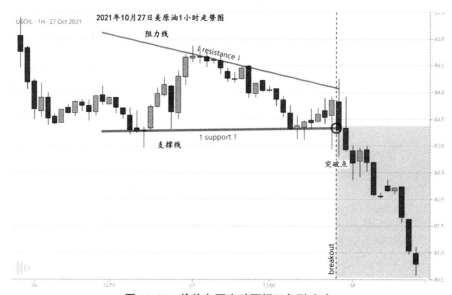

图23-27　价格向下突破下倾三角形（1）

资料来源：Patterns.cc，Dina.

第二个价格向下突破下倾三角形的例子，出现在2021年11月17日美原油4小时走势图上（见图23-28）。三角形内最后一波反弹其实是前一波下跌的0.328回撤。

第三个价格向下突破下倾三角形的例子，出现在2022年2月8日美原油1小时走势图上（见图23-29）。高点越来越低，最终跌破水平支撑线。

接着，我们再来看价格向上突破下倾三角形的情况。第一个价格向上突破下倾三角形的例子，出现在2022年3月4日美原油1小时走势图上（见图23-30）。高点越来越低，这其实是看跌的预期，但是向上突破阻力线，这就是"超预期"。"超预期"是我们做投机交易经常用到的一个信号，无论是技术面还是基本面，一旦出现超过此前大众预期的情况，就应该顺着这方向去操作，至少不应该持有相反方向的头寸。

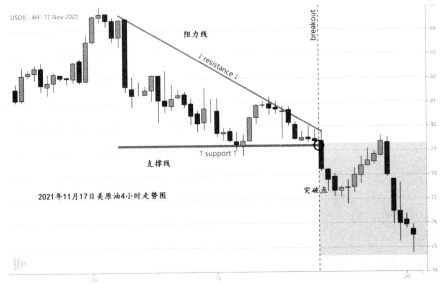

图 23-28　价格向下突破下倾三角形（2）

资料来源：Patterns.cc，Dina.

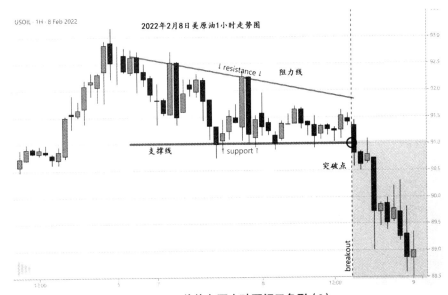

图 23-29　价格向下突破下倾三角形（3）

资料来源：Patterns.cc，Dina.

　　第二个价格向上突破下倾三角形的例子，出现在 2021 年 9 月 22 日美原油 4 小时走势图上（见图 23-31）。在水平支撑线附近，出现了几根下影线很长的 K 线，这表明向下突破的努力失败了。那么，向上试探最小阻力最小路径就成了必然的选择。

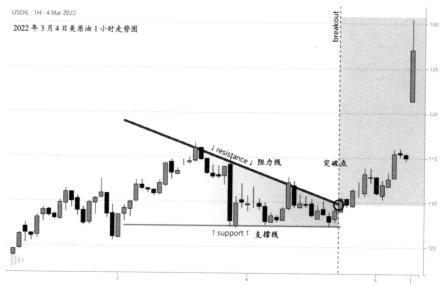

图 23-30　价格向上突破下倾三角形（1）

资料来源：Patterns.cc，Dina.

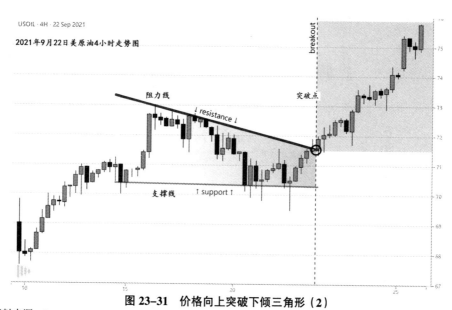

图 23-31　价格向上突破下倾三角形（2）

资料来源：Patterns.cc，Dina.

　　第三个价格向上突破下倾三角形的例子，出现在 2022 年 2 月 18 日美原油 1 小时走势图上（见图 23-32）。原油价格在三角形内部有一波较大幅度的反弹，恰好是 0.5 倍回撤点位。三角形内部的比率关系往往呈现出 0.618、0.5 或者 0.382 等比率。价格向上突破之后不久马上掉头向下，接着又回升，出现了流星后表明 92 美元处的阻力强大。

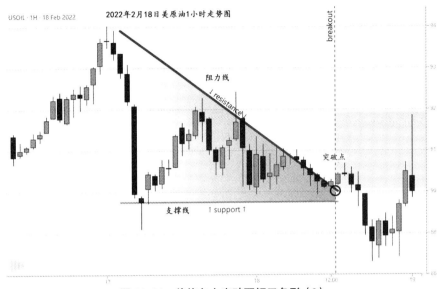

图 23-32 价格向上突破下倾三角形（3）

资料来源：Patterns.cc，Dina.

第三种中型形态是上倾楔形和下倾楔形。楔形出现的频率较高，交易价值较大，楔形的特点是阻力线和支撑线要么都朝上，要么都朝下，但并不平行，同时波幅越来越小。

先来看上倾楔形，两条边界线都朝上，但是支撑线比阻力线更陡峭。在主流的技术分析中，上倾楔形都是看跌的，从我们初步统计的角度来看确实如此。一旦出现上倾楔形，只应该等待做空机会。但是，**驱动面的超预期会改变任何技术图形的惯性模型**。这里要介绍的第一个价格向下突破上倾楔形的例子出现在 2021 年 11 月 24 日美原油 1 小时走势图上（见图 23-33），跌破支撑线后，价格并未马上下跌，而是压着 78 美元上方的支撑盘整，这就是典型的"顶位"走势。

第二个价格向下突破上倾楔形的例子出现在 2021 年 11 月 18 日美原油日线走势图上（见图 23-34）。这是一个楔形，也可以看成是双顶形态。楔形下轨被跌破后，下一根 K 线就跌破了双顶的颈线。日线上的双顶形态跌破经常伴随着期限结构的变化，升贴水快速转换，这就是技术面和基本面的相互参验。

在原油期货交易中，如果只选择一个驱动面/基本面指数的话，应该以远期曲线/期限结构作为首选。

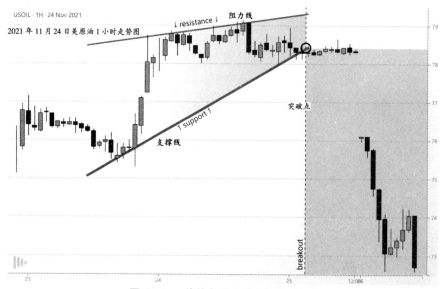

图 23-33　价格向下突破上倾楔形（1）

资料来源：Patterns.cc，Dina.

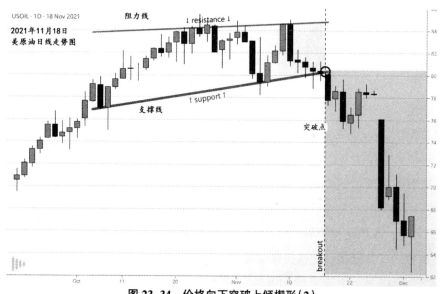

图 23-34　价格向下突破上倾楔形（2）

资料来源：Patterns.cc，Dina.

　　第三个价格向下突破上倾楔形的例子出现在 2021 年 12 月 9 日美原油 1 小时走势图上（见图 23-35）。楔形之前的一波上涨在 73 美元附近受阻结束，楔形震荡上涨突破 73 美元，但是很快又回到了前期高点之下，这是典型的"败位"或者说多头陷阱走势。"败位"走势往往与顶背离一起出现。这种走势往往在驱动面出现一则利多消息后突

破，接着迅速回落，这就是走势不及预期，利多不涨，如果这则消息明显是一次性利多题材，则做空的胜算就高了不少。向上假突破73美元之后，价格回落跌破楔形的支撑线，这就进一步确立了下跌趋势。

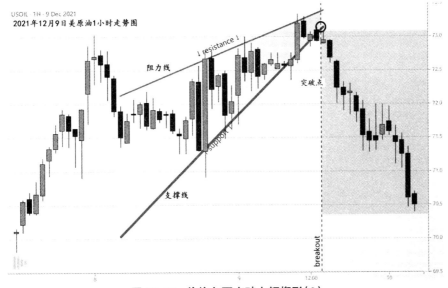

图 23-35　价格向下突破上倾楔形（3）

资料来源：Patterns.cc，Dina.

第四个价格向下突破上倾楔形的例子出现在 2021 年 11 月 19 日美原油 1 小时走势图上（见图 23-36）。楔形之前价格有一波下跌，楔形其实是对此前一波的回调，幅度

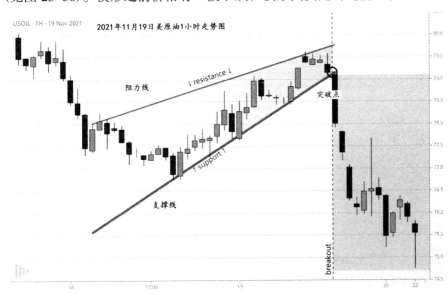

图 23-36　价格向下突破上倾楔形（4）

资料来源：Patterns.cc，Dina.

超过了 0.618。在楔形内部，价格四次触及支撑线，按照江恩理论，四次跌到某一支撑线，则向下突破是大概率。国内有一个业绩较好的期货短线交易者，其主要的交易机会就来自"四次触及同一关键点位"。

第五个价格向下突破上倾楔形的例子出现在 2021 年 3 月 2 日美原油日线走势图上（见图 23-37）。价格跌破楔形下轨后，再度向上冲高，突破前高，然后再跌破前期高点之内，形成一个向下 N 字结构后开始正式下跌。突破前高后回落，这是典型的"败位"，或者说多头陷阱。"海龟交易法"就是基于这种假突破建立起来的，这种走势体现了"超预期的弱势"，本来应该走强的，但是却"败走麦城"，所以是做空的高胜算交易。楔形本身在这个例子当中并未提供很好的交易机会，反而是后面的"败位"更适合交易。

> 大行情肯定是"破位"最适合，但是平时的行情当中"见位"和"败位"更适合。有舍有得，平时追求高胜算率和稳定增长，那么就很容易错过大行情的暴利。一味追求大行情的暴利，就会遭遇长时间的"套牢"。

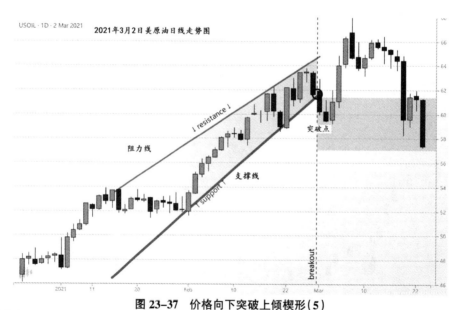

图 23-37　价格向下突破上倾楔形（5）

资料来源：Patterns.cc，Dina.

> 原油日线或者周线上的价格楔形经常伴随着远期曲线的 Backwardation 的斜率下降。

第六个价格向下突破上倾楔形的例子出现在 2021 年 8 月 2 日原油 4 小时走势图上（见图 23-38）。原油价格在楔形之前是一波飙升，然后涨势放缓，上涨斜率变小，除非主要逻辑仍然有效，否则单从技术面走势惯性来说，这已是强弩之

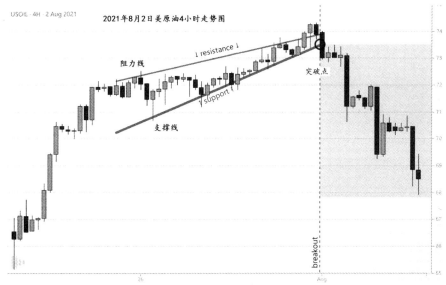

图 23-38　价格向下突破上倾楔形（6）

资料来源：Patterns.cc，Dina.

末了。

　　接着我们来介绍和分析上倾楔形，两条边界线都朝下，但是阻力线更陡峭。在主流的技术分析中，下倾楔形都是看跌的，从我们初步统计的角度来看确实如此。下倾楔形常常出现在上涨趋势的回调整理阶段，因此一旦出现下倾楔形，应该等待做多机会。

　　第一个价格向下突破下倾楔形的例子出现在 2022 年 2 月 3 日美原油 1 小时走势图上（见图 23-39）。楔形之前是一波上涨，楔形就是逐渐波动走低的过程。在楔形末端，价格先有一次上冲，留下了长长的上影线，这是显著的弱势表现。**但是，接下来一根大阳线"吞掉"了这根上影线较长的流星阴 K 线，这就是"超预期"的强势**，应该顺势而入。单纯从技术面和心理面是这样分析和预判的，但在实际交易中最好融入基本面的过滤或者互参，问一下前面一根流星线转为后面一根大阳线，驱动因素是什么呢？

　　第二个价格向下突破下倾楔形的例子出现在 2021 年 4 月 14 日美原油日线走势图上（见图 23-40）。价格先是一波上涨，然后回调形成下倾楔形。楔形的这波回调大概是此前一

技术面上大弱转大强，或者大强转大弱，基本面上利空大涨，或者利多大跌，这就都是超预期的表现。股票市场上的涨停战法，有一招大家都很熟悉，叫"反包"，这就是一种超预期的战法。"烂板"次日却高开走强，这也是超预期的强势，应该顺势打板操作。简而言之，"该弱不弱，甚至很强"，这就是"异常值"，这就是超预期！

波动率极小值往往预示着趋势启动点，波动极大值则常常表明趋势结束点。

原油短线交易的24堂精品课：顶级交易员的系统与策略（第2版）

波上涨的 0.618 倍，接着价格开始震荡，波动率下降。连续几日小实体 K 线之后，价格向上突破阻力线，上涨趋势形成。

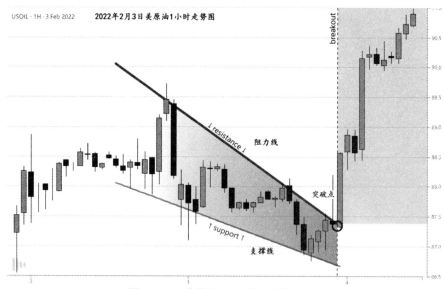

图 23-39　价格向上突破下倾楔形（1）

资料来源：Patterns.cc，Dina.

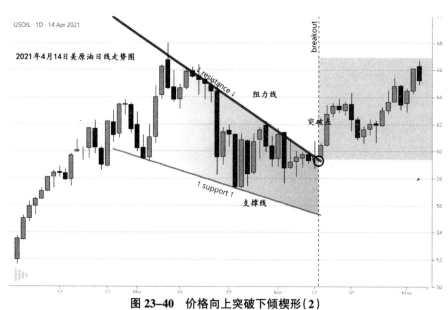

图 23-40　价格向上突破下倾楔形（2）

资料来源：Patterns.cc，Dina.

　　第三个价格向上突破下倾楔形的例子出现在 2021 年 12 月 2 日美原油 1 小时走势图上（见图 23-41）。价格一波下跌，反复反弹，但是高点却越来越低，低点也越来

664

低，阻力线比支撑线更陡峭，这意味着空头比多头更强大，这是"非常弱"的表现啊！但是，价格在向下突破后形成了长下影线的小阳线，接着向上突破阻力线，这就是"超预期的强势"！交易者应该顺势做多！

图 23-41　价格向上突破下倾楔形（3）

资料来源：Patterns.cc，Dina.

　　第四个价格向上突破下倾楔形的例子出现在 2022 年 3 月 11 日美原油 1 小时走势图上（见图 23-42）。原油价格在下倾楔形之前有一波暴跌，在楔形内有一波显著反弹，

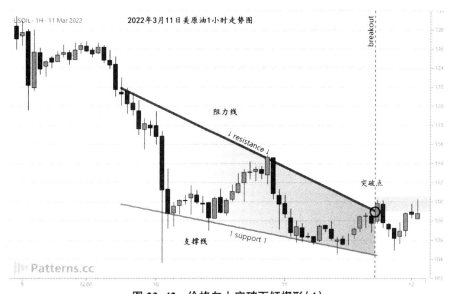

图 23-42　价格向上突破下倾楔形（4）

资料来源：Patterns.cc，Dina.

幅度不到 0.382，因此不能用斐波那契点位来确认，但是可以利用震荡指标的超买或者高位死叉来确认。此后，价格再度下跌，最终在楔形尾部向上突破。

第四种中型形态是矩形。矩形是两条平行的水平线，旗形则是两条倾斜的水平线，这点区分要注意。许多期货交易者，包括原油交易日，都特别喜欢做矩形突破，成功率高，回报率高。矩形可能向上突破，也可能向下突破。

先来介绍和分析向下跌破矩形下边界的情形。要介绍的第一个向下突破矩形下边界的例子出现在 2021 年 12 月 17 日美原油 1 小时走势图上（见图 23-43）。原油价格在矩形构造之前先是一波上涨，然后震荡形成矩形结构。当然，也可以将其当作是一个不规则的双顶，最终价格向下跌破了矩形的下边界或者是双顶的颈线。矩形的构造其实就是一条水平阻力线，一条水平支撑线，水平线只需要一个点就可以构造。许多箱体交易法都是基于这一基础构建起来的，如达沃斯箱体等。

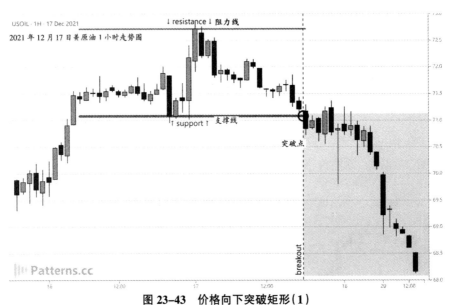

图 23-43　价格向下突破矩形（1）

资料来源：Patterns.cc，Dina.

第二个向下突破矩形下边界的例子出现在 2021 年 11 月 26 日美原油 1 小时走势图上（见图 23-44）。原油价格现有一波上涨，然后长时间窄幅波动，波动率持续减少，长时间小实体压在支撑线上横盘，最后向下跳空跌破矩形下轨。

第三个向下突破矩形下边界的例子出现在 2022 年 1 月 10 日美原油 1 小时走势图上（见图 23-45）。价格上涨，在 81 美元附近受阻，高位宽幅震荡，向下跌破矩形下边界后震荡，尝试反弹，到 0.5 倍点位受阻后继续回落。

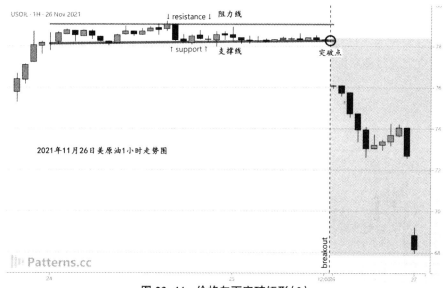

图 23-44 价格向下突破矩形（2）

资料来源：Patterns.cc，Dina.

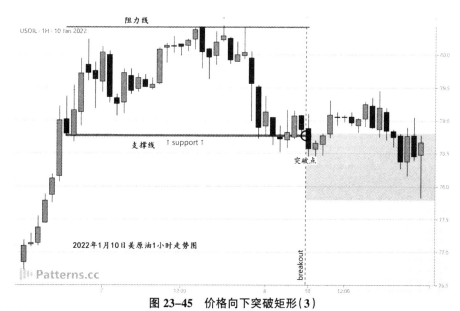

图 23-45 价格向下突破矩形（3）

资料来源：Patterns.cc，Dina.

第四个向下突破矩形下边界的例子出现在 2021 年 10 月 6 日美原油 1 小时走势图上（见图 23-46）。上涨回落调整形成水平支撑线，第二波上涨后冲高回落形成水平阻力线，乌云盖顶形态就是这个矩形箱体的上边界。价格从高位暴跌，跌

在进行原油短线交易时，如果趋势向上，则回调到 0.382~0.618 区域时要观察企稳信号，如出现看涨反转 K 线形态、KD 超卖金叉、新利多题材释放、裂解价差扩大、基差扩大等。

破了支撑线。支撑线附近有几次反弹企图，但是都形成了空方炮K线形态。跌破支撑线后的下行幅度怎么预判呢？这个问题我们也没有很可靠的经验，一个常用的经验法则是与历史上类似基本面情况进行比较。通过比较来定价！

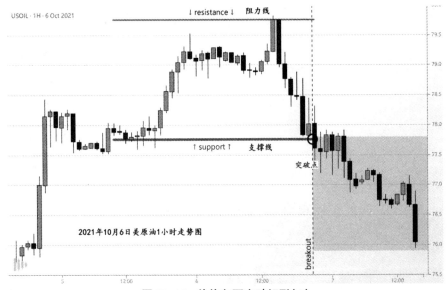

图 23-46　价格向下突破矩形（4）

资料来源：Patterns.cc，Dina.

第五个向下突破矩形下边界的例子出现在2021年11月10日美原油1小时走势图上（见图23-47）。箱体中的上涨呈现出实体越来越短的特征，一根流星线结束了这波

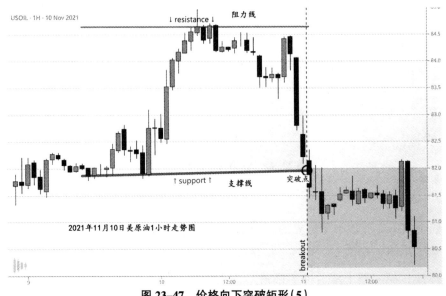

图 23-47　价格向下突破矩形（5）

资料来源：Patterns.cc，Dina.

上涨。箱体上部形成了向下 N 字结构，暴跌后支撑线失守。

接着我们介绍原油价格向上突破矩形的情况。原油交易界一直流行一种说法，那就是因为原油期限结构中远期贴水的时间更长，因此做多原油的胜算率和回报率更高。这种似是而非的结论对于务实求真的原油交易者而言并没有太大的价值。不过，横盘震荡后向上突破的幅度往往都比较大。

要介绍的第一个价格向上突破矩形上边界的例子出现在 2022 年 2 月 24 日美原油 4 小时走势图上（见图 23-48）。原油价格呈现阶段震荡式上行，长时间盘整，波动率下降。在 91~95 美元形成一个标准的矩形，矩形持续的时间越长，波动率越小，则有效突破后的幅度越大。24 日，终于向上突破，不过很快又回到了矩形内。接着向上跳空，再度来到 95 美元以上。

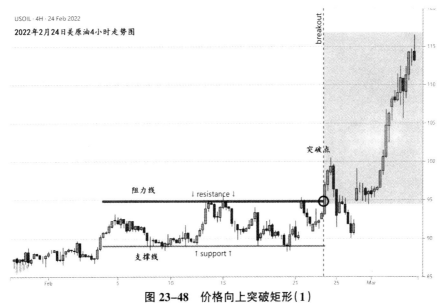

图 23-48　价格向上突破矩形（1）

资料来源：Patterns.cc，Dina.

第二个价格向上突破矩形上边界的例子出现在 2021 年 12 月 27 日美原油 1 小时走势图上（见图 23-49）。原油价格在形成矩形之前有一波上行走势，然后在 72.5~74 美元长时间横盘整理，形成矩形。在此期间的波动也很有特征：上涨有大阳线出现，下跌都是小阴线。最终，一根超级大阳线向上突破了矩形顶部。

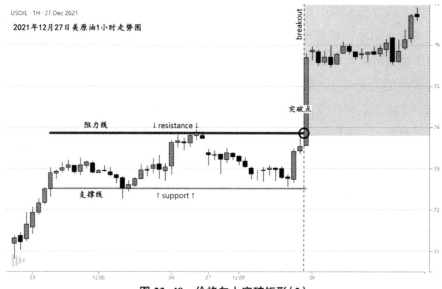

图 23-49　价格向上突破矩形（2）

资料来源：Patterns.cc，Dina.

一次性利多或者利空一般带来脉冲式波动，持续利多或者利空则与大幅波动有关。只看多空，不深究题材性质，就会成为"韭菜"。

　　第三个价格向上突破矩形上边界的例子出现在 2022 年 3 月 1 日美原油 1 小时走势图上（见图 23-50）。价格向上跳空，强势横盘形成矩形，长时间不回补缺口，这个缺口对应的绝不是一次性利多题材。此后，价格向上突破矩形上边界，形成持续上涨结构。

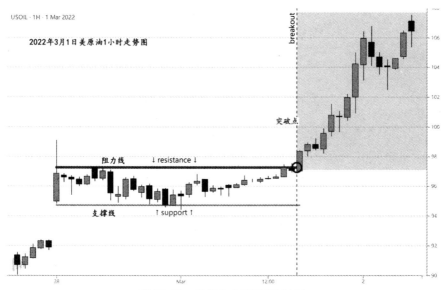

图 23-50　价格向上突破矩形（3）

资料来源：Patterns.cc，Dina.

第四个价格向上突破矩形上边界的例子出现在 2022 年 1 月 14 日美原油 1 小时走势图上（见图 23-51）。原油价格先是一波上涨，接着宽幅横盘，最低点恰好在此前一波上涨的 0.382 点位附近。横盘很长一段时间之后，原油价格大阳线向上突破水平阻力线，价格开始逐步上涨。

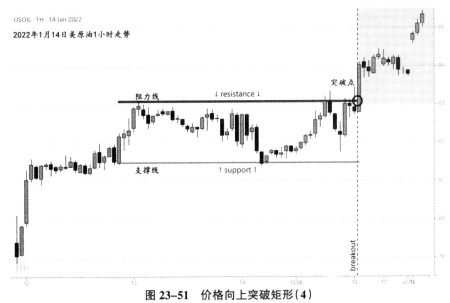

图 23-51　价格向上突破矩形（4）

资料来源：Patterns.cc，Dina.

第五个价格向上突破矩形上边界的例子出现在 2022 年 1 月 6 日美原油 1 小时走势图上（见图 23-52）。这也是一个上涨中继类型的矩形，价格向上突破阻力线后，开启

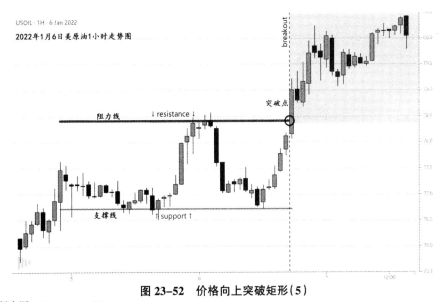

图 23-52　价格向上突破矩形（5）

资料来源：Patterns.cc，Dina.

新的一波走势。

第六个价格向上突破矩形上边界的例子出现在 2021 年 11 月 23 日美原油 1 小时走势图上（见图 23-53）。原油价格从高位下跌，然后横盘整理。这是一个 1 小时走势图上持续时间较长的矩形，价格四次筑底，四次上冲，最后一次成功向上突破。此前，我们提到四重底是很少见的，但这只是统计特征，不是因果定律。

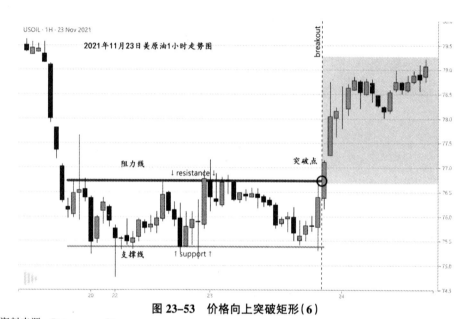

图 23-53　价格向上突破矩形（6）

资料来源：Patterns.cc，Dina.

"旗形"与"旗杆"常常存在 0.382~0.618 的比率关系。原油期货合约交易量巨大，与外汇和股指一样其走势波段之间比较符合斐波那契各种比率。

第五种中型形态是上倾旗形和下倾旗形。旗形也是由两条平行边界构成，旗形与隧道有什么区别呢？第一，旗形之前有"旗杆"；第二，旗形的波动幅度更小；第三，旗形结束后，价格继续旗形之前的运动方向。

上倾旗形之前价格是下跌的，上倾旗形相当于对此前驱动浪的回撤。调整结束后，价格继续此前的运动。我们来看一个例子，在 2021 年 12 月 13 日美原油 1 小时走势图中，价格先是一波下跌，然后震荡上行形成旗形（见图 23-54）。旗形之前的一波下跌就是"旗杆"，旗形是对旗杆的回撤。上倾旗形以向下跌破支撑线为结束，开启下跌走势。

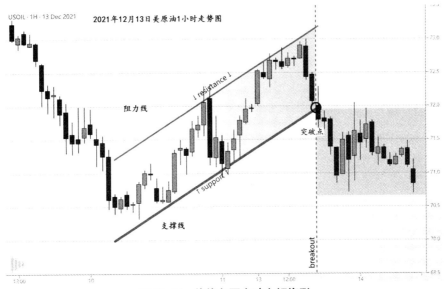

图 23-54　价格向下突破上倾旗形

资料来源：Patterns.cc，Dina.

　　下倾旗形出现之前会有一波显著的上升走势，这就是"旗杆"。旗形震荡下跌，波幅显著小于"旗杆"。下倾旗形构造完成是以向上突破阻力线为标志的，接着价格就恢复到上涨趋势中。

　　在原油牛市中，下倾旗形比较常见。我们来看一些具体的例子。第一个价格向上突破下倾旗形的例子出现在 2022 年 1 月 14 日美原油 1 小时走势图上（见图 23-55），

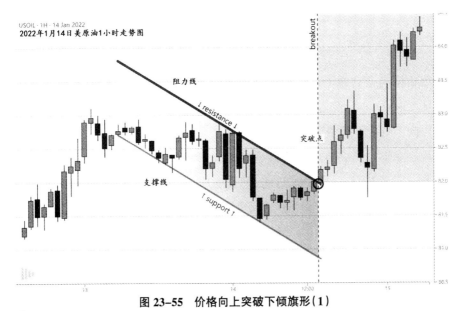

图 23-55　价格向上突破下倾旗形（1）

资料来源：Patterns.cc，Dina.

价格先是一波上涨，形成"旗杆"，然后窄幅震荡下行，形成旗形。最后，价格向上突破阻力线，开启新一波上涨。因此，可以将"旗杆"、旗形和第二波上涨看作是一个大型的向上 N 字结构。

第二个价格向上突破下倾旗形的例子出现在 2022 年 1 月 4 日美原油 4 小时走势图上（见图 23-56）。原油价格先是一波上涨，然后以"旗形"形式完成回撤。什么是驱动浪，什么是调整浪？怎么去区分呢？驱动浪是要突破的，调整浪则是回撤此前一波的某个百分比。这个例子的第三波以向上突破阻力线为起点。

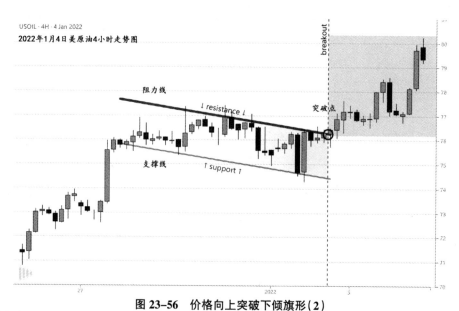

图 23-56　价格向上突破下倾旗形（2）

资料来源：Patterns.cc，Dina.

第三个价格向上突破下倾旗形的例子出现在 2022 年 2 月 11 日美原油 4 小时走势图上（见图 23-57）。一波上涨之后，价格进入震荡回调模式，回撤幅度大约为 0.618。回调结束以向上突破下降阻力线为标志。

第六种中型形态是尖旗形。旗形是由两条倾斜平行线构成了形态边界，楔形是两条朝向一致，但是斜率不同的边界线，那么尖旗形的边界特征是怎么样的呢？尖旗形是由一条斜率为负的上边界与一条斜率为正的下边界构成。尖旗形既可以是反转形态，也可以是中继形态；既可以向上突破，也可以向下突破。

下面，我们先来看向下突破的尖旗形情况。我们要介绍的第一个价格向下突破尖旗形的例子出现在 2021 年 11 月 26 日美原油 4 小时走势图上（见图 23-58）。价格先是一波下跌，接着形成尖旗形，高点越来越低，低点却越来越高，形成收敛状态。最后，

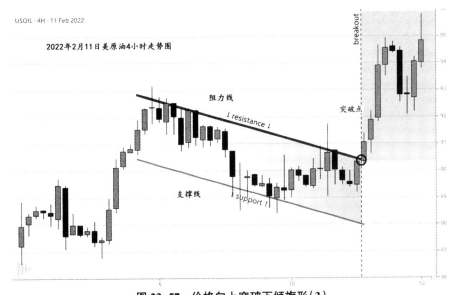

图 23-57　价格向上突破下倾旗形（3）

资料来源：Patterns.cc，Dina.

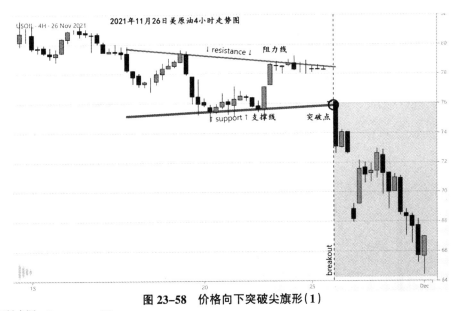

图 23-58　价格向下突破尖旗形（1）

资料来源：Patterns.cc，Dina.

价格向下突破。这是一个中继形态。

第二个价格向下突破尖旗形的例子出现在 2022 年 2 月 7 日美原油 1 小时走势图上（见图 23-59）。原油价格先是一波犀利的涨势，接着高位震荡，高点降低，低点也抬升。如果价格向上突破，则这是一个中继尖旗形。但是，价格最终经选择向下突破，

那么这就是一个反转中继尖旗形了。

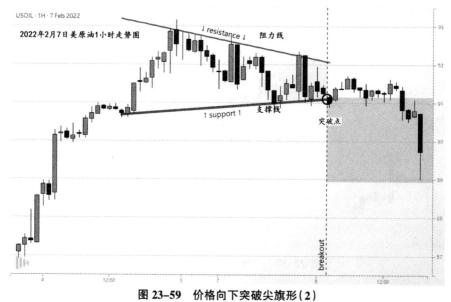

图 23-59　价格向下突破尖旗形（2）

资料来源：Patterns.cc，Dina.

第三个价格向下突破尖旗形的例子出现在 2021 年 12 月 31 日美原油 1 小时走势图上（见图 23-60）。这是宽幅震荡后逐步收敛形成的尖旗形，也可以称为对称三角形。高点降低，低点抬升，最终通过突破选择了市场方向。

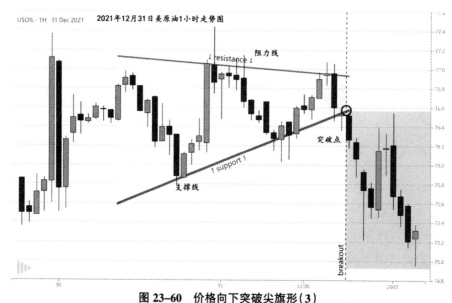

图 23-60　价格向下突破尖旗形（3）

资料来源：Patterns.cc，Dina.

　　第四个价格向下突破尖旗形的例子出现在 2021 年 11 月 2 日美原油 1 小时走势图上（见图 23-61）。原油价格先是两波上涨，第二波上涨形成了尖旗形的最高点和最低点，然后持续收敛。最终，价格向下突破下边界，向下趋势形成了。

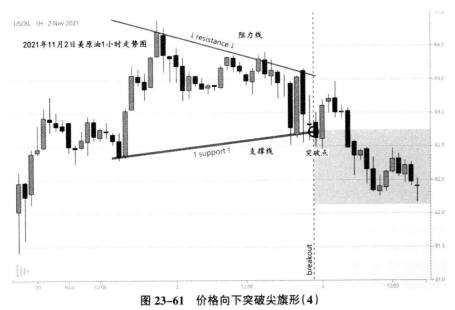

图 23-61　价格向下突破尖旗形（4）

资料来源：Patterns.cc，Dina.

　　第五个价格向下突破尖旗形的例子出现在 2021 年 9 月 7 日美原油 4 小时走势图上（见图 23-62）。原油价格在较大范围内震荡，高点降低，低点抬升，形成一个对称三角形，由于基本面缺乏重大变化，因此突破并不干脆。三角形体现了驱动面和心理面的一些特征：第一，基本面往往缺乏重大变化；第二，市场缺乏焦点事件。

　　接着，我们看尖旗形被向上突破的情形。我们要介绍的第一个价格向上突破尖旗形的例子出现在 2022 年 1 月 5 日美原油日线走势图上（见图 23-63）。价格收敛，代表市场缺乏主题或者重大题材，多空缺乏足够分歧。在这个例子当中，价格先是一波暴跌，震荡幅度缩小，最终向上突破下降阻力线。

　　第二个价格向上突破尖旗形的例子出现在 2021 年 11 月 9 日美原油 1 小时走势图上（见图 23-64）。原油价格先是一波显著上涨，然后形成比较标准的尖旗形，波动率降到极致后出现向上突破。

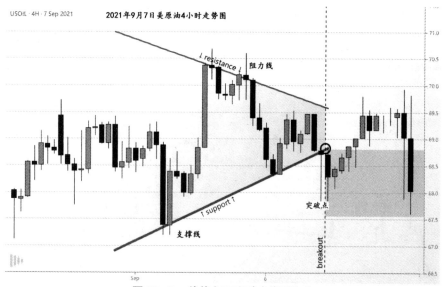

图 23-62　价格向下突破尖旗形（5）

资料来源：Patterns.cc，Dina.

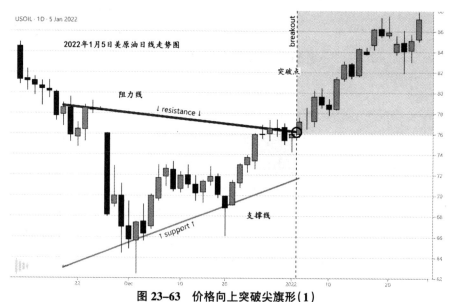

图 23-63　价格向上突破尖旗形（1）

资料来源：Patterns.cc，Dina.

第三个价格向上突破尖旗形的例子出现在 2021 年 10 月 1 日美原油 4 小时走势图上（见图 23-65）。一波上涨，接着回调，震荡，波动率下降，收敛形态后出现向上突破尖旗形上边界。第一波涨势开启了。

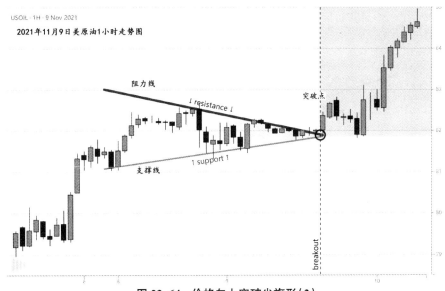

图 23-64　价格向上突破尖旗形（2）

资料来源：Patterns.cc，Dina.

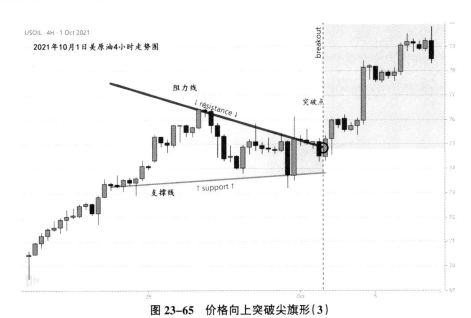

图 23-65　价格向上突破尖旗形（3）

资料来源：Patterns.cc，Dina.

　　第四个价格向上突破尖旗形的例子出现在 2022 年 2 月 10 日美原油 4 小时走势图上（见图 23-66）。下跌形成尖旗形最低点，上涨形成尖旗形最高点，然后进入收敛状态，最终向上突破阻力线。

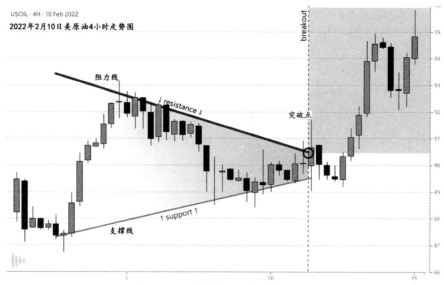

图 23-66　价格向上突破尖旗形（4）

资料来源：Patterns.cc，Dina.

　　第五个价格向上突破尖旗形的例子出现在 2021 年 12 月 29 日美原油 1 小时走势图上（见图 23-67）。价格飙升后步入收敛模式，高点降低，低点抬升，形成尖旗形。但是突破并不干脆利落，这是因为消息面出现先后矛盾的冲击。

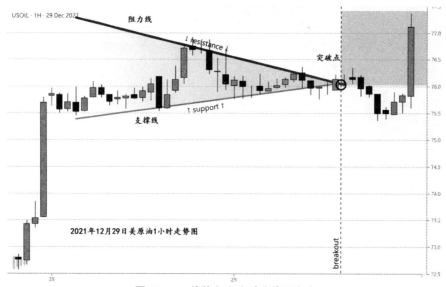

图 23-67　价格向上突破尖旗形（5）

资料来源：Patterns.cc，Dina.

第六个价格向上突破尖旗形的例子出现在 2022 年 2 月 24 日美原油 1 小时走势图上（见图 23-68）。一波小涨之后，价格进入收敛状态，然后向上突破阻力线，开启一波飙升。驱动面/基本面的新刺激使得价格从收敛进入到发散周期阶段。

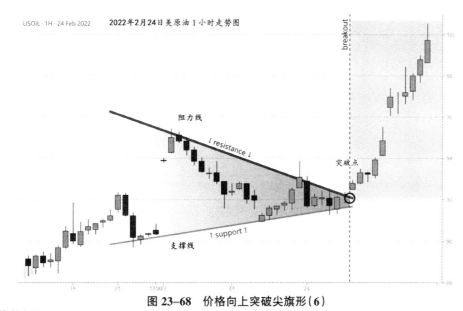

图 23-68　价格向上突破尖旗形（6）

资料来源：Patterns.cc，Dina.

从上面的中型形态介绍中，可以对斐波那契点位有更加具体的认知，同时也对见位和破位，以及败位有直观和深刻的掌握。

好了，原油交易的课程我们已经上了 23 堂课，原油分析的三部曲我已经讲完了。驱动分析和心理分析是其他书很少讲，甚至不讲的部分，我试着在有限的篇幅内尽量做展开，为了节约篇幅省去了不少例子，有机会在自媒体上作进一步的展开，大家也可以将自己的心得和实例拿出来分享。本课是分析技巧方面的最后一堂课，也是行为分析的最后一堂课（见图 23-69）。趋势分析方法纷繁复杂，一般人喜欢用均线和趋势线，不过行情突变时这些指标效果不好，我推荐使用 N 字结构这一简单工具。位置分析方法上我推荐斐波那契和前期高低点，至于形态分析我觉得搞清楚 K 线背后的含义即可，不必拘泥于具体名称和形势。

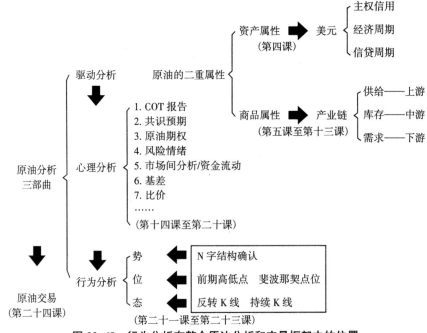

图 23-69　行为分析在整个原油分析和交易框架中的位置

【开放式思考题】

在研读完第二十三课的内容之后，可以进一步思考下列问题。虽然这些问题并没有固定的标准答案，但是能够启迪思维，让你更加深入地掌握某些要点，或者是让你跳出僵化模式来重新看待问题。

（1）你能否利用斐波那契比率对本课介绍的各种中型形态进行分析？在第二十二课当中，我们见证了谐波理论利用斐波那契比率对加特利波浪理论进行了定量化完善，那么你能否利用斐波那契比率对本课介绍的旗形、楔形和三角形进行完善呢？

（2）原油市场中有各种定期公布数据，也有各种性质的题材，这些数据和题材的性质与K线形态和中型形态存在什么样的关系呢？比如什么样的消息会导致对称三角形或者尖旗形的出现呢？什么样的题材类型会导致矩形震荡出现呢？

（3）艾略特波浪理论提出了一个宏观层面技术趋势预判的模型，那么这一模型中的波段结构是否可以与中型形态结合起来使用呢？第二浪是否容易以三角形的形式出现呢？谐波形态与艾略特波浪的关系是什么呢？

【进一步学习和运用指南】

（1）在前面一课我们重点介绍了点位，特别是谐波理论，在本课下半部分我们重点介绍了各种中型形态，但是我们没有提到双重顶/双重底以及头肩顶/头肩底。像头肩顶和头肩底这类形态究竟应该如何与点位，特别是谐波理论结合起来使用呢？下面我们给出一个实例，这个实例是**将谐波理论中的蝙蝠形态与头肩形态结合起来使用的，同时也体现了时间三重过滤的思路**，这个思路我们在《外汇交易三部曲》当中有详细的介绍。这里的分析思路是站在 WTI 原油 2013 年 11 月 5 日这个决策时点上进行的（见图 23-70）。当时轻质原油的价格已经从 2013 年 8 月的高点下跌了 16.5%，同期的标普 500 指数则上涨了 7.6%。原油价格已经跌破了头肩顶（Head & Shoulders Patterens）的颈线位置一段幅度，这个头肩顶与此前形成的头肩底可以从镜像关系的角度去理解，对称是它们的特点之一，这也是亚当理论的关键原理之一，当然也可以从谐波理论的等幅延伸形态去解析其中的结构。

斐波那契点位理论中也强调"多重汇集"这个原则，从技术分析的角度来说这确实非常重要，特别是不同时间框架的关键点位汇集，但是如果从原油交易实践效果的角度出发，则技术点位与驱动面和心理面因素结合起来更加有效。比如，当原油价格在上涨趋势中回调到 0.5 点位时，出现原油库存超预期下降的数据公布，同时 KD 指标也出现了超卖区域金叉和 K 线看涨吞没形态，则这是一个胜算率和报酬率都非常高的进场点。

图 23-70　原油日线走势中的头肩顶

资料来源：Metatrader，Energybook，Andrew Kassen.

在目前这个点位，从周线走势图来看存在多重支撑线

（见图 23-71），这就是所谓的"支撑点位汇聚"（Support Confluence），此前头肩底的左肩水平延伸线、右肩水平延伸线、颈部水平延伸线以及头底水平延伸线都在目前价位附近汇集。

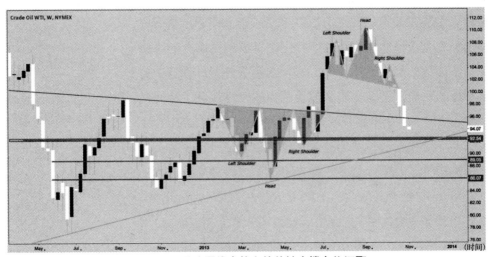

图 23-71　原油周线走势上的关键支撑点位汇聚

资料来源：Metatrader, Energybook, Andrew Kassen.

中型形态的结构其实也可以像谐波形态一样利用斐波那契比率进行解构。从这个角度来讲，中型形态其实就可以从"点位"的角度去理解和运用。在中型形态的关键点位上，我们可以利用 K 线形态来确认点位的有效性，进而作为进场点、加减仓点或者是出场点。

为什么在构筑头肩顶之后，原油价格会快速跌破 100 美元的关键整数关口呢？其实，这可以从周线走势上去理解（见图 23-72），这里有一个显著的看跌蝙蝠形态。从这个角度去理解，原油价格的下跌不仅受到了头肩顶的影响，也受到了谐波形态的影响。D 点附近的 107~109 美元区域是一个潜在反转区域。在 7~9 月，原油价格在此剧烈震荡，最终在 10 月向下突破。

从原油月线走势上来看，蝙蝠形态的 D 点向上突破了一个持续时间长达三年的对称三角形（Symmetrical Triangle）的上边界，如果单从这个技术角度来看就确立继续上涨的趋势。但是，从蝙蝠形态来看，这大概率是一个假突破，因为 D 点一旦形成并确认，则原油价格转而向下的概率就会很大。能够对价格转折的时机和点位进行预判，这就是谐波形态理论的巨大优势所在。如果按照传统的主流技术分析，则只能等待假突破提供的"败位"机会去交易。现在价格还在长期趋

势线之上，2002~2014 年以来除了 2008 年之外，这条上升趋势线一直比较有效（见图 23-73）。

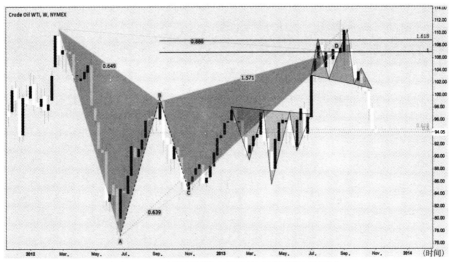

图 23-72　原油周线走势图上的蝙蝠看跌形态

资料来源：Metatrader，Energybook，Andrew Kassen.

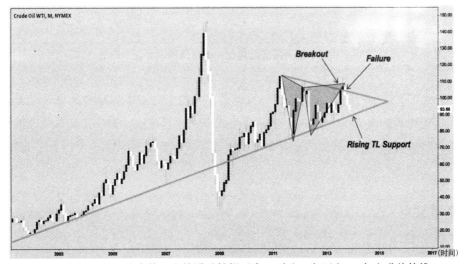

图 23-73　原油月线走势图上的看跌蝙蝠形态、对称三角形和 12 年上升趋势线

资料来源：Metatrader，Energybook，Andrew Kassen.

在日、周、月三重时间框架上，我们可以综合利用各种点位和形态理论来解构市场走势，进而作出行为面/技术面上的预判。但是，如果我们抱着一切从实际出发的态度，光是技术面上的精巧是否就足够了呢？是否就真的有效果呢？以一个资深原油交易者的经验来说，这绝对是不够的，至少你应该加上远期曲线、裂解价差和库存数据

这些工具。

（2）K线形态一般用来观察和确认市场的微观属性，但是如果我们将时间框架提到足够大的层面，则也可以利用它来观察和确认市场的宏观属性。我们来看一个实例。我们可以在原油月线走势图上利用K线形态来观察宏观走势，特别是趋势反转。比如2022年3月在前期多重高点附近出现了上影线特别长的K线，这就是一个胜算率和报酬率都比较高的形态。此前2020年3月在2001年历史大底附近出现了下影线特别长的K线，就提供了一次胜算率和报酬率都极高的做多机会（见图23-74）。

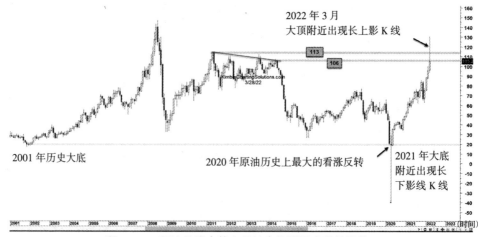

图23-74　原油月线走势上关键点位附近出现长影线

资料来源：kimblechartingsolutions，Chris Kimble.

（3）通过机器学习的各种算法，对原油技术分析中各种假设进行验证，是原油交易者和期货管理机构努力的大方向。志向远大的本书读者建议，进一步阅读《原油算法交易的24堂精品课：智能时代的盈利科学与策略》这一颇具分量的业界首本专著。

参考文献

［1］Suri，Duddella. Trading Oil & Energy Chart Patterns. Modern Trader Magazine，Apr. 2018.

［2］What to Do When a Pattern Fails，Harmonic Pattern，Aug. 10，2019.

［3］Andrew Kassen. Crude Oil Analysis：Sliding with Secular Implications，Nov. 5，2013.

［4］Chris Kimble. Could Peak Oil Be Happening Right Now，Mar. 9，2022.

［5］Chris Kimble. Is Crude Oil Creating Historic Bearish Price Reversal，Mar. 29，2022.

原油分析的三部曲与交易的执行

你的气质里，藏着你走过的路、读过的书和爱过的人。

——《卡萨布兰卡》

要成竹在胸，既有大貌，又明白现在的或潜在的主要矛盾，仔细体会市场对每个因数的评估到位情况，是否有偏差。所以，既要努力研究，又要和市场保持恰当的距离就变成了一种艺术。

——葛卫东

人在成功的时候，别看表面多谦虚，其实骨子里都是狂妄的；当一个人遭受波折的时候，别看表面很坚强，其实他很脆弱、很自卑。如果他能沉下心总结自己，看问题看得更客观，那么他会比之前走得更远更踏实。

——史玉柱

如果理解了世界是怎样运转的，就可以知道金钱是怎样流动的。

——魏强斌

关于高频和量化交易在原油市场中所占的交易量的比例，各方媒体众说纷纭。目前比较统一的看法是高频和量化交易已经在每天的原油市场的交易量中至少占到了60%~70%。比较官方的数据是美国国会2016年4月的一份报告 *High Frequency Trading: Overview of Recent Developments*。这份研究报告指出，根据CFTC提供的数据，从2012年10月至2014年10月，量化和高频交易每天在原油市场的交易量至少占到了能源期货的总交易量的47%。

——寇健

春天种树，夏天浇水，秋天一定会给你答案。没有人能够穿越时光，回到那年夏天。去轻轻拍拍煤渣跑道旁那个鲜血淋漓的少年的后背，告诉他，你不必惶恐，也不

必迷惘，抹去心头的泪水，生活给你准备了丰富的筵席。

——徐京坤

原油市场的逻辑包罗万象，难以穷尽。关键是形成自己的分析体系，并且坚持发展完善。每一个在喧嚣的市场里潜下心来专心做研究的人都值得尊敬。

——杜晨曦

绝而定，静而治，安而尊，举错而不变者，圣王之道也。

——《管子·法禁》

原油交易有时需要一个长期的视角，需要同时分析各种因素，比如各国央行的政策以及其对实体经济的影响，还有市场参与者的心理价位，等等。

——凯特·凯莉（Kate Kelly）

所有乱象都指向一个新时代，悲观无用，不如思考蓝图，闯过布满暗礁的海。

——阿尔文·托夫勒（Alvin Toffler）

这世界，不是每个人都有机会做自己想做的事，但我们应该尽量去做那些正确的事。纵使不能抵挡黑夜的来临，我们也要站在星空下仰望光明。

——程浩

要为生命拼搏至最后一口气，那一口气，就是勇气！

——《紧急救援》

我们的课程就快要结束了，作为一个原油交易员，系统思维是我们需要一直坚守和完善的。在本课我会重点讲四个主题：第一，原油交易和分析的完整步骤；第二，从情景规划的角度出发寻找原油交易的占优策略；第三，原油交易时仓位管理的三个要素；第四，原油交易中仓位管理如何落地。

先展开第一个主题——"原油期货分析和交易的完整步骤"。任何金融交易的完整步骤其实包括四个有机的部分（见图24-1），原油交易也不例外：第一个步骤是行情分析，第二个步骤是计划交易，第三个步骤是交易计划，第四个步骤是交易总结。其中，行情分析分为三部分，即驱动分析、心理分析及行为分析。行为分析进一步细分为"势""位""态"三要素分析。

那么，本课程传授的内容和技巧是如何与上述步骤对应的呢？从本书的框架就可以看出来（见图24-2）。交易总结这个步骤主要是交易日志和交易绩效统计，每个人可以形成一套自己的东西，坚持记录交易日志比寻找最好的交易方法更能带来进步。记录交易日志的方式是高度个性化的，重点是可以为你带来持续一致的及时反馈，这是

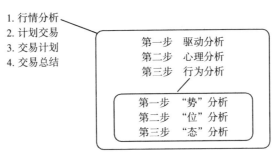

图 24-1　交易的完整流程

资料来源：《外汇交易三部曲》（2010 年版）。

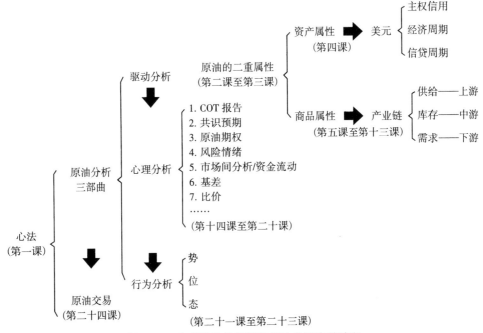

图 24-2　本书的整体框架与原油分析交易流程

进步的关键。交易计划和计划交易主要建立在大概率预判行情和科学仓位管理方法的基础上，前者基于行情分析，后者我们会放到本课后半部分来讲。

　　本书第一课重点讲了行情分析和交易的心法，这个心法贯穿整个原油分析和交易过程。第二课到第十三课都在讲驱动分析，两条主线：一条是美元，另一条是产业链。在原油驱动分析中，美元走势是非常关键的，再者是下游，最后是上游。心理分析在第十四课到第二十课展开，比较关键的是

　　期限结构和库存体现了产业链的整体供求预期。远期曲线反映市场对供需及库存变化预期，月差领先原油库存 6 周左右，因此我们在对原油进行驱动分析的时候，商品属性因子方面以期限结构为主即可。

COT 报告、风险情绪和共识预期。COT 报告中非商业头寸出现极端值就要进一步分析是不是存在反转或者大幅修正的可能。风险情绪在短期内主导市场，原油短线交易者要高度关注，这点与外汇交易者和黄金交易者非常类似，现在做 A 股也需要关注短期的风险情绪变化。共识预期很少为交易者所关注，理论上谈得多，实际运用得少，但是就我个人经验而言，要时刻提防那些高度热门的金融话题，这往往是反转的标志。在原油新闻和评论当中，高度一致的看法往往是错误的，这在浏览原油新闻和操作建议的时候要注意。不要去新闻和评论中为自己的头寸寻找安慰，应该将新闻和评论本身当作一个情绪指标。真正的趋势方向不应该从新闻和评论中去寻找，而应该根据我给的双重属性框架，从美元和产业链两个维度系统地去分析。不能一听新闻说钻井数下降就追涨，也不能一听非农数据导致美元走强就杀跌，要瞻前顾后，全局观察。

《黄金短线交易的24堂精品课》和《斐波那契高级交易法》，以及《外汇交易三部曲》对于技术分析的介绍已经相当完备了。

行为分析我不愿意花太多篇幅，因为多年前出版的一些系列书籍当中对此有较为系统和全面的介绍，而且这套讲义主要围绕商品的驱动面和心理面展开，应读者、专业交易员和学生的要求，多讲基本面和心理面分析，促进这方面能力的提高，填补该领域教材的空白。因此本讲义只花了三课来讲，也就是从第二十一课到第二十三课。"势"的分析重在确认前两大分析的结论，确认趋势，而不是预测趋势，这是趋势分析的原则。"态"和"点位"的分析重在捕捉进出场的时机。而关于一些行情分析之外的东西还有一些涉及整体流程的东西我放在了本课。

如何将本教程传授的技巧落地？你可以参考本书的框架图与流程图，相应的章节都对应相应的操作环节，这样你就容易落地实践了。比如，你看了第十课，讲了库存几个指标，具体怎么落地到运用中，你做驱动分析时就可以运用。这个部分如何与其他部门衔接和综合观察？因为库存属于中游，因此你要同时观察上游的供给和下游的需求，这样才能客观

看待中游。否则，库存有被动增加的，有主动增加的，两者意义完全不同，只有结合上、下游观察才能搞清楚性质，进而才能判断出原油的真正涨跌方向。

前面主要讲了行情分析的策略，除开行情分析的其他几个环节，我还要补充一点，那就是后面几个环节应该遵循的原则，或者说公式（见图24-3）。

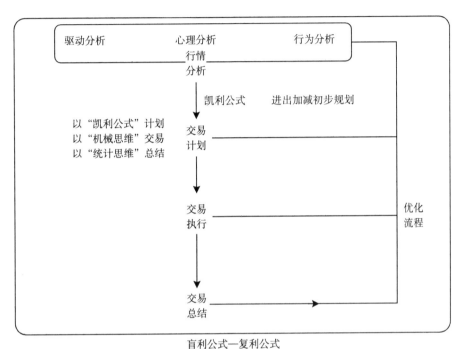

图 24-3　交易流程几个环节的主导原则

资料来源：《外汇交易三部曲》（2010 年版）。

行情分析的收尾阶段，我们会得出一个关于市场趋势和行情结构走向的大致结论，其实就是未来行情的风险报酬分布函数，也许我们不能用精确的公式来描述这一函数，但实质正是如此。经过行情分析，我们得出了"胜算率—风险报酬率"分布情况，然后我们就要做交易计划了，这个时候就是基于凯利公式展开的，简单来讲就是胜算率越高则仓位越重，风险报酬率越高则仓位越重，最轻的仓位就是空仓。因此，凯利公式主导了交易计划的制订。制订了交易计划后，接着就是执行交易计划了，这个时候机械思维主导这个环节，情绪因素是大忌。另外，除非盘前确定了观察窗口，等待特定的信号，否则不应该根据盘中的变化更改交易计划。最后，当交易计划彻底执行完毕后，也就是出场之后，就需要对交易进行总结和统计，并根据统计结果优化前面的流程，这个时候统计思维主导。如果只做原油一个品种上述环节和原则不难坚持。整个流程要有效必须遵循"盲利公式"，这个公式是我提出来的，也就是大众的盲点是利

润的源泉，在行情分析中，以及制订和执行交易计划中，大众忽略的地方往往是利润的源泉，大众一致高度关注的地方往往潜藏风险，因为持仓很难增加，大众一致采用的方法和技巧，如主流技术分析往往容易成为陷阱。

整个流程高效运转起来之后，就可以利用复利公式，使用的时间越长，则策略带来的收益越高。不要小看上述原则和公式，如果你在特定环节不坚持相应的公式，那么想要持续盈利根本不可能。制订交易计划的时候，你不按照凯利公式的原则去配置仓位，那么肯定无法在这个市场长期立足，一个月也难。

我经常强调交易是博弈，那么具体从哪些地方可以看出交易的博弈性质呢？如何将博弈论的要素代入原油交易中，让博弈论指导我们做原油交易呢？一个博弈有三个构成要素，即支付矩阵、参与博弈的主体、主体们的行为。通过这三个要素可以推导出可能的我方占优策略（见表24-1）。

表 24-1　交易环节与博弈论要素

第一步	第二步	第三步	第四步
驱动分析	心理分析	行为分析	仓位管理
重要因素确定性结构变化	市场新兴焦点	分形和 R/S	凯利公式
博弈的支付矩阵	博弈主体	博弈的行为分析	寻找占优策略

资料来源：《外汇交易三部曲》（2010 年版）。

原油驱动分析分析的是什么？分析的就是原油博弈的大背景，这个大背景往往决定了行情的格局，而重要因素的结构性变化如果具有持续性，那么原油价格的趋势就会走出来。心理分析主要是搞清楚参与者们对油价走势的共识预期，新兴的市场焦点往往是此后一段时间题材炒作的导火索。行为分析，重点在于驱动关键点位和区域，这些点位就是市场向我们露出重要"马脚"的窗口。所谓市场告诉我们该怎么操作就怎么操作，其实就是讲"观察窗口"。市场在关键点位附近的表现相当于温度计的读数，驱动面都多热络，要通过行为面这个温度计来确认。

讲到占优策略，我们接着讲第二个主题——"从情景规划的角度出发寻找原油交易的占优策略"。在前面课程提到的情景规划（Scenario Planning）是厘清扑朔迷离的未来的一种重要方法。情景规划要求公司先设计几种未来可能发生的情形，接着再去想象会有哪些出人意料的事发生。这种分析方法使你可以开展充分客观的讨论，使得战略更具弹性。

高明的棋手总是能清晰地想象下一步及下几步棋的多种可能的"情景"。而"情景规划"能提供预防机制，让管理者"处变不惊"——对突变既非阵脚大乱，也非无动

于衷。它更接近于一种虚拟性身临其境的博弈游戏，在问题没有发生之前，想象性地进入到可能的情景中预演，当想象过的情景真正出现时，我们就能从容和周密地加以应对了。

荷兰皇家壳牌石油公司运用情景规划成功地预测到发生于 1973 年的石油危机。1973 年至 1974 年冬季，当 OPEC 宣布石油禁运政策时，壳牌石油公司有良好的准备，成为唯一能够抵挡这次危机的大石油公司。从此，壳牌公司从"七姐妹（指世界七大石油公司）中最小最丑的一个"，一跃成为世界第二大石油公司。

在 1986 年石油价格崩落前夕，壳牌情景规划小组又一次预见到了这种可能性，因而壳牌并没有跟其他石油公司一样在价格崩落之前进行并购，而是在价格崩落之后，仅仅投资了 35 亿美元购买了大量油田，这一举措为壳牌锁定了 20 余年的价格优势。

2002 年 2 月，美国《商业 2.0》杂志推出了一个关于风险管理的封面专题，其中特别提到了壳牌传奇式的情景规划："没有一个行业比石油行业对危机的理解更深刻，而石油行业里也没有一个公司具有比荷兰皇家壳牌石油传奇式的情景规划小组更长远的眼光。"

情景与通常的战略规划最大的不同，就是不以牺牲复杂性为代价来换取决策的速度。它不是从原则和信念出发，而是从对商业图景的敏锐、切身的感知出发。正如我们已说过的，它更像是一个博弈游戏，在游戏开始时，谁也不知道也不假定一个结果，在游戏别开生面的展开中，一种或几种意想不到的结果出现了。玩过"啤酒游戏"的人都能体会到这一点。因此，情景规划绝对不只是为了"好玩"或"游戏"，而是看到事物演进的趋势、形态，以及影响变化趋势的系统结构。

情景规划是什么我们已经了解了，不过大家可能觉得情景规划与原油交易没啥关系，其实很多交易者之所以失败就是因为缺少情景规划思维。我们以前一直强调概率思维，其实概率思维还是对比较初级的交易者使用的术语，当你真正步入交易者的成功大门时，你才会发现"情境规划思维"的重大实践价值。当下的市场在此后特定一段时间的发展可能性有两种以上，其中最有可能的是两种，比如我们首先查看了明天（以及接下来几天）要公布的重要信息，以及市场当前的反应和价格走势，然后我们据此对明天走势作各种推测，然后从支持和反对两个角度对各种走势假定进行概率上的排定，并为每种走势做出交易上的规划，然后选出能够适合大多数走势的占优策略。

对于交易者而言，掌握最基本的情景模型是最为重要的。下面我们从交易机理的角度展开最基本的情景模型。请看图 24-4，这是金融交易机理图。

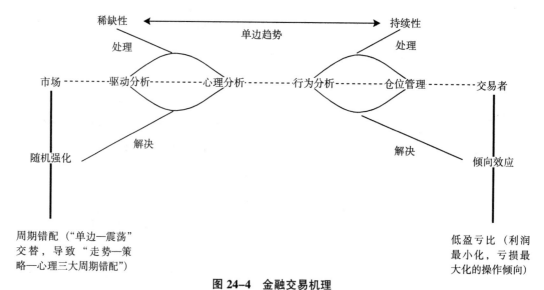

图 24-4 金融交易机理

资料来源：《外汇交易三部曲》（2010 年版）。

交易技能提高的陷阱在哪里？交易绩效提高的关键在哪里？交易的要点在哪里？交易中最基本的情景分为哪两种？在图 24-4 中都有深入的揭示，可以让你看到整个交易的机理，获取交易成功的无上密钥。如果把这张图搞懂了并加以持续实践，不成为交易高手是不可能的。

下面，我们进行分部解析。在整个交易中涉及市场和交易者两个主体，交易之所以很难成功是因为市场的随机强化特性以及交易者的倾向性效应。市场会交替进行震荡走势和单边走势，而震荡走势和单边走势对应的交替策略基本是相反的，至少在是否设定止盈上两种走势的要求是相反的。

人很难学习到具有随机强化特性的技能，另外人本身的天性也使得人在金融市场上的表现违背了期望值理论。人倾向于扩大损失的同时缩小利润，这就是倾向效应，这种倾向会使得交易者得到一个非常差的风险报酬率，也就是很低的盈亏比，最终会影响到期望值。

交易者一直在追逐着单边走势，因为相比震荡走势而言，单边走势的盈亏比更高，胜算率也高，所以最符合利润最大化原则和亏损最小化原则。但是，单边走势具备了两大基本特征，这就是稀缺性和持续性。

持续性是所有技术分析书籍着墨最大的部分，正是因为单边趋势的持续性才使得我们能够符合利润最大化原则和亏损最小化原则。虽然，单边趋势对于交易这么重要，但关键的问题是单边趋势的稀缺性，由于震荡走势和单边走势交替出现，而且震荡走

势，特别是不规则震荡走势一般会占到 70% 的比重，这样就使得单边走势显得非常稀缺，而这正是绝大多数趋势跟踪交易者面临的最大难题。所以，**交易者面临的主要问题有四个：第一个是市场的随机强化特性，第二个是交易者的倾向效应，第三个是单边趋势的稀缺性，第四个是单边趋势的持续性。要解决市场随机强化带来的问题，需要依靠驱动分析和心理分析来预测单边和震荡的概率；要解决交易者自身的倾向性效应则需要依靠行为分析和仓位管理来克服"最大化亏损，最小化利润"的习惯；要对付单边走势的稀缺性特点，则必须利用驱动分析和心理分析来确认最可能出现单边走势的市场和品种；要把握好单边走势的持续性特点，则必须利用行为分析和仓位管理来最大化实现单边走势带来的潜在利润。**

如果单就市场来讲，最基本的情景就是单边和震荡，而由此引发了交易者习得两种策略和心理，这就是单边交易策略和震荡交易策略，但是由于市场周期交替的特征不容易被交易者把握，所以交易者经常在单边走势中采用震荡交易策略，在震荡走势中采用单边交易策略，这就是周期错配。要想解决"周期错配"问题，就必须基于驱动分析和心理分析运用情景规划思维。将市场情景区分为单边和震荡两种，单边里如何操作，震荡如何操作，然后找出占优策略，如表 24-2 所示。

表 24-2　情景规划下的最优策略和占有策略（黑体）

	单边走势	区间走势	收缩走势	发散走势	策略累计分数
不设定止损，不设定止盈	很难做到持续盈利（0 分）	略微盈利（1 分）	亏手续费（-1 分）	很难做到持续盈利（0 分）	0 分
设定止损，不设定止盈	**大赚小亏，长期盈利丰厚**（5 分）	小额亏损和大量的手续费（-1 分）	亏手续费（-1 分）	小亏损（-2 分）	1 分
设定止损，设定止盈	小赚小亏（0 分）	小赚小亏（0 分）	亏手续费（-1 分）	小赚小亏（0 分）	-1 分
不设定止损，设定止盈	小赚大亏（-5 分）	**只赚不亏**（4 分）	亏手续费（-1 分）	**小赚**（1 分）	-2 分
不介入	不亏不赚（0 分）	不亏不赚（0 分）	**不亏不赚**（0 分）	不亏不赚（0 分）	0 分

资料来源：《外汇交易三部曲》（2010 年版）。

仓位管理中存在单位仓和加减仓两种，而我们常用的加减仓是金字塔加仓和金字塔减仓。决定采用单位仓还是加减仓是基于情景规划，如果是震荡行情的话就应该采用单位仓，如果是单边行情的话就应该采用加减仓。在不能预先区别单边和震荡行情的前提下运用行为分析和仓位管理来应付随机强化该怎么办呢？这是绝大多数交易者

面临的问题，解决办法其实一直秘密地在交易界高手间存在，这个方法很多书都没有讲明白，更多的情况是没有讲，解决的办法如图 24-5 所示。杰西·利弗莫尔其实一直在介绍这种方法，不过说得很含糊，他和后来一些大师们的说法会让读者将"突破而作"等同于"趋势跟踪"，单边走势肯定以不断突破的方式发展，但是突破并不意味着单边走势，所以我们不能以是否创出新高和新低来判断单边走势是否发动。单边走势的特点是持续性，所以我们预留一个空间幅度作为"观察窗口"，真正的趋势一般会通过这个窗口，而不是半路折返，而这个窗口是一个固定的价格幅度，这个需要统计下该交易品种尽可能多的数据，以便找到一个恰当的"观察窗口"。当行情没有通过观察窗口时（比如窗口 A 附近的行情走势），则交易者应该继续采用单位仓交易，同时设定止损和止盈；当行情通过观察窗口时（比如窗口 B 附近的行情走势），则交易者应该转而采用金字塔仓位管理方法，这种方法也是我们在几本专著中反复提到的仓位管理方法，这时候就应该采用跟进止损（后位出场法）管理出场，而不采用止盈法（前位出场法）。

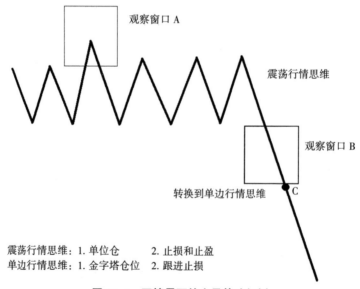

震荡行情思维：1. 单位仓　　　2. 止损和止盈
单边行情思维：1. 金字塔仓位　　2. 跟进止损

图 24-5　双情景下的交易策略规划

市场最基本的情景是震荡行情和单边行情。单单就仓位管理而言，我们利用"观察窗口"来甄别这两种走势，当走势处于震荡时采用单位仓和止损叠加止盈，当走势处于单边时采用金字塔仓和跟进止损。

现在我开始讲第三个主题——"原油交易时仓位管理的三个要素"。仓位管理的三个要素是胜算率、风险报酬率和周转率，短线交易的优势是周转率高，但是如果缺乏具有优势的胜算率和风险报酬率则会弄巧成拙。所以，周转率是排在最后一位的。根据我们前面介绍的知识，大家应该明白风险报酬率是第一位的，而胜算率是第二位的。从这一点来看，要做好仓位管理首先就应该获得一个较高的风险报酬率，其次是获得一个较高的胜算率，最后才是一个较高的周转率。仓位管理的最低目标是将破产风险降到最低，最高目标是实现资产增值的最大化。

决定仓位管理的三要素中，胜算率和风险报酬率之间的关系容易让交易者陷入泥沼。对纯技术分析的坚守，需要我们采用以跟随为主的思路，这就是不去预判趋势性质，只是"守株待兔"，做好自己的风险管控和资金调配等待恰当的盈利机会出现。"截短亏损，做足利润"是最为原则性的要求，无论你是跟进止损，还是高抛低吸，但是交易者在选择具体的进出场点时就面临所谓的"胜算率—风险报酬率反比曲线"。

如果你不对市场性质进行选择，当你采用趋势跟踪技术系统时，你的胜算率会较低，而风险报酬率会较高。而当你采用高抛低吸技术系统时，你的胜算率会较高，而风险报酬率会较低。

市场性质是二元的，技术指标是二元的，技术指标分为震荡指标和趋势指标，所谓综合指标也只是将两类指标叠加一起而已，还是无法预判市场性质。当你采用纯技术分析—交易系统的时候，你就面临这种"胜算率—风险报酬率反比曲线"魔咒：你通过调高盈利目标提高了风险报酬率，但却会显著降低胜算率；反之，你通过调低盈利目标提高了胜算率，但却会显著降低风险报酬率（见图24-6）。

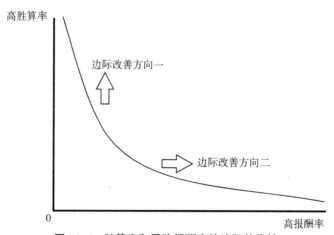

图24-6 胜算率和风险报酬率的边际替代性

资料来源：《黄金短线交易的24堂精品课》（2016年版）。

纯技术手段就像一条反比曲线，无论我们怎么进行边际改善，结果无非就是"鱼

和熊掌不可兼得"。那么，如何突破这种困局呢？这就需要在技术分析（行为分析）的前端加上驱动分析和心理分析。这样才能从较低层次的反比曲线"跃升"到较高层次的反比曲线上（见图 24-7）。

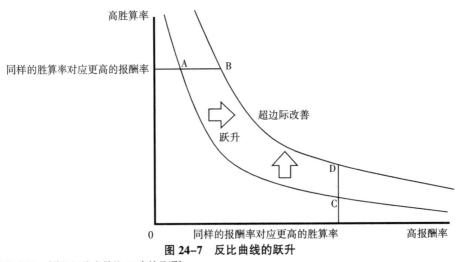

图 24-7　反比曲线的跃升

资料来源：《黄金短线交易的 24 堂精品课》。

技术分析书籍将人引入了一个"死循环"，让很多人耗费多年的光阴而无法得到实质性的提高，让很多人越做交易越没有信心。因为纯技术分析如果不加上仓位管理是不可能持续获利的，而纯技术分析加上仓位管理后就面临一个"反比曲线"，这条反比曲线就制约了你的高度，你沿着边际改善方向一前进一段时间后会觉得报酬率太低，以致期望值可能为负，然后你又会沿着边际改善方向二去努力，一段时间后你会发现胜算率实在是太低了……在一条既定的反比曲线上你就这样反反复复地努力，但是都被困在原地，这就是"轮回"。要跳出"轮回"就要"觉悟轮回"，而"跃升图"给了我们工具。

技术分析没用吗？当然有用！如果能够加上驱动分析和心理分析，则如虎添翼。

对于主导仓位管理的三个要素，大家应该知道如何避开其中最大的陷阱了，最后我讲一下原油交易中仓位管理如何落地。

仓位管理是围绕两率（胜算率和风险报酬率）展开的，而位置分析的根本对象就是两率，表面上看起来位置分析就是在找 R/S，其实是在找恰当的风险报酬率和胜算率结构。胜算率和风险报酬率构成了交易的期望值，这个期望值可以说统率了整个交易流程。交易流程和手段中什么可以废除，什么要保留，都是期望值说了算。

在主流的仓位管理理论中，期权这种产品本身就体现了一种高效率的期望值实现

思路，这就是"截短亏损，让利润奔腾"（其实，在震荡走势中"利润最大化"的提法比"让利润奔腾"更具指导性）。请看图 24-8，利润最大化和风险最小化应该是其中的两大主题，R/S 提供了实现这两大主题的基础，这个图中的进场方式是见位进场，如果换成破位进场，道理还是一样的。

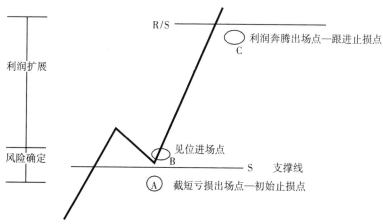

图 24-8　主流的仓位管理思路和关键位置

资料来源：《外汇交易三部曲》（2010 年版）。

仓位管理的目的是通过进场和出场（减仓、平仓和移动后位出场点）来调整仓位的总体风险和潜在收益以便于市场当下走势提供的风险报酬率和胜算率水平一致。这里需要注意的是**仓位管理的手段不光是"加减进出"，还包括"移动出场点和进场点"。**

微调仓位，这是仓位管理中需要注意的一个原则，因为微调仓位既符合市场发展的特点，也符合人类的心理特点。行情的发展不光是我们眼睛看到的价格变化，更重要的是深层的期望值结构变化，也就是两率变化，这种变化在一个时间段内不可能发生 180 度的变化，如果我们全仓进出则违背了这一特点，复合式头寸减轻了我们犯错的成本。另外，人类的心理特点也很难适应仓位的重大变化，一个广为人知的现实是股票被套的人很难接受全仓卖出，但是对分仓卖出却容易接受得多。下面我们看下一个合理的仓位管理模型，这就是 DINA 仓位管理模型（见图 24-9、图 24-10），这个模型暗含了主流假设（单边趋势），所以随着原油价格上升，胜算率和风险报酬率并不下降，反而上升了，所以随着行情的发展应该金字塔加仓，当油价跌破支撑线的时候就应该进行金字塔减仓。

关于仓位管理的基本诀窍，我们在上面作了一些总结，希望大家在接下来的原油交易实践作"体悟"。

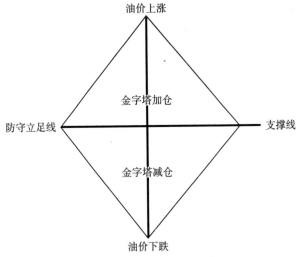

图 24-9　DINA 做多交易仓位管理模型和支撑线

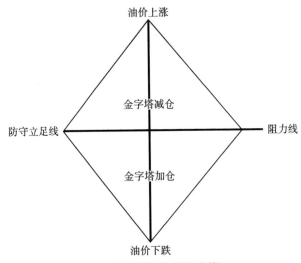

图 24-10　DINA 做空交易仓位管理模型和阻力线

　　交易的过程就是修炼的过程，我们也处在这个过程中，所以伴随着自身水平的不断提高，我们会及时将更加接近"真理"的东西补充到这系列书中去，让这套书不断更新和提升。由于篇幅受限我会在公众号上不定期公布一些具体的运用案例，通过不断地修订和补充最新实例，与交易者一起提高。

【开放式思考题】

在研读完所有课程的内容之后，可以进一步思考下列问题。虽然这些问题并没有固定的标准答案，但是能够启迪思维，让你更加深入地掌握某些要点，或者是让你跳出僵化模式来重新看待问题。

（1）2009 年到 2011 年第一季度，有一波原油大牛市。如果我们要进一步深入地从原油双重属性的角度去剖析这段走势的主导因素，则需要透彻地掌握本书驱动分析的大部分重要理论。请看图 24-11，2008 年次贷危机爆发，原油价格在危机后半段才开始暴跌，直到全球财政和货币当局采取宽松措施，原油价格见底回升，强劲上涨，这期间的主导因素是什么？这是牛市第一波，中间有一段宽幅横盘走势，这期间的主导因素又是什么？牛市第二波上涨更加犀利，这波上涨的主导因素是什么呢？

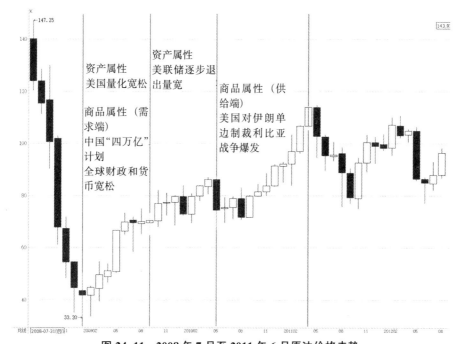

图 24-11　2008 年 7 月至 2011 年 6 月原油价格走势

资料来源：Wind、路透、博易大师。

我们基于驱动面分析的时候，要围绕原油二重属性展开，整个课程学习下来，你觉得二重属性中谁更为重要呢？

（2）我们已经学完整个课程了，那么回过头来看，有没有什么指标可以让我们更加简洁高效地把握驱动面的主导逻辑、心理面的阶段情绪，甚至技术面趋势呢？请看

原油短线交易的24堂精品课：顶级交易员的系统与策略（第2版）

图 24-12。

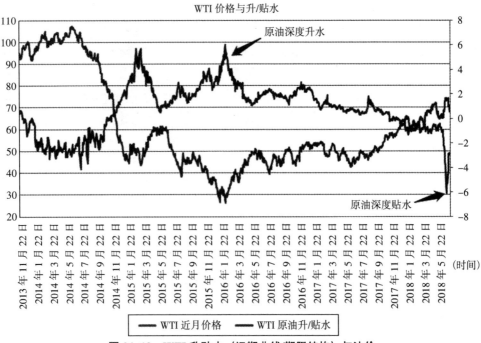

WTI 价格与升/贴水

图 24-12 WTI 升贴水（远期曲线/期限结构）与油价

资料来源：EIA、投研帮。

【进一步学习和运用指南】

（1）著名的油气专家和顶尖原油交易者乔·W.加库奥（Joe W. Gakuo）在 2022 年 1 月 8 日推荐了 19 本最佳原油和天然气的必读书籍，所有这些书均主要是站在产业链的角度来写的，我觉得任何一个志在成为全球顶尖原油交易者和分析师的读者都应该想办法把这些书的 1/4 找来看看。加库奥开列的书单见表 24-3。

表 24-3　19 本关于原油和天然气的最佳必读书籍

序号	书名	简介
1	*Oil & Gas Company Analysis: Petroleum Refining & Marketing*	这本书深入分析了油气行业下游公司，包括油气产业链的炼化和销售部门。通过阅读这本书，你可以对油气产业链下游这些部门的基本商业驱动因子和流程有全面的了解
2	*Oil & Gas Company Analysis: Upstream, Midstream and Downstream*	油气行业是世界上最复杂产业之一，本书将帮助你深入地了解整个油气产业价值链上中下游的情况。本书的有趣之处在于它试图通过财务和运营指标来对油气公司进行估值

702

续表

序号	书名	简介
3	*Oil 101*	这是一本应该摆在原油交易者和分析师书架上的必读入门指南。它将帮助你理解油价和社会经济的运行趋势。在这本书中，作者 Downey 将带领读者理解原油的历史和产业链，从炼化到最终产品，以及库存还有运输等。这本书也涵盖了每日全球原油变动的驱动因素和市场间的联动
4	*The Global Oil & Gas Industry: Management, Strategy and Finance*	本书作者 Andrew Inkpen 和 Michael H. Moffett 以深入浅出的方式帮助你从商业和金融的角度理解原油和天然气
5	*Fundamentals of Oil & Gas Industry for Beginners*	油气是世界政治和经济的关键驱动因素之一。无论你是一个新手还是资深人士，都需要持续不断地学习油气领域不断更新的核心主题。这本书是这个领域的首选最佳入门读物，同时也让资深人士能够跟上油气领域最新的发展
6	*Fundamentals of Investing in Oil and Gas*	本书以一个独特的视角来审视油气产业链，聚焦于行业历史和市场的开拓，探究了油气的勘探和上游公司运营的细节。本书还分析了运输环节，也就是产业中游的情况。然后，也彻底详细地介绍了炼化和下游部门。最后，展望了油气行业的未来发展趋势和投资建议
7	*Energy Finance and Economics: Analysis and Valuation, Risk Management, and the Future of Energy*	本书向你提供了最新的能源金融和经济学研究进展及令人耳目一新的洞见。本书是众多子领域专家学者的集大成之作，涉及一系列油气行业的重要主题，比如油气相关公司金融、非传统可再生能源等
8	*Oil & Gas Production in Nontechnical Language*	本书是一门油气产品的导论书籍，适合任何对油气行业感兴趣的人，无论你是初级油气工程师还是地质学的大学生，或者是资深行业人士，都可以阅读这本书。本书将帮助你对油气行业产业上游的技术和商业方面进行扼要的了解
9	*Nontechnical Guide to Petroleum Geology, Exploration, Drilling & Production*	本书作者 Norman Hyne 博士，曾经为油气行业培养了几千个专业人士。这本书介绍了油气的形成过程，如何找到有商业价值的油气资源，如何勘探和评估等一系列产业链上游活动
10	*Fundamentals of Oil & Gas Accounting*	Charlotte Wright 教授持续更新这本油气公司会计书籍的内容，已经出版到第六版了。在过去数年当中，油气行业的会计和披露规则有了显著的变化
11	*Energy Economics: Markets, History and Policy*	目前我们电力和交通的 3/4 能源来自化石燃料，但是这些资源将在两个世纪内被消耗殆尽。能源经济学涵盖了今日世界的各种化石和可再生能源，提供相关的理论和信息，以及工具帮助学生理解化石燃料的稀缺性和可替性。本书还总结了当今能源经济学的演化过程
12	*The Global Oil & Gas Industry: Stories from the Field*	本书涉及油气行业决策面临的挑战、商业运营变革和执行遇到的困难等方面的具体案例。从持续的油气资源边界纠纷到行业规则破坏者的出现，每一个案例都呈现出了当今油气行业的若干重要问题。这里面的经验教训可供全球油气行业的管理者和投资者借鉴
13	*Project Finance for the International Petroleum Industry*	本书概览了油气行业的项目金融业务，包括相关金融市场、金融资源和信贷提供者、金融结构，以及资本募集过程，等等。 在油气勘探、相关基础设施等资本密集型部门，每年项目融资额大概为 3000 亿美元。油气行业占据了全球项目融资市场大约 30% 的份额

续表

序号	书名	简介
14	*The Secret World of Oil*	油气行业是现代文明的血液。因此，有许多言论和著作都涉及这一领域和相关公司，比如埃克森美孚（ExxonMobil）。现代的原油和天然气行业是一个阴谋家、黑帮、独裁者、政府和跨国公司卷入其中的大熔炉，这里面的肮脏和秘密直到今天还没有被完全揭晓。今天全球的油轮有大约11000艘，规模巨大，它们连接着勘探开采到消费，其中任何一个步骤都涉及腐败和暴力，但是只有很少一点为公众所知
15	*Shale Oil and Gas：The Promise and the Peril*	本书已经更新到第二版了。在第一版当中，作者Vikram Rao解释了为什么页岩气能够改变美国的能源基础。从此，页岩气的意义迅速为美国大众所知晓，甚至比页岩气行业本身的发展还快。在第二版当中，作者进一步对页岩油相关问题进行了分析
16	*The Oracle of Oil：A Maverick Geologist's Quest for a Sustainable Future*	1956年，地理学家和原油学者Marion King Hubbert发表了一篇演讲，引发了一场持续到现在的大讨论，在本教程的相关部分也谈到了与之相关的"原油峰值论"。这场演讲是在美国石油学院（American Petroleum Institute）举行的。Hubbert的具体观点是美国原油产量将在1970年见顶，然后持续下滑。全球原油产量也将遵循相同的曲线，在2000年见顶后下行。在接下来的数十年中，面对来自原油行业和政府的反驳者，他不断捍卫其理论。20世纪70年代石油危机让Hubbert获得了"石油先知"的美誉。即便在21世纪，他的观点仍旧不可小觑，影响和争议还是非同寻常
17	*Beyond Oil：The View from Hubbert's Peak*	如果世界原油产量即将达到峰值然后不可避免地快速下行，那么什么燃料能够满足全球能源需求的持续攀升呢？这个问题引发了大众和业界的关注。一位名叫Deffeyes的地质学家是首先提出石油危机即将来临警告的人之一。他也提出了应对这一危机的理性步骤，潜在替代能源的供应引起了他的关注。在本书中，他分析了这些替代能源未来的产量趋势，借鉴了Hubbert的思路
18	*Deep Challenge：Our Quest for Energy Beneath the Sea*	本书糅合了原油行业历史片段、灾难见证者的陈述、开放的官方文件、离岸勘探公司领导者的讲话等，以便讲述一个真实且激动人心的故事
19	*The Quest：Energy, Security, and the Remaking of the Modern World*	这本书是Daniel Yergin的续作，它对全球能源行业这一地缘政治和经济变化的主要驱动力进行了分析。作者是一位全球顶尖的能源专家，曾经获得普利策奖（Pulitzer Prize）。全书跨越了现代工业文明的能源基础和将发挥作用的替代能源，也探讨了气候变化等棘手问题

在原油驱动面分析上我们可以利用远期曲线和库存来把握商品属性变化，用美元指数来把握资产属性变化。简单来讲，就是通过远期曲线和美元指数来把握驱动因素。通过COT和Daiyfx的情绪指标把握心理因素。通过均线、震荡指标和蜡烛线把握行为面的势、位、态三要素。在技术面的基础上建立仓位管理的具体标准。按照这个流程来，你就构建了一套可以作为原型的原油短线交易系统。

（2）原油的驱动面/基本面和心理面分析如果不能量化的话，需要投入不少的精力进行，那么有没有什么简单或者"傻瓜"一点的方法完成呢？这里我们有如下两个建议：第一是利用"远期曲线"来吸收绝大多数驱动面和心理面的信息，远期升水意味着供给过剩，远期贴水意味着需求过剩，远期超级升水意味着市场情绪过度悲观，远期超级贴水意味着市场情绪过度乐观。第二是利用"原油基本面指数"，这是一个"财经M平方"开放的综合指标，可以作为原油一周之内的短线趋势指标（见图24-13），即最新的基本面指数低于上一周基本指数，则未来一周原油下跌的概率较大；最新的基本面指数高于上一周基本指数，则未来一周原油上涨的概率较大。基本面/驱动面的方向可以快速得出，然后再在短线技术走势上寻找进场和出场信号。

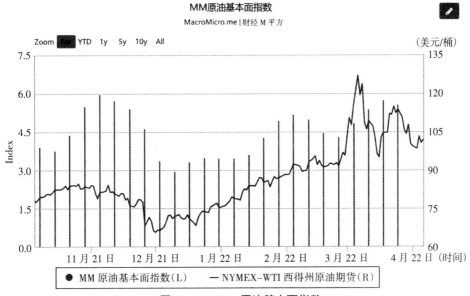

图 24-13　MM 原油基本面指数

资料来源：财经 M 平方。

　　MM 原油基本面指数为"财经 M 平方"整合原油供需、库存、COT 指数等数据后的综合性指数。这个"MM 原油基本面指数"可以从如下网址获得：

　　https：//www.macromicro.me/collections/19/mm-oil-price

　　大家也看到这里了，对于不想研发自己交易策略的读者而言，可以简单地将"MM 原油基本面指数"与"远期曲线"综合起来作为"逻辑"和"周期"的指标，再加上技术指标来判断具体仓位管理的"进出加减"点位，这样你就为原油短线交易构建了一个简单高效的系统。这个系统囊括了"驱动—逻辑""心理—周期""行为—结构"。

　　（3）如何把握大行情，如何进行仓位管理？内举不避亲，有两本关于杰西•利弗莫尔的书值得一读，分别是《股票大作手操盘术：原著新解和实践指南》和《股票作手回忆录：顶级交易员深入解读》。交易者如何从原油期货交易中挣到大钱？这个问题是原油交易的核心所在。其实，大行情才能让交易者挣到大钱！在小行情中尽量少折腾，折腾越少消耗越少，这样才有充足的资本在大行情中挣到大钱。原油短线交易是以日线或者小时线为单位展开的，持仓时间不会超过一个季度，如何在一个季度内完成人

生的飞跃，靠的是大行情，而不是在小波动里面倒腾。现在的问题转变成了：**如何抓住原油的大行情呢？这就需要通过驱动分析和心理分析解决大行情的稀缺性问题，通过行为分析和仓位管理充分利用大行情的盈利机会。**

参考文献

［1］Joe W. Gakuo. 19 Best Oil and Gas Books You Should Read Today，Jan. 8，2022.

［2］寇健：《什么是原油市场日内交易价格的驱动力》，2021 年 8 月 10 日。

［3］投研邦：《原油价格会影响股市吗？炒股也需要看懂油价》，2018 年 7 月 19 日。

［4］Mark Soberman. Seven Secrets to Crude Oil Futures Trading Success，2021.

［5］MacroMicro：《观察油价，需要到哪些指标?》，2021 年。

［6］天风期货研究所量化组：《基于宏观、库存和价差的原油择时模型》，2021 年 6 月 30 日。

上海国际能源交易中心原油期货标准合约

交易品种	中质含硫原油
交易单位	1000 桶/手
报价单位	元（人民币）/桶（交易报价为不含税价格）
最小变动价位	0.1 元（人民币）/桶
涨跌停板幅度	不超过上一交易日结算价±4%
合约交割月份	最近 1~12 个月为连续月份以及随后八个季月
交易时间	上午 9：00~11：30，下午 1：30~3：00 以及上海国际能源交易中心规定的其他交易时间
最后交易日	交割月份前第一月的最后一个交易日；上海国际能源交易中心有权根据国家法定节假日调整最后交易日
交割日期	最后交易日后连续五个交易日
交割品质	中质含硫原油，基准品质为 API 度 32.0，硫含量 1.5%，具体可交割油种及升贴水由上海国际能源交易中心另行规定
交割地点	上海国际能源交易中心指定交割仓库
最低交易保证金	合约价值的 5%
交割方式	实物交割
交易代码	SC
上市机构	上海国际能源交易中心

1. 交割单位

原油期货标准合约的交割单位为 1000 桶，交割数量必须是交割单位的整数倍。

2. 最后交易日

原油期货合约最后交易日为交割月份前第一月的最后一个交易日；为保护期货交易各方的合法权益和社会公共利益，防范市场风险，上海国际能源交易中心有权根据

国家法定节假日调整最后交易日。例如，临近最后交易日、最后交易日和交割日期之间出现连续三天以上的国家法定节假日的，上海国际能源交易中心可以决定提前或者延后最后交易日，并提前进行公告。

3. 交割品质

中质含硫原油，基准品质是API°为32.0、硫含量为1.5%。具体可交割油种及升贴水由能源中心另行规定，上海国际能源交易中心可根据市场发展情况对交割油种及升贴水进行调整。本合约所称的原油，是指从地下天然油藏直接开采得到的液态碳氢化合物或其天然形式的混合。

4. 指定交割仓库

由上海国际能源交易中心指定并另行公告。

5. 原油期货可交割油种、品质及升贴水标准

国家	原油品种	API°	硫含量（%）	升贴水（元/桶）	原产地（装运港）
阿拉伯联合酋长国	迪拜原油	≥30	≤2.8	0	法特港
阿拉伯联合酋长国	上扎库姆原油	≥33	≤2.0	0	兹尔库岛
阿拉伯联合酋长国	穆尔班原油	≥35	≤1.5	5	富查伊拉港或杰贝尔丹那港
阿曼苏丹国	阿曼原油	≥30	≤1.6	0	费赫勒港
卡塔尔国	卡塔尔海洋油	≥31	≤2.2	0	哈卢尔岛
也门共和国	马西拉原油	≥31	≤0.8	5	席赫尔
伊拉克共和国	巴士拉轻油	≥29	≤3.5	−5	巴士拉油码头或者单点系泊浮筒
中华人民共和国	胜利原油	≥24	≤1.0	−5	中国石化胜利油田分公司东营原油库

注：

1. API°=（141.5/60华氏度时的比重）−131.5；比重，根据ASTM D1298确定。

2. 硫含量，根据ASTM D4294确定。

3. 品质符合28≤API°<29的已在库巴士拉轻油仓单可继续用于期货交割。

上海国际能源交易中心原油期货期权合约

合约标的物	原油期货合约（1000 桶）
合约类型	看涨期权，看跌期权
交易单位	1 手原油期货合约
报价单位	元（人民币）/桶
最小变动价位	0.05 元/桶
涨跌停板幅度	与标的期货合约涨跌停板幅度相同
合约月份	最近两个连续月份合约，其后月份在标的期货合约结算后持仓量达到一定数值之后的第二个交易日挂盘，具体数值上海国际能源交易中心另行发布
交易时间	上午 9：00~11：30，下午 13：30~15：00，及上海国际能源交易中心规定的其他时间
最后交易日	标的期货合约交割月前第一月的倒数第 13 个交易日，上海国际能源交易中心可以根据国家法定节假日等调整最后交易日
到期日	同最后交易日
行权价格	行权价格覆盖标的期货合约上一交易日结算价上下浮动 1.5 倍当日涨跌停板幅度对应的价格范围。行权价格≤250 元/桶，行权价格间距为 2 元/桶；250 元/桶<行权价格≤500 元/桶，行权价格间距为 5 元/桶；行权价格>500 元/桶，行权价格间距为 10 元/桶
行权方式	美式。买方可在到期日前任一交易日的交易时间提交行权申请；买方可在到期日 15：30 之前提交行权申请、放弃申请
交易代码	看涨期权：SC-合约月份-C-行权价格 看跌期权：SC-合约月份-P-行权价格
上市机构	上海国际能源交易中心

1. 合约标的物

期权合约标的物是指期权合约买卖双方权利、义务指向的对象。能源中心原油期权合约的标的物是能源中心原油期货合约。

2. 合约类型

期权合约类型包括看涨期权和看跌期权。**看涨期权是指期权买方有权在将来某一时间以特定价格买入标的期货合约，而期权卖方需要履行相应义务的期权合约。看跌期权是指期权买方有权在将来某一时间以特定价格卖出标的期货合约，而期权卖方需要履行相应义务的期权合约。**

3. 合约交易单位

期权合约的交易单位为"手"，期权交易应当以"一手"的整数倍进行。原油期权交易每次最大下单数量为100手。能源中心可以根据市场情况对每次最大下单数量进行规定、调整并公布。

4. 报价单位

期权合约的报价单位与标的期货合约的报价单位相同。

5. 最小变动价位

期权合约的最小变动价位是指该期权合约单位价格变动的最小值。

6. 涨跌停板幅度

期权合约的涨跌停板幅度与标的期货合约涨跌停板幅度相同。

涨跌停板幅度＝标的期货合约上一交易日结算价×标的期货合约当日涨跌停板比例。

7. 合约月份

期权的合约月份是指该期权合约对应的标的期货合约的交割月份。

8. 最后交易日、到期日

期权合约的最后交易日是指期权合约可以进行交易的最后一个交易日。期权合约的到期日是指期权合约买方能够行使权利的最后一个交易日。

9. 行权价格

行权价格是指由期权合约规定的，期权买方有权在将来某一时间买入或卖出标的期货合约的价格。行权价格间距是指相邻两个行权价格之间的差。上海国际能源交易中心可以根据市场情况对行权价格间距和行权价格可覆盖的范围进行调整。

10. 行权方式

行权方式分为美式、欧式以及能源中心规定的其他方式。美式期权的买方在合约到期日及其之前任一交易日均可行使权利；欧式期权的买方只可在合约到期日当天行使权利。原油期权的行权方式为美式。

11. 交易代码

期权合约的交易代码由标的期货合约交易代码、合约月份、看涨（跌）期权代码

和行权价格组成。

12. 权利金与保证金的支付

期权买方支付权利金，不交纳交易保证金；期权卖方收取权利金，交纳交易保证金。期权买方开仓时，按照开仓成交价支付权利金；期权买方平仓时，按照平仓成交价收取权利金。期权卖方开仓时，按照开仓成交价收取权利金；期权卖方平仓时，按照平仓成交价支付权利金。期权卖方开仓时，能源中心按照上一交易日结算时该期权合约保证金标准收取期权卖方交易保证金；期权卖方平仓时，能源中心释放期权卖方所平期权合约的交易保证金。

13. 保证金、手续费收取

能源中心在结算时，按期权、期货合约当日结算价计收期权卖方的交易保证金，根据成交量和行权量（履约量）计收买卖双方的交易手续费和行权（履约）手续费，并对应收应付款项实行净额一次划转，相应地增加或者减少会员的结算准备金。手续费标准由能源中心确定并公布，能源中心可以根据市场情况对手续费标准进行调整。

14. 结算价

期权合约结算价的确定方法为：除最后交易日外，能源中心根据隐含波动率确定各期权合约的理论价，作为当日结算价；最后交易日，期权合约结算价计算公式为：看涨期权结算价 = Max（标的期货合约结算价 – 行权价格，最小变动价位）；看跌期权结算价 = Max（行权价格 – 标的期货合约结算价，最小变动价位）；期权价格出现明显不合理时，能源中心可以调整期权合约结算价。隐含波动率是指根据期权市场价格，利用期权定价模型计算的标的期货合约价格波动率。

15. 行权或放弃行权的持仓和资金

对于行权或者放弃的，能源中心于结算时减少各自相应的期权合约持仓，同时释放期权卖方交易保证金。由期权行权（履约）转化的期货持仓不参与当日期货结算价计算。

附录三

纽约商品交易所和 WTI 合约

纽约商品交易所是能源期货的起源地。1978 年 11 月 14 日，推出取暖油期货交易。1982 年，推出了世界第一个原油期货合约——轻质低硫原油期货合约（Light Sweet Crude Oil），以美国西得克萨斯中质原油（WTI）为主要交易标的。1986 年，推出了无铅汽油期货合约，2005 年，以氧化混调型精制（RBOB）汽油为替代品种。1990 年，推出天然气期货交易，成为 NYMEX 中仅次于 WTI 原油期货的重要能源品种。近年来，NYMEX 又推出了以英国 Brent 原油为交易标的的期货合约，采用现金交割方式，进一步丰富了 NYMEX 的能源品种结构。

纽约商品交易所是全球最具规模的商品交易所，以能源品最为出名，其能源期货覆盖原油、天然气、成品油、电力、煤炭、碳排放等多个品种。1994 年由 NYMEX 和 COMEX 合并组成，2008 年 NYMEX 被 CME 收购。NYMEX 的交易平台有场内竞价和 Globex 全球电子盘。

WTI 合约

代码		CL
交易时间	CME Globex	周日~周五 18:00 至次日 17:15（纽约时间）每日开盘前休市 45 分钟
	CME 清算点	
	公开喊价	周日~周五 9:00~14:30（纽约时间）
合约规格	1000 桶	
报价单位	美元/桶	
最小报价单位	1 美分/桶	
涨跌限制	每日交易开始时，各合约初始限制为上一日该合约结算价格上下 10 美元/桶。距离交割月最近的 3 个月内的任意合约的报价触及这一限制，都会触发熔断机制，所有合约将在接下来 5 分钟内停止交易，与之相关的所有期权同样也将暂停	

续表

代码	CL
交易中止	近月合约在交割前月 25 日前的 3 个工作日停止交易。如果当月 25 日非工作日，需向前顺延至最近工作日。若合约上市后，合约前月 25 日被定为假期而原到期日非假日，则原到期日仍有效；若原最后到期日为假日，则向前顺延至最近工作日
上市合约	当年和后 5 年连续合约，并有后 3 年的 6 月和 12 月合约各 3 个。每年末 12 月合约到期后，会添加 12 个新合约，其中包括第 6 年 1~5 月，7~11 月，以及第 9 年的 6 月和 12 月合约。此外，合约可以以前日结算价价差向此后 2~30 个月的合约移仓，移仓须在公开喊价开盘时段
交割方式	实物交割
交割	1. 交割需在任一可连接至 TEPPCO 或 Equilon 库欣仓库的管道或设备，卖方应将原油置于可以连接至买方的管道或存储设备之处，并且免予各类税负、费用；如果多方选择从空方交货地转运至 TEPPCO 或 Equilon 仓库后提货，其中的运输费用将主要由空方支付；在买卖方管道或存储设备的连接点处，原油归属者仍为空方，而损失亦由空方负担 2. 多方可以选择以下方式交割：自空方的管道或存储设备处转运；原油不转移，直接背书转移所有权 3. 以此规则进行的交割将具备最终法律效力并不接受上诉 4. 持有 5 手以下合约的空方在交割时并需经由 Equilon 仓库，除非多方予以豁免

洲际交易所和 Brent 合约

　　洲际交易所（ICE）是现货原油定价中心，于 2000 年 5 月成立，总部位于美国格鲁吉亚州亚特兰大。2001 年，收购了伦敦国际石油交易所（IPE），2007 年与纽约期货交易所（NYBOT）合并；2010 年与气候交易所合并。ICE 以美元指数、CRB 指数、Brent 原油、棉花和白糖最为知名。ICE 的英国子公司 ICE Futures 以能源期货产品为主，如北海布伦特原油及西得州中级原油等。美国子公司 the New York Board of Trade 则专营软式原物料及金融期货业务。

ICE Brent 合约

代码	CO
上市合约	Brent 原油包含从当年起未来 5 年的连续合约，最多可以包含 72 个连续合约（1 月），在其后 3 年还有 6 个半年合约（3 个 6 月和 3 个 12 月合约）。每年结束后，将会添加 12 个新合约
到期日	（i）若合约前月 15 日为工作日，则当日为最后结算日； （ii）若非工作日，则向后顺延至第一个工作日
交易时段	英国时间　　　　　　开盘：01：00（周日为 23：00），收盘：23：00 伦敦当地时间 美国东部时间　　　　开盘：20：00（周日为 18：00），收盘：次日 18：00 ＊夏令时时段，交易时间会有变更
报价单位	美元/桶
合约规格	1000 桶（42000 美制加仑）
最小变动单位	1 美分/桶，相当于 10 美元/手
最小交易单位	1 手
涨跌限制	无
结算价	伦敦时间 19：27：00 后的 3 分钟内加权平均价格
限仓	Brent 期货以现金交割。各合约持仓超过 100 手均需每日向交易所报告。交易所有权采取必要措施避免超额持仓和未授权投机，包括委托会员限制开仓或强制平仓
交易方式	电子期货、期转现（EFP）、期货转互换（EFS）、大宗交易均可适用

原油短线交易的24堂精品课：顶级交易员的系统与策略（第2版）

续表

代码	CO
交割结算	Brent 原油期货可以通过期转现（EFP）方式进行实物交割，亦可现金结算，结算价为最后交易日后一个交易日 Brent 指数报价

附录五

迪拜商品交易所和 Oman 合约

迪拜商品交易所（DME）是中东地区首个国际能源期货及商品交易所，2007 年由迪拜控股公司、纽约商品交易所、阿曼主权投资基金（OFI）三方共同建立。中东产油国生产的或从中东销售往亚洲的原油，阿曼原油为其作价的基准油，价格通常比 WTI 和布伦特原油便宜。

Oman 合约

代码	OQA
交易单位	1000 桶，42000 美制加仑
报价单位	美元/桶
交易时段	电子盘美东时间 18:00~次日 17:15，周日到周五 新加坡和迪拜时间分别提前 13 个和 9 个小时
交易月份	当前年和后五年合约，在 12 月合约到期后，会上市 12 个新合约
最小单位变动	1 美分/桶，10 美元/手
涨跌限制	无
日结算	每日 Oman 结算价将在新加坡时间 16:30 公布，为近月合约在 16:25~16:30 的加权平均价。DME 每日在收盘后还会公布美东时间 14:30 的结算价，作为与 NYMEX 轻原油期货合约的对照，并被清算所用以当日资金清算
最后结算价	最后结算价由最后交易日当天 16:15~16:30 交易加权平均而得
最后交易日	合约在交割月前一个月的最后交易日停止交易
交割方式	实物交割
交割	港口 FOB，与接货方式一致。具体交割细则和条款参见规则书第十章

原油布林带突破交易策略代码

_SECTION_BEGIN ("Crude Oil Trading Startegy");

SetChartOptions (0, chart Show Arrows|chart Show Dates);
_N (Title = StrFormat ("{{NAME}} – {{INTERVAL}} {{DATE}} Open %g, Hi %g, Lo %g, Close %g (%.1f%%) {{VALUES}}", O, H, L, C));

//Initial Parameters
SetTradeDelays (1, 1, 1, 1);
SetOption ("InitialEquity", 200000);
SetOption ("FuturesMode", True);
SetOption ("MinShares", 1);
SetOption ("CommissionMode", 2);
SetOption ("CommissionAmount", 100);
SetOption ("AccountMargin", 10);
SetOption ("RefreshWhenCompleted", True);
SetPositionSize (50, spsPercentOfEquity);
SetOption ("AllowPositionShrinking", True);
BuyPrice = Open;
SellPrice = Open;
ShortPrice = Open;
CoverPrice = Open;

```
Plot (Close, "Price", colorWhite, styleCandle);
Periods = param ("Periods", 40, 5, 100, 5);
Width = param ("Width", 1, 1, 10, 1);
Color = ParamColor ("Color", colorLightGrey);
Style = ParamStyle ("Style", styleLine | styleNoLabel) | styleNoLabel;
Plot (bbt = BBandTop (Close, Periods, Width), "BBTop"+_PARAM_VALUES (), Color,
Style);
Plot (bbb = BBandBot (Close, Periods, Width), "BBBot" +_PARAM_VALUES (),
Color, Style);
PlotOHLC (bbt, bbt, bbb, bbb,"", ColorBlend (Color, GetChartBkColor (), 0.8),
styleNoLabel | styleCloud | styleNoRescale, Null, Null, Null, -1);


Buy = Close>= BBandTop (Close, Periods, Width);
Short = Close<= BBandBot (Close, Periods, Width);
Sell = Short;
Cover = Buy;


Buy = ExRem (Buy, Sell);
Sell = ExRem (Sell, Buy);
Short = ExRem (Short, Cover);
Cover = ExRem (Cover, Short);


printf ("nBuy :"+Buy);
printf ("nSell :"+Sell);
printf ("nShort :"+Short);
printf ("nCover :"+Cover);


Stoploss = Optimize ("SL", 1, 1, 5, 1);


ApplyStop (Type=0, Mode=1, Amount=StopLoss);
```

```
/* Plot Buy and Sell Signal Arrows*/

PlotShapes (IIf (Buy, shapeSquare, shapeNone), colorGreen, 0, L, Offset=-40);

PlotShapes (IIf (Buy, shapeSquare, shapeNone), colorLime, 0, L, Offset=-50);

PlotShapes (IIf (Buy, shapeUpArrow, shapeNone), colorWhite, 0, L, Offset=-45);

PlotShapes (IIf (Cover, shapeSquare, shapeNone), colorGreen, 0, L, Offset=-40);

PlotShapes (IIf (Cover, shapeSquare, shapeNone), colorLime, 0, L, Offset=-50);

PlotShapes (IIf (Cover, shapeUpArrow, shapeNone), colorWhite, 0, L, Offset=-45);

PlotShapes (IIf (Sell, shapeSquare, shapeNone), colorRed, 0, H, Offset=40);

PlotShapes (IIf (Sell, shapeSquare, shapeNone), colorOrange, 0, H, Offset=50);

PlotShapes (IIf (Sell, shapeDownArrow, shapeNone), colorWhite, 0, H, Offset=-45);

PlotShapes (IIf (Short, shapeSquare, shapeNone), colorRed, 0, H, Offset=40);

PlotShapes (IIf (Short, shapeSquare, shapeNone), colorOrange, 0, H, Offset=50);

PlotShapes (IIf (Short, shapeDownArrow, shapeNone), colorWhite, 0, H, Offset=-45);


PlotGrid (0, colorLightGrey);

PlotGrid (25, colorLightGrey);

PlotGrid (-25, colorLightGrey);

_SECTION_END ();
```